CATALOGUE

DES

MONNAIES GAULOISES

DE LA BIBLIOTHÈQUE NATIONALE

PARIS

TYPOGRAPHIE DE E. PLON, NOURRIT ET Cie

RUE GARANCIÈRE, 8.

MINISTÈRE DE L'INSTRUCTION PUBLIQUE ET DES BEAUX-ARTS

CATALOGUE

DES

MONNAIES GAULOISES

DE LA BIBLIOTHÈQUE NATIONALE

RÉDIGÉ PAR

ERNEST MURET

ET PUBLIÉ PAR LES SOINS DE

M. A. CHABOUILLET

CONSERVATEUR DU DÉPARTEMENT DES MÉDAILLES ET ANTIQUES

PARIS

LIBRAIRIE PLON

E. PLON, NOURRIT ET Cie, IMPRIMEURS-ÉDITEURS

RUE GARANCIÈRE, 10,

1889

PRÉFACE

L'impression du *Catalogue des monnaies gauloises* conservées dans le cabinet des médailles, à la Bibliothèque nationale, que l'on doit à M. Ernest Muret, n'était pas tout à fait terminée lorsque la maladie fit tomber la plume de ses mains et le contraignit d'interrompre son service, ainsi que de suspendre la publication de ce grand travail dont le manuscrit était entièrement terminé. Malgré les vives inquiétudes que nous causait la santé fort ébranlée depuis quelque temps de ce zélé collaborateur, nous ne pouvions, nous ne voulions pas croire qu'il nous quittait pour toujours. Et cependant M. Muret ne devait pas reprendre ses fonctions dans ce cabinet de France qu'il aimait en fils dévoué, et auquel il avait consacré vingt-sept années de sa vie. Enlevé prématurément à sa famille, à la Bibliothèque nationale, à l'étude, ce numismatiste, aussi modeste que laborieux, n'aura pas eu la satisfaction de diriger la publication de son œuvre et de la voir paraître. La mort l'aura privé de la seule récompense qu'il ambitionnât, le plaisir de voir le Catalogue des monnaies gauloises obtenir l'approbation de ses confrères, laquelle ne lui aurait certes pas manqué. La mort aura encore enlevé à Ernest Muret l'honneur de recevoir une distinction bien méritée que j'espérais pour lui et qui lui aurait certainement été décernée, s'il lui eût été donné de publier ce livre, fruit d'un travail opiniâtre et qui témoigne de sa sagacité comme d'une consciencieuse érudition.

Muret avait-il conçu le projet d'écrire pour le *Catalogue des monnaies gauloises* une introduction, ou, si l'on veut, une préface didactique? Au lendemain de sa mort, le bruit courut parmi les numismatistes qu'il avait eu ce projet, qu'il l'avait réalisé et qu'on trouverait cette introduction dans ses papiers. J'ai toujours douté de la réalité de ce bruit, et mon scepticisme à cet égard est fondé sur divers motifs. Et d'abord, il faut le dire, Muret n'avait que du respect pour les monnaies gauloises; pour ces précieux monuments il était loin de ressentir l'attrait passionné qui a poussé tant de savants à les rechercher et à les étudier, surtout depuis un demi-siècle. Le patriotisme, le devoir, tels sont les seuls sentiments qui le soutinrent dans la longue et difficile tâche qu'il a poursuivie avec un zèle et un tact qui permettent de prédire à cette œuvre posthume le succès qu'elle mérite à tant de titres.

En effet, fils d'un artiste de talent, qui s'est surtout appliqué à rendre le caractère et le style des monuments antiques et particulièrement des antiquités helléniques, et qui y excella[1], Ernest Muret, comme son père, était un fervent admirateur des merveilles de l'art, il était artiste autant que savant, et il faut bien l'avouer, si les monnaies de la Gaule propre sont intéressantes, ce n'est pas au point de vue de la perfection artistique. En un mot, si Muret n'avait écouté que ses goûts, c'est à la numismatique grecque qu'il aurait consacré les années qu'il a passées à rédiger le Catalogue des monnaies gauloises du Cabinet national. Que l'on parcoure la bibliographie d'Ernest Muret, et l'on me comprendra[2]. Il n'y est question que de numismatique grecque. Ce n'est pas tout; je n'ai pas encore justifié suffisamment mes doutes au sujet du frontispice que quelques-uns veulent que Muret ait songé à donner au catalogue de

[1] Jean-Baptiste Muret, bibliothécaire au Cabinet des médailles, mort en 1866, à qui l'on doit de nombreuses planches d'antiquités et de médailles.

[2] Voy. dans la *Revue numismatique*, année 1885, p. 217, un extrait du travail de M. Babelon, intitulé : *Adrien de Longpérier, François Lenormant, Ernest Muret.*

nos monnaies gauloises. Quiconque parcourra son catalogue remarquera qu'il y prend rarement part; j'ajouterai enfin que quiconque aura lu ses autres travaux, aura dû s'apercevoir que les longs discours lui faisaient peur; aussi en suis-je assuré, si par impossible on retrouvait l'introduction espérée, elle consisterait en quelques pages dont la concision ne répondrait pas à l'attente de ceux qui ont cru à l'existence de prolégomènes comme Eckhel sut en composer. Muret y aurait déclaré que la numismatique gauloise est encore dans la période embryonnaire ; peut-être aurait-il prouvé l'exactitude de cette assertion en rappelant tant d'attributions données un jour comme décisives et renversées le lendemain, souvent par leurs auteurs eux-mêmes. J'ignore s'il aurait pris le soin d'exposer les difficultés de tous genres qui hérissent les abords de cette branche de l'archéologie, mais je l'affirme, il les connaissait pour avoir lu, en vue de son catalogue, tout ce qui avait été écrit avant lui sur la numismatique gauloise. Muret savait qu'indépendamment des énigmes que présentent à chaque pas des monnaies dont la gravure est barbare et la fabrication maladroite, la rareté de notions sur nos ancêtres, d'ailleurs incertaines, que nous n'arrachons que par lambeaux aux auteurs anciens, rend l'interprétation de leurs types presque impossible, toutes les fois qu'ils ne sont pas de serviles imitations de ceux des Grecs ou des Romains. Cependant, M. le ministre de l'instruction publique m'ayant fait l'honneur de me charger de diriger la publication du *Catalogue des monnaies gauloises,* je ne pouvais me dispenser de rechercher l'introduction que l'on disait avoir été écrite par Muret, et je dus faire une enquête à ce sujet. Mes démarches furent infructueuses ; plus affligé que surpris de cet insuccès, avec l'assentiment ministériel, je pris le parti de remplacer la problématique introduction que j'aurais été heureux de posséder et de placer en tête du présent volume, par la préface que je présente au lecteur.

On sera peut-être étonné de me voir faire parler ainsi l'auteur du *Catalogue des monnaies gauloises,* et de me voir abonder dans le même sens. Eh quoi ! dira-t-on, depuis près d'un siècle, ces monnaies auront été recherchées, collectionnées, décrites, commentées avec persévérance, avec ardeur, avec passion, par une foule d'érudits distingués, et le moment ne serait pas venu d'écrire une introduction à la numismatique gauloise, d'en rédiger les éléments ? On ne sait donc rien des monnaies gauloises ? Les veilles de tant de savants n'auraient donc rien produit ? Ce n'est pas ce que j'entends dire.

Muret n'aurait pas contesté, plus que je ne le fais, les services nombreux rendus à l'étude de la numismatique gauloise par les hommes éminents qui lui ont consacré temps et argent. Je le proclame, au contraire, ces pionniers ont courageusement ouvert la voie, ils ont popularisé nos premières monnaies, ils ont même souvent résolu avec bonheur d'importants problèmes ; mais ce que Muret a pensé sans doute, et ce que je crois devoir dire, c'est qu'on peut encore aujourd'hui faire l'aveu arraché il y a près d'un siècle à Eckhel, dont j'écrivais à l'instant le nom. Après avoir esquissé à grands traits l'histoire monétaire de la Gaule dans son beau livre dont le titre : *Doctrina numorum veterum* ne parait pas ambitieux tant il est justifié, le savant viennois s'exprime en ces termes vers la fin des prolégomènes du chapitre intitulé : *Gallia :* « Ceterum non negavero, obscura esse pleraque, quæ de monetæ Gallicæ ortu et progressu possunt adferri, quia notis chronologicis, nisi quæ coloniarum R. (*Romanarum*) est, prorsus destituitur[1]. » L'obscurité est beaucoup moins épaisse aujourd'hui qu'au moment où écrivait Eckhel ; il y a un siècle, on ne connaissait qu'un très petit nombre de monnaies gauloises ; il n'y en avait que 101 dans le Cabinet impérial de Vienne lorsqu'en 1779 son illustre conservateur en publiait le catalogue[2] ; et dans ce nombre, il y en avait 38 des villes grecques de la Narbonnaise, sans parler de 54 placées par l'auteur sous la rubrique : *Incerti Galliæ.* A la vérité, les savants germains se résignaient alors plus facilement que nos

[1] *Doctrina numorum veterum conscripta a Josepho Eckhel,* etc. (V. t. I, publié en 1792. *Gallia. Prolegomena,* p. 65, col. 1.) — Je n'oublie pas qu'Eckhel était né à Entzersfeld, mais sa vie s'étant écoulée dans la capitale de l'Autriche, dans le Cabinet impérial et royal dont il était le conservateur, on le dit généralement Viennois.

[2] *Catalogus Musæi Cæsarei.* (V. p. 10 à 13 inclus.)

prédécesseurs à ignorer les choses gauloises, et c'est ce qui explique comment, en cette matière, Eckhel, le scrupuleux Eckhel, s'en est souvent rapporté aux attributions de Bouteroue et de Vaillant, ainsi qu'à celles de Joseph Pellerin, son contemporain, avec qui, cependant, il fut parfois en désaccord sur d'autres branches de la numismatique. Malheureusement, comme cela devait fatalement advenir, du livre magistral d'Eckhel, telles descriptions et attributions fautives de monnaies gauloises passèrent sans examen dans la plupart des écrits qui le suivirent, et il en est qui ne furent rectifiées que longtemps après sa mort. Je voudrais faire l'histoire d'une de ces vieilles erreurs, d'abord parce qu'elle touche à ces monnaies coloniales de la Gaule dont Eckhel parle dans le passage que l'on vient de lire et qu'il classe parmi celles qui, étant munies de notes chronologiques, étaient plus faciles à expliquer que les autres, puis parce qu'il est bon de rappeler à l'occasion qu'il faut se garder de s'en rapporter aveuglément à la parole des maîtres le plus justement écoutés, et enfin parce qu'elle apporte un nouvel exemple de la persistance des erreurs bien lancées ; celle-ci n'a été reconnue qu'après deux siècles !

Le premier des savants français que je viens de nommer parmi les devanciers d'Eckhel, Vaillant, dans son livre sur les monnaies des colonies romaines, publié il y a aujourd'hui deux cents ans, en 1688, décrit ainsi une monnaie de bronze de son cabinet : « IMP CAES AVGVSTVS. *Caput Augusti sine laurea.* » Revers : « COL RVS LEG VI. *Colonia Rvscino. Legiones sextæ. Duæ aquilæ legionariæ*[1]. » Lisant sur cette pièce COL RVS et ne se préoccupant ni de son type ni de sa fabrique, on s'en avisait rarement alors, Vaillant y vit les trois premières lettres du nom d'une colonie romaine et se décida pour celle que Pomponius Mela nomme *Colonia Ruscino*[2], et cela surtout parce qu'il lui avait été dit que ce monument avait été trouvé dans le Roussillon, « *imo in ejus tractu repertus* ». Un siècle plus tard, en 1792, Eckhel enregistre sans la discuter l'opinion de notre compatriote[3]. Au commencement du siècle présent, en 1806, Mionnet, sans citer aucune autorité, transcrit la brève description d'Eckhel et se contente d'avertir que cette pièce n'existe pas dans le cabinet de France. N'aurait-il pas remarqué la réserve presque ironique gardée par Eckhel à ce sujet[4] ? Plusieurs années après, en 1819, le même Mionnet, décrivant une monnaie analogue à celle de Vaillant qu'il rencontra dans le cabinet de Tôchon (d'Annecy) et qui, comme le supposait celui-ci, paraît être l'exemplaire possédé jadis par le même publicateur, l'attribue également au Roussillon, mais en en donnant cette fois une description plus complète qu'en 1806[5]. En 1821, Sestini[6], après Eckhel et Mionnet, adoptait l'attribution de Vaillant, et nous la voyons encore respectée en 1842 par Louis de La Saussaye dans sa *Numismatique de la Gaule Narbonnaise.*

Le dernier de ces savants avait vu dans les papiers de Tôchon (d'Annecy) que ce numismatiste, d'ailleurs convaincu comme Vaillant que les lettres RVS étaient le commencement du nom d'une colonie romaine de l'ouest de l'Europe, n'acceptait pas l'attribution à *Ruscino,* et proposait de lire sur cette pièce le commencement du nom d'une colonie romaine de la Lusitanie, celle que Ptolémée nomme Ῥουστίκανα[7] et que l'Itinéraire d'Antonin nomme Rusticiana[8]. Ébranlé par les raisonnements de Tôchon, hésitant entre la colonie de la Lusitanie et celle de la Gaule, L. de La Saussaye consulta un de ses savants amis, le marquis de Lagoy. M. de Lagoy opina pour Ruscino, mais après avoir combattu l'argumentation de Tôchon, il termina sa consultation par cette phrase dont les derniers mots sont à noter : « Si l'on voulait soutenir « que le type des *Aigles légionnaires* appartient exclusivement à l'Espagne, ce qui n'est pas, l'emprunt « qu'aurait pu en faire une ville aussi voisine de cette contrée se concevrait plus aisément que l'adoption

[1] *Numismata ærea imp. in coloniis percussa.* (T. I, p. 63.)
[2] *De situ orbis* (II, v).
[3] *Doctrina num. veter.* (t. I, p. 70).
[4] Mionnet, *Description de médailles antiques*, etc. (V. t. I, p. 178, nº 198. L'article est sous la rubrique RVSCINO.)
[5] Mionnet, *Supplément* (t. I, p. 145, nº 141).
[6] *Classes générales*, etc., 2e édit., p. 9.
[7] 11. 5. 7.
[8] Édit. Wesseling, p. 433, et édit. Pinder et Parthey, p. 207.

« de ce même type par Berytus de Phénicie[1]. » Ces derniers mots révèlent le fin numismatiste ; malheureusement, à Saint-Remy, loin des grandes collections, M. de Lagoy n'avait pas de monnaies de Berytus sous les yeux et se souvint du type des aigles légionnaires qu'il avait remarqué sur ces pièces, mais ne songea pas à leur fabrique, et c'est ainsi que l'attribution de Vaillant à Ruscino fut admise par La Saussaye, et cela, au moment où la fausseté de cette attribution venait d'être implicitement démontrée par la publication d'une monnaie, celle-ci précisément de la colonie romaine de Berytus (Beyrout), dont la pensée avait traversé inutilement l'esprit de M. de Lagoy, puis celui de La Saussaye. Chose singulière, La Saussaye, trop plein de l'idée que la monnaie à la légende RVS ne pouvait avoir été frappée que dans l'ouest de l'Europe, n'hésitait, on l'a vu, que sur la question de savoir s'il fallait la donner à Ruscino ou à Rusticana ; aussi le souvenir de Berytus, suscité par la lettre de M. de Lagoy, le conduisit-il non pas à la véritable attribution, mais à reprocher à un numismatiste, Guillaume Combrouse, qui deux ans auparavant s'était égaré sur le même terrain, d'avoir attribué à Ruscino une pièce de Berytus, sans lui suggérer l'idée qu'il commettait la même faute, ainsi qu'on va le voir[2] !

Pour être juste envers L. de La Saussaye, il faut dire que l'article révélateur signé *V. Rauch* avait paru dans le premier volume d'un périodique allemand consacré à la numismatique, à la sigillographie et au blason, qui ne fut pas immédiatement répandu en France[3] ; on trouvera cet article dans le chapitre *Phœnice-Berytus-Augustus* d'un article intitulé : *Unedirte antike münzen* qui ne fut signalé qu'en 1844 et incidemment, par Adrien de Longpérier dans un mémoire où l'on ne s'attendrait pas à trouver la rectification d'une attribution de Vaillant[4]. Il importe aussi de faire observer que M. de Rauch paraît ne pas avoir eu connaissance, ou du moins n'avoir pas songé aux erreurs successives de Vaillant, d'Eckhel, de Mionnet et de Sestini qu'il renversait sans s'en douter.

Voici la traduction de la description de cette monnaie de Berytus par M. de Rauch :

« Face : IMP AVGVSTV.. Tête nue à droite.

« Revers : P. QVINCT... ARVS. Deux aigles légionnaires et deux enseignes de cohorte. Module de « Mionnet : 5 (soit 16 millimètres). »

Les lettres RVS prises par Vaillant pour le commencement du nom d'une colonie romaine de la Gaule, sont la fin du surnom romain VARVS, et c'est ce qu'a reconnu facilement M. de Rauch, guidé par la présence sur la pièce par lui publiée, des prénom et nom P. QVINCT. Or, ce P. Quinctilius Varus n'est autre que l'infortuné proconsul à l'ombre de qui Auguste, dans son désespoir, redemandait les trois légions détruites par Arminius dans la célèbre bataille du Saltus Teutoburgensis[5]. Le style et la fabrique de cette pièce ne permettent évidemment pas de la donner à la Gaule. Indépendamment de la présence du nom de Varus, cette fabrique et le type des deux aigles et des deux enseignes rendent l'attribution de cette monnaie à Berytus incontestable, bien qu'on n'y lise pas son nom, attendu que l'on connaît depuis longtemps des monnaies de cette colonie avec le même type et son nom clairement écrit[6]. Varus, on le sait, avant de commander la Germanie, avait été légat en Syrie, et sur des monnaies d'Antioche, la principale ville de son gouvernement, on avait vu son nom, mais réduit à son surnom, précédé d'une préposition : ΕΠΙ ΟΥΑΡΟΥ[7].

[1] [illegible] cette lettre de M. de Lagoy, p. 195 de la *Numismatique de la Gaule Narbonnaise*, de M. de La Saussaye.

[2] L'a[illegible]tion erronée de Combrouse se trouve dans l'ouvrage intitulé : *Atlas des monnaies nationales de France*, publié par lui en 1840. ([illegible] p. 4 du texte et pl. 8, n° 2.)

[3] Zeitschrift für Münz-Siegel-und Wappen-Kunde herausgegeben von Dr B. Koehne. Erster Jahrgang. Berlin, 1841. (V. p. 261 et pl. IX, n° 4.)

[4] Cet article est intitulé : *Monnaies frappées pour le comté de Roussillon, par les rois d'Aragon comtes de Barcelone*. (Voyez *Revue numismatique*, t. IX, p. 278.)

[5] On sait que l'on a reconnu que ces légions étaient les XVIIe, XVIIIe et XIXe.

[6] Mionnet, t. V, p. 318, nos 26, 27, 29, et t. VIII du *Suppl.*, p. 244, n° 38. Sur cette dernière pièce on ne voit que les deux aigles. Sur les nos 28 et 29 on lit les nos V et VIII qui, on va le voir, sont ceux des deux légions cantonnées en Phénicie à l'époque où ces pièces furent frappées.

[7] Mionnet, t. V, p. 156, nos 74, 75, 76.

J'ajouterai que plusieurs des médailles de Berytus nous apprennent que les deux légions représentées par leurs aigles, qui d'après Strabon[1] avaient été établies à Berytus par Agrippa, sont la cinquième et la huitième, ainsi qu'on l'apprend non pas du géographe, mais de médailles sur lesquelles on lit ces numéros[2], et enfin qu'une médaille d'Héliopolis de la Cœlésyrie (Balbek), publiée par Vaillant dans le livre même dont il vient d'être parlé, nous a révélé jusqu'aux surnoms de ces légions; elles se nommaient, l'une, *Quinta Macedonica;* l'autre, *Octava Augusta*[3]. On me pardonnera cette courte digression; un numismatiste est toujours heureux de trouver l'occasion de montrer les médailles venant confirmer et compléter les textes de l'antiquité. Voici d'après Vaillant, qui n'en a figuré que la face, la description de cette médaille d'Héliopolis, laquelle parle grec du côté face et latin de l'autre : « Face : AVTOK K M IOVΛ ΦΙΛΙΠΠΟC CEB. Buste de Philippe père lauré (Marcus Julius Philippus). Revers : buste lauré (*pectore tenùs*), posé sur un cippe entre deux figures viriles portant chacune une enseigne et un bouclier. Au-dessus de ce buste monumental qui représente la ville d'Héliopolis, on lit *LEG;* à droite, V MACEDON; à gauche, VIII AVG; à l'exergue, COL HEL. Si nous ne voyons pas ici d'aigles légionnaires, mais seulement des enseignes de cohorte, c'est sans doute parce que, sous l'empereur Philippe, il n'y avait à Héliopolis que deux cohortes des légions Ve Macédonique et VIIIe Auguste, qui furent cantonnées à Berytus sous les règnes d'Auguste, de Claude et au moins jusque sous Trajan[4]. » Je n'ai pas vu en nature cette médaille d'Héliopolis; mais si j'ai appris à considérer Vaillant comme sujet à caution, c'est surtout lorsqu'il cite des textes; cette fois, il s'agit de médailles, et il semble qu'il y a lieu d'accepter sa description, attendu que des connaisseurs de notre temps ont vu un second exemplaire de ce curieux monument. A la vérité, en raison de sa conservation défectueuse, on n'y lit pas tout ce que Vaillant a lu sur le sien; il n'y est resté de visible que COL HEL LEG... AVG, mais, ainsi qu'il a paru à ceux qui ont parlé de cette médaille avant moi, cela suffit à autoriser la lecture de Vaillant. C'est dans un catalogue publié par MM. Rollin et Feuardent, que l'on rencontre ce second exemplaire de notre médaille d'Héliopolis; là, on apprend que le buste de Philippe y est tourné à droite et drapé. J'ajouterai que l'objet que Vaillant prend pour un bouclier, est désigné dans le catalogue Rollin et Feuardent comme étant un quadrupède[5]. Mionnet a admis la médaille d'Héliopolis en question dans son répertoire[6] d'après Vaillant; après lui, F. de Saulcy l'a mentionnée dans sa *Numismatique de la Terre sainte*[7], d'après ces deux auteurs, et finalement, comme il ne l'avait pas vue en nature, prudemment le savant académicien renvoie le lecteur au catalogue Rollin et Feuardent. Du reste, la faute de Vaillant, fâcheuse par ses conséquences, est vénielle et s'explique par la mauvaise conservation de l'exemplaire qu'il eut sous les yeux et où il ne pouvait guère deviner le nom de Varus.

J'arrive aux deux autres auteurs nommés plus haut, Bouteroué et Pellerin, dont j'ai à signaler deux erreurs aussi graves que celle que je viens de mentionner; le premier, il faut l'avouer, s'est trompé par trop de candeur; le second, plus avisé, pour s'en être rapporté aveuglément à son devancier, et cela contrairement à ses habitudes. A la page 56 de son livre sur les monnaies de France[8], Bouteroué décrit et reproduit une monnaie d'argent sur laquelle, après avoir dit qu'il y avait « pour légende ANDECAMB », il ajoute : « On pourroit lire ANDECAVI au lieu d'*Andecamb,* d'autant que les lettres A, M et B se forment « d'une mesme lettre, et il y a grande ressemblance entre la lettre E et le B, et ainsi cette pièce seroit « une monoye des peuples d'Anjou, fabriquée à Angers : et ce qui me porte plûtost à cette p[illegible]e est

[1] XVI, II, 19, p. 643 de l'édit. Müller et Dübner.
[2] Voy. la note 6 de la page précédente.
[3] Voy. le t. II du livre déjà cité, p. 238.
[4] La médaille décrite par Mionnet, t. VIII du *Suppl.*, p. 244, n° 29, et déjà mentionnée plus haut, en note, est à l'effigie de Trajan.
[5] *Catalogue d'une collection de médailles des rois et des villes de l'ancienne Grèce, en vente à l'amiable.* (Voy. 3e partie, publiée en 1864, p. 478, n° 7239.)
[6] T. V, p. 301, n° 120.
[7] Voy. p. 13, n° 13.
[8] *Recherches curieuses des monoyes de France depuis le commencement de la monarchie,* par Claude Bouteroué, conseiller en la des monoyes, un vol. in-f°, 1660.

« qu'il s'en voit d'autres sur lesquelles il y a seulement ANDEC. Il y en a aussi d'autres qui ont ANDE-« CAMBR. toutes les lettres séparées, et qui ont les mesmes figures des deux costés. » Quant à Pellerin, il a reproduit sur la planche III, n° 3 et 4 du tome Ier de son *Recueil de médailles de peuples et de villes*, etc., publié en 1763, deux pièces de ce groupe, mais sans autre commentaire que ces mots placés sous la rubrique ANGERS : « Les médailles n° 3 et 4 sont de la ville d'Angers, dont les habitants étoient appelés « en latin ANDECAVI et ANDEGAVI. Bouteroué en a rapporté trois autres médailles qui diffèrent de « celles-ci par les têtes et les revers. » Eckhel suivit les deux auteurs français, ce qui n'est pas pour nous engager à nous départir de nos habitudes de prudence; à la page 72 du tome Ier de sa *Doctrina*, sous la rubrique ANDECAVI, on lit : « Hodie. *Angers*. Hujus populi argenteos et æneos edidere Bouterovius et « Pellerinius inscriptos ANDEC. In alio musei Cæsarei legitur : ANDECAV. Typi sunt *Equus currens*, « vel *Eques*. » Voici qui est précis, et cela pourrait prendre une grande autorité, venant d'un homme comme Eckhel, qui déjà, plus de dix ans auparavant, dans son *Catalogue du musée impérial de Vienne*[1], avait décrit une pièce avec la légende ANDEGAVI en appuyant cette lecture sur le passage de Pellerin que je viens de rapporter; eh bien! il faut en convenir, l'esprit d'ordinaire si éveillé d'Eckhel ne l'était pas lorsqu'il écrivit ces deux passages. Depuis ces temps reculés, personne n'a vu de monnaies avec la légende explicite ANDEGAVI; on ne lit généralement sur ces monnaies que ANDECOM répété des deux côtés, et sur quelques variétés ANDECOM sur la face et ANDECOMBO au revers, ce qui exclut la vraisemblance des leçons ANDECAVI ou ANDEGAVI, nées d'exemplaires mal venus ou mal conservés. Eckhel, cette fois, a péché par négligence, mais surtout à cause de son peu de goût pour cette numismatique barbare; au contraire, notre ami Adolphe Duchalais, parlant de ces monnaies, a erré pour l'avoir trop patriotiquement aimée. En 1840, Duchalais publiait dans la *Revue numismatique*[2], sur une trouvaille que l'on venait de faire à Bazoches-en-Dunois, un mémoire dans lequel il s'attachait à démontrer que ces pièces devaient être données aux Andecavi, alors que lui-même y avait lu le premier, je crois, ANDECOMBO. « Les mots « ANDECOMBO et ANDECAVI ne sont pas si éloignés l'un de l'autre qu'ils le paraissent au premier coup « d'œil[3]. » C'est Duchalais qui parle ainsi; mais bien qu'il ne l'ait pas dit, il faut croire que cette légende ne se lisait pas aussi complète sur tous les exemplaires de la trouvaille, car dans le volume même où parut son mémoire, la planche à laquelle renvoie une note de la page 168, n'en montre qu'un seul sur lequel il n'est pas possible de lire ANDECOMBO, mais seulement ANDECOM. Cette planche accompagne un article de L. de La Saussaye sur le sanglier, symbole de la Gaule, dans lequel ce savant renvoie au mémoire de Duchalais, mais ne se prononce pas sur l'attribution qui y est proposée[4].

Vingt ans plus tard, en 1865, F. de Saulcy, dans une de ses lettres à A. de Longpérier, consacrait un paragraphe aux monnaies à la légende ANDECOM dans lequel il commence par faire observer que Duchalais l'avait complétée en y adjoignant des ornements de coiffure de l'effigie, de façon à lire ANDECOMBO : « Je serais ravi, je l'affirme, que cette leçon fût correcte; mais malheureusement il n'en est rien. J'ai « dans mes tiroirs cinq ou six beaux exemplaires de cette monnaie, le Cabinet impérial en possède trois, « et la collection de M. le marquis de Lagoy, devenue, grâce à M. le duc de Luynes, un des plus magni-« fiques ornements de ce cabinet, en contient quatre. Partout et toujours on ne lit, au droit comme au « revers, que ANDECOM[5]. » Saulcy était sincère, comme toujours d'ailleurs, en affirmant qu'il ne voyait ANDECOMBO sur aucun des exemplaires de cette classe de monnaies, puisque, n'y lisant que ANDECOM, et

[1] *Catalogus musæi Cæsarei Vindobonensis*, etc. Un vol., f°. 1779. (Voy. p. 10.)

[2] Pages 165 et suiv.

[3] Il faut lire, p. 141 du t. X de la nouvelle série de la *Revue numismatique*, le passage dans lequel Saulcy, le téméraire Saulcy, plaisante Duchalais sur la dissertation philologique à l'aide de laquelle son jeune ami essayait de soutenir une hypothèse, à la vérité, des plus hasardeuses.

[4] Voy. p. 253.

[5] *Rev. num.*, nouv. série, t. X, p. 140, 141.

es pièces aux *Andecavi*, il proposait de les attribuer à un chef rème, ami de César, nommé dans manuscrits Antebrogius et dans d'autres ANDECOMBORIVS, ou ANDECVMBORIVS [1]. La présence deux lettres qu'il déclarait ne pas voir, aurait pu lui donner gain de cause, mais il n'acceptait pas un ırs qu'il croyait le résultat d'une erreur; il le montra encore plus méritoirement quelques années plus Dans son mémoire sur la *Numismatique des chefs gaulois nommés dans les Commentaires de César* [2], on lit : On prétend qu'il existe des exemplaires de cette monnaie sur lesquels on lit en toutes lettres ANDE-)MBO. Je n'en ai jamais vu un seul, et je le regrette d'autant plus vivement que cette leçon vient montrer d'une manière victorieuse que l'attribution que je propose est bonne. »

ıelque temps après, dans le volume XIV de la nouvelle série de la *Revue numismatique*, publié avec ıte de 1869-1870, Saulcy était loin d'avoir renoncé à cette attribution; faisant une revision de ses ɛs à A. de Longpérier, il écrivait, p. 11 : « Je maintiens au Rème Antebrogius des Commentaires dont nom a été manifestement altéré par les copistes, les monnaies carnutes d'argent à la légende ʼNDECOM. » Je ne sais si depuis cette époque F. de Saulcy a reparlé de cette attribution; mais ce qui ırieux, c'est qu'il existe en effet des pièces à la légende ANDECOMBO, et que Duchalais, comme venons d'entendre Saulcy l'en accuser, n'a pas adjoint des ornements de la coiffure de l'effigie à la ıde ANDECOM pour en faire ANDECOMBO, attendu que c'est non pas du côté face, mais au revers ıraît un cheval, que se trouve la légende lue par Duchalais ANDECOMBO. Il est donc évident que alais eut sous les yeux au moins un exemplaire avec la légende complète, attendu que le Cabinet nal, qui possède maintenant seize pièces de cette série, en peut montrer une où Saulcy dut avoir eu ur le plaisir de lire ANDECOMBO, car cette pièce provient de sa collection. A la vérité, la légende st pas complète; il y manque quelques lettres effacées du commencement du mot en question, mais ıi importe ici, les deux dernières syllabes COMBO sont parfaitement lisibles; en outre, toujours ɛnant de la collection Saulcy, le Cabinet national possède une de ces pièces, où, si l'on ne voit pas nal, on distingue très nettement le B [3].

ıintenant, resterait à savoir si Andecombo est le nom complet d'un chef ou celui d'une peuplade, ou s'il faut le compléter comme l'aurait voulu Saulcy, c'est-à-dire, s'il faut regarder cette légende comme sentant en abrégé le nom du chef *Andecomborius*, ou celui d'un chef Andecombos [4]. F. de Saulcy ne pas contenté de proposer de changer le nom du chef Antebrogius en *Andecombo*(rius), d'après les illes. A l'appui de cette attribution, il présenta des arguments empruntés à l'histoire. « Quant ındecomborius, je crois fermement aujourd'hui qu'après l'achèvement de la conquête, l'autorité naine le mit à la tête des Carnutes, clients des Rèmes, et dont les dernières rébellions avaient, pour si dire, consommé la ruine [5]. » Plus loin, il ajoute : « En résumé, les charmantes pièces à la légende DECOM me semblent les espèces frappées par le chef rème, ami de César, chargé de réorganiser et maintenir dans le devoir la cité des Carnutes [6]. »

ıte attribution est ingénieuse, et il y a moins loin d'*Andecom* et à plus forte raison de la légende *Ande-*, dont Saulcy nia si longtemps et avec tant de désintéressement la réalité, à *Andecomborius*, qu'à *Ande-* dont, selon Duchalais, *Andecom* ou *Andecombo* seraient des formes; mais, malgré la conviction avec lle l'auteur la présente, ce n'est qu'une hypothèse, comme on en a émis tant et de fort diverses sur et telles monnaies gauloises; et aussi longtemps que nous ne lirons pas Andecomborius ou Andecum-

llum gallicum, II, 3. Voy. le t. Ier de la traduction du général Creuly et de M. Alex. Bertrand.

nuaire de la Société française de numismatique et d'archéologie. (Voy. t. II, publié en 1867, p. 12.)

deux pièces portent les n°s 6351 et 6354 dans le présent catalogue; mais, trop confiant cette fois dans les assertions répétées de aulcy, Muret n'a pas remarqué ces intéressantes variantes.

elisant ces pages pour l'impression, je reçois un travail de M. de Barthélemy, intitulé : *Légendes des monnaies gauloises*, 1888. cadémicien donne comme moi la légende ANDECOMBO. Ce travail est extrait de la *Revue celtique*.

., nouv. série, t. X, p. 144.

5.

borius écrit nettement et *in extenso* sur des monnaies, le doute sera permis ou plutôt obligatoire. D'ailleurs, en raison des variantes des manuscrits, sommes-nous certains de connaître la véritable forme du nom du personnage qui aurait été chargé, selon Saulcy, de gouverner les Carnutes? Si les passages des Commentaires allégués par ce savant à l'appui de son hypothèse nomment Iccius et Andecomborius (*alias* Antebrogius), parmi les députés envoyés par les Rèmes à César, nulle part nous ne lisons que l'un ou l'autre de ces députés ait été investi par l'autorité romaine du gouvernement des Carnutes. Je me résume. Plus heureux que Saulcy lorsqu'il écrivait dans l'*Annuaire de la Société numismatique* (en 1865) qu'il n'avait jamais vu de pièce avec *Andecombo*, je sais, pour l'avoir vérifié, que cette légende n'avait pas été imaginée par Duchalais, puisque je la lis sur un exemplaire du Cabinet des médailles, mais je ne me crois autorisé ni à reconnaître sur ces pièces le chef rème au nom douteux mentionné par César, ni surtout à affirmer que ces monnaies aient été frappées par les Carnutes, attendu que la découverte d'un trésor est loin de suffire pour fixer une attribution [1].

De pareilles variations, pour singulières qu'elles puissent paraître, ne doivent diminuer ni le renom que s'est acquis le savant qui a peut-être plus fait pour l'avancement de l'étude des monnaies gauloises qu'aucun de ses émules, ni la gratitude qui lui est si légitimement due à divers titres. Si l'on choisit surtout des exemples des difficultés de la numismatique gauloise parmi les travaux de F. de Saulcy, c'est qu'ils se présentent forcément à la mémoire et qu'on ne peut en choisir de plus frappants, précisément à cause de ses remarquables aptitudes. Ancien officier supérieur d'artillerie, Saulcy fut toujours soldat, mais soldat d'avant-garde, éclaireur vaillant qui n'hésitait jamais devant une expédition périlleuse, en revenait souvent avec riche butin, mais aussi se fourvoyait parfois dans de perfides fondrières. Voici d'ailleurs un portrait de cet aimable érudit, écrit il y a près de vingt ans, à propos de ses lettres à A. de Longpérier : « Chez M. de Saulcy, à côté du savant il y a un causeur charmant, plein d'esprit, d'imagination « et de feu. La vue d'une médaille gauloise éveille en lui tout un monde de vieux souvenirs et d'idées neuves, « et il se hâte de les exprimer avec une ardeur égale à la vivacité de sa conviction, sauf à reconnaître le « lendemain qu'il s'est trompé. Quand il voit qu'il a commis une erreur, il s'empresse de le proclamer « avec autant de sincérité que de bonheur, car c'est pour lui le point de départ d'une théorie nouvelle « qu'il expose avec le même entrain, le même esprit, la même science et la même bonne foi que la théorie « de la veille. Cependant, chemin faisant, il rectifie nombre de lectures défectueuses des légendes monétaires et fait faire aux études celtiques d'incontestables progrès [2]. »

On ne saurait mieux dire, et si je m'empare de cette page de M. d'Arbois de Jubainville, c'est qu'elle est une excellente introduction aux exemples de variations que je voudrais mettre encore sous les yeux du lecteur, et qu'en même temps, elle vient à l'appui de la réserve que je recommande à tous ceux qui écrivent sur la numismatique gauloise et à laquelle je m'efforce de me soumettre le premier. S'il est facile d'errer en pareille matière, comme il est arrivé parfois à Saulcy, pour ne parler que de ce maître, il n'est pas donné à tout le monde de racheter quelques témérités par les brillants succès qu'il a obtenus.

En 1841, dans un article intitulé : *Monnaie inédite des Lixovii* [3], L. de La Saussaye décrivait ainsi une monnaie de bronze de sa collection :

« .... OVIX. Tête nue d'Apollon, à droite.

« ℞ LIXOVIO. Cheval au galop, à droite; derrière, une flèche entre deux globules; dessous, une « roue. — Æ. 3. F. 6. »

Sur cette monnaie, unique en 1841, La Saussaye trouvait difficile de ne pas voir dans les vestiges de légende OVIX [4] « les dernières lettres du nom de Viridovix, ce chef de la cité des Unelli, qui fut élu généra-

[1] Je reviendrai plus loin sur le rôle des provenances dans les questions d'attribution.
[2] *Revue celtique*, t. Ier, voy. p. 403.
[3] *Rev. num.*, t. VI, p. 345.
[4] Par inadvertance, L. de La Saussaye a placé la légende lue par lui, OVIX, au droit, tandis qu'elle est en réalité au revers sur l'original comme sur son bois, et *vice versa*.

lissime des États confédérés contre la domination romaine, l'an 56 avant notre ère ». Vingt ans plus tard, en 1861, dans le treizième chapitre de ses lettres à Adrien de Longpérier sur la numismatique gauloise intitulé : *Monnaies des Lexoviens,* F. de Saulcy présentait « quelques considérations à tout le moins nouvelles, « sur la suite des monnaies que nous pouvons, sans aucune espèce d'hésitation, attribuer aux Lexoviens [1] ». Plus loin, il s'exprimait ainsi : « La pièce qui ouvre évidemment la série est celle que La Saussaye a « attribuée à Viridovix, probablement avec raison [2]. » A ce moment, Saulcy, ayant sous les yeux une légende incomplète, ne déclarait pas indubitable la leçon VIRIDOVIX, mais se disait tout disposé à l'admettre [3]. Un an s'était à peine écoulé que, dans le chapitre XV, intitulé *Monnaies des Lixoviates,* d'une nouvelle lettre à Longpérier, il disait : « Il faut malheureusement renoncer à l'attribution à Viridovix de « cette belle et rare monnaie. » Il importe de faire observer que le préambule de ce chapitre XV témoigne d'une volonté de prudence et d'une modestie que l'on ne saurait trop louer. Le consciencieux numismatiste y annonce des modifications aux opinions émises par lui quelques mois auparavant sur les monnaies des Lexoviens, mais en même temps il déclare que nous sommes encore bien loin de prononcer sur la numismatique gauloise le *dernier mot* qu'on l'invitait à dire, ce dernier mot que personne du reste n'a encore dit depuis cette époque !

« Voici », ajoutait Saulcy, « la description que je crois aujourd'hui définitive (de la monnaie décrite par « La Saussaye) : Tête d'Apollon à droite devant le visage; LIXOVIATIS. Revers. LIXOVIATIS. Cheval à « *gorge fourchue* galopant à droite; derrière lui, un arbre déraciné (et non une flèche); à droite et à « gauche de l'arbre, un globule dans le champ; sous le ventre du cheval, une rouelle à quatre rayons [4]. « La pièce de La Saussaye (Pl. VI, n° 8 *bis*), maintenant qu'un autre bon exemplaire est venu la com- « pléter, se lit à merveille dans toutes les parties des légendes reçues par le flaon. Il n'y a plus le nom de « Viridovix, mais bien l'ethnique LIXOVIATIS auquel nous ne nous attendions guère, mais qu'il nous faut « bien adopter pour l'avenir [5]. » Ainsi Saulcy se résignait à voir sur cette pièce le même nom répété des deux côtés, fait qui se rencontre d'ailleurs parfois sur les monnaies gauloises. Malheureusement, en finissant cette lettre, Saulcy disait à son ami A. de Longpérier : « Il me resterait un véritable regret « d'avoir dépossédé Viridovix de la seule monnaie qui lui avait été jusqu'ici attribuée, si je n'avais à « t'annoncer la découverte d'une charmante monnaie, bien authentique cette fois, de l'illustre chef « des Unelles [6] », et cette monnaie, il la décrivait ainsi : « Tête casquée à droite; devant, la légende « VRbo.RE, que je lis : VRIDO (VIX) RE (X).

« ℟. Lion courant à droite; au-dessus, un astre. Petit bronze de fabrique excellente et toutefois ana- « logue à celle des pièces de CONTOVTOS, LVCIOS, etc. (Pl. I, n° 11.) »

On remarquera que les lettres V et R de cette légende sont liées [7].

Cinq ans plus tard, en 1867, Saulcy croyait toujours que cette petite monnaie était de Viridovix, car elle figure dans son travail déjà cité sur la numismatique des chefs gaulois des Commentaires de César [8]; mais peu de temps après, changeant encore d'avis, il la donnait à un autre chef, à Viridomarus. Dans une lettre adressée cette fois à M. de Barthélemy, Saulcy s'exprime en ces termes : « Pendant la grande « insurrection de l'an 52, les chefs éduens Litavicus, Eporedirix et Virdomarus jouèrent le rôle que « nous savons. Il est très vraisemblable, *à priori,* qu'ils firent battre monnaie pour subvenir à la solde de « leurs troupes. Les beaux deniers de Litavicus sont trop connus pour que j'en reparle ici. Quant à Vir-

[1] *Rev. num.*, nouv. série, t. VI, p. 164.
[2] *Ibid.*, p. 167.
[3] *Ibid.*, p. 170.
[4] *Ibid.*, t. VII, p. 177 à 188. C'est la description adoptée par E. Muret dans le présent catalogue. Voy. nos 7141 et suiv.
[5] *Ibid.*, p. 180.
[6] *Ibid.*, p. 186.
[7] N° 4333 du présent catalogue.
[8] *Annuaire de la Société franç. de num. et d'arch.*, 1867. Voy. p. 19 et pl. II, n° 32.

« domarus, je n'hésite pas aujourd'hui à lui attribuer la jolie pièce à la légende VRPO RX [1] que j'attribuais « précédemment à l'Unelle Viridovix, bien que le type et la fabrique de la pièce fussent en désaccord « flagrant avec cette attribution. Aujourd'hui le type du lion me ramène forcément aux Éduens, et dès « lors, il n'y a plus à mon avis aucune difficulté pour attribuer ce bijou numismatique à l'illustre Virdo- « marus (52 ans avant J. C.)[2]. » Je ne discuterai ni les arguments sur lesquels sont fondées ces attributions contradictoires, ni même les différences dans l'orthographe du nom Viridomarus ou Virdomarus; il suffit à mon dessein d'avoir montré encore une fois combien il est facile d'errer dans les tentatives d'attribution des monnaies gauloises. Mais je ne puis me dispenser d'avertir le lecteur que l'attribution à Virdomarus, regardée comme définitive par F. de Saulcy, ne l'est pas plus que celles qui précédemment lui avaient paru telles. Cette attribution est loin d'avoir été acceptée par tout le monde; en tout cas, elle n'a pas obtenu le suffrage de l'érudit à qui précisément M. de Saulcy avait adressé la lettre dont nous venons de citer un passage. Dans une *Étude sur des monnaies gauloises trouvées en Poitou et en Saintonge*, après avoir rapporté l'opinion de son savant ami sur la médaille en question, M. A. de Barthélemy s'exprime en ces termes : « Je ne pense pas que ces conjectures puissent être maintenues. En effet, la « monnaie dont nous nous occupons se trouve fréquemment aux environs de Périgueux, et jamais dans « la Gaule orientale. Il est donc permis d'y voir un chef pétrocore. Notons qu'un exemplaire fut trouvé « en Auvergne. » M. de Barthélemy reste, on le voit, dans la prudente réserve que je ne cesse de recommander et qui ici est bien justifiée, car enfin, si l'on a trouvé fréquemment les pièces à la légende VRDO (ou VRBO) RE en Périgord, on en a trouvé aussi des exemplaires en Auvergne et même en Poitou, et qui oserait dire que quelque jour on n'en trouvera pas ailleurs [3] ? J'ajouterai que la légende de cette monnaie ne me paraît pas avoir encore été lue d'une manière satisfaisante. Sur l'exemplaire de la collection Saulcy, le numéro 4333 du présent catalogue, le caractère dont on fait tantôt un D, tantôt un B, et qui ressemble à un b typographique, ne représente peut-être ni l'une ni l'autre de ces lettres; je crois seulement pouvoir affirmer qu'il n'y a ni VRDORX, comme le supposa un jour F. de Saulcy, ni VIRDORE pour VIRDOMARVS RE, comme il le supposa plus tard. Il me semble voir V R en lettres liées, puis la lettre indécise dont on a fait un D ou un B, enfin R E en lettres liées, plutôt que R X; mais avant d'essayer une interprétation de ce mot, il faut attendre la découverte possible d'exemplaires où il serait plus distinct.

Il est un autre exemple aussi instructif que ceux qui précèdent et que je voudrais citer encore; on y verra deux savants changer de manière de voir, et, en fin de compte, la découverte de plusieurs exemplaires plus complets de la monnaie à interpréter venant donner la véritable leçon.

En 1862, dans la *Revue numismatique*[4], F. de Saulcy décrivait ainsi une pièce alors unique de sa collection (le n° 4599 du présent catalogue) : « GAIV. IVLI. Buste de chef à gauche.

« ℞. OMAPATIS. Cheval libre galopant à gauche; au-dessous, un oiseau allant à droite. Poids, 1 gr. 85. « (Pl. I, n° 6.) »

Manquait-il une lettre au commencement de la légende du revers de cette monnaie? Saulcy le croyait, « sans pouvoir l'affirmer ». « Faut-il », ajoutait-il, « comme pour Virotal, lire OMARATIS, et non « *Omapatis*? Je le crois encore. Quant à compléter ce nom, les premières hypothèses qui se présentent « sont qu'il faut lire COMAPATIS ou DOMAPATIS. » Puis, brusquement, Saulcy termine par ces mots : « Mais quittons ce terrain peu solide. »

Quelques mois plus tard, dans le même volume de la *Revue numismatique*, Saulcy, cette fois moins

[1] Ici, la légende n'est pas figurée tout à fait comme plus haut.
[2] *Revue archéologique*, nouv. série, t. XVII, publié en 1868. Voy. p. 132-133.
[3] L'*Étude* de M. de Barthélemy a été publiée en 1874, dans le trente-septième volume des *Mémoires de la Société des Antiquaires de l'Ouest*. Le paragraphe que je rapporte porte le n° 15 et figure p. 11 dans le tirage à part que j'ai sous les yeux.
[4] *Rev. num.*, nouv. série, t. VII, p. 28.

prudent, proposait de reconnaître sur cette monnaie un chef gaulois nommé dans le chapitre XXXI du livre VII des Commentaires de César, *Teutomatus, Olloviconis filius, rex Nitiobrigum*, se fondant sur les nombreuses variantes de ce nom que l'on trouve dans les manuscrits des Commentaires. Le savant académicien faisait observer que la forme *Votomapatus* figure dans le manuscrit B (*Parisinum primum*), celui qui donne pour le nom si complètement défiguré Adcantuannus la forme Adiatunnus, c'est-à-dire « celle qui « se rapproche le plus du vrai nom *Adietuanus* du roi des Sotiotes d'après les monnaies », et concluait que le nom du roi des Nitiobriges devait présenter une forme assez voisine des deux variantes *Votomatus* du manuscrit A (*Parisinum secundum*) et *Votomapatus* du manuscrit B (*Parisinum primum*), dont la véritable aurait été Votomapatis[1]. Cette hypothèse aurait-elle donc été solidement établie? On va en juger. Dix ans après, en 1882, dans un mémoire intitulé : *Monnaies de Galatie*[2], Ernest Muret, parlant de l'usage constaté chez les chefs gaulois d'adopter les types romains et même les *prænomen* et *nomen* de César, rappela les noms de *Caius Julius Acedomapatis*, c'est-à-dire une nouvelle leçon de la médaille sur laquelle Saulcy supposait qu'il fallait lire Votomapatis, et ajoutait en note : « Cette leçon paraît meilleure que celle de Cale« domapatis que j'avais d'abord proposée. » Où? Muret ne le dit pas; c'est probablement dans son catalogue alors en préparation, où nous lisons, page 104, colonne 2, sous la rubrique GAIV. IVLI. CALEDOMAPATIS la description de la pièce en question, indiquée comme provenant de la collection Saulcy.

Suivant ses habitudes de brièveté, parfois excessive, Muret ne dit pas en cet endroit que la leçon *Acedomapatis*, la véritable selon lui, a été donnée par des exemplaires de cette monnaie trouvés à Jersey en 1875, et que M. de Barthélemy a fait connaître en 1883 dans un article de la *Revue numismatique* intitulé : *Monnaies gauloises inédites et rectifications*. C'est seulement à la fin de son catalogue, dans une sorte de supplément, que, sous la rubrique *Trouvaille de Jersey* (n° 10412), Muret décrit un exemplaire de bonne conservation de cette monnaie acquis en 1877, sur lequel il lit *Acedomap....*, mais sans rapprocher ce numéro 10412 du numéro 4599. Quant à l'article de M. de Barthélemy, la conclusion en est, selon moi, fort sage, et j'y vois avec plaisir que ce savant n'est pas éloigné de ma manière de voir; il déclare qu'il reste établi seulement que cet Acedomapatis frappa monnaie après la conquête de la Gaule par César, dont il était devenu le client. « Quant à deviner à quel peuple commandait Acedomapatis, nous ne pouvons le « tenter pour le moment; tout ce que nous pouvons dire, c'est que rien par le type et la fabrique n'auto« rise à penser à l'Agénois[3]. » On n'a pas oublié que l'Agénois est la région habitée par les Nitiobriges, auxquels Saulcy donnait cette monnaie. L'année suivante, M. de Barthélemy fut amené à reparler des monnaies d'Acedomapatis dans une *Étude sur les monnaies trouvées à Jersey*; là, il se contenta de citer cette série monétaire, de nous apprendre que cette découverte n'en comprenait que cinq exemplaires et de renvoyer à son mémoire de 1883 ainsi qu'au n° 5 de la planche I de ce volume de la *Revue numismatique* où figure l'un de ces exemplaires qui montre distinctement au revers ACEDOMAPATIS[4]. C'est encore ainsi que M. de Barthélemy lit le nom de ce chef dans un travail de la *Revue celtique* déjà cité ici[5], et c'est ainsi que tout le monde le lira désormais.

On pourrait multiplier ces exemples en feuilletant les revues numismatiques et autres recueils consacrés à l'archéologie; ce serait superflu, je l'espère; cependant je signalerai une question qui me paraît mériter la plus sérieuse attention, en ce qu'elle apporte une preuve capitale des difficultés de la numismatique gauloise et qu'elle montrera que je suis loin de les avoir exagérées.

Il existe deux séries de monnaies gauloises sur lesquelles on lit des noms qui semblent être ceux de peuples que l'on retrouve presque sans altération dans ceux de deux de nos provinces. Je veux parler de la

[1] *Rev. num.*, nouv. série, t. VII, p. 325 et suiv.
[2] *Mélanges de numismatique*, publiés par MM. de Saulcy et Longpérier. Voy. t. IIIe et dernier, p. 337.
[3] *Rev. num.*, 1883, voy. p. 10.
[4] *Rev. num.*, année 1884, voy. p. 181.
[5] Année 1887. Voy. p. 28, col. 1 du tirage à part.

série à la légende SANTONOS et parfois SACTNOS et de celle à la légende TVRONOS. On attribua longtemps sans hésitation ces monnaies aux peuples de la Saintonge et de la Touraine. Depuis quelques années, ces attributions sont contestées, et par de très bons esprits, dont les arguments, s'ils ne paraissent pas absolument concluants, sont loin d'être sans valeur et sont faits pour inquiéter. Je ne saurais nommer le savant qui, le premier, a soulevé cette question, et je n'ai pas en ce moment assez de loisir pour m'en enquérir ; mais cela n'est pas nécessaire à mon objet ; il suffira d'exposer la question d'après deux numismatistes éminents dont les écrits sur ce sujet sont présents à ma mémoire. Dans la *Description raisonnée des monnaies gauloises* de sa collection, publiée en 1880, P. Charles Robert, après avoir décrit une monnaie à la légende ARIVOS SANTONOS, s'exprime en ces termes : « J'ai dit que les ethniques, « très rares sur les monnaies des peuples de race gauloise pendant la période d'imitation grecque, l'étaient « moins dans les derniers temps. Cette pièce d'argent, qui est un des derniers produits du monnayage « gaulois, peut donc porter le nom des Santons. Je ne considère pas néanmoins la question comme réso- « lue. » C'est à la page 44 que se trouve cette phrase ; plus loin, page 52, Ch. Robert fait suivre la description de trois monnaies sur lesquelles on lit TVRONOS, d'un commentaire dont je citerai le début : « Les trois pièces qui précèdent sont classées d'ordinaire aux *Turones ;* mais on sait aujourd'hui que « beaucoup de noms d'hommes ont été pris pour des ethniques. »

On aura remarqué que Charles Robert est moins opposé aux anciennes attributions dans son article sur les médailles à la légende *Santonos* que dans celui sur les médailles à la légende *Turonos ;* toutefois, en somme, il se montre disposé à croire que *Turonos* serait pour *Turonus*, comme *Santonos* pour *Santonus*, et que ces légendes représentent des noms d'hommes ou des qualificatifs, et que de leur présence sur des monnaies il ne faut pas conclure que celles-ci aient été frappées, soit en Saintonge, soit en Touraine.

En un mot, si, à travers ses hésitations et ses réticences, j'ai bien compris le regrettable érudit, il pense que sur les pièces où nous lisons TVRONOS autour d'une tête casquée d'un côté, et de l'autre CANTORIX autour d'un cheval libre, il s'agit d'un chef nommé *Cantorix* et surnommé *Turonus,* ou peut-être de deux chefs, *Cantorix* et *Turônos,* et qu'il explique de même les pièces aux légendes SANTONOS ARIVOS.

L'autre numismatiste que je veux citer, et dont la parole est aussi autorisée que l'était celle de Ch. Robert, est plus résolu que son confrère à ne pas voir des ethniques dans les légendes en question.

« Il est utile de noter », a écrit M. de Barthélemy, « que, dans la numismatique gauloise, les « ethniques et les noms de villes, surtout ceux-ci, sont de véritables exceptions ; il y a lieu d'indiquer « les deux époques bien caractérisées pendant lesquelles ont été frappées les pièces qui portent des « vocables de peuples ou de villes. La première période comprend le temps écoulé entre le commen- « cement du monnayage en Gaule et l'apparition des monnaies romaines dans la Transalpine, deux « siècles environ avant l'ère chrétienne. A l'exemple de Marseille et de Rhodes, les peuples de la Gaule « méridionale gravaient leurs ethniques en caractères grecs sur leurs monnaies. » L'auteur cite douze « de ces peuples, et ajoute : « Sous l'influence romaine, l'usage des caractères latins s'établit et se « répandit dans l'Est et dans le Nord ; nous trouvons alors : AVLIRCVS, AVLIRCO, EBVROVICO, CABE- « COL, LEXOVIO, LIXOVIATIS, LVGVDVNI, MEDIOMA, NEM-COL, RATVMAGVS, REMO, « SEGVSIAVS, SEQVANOIOTVOS, SOTIOTA, VELIOCAΘI-VOL, VOLCAE, AREC[1]. »

« A l'heure où j'écris ces lignes », ajoute M. de Barthélemy, « nous n'avons pour cette période « d'ethniques certains que pour un groupe formé par les Aulerques, les Éburoviques, les Véliocasses et les

[1] On trouvera toutes les pièces citées ici dans la collection nationale ; voyez les nos 7046, 7047, 2563, 7156, 7141, 4639, 8953, 2729, 7364, 8038, 4622, 5329, 3604, 7364, 2620 et 2662. Dans son travail intitulé *Les légendes des monnaies gauloises*, publié en 1887, dans la *Revue celtique*, M. de Barthélemy écrit ce nom comme ici EBVROVICO, et non EBVROVICOM, ainsi que l'on a parfois cru devoir lire. De bons exemplaires ont donné la leçon RATVMAGOS au lieu de RATVMAGUS ou RATVMACUS; et c'est RATVMA-CVS que nous trouvons également dans le recueil cité des *Légendes gauloises* de M. de Barthélemy. Il faut ajouter la forme LIXOVIO d'après plusieurs exemplaires décrits dans le présent catalogue, voy. nos 7157 et suiv.

« Lexoviens; un peuple de la Narbonnaise, les Volces Arécomiques; un peuple de l'Aquitaine, les Sotio-« tes[1], puis les Ségusiaves, les Séquanes, les Mediomatrices, les Rémes. Les seules villes représentées « par des monnaies sont Rouen et les colonies de Cavaillon, Nîmes et Lyon. Notons en passant quelques « ethniques qui paraissent appliqués à certains personnages pour indiquer leur lieu d'origine : TVRONOS-« TRICCOS, TVRONOS-CANTORIX, REMOS-ATISIOS, SANTONOS-ARIVOS[2]. »

Je ne poursuis pas plus loin ces extraits d'un mémoire qu'il faut lire en entier[3]; il suffira de mentionner deux notes du savant académicien que l'on y trouvera p. 6, sous les nos 2 et 3 : « Note 2. — Les monnaies « aux légendes TVRONOS-CANTORIX présentent deux variétés dans le type et la nature de métal, dont « l'une se trouve presque exclusivement dans l'Est. » — « Note 3. Les deniers aux légendes SANTONOS-« ARIVOS ne m'ont pas encore été signalés, quoique généralement communs ailleurs, comme rencontrés « en Saintonge. »

Je ne m'inscris pas contre l'opinion que je viens de citer; elle compte, on le voit, des partisans dont l'autorité la recommande; seulement, je le confesse, je voudrais avoir sur l'absence de trouvailles en Saintonge et en Touraine de pièces aux légendes SANTONOS et TVRONOS, des documents irrécusables, avant de renoncer définitivement à voir des ethniques sur ces monnaies. Je dois dire encore que les arguments tirés des provenances, lorsqu'ils sont seuls ou à peu près seuls, ne me paraissent pas concluants dans les questions d'attribution.

Précisément dans le catalogue cité plus haut de la collection P. Ch. Robert, où l'auteur laisse voir une tendance à refuser à la Saintonge et à la Touraine les pièces sur lesquelles on lit SANTONOS et TVRONOS, je remarque dans l'avant-propos la confirmation de mes idées sur les provenances en fait de monnaies gauloises. « Il y a trop peu de temps », dit P. Ch. Robert, « qu'on s'occupe sérieusement des « monnaies gauloises, la plupart de celles-ci se trouvent dans trop de pays différents, et les enquêtes « sur les provenances sont encore trop incomplètes, pour que la présence d'un trésor et même de « plusieurs pièces isolées soit un guide suffisant. La circulation était en effet très considérable chez un « peuple où le signe d'échange était aussi abondant et aussi varié; les monnaies, même lorsqu'elles « n'étaient que de cuivre, se transportaient au loin, soit par le commerce ou la guerre, soit en vertu de « conventions monétaires, admissibles chez des peuples à traditions grecques. Ce fait, entre autres, « explique pourquoi la numismatique gauloise semble si ardue[4]. »

Je contresignerais volontiers ce passage, à la condition d'en supprimer un mot; au lieu de *semble si ardue,* pour être d'accord avec moi-même, je rayerais *semble* et j'écrirais *est si ardue*. Afin de me borner à la question des monnaies aux légendes *Santonos* et *Turonos*[5], je demanderai si le fait de l'absence de trouvailles de ces pièces dans les régions où l'on pourrait en attendre, même en supposant ce fait formellement démontré, ne pourrait pas s'expliquer autrement que par les hypothèses que je viens de rappeler. Les ethniques sont rares sur les monnaies gauloises; mais enfin on en connaît quelques-uns. Or, nous savons que les Gaulois essaimaient souvent; ne serait-il pas possible que les *Santones* de la Saintonge et les *Turones* de la Touraine n'aient pas inscrit leurs noms sur leurs monnaies, tandis que des rameaux de ces peuples auraient pris ce soin? Il y a des Bituriges Vivisci dans le Bordelais et des Bituriges Cubi dans le Berry. Il y eut peut-être des Santones et des Turones ailleurs qu'en Saintonge et en Touraine, et est-il donc impossible que ceux-ci aient inscrit leurs noms sur leurs monnaies? Ce n'est pas une hypothèse que je hasarde, mais un soupçon que je ne laisse percer que pour montrer une face de plus

[1] Les textes nomment ce peuple *Sotiates* ou *Sotiates;* leurs monnaies les nomment *Sotiotes*.
[2] Ces monnaies figurent dans le présent catalogue sous les nos 6992... 7002, 8054 et 4525.
[3] *Rev. num.*, 3e série, année 1883, t. I, p. 1 et suiv.
[4] Ch. Robert, p. 8 de la *Description raisonnée*, etc., déjà citée.
[5] Voyez sur cette question : *Revue numismatique*, 1840, p. 251 et 252, et 1846, p. 237, des articles qui justifient, je ne dirai pas mon scepticisme, mais mon hésitation.

de cette question qui me paraît une des plus difficiles de la numismatique gauloise. Sur quoi d'ailleurs, indépendamment des trouvailles, se fonde-t-on pour refuser de reconnaître les mots Santonos et Turonos pour des ethniques? J'ai cru comprendre que c'est parce que l'on y voit des nominatifs au singulier, c'est-à-dire que *Turonos* serait pour *Turonus,* comme *Santonos* pour *Santonus,* par une sorte d'archaïsme dont on connaît beaucoup d'analogues en Italie, en Afrique et en Gaule[1]; soit, mais alors pourquoi accepter comme un ethnique la légende SEQVANOIOTVOS[2]? Me répondra-t-on par la date différente de ces monnaies? Mais cette date serait-elle donc fixée irrévocablement? Ne prolongeons pas cette discussion; j'aime mieux insister sur les périls des essais d'attribution et rappeler que l'on a donné un jour, à un peuple de la Grande-Bretagne, à de quasi-Gaulois, des monnaies qui, un an après la publication de l'article auquel je fais allusion, étaient reconnues, cette fois, sans contestation possible, pour avoir été frappées bien loin de la Grande-Bretagne, à Pæstum dans la Grande Grèce[3] !

La numismatique gauloise a des mirages qui ont trahi des esprits fort rebelles à la folle du logis. Adrien de Longpérier n'a-t-il pas un jour, par sa hardiesse, étonné Saulcy, son savant, mais aventureux confrère? A propos d'un groupe de monnaies gauloises que l'on rencontre fréquemment à Meaux, sa ville natale, ou dans ses environs, et qui, comme tant d'autres, portent le même nom des deux côtés, Longpérier s'exprimait ainsi : « Les monnaies à la légende EPENOS-ΕΠΗΝΟϹ paraissent porter un nom « d'homme; c'est un nom dont à la vérité nous n'avons pu constater la présence dans aucun texte histo- « rique ou épigraphique, et nous nous sommes parfois demandé s'il ne se trouvait pas caché dans une « fausse transcription, qui aurait produit le IATINON dont Ptolémée fait la ville des Meldes[4]. Nos « monnaies gauloises portent l'ethnique masculin que nous considérons comme le nom du *genius loci,* du « δῆμος. Entre ΕΠΗΝΟϹ et IATINOϹ, la différence n'est pas telle qu'elle n'ait pu être produite par un « copiste[5]. » Ajoutons, pour être équitable, que Longpérier, après avoir laissé échapper le passage dont nous ne transcrivons qu'une partie, a éprouvé quelque chose comme des remords. « Mais ce ne sont là « que des hypothèses », dit-il en terminant. Saulcy, cette fois, n'obéissant qu'à la prudence, fit discrètement comprendre à son ami que ses hypothèses ne reposaient pas sur une base solide, et cela, dans une de ses lettres insérée dans le volume suivant de la *Revue numismatique*[6]. Qui donc en pareille matière oserait se vanter de n'avoir jamais résisté aux suggestions de l'imagination? Ce n'est certes pas moi; en dépit de ce que je viens d'écrire pour mettre les numismatistes mes confrères en garde contre les écueils sur lesquels cette Fata Morgana a fait échouer tant de bons esprits, n'ai-je pas tout à l'heure, à propos des Santonos et des Turonos, émis une hypothèse des plus téméraires!

Après avoir rempli le devoir pénible de relater tant de naufrages, je voudrais faire toucher au doigt les inappréciables services que le catalogue rédigé par E. Muret me paraît appelé à rendre. Et d'abord, comme il comprend la presque totalité des monnaies gauloises connues au moment où il fut composé, ce livre donnera une sécurité plus grande que celle qui, jusqu'à sa publication, a été le partage des amis de la numismatique gauloise, soit au point de vue de l'authenticité des pièces, soit à celui de l'exactitude des descriptions. Je m'explique. On aura compris que, si j'ai cru devoir exposer les erreurs échappées aux érudits qui se sont intrépidement lancés à travers les périls de l'interprétation et de l'attribution des monnaies gauloises, je n'ai ni oublié, ni voulu faire oublier la gratitude que nous leur devons tous. Je ne leur reprocherai même pas de s'être trop pressés de publier; ce serait de l'injustice. Il s'agissait de popu-

[1] *Sur la terminaison en OS dans les légendes des monnaies gauloises,* voy. Adrien de Longpérier, *Revue numismatique,* année 1863, t. VIII de la nouv. série, p. 160.

[2] Voy. p. 121 du présent catalogue.

[3] Voy. *Rev. num.,* 1860, p. 170 et 249.

[4] Sur le nom de ville Ἰάτινον, il faut lire le commentaire du passage invoqué par Longpérier dans l'édition du géographe donnée par Müller. Cf. p. 217 du t. I, *Comment.,* pour le livre II, VIII, XI.

[5] *Rev. num.,* année 1859, voy. p. 100.

[6] Année 1860, voy. p. 358.

lariser les monnaies gauloises, que leur laideur avait trop longtemps fait dédaigner. Si ces hommes de dévouement publiaient leurs idées en même temps que les monnaies nouvellement découvertes, c'est qu'il importait que celles-ci fussent connues dès le lendemain des trouvailles, puis immédiatement réparties entre les musées et les amateurs, afin d'éviter que, comme il arriva fréquemment dans le passé, elles fussent fondues lorsqu'elles étaient d'or ou d'argent, ou rejetées avec mépris lorsqu'elles n'étaient que de cuivre ou de potin et de travail ultra-barbare.

Pour atteindre ce double but, il fallait aller en avant, à l'américaine, sans se soucier de trébucher. C'est ce que firent délibérément, souvent avec bonheur et toujours au profit de la science, ceux que l'on peut nommer les pionniers de la numismatique gauloise. Mais à mesure que la science a progressé, on s'est aperçu des erreurs commises; la critique a constaté que les zélés auteurs de ces travaux improvisés n'avaient pas toujours vu en nature les monnaies qu'ils s'empressaient de publier et d'expliquer aussitôt qu'elles leur étaient signalées, soit par des empreintes, soit par des communications de correspondants plus ou moins expérimentés. De là, de l'incertitude dans l'esprit des savants, surtout lorsqu'il s'agit de types insolites, singuliers ou trop intéressants, ou lorsque ces types se rencontrent sur des pièces déclarées uniques ou de grande rareté, et dont par conséquent les originaux ne sont pas à la portée de tout le monde. Les descriptions du catalogue de Muret ne donneront pas de ces inquiétudes. Sauf un infiniment petit nombre d'erreurs, d'ailleurs légères, tribut payé à la faiblesse humaine et auquel nul ne peut se flatter d'échapper, surtout dans l'accomplissement d'un travail aussi considérable et aussi minutieux qu'un catalogue de plus de dix mille monnaies, les descriptions d'E. Muret sont fidèles, et ce qui est tout à fait rassurant, c'est qu'en cas de doute, il est facile de les contrôler au moyen des originaux au Cabinet des médailles; ce n'était pas chose aussi simple lorsqu'il s'agissait de monnaies conservées dans des collections privées ou dans des musées de province. Voilà pour l'exactitude des descriptions. Quant à la question si délicate de l'authenticité des pièces décrites, on osera le dire, celle des exemplaires de la collection nationale est entourée de garanties aussi sérieuses que possible. En ce qui concerne les pièces dites de *l'ancien fonds*, les travaux auxquels elles ont donné lieu, les examens minutieux auxquels elles ont été soumises depuis plus d'un siècle par tant d'érudits nationaux ou étrangers, ainsi que par les fonctionnaires qui se sont succédé dans le Cabinet des médailles, tout ceci me paraît de nature à rassurer les esprits les plus timorés. Quant aux pièces relativement nouvelles dans l'établissement, celles qui y sont entrées depuis environ un demi-siècle, c'est-à-dire depuis que la critique archéologique est entrée dans la voie progressive qu'elle ne cesse d'élargir, indépendamment de garanties semblables à celle que l'on ne refusera pas à notre ancien fonds, elles en ont de particulières qu'elles tiennent de l'autorité des deux savants qui en ont réuni la plus grande partie.

Vers le milieu de la période indiquée, deux événements inoubliables ont augmenté notre collection gauloise dans des proportions considérables. Le premier de ces événements remonte à l'année 1862. C'est la donation, faite au Cabinet des médailles par le duc de Luynes, de sa collection d'antiquités et de médailles, laquelle comprenait une belle suite de monnaies gauloises. Le second de ces événements, c'est l'acquisition en 1872 de la collection gauloise formée par F. de Saulcy. Il ne sera pas inutile de montrer l'importance numérique de ces affluents et d'en faire apprécier la valeur scientifique.

En 1846, Duchalais, dans la préface de son Catalogue des monnaies gauloises de la Bibliothèque royale, disait : « Cette collection, en effet, est la plus belle et la plus riche en son genre qui soit au monde, « tant par le choix des pièces qu'elle renferme, que par leur nombre[1]. » Duchalais n'exagérait pas; mais enfin, cette collection, la plus riche du monde, comptait en tout 812 pièces! La collection donnée par le duc de Luynes en comprenait à elle seule 1,400! Celle de M. de Saulcy, plus de 8,000! Ainsi, grâce à

[1] *Description des médailles gauloises faisant partie des collections de la Bibliothèque royale.* Paris, 1846. Voy. préface, p. II.

ces deux événements, et aux acquisitions annuelles, la série gauloise a plus que décuplé en moins de cinquante ans, puisque le présent catalogue comprend 10,413 numéros. A la vérité, dans ce nombre il y a des doubles; mais ces doubles, loin d'être une superfétation, étaient nécessaires; ne l'oublions pas, les monnaies gauloises sont souvent mal gravées et mal frappées; aussi les collectionneurs savent-ils qu'il faut parfois jusqu'à dix exemplaires d'une pièce pour équivaloir à un seul de bonne frappe et de conservation suffisante.

Ces affluents, remarquables par le nombre des monuments, le sont peut-être encore davantage au point de vue de l'intérêt qu'ils présentent. Quelques mots sur la formation des collections de Luynes et Saulcy le montreront. Ce n'est pas le duc de Luynes qui avait réuni la série gauloise arrivée dans le Cabinet national par sa mémorable donation du 27 octobre 1862; c'était l'un de ses amis, le marquis Roger de Lagoy. Adepte fervent de l'antiquité classique, curieux éclairé de l'antiquité orientale, et particulièrement épris de l'art grec, le duc de Luynes n'avait guère poursuivi que les médailles de la Grèce, de la Sicile, de la Grande Grèce et de l'Asie Mineure; mais un savant, un grand citoyen, comme l'illustre académicien, n'avait pas besoin d'avoir colligé les médailles gauloises pour apprécier l'intérêt qu'elles présentent. On le vit, lorsqu'à la nouvelle de la mort du marquis de Lagoy, arrivée le 16 avril 1860, le duc de Luynes s'empressa d'acquérir de ses héritiers sa collection de médailles gauloises et celtibériennes. Commencée à Saint-Remy de Provence par le père du marquis Roger de Lagoy, et continuée par celui-ci, cette collection contenait naturellement surtout des monnaies gallo-grecques. Le joyau de la collection Lagoy-Luynes, c'est une admirable petite pièce d'argent, frappée par la ville grecque qui précéda Saint-Remy, celle que Pline nomme Glanum Livi [1], qu'une inscription rapportée d'abord par le comte de Caylus [2], puis dans le recueil d'Orelli-Henzen [3], nomme RESPVBLICA GLANICORVM, que Ptolémée nomme Γλανόν [4], et dont le nom est écrit GLANVM et GLANVN sur les vases itinéraires d'argent des *Aquæ Apollinares* [5]. Sur cette jolie médaille, notre numéro 2247, du côté face, on voit la tête de Cérès, et au revers, un taureau marchant la tête baissée, au-dessus duquel figure un monogramme qui paraît être composé des lettres Π et N réunies par un trait horizontal. Sous le taureau, on lit l'ethnique ΓΛΑΝΙΚΩΝ qui jusqu'à ce jour n'a été lu que sur cette médaille restée unique depuis plus de soixante ans qu'elle est connue. Il n'est pas nécessaire de faire ressortir l'importance d'un tel monument; cette pièce a été découverte vers 1828 à la suite de fouilles dirigées par le père du marquis Roger de Lagoy et a été mentionnée pour la première fois, en 1824, dans la Statistique des Bouches-du-Rhône, publiée par le comte de Villeneuve, préfet de ce département [6]; plus tard, elle fut confiée par le premier de ses possesseurs à Th. Marion du Mersan, qui la publia en 1833 [7]; enfin, elle le fut de nouveau l'année suivante par le marquis Roger de Lagoy [8]. On le sait, héritier des goûts studieux et de la collection de son père, M. de Lagoy, dont nous avons parlé plus haut, s'est acquis par ses écrits une renommée de savant et de numismatiste distingué.

Une autre médaille, longtemps unique comme celle de Glanum, sur laquelle on lit ΚΑΙΝΙΚΗΤΩΝ, faisait aussi partie de la collection Lagoy. Cette pièce, notre n° 2245, montre du côté face la tête de Bacchus, et au revers un lion rugissant, l'ethnique ΚΑΙΝΙΚΗΤΩΝ et un monogramme dans lequel on reconnaît les lettres Π et N réunies par un trait horizontal comme sur la monnaie de Glanum, puis un P, un Δ et dans la partie supérieure un Υ. On doit la découverte de la monnaie des Cænicenses à M. de Lagoy, qui la dis-

[1] *Hist. nat.*, t. III-IV.
[2] *Recueil d'antiquités*, etc., t. VII, p. 263.
[3] *Amplissima collectio*, etc., n° 5210.
[4] T. II, p. 10.
[5] Marchi, *La stipe tributata alle divinità delle acque Apollinari*, etc., 1852. — Voy. les diverses colonnes d'inscriptions.
[6] Voy. t. II, p. 226, 292 et 399.
[7] *Médailles inédites ou nouvellement expliquées*, par M. du Mersan, voy. p. 19.
[8] *Description de quelques médailles inédites de Massilia, de Glanum, des Cænicenses et des Auscii*, par M. le marquis de Lagoy. Un vol. in-8°, Aix, 1834. Voy. p. 17.

tingua au milieu d'un dépôt considérable de pièces d'argent de Marseille; on n'en connaît jusqu'à présent qu'un second exemplaire qui est entré dans le Cabinet national avec la collection Saulcy. M. de Lagoy l'a attribuée avec beaucoup de vraisemblance aux *Cænicenses*[1], peuple nommé seulement par Pline, qui le place dans la Narbonnaise[2], et dont, suivant La Saussaye, la ville principale aurait été située près de la Maison-Basse du Vernègues (Bouches-du-Rhône), où il existe des ruines importantes[3]. Il y avait encore dans la collection Lagoy un bel exemplaire de la monnaie des Eburoviques, notre numéro 7044, soit le numéro 369 de l'exemplaire de l'ancien fonds décrit par Duchalais dans son catalogue déjà cité. Je mentionnerai aussi dans la collection Lagoy une obole encore unique, à ce que je crois, que son possesseur attribuait aux *Anatilii*, et que F. de Saulcy a donnée peut-être avec plus de vraisemblance aux *Volcæ Arecomici*[4], bien qu'on n'y lise au revers que les trois lettres *VNV* dans les rais d'une roue. Le côté face de cette jolie monnaie (notre numéro 2645) montre une tête virile tournée vers la gauche.

Le marquis de Lagoy possédait encore dix spécimens (nos numéros 2267 à 2275) des monnaies des Samnagètes[5]. Je renonce à citer d'autres pièces non moins importantes de cette collection, pour en signaler quelques-unes de celle qui fut formée et cédée par M. de Saulcy, et aussi parce que je tiens à conserver de l'espace afin de rappeler les circonstances dans lesquelles fut faite par l'État cette inappréciable acquisition.

Pour réunir une pareille collection, il fallait un savant doué d'un tact très fin, enflammé de la plus ardente et de la plus persévérante passion, servie par la plus vive intelligence; il fallait encore que ce savant fût libre de ses mouvements, qu'il pût parcourir la France en tous sens et fût en situation de ne pas reculer devant des sacrifices d'argent considérables; ces qualités, cette indépendance, M. de Saulcy les possédait; mais il arriva un moment (en 1872) où il lui devint difficile de conserver sa collection; aussi se décida-t-il à s'en séparer, ne se consolant de ne plus l'avoir sous les yeux que par la pensée qu'elle ne serait pas dispersée et qu'elle servirait à jamais à l'étude. Aussitôt que l'on sut que M. de Saulcy consentait à ce sacrifice, l'acquisition de sa collection fut proposée par le ministre de l'instruction publique à l'Assemblée nationale, qui accorda libéralement le crédit de 200,000 francs demandé à cet effet, après avis motivé de la commission du budget de l'instruction publique, dont le président était Ludovic Vitet, et le rapporteur, Ernest Beulé. Cette allocation fut votée le 9 décembre 1872, je ne dirai pas par acclamation, mais sans discussion, tant cette dépense parut légitimée par l'importance de la collection, et cela malgré les charges énormes imposées au trésor public par les désastres des années 1870 et 1871.

J'emprunte au rapport de Beulé une phrase qui me dispensera d'ajouter à ce qui précède autre chose que quelques mots sur les principales monnaies de la collection Saulcy. Beulé terminait ainsi le paragraphe de son rapport relatif à la Bibliothèque nationale : « L'acquisition de la collection Saulcy par la « France constitue pour le cabinet national une supériorité scientifique dans cette série, qu'aucun cabi- « net étranger ne pourra égaler; si, au contraire, cette collection était acquise par un gouvernement « étranger, nous aurions l'embarras d'avouer que les documents les plus importants pour l'histoire de « nos ancêtres et l'étude de nos antiquités nationales se trouvent hors de France, et que nous les avons « volontairement perdus.

« C'est pourquoi la commission du budget propose à l'Assemblée d'accorder le crédit de 200,000 francs, « qui sera inscrit au chapitre XVIII du budget de 1873.

« Les exemplaires doubles pourront être vendus aux enchères publiques au profit du trésor par les soins « du ministre des finances. On a calculé que cette vente atteindrait le chiffre maximum de 14,000 francs. »

[1] *Description de quelques médailles inédites de Massilia, de Glanum, des Cænicenses et des Auscii*, par M. le marquis de Lagoy. Un vol. in-8°, Aix, 1834. Voy. p. 25.

[2] Pline écrit ce nom *Cenicenses*. Hist. nat., III, IV.

[3] L. de La Saussaye, *Numismatique de la Gaule Narbonnaise*, voy. p. 105.

[4] *Rev. num.*, 1847, p. 397. — *Rev. num.*, 1866, p. 415.

[5] Voy. l'ouvrage de M. de Lagoy cité, p. 38.

Il n'est pas inutile d'ajouter qu'avec l'autorisation du gouvernement, on n'a rien vendu, attendu
l'on fit remarquer à qui de droit que ces doubles tiendraient lieu de pièces bien conservées, ainsi qu
l'on a eu l'occasion de le dire plus haut.

Je ne puis négliger d'ajouter que, dans son rapport, Beulé avait fait observer que la collection Saulc
avait « absorbé et résumé toutes les collections privées de monnaies gauloises formées en France depui
« un demi-siècle. On y trouve réunis tous les exemplaires qu'avaient ramassés, à force de soins, d'argen
« et de temps, chacun dans leur région, les amateurs, parmi lesquels on doit citer : MM. Tôchon (d'An
« necy), Lemesle (de Nantes), de Roucy (de Compiègne), Hucher (du Mans), Soulages (de Toulouse)
« Rigollot (d'Amiens), Breidbach (de Bruxelles), Mioche (de Clermont-Ferrand), Colson (de Noyon). »

Le rapporteur s'était tenu dans les limites de la vérité. La collection de médailles gauloises formée pa
F. de Saulcy renferme en effet une foule de pièces de premier ordre; on a vu tout à l'heure que le secon
exemplaire connu de la monnaie des Cavnicenses (notre numéro 2246) faisait partie de cette collection
il y en aurait un grand nombre d'autres à citer, mais il faut se borner; je mentionnerai seulement quel
ques pièces qui, de fortune, se présentent à ma mémoire. Et d'abord, un statère d'or, non pas d'un
contrée gallo-grecque, mais qui, bien qu'imité en partie comme tant d'autres de ceux de Philippe d
Macédoine, se distingue des pièces sur lesquelles paraît au revers un type analogue (nos numéros 6450
51 et 52), d'abord par la beauté exceptionnelle de l'exécution, puis par sa conservation qui ne laisse rie
à désirer. Je décris ici ce statère, attendu que je ne le vois pas dans le catalogue de Muret, qui paraî
l'avoir oublié, sans doute pour l'avoir momentanément mis à part en raison de l'incertitude où il se trou
vait à bon droit à son sujet. Du côté face, tête laurée d'Apollon, à droite. Revers : cheval au galop
droite. Au-dessus, aigle ou corbeau. Près de la tête du cheval, un globule. Sous le cheval, objet indéter
miné que Saulcy croit être le *carnyx*. A l'exergue, EXX. Selon le même savant, ces trois lettres seraien
l'abrégé d'EAKEΣOOVIX. « Le père de Tasgetius se nommait EAKEΣOOVIX. Cette belle monnaie lu
« appartenait peut-être. » Je ne discute pas cette hypothèse à laquelle l'auteur ne croyait pas beaucou
lui-même, puisque, dans le catalogue original manuscrit de sa collection, où je la relève, il a placé c
magnifique statère sous la rubrique : *Monnaies d'or à classer*[1].

Dans l'incertitude où je suis également sur l'attribution à donner à cette belle monnaie, je la classe pro
visoirement dans le voisinage de notre statère n° 6422, en raison de la grande similitude de fabrique qu
me paraît rapprocher ces deux pièces, bien que leurs revers soient différents. Toutes deux montrent d
côté principal une tête d'Apollon dont les moindres détails offrent une singulière analogie. Notr
incertaine est d'ailleurs gravée au milieu de pièces attribuées aux Turones sur une des planches d
recueil de médailles gauloises, encore inédit, préparé par la commission de la carte des Gaules ; mais j
dois avertir que les pièces d'or gauloises numérotées 6950, 6951 et 6952 dans notre catalogue, et qui offren
au revers le même type que la médaille qui nous occupe, auraient aussi des droits à être rapprochées d
joyau en question.

Je ne puis passer sous silence la monnaie à la légende CEΓOBI (notre n° 2244), qui longtemps unique, es
encore aujourd'hui fort rare. L. de La Saussaye l'a attribuée à une peuplade des Alpes, les *Segovii*, qu
ne nous est connue que par la célèbre inscription de l'arc de Suze, où son nom figure en tête de l'énumé
ration des *civitates* du royaume de Cottius et avant celui de Suze, *Segoviorum, Segusinorum*[2], etc. ; mai
cette attribution n'a pas été adoptée par F. de Saulcy, qui préfère la donner aux *Segobriges* des environ

[1] Dans son *Mémoire sur les chefs gaulois mentionnés par César*, M. de Saulcy, à l'article de *Tasgetius*, rappelle que c'est L. de L
Saussaye qui, le premier, attribua les monnaies aux légendes EAKESOOVIX et TASCIITIOS à Tasgetius, roi des Carnutes, et qui a c
pouvoir reconnaître dans cet Elkesovix nouvel ami de César « l'aïeul dont Tasget revendiquait les États ». — Voy. Saulcy, *Annuaire d
la Société française de numismatique*, année 1867, p. 13 et 14. — La Saussaye, *Rev. num.*, année 1837, p. 1 et suiv., où ce savan
cite les Commentaires de César, *Bellum Gallicum*, V, XXV.

[2] *Num. de la Gaule Narbonnaise*, p. 122.

de Marseille[1], c'est-à-dire aux *Segobrigii* de Justin, dont les manuscrits offrent d'ailleurs des variantes qui laissent le champ libre aux hypothèses[2].

Je citerai encore parmi les raretés de la collection Saulcy une monnaie incertaine d'une peuplade soumise aux Massaliètes (notre n° 2177), mais je ne pousserai pas plus loin cette revue. Je compléterai mieux l'éloge de la collection Saulcy en citant encore quelques mots du rapport de Beulé à l'Assemblée nationale.

Le savant académicien faisait observer que le cabinet de France possédait, en 1872, 153 pièces gauloises avec inscriptions, et que la collection Saulcy lui en apporterait 83 nouvelles ; qu'il n'avait pas plus de 200 pièces d'or, qu'il en recevrait près de 1,000, dont 900 nouvelles pour lui ; enfin, comme il s'agissait d'ajouter un chiffre relativement considérable au budget des dépenses, Beulé faisait observer que l'on trouverait facilement dans la collection proposée à l'État 60 pièces d'une valeur de 1,000 francs en moyenne, que beaucoup d'autres valaient 500, 400, 300, 200 et 100 francs. Si je rapporte ces chiffres, c'est que je tiens à faire apprécier l'importance du service rendu à la science par F. de Saulcy. La collection de l'illustre savant a apporté à celle de la nation un magnifique supplément, un supplément qui, je le répète, en a fait la plus riche en monnaies gauloises de toutes celles de l'Europe ; et il ne faut pas l'oublier, sans cette libéralité de l'Assemblée nationale, il eût été impossible à l'administration de la Bibliothèque de lui conquérir ce rang, en raison du nombre de séries qu'elle doit tenir au courant des découvertes, sous peine de déchoir de sa vieille renommée.

Je ne m'arrêterai pas à signaler les raretés de l'ancien fonds ; je ne parlerai même pas de celles qui sont entrées dans le Cabinet national depuis la donation de Luynes et l'acquisition Saulcy ; cela m'entraînerait au delà des bornes d'une préface ; mais il me sera permis de dire qu'à aucune époque les chefs de ce grand établissement n'ont cessé de travailler à enrichir la série gauloise.

Ernest Muret, on ne le sait que trop, n'a pas assez vécu pour donner des tables à son catalogue ; et c'eût été bien mal répondre à la confiance du ministre de l'instruction publique, qui m'a chargé de la publication de cet ouvrage, que de ne pas me préoccuper de ce complément indispensable. M. Henri de La Tour, sous-bibliothécaire au département des médailles, qui avait reclassé et numéroté, selon le catalogue, les médailles de la série gauloise, dont la plupart n'étaient pas à leur véritable rang, par suite des remaniements successifs opérés par Muret, était désigné pour le travail des tables. Il accepta de grand cœur la tâche qu'on lui demandait ; je ne lui avais pas caché cependant que ce serait un long et pénible travail, attendu qu'il s'agissait de tables de la plus grande richesse.

Il fallait que, grâce à ces tables, le *Catalogue des monnaies gauloises* du Cabinet de France, qui est en ce moment, à très peu d'exceptions près, l'inventaire des monnaies connues de cette série si intéressante de la numismatique ; il fallait, dis-je, que ce catalogue pût être consulté facilement, non pas seulement par les initiés, mais aussi par les néophytes. Il fallait que ces tables fussent dressées de telle façon, qu'étant donnée une pièce gauloise de mauvaise conservation, pour peu qu'il y restât quelques vestiges du type principal, un symbole accessoire, les moindres fragments de légende, ou même des lettres isolées, il fût possible de l'identifier avec l'un des 10,413 numéros du catalogue. Il fallait qu'une pièce gauloise arrivant entre les mains du plus humble des curieux, pourvu qu'il sût lire, cet inventeur pût savoir promptement ce que l'on en pense aujourd'hui, ce qu'on y lit, sans autre soin que de parcourir les tables du *Catalogue des monnaies gauloises du Cabinet national*. Je dis les tables ; ce n'est pas que nous les ayons multipliées ; craignant la confusion, nous n'en avons composé que deux : la première est celle des choses, *tabula rerum ;* la seconde, celle des légendes et des lettres isolées.

La première est aussi riche que possible. M. de La Tour s'est appliqué à n'y rien oublier de ce qui pou-

[1] *Rev. num.*, 1863, p. 156.
[2] Voy. La Saussaye, *loc. cit.*, p. 123 et note 4.

vait faciliter les recherches ; pour arriver à ce résultat, il a lu et relu attentivement le catalogue, sans oublier un instant de se mettre à la place d'un novice qui aurait à y rechercher la description d'une pièce barbare ou mal conservée. Si je ne m'abuse, mon dévoué collaborateur n'a rien négligé d'essentiel. Pour la seconde table, il n'y avait pas de choix à faire ; M. de La Tour a relevé sans exception tout ce qui se peut lire sur les monnaies gauloises décrites dans notre catalogue. Aux lecteurs de juger son travail; en ce qui me concerne, je crois pouvoir dire que mon jeune collaborateur s'en est acquitté avec succès. Je dirai en outre qu'à mes yeux, le catalogue de Muret aura doublé de prix par l'addition de ces tables. Tel qu'il est aujourd'hui livré au public érudit, c'est une clef d'or à l'aide de laquelle chacun pourra pénétrer plus aisément qu'avant son apparition dans le sanctuaire de la numismatique gauloise. Voici les éléments de cette étude réunis ; chacun désormais peut se livrer à tous les rapprochements imaginables, avec la certitude de connaître, sinon tous, au moins presque tous les matériaux employables. C'est un grand pas de fait ; ce n'est pas encore assez : pour que ce catalogue rendît tous les services désirables, il aurait fallu pouvoir l'enrichir de planches représentant non pas toutes les monnaies décrites, mais tous les types, ainsi que des bois figurant les symboles accessoires, ceux du moins qui sont difficiles à faire comprendre sans ce secours. Divers motifs nous ont empêché de donner ce complément au livre de Muret.

Une nouvelle que j'apprends au moment où j'écris diminue mes regrets. Ce manuel, ce guide que Muret paraît n'avoir pas voulu faire en manière d'introduction à son catalogue, aurait tenté l'esprit d'un savant numismatiste.

Moins ennemi des généralités et du discourir que mon regretté collaborateur, ce savant prépare, m'assure-t-on, sinon un manuel, du moins des instructions destinées à faciliter l'étude de la numismatique gauloise, avec l'addition de ces planches dont je regrette l'absence dans notre catalogue. Me trouvera-t-on trop ambitieux si j'ajoute que la publication du catalogue d'Ernest Muret, enrichi des tables de M. Henri de La Tour, ne sera pas utile seulement aux amateurs et aux novices? J'en suis convaincu, ces tables abrégeront et faciliteront les recherches, les comparaisons, les rapprochements auxquels se livreront nécessairement les savants qui, comme celui dont je viens de divulguer le projet, demanderont à la numismatique gauloise autre chose que les joies du collectionneur. Parler de ce que les médailles en général ont ajouté à ce que les auteurs nous ont appris de l'antiquité, ce serait répéter un lieu commun; en ce qui concerne les choses de la Gaule, ce n'en est pas un; là leur importance est incomparablement plus grande. Nous n'ignorerions rien d'essentiel sur l'histoire des Grecs et celle des Romains, alors même qu'il n'existerait pas une seule monnaie grecque ou romaine ; certes elles nous ont appris une foule de faits et de détails intéressants, elles ont complété nos notions sur les arts de l'antiquité, elles ont maintes fois corrigé des textes fautifs ou corroboré des textes douteux, mais enfin, on pourrait composer des livres intéressants sur l'histoire des Grecs ou sur celle des Romains sans autres secours que les auteurs anciens. En serait-il de même de l'entreprise d'une histoire des Gaulois? Que savons-nous de nos ancêtres? Ce que nous en ont dit leurs ennemis ou des écrivains qui, sauf César, les connaissaient imparfaitement. Les Gaulois n'ont pas eu un Thucydide; ils dédaignaient d'écrire; aussi les savants qui veulent contrôler les dires des auteurs grecs ou romains à leur sujet, n'ont-ils guère d'autre ressource que d'interroger curieusement ceux des monuments de cette intelligente et belliqueuse race que les siècles ont jusqu'à présent respectés. Or, parmi les monuments, quels sont ceux qui résistent le mieux à la dent destructive du Temps? Ne sont-ce pas les monnaies? Bien qu'elles soient de métaux périssables, il en est beaucoup qui sont arrivées jusqu'à nous aussi entières que le monument auquel Horace promettait une durée plus grande que celle de l'airain. Malheureusement, comme les peuples dont elles émanent, les monnaies de la Gaule dédaignent trop l'écriture ; souvent elles sont anépigraphes, et lorsqu'elles ont des légendes, ce que nous y lisons n'est pas toujours explicite. On vient de montrer que l'on discute aujourd'hui l'interprétation de légendes de monnaies gauloises qui longtemps n'ont pas paru discutables. Quant aux types et aux sy boles qui figurent sur les monnaies gauloises, ce sont, aussi bien que les légendes, de précieux éléments pour l'archéologue; on y a naturellement cherché des lumières pour éclairer le peu de notions que nous possédons sur les idées religieuses ou philosophiques des Gaulois, cette nation dont les peuplades différaient entre elles par la langue, les principes et les lois, s'il faut en croire César. Les monnaies gauloises offrent donc une source abondante d'informations; mais je l'ai déjà dit, on commence seulement à les étudier avec la sévérité de la critique moderne. Les monnaies gauloises trouveront-elles leur Champollion ou leur Burnouf comme les hiéroglyphes et les caractères cunéiformes? Expliquera-t-on un jour les monnaies gauloises avec autant de sécurité que les monnaies romaines, qui n'offrent plus guère de grandes difficultés, si ce n'est en ce qui touche celles qui ont été émises par les tyrans ou les empereurs éphémères? Lorsque l'on songe aux merveilleuses découvertes qui illustreront le dix-neuvième siècle, on peut l'espérer. En attendant, ce que chacun reconnaîtra, c'est que la publication du catalogue de la plus riche collection de monnaies gauloises qui existe fournira de nombreux et d'importants matériaux non seulement aux numismatistes, mais aussi aux historiens et aux philologues. En ordonnant cette publication, le Ministre de l'Instruction publique a grandement favorisé le Cabinet de France et donné un heureux stimulant à l'archéologie nationale; il me sera donc permis de prendre la liberté de lui adresser ici de sincères remerciements, tant en mon nom qu'en celui du personnel du troisième département de la Bibliothèque nationale.

Anatole CHABOUILLET.

Au Cabinet des médailles et antiques, octobre 1888.

CATALOGUE

DES

MONNAIES GAULOISES

DE LA BIBLIOTHÈQUE NATIONALE

TRÉSOR D'AURIOL

(Bouches-du-Rhône)

			Poids.	Prov.
1.	Tête de Diane à droite. ꝶ. Carré creux.	AR.	1,16.	S.
2.	Id.	AR.	1,13.	S.
3.	Id.	AR.	1,18.	S.
4.	Id.	AR.	1,10.	S.
5.	Id.	AR.	1,14.	S.
6.	Id.	AR.	1,01.	S.
7.	Id.	AR.	1,10.	AF.
8.	Id.	AR.	1,25.	AF.
9.	Id.	AR.	1,11.	AF.
10.	Id.	AR.	0,65.	S.
11.	Id.	AR.	0,59.	S.
12.	Id.	AR.	0,58.	S.
13.	Id.	AR.	0,61.	S.
14.	Id.	AR.	0,57.	S.
15.	Id.	AR.	0,53.	AF.
16.	Id.	AR.	0,65.	AF.
17.	Id.	AR.	0,55.	AF.
18.	Id.	AR.	0,40.	AF.
19.	Tête d'Hercule à droite. ꝶ. Carré creux.	AR.	0,56.	S.
20.	Id.	AR.	0,60.	S.
21.	Id.	AR.	0,56.	S.
22.	Id.	AR.	0,57.	S.
23.	Id.	AR.	0,59.	S.
24.	Id.	AR.	0,55.	AF.
25.	Tête d'Hercule coiffée de la peau de lion à droite. ꝶ. Carré creux.	AR.	1,17.	S.
26.	Id.	AR.	1,15.	S.
27.	Id.	AR.	1,15.	AF.
28.	Id.	AR.	0,56.	S.
29.	Id.	AR.	0,57.	S.
30.	Id.	AR.	0,60.	AF.
31.	Tête de Pan à droite. ꝶ. Carré creux.	AR.	0,57.	S.
32.	Id.	AR.	0,58.	S.
33.	Id.	AR.	0,57.	S.
34.	Id.	AR.	0,62.	AF.
35.	Tête de nègre à droite. ꝶ. Carré creux.	AR.	0,59.	S.
36.	Id.	AR.	0,59.	S.
37.	Id.	AR.	0,58.	S.
38.	Id.	AR.	0,56.	S.
39.	Id.	AR.	0,55.	S.
40.	Id.	AR.	0,57.	S.

			Poids.	Prov.
41.	Id.	AR.	0,55.	S.
42.	Id.	AR.	0,57.	S.
43.	Id.	AR.	0,56.	S.
44.	Id.	AR.	0,58.	S.
45.	Id.	AR.	0,60.	AF.
46.	Id.	AR.	0,54.	AF.
47.	Id.	AR.	0,56.	AF.
48.	Tête de face. R. Carré creux.	AR.	0,49.	S.
49.	Id.	AR.	0,56.	S.
50.	Id.	AR.	0,48.	S.
51.	Id.	AR.	0,52.	S.
52.	Id.	AR.	0,62.	S.
53.	Id.	AR.	0,58.	S.
54.	Id.	AR.	0,59.	S.
55.	Id.	AR.	0,58.	S.
56.	Id.	AR.	0,59.	S.
57.	Id.	AR.	0,60.	S.
58.	Id.	AR.	0,48.	S.
59.	Id.	AR.	0,57.	S.
60.	Id.	AR.	0,56.	S.
61.	Id.	AR.	0,63.	S.
62.	Id.	AR.	0,66.	S.
63.	Id.	AR.	0,56.	S.
64.	Id.	AR.	0,50.	S.
65.	Id.	AR.	0,51.	S.
66.	Id.	AR.	0,48.	S.
67.	Id.	AR.	0,43.	S.
68.	Id.	AR.	0,55.	S.
69.	Id.	AR.	0,59.	S.
70.	Id.	AR.	0,56.	S.
71.	Id.	AR.	0,59.	S.
72.	Id.	AR.	0,61.	S.
73.	Id.	AR.	0,52.	S.
74.	Id.	AR.	0,55.	S.
75.	Id.	AR.	0,60.	AF.
76.	Id.	AR.	0,50.	AF.
77.	Id.	AR.	0,60.	AF.
78.	Id.	AR.	0,53.	AF.
79.	Id.	AR.	0,60.	AF.
80.	Id.	AR.	0,55.	AF.
81.	Id.	AR.	0,40.	S.
82.	Id.	AR.	0,34.	S.
83.	Id.	AR.	0,28.	S.
84.	Poulpe. R. Carré creux.	AR.	0,30.	S.
85.	OEil de face. Type de Cithrum de Thessalie. R. Carré creux divisé en quatre parties.	AR.	0,51.	S.
86.	OEil de face. R. Carré creux.	AR.	0,26.	S.
87.	Masque de Gorgone. R. Carré creux.	AR.	0,57.	S.
88.	Id.	AR.	0,57.	S.
89.	Id.	AR.	0,55.	S.
90.	Id.	AR.	0,50.	S.
91.	Id.	AR.	0,55.	AF.
92.	Id.	AR.	0,60.	AF.
93.	Id.	AR.	0,30.	AF.
94.	Tête archaïque de Vénus à droite, pendants d'oreilles. R. Tête de lion dans un carré creux.	AR.	0,57.	S.
95.	Tête casquée à droite. R. Carré creux.	AR.	0,52.	S.
96.	Id.	AR.	0,47.	S.
97.	Id.	AR.	0,53.	S.
98.	Id.	AR.	0,40.	S.
99.	Id.	AR.	0,45.	S.
100.	Id.	AR.	0,62.	S.
101.	Id.	AR.	0,67.	S.
102.	Id.	AR.	0,40.	S.
103.	Id.	AR.	0,50.	S.
104.	Id.	AR.	0,55.	S.
105.	Id.	AR.	0,70.	S.
106.	Id.	AR.	0,67.	S.
107.	Id.	AR.	0,58.	S.
108.	Id.	AR.	0,75.	S.
109.	Id.	AR.	0,71.	S.
110.	Id.	AR.	0,67.	S.
111.	Id.	AR.	0,72.	S.
112.	Id.	AR.	0,52.	S.
113.	Id.	AR.	0,58.	AF.
114.	Id.	AR.	0,69.	AF.
115.	Id.	AR.	0,60.	AF.
116.	Id.	AR.	0,63.	AF.
117.	Id.	AR.	0,65.	AF.
118.	Id.	AR.	0,70.	AF.
119.	Id.	AR.	0,40.	S.
120.	Id. Légère cassure.	AR.	0,39.	S.
121.	Id.	AR.	0,42.	S.
122.	Tête casquée à droite.			

			Poids.	Prov.
	R. Carré creux ainsi figuré ⁘.	AR.	0,70.	S.
123.	Tête casquée à droite. R. Carré creux divisé en quatre parties.	AR.	0,51.	S.
124.	Id.	AR.	0,41.	S.
125.	Tête casquée à droite. R. Carré creux.	AR.	0,35.	S.
126.	Tête casquée à droite. R. Carré creux divisé en quatre parties (*trouvée en Phrygie*).	AR.	0,87.	S.
127.	Tête casquée à gauche. R. Carré creux.	AR.	0,60.	S.
128.	Id.	AR.	0,72.	S.
129.	Id.	AR.	0,63.	S.
130.	Id.	AR.	0,62.	S.
131.	Id.	AR.	0,39.	S.
132.	Id.	AR.	0,53.	S.
133.	Id.	AR.	0,50.	S.
134.	Id.	AR.	0,43.	S.
135.	Id.	AR.	0,40.	S.
136.	Id.	AR.	0,37.	S.
137.	Id.	AR.	0,36.	S.
138.	Id.	AR.	0,37.	S.
139.	Id.	AR.	0,47.	S.
140.	Id.	AR.	0,41.	S.
141.	Id.	AR.	0,44.	S.
142.	Id.	AR.	0,61.	S.
143.	Id.	AR.	0,36.	AF.
144.	Id.	AR.	0,50.	AF.
145.	Id.	AR.	0,59.	AF.
146.	Id.	AR.	0,44.	AF.
147.	Id.	AR.	0,70.	AF.
148.	Id.	AR.	0,41.	AF.
149.	Tête casquée à gauche. R. Carré creux (*provenant de Phrygie*).	AR.	1,18.	S.
150.	Id. Même provenance.	AR.	1,32.	S.
151.	Tête casquée de Minerve à droite. R. Carré creux.	AR.	1,16.	S.
152.	Id.	AR.	0,59.	S.
153.	Id.	AR.	0,60.	S.
154.	Id.	AR.	0,59.	S.
155.	Id.	AR.	0,57.	S.
156.	Id.	AR.	0,59.	S.
157.	Id.	AR.	0,59.	S.
158.	Id.	AR.	0,58.	S.
159.	Id.	AR.	0,60.	S.

			Poids.	Prov.
160.	Id.	AR.	0,50.	S.
161.	Id.	AR.	0,58.	S.
162.	Id.	AR.	0,50.	AF.
163.	Id.	AR.	0,59.	AF.
164.	Tête casquée de Minerve à gauche. R. Carré creux (*provenant de Cavaillon*).	AR.	0,86.	S.
165.	Tête de Minerve avec casque à mentonnières relevées. R. Carré creux.	AR.	0,39.	S.
166.	Id.	AR.	0,60.	S.
167.	Id.	AR.	0,50.	S.
168.	Id.	AR.	0,60.	S.
169.	Id.	AR.	0,59.	S.
170.	Id.	AR.	0,57.	S.
171.	Id.	AR.	0,60.	S.
172.	Id.	AR.	0,57.	S.
173.	Id.	AR.	0,60.	S.
174.	Id.	AR.	0,48.	S.
175.	Id.	AR.	0,58.	S.
176.	Tête de Minerve à droite avec le casque pointu. R. Carré creux.	AR.	0,30.	S.
177.	Id.	AR.	0,60.	S.
178.	Id.	AR.	0,56.	S.
179.	Id.	AR.	0,60.	AF.
180.	Tête casquée de Minerve à droite, d'une extrême barbarie. R. Carré creux.	AR.	0,58.	S.
181.	Id.	AR.	0,42.	S.
182.	Id.	AR.	0,48.	S.
183.	Id.	AR.	0,58.	S.
184.	Id.	AR.	0,53.	S.
185.	Casque. R. Carré creux.	AR.	0,56.	S.
186.	Id.	AR.	0,60.	S.
187.	Id.	AR.	0,55.	S.
188.	Id.	AR.	0,58.	S.
189.	Id.	AR.	0,59.	AF.
190.	Id.	AR.	0,60.	AF.
191.	Id.	AR.	0,60.	AF.
192.	Id.	AR.	0,65.	AF.
193.	Partie antérieure de cheval ailé, à gauche. R. Carré creux.	AR.	2,73.	S.

N°	Description		Poids.	Prov.
194.	Id.	AR.	2,77.	S.
195.	Id.	AR.	2,78.	S.
196.	Id.	AR.	2,75.	AF.
197.	Id.	AR.	2,76.	AF.
198.	Id.	AR.	1,38.	S.
199.	Id.	AR.	0,58.	S.
200.	Id.	AR.	0,63.	S.
201.	Id.	AR.	0,49.	S.
202.	Id.	AR.	0,59.	S.
203.	Id.	AR.	0,59.	S.
204.	Id.	AR.	0,46.	S.
205.	Id.	AR.	0,57.	S.
206.	Id.	AR.	0,45.	S.
207.	Id.	AR.	0,53.	S.
208.	Id.	AR.	0,41.	S.
209.	Id.	AR.	0,57.	S.
210.	Id.	AR.	0,61.	S.
211.	Id.	AR.	0,65.	S.
212.	Id.	AR.	0,55.	AF.
213.	Partie antérieure de cheval ailé, à droite. ℞. Carré creux.	AR.	1,73.	S.
214.	Id.	AR.	1,70.	S.
215.	Id.	AR.	0,55.	S.
216.	Id.	AR.	0,52.	S.
217.	Partie antérieure de cheval ailé, à droite. Travail barbare. ℞. Croix dans un carré creux.	AR.	2,90.	S.
218.	Partie antérieure de cheval ailé, à gauche. Travail barbare. ℞. Croix dans un carré creux.	AR.	2,95.	S.
219.	Demi-sanglier ailé, à gauche. ℞. Tête de lion dans un carré creux.	AR.	0,87.	S.
220.	Demi-sanglier ailé, à gauche. ℞. Carré creux.	AR.	0,60.	S.
221.	Id.	AR.	0,58.	S.
222.	Id.	AR.	0,60.	S.
223.	Id.	AR.	0,59.	S.
224.	Id.	AR.	0,60.	S.
225.	Id.	AR.	0,57.	S.
226.	Id.	AR.	0,59.	S.
227.	Id.	AR.	0,55.	S.
228.	Id.	AR.	0,57.	S.
229.	Id.	AR.	0,58.	S.
230.	Id.	AR.	0,58.	S.
231.	Id.	AR.	0,58.	S.
232.	Id.	AR.	0,63.	AF.
233.	Id.	AR.	0,60.	AF.
234.	Demi-sanglier, non ailé, à droite. ℞. Carré creux.	AR.	0,58.	S.
235.	Id.	AR.	0,55.	S.
236.	Id.	AR.	0,57.	S.
237.	Id.	AR.	0,56.	S.
238.	Id.	AR.	0,48.	S.
239.	Id.	AR.	0,57.	S.
240.	Id.	AR.	0,42.	S.
241.	Id.	AR.	0,60.	S.
242.	Id.	AR.	0,51.	AF.
243.	Id.	AR.	0,55.	AF.
244.	Hure de sanglier, à droite. ℞. Carré creux.	AR.	0,59.	S.
245.	Id.	AR.	0,60.	S.
246.	Id.	AR.	0,59.	S.
247.	Id.	AR.	0,57.	S.
248.	Id.	AR.	0,55.	AF.
249.	Id.	AR.	0,55.	AF.
250.	Id.	AR.	0,54.	AF.
251.	Hure de sanglier à droite. Très-barbare. ℞. Carré creux.	AR.	3,20.	S.
252.	Tête de bœuf à droite. ℞. Carré creux.	AR.	0,57.	S.
253.	Id.	AR.	0,60.	S.
254.	Id.	AR.	0,55.	S.
255.	Id.	AR.	0,55.	S.
256.	Id.	AR.	0,61.	S.
257.	Id.	AR.	0,60.	S.
258.	Id.	AR.	0,55.	S.
259.	Id.	AR.	0,00.	S.
260.	Id.	AR.	0,58.	S.
261.	Id.	AR.	0,58.	S.
262.	Id.	AR.	0,60.	S.
263.	Id.	AR.	0,60.	AF.
264.	Id.	AR.	0,60.	AF.
265.	Id.	AR.	0,60.	AF.
266.	Tête de bœuf à gauche. ℞. Carré creux.	AR.	0,31.	S.
267.	Tête de veau de face. ℞. Carré creux.	AR.	0,30.	S.
268.	Id.	AR.	0,28.	S.

			Poids.	Cons.
269.	Id.	AR.	0,30.	AF.
270.	Tête de vautour à gauche. ℞. Carré creux.	AR.	0,72.	S.
271.	Tête d'aigle à gauche. ℞. Carré creux.	AR.	0,30.	S.
272.	Id.	AR.	0,28.	
273.	Id.	AR.	0,28.	
274.	Id.	AR.	0,28.	
275.	Id.	AR.	0,30.	AF.
276.	Cigogne à droite. ℞. Carré creux.	AR.	0,30.	S.
277.	Id.	AR.	0,30.	S.
278.	Vase. ℞. Carré creux.	AR.	0,15.	S.
279.	Id.	AR.	0,15.	AF.
280.	Tête de phoque à droite. ℞. Carré creux.	AR.	0,30.	S.
281.	Id.	AR.	0,15.	S.
282.	Id. Légère cassure.	AR.	0,13.	S.
283.	Tête de phoque à gauche. ℞. Carré creux.	AR.	0,15.	S.
284.	Id.	AR.	0,15.	S.
285.	Id.	AR.	0,14.	S.
286.	Id.	AR.	0,14.	AF.
287.	Id.	AR.	0,13.	AF.
288.	Tête de lion, de style très-barbare, à droite. ℞. Carré creux.	AR.	2,87.	S.
289.	Tête de lion, d'un très-beau style, à droite. ℞. Carré creux.	AR.	1,17.	S.
290.	Id.	AR.	1,12.	S.
291.	Id.	AR.	1,15.	S.
292.	Id.	AR.	1,22.	S.
293.	Id.	AR.	1,03.	AF.
294.	Id.	AR.	1,10.	AF.
295.	Tête de lion à gauche. ℞. Carré creux.	AR.	1,85.	S.
296.	Tête de lion, la gueule béante, les poils hérissés, à gauche. Type en relief prenant tout le champ. ℞. Tête d'Hercule, coiffée de la peau de lion, en creux. Ce type occupe une partie du champ.	AR.	2,75.	S.
297.	Tête de lion à gauche. ℞. Carré creux.	AR.	0,58.	S.
298.	Id.	AR.	0,61.	S.
299.	Id.	AR.	0,35.	S.
300.	Id.	AR.	0,60.	AF.
301.	Partie antérieure d'un lion à gauche, dévorant sa proie. ℞. Carré creux.	AR.	1,15.	S.
302.	Id.	AR.	0,88.	S.
303.	Id.	AR.	1,15.	S.
304.	Id.	AR.	1,04.	S.
305.	Id. Lettres ΠO dans le champ.	AR.	1,03.	S.
306.	Id. Id.	AR.	0,97.	S.
307.	Id. Id.	AR.	1,25.	S.
308.	Id. Id.	AR.	1,15.	S.
309.	Id.	AR.	1,15.	AF.
310.	Id.	AR.	1,15.	AF.
311.	Id.	AR.	1,15.	AF.
312.	Id.	AR.	0,96.	AF.
313.	Id.	AR.	0,93.	AF.
314.	Partie antérieure d'un lion à gauche. ℞. Carré creux.	AR.	0,65.	S.
315.	Id.	AR.	0,92.	S.
316.	Id.	AR.	0,50.	S.
317.	Id. Carré creux en méandre.	AR.	0,60.	S.
318.	Id. Carré creux divisé en quatre parties.	AR.	0,45.	S.
319.	Id.	AR.	0,90.	S.
320.	Id.	AR.	0,92.	S.
321.	Id.	AR.	0,74.	S.
322.	Id.	AR.	0,96.	S.
323.	Id. Carré creux en méandre.	AR.	0,60.	S.
324.	Id. Carré creux divisé en quatre parties.	AR.	0,97.	S.
325.	Id.	AR.	1,00.	S.
326.	Id.	AR.	0,86.	S.
327.	Id.	AR.	0,85.	S.
328.	Id.	AR.	0,58.	S.
329.	Id.	AR.	0,75.	S.
330.	Id.	AR.	0,67.	S.
331.	Id.	AR.	0,82.	S.
332.	Id.	AR.	0,97.	S.
333.	Id.	AR.	0,93.	S.
334.	Id.	AR.	0,75.	AF.
335.	Id.	AR.	0,50.	AF.
336.	Partie antérieure d'un lion à droite, dévorant sa proie. ℞. Carré creux.	AR.	1,15.	S.
337.	Id.	AR.	1,13.	S.

			Poids.	Prov.
338.	Id.	AR.	1,13.	S.
339.	Id.	AR.	1,15.	S.
340.	Id.	AR.	1,17.	S.
341.	Id.	AR.	1,15.	AF.
342.	Id.	AR.	1,15.	AF.
343.	Id.	AR.	1,14.	AF.
344.	Id.	AR.	0,62.	S.
345.	Id.	AR.	0,50.	S.
346.	Id.	AR.	0,57.	S.
347.	Tête de griffon à droite. ℞. Tête de lion à droite, dans un carré creux.	AR.	0,83.	S.
	(Lagoy, *Médailles inédites de Massilia, Glanum, Cœnicences*, n° 3, Aix, 1834, in-4°.)			
348.	Tête de griffon à gauche. ℞. Carré creux.	AR.	0,47.	S.
349.	Id.	AR.	0,47.	S.
350.	Id.	AR.	0,50.	AF.
351.	Id.	AR.	0,55.	AF.
352.	Nautile. ℞. Carré creux.	AR.	0,50.	S.
353.	Id.	AR.	0,70.	S.
354.	Id.	AR.	0,65.	S.
355.	Tête de bélier à droite. ℞. Croix dans un carré creux.	AR.	2,27.	S.
356.	Tête de bélier à droite. ℞. Carré creux.	AR.	1,17.	S.
357.	Id.	AR.	1,15.	S.
358.	Id.	AR.	1,17.	S.
359.	Id.	AR.	1,15.	AF.
360.	Id.	AR.	1,10.	AF.
361.	Id.	AR.	0,80.	S.
362.	Id.	AR.	0,58.	S.
363.	Id.	AR.	0,60.	S.
364.	Id.	AR.	0,50.	S.
365.	Id.	AR.	0,60.	AF.
366.	Id.	AR.	0,50.	AF.
367.	Id.	AR.	0,37.	S.
368.	Id.	AR.	0,37.	S.
369.	Tête de bélier à droite. ℞. Croix perlée dans un carré creux.	AR.	0,76.	S.
370.	Id.	AR.	0,76.	S.
371.	Id.	AR.	0,77.	S.
372.	Id.	AR.	0,60.	S.
373.	Id.	AR.	0,67.	S.
374.	Tête de bélier à droite; dessous, trois points, deux et un. ℞. Croix perlée dans un carré creux.	AR.	0,73.	S.
375.	Tête de bélier à droite; dessous, deux points. ℞. Même carré creux.	AR.	0,75.	S.
376.	Id.	AR.	0,70.	S.
377.	Tête de bélier à droite. ℞. Croix perlée dans un carré creux.	AR.	0,72.	S.
378.	Id.	AR.	0,73.	S.
379.	Id.	AR.	0,73.	S.
380.	Id.	AR.	0,73.	S.
381.	Id.	AR.	0,80.	S.
382.	Id.	AR.	0,30.	S.
383.	Id.	AR.	0,46.	AF.
384.	Id.	AR.	0,75.	AF.
385.	Id.	AR.	0,75.	AF.
386.	Tête de bélier à gauche. ℞. Carré creux.	AR.	0,90.	S.
387.	Id.	AR.	0,89.	S.
388.	Id.	AR.	1,05.	S.
389.	Id.	AR.	0,92.	S.
390.	Id.	AR.	0,95.	S.
391.	Id.	AR.	0,91.	S.
392.	Id.	AR.	0,98.	S.
393.	Id.	AR.	0,83.	S.
394.	Id.	AR.	0,84.	AF.
395.	Id.	AR.	0,95.	AF.
396.	Id.	AR.	0,60.	AF.
397.	Id.	AR.	0,65.	AF.
398.	Id.	AR.	0,60.	S.
399.	Id.	AR.	0,60.	S.
400.	Id.	AR.	0,61.	S.
401.	Id.	AR.	0,68.	S.
402.	Id.	AR.	0,40.	S.
403.	Id.	AR.	0,41.	S.
404.	Id.	AR.	0,56.	S.
405.	Id.	AR.	0,58.	S.
406.	Id.	AR.	0,64.	S.
407.	Id.	AR.	0,64.	S.
408.	Id.	AR.	0,55.	S.
409.	Id.	AR.	0,43.	S.
410.	Id.	AR.	0,50.	S.
411.	Id.	AR.	0,55.	S.
412.	Id.	AR.	0,49.	S.

N°	Description	Métal	Poids.	Prov.
413.	Id.	AR.	0,69.	S.
414.	Id.	AR.	0,46.	S.
415.	Id.	AR.	0,50.	S.
416.	Id.	AR.	0,66.	S.
417.	Id.	AR.	0,50.	S.
418.	Id.	AR.	0,57.	S.
419.	Id. Carré creux en méandre.	AR.	0,67.	S.
420.	Id.	AR.	0,47.	S.
421.	Id. Carré creux ordinaire.	AR.	0,48.	S.
422.	Id.	AR.	0,45.	S.
423.	Id.	AR.	0,40.	S.
424.	Id.	AR.	0,61.	S.
425.	Id.	AR.	0,37.	S.
426.	Id.	AR.	0,63.	S.
427.	Id.	AR.	0,49.	S.
428.	Id.	AR.	0,52.	S.
429.	Id.	AR.	0,40.	S.
430.	Id.	AR.	0,60.	S.
431.	Id.	AR.	0,30.	S.
432.	Id.	AR.	0,52.	S.
433.	Id.	AR.	0,55.	S.
434.	Id.	AR.	0,45.	AF.
435.	Id.	AR.	0,45.	AF.
436.	Id.	AR.	0,55.	AF.
437.	Id.	AR.	0,47.	S.
438.	Id.	AR.	0,46.	S.
439.	Id.	AR.	0,25.	S.
440.	Id.	AR.	0,23.	S.
441.	Id.	AR.	0,30.	S.
442.	Id.	AR.	0,36.	AF.
443.	Id.	AR.	0,40.	AF.
444.	Tête de bélier à gauche. ℞. Croix perlée dans un carré creux.	AR.	0,63.	S.
445.	Id.	AR.	0,27.	S.
446.	Id.	AR.	0,63.	S.
447.	Id.	AR.	0,60.	S.
448.	Id.	AR.	0,74.	S.
449.	Id.	AR.	0,67.	S.
450.	Id.	AR.	0,47.	S.
451.	Id.	AR.	0,80.	S.
452.	Id.	AR.	0,77.	S.
453.	Id.	AR.	0,68.	S.
454.	Id.	AR.	0,72.	S.
455.	Id.	AR.	0,74.	S.
456.	Id.	AR.	0,59.	S.
457.	Id.	AR.	0,60.	S.
458.	Id.	AR.	0,63.	S.
459.	Id.	AR.	0,78.	S.
460.	Id.	AR.	0,62.	S.
461.	Id.	AR.	0,73.	S.
462.	Tête de bélier à gauche; dessous, deux points. ℞. Croix perlée dans un carré creux.	AR.	0,76.	S.
463.	Tête de bélier à gauche; dessous, trois points, deux et un. ℞. Croix perlée dans un carré creux.	AR.	0,71.	S.
464.	Tête de bélier à gauche; au-dessus et au-dessous, trois points, un et deux. ℞. Croix perlée dans un carré creux.	AR.	0,68.	S.
465.	Tête de bélier à gauche. ℞. Croix perlée dans un carré creux.	AR.	0,73.	AF.
466.	Id.	AR.	0,56.	AF.
467.	Tête barbare de bélier à gauche. ℞. Carré creux.	AR.	0,60.	AF.
468.	Partie antérieure de bélier à droite. ℞. Carré creux.	AR.	0,31.	S.
469.	Tortue. ℞. Carré creux éginétique.	AR.	0,45.	AF.
470.	Tête de lévrier à droite. ℞. Carré creux.	AR.	0,57.	S.
471.	Id.	AR.	0,61.	S.
472.	Id.	AR.	0,55.	AF.
473.	Id.	AR.	0,55.	AF.

M. Chabouillet, conservateur du Cabinet des médailles et antiques, dans un mémoire consacré à l'examen du trésor d'Auriol[1], a traité la question de savoir où ont été frappées les monnaies anépigraphes qui le composent. M. Chabouillet pense que les pièces d'Auriol ne peuvent appartenir au monnayage primitif de Marseille, en raison de la diversité des types, au nombre de vingt-cinq environ, et de la valeur des symboles représentés, qui appartiennent à des villes bien connues de l'Asie ou de la Grèce. Toutes les pièces d'Auriol, à trois exceptions près, n'ont qu'un seul type. Les trois exemplaires à doubles types, d'attribution incertaine, sont :

[1] *Revue des Sociétés savantes* (IIe série, t. 5, p. 117 à 127).

1° La pièce communiquée par M. Blancard au Comité des Sociétés savantes[1], sur laquelle figure au droit, en relief, une tête de lion, la gueule béante, et au revers, en creux, une tête d'Hercule, coiffée de la peau de lion, gravée dans Combe, *Musée Hunter*, pl. 66, n° 16, classée aux *nummi incerti*;

2° La pièce publiée par M. de Lagoy, n° 3 de la *Description de quelques médailles inédites de Massilia, Glanum...*, et attribuée par cet auteur à Massilia;

3° Une monnaie au type d'un demi-sanglier ailé et d'une tête de lion dans un carré creux.

Les pièces à un seul type portent la marque : du sanglier ailé (Clazomène); du cheval ailé (Lampsaque); d'une tête de nègre (île de Lesbos); d'une tête de veau (île de Lesbos); d'une tête de lion (Cyzique ou île de Lesbos); de bélier (Clazomène); d'un masque de Gorgone (Abydos); d'une tête de chien (Colophon); d'un demi-bélier (Clazomène); d'une tête de Minerve, d'Hercule ou de Satyre, qu'on peut donner à Méthymne (île de Lesbos).

La tortue d'Égine et le lion dévorant une proie, de Vélia, sont des types d'une attribution rigoureuse. Il en est d'autres, tels que le vase, le nautile, l'ibis, la poulpe, dont l'attribution est incertaine.

Si nous interrogeons les Cyzicènes, les types du chien, de la tortue, du casque fermé, la tête de griffon, de veau, le lion dévorant une proie, la tête de Méduse et de Satyre, y sont reproduits.

Les mêmes Cyzicènes fournissent les exemples qui suivent, avec un type imprimé en creux au revers, comme sur la pièce de M. Blancard :

Sanglier ailé.	R. Tête de lion en creux.
Partie antérieure de cheval.	Id.
Tête de lion.	R. Tête de veau en creux.
Partie antérieure de taureau.	R. Tête de lion en creux.
Id.	R. Tête de coq en creux.
Tête de bélier.	R. Tête de veau en creux.
Id.	R. Tête de lion en creux.
Tête d'Hercule.	R. Tête de veau en creux.
Masque de Gorgone.	R. Tête d'Hercule en creux.
Id.	R. Tête de lion de face en creux.
Partie antérieure de lion ailé.	R. Tête de coq en creux.

Ainsi, les types et la fabrique donnent pour patrie présumée à nos pièces l'Asie Mineure.

Poursuivant son raisonnement, M. Chabouillet conclut de la multiplicité des types, combinée avec l'analogie de fabrique, à une convention monétaire d'après un étalon commun, passée entre des villes ou peuples de l'antiquité unis dans un intérêt de commerce.

L'auteur cite, à l'appui de son opinion, une inscription, trouvée à Mytilène, relatant un traité conclu entre cette ville et Phocée, afin de régler les conditions de la fabrication d'une monnaie d'or commune aux deux villes. La date de cette inscription, selon M. Newton, serait la 99e Olympiade (396 à 393 ans avant J. C.).

En conséquence, rien n'empêche de voir dans les pièces d'Auriol une monnaie fédérale, sans atelier fixe, frappée tantôt dans une ville, tantôt dans une autre, plutôt qu'à Marseille uniquement.

M. Chabouillet, faute des pièces de comparaison qui abondent aujourd'hui, s'est arrêté devant la recherche du système pondéral auquel on peut rattacher les monnaies d'Auriol.

Les pesées, auxquelles j'ai procédé avec soin, ont donné en moyenne, pour chacun des types, les résultats suivants :

	Poids.
Vase.	0,15.
Tête de phoque.	0,14.
Id.	0,30.
Tête d'aigle.	0,29.
Tête de cigogne.	0,30.
Tête de bœuf.	0,31.
Masque de Gorgone.	0,30.
Poulpe.	0,30.
Œil.	0,26.
Tête de Diane.	0,57.
Tête d'Hercule.	0,57.
Tête de Pan.	0,58.
Tête de nègre.	0,57.
Tête de face.	0,55.
Œil.	0,51.
Masque de Gorgone.	0,57.
Tête casquée à droite.	0,58.
Tête casquée à gauche.	0,51.
Tête de Minerve.	0,58.
Tête avec casque pointu.	0,58.
Casque fermé.	0,58.
Protome de cheval ailé.	0,55.
Demi-sanglier ailé.	0,58.
Demi-sanglier non ailé.	0,54.
Hure de sanglier.	0,57.
Tête de bœuf.	0,58.
Tête de lion.	0,58.
Nautile.	0,61.
Tête de griffon.	0,50.

[1] Séance du 11 janvier 1869.

	Poids.
Tête de bélier.	0,58.
Même tête, avec croix perlée dans un carré creux.	0,73.
Tête de Diane.	1,13.
Tête d'Hercule.	1,15.
Tête casquée.	1,22.
Partie antérieure de cheval ailé à droite.	1,38.
Id. à gauche.	1,71.
Tête de lion.	1,13.
Type de Vélia.	1,07.
Tête de bélier.	1,15.
Partie antérieure de cheval ailé.	2,75.
Tête de lion et tête d'Hercule en creux.	2,75.

Récapitulant le tout, on obtient la proportion suivante, qui diffère légèrement de celle donnée par M. Blancard :

0,15. 0,30. 0,57. 1,24. 2,75.

Selon M. Blancard, le poids moyen de l'obole serait de 0,55 ; du diobole, 1,10 ; du pentobole, 2,75. Les subdivisions de l'obole : 0,15, 0,30 ; d'où le poids moyen de 3,30, selon cet auteur, pour la drachme asiatique.

On le voit, la progression arithmétique vient à l'appui de la thèse soutenue par M. Chabouillet ; à savoir, que les pièces d'Auriol sont une monnaie fédérale émise par des villes alliées.

Il me reste à fixer approximativement l'époque de l'enfouissement du trésor d'Auriol.

M. Chabouillet, dans sa *Note additionnelle à un rapport relatif au trésor d'Auriol*[1], signalait à l'attention du monde savant la trouvaille faite à Volterra de monnaies d'or étrusques, avec soixante-quatre pièces aurioliennes d'argent, aux types du phoque, de l'hippocampe, de la tête de Méduse et de femme, qui établit la contemporanéité de ces diverses espèces, qu'on ne s'étonnera pas de voir confondues dans le même dépôt, si l'on songe que Populonia était une colonie phocéenne. (*Gamurrini, monete d'oro Etrusche*, dans le *Periodico di numismatica*, etc., *anno VI*, fasc. II, p. 49.)

M. Sambon estime que les pièces nos 1 et 2 de sa description, semblables à celles du *ripostiglio* de Volterra, peuvent remonter au sixième siècle avant notre ère ; cette date serait donc aussi celle des auriolienncs aux types du phoque, de l'hippocampe, etc. ; ce n'est pas tout. Parmi les pièces trouvées à Morella, en Espagne, figurent deux oboles d'Agrigente, semblables à celle qui est figurée dans la *Revue numismatique française* de 1867, pl. IX, no 1, avec la tête de bélier à la croix perlée dans un carré creux comme dans le trésor d'Auriol. M. Salinas, qui a décrit le dépôt de Girgenti, fait remonter les oboles d'Agrigente au sixième siècle avant notre ère, et le résultat pour Auriol de la comparaison nouvelle est identique avec celui précédemment obtenu. Enfin, la tortue d'Égine, pièce unique, d'une couleur noirâtre, indice d'une haute antiquité, jetée au milieu des pièces d'Auriol, nous reporte à la même date[2].

[1] *Revue des Sociétés savantes* (5e série, t. I, p. 420).

[2] Cf. Chabouillet, *Rapport sur une communication de M. Blanchard*... *Revue des Sociétés savantes*, loco cit. — Blancard et Laugier, *Iconographie des monnaies du trésor d'Auriol*. — Hucher, *Examen détaillé du trésor d'Auriol*, dans *Mélanges de numismatique*, 1er fasc., p. 13.

TRÉSORS DE MORELLA ET ROSAS

			Poids.	Prov.
474.	Tête barbue à gauche. Style archaïque. R. Carré creux divisé en quatre parties. (*Trouvée en Asie Mineure.*)	AR.	1,11.	S.
475.	Tête coiffée du pétase à droite. R. Étoile dans un carré creux. (*Trouvée en Asie Mineure.*)	AR.	0,47.	S.
476.	Tortue. R. Osselet. (*Trouvée à Morella, dans la province de Valence.*)	AR.	0,20.	S.
477.	Tête d'Apollon à gauche. R. Trois osselets. (*Morella.*)	AR.	0,47.	S.
478.	Id. *Cat. Gaillard*, n° 14. (*Rosas.*)	AR.	0,37.	AF.
479.	Tête laurée d'Apollon de face. R. Tête de Gorgone de face. *Cat. Gaillard*, n° 17. (*Trouvée près de Rosas, avec des oboles massaliètes et d'Emporiæ.*)	AR.	0,92.	AF.
480.	Tête de Diane à droite. R. Partie antérieure de griffon à droite; à l'exergue, A. *Cat. Gaillard*, n° 15. (*Rosas.*)	AR.	0,71.	AF.
481.	Id., moins la lettre A. *Cat. Gaillard*, n° 16. (*Même provenance.*)	AR.	1,08.	AF.
482.	Tête de Diane à droite. R. Griffon à gauche. *Cat. Gaillard*, n° 16. (*Rosas.*)	AR.	0,90.	AF.
483.	Tête de Diane à droite. R. Deux feuilles de lierre. *Cat. Gaillard*, n° 26. (*Rosas.*)	AR.	0,47.	AF.
484.	Tête de bœuf de face. R. Deux feuilles de lierre. *Cat. Gaillard*, n° 27. (*Rosas.*)	AR.	0,20.	AF.
485.	Tête de Vénus de face. R. Tête de porc. (*Morella.*)	AR.	0,47.	S.
486.	Id. (*Même provenance.*)	AR.	0,37.	S.
487.	Tête de Minerve à droite. R. Chouette de face, encadrée par une guirlande d'olivier. (*Morella.*) Triobole au type d'Athènes.	AR.	0,96.	S.
488.	Tête de Bacchus, couronnée de lierre, à gauche. R. Lisse avec croix en creux. (*Trouvée à Vieille-Toulouse.*)	AR.	0,31.	S.
489.	Tête de Vénus à droite. R. Poulpe. (*Morella.*)	AR.	0,93.	S.
490.	Aigle sur un chapiteau d'ordre ionique, à droite. R. Crabe. (*Morella.*)	AR.	0,53.	S.
491.	Id. (Même provenance.)	AR.	0,41.	S.
	Ces deux oboles, au type d'Agrigente, ont été figurées dans la *Revue numismatique française* de 1867, pl. IX, n° 2.			
492.	Tête de bœuf de face. R. Tête de femme à droite, dans un carré creux. Traces de légende. Type de la Phocide. (*Morella.*)	AR.	0,94.	S.
493.	Tête de bélier à droite. R. Croix perlée dans le carré creux. (*Morella.*) Analogue aux pièces d'Auriol.	AR.	0,72.	S.
494.	Tête casquée à gauche. R. Carré creux divisé en quatre parties. (*Même provenance.*)	AR.	1,26.	S.
495.	Tête casquée à gauche, les mentonnières relevées. R. Carré creux divisé en quatre parties. Type de Phocée. (*Morella.*)	AR.	1,13.	S.

MONNAIES D'ATTRIBUTION INCERTAINE

ANALOGUES A CELLES D'AURIOL

DE PROVENANCES DIVERSES

			Poids.	Prov.
496.	Tête de phoque à droite; dessous, poisson. ℞. Carré creux. (Lagoy, *Description de quelques monnaies inédites de Massilia, Glanum...* pl. II, nº 2.)	AR.	0,60.	L.
497.	Partie antérieure d'un lion dévorant une proie, à gauche. ℞. Carré creux. (Lagoy, *Description*, pl. II, nº 1.)	AR.	0,84.	L.
498.	Id.	AR.	0,69.	L.
499.	Tête de Phocéus (marsouin) à droite. ℞. Carré creux. (Lagoy, *Monnaies primitives de Massilia*, dans *Revue numismatique française*, 1846, p. 85.)	AR.	0,55.	L.
500.	Tête de griffon à droite, le bec ouvert. ℞. Tête de lion à droite, la gueule béante, dans un carré creux. (Lagoy, *Description*, pl. II, nº 3.)	AR.	0,80.	L.
501.	Tête de Diane à gauche. ℞. Carré creux. (Lagoy, *Description*, pl. II, nº 5.)	AR.	0,77.	L.
502.	Id.	AR.	0,97.	L.
503.	Id.	AR.	0,87.	AF.
504.	Id.	AR.	0,85.	AF.
505.	Tête de nègre à droite. ℞. Carré creux. Analogue aux pièces d'Auriol.	AR.	0,47.	L.
506.	Tête jeune, à droite, avec un casque à calotte ronde, sans autre ornement qu'un léger rebord. ℞. Carré creux divisé en quatre parties. (Lagoy, *Monnaies primitives de Massilia*.)	AR.	1,00.	L.
507.	Tête de Pan à gauche. ℞. Coquille.	AR.	0,29.	L.
508.	Tête de Diane à gauche; la chevelure indiquée par des bandes parallèles. ℞. Carré creux formant une sorte de méandre. (Lagoy, *Description*, pl. II, nº 4.)	AR.	0,59.	L.
509.	Tête de Diane à gauche. ℞. MA sous le crabe. (*Trouvée à Cavaillon*.)	AR.	0,88.	S.
510.	Tête de Diane à gauche. Style archaïque. ℞. Crabe. (*Morella*.)	AR.	0,72.	S.
511.	Id. (Lagoy, *Description*, pl. II, nº 6.)	AR.	0,60.	L.
512.	Id.	AR.	0,46.	L.
513.	Id. M sous le crabe. (Lagoy, *Description*, pl. II, nº 7.)	AR.	0,85.	L.
514.	Id. (Lagoy, *Description*, pl. II, nº 9.)	AR.	0,66.	L.
515.	Id. (Lagoy, *Description*, pl. II, nº 8.)	AR.	0,77.	L.
516.	Tête casquée à gauche; roue sur le casque. ℞. Roue pleine. (Lagoy, *Description*, pl. II, nº 10.)	AR.	0,80.	L.
517.	Tête casquée à droite. ℞. Roue à quatre rayons.	AR.	0,95.	L.

Massalia AR

Poids. Prov.

(Lagoy, *Description*, pl. II, nº 11.)

518. Même tête casquée à droite. R. Roue. AR. 0,68. L. 19
(Lagoy, *Description*, pl. II, nº 12.)

519. Même tête tournée à gauche. R. Roue. AR. 1,01. L. 20
(Lagoy, *Description*, pl. II, nº 13.)

520. Tête casquée à droite, avec la roue sur le casque. R. Roue à quatre rayons. (*Morella.*) AR. 0,95. S.

521. Tête casquée à droite; roue sur le casque. R. Roue. AR. 0,86. AF.

522. Même tête. R. ΜΑΣΣ dans les cantons de la roue. AR. 0,88. S.
(*Trouvée à Cavaillon.*)

523. Tête casquée à gauche; roue sur le casque. R. Roue. AR. 0,87. S.
(*Trouvée à Saint-Remy.*)

524. Id. (Morella.) AR. 0,90. S.

525. Tête casquée à gauche, avec la roue sur le casque. R. Roue avec point très-saillant au centre, et quatre croissants dans les rayons. AR. 0,80. AF.

526. Même tête à droite. R. Roue. Pièce rognée. AR. 0,65. S.
(*Trouvée à Cavaillon.*)

527. Id. AR. 0,47. S.
(*Trouvée à Saint-Remy.*)

528. Tête du fleuve Lacydon à droite, les cheveux hérissés, une corne sur le front. R. Roue; les extrémités des rayons évasées; M dans un des cantons. AR. 0,83. L. 21

529. Id. AR. 0,35. L. 22

530. ΜΑΣΣΑΛ. Tête du fleuve Lacydon à droite, avec une corne sur le front. R. Roue; lettre M dans un des rayons. AR. 0,72. L. 23

531. Id. AR. 0,80. L. 24

532. Id. Cassure. AR. 0,59. S.

533. Id. AR. 0,65. AF.

534. ΛΑΚΥΔΩΝ. Tête du Lacydon. R. Roue. AR. 0,85. L. 25

535. Id. AR. 0,82. AF. Pl. II, 5ᵉ

536. Tête d'Apollon à droite. R. Roue avec moyeu. AR. 0,62. S.

537. Tête d'Apollon à gauche. R. M dans un des cantons de la roue. AR. 0,80. S.

538. ΠΡΑΚ. Tête d'Apollon à droite. R. M dans un des cantons de la roue. AR. 0,88. AF.

539. Tête d'Apollon à gauche. R. MA, croissant, et ΓΛΑΥΟΧ dans les cantons de la roue. AR. 0,54. S.

540. Tête d'Apollon à droite. R. Roue; M dans un des rayons. AR. 0,69. L. 26 ?

541. Tête casquée à droite, avec la roue sur le casque. R. Roue à quatre rayons. AR. 0,30. L. 27

542. Même tête. R. ΜΑΣΣ entre les rayons de la roue. AR. 0,49. L. 28

543. Tête d'Apollon à droite, filet de barbe sur la joue. R. MA et globule dans les rayons d'une roue. AR. 0,85. S.

544. Id. moins le globule. AR. 0,85. S.

545. Id. AR. 0,84. S.

546. Id. AR. 0,88. S.

547. Id. AR. 0,92. S.

548. Id. AR. 0,85. S.

549. Id. AR. 0,82. S.

550. Id. AR. 0,80. S.

551. Id. AR. 0,82. AF.

552. Id. AR. 0,82. AF.

553. Id. *Trouvé à Morella* AR. 0,82. S.

554. Id. Id. AR. 0,75. S.

555. Id. AR. 0,75. S.

556. Id. AR. 0,74. S.

557. Id. Fourrée. AR. 0,67. S.

558. Id. AR. 0,59. L. 29

559. Id. AR. 0,68. L. 30

560. Id. AR. 0,78. L. 31

561. Id. AR. 0,73. L. 32

562. Id. AR. 0,71. L. 33

563. Id. AR. 0,70. L. 34

564. Tête d'Apollon à droite; filet de barbe et chevelure à crochets très-saillants.

539a (type de 540). Tête d'Apollon à droite. R. Roue à quatre rayons. M dans un des cantons de la roue. — L 3297.

			Poids.	Prov.
	℞. MA dans les rayons d'une roue.	AR.	0,79.	L.
565.	Id. Moins le filet de barbe.	AR.	0,80.	L.
566.	Tête d'Apollon à droite, filet de barbe. ℞. MA dans les rayons d'une roue.	AR.	0,77.	L.
567.	Id.	AR.	0,84.	L.
568.	Id. Style grossier.	AR.	0,72.	L.
569.	Tête d'Apollon à droite, barbe naissante. ℞. Roue avec MA.	AR.	0,54.	L.
570.	Tête d'Apollon à droite; derrière, ΠΝ. ℞. MA dans les rayons d'une roue.	AR.	0,43.	L.
571.	Tête d'Apollon à droite; derrière, ΠΝ. ℞. Id.	AR.	0,47.	L.
572.	Id.	AR.	0,50.	L.
573.	Id.	AR.	0,66.	L.
574.	Id.	AR.	0,67.	L.
575.	Tête imberbe à droite; devant, N. ℞. MA dans les rayons d'une roue.	AR.	0,48.	L.
576.	Id.	AR.	0,49.	L.
577.	Tête imberbe à gauche, corne sur le front. ℞. MA dans les rayons d'une roue.	AR.	0,80.	AF.
578.	Id.	AR.	0,97.	S.
579.	Id.	AR.	0,72.	S.
580.	Id.	AR.	0,78.	S.
581.	Id.	AR.	0,71.	S.
582.	Id.	AR.	0,71.	S.
583.	Id.	AR.	0,66.	S.
584.	Id.	AR.	0,65.	S.
585.	Id.	AR.	0,61.	S.
586.	Id.	AR.	0,57.	S.
587.	Id.	AR.	0,66.	S.
588.	Id.	AR.	0,62.	S.
589.	Id.	AR.	0,62.	S.
590.	Id.	AR.	0,60.	S.
591.	Id.	AR.	0,67.	AF.
592.	Id.	AR.	0,58.	AF.
593.	Tête à gauche, filet de barbe. ℞. MA dans les rayons d'une roue.	AR.	0,56.	AF.
594.	Tête imberbe à gauche. ℞. MA dans les rayons d'une roue.	AR.	0,75.	AF.
595.	Id.	AR.	0,56.	AF.
596.	Id.	AR.	0,68.	AF.
597.	Id. MA dans les rayons de la roue.	AR.	0,63.	AF.
598.	Id. Avec MA.	AR.	0,68.	AF.
599.	Id.	AR.	0,67.	AF.
600.	Tête à gauche, filet de barbe. ℞. MA dans les rayons d'une roue.	AR.	0,61.	AF.
601.	Id.	AR.	0,70.	AF.
602.	Id.	AR.	0,68.	AF.
603.	Id.	AR.	0,52.	AF.
604.	Id.	AR.	0,68.	S.
605.	Id.	AR.	0,60.	S.
606.	Id.	AR.	0,57.	S.
607.	Id.	AR.	0,81.	S.
608.	Id.	AR.	0,75.	S.
609.	Id.	AR.	0,65.	S.
610.	Id.	AR.	0,56.	S.
611.	Id.	AR.	0,60.	S.
612.	Id.	AR.	0,59.	S.
613.	Id.	AR.	0,61.	S.
614.	Id. ℞. Pièce rognée.	AR.	0,42.	S.
615.	Id.	AR.	0,42.	S.
616.	Id.	AR.	0,40.	S.
617.	Id. *Trouvée à Coreut.*	AR.	0,60.	S.
618.	Id.	AR.	0,28.	S.
619.	Id. *Trouvée à Cavaillon.*	AR.	0,10.	S.
620.	Id.	AR.	0,45.	S.
621.	Id.	AR.	0,55.	S.
622.	Id.	AR.	0,55.	S.
623.	Id.	AR.	0,48.	S.
624.	Id. Pièce rognée.	AR.	0,21.	S.
625.	Tête d'Apollon à gauche, filet de barbe. ℞. MA dans les rayons d'une roue.	AR.	0,65.	S.
626.	Id.	AR.	0,63.	S.
627.	Id.	AR.	0,62.	S.
628.	Id.	AR.	0,58.	S.
629.	Id.	AR.	0,58.	S.
630.	Id.	AR.	0,32.	S.
631.	Id.	AR.	0,61.	S.
632.	Id.	AR.	0,55.	S.

			Poids.	Prov.
633.	Id.	AR.	0,62.	S.
634.	Id.	AR.	0,67.	S.
635.	Id.	AR.	0,60.	S.
636.	Id.	AR.	0,75.	S.
637.	Id.	AR.	0,63.	S.
638.	Id.	AR.	0,60.	S.
639.	Id.	AR.	0,70.	S.
640.	Id.	AR.	0,61.	S.
641.	Id.	AR.	0,61.	S.
642.	Id.	AR.	0,59.	S.
643.	Id.	AR.	0,40.	S.
644.	Id.	AR.	0,52.	S.
645.	Id.	AR.	0,50.	S.
646.	Id.	AR.	0,50.	S.
647.	Id.	AR.	0,67.	S.
648.	Id.	AR.	0,37.	S.
649.	Id.	AR.	0,39.	S.
650.	Id.	AR.	0,49.	S.
651.	Id.	AR.	0,37.	S.
652.	Id.	AR.	0,45.	S.
653.	Id.	AR.	0,57.	S.
654.	Id.	AR.	0,56.	S.
655.	Id.	AR.	0,49.	S.
656.	Id.	AR.	0,55.	S.
657.	Tête imberbe à gauche; devant, N. ℞. MA dans les rayons d'une roue.	AR.	0,52.	AF.
658.	Tête à gauche, filet de barbe. ℞. MA dans les rayons d'une roue.	AR.	0,43.	AF.
659.	Id. (*Trouvée à Cavaillon.*) Pièce rognée.	AR.	0,25.	S.
660.	Id.	AR.	0,55.	S.
661.	Id.	AR.	0,50.	S.
662.	Id. (*Trouvée à Corent.*)	AR.	0,38.	S.
663.	Id.	AR.	0,36.	S.
664.	Id. Avec AM.	AR.	0,31.	S.
665.	Id. Fruste.	AR.	0,30.	S.
666.	Tête d'Apollon à gauche, filet de barbe. ℞. Même type incus.	AR.	0,40.	S.
667.	Tête d'Apollon à gauche. ℞. MA dans les rayons de la roue.	BR.	0,55.	S.
668.	Id. Fruste.	BR.	0,50.	S.
669.	Id.	BR.	0,35.	S.
670.	Id.	BR.	0,23.	S.
671.	Tête d'Apollon à gauche. ℞. AM dans les rayons d'une roue. Pièce fourrée.	AR.	0,55.	S.
672.	Id. Avec MA.	AR.	0,52.	S.
673.	Tête d'Apollon à gauche, filet de barbe. ℞. MACCA dans les rayons d'une roue.	AR.	0,43.	S.
674.	Roue. ℞. Roue. (*Trouvée à Cavaillon.*)	Plomb.	1,15.	S.
675.	Id.	Plomb.	0,70.	S.
676.	Tête d'Apollon à gauche, MA sur la joue figurant la barbe. ℞. MA et point dans les rayons d'une roue.	AR.	0,67.	S.
677.	Id. Sans le point.	AR.	0,46.	S.
678.	Id.	AR.	0,47.	S.
679.	Id.	AR.	0,71.	L.
680.	Id.	AR.	0,70.	L.
681.	Id.	AR.	0,59.	L.
682.	Tête d'Apollon à gauche, ΠAP sur la joue, figurant la barbe. ℞. MA dans les rayons d'une roue.	AR.	0,62.	S.
683.	Id.	AR.	0,63.	S.
684.	Id.	AR.	0,68.	S.
685.	Id. Avec ΠΔP (*sic*).	AR.	0,61.	S.
686.	Id. ΠAP.	AR.	0,61.	S.
687.	Tête d'Apollon à g.; ΠAP sur la joue. ℞. MA dans les rayons d'une roue.	AR.	0,60.	L.
688.	Id.	AR.	0,63.	L.
689.	Tête d'Apollon à gauche; ΑΤΡΙ sur la joue, figurant la barbe. ℞. MA dans les rayons d'une roue.	AR.	0,50.	S.
690.	Id. Avec MA (*sic*).	AR.	0,53.	S.
691.	Id. Avec MA.	AR.	0,52.	L.
692.	Tête d'Apollon à gauche; derrière, NA. ℞. MA. Roue. Cassure.	AR.	0,37.	S.
693.	Id.	AR.	0,42.	S.
694.	Id.	AR.	0,42.	L.
695.	Id.	AR.	0,50.	L.
696.	Tête d'Apollon à gauche. ℞. MA dans les rayons d'une roue.	AR.	0,64.	L.

			Poids.	Prov.
697.	Tête d'Apollon à gauche; derrière, N.			
	R. MA. Roue.	AR.	0,33.	S.
698.	Id.	AR.	0,43.	S.
699.	Tête d'Apollon à gauche; derrière, T.			
	R. MA. Roue.	AR.	0,43.	S.
700.	Id.	AR.	0,52.	L.
701.	Id.	AR.	0,45.	L.
702.	Id. Pièce fourrée.	AR.	0,41.	L.
703.	Tête d'Apollon à gauche.			
	R. AM dans les rayons d'une roue.	AR.	0,43.	AF.
704.	Id.	AR.	0,31.	L.
705.	Id. MA.	AR.	0,41.	L.
706.	Id. AM.	AR.	0,57.	L.
707.	Id.	AR.	0,68.	L.
708.	Tête d'Apollon à gauche. L'empreinte de la figure doublée.			
	R. MA. Roue.	AR.	0,81.	L.
709.	Tête d'Apollon à gauche.			
	R. MA. Roue. Mauvais style.	AR.	0,54.	L.
710.	Id.	AR.	0,45.	L.
711.	Id.	AR.	0,48.	L.
712.	Tête d'Apollon à gauche, filet de barbe très-accentué.			
	R. MA. Roue.	AR.	0,52.	L.
713.	Id. La figure à peine visible.	AR.	0,53.	L.
714.	Tête d'Apollon à gauche.			
	R. MA. Roue.	AR.	0,62.	L.
715.	Id.	AR.	0,52.	L.
716.	Id.	AR.	0,60.	L.
717.	Id.	AR.	0,59.	L.
718.	Id.	AR.	0,52.	L.
719.	Id.	AR.	0,65.	L.
720.	Id.	AR.	0,72.	L.
721.	Id.	AR.	0,61.	L.
722.	Id.	AR.	0,72.	L.
723.	Id.	AR.	0,63.	L.
724.	Id.	AR.	0,71.	L.
725.	Id.	AR.	0,72.	L.
726.	Id.	AR.	0,67.	L.
727.	Id.	AR.	0,66.	L.
728.	Id.	AR.	0,78.	L.
729.	Id.	AR.	0,78.	L.
730.	Id.	AR.	0,70.	L.
731.	Id.	AR.	0,71.	L.
732.	Tête d'Apollon avec le filet de barbe.			
	R. MA. Roue.	AR.	0,75.	L.
733.	Tête imberbe à gauche, corne sur le front.			
	R. MA. Roue.	AR.	0,76.	L.
734.	Id.	AR.	0,71.	L.
735.	Id.	AR.	0,86.	L.
736.	Id.	AR.	0,81.	L.
737.	Id.	AR.	0,83.	L.
738.	Id.	AR.	0,72.	L.
739.	Id.	AR.	0,82.	L.
740.	Id.	AR.	0,73.	L.
741.	Id.	AR.	0,75.	L.
742.	Id.	AR.	0,80.	L.
743.	Id. Moins la corne sur le front.	AR.	0,70.	L.
744.	Id.	AR.	0,61.	L.
745.	Id.	AR.	0,60.	L.
746.	Id.	AR.	0,64.	L.
747.	Id. Mauvais style.	AR.	0,47.	L.
748.	Id.	AR.	0,46.	L.
749.	Id. Avec MA (*sic*).	AR.	0,53.	L.
750.	Id.	AR.	0,69.	L.
751.	Id.	AR.	0,60.	L.
752.	Id.	AR.	0,69.	L.
753.	Id.	AR.	0,58.	L.
754.	Tête à gauche; léger filet de barbe.			
	R. Même type incus.	AR.	0,58.	L.
755.	Tête imberbe à gauche.			
	R. MAC dans les rayons d'une roue.	AR.	0,41.	L.
756.	Tête imberbe à gauche; devant, N.			
	R. MA dans les rayons d'une roue.	AR.	0,45.	
757	Tête imberbe à gauche.			
	R. A. Roue.	BR.	0,41.	L.
758.	Id. Avec AM.	BR.	0,35.	L.
759.	Id. Avec MA. Mauvaise conservation.	BR.	0,38.	L.
760.	Id. Très-mauvaise conservation.	BR.	0,26.	L.
761.	Tête imberbe à gauche.			
	R. MA dans les rayons d'une roue.	BR.	0,54.	L.
762.	Id. Avec filet de barbe.	BR.	0,46.	L.
763.	Id. Sans le filet de barbe.	AR.	0,20.	L.
764.	Id.	AR.	0,14.	L.

Poids. Prov.

765. Id. AR. 0,17. L.
766. Id. AR. 0,29. L.
767. Tête imberbe à gauche, S. sur la joue et le cou.
R. MA. Roue. AR. 0,65. L.
768. Tête informe.
R. MA. Roue. AR. 0,45. L.
769. Id. AR. 0,43. L.
770. Tête imberbe à gauche.
R. MA dans les rayons d'une roue. AR. 0,36. L.
771. Astre.
R. MA dans les rayons d'une roue. AR. 0,17. L.
772. Tête informe.
R. Roue, sans lettres dans les rayons. AR. 0,55. L.
775. Id. AR. 0,30. L.
774. Type informe.
R. Roue. BR. 0,34. L.
775. Type informe; côté convexe.
R. Roue sans lettres; côté concave. AR. 0,40. L.
776. Id. AR. 0,33. L.
777. Id. AR. 0,32. L.
778. Id. AR. 0,47. L.
779. Id. AR. 0,45. L.
780. Enseigne militaire?
R. Roue. AR. 0,45. L.

Comparer le symbole du droit avec celui qui est figuré sur une pièce des Tectosages, dans la *Revue numismatique française*, 1866, pl. XVII, n° 57.

781. Tête de Diane à droite, branche d'olivier dans les cheveux, pendants d'oreilles et collier de perles.
R. ΜΑΣΣΑ. Lion en marche à droite. AR. 3,85. S.
782. Id. Avec ΣΑΣΣΑ. (*Trouvée à Bergame.*) Peut-être ces pièces sont-elles frappées en Italie, à l'imitation de Marseille. AR. 3,80. S.
783. Id. Avec ΜΑΣΣΑ. AR. 3,72. AF.
784. Id. AR. 3,75. L.
785. Id. AR. 3,80. L.
786. Id. Au-dessus du lion, point. AR. 3,79. L.
787. Id. Id. AR. 3,76. AF.
788. Id. Au-dessus du lion, O. AR. 3,73. L.

Poids. Prov.

789. Tête de Diane à droite; derrière, C.
R. ΜΑΣΣΑ. Lion en marche à droite. AR. 3,78. AF.
790. Tête de Diane à droite; derrière, Ͻ.
R. ΜΑΣΣΑ. Lion en marche à droite; devant, Ͻ. AR. 3,80. AF.
791. Tête de Diane à droite.
R. ΜΑΣΣΑ. Lion à droite; devant, Ͻ. AR. 3,41. L.
792. Tête de Diane à droite.
R. ΝΑΣΣΑ. Lion à droite. Pièce d'imitation? AR. 3,75. AF.
793. Id. Avec ΣΑΣΣΑ. Imitation. AR. 3,88. AF.
794. Id. Avec ΜΑΣΣΑ. Id. AR. 3,62. S.
795. Id. Avec ΣΑΣΣΑ. Id. AR. 3,59. AF.
796. Id. Avec ΜΑΣΣΑ. Id. AR. 3,57. S.
797. Id. ΣΑΣΣΑ. Id. AR. 3,86. S.
798. Id. Id. AR. 3,67. S.
799. Tête de Diane à droite, branche d'olivier dans les cheveux, pendants d'oreilles et collier de perles.
R. ΙΣΣΑ. Lion à droite, travail grossier. AR. 3,74. S.
800. Id. Avec ΣΣΑ. Imitation. AR. 3,29. S.
801. Id. Avec ΜΑΣΣΑ. Id. AR. 3,09. S.
802. Id. Id. AR. 3,18. S.
803. Id. Id. AR. 3,00. S.
804. Id. Avec ΑΣΣΑ. Id. AR. 3,92. AF.
805. Id. Légende rognée.
Pièce fourrée. AR. 2,75. S.
806. Id. Avec ΔΣΣΑ. Id. AR. 3,20. L.
807. Tête de Diane à droite; derrière, croissant.
R. MA... Lion en marche à droite; au-dessus du lion, une étoile. Imitation. AR. 4,60. L.
808. Id. Avec ΜΑΣΣΑ et moins l'étoile. Imitation. AR. 3,17. L.
809. Id. Avec ΜΑΣΣΑ (*sic*). Id. AR. 3,19. L.
810. R. Avec ΜΣΣΑ.
Travail barbare. Id. AR. 2,64. L.
811. Id. Id. AR. 2,55. L.
812. Id. Avec ΜΑΣΣΑ.
Même remarque. Id. AR. 2,78. L.
813. Id. Avec... ΑΣΣ... Id. AR. 2,41. L.
814. Id. Avec ΑΣΣΑ. Id. AR. 2,54. L.
815. Id. ΜΣΣΜ. Id. AR. 2,10. L.

			Poids.	Prov.
816.	Id. AAA (*sic*). Id.	BR.	3,21.	L.
817.	Tête de Diane à droite, branche d'olivier dans les cheveux, pendants d'oreilles et collier de perles.			
	R. ΜΑΣ. Lion à droite.	AR.	2,73.	S.
818.	Id.	AR.	2,70.	S.
819.	Id.	AR.	2,70.	S.
820.	Id. Avec ΜΑΣΣΑ.	AR.	2,65.	S.
821.	Tête de Diane, avec l'arc et le carquois, à droite; branche d'olivier, pendants d'oreilles et collier de perles.			
	R. ΜΑΣΣΑ. Lion à droite.	AR.	2,79.	S.
822.	Id. Moins l'arc et le carquois.	AR.	2,70.	S.
823.	Id. Avec ΜΑΣΣΑ.	AR.	2,72.	S.
824.	Tête de Diane à droite.			
	R. ΜΑΣΣΑ. Lion à droite.	AR.	2,62.	L.
825.	Tête de Diane, avec l'arc et le carquois.			
	R. ΜΑΣΣΑ. Lion à droite.	AR.	2,60.	L.
826.	Id. Avec ΜΑΣ.	AR.	2,63.	L.
827.	Tête de Diane, avec l'arc et le carquois.			
	R. Même type incus.	AR.	2,60.	L.
828.	Id.	AR.	2,42.	L.
829.	Tête de Diane, avec l'arc et le carquois, à droite.			
	R. ΜΑΣΣΑ. Lion à droite; sous le lion, fer de lance.	AR.	2,77.	S.
830.	Id.	AR.	2,72.	S.
831.	Id.	AR.	2,76.	S
832.	Id.	AR.	2,60.	L.
833.	Id.	AR.	2,55.	L.
834.	Tête de Diane, avec l'arc et le carquois.			
	R. ΜΑΣΣΑ. Lion à droite; sous le lion, croissant.	AR.	2,75.	S.
835.	Id.	AR.	2,62.	S.
836.	Id.	AR.	2,73.	AF.
837.	Id.	AR.	2,68.	L.
838.	Id.	AR.	2,76.	L.
839.	Id.	AR.	2,62.	L.
840.	Tête de Diane, avec l'arc et le carquois.			
	R. ΜΑΣΣΑ. Lion à droite; sous le lion, une pousse d'arbre.	AR.	2,71.	S.
841.	Id.	AR.	2,65.	L.
842.	Id.	AR.	2,55.	L.
843.	Tête de Diane, avec l'arc et le carquois.			
	R. ΜΑΣ. Lion à droite; sous le lion, trident la pointe en haut.	AR.	2,70.	S.
844.	Id.	AR.	2,74.	S.
845.	Id.	AR.	2,77.	S.
846.	Id.	AR.	2,61.	L.
847.	Tête de Diane, avec l'arc et le carquois.			
	R. ΜΑΣΣΑ. Lion à droite; dessous, trident la pointe en bas.	AR.	2,72.	S.
848.	Id.	AR.	2,75.	S.
849.	Id.	AR.	2,75.	S.
850.	Id.	AR.	2,75.	L.
851.	Tête de Diane, avec l'arc et le carquois.			
	R. ΜΑΣΣΑ. Lion à droite; dessous, lézard.	AR.	2,82.	S.
852.	Tête de Diane, avec l'arc et le carquois.			
	R. ΜΑΣΣΑ. Lion à droite; dessous, caducée.	AR.	2,63.	S.
853.	Id.	AR.	2,79.	S.
854.	Id.	AR.	2,67.	S.
855.	Id.	AR.	2,67.	L.
856.	Id.	AR.	2,65.	L.
857.	Tête de Diane, avec l'arc et le carquois.			
	R. ΜΑΣΣΑ. Lion à droite; dessous, rameau.	AR.	2,72.	S.
858.	Id.	AR.	2,65.	S.
859.	Id.	AR.	2,66.	S.
860.	Id.	AR.	2,81.	S.
861.	Id.	AR.	2,55.	L.
862.	Id.	AR.	2,70.	L.
863.	Id.	AR.	2,66.	AF.
864.	Tête de Diane, avec l'arc et le carquois.			
	R. Lion à droite; dessous, étoile.	AR.	2,60.	L.
865.	Tête de Diane, avec l'arc et le carquois.			
	R. Lion à droite; dessous, corne d'abondance.	AR.	2,43.	L.
866.	Id.	AR.	2,02.	L.
867.	Tête de Diane, avec l'arc et le carquois à droite.			
	R. ΜΑΣΣΑ. Lion à droite; sous le lion, A.	AR.	2,72.	S.

N°	Description		Poids.	Prov.
868.	Id.	AR.	2,60.	S.
869.	Id.	AR.	2,65.	L.
870.	Id. Sous le lion, B.	AR.	2,71.	S.
871.	Id.	AR.	2,67.	AF.
872.	Id.	AR.	2,75.	L.
873.	Id. Sous le lion, Γ.	AR.	2,71.	S.
874.	Id. sous le lion, Δ.	AR.	2,64.	L.
875.	Id. Sous le lion, E.	AR.	2,72.	S.
876.	Id.	AR.	2,66.	S.
877.	Id.	AR.	2,80.	AF.
878.	Id.	AR.	2,75.	L.
879.	Id. Moins l'arc et le carquois derrière l'épaule.	AR.	2,75.	L.
880.	Id. Sous le lion, F.	AR.	2,75.	S.
881.	Id. Sous le lion, Z.	AR.	2,72.	S.
882.	Id.	AR.	2,60.	L.
883.	Id. Sous le lion, H.	AR.	2,78.	S.
884.	Id.	AR.	2,75.	S.
885.	Id.	AR.	2,74.	L.
886.	Id. Sous le lion, Θ.	AR.	2,80.	S.
887.	Id.	AR.	2,62.	AF.
888.	Id.	AR.	2,63.	L.
889.	Id. Sous le lion, K.	AR.	2,75.	S.
890.	Id.	AR.	2,69.	L.
891.	Id. Sous le lion, A.	AR.	2,71.	S.
892.	Id.	AR.	2,37.	L.
893.	Id. Sous le lion, M.	AR.	2,92.	S.
894.	Id. Sous le lion, Ξ.	AR.	2,52.	S.
895.	Id.	AR.	2,71.	AF.
896.	Id.	AR.	2,65.	L.
897.	Id.	AR.	2,61.	L.
898.	Id. Sous le lion, O.	AR.	2,72.	S.
899.	Id.	AR.	2,77.	S.
900.	Id.	AR.	2,68.	L.
901.	Id.	AR.	2,66.	L.
902.	Id. Sous le lion, N.	AR.	2,59.	L.
903.	Id. Sous le lion, P.	AR.	2,73.	S.
904.	Id.	AR.	2,60.	L.
905.	Id. Sous le lion, T.	AR.	2,68.	S.
906.	Id.	AR.	2,76.	S.
907.	Id.	AR.	2,70.	L.
908.	Id. Sous le lion, Υ.	AR.	2,63.	L.
909.	Id. Sous le lion, Φ.	AR.	2,56.	L.
910.	Id. Sous le lion, $\frac{E}{E}$.	AR.	2,73.	S.
911.	Id.	AR.	2,59.	L.
912.	Id.	AR.	2,57.	L.
913.	Id.	AR.	2,60.	L.
914.	Id. Sous le lion, $\frac{Z}{Z}$.	AR.	2,72.	S.
915.	Id.	AR.	2,73.	S.
916.	Id.	AR.	2,62.	L.
917.	Id. Flan aplati.	AR.	2,63.	L.
918.	Id. Sous le lion, $\frac{Z}{Z}$.	AR.	2,73.	S.
919.	Id.	AR.	2,58.	L.
920.	Tête de Diane, avec l'arc et le carquois, à droite. ℞. ΜΑΣΣΑ. Lion à droite; dessous, ΑΑ.	AR.	2,71.	S.
921.	Id.	AR.	2,75.	S.
922.	Id.	AR.	2,71.	S.
923.	Id.	AR.	2,80.	S.
924.	Id.	AR.	2,66.	L.
925.	Id.	AR.	2,78.	L.
926.	Id. Sous le lion, BB.	AR.	2,79.	S.
927.	Id.	AR.	2,68.	L.
928.	Id. Sous le lion, ΓΓ.	AR.	2,75.	S.
929.	Id.	AR.	2,63.	AF.
930.	Id.	AR.	2,52.	L.
931.	Id. Sous le lion, ΔΔ.	AR.	2,65.	S.
932.	Id.	AR.	2,69.	S.
933.	Id.	AR.	2,75.	S.
934.	Id.	AR.	2,58.	AF.
935.	Id.	AR.	2,63.	AF.
936.	Id.	AR.	2,63.	L.
937.	Id. Sous le lion, EE.	AR.	2,72.	S.
938.	Id.	AR.	2,61.	L.
939.	Id. Sous le lion, HH.	AR.	2,70.	S.
940.	Id.	AR.	2,64.	S.
941.	Id.	AR.	2,60.	AF.
942.	Id.	AR.	2,62.	L.
943.	Id.	AR.	2,73.	L.
944.	Tête de Diane, avec l'arc et le carquois, à droite. ℞. ΜΑΣΣΑΛΙΗΤΩΝ. Lion en arrêt à droite; devant le lion, A.	AR.	2,55.	S.
945.	Id.	AR.	2,60.	S.
946.	Id.	AR.	2,60.	AF.
947.	Id. Travail grossier.	AR.	2,67.	S.
948.	Id. Moins la remarque.	AR.	2,63.	L.
949.	Id.	AR.	2,65.	L.
950.	Tête de Diane, avec l'arc et le carquois. ℞. Même type incus.	AR.	2,71.	L.

			Poids.	Prov.
951.	Tête de Diane, avec l'arc et le carquois, à droite. ℞. ΜΑΣΣΑΛΙΗΤΩΝ. Lion à droite, une des pattes de devant levée; sous le lion, P. Fausse.	AR.	5,90.	L.

(Lagoy, *Description de médailles inédites*, n° 121. — La Saussaye, *Gaule narbonnaise*, pl. V, n° 282.)

Le marquis de Lagoy a, le premier, publié cette pièce. Le savant auteur dit que ce qui en fait la rareté, c'est qu'elle est un médaillon didrachme. On ne connaissait encore de Massilia que de simples drachmes, dont les plus fortes de poids, d'un très-beau style, pèsent de 3.85 à 3.73. Les autres, plus récentes, et de fabrique ordinaire, pèsent au plus 2,73 à 2,80.

Le médaillon qui nous occupe pèse 5,905 au lieu de 7,50 ou 5,60. Son style est plus que médiocre; la tête de Diane et le corps du lion sont mal dessinés. Le poids est anormal, la couleur du métal est détestable. Le contour des figures est empâté de vernis. L'absence de grènetis au droit, la forme indécise des caractères de la légende, les bords de la pièce limés après coup, tout sert à établir que cette pièce, achetée à Paris, est l'œuvre d'un faussaire.

952.	Buste de Diane diadémée et pharétrée, à droite, avec un collier de perles; les cheveux ont une tresse attachée au-dessus de la tête, et une autre qui descend le long du cou. ℞. ΜΑΣΣΑΛΙΗΤΩΝ. Lion en arrêt à droite; devant, $\frac{A}{B}$.	AR.	2,81.	S.
953.	Id.	AR.	2,62.	S.
954.	Id.	AR.	2,79.	S.
955.	Id.	AR.	2,50.	S.
956.	Id.	AR.	2,65.	S.
957.	Id.	AR.	2,58.	AF.
958.	Id.	AR.	2,89.	AF.
959.	Id.	AR.	2,71.	AF.
960.	Id.	AR.	2,68.	L.
961.	Id.	AR.	2,07.	L.
962.	Id. Devant le lion, $\frac{A}{H}$.	AR.	2,72.	S.
963.	Id. Devant le lion, $\frac{A}{O}$.	AR.	2,71.	S.
964.	Id.	AR.	2,73.	S.
965.	Id.	AR.	2,61.	S.
966.	Id.	AR.	2,67.	AF.
967.	Id.	AR.	2,67.	AF.
968.	Id.	AR.	2,71.	L.
969.	Id.	AR.	2,47.	L.
970.	Id.	AR.	2,62.	L.
971.	Id. Devant le lion, $\frac{H}{\Delta}$.	AR.	2,58.	S.
972.	Id.	AR.	2,59.	AF.
973.	Id. Devant le lion, $\frac{\Delta}{K}$.	AR.	2,64.	S.
974.	Id.	AR.	2,65.	AF.
975.	Id.	AR.	2,77.	L.
976.	Id. Devant le lion, $\frac{H}{\Delta}$.	AR.	2,71.	S.
977.	Id.	AR.	2,71.	S.
978.	Id.	AR.	2,78.	AF.
979.	Id.	AR.	2,65.	L.
980.	Id. Devant le lion, $\frac{X}{H}$.	AR.	2,57.	S.
981.	Id. Devant le lion, monogramme ΔA.	AR.	2,70.	S.
982.	Id.	AR.	2,78.	S.
983.	Id.	AR.	2,75.	S.
984.	Id.	AR.	2,70.	AF.
985.	Id.	AR.	2,75.	AF.
986.	Id.	AR.	2,67.	L.
987.	Id. Devant le lion, monogramme ΔA.	AR.	2,65.	S.
988.	Id. Devant le lion, monogramme HE.	AR.	2,72.	AF.
989.	Id. Devant le lion, monogramme TA.	AR.	2.80.	S.
990.	Id.	AR.	2,75.	S.
991.	Id.	AR.	2,62.	AF.
992.	Id.	AR.	2,66.	L.
993.	Id. Devant le lion, ΠB en monogramme.	AR.	2,70.	S.
994.	Id.	AR.	2,77.	S.
995.	Id.	AR.	2,66.	AF.
996.	Id.	AR.	2,67.	L.
997.	Id. Devant le lion, KH; entre les pattes de derrière, A.	AR.	2,71.	S.
998.	Id.	AR.	2,71.	S.
999.	Id.	AR.	2,68.	AF.
1000.	Id.	AR.	2,60.	L.
1001.	Id. Devant le lion, rameau.	AR.	2,66.	S.
1002.	Id.	AR.	2,54.	S.
1003.	Id.	AR.	2,60.	AF.
1004.	Id.	AR.	2,85.	L.
1005.	Id.	AR.	2,78.	L.
1006.	Buste de Diane diadémée et pharétrée, à droite; devant, $\frac{H}{A}$. ℞. ΜΑΣΣΑΛΙΗΤΩΝ. Lion à droite; devant, rameau.	AR.	2,32.	S.

			Poids.	Prov.
1007.	Buste de Diane à droite; devant, A.			
	Ɍ. Même type incus.	AR.	2,77.	S.
1008.	Buste de Diane à droite; devant, B.			
	Ɍ. ΜΑΣΣΑΛΙΗΤΩΝ. Lion à droite; devant, A; entre les pattes, B.	AR.	2,58.	AF.
1009.	Id.	AR.	2,67.	AF.
1010.	Id. Devant le buste, B; devant le lion, A; entre les pattes, B.	AR.	2,10.	S.
1011.	Id.	AR.	2,13.	L.
1012.	Id. Devant le buste, $\frac{A}{A}$; devant le lion, $\frac{A}{A}$.	AR.	2,72.	S.
1013.	Id.	AR.	2,83.	S.
1014.	Id.	AR.	2,88.	S.
1015.	Id.	AR.	2,57.	L.
1016.	Buste de Diane à droite; devant, $\frac{A}{A}$.			
	Ɍ. Même type incus.	AR.	2,58.	S.
1017.	Buste de Diane à droite; devant, $\frac{A}{H}$.			
	Ɍ. ΜΑΣΣΑΛΙΗΤΩΝ. Lion à droite; devant, $\frac{A}{H}$.	AR.	2,78.	S.
1018.	Id.	AR.	2,09.	L.
1019.	Id.	AR.	2,79.	L.
1020.	Buste de Diane; devant, $\frac{A}{H}$.			
	Ɍ. Même type incus.	AR.	2,84.	L.
1021.	Buste de Diane à droite; devant, $\frac{B}{\Delta}$.			
	Ɍ. ΜΑΣΣΑΛΙΗΤΩΝ. Lion à droite; devant, $\frac{B}{\Delta}$.	AR.	2,65.	S.
1022.	Id.	AR.	2,03.	L.
1023.	Buste de Diane; devant, $\frac{B}{A}$.			
	Ɍ. Même type incus.	AR.	2,78.	S.
1024.	Buste de Diane; devant, $\frac{Z}{E}$.			
	Ɍ. ΜΑΣΣΑΛΙΗΤΩΝ. Lion; devant, $\frac{Z}{E}$.	AR.	2,60.	S.
1025.	Id.	AR.	2,76.	S.
1026.	Id.	AR.	2,76.	S.
1027.	Id.	AR.	2,76.	S.
1028.	Id.	AR.	2,79.	AF.
1029.	Id.	AR.	2,07.	L.
1030.	Id.	AR.	2,69.	L.
1031.	Id. Devant le buste; $\frac{\Phi}{K}$ devant le lion, ΦK.	AR.	2,78.	S.
1032.	Id.	AR.	2,39.	S.
1033.	Id.	AR.	2,65.	AF.
1034.	Id.	AR.	2,69.	L.
1035.	Id. Devant le buste, $\frac{X}{H}$; devant le lion, $\frac{X}{H}$.	AR.	2,73.	S.
1036.	Id.	AR.	2,66.	AF.
1037.	Id.	AR.	2,66.	L.
1038.	Buste de Diane; devant, AM en monogramme.			
	Ɍ. Même type incus.	AR.	2,74.	L.
1039.	Buste de Diane; devant, HB en monogramme.			
	Ɍ. Même type incus.	AR.	2,53.	L.
1040.	Buste de Diane; devant, HE en monogramme.			
	Ɍ. ΜΑΣΣΑΛΙΗΤΩΝ. Lion; devant, HE en monogramme.	AR.	2,66.	S.
1041.	Id.	AR.	2,85.	S.
1042.	Id.	AR.	2,51.	AF.
1043.	Id.	AR.	2,40.	L.
1044.	Id. Devant le buste, $\frac{\Delta}{K}$; devant le lion, $\frac{\Delta}{K}$.	AR.	2,67.	S.
1045.	Id.	AR.	2,63.	S.
1046.	Id.	AR.	2,77.	S.
1047.	Id.	AR.	2,72.	L.
1048.	Buste de Diane; devant, $\frac{\Delta}{K}$.			
	Ɍ. Même type incus.	AR.	2,69.	L.
1049.	Buste de Diane; devant, ΔH en monogramme.			
	Ɍ. ΜΑΣΣΑΛΙΗΤΩΝ. Lion; devant, même monogramme.	AR.	2,70.	S.
1050.	Id.	AR.	2,70.	S.
1051.	Id.	AR.	2,80.	AF.
1052.	Id.	AR.	2,53.	L.
1053.	Buste de Diane à droite.			
	Ɍ. Même type incus.	AR.	2,58.	L.
1054.	Id.	AR.	2,76.	L.
1055.	Id.	AR.	2,65.	L.
1056.	Id.	AR.	2,03.	L.
1057.	Id.	AR.	2,65.	L.
1058.	Buste de Diane à gauche.			
	Ɍ. ΜΣΣΑ. Lion à gauche, une des pattes de devant levée; à l'exergue, Γ.	AR.	2,35.	L.
1059.	Buste de Diane à gauche.			
	Ɍ. ΜΑΣΣΑ. Même lion; à l'exergue, OA.	AR.	2,75.	S.
1060.	Id.	AR.	2,66.	S.

			Poids.	Prix.
1061.	Id.	AR.	2,52.	S.
1062.	Id.	AR.	2,68.	S.
1063.	Id.	AR.	2,72.	AF.
1064.	Id.	AR.	2,73.	L.
1065.	Id.	AR.	2,63.	L.
1066.	Id. A entre les pattes de devant; AA à l'exergue.	AR.	2,70.	S.
1067.	Id. Pièce fourrée.	AR.	2,18.	S.
1068.	Id.	AR.	2,70.	S.
1069.	Id.	AR.	2,71.	S.
1070.	Id.	AR.	2,66.	AF.
1071.	Id.	AR.	2,58.	L.
1072.	Id. A entre les pattes de devant; ΠΑΡ à l'exergue.	AR.	2,71.	S.
1073.	Ids A entre les pattes de devant; ΠΑ à l'exergue.	AR.	2,71.	S.
1074.	Id.	AR.	2,72.	AF.
1075.	Id.	AR.	2,73.	S.
1076.	Id.	AR.	2,70.	L.
1077.	Id.	AR.	2,65.	L.
1078.	Id. ΠΑ à l'exergue.	AR.	2,70.	S.
1079.	Id. A sous le ventre du lion; AZ à l'exergue.	AR.	2,70.	L.
1080.	Id.	AR.	2,46.	L.
1081.	Id. Δ sous le ventre; AA à l'exergue.	AR.	2,72.	S.
1082.	Buste à gauche. ℞. ΜΑΣΣΑΛΗΤΗΑ (*sic*). Lion à gauche; entre les pattes de derrière, A.	AR.	2,33.	L.
1083.	Même buste. ℞. ΜΣΣΑ. Lion à gauche; A entre les pattes de devant; A sous le ventre; Γ à l'exergue.	AR.	2,24.	L.
1084.	Buste de Diane à gauche. ℞. Même type incus.	AR.	2,78.	S.
1085.	Id.	AR.	2,55.	S.
1086.	Id.	AR.	2,69.	L.
1087.	Id.	AR.	2,72.	L.
1088.	Buste de Diane, diadémée et pharétrée à droite. ℞. ΜΑΣΣΑ. Lion à gauche, une des pattes de devant levée; A à l'exergue.	AR.	2,67.	S.
1089.	Id.	AR.	2,77.	S.
1090.	Id.	AR.	2,77.	S.
1091.	Id.	AR.	2,76.	L.
1092.	Id. Φ entre les pattes de devant; B à l'exergue.	AR.	2,76.	S.
1093.	Id.	AR.	2,78.	S.
1094.	Id.	AR.	2,82.	S.
1095.	Id.	AR.	2,55.	S.
1096.	Id.	AR.	2,49.	S.
1097.	Id.	AR.	2,61.	L.
1098.	Id. A l'exergue, Γ.	AR.	2,74.	S.
1099.	Id.	AR.	2,80.	S.
1100.	Id.	AR.	2,75.	L.
1101.	Id.	AR.	2,85.	L.
1102.	Id. A l'exergue, Φ.	AR.	2,78.	S.
1103.	Id. I entre les pattes de devant; A sous le ventre; A à l'exergue.	AR.	2,77.	L.
1104.	Id. A sous le ventre; AZ à l'exergue.	AR.	2,73.	S.
1105.	Id.	AR.	2,68.	S.
1106.	Id.	AR.	2,66.	AF.
1107.	Id.	AR.	2,60.	AF.
1108.	Id.	AR.	2,77.	L.
1109.	Id. A sous le ventre; AB à l'exergue.	AR.	2,72.	S.
1110.	Id. V sous le ventre; AH à l'exergue.	AR.	2,96.	S.
1111.	Id. A Sous le ventre; AH à l'exergue.	AR.	2,60.	L.
1112.	Id. A sous le ventre; AΘ à l'exergue.	AR.	2,70.	S.
1113.	Id.	AR.	2,76.	S.
1114.	Id.	AR.	2,67.	AF.
1115.	Id.	AR.	2,68.	L.
1116.	Id. A sous le ventre; AK à l'exergue.	AR.	2,59.	S.
1117.	Id.	AR.	2,70.	S.
1118.	Id.	AR.	2,65.	S.
1119.	Id.	AR.	2,53.	AF.
1120.	Id.	AR.	2,72.	L.
1121.	Id. A sous le ventre; AA à l'exergue.	AR.	2,66.	S.
1122.	Id.	AR.	2,74.	S.
1123.	Id.	AR.	2,44.	S.
1124.	Id.	AR.	2,78.	S.
1125.	Id.	AR.	2,72.	AF.
1126.	Id.	AR.	2,70.	AF.
1127.	Id.	AR.	2,64.	L.
1128.	Id. A sous le lion; AM à l'exergue.	AR.	2,54.	S.

N°	Description		Poids.	Prov.
1129.	Id.	AR.	2,78.	S.
1130.	Id.	AR.	2,70.	S.
1131.	Id.	AR.	2,63.	L.
1132.	Id. A sous le lion ; AN à l'exergue.	AR.	2,60.	S.
1133.	Id.	AR.	2,74.	L.
1134.	Id. A entre les pattes ; ΛΞ à l'exergue.	AR.	2,71.	S.
1135.	Id.	AR.	2,61.	S.
1136.	Id.	AR.	2,70.	AF.
1137.	Id. A entre les pattes ; AΠ à l'exergue.	AR.	2,81.	S.
1138.	Id.	AR.	2,70.	S.
1139.	Id. A entre les pattes ; ΠΛ à l'exergue.	AR.	2,76.	S.
1140.	Id.	AR.	2,82.	S.
1141.	Id.	AR.	2,84.	S.
1142.	Id. A entre les pattes ; ΛΛ à l'exergue.	AR.	2,70.	S.
1143.	Id. I entre les pattes de devant ; A sous le lion, Λ à l'exergue.	AR.	2,68.	S.
1144.	Id.	AR.	2,02.	S.
1145.	Id.	AR.	2,81.	AF.
1146.	Id.	AR.	2,58.	AF.
1147.	Buste de Diane à droite. ℞. Même type incus.	AR.	2,74.	L.
1148.	Id.	AR.	2,70.	L.
1149.	Buste de Diane surfrappé sur MAΣΣA et le lion. ℞. MAΣΣA. Lion à gauche.	AR.	2,74.	L.
1150.	Buste de Diane. ℞. MAΣΣA. Lion à gauche.	AR.	2,70.	L.
1151.	Id. A entre les pattes ; AIΔ à l'exergue.	AR.	2,83.	S.
1152.	Id.	AR.	2,42.	S.
1153.	Id.	AR.	2,69.	AF.
1154.	Id.	AR.	2,53.	AF.
1155.	Id.	AR.	2,09.	L.
1156.	Id. A entre les pattes ; AIE à l'exergue.	AR.	2,75.	S.
1157.	Id.	AR.	2,78.	L.
1158.	Id. A sous le lion ; A entre les pattes de derrière ; AM à l'exergue.	AR.	2,74.	S.
1159.	Buste de Diane diadémée et pharétrée à droite. ℞. MAΣΣA. Lion à droite, une des pattes de devant levée ; à l'exergue, EF.	AR.	2,82.	S.
1160.	Id.	AR.	2,71.	S.
1161.	Id.	AR.	2,72.	S.
1162.	Id.	AR.	2,80.	S.
1163.	Id.	AR.	2,00.	AF.
1164.	Id.	AR.	2,73.	L.
1165.	Id.	AR.	2,73.	L.
1166.	Buste de Diane, diadémée et pharétrée, à droite. ℞. MAΣΣAΛIΗTΩN. Lion à gauche, une des pattes de devant levée ; lettres ΦAA entre les pattes de devant, du milieu et de derrière.	AR.	2,77.	S.
1167.	Id.	AR.	2,02.	S.
1168.	Id.	AR.	2,90.	AF.
1169.	Id.	AR.	2,71.	AF.
1170.	Id.	AR.	2,67.	L.
1171.	Id. Entre les pattes, ΦΞH.	AR.	2,90.	S.
1172.	Id.	AR.	2,61.	S.
1173.	Id.	AR.	2,62.	S.
1174.	Id.	AR.	2,62.	AF.
1175.	Buste de Diane diadémée et pharétrée, à droite. ℞. Même type incus.	AR.	2,57.	S.
1176.	Id.	AR.	2,66.	AF.
1177.	Id.	AR.	2,77.	AF.
1178.	Id.	AR.	2,70.	AF.
1179.	Id.	AR.	2,61.	AF.
1180.	Buste de Diane, diadémée et pharétrée, à droite. ℞. MAΣΣAΛIΗTΩN. Lion à droite, une des pattes de devant levée.	AR.	2,80.	S.
1181.	Id.	AR.	2,70.	S.
1182.	Id.	AR.	2,64.	S.
1183.	Id. A entre les pattes de derrière.	AR.	2,76.	S.
1184.	Id.	AR.	2,70.	S.
1185.	Id.	AR.	2,74.	S.
1186.	Id. Δ entre les pattes de derrière et du milieu.	AR.	2,15.	S.
1187.	Id.	AR.	2,17.	S.
1188.	Id.	AR.	2,26.	S.
1189.	Id.	AR.	2,61.	AF.
1190.	Id.	AR.	2,60.	AF.
1191.	Id.	AR.	2,71.	L.
1192.	Id. AAΣ entre les pattes.	AR.	2,68.	L.
1193.	Id. ΛΔ entre les pattes.	AR.	2,40.	S.
1194.	Id.	AR.	2,82.	S.

			Poids.	Prov.
1195.	Id.	AR.	2,72.	L.
1196.	Id. AII entre les pattes.	AR.	2,05.	S.
1197.	Id.	AR.	2,80.	S.
1198.	Id.	AR.	2,72.	S.
1199.	Id.	AR.	2,93.	L.
1200.	Id.	AR.	2,67.	L.
1201.	ΜΑΣΣΑ... Lion à droite; AII entre les pattes.			
	℞. Même type incus.	AR.	2,65.	L.
1202.	Buste de Diane à droite.			
	℞. ΜΑΣΣΑΛΙΗΤΩΝ. Lion à droite; entre les pattes ΑΘ.	AR.	2,71.	AF.
1203.	Id. AA entre les pattes.	AR.	2,90.	S.
1204.	Id. ΔO entre les pattes.	AR.	2,77.	S.
1205.	Id.	AR.	2,76.	S.
1206.	Id.	AR.	2,62.	L.
1207.	Id.	AR.	2,61.	L.
1208.	Id. ΔT entre les pattes.	AR.	2,04.	L.
1209.	Id.	AR.	2,65.	L.
1210.	Id.	AR.	2,62.	L.
1211.	Id.	AR.	2,77.	S.
1212.	Id.	AR.	2,63.	AF.
1213.	Id.	AR.	2,53.	AF.
1214.	Id. ΔE entre les pattes.	AR.	2,77.	S.
1215.	Id.	AR.	2,80.	L.
1216.	Id. ΔT entre les pattes.	AR.	2,97.	S.
1217.	Id.	AR.	3,07.	S.
1218.	Id.	AR.	2,71.	L.
1219.	Id.	AR.	2,52.	L.
1220.	Id. E entre les pattes de derrière.	AR.	2,37.	L.
1221.	Id. EA entre les pattes.	AR.	2,77.	S.
1222.	Id.	AR.	2,77.	S.
1223.	Id. EΔ entre les pattes.	AR.	2,95.	L.
1224.	Id. EΠ entre les pattes.	AR.	2,71.	S.
1225.	Id.	AR.	2,65.	AF.
1226.	Id.	AR.	2,76.	L.
1227.	ΜΑΣΣΑΛΙΗΤΩΝ. Lion à droite; EΠ entre les pattes.			
	℞. Même type incus.	AR.	2,77.	S.
1228.	Buste de Diane diadémée et pharétrée à droite.			
	℞. ΜΑΣΣΑΛΙΗΤΩΝ. Lion à droite, une des pattes de devant levée; ZΣ entre les pattes.	AR.	2,78.	S.
1229.	Id.	AR.	2,77.	S.
1230.	Id.	AR.	2,84.	S.
1231.	Id.	AR.	2,68.	S.

			Poids.	Prov.
1232.	Id.	AR.	2,72.	S.
1233.	Id.	AR.	2,62.	AF.
1234.	Id.	AR.	2,67.	AF.
1235.	Id.	AR.	2,60.	L.
1236.	Id.	AR.	3,10.	L.
1237.	Id. ZX entre les pattes du lion.	AR.	2,37.	S.
1238.	Id.	AR.	2,83.	L.
1239.	Id. HΔ entre les pattes.	AR.	2,86.	S.
1240.	Id.	AR.	2,75.	S.
1241.	Id.	AR.	2,68.	S.
1242.	Id.	AR.	2,40.	L.
1243.	Id. HΔ entre les pattes.	AR.	2,62.	S.
1244.	Id. HA entre les pattes.	AR.	2,52.	L.
1245.	Id. ΘΘ entre les pattes.	AR.	2,80.	S.
1246.	Id. NA entre les pattes.	AR.	2,78.	L.
1247.	Id. NΔ entre les pattes.	AR.	2,80.	S.
1248.	Id.	AR.	2,46.	AF.
1249.	Id.	AR.	2,10.	AF.
1250.	Id.	AR.	2,55.	L.
1251.	Id. ΞH entre les pattes.	AR.	2,75.	L.
1252.	Id. OΘ entre les pattes.	AR.	2,72.	S.
1253.	Id.	AR.	2,48.	L.
1254.	Id.	AR.	2,70.	L.
1255.	Id. ΠΔ entre les pattes.	AR.	2,70.	S.
1256.	Id.	AR.	2,78.	S.
1257.	Id.	AR.	2,62.	S.
1258.	Id.	AR.	2,75.	S.
1259.	Id.	AR.	2,61.	S.
1260.	Id.	AR.	2,71.	AF.
1261.	Id.	AR.	2,55.	L.
1262.	Id. ΠΔ entre les pattes.	AR.	2,69.	L.
1263.	Id. ΠK entre les pattes.	AR.	2,67.	S.
1264.	Id.	AR.	2,60.	S.
1265.	Id.	AR.	2,65.	S.
1266.	Id.	AR.	2,62.	L.
1267.	Id. ΠK entre les pattes.	AR.	2,65.	AF.
1268.	Id. KΠK entre les pattes.	AR.	2,60.	L.
1269.	ΜΑΣΣΑΛΙΗΤΩΝ. Lion à droite; une des pattes de devant levée; entre les pattes, ΠK.			
	℞. Même type en creux.	AR.	2,72.	S.
1270.	Tête de Diane diadémée et pharétrée à droite.			
	℞. ΜΑΣΣΑΛΙΗΤΩΝ. Lion à droite, une des pattes de			

N°	Description	Métal	Poids.	Prov.
	devant levée; entre les pattes, IIM.	AR.	2,70.	S.
1271.	Id.	AR.	2,70.	S.
1272.	Id.	AR.	2,87.	S.
1273.	Id. Pièce fourrée.	AR.	2,15.	AF.
1274.	Id.	AR.	2,81.	L.
1275.	Id. Pièce fourrée.	AR.	2,23.	L.
1276.	Id.	AR.	2,75.	L.
1277.	Id.	AR.	2,60.	L.
1278.	Id. IIM entre les pattes.	AR.	2,62.	L.
1279.	Id. XX entre les pattes.	AR.	2,57.	AF.
1280.	Id.	AR.	2,09.	L.
1281.	Id. ΛΛΣ entre les pattes.	AR.	2,60.	S.
1282.	Id. ΠΔΦ entre les pattes.	AR.	2,80.	S.
1283.	Id.	AR.	2,76.	S.
1284.	Id.	AR.	2,75.	AF.
1285.	Id. ΠΚΗ entre les pattes.	AR.	2,56.	S.
1286.	Id. ΑΔΤ entre les pattes.	AR.	2,87.	S.
1287.	Id.	AR.	2,58.	S.
1288.	Id. avec lion en surfrappe sur la tête de Diane, et réciproquement.	AR.	2,70.	S.
1289.	Buste de Diane diadémée et pharétrée, à droite. ℞. ΜΑΣΣΑΛΙΗΤΩΝ. Lion à droite, une patte levée; entre les pattes, ΑΠΙΔ.	AR.	2,73.	S.
1290.	Id.	AR.	2,87.	S.
1291.	Id. ΒΠΚ entre les pattes.	AR.	2,72.	S.
1292.	Id.	AR.	2,62.	S.
1293.	Id. ΔΓΕ entre les pattes.	AR.	2,75.	S.
1294.	Id.	AR.	2,80.	S.
1295.	Id.	AR.	2,75.	AF.
1296.	Id.	AR.	2,64.	L.
1297.	Buste de Diane diadémée et pharétrée, à droite; devant, ΓΑ. ℞. ΜΑΣΣΑ. Lion à droite; devant, Α; à l'exergue, ΑΗΧ.	AR.	2,62.	S.
1298.	Id.	AR.	2,70.	AF.
1299.	Id.	AR.	2,72.	AF.
1300.	Id.	AR.	2,40.	L.
1301.	Même buste; devant, ΓΑ. ℞. Mêmes légende et type; ΑΠΖ à l'exergue. Pièce fourrée.	AR.	2,19.	S.
1302.	Id.	AR.	2,77.	L.
1303.	Id. B devant le buste; T sous le lion; ΑΠΙΙ à l'exergue.	AR.	2,25.	AF.
1304.	ΜΑΣΣΑ. Lion à droite; T sous le lion; ΑΠΙΙ à l'exergue. ℞. Même type en creux.	AR.	2,62.	S.
1305.	Buste de Diane à droite; devant, M. ℞. ΜΑΣΣΑ. Lion à droite; Α sous le lion; ΔΕΗ à l'exergue. Pièce fourrée.	AR.	2,01.	S.
1306.	ΠΜ devant le buste; Α sous le lion; ΔΑΘ à l'exergue.	AR.	2,62.	S.
1307.	M devant le buste; T sous le lion; ΔΒΘ à l'exergue. Pièce fourrée.	AR.	2,30.	S.
1308.	ΓΑ devant le buste; T sous le lion; ΔΒΘ à l'exergue. Pièce fourrée.	AR.	2,32.	S.
1309.	Id.	AR.	2,55.	AF.
1310.	Id.	AR.	2,42.	AF.
1311.	Id.	AR.	2,56.	L.
1312.	ΥΗ devant le buste; Δ sous le lion; ΔΑΔ à l'exergue.	AR.	2,65.	AF.
1313.	ΠΑ devant le buste; Α sous le lion; ΔΔΡ à l'exergue.	AR.	2,54.	L.
1314.	ΜΑ devant le buste; Α sous le lion; ΔΕΗ à l'exergue.	AR.	2,23.	L.
1315.	Π devant le buste; Δ sous le lion; ΕΔΒ à l'exergue.	AR.	2,40.	S.
1316.	Π devant le buste; Δ sous le lion; ΗΑΤ à l'exergue.	AR.	2,30.	L.
1317.	Id. Avec B devant le buste.	AR.	2,55.	S.
1318.	Id.	AR.	2,57.	S.
1319.	Id.	AR.	2,52.	S.
1320.	Id.	AR.	2,51.	AF.
1321.	Id.	AR.	2,23.	AF.
1322.	Id.	AR.	2,67.	AF.
1323.	Id.	AR.	2,76.	L.
1324.	Id.	AR.	2,19.	L.
1325.	ΑΜ devant le buste; Δ sous le lion; ΗΑΤ à l'exergue.	BB.	2,16.	L.
1326.	ΑΡ devant le buste; T sous le lion; ΘΚΘ à l'exergue.	AR.	2,29.	L.
1327.	Π devant le buste; Α devant le lion; ΚΠΑ à l'exergue.	AR.	2,35.	S.
1328.	Id.	AR.	2,72.	AF.
1329.	Id.	AR.	2,80.	AF.
1330.	Id.	AR.	2,75.	L.

			Poids.	Prov.
1331.	Π devant la tête; Δ sous le lion; à l'exergue ΑΛΔ. Pièce fourrée.	AR.	2,02.	L.
1332.	B devant la tête; Λ sous le lion; AIIII à l'exergue.	AR.	2,30.	S.
1333.	Id.	AR.	2,75.	AF.
1334.	Id. Pièce fourrée.	AR.	2,07.	AF.
1335.	Id.	AR.	2,72.	L.
1336.	AP devant la tête; MAA à l'exergue.	AR.	2,41.	L.
1337.	Id.	AR.	2,40.	L.
1338.	Id. Avec la tête deux fois répétée.	AR.	2,76.	S.
1339.	AP devant la tête; T sous le lion; OKΘ à l'exergue.	AR.	2,57.	S.
1340.	HB devant la tête; X devant le lion; ΠΑΔ à l'exergue. Pièce fourrée.	AR.	2,35.	AF.
1341.	Id.	AR.	2,42.	S.
1342.	Id.	AR.	2,71.	S.
1343.	Id.	AR.	2,32.	L.
1344.	ΠΥ devant la tête; Λ devant le lion; ΠΔΑ l'exergue.	AR.	2,55.	S.
1345.	Id.	AR.	2,57.	S.
1346.	Id.	AR.	2,72.	AF.
1347.	Id.	AR.	1,99.	L.
1348.	Π devant la tête; Ε devant le lion; ΠΗΑ à l'exergue.	AR.	2,51.	S.
1349.	Id.	AR.	2,42.	S.
1350.	ΑΜ devant la tête; Δ devant le lion; ΠΑΔ à l'exergue.	AR.	2,55.	L.
1351.	Ν devant la tête; Δ devant le lion; ΠΑΔ à l'exergue. Pièce fourrée.	AR.	2,00.	AF.
1352.	Id. Percée d'un trou.	AR.	2,75.	AF.
1353.	ΑΜ devant la tête; Δ devant le lion; lettres de l'exergue rognées. ΠΑΔ?	AR.	2,65.	L.
1354.	Π devant la tête; Ε devant le lion; lettres de l'exergue rognées. ΠΗΑ?	AR.	2,56.	L.
1355.	ΑΗ devant la tête; Μ devant le lion; ΡΠΔ à l'exergue.	AR.	2,47.	S.
1356.	Id.	AR.	2,74.	L.
1357.	ΑΜ devant la tête; Δ sous le lion; ΦΑΟ à l'exergue.	AR.	2,40.	AF.
1358.	Id.	AR.	2,14.	L.
1359.	ΡΔΒ devant la tête; Δ devant le lion; ΧΖΑ à l'exergue.	AR.	2,70.	AF.
1360.	Id.	AR.	3,57.	AF.
1361.	Id.	AR.	2,55.	S.
1362.	Id.	AR.	2,65.	L.
1363.	Id.	AR.	2,63.	L.
1364.	Π devant la tête; ΧΧΑ à l'exergue.	AR.	2,71.	AF.
1365.	Id.	AR.	2,60.	S.
1366.	ΓΚ devant la tête; Δ devant le lion; ΧΗΗ à l'exergue. Pièce rognée.	AR.	2,15.	AF.
1367.	Id. Pièce fourrée.	AR.	2,71.	AF.
1368.	Id. id.	AR.	2,31.	AF.
1369.	Id.	AR.	2,72.	S.
1370.	Id.	AR.	2,70.	L.
1371.	Id.	AR.	2,68.	L.
1372.	ΜΑΣΣΑ. Lion à droite; devant Δ; à l'exergue ΧΙΙΙΙ. ℞. Même type incus.	AR.	2,72.	L.
1373.	?... devant la tête; Λ sous le lion; ΑΡΒ à l'exergue. Pièce fourrée.	AR.	2,07.	AF.
1374.	ΚΑΡ devant la tête; ...? devant le lion; ΠΚ à l'exergue.	AR.	2,65.	AF.
1375.	Id.	AR.	2,77.	L.
1376.	ΜΑΣΣ. Lion à droite; à l'exergue ΑΛΠ. ℞. Même type incus.	AR.	2,69.	L.
1377.	Buste de Diane diadémée et pharétrée, à droite, les cheveux divisés en trois mèches, une autre descend le long du cou; devant la tête, B. ℞. ΜΑΣΣΑ. Lion à droite, une patte de devant levée; Ξ entre les pattes de devant; ΑΑΞ à l'exergue.	AR.	2,52.	S.
1378.	Id.	AR.	2,22.	S.
1379.	Π devant la tête; Ζ devant le lion; ΑΕΒ à l'exergue.	AR.	2,40.	AF.
1380.	Id.	AR.	2,35.	L.
1381.	ΠΜ devant la tête; Μ devant le lion qui est en arrêt; ΑΣΓ à l'exergue.	AR.	2,72.	S.
1382.	Id.	AR.	2,72.	S.
1383.	Id.	AR.	2,55.	AF.
1384.	Id.	AR.	2,78.	AF.
1385.	Id. Coulé sur l'argent.	BR.	2,12.	S.
1386.	Id.	AR.	2,79.	L.
1387.	Π devant la tête; Ζ devant le lion; ΑΖΑ à l'exergue.	AR.	2,55.	S.

			Poids.	Prov.
1388.	Id.	AR.	2,60.	S.
1389.	Id.	AR.	2,42.	L.
1390.	A devant la tête; Ξ entre les pattes de devant du lion; ΔΖΔ à l'exergue.	AR.	2,60.	AF.
1391.	Id.	AR.	2,31.	S.
1392.	Id.	AR.	2,09.	L.
1393.	A devant la tête; A entre les pattes de devant du lion; ΔΑΝ à l'exergue.	AR.	2,38.	S.
1394.	Id. Pièce fourrée.	AR.	2,28.	S.
1395.	Id. id.	AR.	2,35.	AF.
1396.	Id.	AR.	2,62.	AF.
1397.	H devant la tête; EP en monogramme devant le lion; ΔΙΙΟ à l'exergue.	AR.	1,98.	S.
1398.	Id.	AR.	2,63.	AF.
1399.	Id.	AR.	2,65.	L.
1400.	Id.	AR.	2,31.	L.
1401.	BA en monogramme devant la tête; Δ devant le lion; ΕΚΑ à l'exergue. Pièce fourrée.	AR.	2,74.	S.
1402.	Id.	AR.	2,82.	AF.
1403.	Id.	AR.	2,34.	L.
1404.	BΔ en monogramme devant la tête; K entre les pattes de devant du lion; ΕΑΚ à l'exergue.	AR.	3,02.	S.
1405.	Id.	AR.	1,95.	AF.
1406.	Id.	AR.	2,63.	AF.
1407.	Id.	AR.	2,28.	AF.
1408.	B devant la tête; A devant le lion; ΖΘΕ à l'exergue.	AR.	2,67.	S.
1409.	Id.	AR.	2,75.	L.
1410.	A devant la tête; Ξ entre les pattes de devant du lion; ΙΙΠΔ à l'exergue.	AR.	2,70.	S.
1411.	Id.	AR.	2,71.	S.
1412.	Id.	AR.	2,65.	AF.
1413.	Id.	AR.	2,50.	AF.
1414.	Id. Pièce fourrée.	AR.	2,16.	AF.
1415.	Id.	AR.	2,71.	L.
1416.	Id.	AR.	2,60.	L.
1417.	B devant la tête; O entre les pattes de devant du lion; ΚΔΑ à l'exergue.	AR.	2,30.	S.
1418.	Id.	AR.	2,63.	L.
1419.	A devant la tête; Π devant le lion; ΝΑΘ à l'exergue.	AR.	2,67.	S.
1420.	Id.	AR.	2,57.	S.
1421.	Id.	AR.	2,67.	L.
1422.	AP en monogramme devant la tête; N devant le lion; ΟΑΕ à l'exergue.	AR.	2,52.	S.
1423.	Id.	AR.	2,72.	AF.
1424.	Même buste. ℞. Mêmes légende et type; à l'exergue, ΟΑ.	AR.	2,75.	L.
1425.	Id.	AR.	2,35.	L.
1426.	A devant la tête; Π entre les pattes de devant du lion; ΟΠ à l'exergue.	AR.	2,42.	S.
1427.	AP devant la tête; N devant le lion; ΠΑΕ à l'exergue.	AR.	2,20.	L.
1428.	A devant la tête; O devant le lion; ΠΑΞ à l'exergue.	AR.	2,67.	S.
1429.	Id. Pièce fourrée.	AR.	1,87.	L.
1430.	Id.	AR.	2,36.	L.
1431.	Buste de Diane pharétrée à droite. ℞. ΜΑΣΣΑ. Lion à droite; à l'exergue, ΠΕ.	AR.	2,03.	L.
1432.	Id. Bélière.	AR.	2,00.	L.
1433.	Id.	AR.	2,73.	S.
1434.	A devant la tête; Δ devant le lion; ΠΕΒ à l'exergue. Pièce fourrée.	AR.	2,15.	S.
1435.	Id.	AR.	2,40.	S.
1436.	Id.	AR.	2,80.	AF.
1437.	Id.	AR.	2,01.	L.
1438.	B devant la tête; Z devant le lion; ΠΕΒ à l'exergue.	AR.	2,78.	S.
1439.	B devant la tête; K devant le lion; ΠΕΒ à l'exergue.	AR.	2,72.	S.
1440.	Id.	AR.	2,52.	S.
1441.	Id.	AR.	2,65.	AF.
1442.	Id.	AR.	2,67.	L.
1443.	Π devant la tête; Ξ devant le lion; ΠΕΞ à l'exergue.	AR.	2,50.	S.
1444.	Id. (Œuvre d'un faussaire dans l'antiquité.)	BR.	1,82.	S.
1445.	Id.	AR.	2,70.	AF.
1446.	Id.	AR.	2,45.	AF.

Poids. Pres.

1447. ΜΑΣΣΑ. Lion à droite; devant, E; ΠΕΕ à l'exergue.
℞. Même type incus. AR. 2,22. AF.

1448. B devant la tête; AP devant le lion; ΠΑΗ à l'exergue. AR. 2,44. AF.

1449. Id. AR. 2,73. AF.

1450. Id. Pièce fourrée. AR. 2,07. L.

1451. MP en monogramme devant la tête; Π devant le lion; ΤΑΑ à l'exergue. AR. 2,55. S.

1452. Id. AR. 2,68. AF.

1453. B devant la tête; N entre les pattes de devant du lion; Π à l'exergue. AR. 2,80. S.

1454. Buste de Diane diadémée et pharétrée à droite.
℞. ΜΑΣΣΑ. Lion à droite. AR. 2,71. AF.

1455. Π devant la tête; Z devant le lion; lettres de l'exergue rognées. AR. 2,04. AF.

1456. B devant le buste; N entre les pattes de devant du lion; lettres de l'exergue rognées. AR. 2,66. AF.

1457. Buste de Diane à droite; devant, AP.
℞. Même type incus. AR. 2,50. AF.

1458. Même buste; devant, Π.
℞. Même type incus. AR. 2,70. AF.

1459. Même buste; devant, E.
℞. ΜΑΣΣ. Lion à droite; lettres de l'exergue rognées. AR. 2,40. L.

1460. Buste de Diane à droite.
℞. ΜΑΣΣΑ. Lion à droite; à l'exergue, AB. AR. 2,66. L.

1461. Même buste; devant, Π.
℞. Même type incus. AR. 2,66. L.

pl. IV, 2e 1462. Tête de Minerve casquée à droite; derrière, A.
℞. ΜΑΣΣΑ. Aigle éployé à droite; devant, étoile. AR. 0,88. S.

1463. Id. AR. 0,85. AF.

1464. Id. AR. 0,85. AF.

1465. Id. AR. 0,80. AF.

1466. Id. AR. 0,83. L.

1467. Tête de Minerve à droite; derrière, B.
℞. ΜΑΣΣΑ. Aigle éployé à droite. AR. 0,75. S.

1468. Id. AR. 0,79. S.

1469. Id. AR. 0,77. AF.

1470. Id. AR. 0,90. AF.

1471. Id. AR. 0,90. AF. pl. IV

1472. Id. AR. 0,87. L.

1473. Id. AR. 0,76. L.

1474. Tête de Minerve casquée à droite.
℞. Aigle sur un foudre. Obole. AR. 0,61. S.
Cette pièce, qui est d'*Alba*, du Latium, a été rapprochée des précédentes par M. de Saulcy, à cause de la similitude des types.

1475. Tête laurée d'Apollon à gauche; derrière, un dauphin.
℞. ΜΑΣΣΑΛΙΗΤΩΝ. Taureau cornupète à droite. BR. 15,84. L.

1476. Même tête; derrière, un flambeau.
℞. Id. Le taureau couronné par la Victoire. BR. 11,95. L. pl. IV

1477. Même tête; derrière, corne d'abondance.
℞. ΜΑΣΣΑΛΗΤΝ. Taureau cornupète à droite. BR. 16,08. S.

1478. Id. avec ΜΑΣΣΑΛΙΗΤΩΝ. BR. 14,37. AF.

1479. Id. BR. 17,14. AF.

1480. Même tête; derrière, épi.
℞. Id. BR. 17,00. S.

1481. Id. Aile derrière la tête. BR. 16,10. S. pl. IV

1482. Id. Casque derrière la tête. BR. 15,45. S.

1483. Tête d'Apollon laurée à gauche.
℞. ΜΑΣ.... Taureau cornupète à droite; au-dessus, grappe de raisin. BR. 10,95. S.

1484. Id. BR. 9,80. S.

1485. Id. Avec légende complète. BR. 9,95. S.

1486. Id. BR. 9,32. S.

1487. Id. BR. 9,17. AF.

1488. Id. BR. 9,85. L.

1489. Tête d'Apollon à gauche; derrière, bucrâne.
℞. ΜΑΣΣΑΛΙ. Taureau cor-

1447a Autre exemplaire, sans lég. visibl. Très joli style.

N°	Description		Poids.	Prov.
	nupète à droite; au-dessus, parazonium.	BR.	10,83.	S.
1490.	Id.	BR.	9,23.	S.
1491.	Id.	BR.	11,60.	S.
1492.	Id.	BR.	7,90.	S.
1493.	Id.	BR.	10,42.	L.
1494.	Tête d'Apollon à gauche. ℞. ΜΑΣΣΑΛΙΗ. Taureau cornupète; au-dessus du taureau, astre.	BR.	11,30.	S.
1495.	Id. Au-dessus du taureau, foudre.	BR.	10,45.	S.
1496.	Id.	BR.	11,22.	S.
1497.	Id.	BR.	11,40.	AF.
1498.	Id.	BR.	10,85.	L.
1499.	Tête d'Apollon à gauche; derrière, rameau. ℞. ΜΑΣΣΑΛΙΗΤ. Taureau cornupète à droite; au-dessus, croissant.	BR.	9,10.	S.
1500.	Id.	BR.	12,71.	S.
1501.	Id.	BR.	11,24.	S.
1502.	Id.	BR.	9,35.	S.
1503.	Id.	BR.	11,75.	S.
1504.	Id.	BR.	11,60.	S.
1505.	Id.	BR.	10,02.	S.
1506.	Id.	BR.	12,00.	S.
1507.	Tête d'Apollon à gauche; derrière, rameau. ℞. ΜΑΣΣΑΛΙΗΤΩΝ. Taureau cornupète à droite; au-dessus, arc.	BR.	10,84.	S.
1508.	Même tête; derrière, parazonium. ℞. ΜΑΣΣΑΛΙΗΤΩΝ. Taureau; au-dessus, arc.	BR.	12,54.	S.
1509.	Id.	BR.	12,20.	S.
1510.	Id.	BR.	5,72.	L.
1511.	Même tête; derrière, canthare. ℞. ΜΑΣΣΑΛΙΗΤ. Taureau; au-dessus, canthare.	BR.	9,80.	S.
1512.	Id.	BR.	10,67.	S.
1513.	Id.	BR.	11,05.	S.
1514.	Id.	BR.	11,25.	AF.
1515.	Id.	BR.	14,75.	L.
1516.	Même tête; derrière, corne d'abondance. ℞. ΜΑΣΣΑΛΙΗΤΩΝ. Taureau; au-dessus, couronne.	BR.	10,03.	S.
1517.	Id.	BR.	11,09.	S.
1518.	Id.	BR.	9,98.	S.
1519.	Id.	BR.	10,02.	S.
1520.	Id.	BR.	11,19.	AF.
1521.	Id.	BR.	11,30.	L.
1522.	Même tête; derrière, dauphin. ℞. ΜΑΣΣΑΛΙΗΤ. Taureau cornupète; au-dessus, épi à gauche.	BR.	11,80.	S.
1523.	Id.	BR.	10,07.	S.
1524.	Id. Avec l'épi à droite.	BR.	10,12.	S.
1525.	Id.	BR.	12,71.	S.
1526.	Id.	BR.	9,10.	S.
1527.	Id.	BR.	10,83.	S.
1528.	Id.	BR.	11,26.	S.
1529.	Id.	BR.	11,80.	S.
1530.	Id.	BR.	11,06.	S.
1531.	Id.	BR.	11,39.	S.
1532.	Id.	BR.	10,31.	S.
1533.	Id.	BR.	10,64.	L.
1534.	Id.	BR.	9,23.	L.
1535.	Id.	BR.	9,70.	L.
1536.	Même tête; derrière, bouclier. ℞. ΜΑΣΣΑΛΙΗΤΩΝ. Taureau; au-dessus, thyrse.	BR.	8,75.	S.
1537.	Tête d'Apollon à gauche. ℞. ΜΑΣΣΑΛΙΗΤ. Taureau; au-dessus, feuille de lierre.	BR.	11,02.	S.
1538.	Id.	BR.	10,30.	S.
1539.	Tête d'Apollon à gauche. ℞. ΜΑΣΣΑΛΙΗΤ. Taureau cornupète; au-dessus, Victoire tenant une couronne.	BR.	11,40.	S.
1540.	Id.	BR.	11,67.	S.
1541.	Id.	BR.	11,60.	S.
1542.	Id.	BR.	10,87.	S.
1543.	Id.	BR.	13,70.	S.
1544.	Id.	BR.	9,59.	S.
1545.	Id.	BR.	9,90.	S.
1546.	Id.	BR.	11,67.	S.
1547.	Id.	BR.	10,19.	S.
1548.	Id.	BR.	9,40.	S.
1549.	Tête d'Apollon à gauche; derrière, flambeau. ℞. ΜΑΣΣΑΛΙΗΤΩΝ. Taureau cornupète; la Victoire ailée couronne le taureau.	BR.	10,20.	AF.
1550.	Tête d'Apollon à gauche.			

Poids. Prov.

℞. ΜΑΣΣΑΛ. Taureau cornupète. BR. 10,35. S.

1551. Même tête; derrière, bucrâne.
℞. ΜΑΣΣΑΛΙΗΤΩΝ. Taureau. BR. 13,88. AF.

1552. Tête d'Apollon à gauche; derrière, grappe de raisin.
℞. ΜΑΣΣΑΛΙΗΤΩΝ. Taureau cornupète; au-dessus, croissant renversé. BR. 7,85. S.

1553. Id. BR. 6,90. S.

1554. Id. BR. 9,02. AF.

1555. Id. BR. 7,34. L.

1555 - Autre exemplaire - L 3298

1556. Tête d'Apollon à gauche; derrière, fer de lance.
℞. ΜΑΣΣΑΛΙΗΤ. Taureau; au-dessus, dauphin. BR. 7,92. S.

1557. Id. avec ΜΑΣΣΑΛΙΗΤΩΝ. BR. 9,62. S.

1558. Id. BR. 7,28. AF.

1559. Même tête; derrière, corne d'abondance.
℞. ΜΑΣΣΑΛΙΗΤΩΝ. Taureau cornupète; au-dessus, épi. BR. 8,40. S.

1560. Id. BR. 7,79. AF.

1561. Id. BR. 8,15. L.

1562. Même tête; derrière, amphore.
℞. ΜΑΣΣΑΛΙΗΤΩΝ. Taureau; au-dessus, arc. BR. 7,07. S.

1563. Même tête; derrière, carquois.
℞. ΜΑΣΣΑΛΙΗΤΩΝ. Taureau; au-dessus, arc. BR. 7,30. S.

1564. Id. BR. 6,97. S.

1565. Id. BR. 6,75. AF.

1566. Id. BR. 6,81. AF.

1566a - Autre exemplaire - L 3299

1567. Tête d'Apollon à gauche.
℞. Id. BR. 10,60. L.

1568. Tête d'Apollon à gauche.
℞. ΜΑΣΣΑ... Taureau; au-dessus, croissant à gauche. BR. 3,82. S.

1569. Id. BR. 7,40. AF.

1570. Tête d'Apollon à gauche.
℞. ΜΑΣΣΑ. Taureau cornupète; au-dessus, croisette. BR. 4,61. S.

1571. Même tête; derrière, bucrâne.
℞. ΜΑΣΣΑΛΙΗΤΩΝ. Taureau; au-dessus, palme. BR. 8,20. AF.

1572. Tête d'Apollon à gauche.
℞. ΜΑΣΣΑ. Taureau; au-dessus, rameau. BR. 3,75. S.

1573. Même tête; derrière, bucrâne.
℞. ΜΑΣΣΑΛΙΗΤΩΝ. Taureau cornupète, à droite; au-dessus, caducée en sens contraire. BR. 7,75. AF.

1574. Id. BR. 7,22. L.

1575. Même tête; derrière, couronne.
℞. ΜΑΣΣΑΛΙΗΤ. Taureau; au-dessus, murex. BR. 7,08. AF.

1576. Tête d'Apollon à gauche.
℞. ΜΑΣ. Taureau cornupète; au-dessus, fer de lance. BR. 5,11. S.

1577. Même tête; derrière, grappe de raisin.
℞. ΜΑΣΣΑΛΙΗ... Taureau cornupète. BR. 14,80. L.

1578. Tête d'Apollon à gauche.
℞. ΜΑΣΣΑΛΙΗ... Taureau; au-dessus, caducée. BR. 9,20. L.

1579. Même tête.
℞. ΜΑΣΣΑΛΙΗΤΩΝ. Taureau; au-dessus, croissant. BR. 9,83. L.

1580. Id. BR. 7,70. L.

1581. Tête d'Apollon à gauche.
℞. ΜΑΣΣΑΛΙ. Taureau; au-dessus, A. BR. 5,02. S.

1582. Id. BR. 2,79. S.

1583. Tête d'Apollon à gauche.
℞. ΜΑΣΣΑΛ... Taureau; au-dessus, E. BR. 4,50. S.

1584. Id. BR. 4,86. S.

1585. Id. BR. 4,72. S.

1586. Tête d'Apollon à gauche.
℞. ΜΑΣ. Taureau; au-dessus, AP en monogramme. BR. 4,75. S.

1587. Id. BR. 4,02. S.

1588. Id. moins le monogramme au-dessus du taureau. BR. 4,29. S.

1589. Tête d'Apollon à gauche.
℞. ΜΑΣΣ. Taureau cornupète; au-dessus, rameau. BR. 5,16. L.

1590. Id. moins le rameau. BR. 4,40. L.

1591. Id. Astre au-dessus du taureau. BR. 3,75. L.

1592. Id. BR. 5,13. L.

1593. Id. BR. 5,52. L.

			Poids.	Prov.
1594.	Id. Proue au-dessus du taureau.	BR.	4,05.	L.
1595.	Id. Corne d'abondance au-dessus du taureau.	BR.	6,43.	L.
1596.	Id. Croissant au-dessus du taureau.	BR.	5,02.	L.
1597.	Id. Demi-cercle au-dessus du taureau.	BR.	5,29.	L.
1598.	Id. Couronne au-dessus du taureau.	BR.	4,27.	L.
1599.	Id. A au-dessus du taureau.	BR.	3,40.	L.
1600.	Id. AP en monogramme au-dessus du taureau.	BR.	3,88.	L.
1601.	Id. E au-dessus du taureau.	BR.	4,42.	L.
1602.	Tête de Diane à droite. R. ... Taureau cornupète à droite; au-dessus, demi-cercle.	BR.	4,32.	S.
1603.	Tête d'Apollon à droite. R. ΜΑΣΣΑ au-dessus du taureau cornupète à droite.	BR.	2,00.	S.
1604.	Id.	BR.	3,24.	S.
1605.	Id.	BR.	2,30.	S.
1606.	Id.	BR.	1,57.	S.
1607.	Id.	BR.	1,40.	S.
1608.	Id.	BR.	2,09.	S.
1609.	Id.	BR.	1,82.	S.
1610.	Id.	BR.	1,92.	S.
1611.	Id.	BR.	1,60.	S.
1612.	Id.	BR.	1,17.	S.
1613.	Id.	BR.	1,65.	S.
1614.	Id.	BR.	2,30.	S.
1615.	Id.	BR.	1,26.	S.
1616.	Id.	BR	2,14.	S.
1617.	Id.	BR.	2,37.	AF.
1618.	Id.	BR.	1,40.	S.
1619.	Id.	BR.	2,49.	S.
1620.	Id. (*Trouvée à Orange en* 1864.)	BR.	1,87.	S.
1621.	Id.	BR.	1,94.	S.
1622.	Id.	BR.	1,67.	S.
1623.	Id.	BR.	0,84.	S.
1624.	Id.	BR.	0,71.	S.
1625.	Id.	BR.	1,51.	S.
1626.	Id.	BR.	2,00.	S.
1627.	Id.	BR.	1,55.	S.
1628.	Id.	BR.	1,76.	S.
1629.	Id.	BR.	2,25.	S.
1630.	Id.	BR.	1,58.	S.

			Poids.	Prov.
1631.	Id. (*Trouvée à Arles en* 1867.)	BR.	1,35.	S.
1632.	Id.	BR.	1,58.	S.
1633.	Id.	BR.	1,24.	S.
1634.	Id.	BR.	1,81.	S.
1635.	Id.	BR.	1,85.	S.
1636.	Id. (*Les Baux*, 1867.)	BR.	1,94.	S.
1637.	Id.	BR.	2,32.	S.
1638.	Id. (*Gergovie.*)	BR.	2,12.	S.
1639.	Id.	BR.	1,55.	S.
1640.	Id. (*Orange*, 1864.)	BR.	2,02.	S.
1641.	Id.	BR.	1,49.	S.
1642.	Id.	BR.	1,10.	S.
1643.	Id.	BR.	1,91.	S.
1644.	Id. (*Orange*, 1864.)	BR.	1,60.	S.
1645.	Id.	BR.	1,56.	S.
1646.	Id.	BR.	2,06.	S.
1647.	Id.	BR.	3,30.	S.
1648.	Id.	BR.	2,46.	S.
1649.	Id.	BR.	1,87.	S.
1650.	Id.	BR.	1,68.	S.
1651.	Id.	AR.	1,40.	S.
1652.	Tête laurée d'Apollon à droite; devant, K. R. ΜΑΣΣΑ. Taureau cornupète; à l'exergue, ΑΠΤ.	BR.	1,43.	L.
1653.	Id. avec ΞΤΘ à l'exergue.	BR.	1,56.	L.
1654.	Tête d'Apollon à droite; devant, Δ. R. ΜΑΣ. Taureau cornupète.	BR.	1,38.	L.
1655.	Tête d'Apollon à droite. R. ΜΑΣΣΑ. Taureau cornupète; à l'exergue, caducée.	BR.	2,45.	L.
1656.	Id.	BR.	2,15.	L.
1657.	Id. Rameau à l'exergue.	BR.	2,10.	L.
1658.	Id.	BR.	1,75.	L.
1659.	Id.	BR.	2,63.	L.
1660.	Tête d'Apollon à droite; devant, O; derrière, A. R. ΜΑΣΣΑ. Taureau.	BR.	2,56.	L.
1661.	Tête d'Apollon à droite. R. ΜΑΣΣΑ. Taureau; à l'exergue, ΔΑ.	BR.	2,78.	L.
1662.	Id.	BR.	2,03.	L.
1663.	Même tête; devant, X. R. ΜΑΣΣΑ. Taureau; à l'exergue, ΑΒΟ.	BR.	1,93.	L.
1664.	Même tête; devant, Θ.			

			Poids.	Prov.
	R. Id. ΚΔΑ à l'exergue.	BR.	2,26.	L.
1665.	Id.	BR.	2,31.	L.
1666.	Δ devant la tête; T à l'exergue.	BR.	1,36.	L.
1667.	Tête d'Apollon à droite. R. ... Taureau à droite; à l'exergue, ΑΚΡ.	BR.	2,01.	L.
1668.	Même tête; devant, ΗΡ en monogramme. R. ... Taureau cornupète.	BR.	1,85.	L.
1669.	Même tête. R. ...ΣΣΑ. Taureau; à l'exergue, ΕΠΜ.	BR.	1,80.	L.
1670.	Même tête; devant, Η. R. ΜΑΣΣΑ. Taureau cornupète; à l'exergue, ΣΗ	BR.	1,55.	L.
1671.	Même tête; devant, ΕΡ en monogramme. R. ΜΑΣΣΑ. Taureau.	BR.	1,23.	L.
1672.	Id. avec ΖΔΚ à l'exergue.	BR.	2,37.	L.
1673.	Tête d'Apollon à droite; derrière, Σ. R. ΜΑΣΣΑ. Taureau; à l'exergue, ΣΚ.	BR.	1,65.	L.
1674.	Même tête; devant, Σ. R. Mêmes légende et type; à l'exergue, ΣΤ.	BR.	2,20.	L.
1675.	Même tête; derrière, Ξ. R. Id.; à l'exergue, ΞΜ.	BR.	2,62.	L.
1676.	Id. avec ΞΕ à l'exergue.	BR.	1,55.	L.
1677.	Id.	BR.	1,87.	L.
1678.	Tête d'Apollon à droite. R. ... Taureau cornupète; à l'exergue, ΞΦ.	BR.	1,36.	L.
1679.	Id. A l'exergue, Δ.	BR.	1,94.	L.
1680.	Id. ΑΔ à l'exergue.	BR.	2,73.	L.
1681.	Id. ΔΑ à l'exergue.	BR.	2,13.	L.
1682.	Id.	BR.	2,09.	L.
1683.	Id.	BR.	1,86.	L.
1684.	Id.	BR.	2,04.	L.
1685.	Tête d'Apollon à droite. R. Même type incus.	BR.	2,07.	L.
1686.	Id.	BR.	1,72.	L.
1687.	Id.	BR.	2,06.	L.
1688.	Tête d'Apollon à droite. R. ... Taureau cornupète.	BR.	2,38.	L.
1689.	Même tête. R. ΜΑΣΣΑ. Taureau; à l'exergue, ΔΤ.	BR.	1,92.	L.
1690.	Id.	BR.	1,99.	L.
1691.	Id. ΔΙΣ à l'exergue.	BR.	2,37.	L.
1692.	Id. ΑΙ à l'exergue.	BR.	2,05.	L.
1693.	Tête d'Apollon à droite. R. ΜΑΣΣΑ. Taureau.	BR.	1,86.	L.
1694.	Id. Pièce fruste.	BR.	1,48.	L.
1695.	Id. ΑΙΔ à l'exergue.	BR.	1,49.	L.
1696.	Id. Id.	BR.	1,08.	L.
1697.	Id. ΖΔ à l'exergue.	BR.	1,41.	L.
1698.	Tête d'Apollon à droite; devant, Β. R. ΜΑΣΣ. Taureau; à l'exergue, ΒΒΑ.	BR.	1,77.	L.
1699.	Même tête; devant, ΑΗ en monogramme. R. ΜΑΣΣΑ. Taureau; à l'exergue, ΑΠΓ.	BR.	1,92.	L.
1700.	Tête d'Apollon. R. ΜΑΣΣΑ. Taureau; à l'exergue, ΠΠ.	BR.	1,23.	L.
1701.	Id. ΕΠ à l'exergue.	BR.	1,13.	L.
1702.	Id. ΕΠΜ à l'exergue.	BR.	1,23.	L.
1703.	Tête d'Apollon à droite; devant, ΑΟ. R. ... Taureau; à l'exergue. ϹΟϽ.	BR.	1,33.	L.
1704.	Tête d'Apollon à droite. R. ΜΑΣΣΑ. Taureau; à l'exergue, un rameau.	BR.	1,90.	S.
1705.	Id.	BR.	1,82.	S.
1706.	Id. (*Trouvée à Corenton* 1862.)	BR.	1,87.	S.
1707.	Id.	BR.	1,97.	AF.
1708.	Id. A l'exergue, un caducée.	BR.	2,23.	S.
1709.	Id. A l'exergue, ΑΑ.	BR.	2,07.	AF.
1710.	Id. Id.	BR.	2,30.	AF.
1711.	Id. Id.	BR.	2,07.	AF.
1712.	Id. A l'exergue, Δ.	BR.	1,70.	S.
1713.	Id. Id.	BR.	3,10.	S.
1714.	Id. A l'exergue, ΔΑ.	BR.	1,89.	S.
1715.	Id. Id.	BR.	1,67.	S.
1716.	Id. Id.	BR.	2,65.	S.
1717.	Id. Id.	BR.	1,51.	AF.
1718.	Id. Id.	BR.	2,43.	AF.
1719.	Id. Id.	BR.	1,55.	AF.
1720.	Id. A l'exergue, ΔΙ.	BR.	2,02.	S.
1721.	Id. Id.	BR.	2,08.	AF.
1722.	Id. A l'exergue, ΔΤ.	BR.	1,70.	S.
1723.	Id. A l'exergue, ΑΛ.	BR.	1,69.	S.
1724.	Id. Id.	BR.	3,40.	S.
1725.	Id. Id.	BR.	1,50.	S.

			Poids.	Prov.
1726.	Id. Id.	BR.	2,45.	S.
1727.	Id. Id.	BR.	2,02.	S.
1728.	Id. Id.	BR.	1,44.	S.
1729.	Id. Id.	BR.	2,16.	S.
1730.	Id. Id.	BR.	1,84.	S.
1731.	Id. Id.	BR.	2,31.	S.
1732.	Id. avec ΜΑΣΣ rétrograde.	BR.	2,40.	S.
1733.	Id.	BR.	2,30.	S.
1734.	Id.	BR.	1,11.	S.
1735.	Tête d'Apollon à droite. ℞. ΜΑΣΣΑ. Taureau; à l'exergue, ΑΙ.	BR.	1,87.	S.
1736.	Id. (*Trouvée à Murviel.*)	BR.	2,32.	S.
1737.	Id. (*Trouvée à Cavaillon.*)	BR.	1,45.	S.
1738.	Id.	BR.	1,42.	AF.
1739.	Id. A l'exergue, ΑΟ.	BR.	2,29.	S.
1740.	Id. A l'exergue, ΠΑ.	BR.	2,60.	S.
1741.	Id. avec ΠΕ.	BR.	1,07.	S.
1742.	Id. avec ΑΙΑ.	BR.	2,34.	S.
1743.	Id. Id.	BR.	2,01.	S.
1744.	Id. Id.	BR.	1,45.	S.
1745.	Id. Id.	BR.	1,90.	S.
1746.	Id. Id.	BR.	2,04.	S.
1747.	Id. (*Trouvée à Murviel.*)	BR.	2,47.	S.
1748.	Id. (*Les Baux*, 1687.)	BR.	1,76.	S.
1749.	Id. (*Orange*, 1864.)	BR.	2,15.	S.
1750.	Id.	BR.	2,02.	S.
1751.	Id.	BR.	2,20.	S.
1752.	Id.	BR.	2,43.	S.
1753.	Id.	BR.	1,93.	S.
1754.	Id.	BR.	2,14.	AF.
1755.	Id. A l'exergue, Α.	BR.	2,55.	S.
1756.	Id. A l'exergue, ΜΑ.	BR.	1,44.	S.
1757.	Tête d'Apollon à droite; derrière, arc. ℞. ΜΑΣΣΑ. Taureau; à l'exergue, ΣΕ.	BR.	1,92.	S.
1758.	Id.	BR.	1,54.	S.
1759.	Id. A l'exergue, ΣΦ. (*Trouvée à Cavaillon en 1868.*)	BR.	1,98.	S.
1760.	Id. A l'exergue, ΖΔΕ.	BR.	1,18.	S.
1761.	Id.	BR.	1,71.	S.
1762.	Tête d'Apollon à droite. ℞. ΜΑΣΣΑ. Taureau cornupète.	BR.	1,44.	S.
1763.	Id.	BR.	1,79.	S.
1764.	Tête d'Apollon à droite; derrière, Σ. ℞. ΜΑΣΣΑ. Taureau à droite; à l'exergue, ΣΕ.	BR.	1,36.	S.
1765.	Id.	BR.	2,72.	AF.
1766.	Id.	BR.	1,95.	AF.
1767.	Tête d'Apollon à droite; derrière, Σ. ℞. ΜΑΣΣΑ. Taureau; à l'exergue, ΞΕ.	BR.	2,76.	S.
1768.	Tête d'Apollon à droite; derrière, Ξ. ℞. ΜΑΣΣΑ. Taureau; à l'exergue, ΞΕ.	BR.	1,35.	S.
1769.	Id.	BR.	1,62.	S.
1770.	Id.	BR.	2,10.	S.
1771.	Tête d'Apollon à droite; derrière, Ξ. ℞. ΜΑΣΣΑ. Taureau; à l'exergue, ΣΦ.	BR.	2,20.	S.
1772.	Tête d'Apollon; derrière, Ξ. ℞. ΜΑΣΣΑ. Taureau; à l'exergue, ΞΜ.	BR.	2,10.	S.
1773.	Id.	BR.	2,15.	S.
1774.	Tête d'Apollon à droite; derrière, Σ. ℞. ΜΑΣΣΑ. Taureau cornupète.	BR.	1,83.	S.
1775.	Tête d'Apollon; derrière, Ξ. ℞. ΜΑΣΣΑ. Taureau.	BR.	1,70.	S.
1776.	Id.	BR.	1,02.	S.
1777.	Id.	BR.	1,86.	AF.
1778.	Tête de Diane à droite; devant Η. ℞. ΜΑΣΣΑ. Taureau.	BR.	1,73.	S.
1779.	Id. ΗΓ devant la tête; ΕΠΜ à l'exergue.	BR.	1,48.	AF.
1780.	Tête de Diane à droite; devant, Θ. ℞. ΜΑΣΣΑ. Taureau; à l'exergue, ΚΑΑ.	BR.	1,92.	S.
1781.	Id. Κ devant la tête; Η... à l'exergue.	BR.	2,26.	S.
1782.	Tête de Diane à droite; devant, Α. ℞. ΜΑΣ. Taureau.	BR.	1,01.	S.
1783.	Tête de Diane; devant, Ν. ℞. ΜΑΣΣΑ. Taureau; à l'exergue, Ξ.	BR.	2,24.	S.
1784.	Id. sans lettre à l'exergue.	BR.	1,30.	S.
1785.	Tête de Diane; devant, Ο. ℞. ΜΑΣ. Taureau.	BR.	1,99.	S.

1799a Tête laurée d'Apollon à dr. ℞ ΜΑΣΣΑΛΙΗΤΩΝ. Taureau cornupète à dr. Æ 1gr.30

			Poids.	Prov.
1786.	Tête de Diane; devant, ΟΥ. ℞. ΜΑΣΣΑ. Taureau.	BR.	1,57.	S.
1787.	Tête de Diane; devant, ΟΥ. ℞. ΜΑΣ. Taureau; à l'exergue, ΣΟΘ.	BR.	1,42.	S.
1788.	Tête de Diane; devant, Π. ℞. ΜΑΣΣΑ. Taureau.	BR.	1,23.	S.
1789.	Id.	BR.	1,24.	S.
1790.	Tête de Diane à droite. ℞. ΜΑΣΣΑ. Taureau; à l'exergue, ΔΕ.	BR.	1,58.	S.
1791.	Id. avec ΞΤΘ à l'exergue.	BR.	1,45.	AF.
1792.	Id. Χ devant la tête; Α à l'exergue.	BR.	1,40.	AF.
1793.	Tête d'Apollon laurée, à droite. ℞. ΜΑΣΣΑΛΙΗΤΩΝ. Taureau cornupète à droite.	BR.	2,15.	S.
1794.	Id.	BR.	1,98.	S.
1795.	Id.	BR.	1,36.	S.
1796.	Id.	BR.	2,76.	S.
1797.	Id.	BR.	2,32.	S.
1798.	Id.	BR.	2,00.	S.
1799.	Id.	BR.	1,95.	AF.
1800.	Tête d'Apollon à droite; derrière, corne d'abondance. ℞. ΜΑΣΣΑΛΙΗΤΩΝ. Taureau.	BR.	1,80.	S.
1801.	Id.	BR.	1,49.	S.
1802.	Id.	BR.	1,55.	S.
1803.	Id.	BR.	2,02.	S.
1804.	Id.	BR.	2,26.	S.
1805.	Id.	BR.	2,35.	S.
1806.	Id.	BR.	1,67.	S.
1807.	Id.	BR.	2,79.	S.
1808.	Tête d'Apollon à droite. ℞. ΜΑΣΣΑΛΙΗΤΩΝ. Taureau cornupète.	BR.	2,12.	S.
1809.	Id.	BR.	2,19.	S.
1810.	Id.	AR.	2,00.	S.
1811.	Id.	BR.	1,82.	S.
1812.	Tête d'Apollon à droite; derrière, ΠΑ en monogramme. ℞. ΜΑΣΣΑΛΙΗΤΩΝ. Taureau cornupète.	BR.	2,07.	S.
1813.	Id.	BR.	1,60.	S.
1814.	Id.	BR.	2,02.	S.
1815.	Id.	BR.	1,90.	S.
1816.	Id.	BR.	1,96.	S.
1817.	Id.	BR.	2,70.	AF.
1818.	Id.	BR.	1,95.	AF.
1819.	Tête d'Apollon à droite; derrière, ΠΑ en monogramme; devant, Ο. ℞. ΜΑΣΣΑΛΙΗΤΩΝ. Taureau cornupète.	BR.	2,30.	S.
1820.	Id.	BR.	1,35.	S.
1821.	Id. moins la lettre O devant la tête.	BR.	2,42.	S.
1822.	Tête d'Apollon à droite; derrière, un épi. ℞. ΜΑΣΣΑΛΙΗΤΩΝ. Taureau.	BR.	2,12.	AF.
1823.	Tête d'Apollon à droite. ℞. Taureau cornupète à droite; à l'exergue, ΑΜ.	BR.	1,10.	S.
1824.	Tête d'Apollon à gauche; derrière, ΠΑ en monogramme. ℞. ΜΑΣΣΑΛΙΗΤΩΝ. Taureau cornupète à droite.	BR.	2,35.	S.
1825.	Id.	BR.	2,18.	S.
1826.	Id.	BR.	1,58.	AF.
1827.	Tête d'Apollon à gauche; devant, Π. ℞. ΜΑΣΣΑΛΙΗΤΩΝ. Taureau.	BR.	1,81.	S.
1828.	Tête d'Apollon à gauche. ℞. Taureau cornupète à droite; à l'exergue, ΜΑΣΣΑ.	BR.	1,58.	S.
1829.	Id.	BR.	2,90.	S.
1830.	Tête d'Apollon laurée à gauche; derrière, lyre. ℞. Taureau cornupète; à l'exergue, ΜΑΣΣΑ.	BR.	2,62.	S.
1831.	Id. avec fer de lance derrière la tête.	BR.	1,80.	S.
1832.	Tête d'Apollon à gauche. ℞. ΜΑΣΣΑΛΙΗΤΩΝ. Taureau cornupète à droite.	BR.	1,05.	S.
1833.	Id.	BR.	2,15.	S.
1834.	Tête d'Apollon à droite. ℞. ΜΑΣΣΑ. Taureau cornupète.	BR.	2,29.	L.
1835.	Id.	BR.	2,03.	L.
1836.	Id.	BR.	2,67.	L.
1837.	Tête d'Apollon à droite. ℞. ΜΑΣΣΑ. Taureau cornupète. La légende et le type			

Poids. Prov.

deux fois reproduits. BR. 2,55. L.

1838. Tête d'Apollon à droite.
℞. ΜΑΣΣΑ. Taureau. Fruste. BR. 1,86. L.

1839. Id. BR. 1,43. L.

1840. Id. BR. 1,80. L.

1841. Tête d'Apollon à droite.
℞. ..ΣΣ.. Taureau; à l'exergue, Π. BR. 1,35. L.

1842. Tête d'Apollon à droite.
℞. ΜΑΣΣΑ. Taureau cornupète. BR. 1,20. L.

1843. Tête d'Apollon.
℞. Taureau cornupète. BR. 0,62. L.

1844. Même tête.
℞. Taureau cornupète à droite; au-dessus, palme; à l'exergue, ΜΑ. BR. 0,62. L.

1845. Même tête.
℞. ΜΑΣΣ. (*sic*). Taureau. BR. 2,07. L.

1846. Même tête.
℞. ΜΑΣΣ. Taureau. BR. 3,20. L.

1847. Tête d'Apollon.
℞. ...ΣΣ. Taureau; à l'exergue, ΑΗ>. BR. 2,36. L.

1848. Tête d'Apollon.
℞. .ΝΑ.. Taureau agenouillé. BR. 2,16. L.

1849. Même tête.
℞. ΜΣ. Taureau cornupète. BR. 2,09. L.

1850. Tête d'Apollon.
℞. ΜΑΣ. Taureau cornupète; à l'exergue, Α. BR. 2,16.

1851. Id. A l'exergue, ΜΟC. BR. 2,35. L.

1852. Tête dégénérée.
℞. Μ. Taureau cornupète. BR. 1,40. L.

1853. Tête d'Apollon.
℞. ΟΥ. Taureau; à l'exergue, Υ. BR. 1,93. L.

1854. Même tête.
℞. ΗΙ. Taureau. BR. 2,51. L.

1855. Même tête.
℞. ΑΡΟ. Taureau; à l'exergue, Α. BR. 1,46. L.

1856. Même tête.
℞. Taureau cornupète; derrière, Χ. BR. 2,22. L.

1857. Même tête.
℞. ΜΑΣ. Taureau; derrière, ΟC. BR. 1,60. L.

1858. Tête d'Apollon.
℞. ΜΑ....ΑΙΗΤΩΝ. Taureau cornupète à gauche. BR. 2,34. L.

Poids. Prov.

1859. Même tête.
℞. Taureau à gauche. BR. 1,44. L.

1860. Id. A l'exergue, ΑΑ. BR. 2,20. L.

1861. Tête d'Apollon.
℞. ΑΜ. Taureau cornupète à gauche. BR. 1,90. L.

1862. Tête barbare d'Apollon.
℞. ΜΑ. Taureau à gauche; à l'exergue, lettres grossièrement figurées. BR. 2,72. L.

1863. Tête d'Apollon; derrière, ΑΠ en monogramme.
℞. ΜΑΣΣΑΛΙΗΤΩΝ. Taureau cornupète à droite. BR. 1,61. L.

1864. Même tête; derrière, corne d'abondance.
℞. ΜΑΣΣΑ. Taureau. BR. 2,34. L.

1865. Même tête; derrière, astre.
℞. ΜΑΣΣΑΛΙΗΤΩΝ. Taureau. BR. 2,18. L.

1866. Id. BR. 2,53. L.

1867. Tête d'Apollon à droite.
℞. ΜΑΣΣΑΛΙΗΤΩΝ. Taureau. BR. 2,14. L.

1868. Id. BR. 2,14. L.

1869. Même tête; derrière, rameau.
℞. ΜΑΣΣΑΛΙΗΤΩΝ. Taureau. BR. 2,78. L.

1870. Id. BR. 2,07. L.

1871. Même tête; devant Ο; derrière, ΠΑ, en monogramme.
℞. ΜΑΣΣΑΛΙΗΤΩΝ. Taureau. BR. 2,06. L.

1872. Id. BR. 2,40. L.

1873. Autre semblable, sauf que la tête d'Apollon est tournée à gauche. BR. 2,12. L.

1874. Id. BR. 1,95. L.

1875. Tête d'Apollon à gauche; derrière, flambeau de course.
℞. ΜΑΣΣ. Taureau cornupète. BR. 2,70. L.

1876. Même tête; derrière, fer de lance.
℞..... Taureau. BR. 1,29. L.

1877. Même tête.
℞. ΜΑΣΣΑ. Taureau. BR. 1,03. L.

1878. Tête d'Apollon à gauche.
℞. ΜΑΣΣΑΛΙΗΤ. Taureau cornupète à droite; au-dessus, Δ. BR. 2,37. L.

1879. Même tête.

			Poids.	Prov.
	℞. ΜΑΣΣΑΛΙΗΤΩΝ. Taureau; au-dessus, K.	BR.	2,49.	L.
1880.	Id. Au-dessus du taureau, A.	BR.	2,61.	L.
1881.	Id.	BR.	1,87.	L.
1882.	Tête d'Apollon à gauche. ℞. MA. Taureau cornupète à droite.	BR.	5,20.	L.
1883.	Tête de Minerve casquée à droite. ℞. MA à droite d'un trépied.	BR.	6,91.	S.
1884.	Tête de Minerve, surfrappée sur la tête d'Apollon. ℞. MA à droite du trépied, surfrappé sur le taureau cornupète.	BR.	7,25.	S.
1885.	Id.	BR.	7,85.	S.
1886.	Tête de Minerve, surfrappée sur le taureau cornupète. ℞. MA à droite du trépied, surfrappé sur la tête d'Apollon.	BR.	7,31.	S.
1887.	Tête de Minerve à droite. ℞. MA à droite du trépied.	BR.	8,03.	AF.
1888.	Tête de Minerve, surfrappée sur la tête d'Apollon. ℞. MA à droite du trépied, surfrappé sur le taureau cornupète.	BR.	7,98.	AF.
1889.	Tête de Minerve, surfrappée sur le taureau cornupète. ℞. MA à droite du trépied, surfrappé sur la tête d'Apollon.	BR.	9,52.	AF.
1890.	Tête de Minerve à droite. ℞. MA à gauche d'un trépied.	BR.	8,15.	S.
1891.	Tête de Minerve, surfrappée sur le taureau cornupète. ℞. MA à gauche du trépied, surfrappé sur la tête d'Apollon.	BR.	8,50.	AF.
1892.	Id. Avec mêmes surfrappes.	BR.	8,30.	AF.
1893.	Tête de Minerve, surfrappée sur la tête d'Apollon. ℞. MA à gauche du trépied, surfrappé sur le taureau cornupète.	BR.	7,70.	AF.
1894.	Tête de Minerve à droite. ℞. Trépied entre MA.	BR.	6,09.	S.
1895.	Id.	BR.	7,27.	AF.
1896.	Tête de Minerve à droite. ℞. Trépied entre MA; corne d'abondance dans le champ.	BR.	8,40.	S.
1897.	Id.	BR.	7,64.	S.
1898.	Id.	BR.	6,66.	AF.
1899.	Id.	BR.	8,31.	AF.
1900.	Tête de Minerve à droite, surfrappée sur le taureau cornupète. ℞. Trépied entre MA, surfrappé sur la tête d'Apollon.	BR.	8,34.	S.
1901.	Id.	BR.	10,06.	AF.
1902.	Tête de Minerve à droite; derrière, corne d'abondance. ℞. ΜΑΣΣΑ, en deux lignes; trépied.	BR.	7,47.	S.
1903.	Id.	BR.	7,60.	S.
1904.	Tête de Minerve à droite. ℞. ΜΑΣ. Trépied.	BR.	7,25.	AF.
1905.	Tête de Minerve à droite. ℞. ΜΑΣΣΑ, en deux lignes; trépied.	BR.	7,21.	AF.
1906.	Id. Avec corne d'abondance derrière la tête.	BR.	7,40.	AF.
1907.	Id. Avec grappe de raisin derrière la tête.	BR.	7,45.	AF.
1908.	Id.	BR.	7,35.	AF.
1909.	Id. Sans symbole derrière la tête.	BR.	6,65.	AF.
1910.	Id. Avec astre derrière la tête.	BR.	6,50.	AF.
1911.	Id. Pièce surfrappée sur la tête d'Apollon et le taureau cornupète.	BR.	7,30.	S.
1912.	Tête de Minerve casquée à droite; derrière, grappe de raisin. ℞. ΜΑΣΣΑ. Trépied.	BR.	6,75.	L.
1913.	Tête de Minerve à droite. ℞. MA. Trépied orné de feuilles de laurier.	BR.	7,35.	L.
1914.	Même tête. ℞. MA. Même trépied; dans le champ, corne d'abondance.	BR.	5,87.	L.
1915.	Même tête surfrappée sur le type du taureau cornupète. ℞. .A. Trépied surfrappé sur la tête d'Apollon.	BR.	6,36.	L.
1916.	Même tête de Minerve surfrappée sur celle d'Apollon. ℞. A. Trépied surfrappé sur le taureau cornupète.	BR.	8,27.	L.

Poids. Prov.

1917. Tête de Minerve surfrappée sur le taureau cornupète, au-dessus duquel se voit un épi.
℞. Trépied surfrappé sur la tête d'Apollon. BR. 7,75. L.

1918. Tête de Minerve à droite.
℞. ΜΑΣ. Trépied; lyre dans le champ. BR. 6,55. L.

1919. Même tête.
℞. ΜΑΣΣΑ. Trépied; dans le champ, couronne. BR. 6,79. L.

1920. Même tête; derrière, B.
℞. Mêmes légende et type; lyre dans le champ. BR. 7,27. L.

1921. Même tête; derrière, astre.
℞. ΜΑΣΣΑ. Trépied timbré d'une contre-marque circulaire. BR. 9,60. L.

1922. Tête d'Apollon à droite.
℞. ΜΑΣΣΑ. Taureau cornupète à gauche. BR. 2,57. S.

1923. Id. BR. 2,77. S.

1924. Tête d'Apollon à gauche.
℞. ΜΑΣΣΑ. Taureau debout à droite; devant, Π. BR. 1,67. S.

1925. Id. BR. 1,62. S.

1926. Tête d'Apollon à gauche.
℞. ...Σ.. Taureau debout à droite; devant, Π; à l'exergue, ΠΣ. BR. 1,44. S.

1927. Id. avec ΜΑΣΣΑ. BR. 2,44. S.

1928. Id. BR. 1,62. S.

1929. Id. BR. 1,00. S.

1930. Tête laurée d'Apollon à gauche; devant, Δ.
℞. ΜΑΣΣΑ. Taureau debout à droite. BR. 2,00. AF.

1931. Tête d'Apollon à gauche.
℞. ..ΣΣ. Taureau debout à droite; devant, Π. BR. 1,87. S.

1932. Id. BR. 1,43. S.

1933. Tête d'Apollon à gauche; derrière, K.
℞. ΜΑΣΣΑ. Taureau debout à droite. BR. 1,65. S.

1934. Même tête.
℞. ΜΑΣΣΑ. Taureau debout; à l'exergue, A. BR. 2,23. S.

1935. ΜΑΣΣ. Taureau debout à droite.
℞. Même type en creux. BR. 1,40. S.

1936. Tête de vieillard à droite.
℞. ΜΑΣΣΑΛΙΗΤΩΝ. Taureau cornupète à droite. BR. 5,92. S.
Du cabinet Téobon d'Annecy.

1937. Tête d'Apollon à gauche.
℞. Taureau en marche à droite; à l'exergue, ΠΣ. BR. 1,55. L.

1938. Autre. Plus la légende ΜΑΣΣΑ au-dessus du taureau. BR. 2,00. L.

1939. Tête d'Apollon à gauche; devant, Δ.
℞. ΜΑΣΣΑ. Taureau en marche à droite. BR. 1,12. L.

1940. Tête d'Apollon à gauche; devant, K; derrière, I.
℞. ..ΑΣ. Taureau à droite; à l'exergue, A. BR. 1,95. L.

1941. Id. Légende, ΜΑΣΣΑ. BR. 1,83. L.

1942. Tête d'Apollon à gauche; derrière, K.
℞. ..ΣΣ. Taureau à droite; à l'exergue, A. BR. 1,62. L.

1943. Tête d'Apollon à gauche; devant, K; derrière, O.
℞. .ΑΣΣΑ. Taureau à droite; à l'exergue, A. BR. 1,74. L.

1944. Tête d'Apollon à gauche.
℞. ΜΑΣΣΑ. Taureau à droite; devant, T. BR. 1,07. L.

1945. Même tête.
℞. ΜΑΣΣΑ. Même type; devant le taureau, Π. BR. 1,28. L.

1946. Tête d'Apollon à gauche; devant, A.
℞. ΜΑΣΣΑ. Taureau à droite; devant, Π; à l'exergue, ΠΣ. BR. 1,32. L.

1947. Tête d'Apollon à gauche.
℞. Semblable au précédent; mais en plus, devant le taureau, l'enseigne gauloise du sanglier. (La Saussaye, *Gaule Narbonnaise*, n° 307.) BR. 1,77. L.

1948. Tête de Diane à droite.
℞. ΜΑΣΣΑΛΙΗΤΩΝ. Taureau cornupète à droite. BR. 2,40. L.

1949. Tête de Diane à droite.
℞. ΜΑΣΣ. Taureau cornupète. BR. 1,40. L.

1950. Tête d'Apollon à droite.
℞. ΜΑ...Τ. Taureau cornupète. BR. 2,65. L.

Poids. Prov.

1951. Tête d'Apollon à droite; derrière, Σ.
℞. ΜΑΣΣ... Taureau cornupète BR. 1,78. L.

1952. Tête d'Apollon à gauche.
℞. ΜΑΣΣ..ΙΗ.. Taureau cornupète. BR. 1,70. L.

1953. Tête d'Apollon à droite.
℞. ...Α. Taureau cornupète. BR. 1,94. L.

1954. Tête d'Apollon à gauche.
℞. ΜΑΣΣΑ. Taureau en marche à droite. BR. 1,56. L.

1955. Même tête.
℞. ΜΑΣ. Taureau en marche à droite; devant, Δ; à l'exergue, ΗΚ. BR. 1,63. L.

1956. Même tête.
℞. ΜΑΣΣΑ. Taureau en marche à droite; devant, Δ; à l'exergue, ΙΙΙ. BR. 1,68. L.

1957. Tête barbare d'Apollon, à droite.
℞. ΗΑΜΙΝ. Taureau cornupète à droite. BR. 1,85. L.

1958. Tête d'Apollon à droite.
℞. ΜΑΜΑ. Taureau cornupète à droite. BR. 2,37. L.

1959. Même tête.
℞. ... Taureau cornupète. BR. 1,90. L.

1960. Tête barbare d'Apollon à droite.
℞. ΜΑ. Taureau cornupète; à l'exergue, ΙΙΑ. BR. 2,09. L.

1961. Même tête.
℞. ΘΕΑΑ. Taureau cornupète à gauche. BR. 2,10. L.
R. N. Fr., 1855, p. 322.

M. Hucher, lisant sur un double exemplaire de cette monnaie ΑΘΕΑ, qui aurait été *mis pour* ΑΘΑΕ, abrégé de ΑΘΑΕΝΕΟΠΟΛΙΤΩΝ, interprète ce nom par celui des habitants d'Athénopolis, colonie massaliète.
Cette attribution séduisante d'une légende barbare a besoin de confirmation.

1962. Tête d'Apollon à droite.
℞. ΜΑ. Taureau cornupète à droite. BR. 1,98. L.

1963. Même tête.
℞. Taureau cornupète; à l'exergue, ΒΒ. BR. 2,22. L.

1964. Même tête.
℞. Taureau cornupète; à l'exergue, lettres confuses. BR. 2,36. L.

1965. Tête d'Apollon à droite.
℞. ΜΑ. Taureau cornupète à droite. BR. 2,19. L.

1966. Tête d'Apollon à droite.
℞. ΜΑ. Trépied. BR. 1,15. L.

1967. Même tête informe.
℞. ΜΑ. Trépied. BR. 0,52. L.

1968. Tête de Minerve casquée à gauche.
℞. ΜΑ. Taureau cornupète à droite. BR. 0,45. L.

1969. Tête de Diane pharétrée, à droite.
℞. Personnage entièrement nu, debout, les bras levés, cabiro. BR. 1,09. L.
Lagoy, *Attribution de médailles inédites des Gaules*, nº 14, p. 25.
A. Heiss, *Monnaies antiques de l'Espagne*, p. 425.

1970. ΜΑΓΑ. Tête casquée à droite.
℞. Aigle éployé à droite. BR. 2,31. S.

1971. ΜΑΓΑ. Même tête.
℞. ΜΑ. Aigle éployé. BR. 2,07. S.

1972. ΜΑΓΑ. Même tête.
℞. ΜΑCCΑ. Aigle éployé. BR. 3,12. AF.

1973. ΑΗΠ. Tête casquée à droite.
℞. ΜΑC. Aigle éployé à droite. BR. 2,02. S.

1974. ΝΟΗΜ. Tête casquée à droite.
℞. ΜΑCCΑ. Aigle éployé à droite. BR. 2,94. AF.

1975. Ν·ΟΗΠ. Même tête.
℞. ΜΑCCΑ. Aigle éployé. BR. 1,17. AF.

1976. ΜΑΣΣΑ. Même tête.
℞. ΜΑΣΣΑ. Même type. BR. 2,40. AF.

1977. Id. BR. 3,24. AF.

1978. ...Δ. Tête casquée à droite.
℞. ΜΑΣ. Aigle éployé. BR. 2,17. S.

1979. Tête casquée à droite.
℞. ΜΑC. Aigle éployé. BR. 3,32. S.

1980. ΜΑΓΑ. Même tête.
℞. Aigle éployé. BR. 2,22. S.

1981. Tête casquée à droite.
℞. ΜΑCCΑ. Aigle éployé à

			Poids.	Prov.
	droite.	BR.	2,42.	S.
1982.	Même tête. ꝶ. ΜΑΣ. Même type.	BR.	2,30.	S.
1983.	... Même tête. ꝶ. Aigle éployé.	BR.	2,52.	S.
1984.	NI... Tête casquée à droite. ꝶ. MACCA. Aigle éployé.	BR.	1,90.	S.
1985.	Même tête. ꝶ. MACCA. Aigle éployé.	BR.	1,75.	S.
1986.	... Tête casquée. ꝶ. MA.. Aigle éployé.	BR.	2,57.	S.
1987.	NOHM. Même tête. ꝶ. MACCA. Même type.	BR.	1,92.	S.
1988.	Id.	BR.	3,01.	S.
1989.	MACCA. Aigle éployé. ꝶ. Id.	BR.	3,05.	S.
1990.	Tête casquée à droite. ꝶ. Aigle éployé à droite; astre dans le champ.	BR.	2,65.	S.
1991.	Même tête. ꝶ. Aigle éployé à gauche.	BR.	1,58.	S.
1992.	Tête casquée à gauche. ꝶ. Aigle éployé à gauche.	BR.	1,87.	S.
1993.	... Tête de Minerve à droite. ꝶ. ΜΑΣΙΑ. Aigle éployé à droite.	BR.	1,86.	L.
1994.	... Même tête. ꝶ. ΜΑΣΣ. Aigle à droite.	BR.	1,89.	L.
1995.	MA. Même tête. ꝶ. Aigle éployé à droite.	BR.	2,21.	L.
1996.	Id.	BR.	1,95.	L.
1997.	Même tête. ꝶ. ΜΑΣΣ. Même type.	BR.	1,96.	L.
1998.	NOHM. Même tête. ꝶ. MACCA. Aigle éployé.	BR.	2,14.	L.
1999.	MA. Même tête. ꝶ. Aigle éployé.	BR.	2,48.	L.
2000.	Même tête. ꝶ. .ΑΣΣ. Aigle éployé.	BR.	2,20.	L.
2001.	Même tête. ꝶ. Aigle éployé.	BR.	2,22.	L.
2002.	ΜΑΣ. Même tête. ꝶ. Même type.	BR.	2,44.	L.
2003.	ΜΑΣ. Tête de Minerve à droite. ꝶ. Caducée ailé.	BR.	1,95.	S.
2004.	Id.	BR.	2,25.	S.
2005.	Id.	BR.	1,75.	S.
2006.	Id.	BR.	2,70.	AF.
2007.	Id.	BR.	2,14.	AF.
2008.	Id.	BR.	2,11.	AF.
2009.	Id. Avec MAC.	BR.	2,15.	S.
2010.	ΜΑΣ. Tête de Minerve à droite.	BR.	1,46.	S.
	ꝶ. XII. Caducée ailé.	BR.	2,46.	S.
2011.	Id.	BR.	4,71.	S.
2012.	Id.	BR.	2,88.	AF.
2013.	... Tête casquée à droite. ꝶ. Δ. Caducée ailé.	BR.	3,02.	S.
2014.	Id.	BR.	2,80.	S.
2015.	MAC. Tête casquée à droite. ꝶ. ΝΑΦ. Caducée ailé.	BR.	2,32.	S.
2016.	Id.	BR.	2,35.	AF.
2017.	ΜΑΣ. Tête casquée à droite. ꝶ. ΝΑΦ. Caducée ailé.	BR.	2,00.	S.
2018.	ΜΑΣ. Même tête. ꝶ. ΝΑΦ. Même type.	BR.	2,45.	S.
2019.	Tête de Minerve à droite. ꝶ. Caducée ailé.	BR.	2,47.	L.
2020.	Id.	BR.	1,39.	L.
2021.	Même tête; devant, M. ꝶ. Caducée ailé; XA dans le champ.	BR.	2,03.	L.
2022.	MAC. Tête de Minerve à droite. ꝶ. ΝΑΦ. Caducée ailé.	BR.	4,12.	L.
2023.	Tête de Minerve à droite. ꝶ. Caducée.	BR.	1,65.	L.
2024.	Id.	BR.	1,72.	L.
2025.	ΜΑΣ. Tête de Minerve à droite. ꝶ. Caducée.	BR.	2,14.	L.
2026.	Même tête. ꝶ. Caducée; M dans le champ.	BR.	1,51.	L.
2027.	Même tête. ꝶ. Caducée; Π dans le champ.	BR.	2,06.	L.
2028.	Même tête. ꝶ. Caducée accosté de ΕΠ.	BR.	1,40.	L.
2029.	MA. Même tête. ꝶ. Caducée accosté des lettres MA.	BR.	4,78.	L.
2030.	MAC. Même tête. ꝶ. Caducée ailé accosté de AE.	BR.	2,00.	L.
2031.	Même tête. ꝶ. Caducée accosté de AA.	BR.	2,49.	L.
2032.	ΜΑΣ. Tête de Diane à droite. ꝶ. ΜΑΣ. Caducée ailé.	BR.	2,00.	S.
2033.	MAC. Tête de Diane à droite.			

			Poids.	Poss.
	℞. MAC. Caducée ailé.	BR.	2,25.	S.
2034.	Id.	BR.	3,07.	S.
2035.	Id.	BR.	2,70.	AF.
2036.	MAC. Tête de Diane à droite. ℞. Caducée ailé.	BR.	2,15.	S.
2037.	MAC. Tête de Diane. ℞. NM. Caducée.	BR.	3,77.	S.
2038.	Id.	BR.	2,68.	S.
2039.	Tête de Diane à droite; derriere, Z. ℞. MAC. Caducée ailé.	BR.	2,12.	S.
2040.	Id.	BR.	2,50.	S.
2041.	MAC. Tête de Diane à droite. ℞. ... Caducée ailé.	BR.	1,93.	S.
2042.	M. Tête de Diane à droite. ℞. MAC. Caducée.	BR.	2,36.	L.
2043.	Tête de Diane à droite. ℞. Caducée.	BR.	2,86.	L.
2044.	Tête de Minerve à droite. ℞. Caducée.	BR.	2,06.	L.
2045.	Tête de Diane à droite. ℞. Caducée; M dans le champ.	BR.	1,45.	L.
2046.	MAΣ. Tête de Minerve. ℞. Caducée entre les lettres ΧΠ.	BR.	1,99.	L.
2047.	Tête de Minerve à droite. ℞. Caducée; Δ dans le champ.	BR.	3,13.	L.
2048.	Tête de Diane. ℞. MA. Caducée.	BR.	2,08.	L.
2049.	Même tête. ℞. Caducée; E dans le champ.	BR.	2,22.	L.
2050.	Même tête. ℞. Caducée; AΔ dans le champ.	BR.	1,34.	L.
2051.	Tête tourrelée à droite, entre AM. ℞. Caducée; Y dans le champ.	BR.	2,17.	L.
2052.	MAΣ. Tête de Minerve casquée, à droite. ℞. Minerve debout à gauche, armée d'une lance et d'un bouclier.	BR.	2,74.	S.
2053.	Id.	BR.	2,14.	S.
2054.	Id.	BR.	1,64.	S.
2055.	Id.	BR.	1,48.	S.
2056.	Id.	BR.	2,15.	AF.
2057.	Id.	BR.	2,07.	AF.
2058.	MAΣ. Tête de Minerve casquée, à droite. ℞. Minerve debout à gauche, armée d'un bouclier rond et lançant un javelot.	BR.	1,68.	L.
2059.	Id.	BR.	2,35.	L.
2060.	MAΣ. Tête de Diane à droite. ℞. MAΣ. Galère à gauche.	BR.	2,17.	S.
2061.	Tête de Diane à droite. ℞. M. Galère.	BR.	2,65.	S.
2062.	Id.	BR.	2,10.	S.
2063.	M. Tête de Diane à droite. ℞. Galère.	BR.	1,69.	S.
2064.	Tête casquée à droite. ℞. Galère.	BR.	3,55.	AF.
2065.	Id.	BR.	1,64.	AF.
2066.	M. Tête casquée à gauche. ℞. Galère.	BR.	2,67.	S.
2067.	Id.	BR.	1,82.	AF.
2068.	Tête casquée à gauche. ℞. Galère.	BR.	1,86.	S.
2069.	Id.	BR.	3,36.	S.
2070.	Id.	BR.	2,61.	AF.
2071.	Id.	BR.	2,51.	AF.
2072.	MAΣ. Tête de Diane à droite. ℞. M. Galère à gauche.	BR.	2,03.	L.
2073.	MA. Tête de Minerve à gauche. ℞. Galère à droite	BR.	2,13.	L.
2074.	Id.	BR.	2,36.	L.
2075.	Même tête. ℞. Galère à droite.	BR.	1,71.	L.
2076.	MA. Tête de Minerve à droite. ℞. Galère à droite.	BR.	2,24.	L.
2077.	Même tête. ℞. Galère à gauche.	BR.	1,44.	L.
2078.	MA. Tête de Minerve à gauche. ℞. Galère à droite.	BR.	2,14.	L.
2079.	MAΣ. Tête de Diane à droite. ℞. AM. Galère à gauche.	BR.	1,98.	L.
2080.	Tête de Minerve à gauche. ℞. Galère à gauche.	BR.	2,12.	L.
2081.	M. Tête de Minerve à gauche. ℞. Galère à droite.	BR.	1,90.	L.
2082.	AΣ. Tête de Diane à droite. ℞. Galère tournée à gauche.	BR.	1,27.	L.
2083.	MAC. Tête d'Apollon à droite. ℞. Dauphin et trident à gauche; NM dans le champ.	BR.	2,18.	S.
2084.	Id.	BR.	1,00.	S.
2085.	Id.	BR.	2,27.	S.

059a MAΣ Tête de Minerve casquée à g. ℞. Minerve debout à gauche .... L 3301.

063a Tête de Diane à dr. accostée de ΛN ℞ Galère à gauche; au-dessus W (cad. M). — L 3300

Poids. Prov.

2086. Id. BR. 2,57. S.

2087. Id. BR. 1,60. AF.

2088. MAC. Tête tourrelée à gauche.
℞. MAC. Dauphin à droite. BR. 2,02. AF.

2089. MA. Tête de Minerve à droite.
℞. MA. Dauphin à gauche. BR. 2,43. L.

2090. Même tête.
℞ Dauphin à gauche. BR. 2,09. L.

2091. M. Tête de Minerve à gauche.
℞. Dauphin à gauche. BR. 2,55. L.

2092. Id. BR. 1,45. L.

2093. Tête de Minerve à gauche.
℞. Même tête. BR. 2,37. L.

2094. Tête de Minerve à droite.
℞. Dauphin à gauche. BR. 3,30. L.

2095. MAC. Tête d'Apollon à droite.
℞. NM. Dauphin et trident. BR. 2,02. L.

2096. Même tête.
℞. NM. Dauphin et trident. BR. 3,22. L.

2097. MAC. Tête de Minerve à droite.
℞. DD. Lion en course à gauche. BR. 1,00. S.

2098. Id. BR. 2,30. S.

2099. Id. BR. 1,86. S.

2100. Tête de Minerve à droite.
℞. Lion courant à gauche; au-dessus et au-dessous D. BR. 1,80. L.

2101. MAC. Même tête.
℞. Lion en course à gauche; dessus et dessous, D. BR. 2,26. L.

2102. Id. BR. 2,67. L.

2103. Tête de Minerve à droite.
℞. MAΣ. Lion à droite. BR. 1,75. S.

2104. Tête de Minerve à droite.
℞. ΣAΣ. Lion à droite; à l'exergue, ZO. BR. 1,13. S.

2105. Tête de Minerve à droite.
℞. MAΣ. Lion à droite. BR. 2,05. AF.

2106. Tête de Minerve à droite; devant, N.
℞. MAΣ. Lion à droite; à l'exergue, OΠ. BR. 1,12. S.

2107. Tête d'Apollon à droite.
℞. MAΣ. Lion à droite. BR. 1,53. S.

2108. Tête de Minerve à droite.
℞. MAΣ. Lion en marche à droite. BR. 1,31. L.

2109. Id. BR. 1,24. L.

2110. Id. BR. 1,44. L.

2111. Tête de Minerve à droite.
℞. Lion en marche à droite. BR. 0,57. L.

2112. Même tête.
℞. MACC. Même type. BR. 0,88. L.

2113. M. Tête de Minerve casquée, à droite.
℞. Deux mains entrelacées. BR. 2,51. L.

2114. Tête de Minerve à droite.
℞. Deux mains entrelacées. BR. 1,52. L.

2115. Id. BR. 1,84. L.

2116. Tête de Minerve à droite.
℞. Deux mains entrelacées; au-dessus, Ξ. BR. 2,90. L.

2117. MAΣ. Tête de Minerve à droite.
℞. Chouette sur un caducée; A dans le champ. BR. 2,39. L.

2118. Id. Moins la légende du droit. BR. 2,72. L.

2119. Tête de Minerve à droite.
℞. Chouette sur caducée; H dans le champ. BR. 1,84. L.

2120. Buste de Minerve à gauche.
℞. MA. Chouette éployée à droite. BR. 2,50. L.

2121. MAC. Tête casquée à droite.
℞. DD. Lion assis à droite. BR. 2,44. S.

2122. Tête de Diane à droite.
℞. Corne d'abondance; Φ dans le champ. BR. 1,40. S.

2123. Tête d'Apollon à droite.
℞. MA. Trépied. BR. 2,30. S.

2124. Tête casquée à droite.
℞. ΓE. Trépied. BR. 2,30. S.

2125. Tête casquée à droite.
℞. ΠE. Trépied. BR. 1,25. S.

IMITATIONS MASSALIÈTES PAR LES PEUPLES GAULOIS DU NORD DE L'ITALIE.

2126. Tête de Diane à droite
℞. AAΣΣAA. Lion à droite, la gueule béante. Style barbare. AR. 2,81. S.

2127. Id. IΣA. AR. 2,65. S.

2128. Id. AAΣΣAA. AR. 2,82. S.

2129. Id. AΣΣA. AR. 2,65. S.

2130. Id. AAΣΣA. AR. 2,31. S.

2131. Id. ΣΣAA. AR. 2,77. S.

2132. Id. MAΣΣA. AR. 2,86. S.

2133. Id. MAΣΣA. AR. 2,37. S.

			Poids.	Prov.
2134.	Id. ΑΣΣΑ.	AR.	2,70.	S.
2135.	Id. ΑΣΣΑ.	AR.	2,37.	S.
2136.	Id. ΑΣΑΑ.	AR.	2,90.	S.
2137.	Id. ΑΣΣΑ.	AR.	1,85.	S.
2138.	Id. ΑΑΣΣΑΑ.	AR.	3,25.	S.
2139.	Id. ΑΑΣΣΑΑ.	AR.	2,87.	S.
2140.	Id. ACC.	AR.	2,21.	S.
2141.	Id. ΑΑΣΣΑΑ.	AR.	2,57.	S.
2142.	Id. ΑΣΣΑ.	AR.	2,82.	S.
2143.	Id. ΑΑΑΣΣ.	AR.	2,60.	S.
2144.	Id. ΜΑΣΣ.	AR.	3,05.	S.
2145.	Id. ΜΑΣΣΑ.	AR.	2,83.	S.
2146.	Id. ΜΑ.. au-dessus du lion.	AR.	2,80.	AF.
2147.	Id. ΜΣΣΑΑ.	AR.	2,43.	AF.
2148.	Id. ΜΣΣΜ.	AR.	2,47.	AF.
2149.	Tête de Diane à droite. ℞. Lion barbare à droite; au-dessus, ΑΣΣΑ.	AR.	2,52.	AF.
2150.	Id.	AR.	2,43.	AF.
2151.	Id. CCA.	AR.	2,84.	AF.
2152.	Id. ΑΑΣΣΑΑ.	AR.	2,43.	AF.
2153.	Id. ΑΑΣΣΑ.	AR.	2,64.	AF.
2154.	Tête de Diane à droite. ℞. ΑΣΣ. Lion à gauche, la gueule béante.	AR.	2,53.	S.
2155.	Tête de Diane à droite. ℞. VV. Lion à droite, la gueule béante.	BR.	1,66.	S.
2156.	Tête laurée d'Apollon, à gauche. ℞. MA au-dessus du taureau cornupète.	BR.	5,43.	AF.
2157.	Id.	BR.	5,10.	AF.
2158.	Id.	BR.	5,22.	AF.
2159.	Tête d'Apollon à gauche. ℞. MA. Taureau cornupète à droite; proue à l'exergue.	BR.	6,07.	AF.

ΟΚΊϽΙΊ

2160.	Tête de Diane, couronnée d'olivier à droite. ℞. ΟΚΊϽΙΊ. Lion à droite, la gueule béante.	AR.	2,37.	S.
2161.	Id.	AR.	2,34.	S.
2162.	Id.	AR.	2,10.	AF.
2163.	Id.	AR.	2,40.	L.

M. de Saulcy, d'après la provenance habituelle bien constatée, qui est la Cisalpine et aussi la Suisse méridionale, jamais la Provence, a établi que les monnaies à légendes ΟΚΊϽΙΊ, OIOIXVO, DIKOA, revenaient de plein droit à la Cisalpine.

(Saulcy, *Revue numismatique française*, 1863, page 155.)

De son côté, M. de Longpérier, dans sa *Monographie des statères frappés par les Salasses*, dit, en parlant de ces mêmes pièces : « Certaines monnaies d'argent, évidemment imitées des hémi-drachmes marseillaises, se rattachent à la série salasse; mais nous ne pouvons pas constater qu'on en recueille habituellement dans la vallée d'Aoste; leurs légendes PIRVKOI, RIKOV, ne sont pas sans rapport avec celle qui se lit sur le statère d'or décrit plus haut sous le nº 1. » (*Voy.* pl. XV, nºs 11 et 12.)

(Longpérier, *Revue numismatique française*, 1861, page 345.)

DIKOA

			Poids.	Prov.
2164.	Tête de Diane à droite, branches d'olivier dans les cheveux. ℞. DIKOA. Lion marchant à droite.	AR.	2,28.	S.
2165.	Id.	AR.	2,17.	S.
2166.	Id.	AR.	2,27.	S.
2167.	Id.	AR.	1,90.	AF.
2168.	Id.	AR.	2,20.	AF.
2169.	Id.	BR.	1,18.	L.

OIOIXVO

2170.	Tête de Diane à droite. ℞. OIOIXVO. Lion en marche à droite.	AR.	2,19.	L.
2171.	Id.	AR.	2,40.	L.

IMITATIONS BARBARES DES OBOLES MASSALIÈTES À LA TÊTE D'APOLLON ET À LA ROUE.

2172.	Tête d'Apollon à gauche. ℞. ΜΑΟ.Ο. dans les cantons d'une roue.	AR.	0,50.	S.
2173.	Tête d'Apollon à droite, circonscrite dans un grènetis. ℞. MA dans les cantons d'une roue.	AR.	0,65.	S.
2174.	Tête d'Apollon à gauche. ℞. MA dans les cantons d'une roue.	AR.	0,53.	S.
2175.	Tête d'Apollon à gauche. ℞. MΔ dans les cantons d'une roue.	AR.	0,50.	S.
2176.	Id.	AR.	0,51.	S.

6

VILLES SOUS LA SUPRÉMATIE DE MARSEILLE.

INCERTAINES.

Poids. Prov.

2177. Tête de Diane à droite, branches d'olivier dans les cheveux, pendants d'oreilles et collier de perles.
℞. ΛΛΣΣΑ. Chouette de face. AR. 3,45. S.
Imité de la drachme de Marseille du beau style.

2178. Id. ..ΛΣΣΑ. AR. 3,75. AF.

ANTIPOLIS.

2179. ΙΣ ΔΙΜ. Tête de Vénus couronnée de myrte, à droite.
℞. ΑΝΤΙΠ ΛΕΠ. Victoire debout à droite, couronnant un trophée. BR. 3,41. S.

2180. Id. BR. 2,35. S.

2181. Id. BR. 2,40. S.

2182. Id. BR. 2,42. AF.

2183. Id. BR. 2,85. AF.

2184. ΙΣ ΔΙΜ. Tête de Vénus; sous le cou, croissant renversé en contre-marque.
℞. ... ΛΕΠ. Victoire couronnant le trophée. BR. 1,93. AF.

2185. ΙΜΔ. Tête de Vénus.
℞. ΑΝΤΙΠ. Victoire couronnant le trophée. BR. 2,11. S.

2186. ΙΣ. Même tête.
℞. .... Même type. BR. 1,79. S.

2187. ΜΙΔΙ. Tête de Vénus.
℞. ΑΝΤΙ ΛΕΠ. Victoire. BR. 2,67. AF.

2188. ΔΙΜ. Même tête.
℞. ΑΝΤΙΠ ΛΕΠ. Même type. BR. 1,80. AF.

2189. ΙΣ. Même tête.
℞. ... ΛΕΠ. Même type. BR. 2,17. AF.

2190. Tête de Vénus.
℞. Victoire couronnant le trophée. BR. 2,80. S.

2191. Même tête.
℞. ΑΝΤΙΠ ΛΕΠ. Même type. BR. 2,13. S.
(*Trouvé à Cavaillon*, 1868.)

2192. ΝΔ. Tête de Vénus.
℞. Victoire. BR. 1,57. S.

2193. Id. BR. 2,05. S.

2194. ΤΙΜ. Tête de Vénus.
℞. Victoire. BR. 2,52. S.

2195. ΚΔΝ. Tête de Vénus.
℞. Victoire. BR. 2,25. AF.

2196. ΔΛΙΣ. Tête de Vénus.
℞. Victoire. BR. 2,22. AF.

2197. Tête de Vénus.
℞. ΑΝΤΙ. Victoire. BR. 1,82. AF.

2198. Tête de Vénus.
℞. ΑΝΤ. Trophée. BR. 2,41. S.

2199. ΙΣ ΔΙΜ. Tête de Vénus.
℞. ΑΝΤΙΠ ΛΕΠ. Victoire couronnant le trophée. BR. 1,85. L.

2200. Σ ΔΙΜ. Même tête.
℞. ΑΝΤΙΠ. Même type. BR. 1,20. L.

2201. Tête de Vénus.
℞. ΛΕΠ. Victoire. BR. 2,42. L.

2202. Tête de Vénus.
℞. Victoire. BR. 2,02. L.

2203. ΜΔΚ. Tête de Vénus.
℞. Victoire. BR. 3,13. L.

2204. Tête de Vénus à droite.
℞. ΛΕΠ à l'exergue; ΑΝΤ dans le champ. La Victoire couronnant un trophée. BR. 2,07. L.

2205. Tête de Vénus.
℞. ΑΝΤΙΠ ΛΕΠ. Victoire. BR. 2,32. L.

2206. ΑΝΤ. Tête de Vénus à droite.
℞. ΛΕΠ. Victoire. BR. 2,12. L.

2207. Tête de Vénus.
℞. Victoire. BR. 1,56. L.

2208. ... Tête de Vénus.
℞. Victoire. BR. 2,77. L.

Cf. L. de La Saussaye. Ce savant estime que « les monnaies qui nous restent d'Antipolis sont des monuments de la domination romaine. Il n'est pas douteux qu'elles ont été frappées au nom du gouverneur de la Narbonnaise, M. Æmilius Lepidus, pour les Antipolitains. » (*Gaule Narbonnaise*, page 111.)

IMITATIONS D'EMPORIÆ.

2209. Tête de Cérès à droite, entourée de deux dauphins.
℞. ΕΜΠΙΤΩΝ. Pégase à droite, la tête formée d'une figure virile nue, assise et étendant la main vers son pied. AR. 4,45. S.

M. le duc de Luynes, *R. N. F.*, 1840, page 85, a signalé à l'attention du monde savant une singularité remarquable, entrevue par Sestini, qu'offre la tête de Pégase, formée d'une petite figure humaine, ailée et accroupie comme l'Amour. Le sens de cette représentation bizarre échappait au savant académicien. M. l'abbé Cavedoni, rendant compte dans le *Bulletin archéologique de Rome* pour 1841 du travail de M. le duc de Luynes sur les médailles d'Emporium, propose d'y voir Chrysaor, le frère de Pégase, naissant du cou de Méduse décapitée, en même temps que le cheval ailé.

Cf. J. de Witte, *R. N. F.*, 1844, page 311.

Poids. Prov.

2210. Tête de Cérès à droite.
℞. .... PITΩN. Même type; dessous, polype. AR. 4,41. S.

2211. Tête de Cérès à droite; devant, deux dauphins.
℞. EMΠOPITΩN. Même Pégase à droite; dessous, gouvernail; au-dessus, Π. AR. 4,20. S.

2212. Tête de Cérès à droite, entourée de trois dauphins.
℞. EMPOΠITΩN. Pégase. AR. 4,25. S.

2213. Tête de Cérès, entourée de deux dauphins.
℞. ..ΠOPITΩN. Pégase; dessous, proue et croissant. AR. 4,21. S.

2214. Tête de Cérès; à l'entour, trois dauphins.
℞. EMΠOPITΩN. Même Pégase; dessous, A. AR. 4,16. S.

2215. Tête de Diane à droite.
℞. Même Pégase; dessous, massue. AR. 4,05. S.

2216. Tête de Cérès à droite; à l'entour, trois dauphins.
℞. ... PITΩN. Pégase. AR. 4,18. S.

2217. Même tête.
℞. HO. Même type. AR. 4,26. S.

2218. Tête de Cérès à droite, entourée de deux dauphins.
℞... ΠOPITΩN. Même Pégase; dessous, dauphin. AR. 4,13. S.

2219. Tête de Cérès à droite.
℞. EMOΠPITΩN. Même Pégase. AR. 4,77. S.

2220. Tête de Cérès à droite.
℞. MΠOPITΩN. Même type. AR. 4,27. S.

2221. Tête de Cérès à gauche.
℞. Pégase à droite. AR. 4,98. S.

2222. Tête de femme de face, entre EM.
℞. Cavalier galopant à droite. AR. 0,95. S.

IMITATION DU PETIT BRONZE DE MARSEILLE PAR LES VILLES DE SA DÉPENDANCE.

KPIΣΣO.

2223. Tête d'Apollon à droite.
℞. KPIΣΣO. Taureau cornupète à droite. BR. 1,85. S.

2224. Id., avec KP... (*Trouvé à Barry, près Bollène (Vaucluse)*.) BR. 2,60. S.

Saulcy, *Revue numism. franç.*, 1863, p. 158.

KIMENOYAO.

2225. Tête d'Apollon à droite.
℞. KIMENOYAO. Rétrograde. Taureau cornupète à droite. BR. 2,12. S.

M. de Saulcy propose de commencer la lecture de cette légende de droite à gauche à partir de l'exergue, et obtient le mot KIMENOYAO. Le nom antique de Cimiez était Κεμενέλιον. De là à KIMENOYAO, il n'y a pas loin. En conséquence, M. de Saulcy fait l'attribution à Cimiez. (*Revue numismatique française*, 1867, p. 333.)

AOPA.

2226. Tête d'Apollon à droite.
℞. AOPA au-dessus du taureau cornupète. BR. 1,48. S.

Saulcy, *Revue numism. franç.*, 1863, p. 159.

AOM.

2227. Tête d'Apollon à droite.
℞. AOM au-dessus du taureau cornupète. BR. 1,56. S.

AOΣΣ.

2228. Tête d'Apollon à droite.
℞. AOΣΣ au-dessus du taureau cornupète. BR. 1,16. AF.

AΘEN.

2229. Tête d'Apollon à droite.
℞. AΘEN ou AΘEY rétrograde. Taureau cornupète à gauche. BR. 2,10. S.

BAIKIOY.

2230. Tête d'Apollon laurée à droite; derrière, astre.
℞. BAIKIOY MAΣΣA. Taureau cornupète à droite. Beau style. (*Trouvé à Barry, près Bollène*.) BR. 2,43. S.

2231. Tête d'Apollon à droite.
℞. BAI...TA. Rétrograde. Taureau cornupète à droite. Fabrique barbare. BR. 1,75. S.

Saulcy, *Revue numism. franç.*, 1863, p. 157.

2232. Tête d'Apollon laurée, à gauche.

Poids. Prov.

℞. Taureau cornupète à droite. BR. 1,58. S.

2233. Tête à gauche.
℞... Taureau cornupète à droite. BR. 2,07. S.

2234. Tête à droite.
℞. Taureau cornupète à gauche; au-dessus, M; à l'exergue, M. BR. 1,73. S.

2235. Tête à droite.
℞. Taureau cornupète à droite; au-dessus, ΑΣΣΟ. BR. 1,57. S.

2236. Tête barbare d'Apollon à droite.
℞. ΜΑΣΣΑΛΙΗΤ. Taureau cornupète à droite. BR. 2,10. AF.

2237. Tête laurée à droite.
℞. Taureau cornupète à droite. BR. 1,57. S.

2238. Fruste.
℞. Taureau cornupète à droite; à l'exergue, M. BR. 1,87. S.

2239. Tête à droite.
℞ Taureau cornupète; au-dessus, W. (*Trouvé à Cavaillon*, 1868.) BR. 2,30. S.

2240. Tête barbare à droite.
℞. Taureau cornupète à droite; à l'exergue, A. (*Trouvé à Bridier, près la Souterraine* [*Creuse*], *en* 1862). BR. 1,72. S.

2241. Tête d'Apollon à droite.
℞. Taureau cornupète à gauche; à l'exergue, AII. BR. 2,25. S.

2242. Tête laurée à droite.
℞. Taureau cornupète à droite; au-dessus, ΑΜΣ. BR. 1,48. S.

2243. Tête d'Apollon à droite.
℞. ΑΠΠ.). Taureau cornupète à gauche. (*Trouvé à Bollène* [*Vaucluse*].) BR. 1,87. L.

M. de Lagoy, qui reconnaît sur cette médaille les types ordinaires de la monnaie de bronze de Massilia, n'estime cependant pas qu'elle soit de cette ville, mais la croit plutôt de quelque autre cité de la Narbonnaise dont le nom est à chercher dans la légende ΑΠΠ.). Le docte numismatiste ne trouve que *Vapincum*, selon lui, *Apvencousium civitas*, qui offrirait avec la transcription grecque une véritable concordance. (Lagoy, *Mélanges de numism.*, pl. I, 2.)

CEΓOBI.

Poids. Prov.

2244. Tête de Diane, à droite, avec branche d'olivier dans les cheveux, pendants d'oreilles; arc et carquois sur l'épaule.
℞. CEΓOBI. Lion rugissant à droite; dessous, Ξ. AR. 2,73. S.

M. de La Saussaye, qui fait l'attribution aux *Segovii*, reproduit la curieuse inscription de l'arc de Suze, où le nom de ce peuple figure en tête de tous les autres.

Le savant académicien combat l'attribution aux Ségobriges proposée par M. Fenutrier.

M. de La Saussaye fait observer qu'à l'époque de la fabrication de notre médaille, le nom des Ségobriges était complétement disparu de l'histoire.

M. de Saulcy ne peut admettre que la monnaie à légende CEΓOBI ait été frappée par une peuplade des Alpes, et, tout bien considéré, préfère de beaucoup l'attribution aux Ségobriges des environs de Marseille.

Manque le P que M. Feautrier supposait avoir été supprimé par euphonie, et cependant indispensable dans le nom des Ségobriges.

La Saussaye, *Gaule Narbonnaise*, p. 121.
Feautrier, *Revue numism. franç.*, 1842, p. 5.
Saulcy, *Revue numism. franç.*, 1863, p. 155.

COENICENSES.

2245. Tête d'Apollon laurée à droite, avec une corne derrière l'oreille.
℞. ΚΑΙΝΙΚΗΤΩΝ. Lion rugissant à droite; dessous, monogramme ΠΥΔ. AR. 2,07. L.

2246. Id. AR. 2,01. S.

Lagoy, *Médailles inédites*, Aix, 1834, p. 25. Seuls exemplaires connus de la monnaie des Cœnicences.

GLANUM.

2247. Tête de Cérès à gauche.
℞. ΓΛΑΝΙΚΩΝ. Taureau bondissant à gauche; au-dessus, roseau et ΠΝ. AR. 2,22. L.

Cette pièce est unique jusqu'à ce jour.

Dumersan, *Médailles inédites*, Paris, 1833, p. 10.
Lagoy, *Médailles inédites de Massilia, Glanum*, p. 17.

TRICORII.

2248. Tête de Diane à droite, avec branche d'olivier dans les cheveux, pendants d'oreilles, collier de perles; arc et carquois sur l'épaule.

Poids. Prov.

R. OKIPT. Lion à droite, la gueule béante; dessous K. AR. 3,03. S.

Cette médaille est unique jusqu'à ce jour.

Lagoy, *Notice sur l'attribution de quelques médailles des Gaules*, p. 29.

La Saussaye, *Gaule Narbonnaise*, p. 117.

2249. Tête de Diane à droite.
R. TPI. Taureau cornupète à droite. BR. 2,02. S.

IMITATIONS DE MARSEILLE PAR LES LEMOVICES.

2250. Tête laurée à droite.
R. Lion la tête projetée en avant, dont le mouvement est celui du taureau cornupète; au-dessus, lampe ou vase suspendu et incliné; à l'exergue, un épi à droite. (*Trouvé à Bridier.*) AR. 4,52. S.

2251. Autre avec fleuron en plus dans le champ du revers. Même provenance. AR. 4,42. S.

2252. Autre avec l'épi à gauche. AR. 4,37. S.

2253. Tête d'Apollon à gauche.
R. Lion dans l'attitude du taureau cornupète; au-dessus, point centré. AR. 3,82. S.

Pillioux, *Description d'un trésor composé de trente-six médailles gauloises en argent, trouvé à Brébh.* Nos 1, 2 et 3.

2254. Tête de Diane à droite, branche d'olivier dans les cheveux.
R. ΜΑΣΣΑ. Lion à droite; étoile dans le champ. AR. 3,68. S.

2255. Tête de Diane à droite.
R. ΜΣΣΑ. Lion à droite la gueule béante; étoile dans le champ. AR. 4,35. S.

SAMNAGENSES.

2256. Τ ΚΑΛΑ ΚΑCΤΙΚΟ. Tête d'Apollon à droite.
R. ΣΑΜΝΑΓΗΤ. Taureau cornupète à droite. BR. 1,86. S.

2257. Id. BR. 1,40. S.

2258. ΑΟΓ... Tête d'Apollon à droite.
R. ΣΑΜΝΑ... Taureau cornupète à droite. BR. 2,65. S.

2259. Tête de Diane à droite.
R. ΣΑΜΝΑ... Τ.. Taureau cornupète. BR. 1,35. S.

Poids. Prov.

2260. Id. Avec ΣΑΜΝΑ. BR. 1,05. S.

2261. Id. BR. 1,67. S.

2262. Tête d'Apollon à droite.
R. ΣΑΜΝ. Taureau cornupète. BR. 2,07. AF.

2263. Tête de Diane à droite.
R. ΣΑΜ. Taureau cornupète. (*Trouvé à Orange en 1864.*) BR. 2,18. S.

2264. Sans type.
R. Taureau cornupète à droite; au-dessus, ΣΑΜ; à l'exergue, ..ΗΤ. (*Trouvé à Levroux* (*Indre*).) BR. 1,53. S.

2265. Tête d'Apollon à gauche.
R. ΣΣΑΜ. Taureau cornupète à gauche; à l'exergue, ΑΕΜ. BR. 2,40. S.

2266. Tête de Cérès à droite.
R. ΣΑΜΝ ΓΗΤ. Taureau cornupète à droite. BR. 1,82. L.

2267. Id. Avec ΣΑΜΝ. AR. 1,96. L.

2268. Tête de Cérès à droite.
R. ΣΑΜ. Taureau cornupète à droite; ΗΑ à l'exergue. BR. 2,53. L.

2269. Tête de Cérès à droite.
R. ΣΑΜΝ ΓΗΤ. Taureau cornupète. BR. 1,88. L.

2270. Id. Avec ΣΑΜΝΑ. BR. 1,93. L.

2271. Id. Avec ... ΑΓΗΤ. BR. 1,88. L.

2272. ... ΑCΤΙΚΟ. Tête de Cérès à droite.
R... ΓΗΤ. Taureau cornupète à droite. BR. 1,43. L.

2273. ... ΑCΤΙΚΟΥ. Même tête.
R. ΣΑΜΝ. Taureau. BR. 1,84. L.

2274. Tête de Cérès à droite.
R. ΣΑΜΝ ΓΗΤ. Taureau. BR. 1,50. L.

2275. Tête de Cérès à gauche.
R. ΣΑΜ. Taureau cornupète à droite. BR. 2,15. L.

M. de Lagoy, qui le premier a publié les monnaies des Samnagètes, se refusait à voir dans la légende inscrite du côté de la tête un nom de magistrat, par la raison que, selon lui, les Massaliètes n'étaient pas dans l'usage d'inscrire ainsi en entier les noms d'aucun personnage sur leur monnaie, et se contentaient de les indiquer par des initiales ou des monogrammes, usage observé encore par les colonies de cette ville dans les Gaules. En conséquence, M. de Lagoy était porté à croire que la légende ΑCΤΙΚΟ, dérivée de ΑCΤΙΚΟC, *qui habite dans la ville*, pouvait renfermer un surnom d'Apollon considéré comme protecteur de la métropole.

M. de La Saussaye admit l'explication de son devancier.

M. de Saulcy estime que la tête du droit est une tête de Cérès, et que la légende entière, fournie par deux exemplaires de sa collection, se complétant l'un l'autre, serait Γ ΚΛΑΥ ΚΑΣΤΙΚΟ ou mieux ΚΑΣΤΙΚΟ, c'est-à-dire Caius Claudius Casticus, lequel serait un Gaulois affilié à la *gens Claudia* qui aurait été à la tête de la cité des Samnagètes. D'autres exemples fournis par les médailles autorisent à supposer également qu'il s'agit ici d'un magistrat romain. Le nom d'un magistrat inscrit sur la monnaie nous est fourni par les habitants d'Antibes. ΕΠΙ Α ΚΟΡ se lit du côté de la tête d'Apollon sur la monnaie d'Antibes; Γ ΚΛΑΥ ΚΑΣΤΙΚΟ ou ΛΟΓ, également du côté de la tête, sur la monnaie des Samnagètes.

Lagoy, *Médailles inédites de Massilia, Glanum*, p. 38, n° 25.

La Saussaye, *Gaule Narbonnaise*, p. 100.

Saulcy, *Revue numism. franç.*, 1863, p. 150.

IMITATIONS D'EMPORIÆ.

2276. Tête de Cérès à gauche entre trois dauphins.
℞. Cheval au repos à droite; au-dessus, Victoire tenant une couronne. AR. 4,75. S.

2277. ΕΜΠΟ... Tête de Cérès à gauche; collier de perles et pendants d'oreilles.
℞. Cheval au repos; au-dessus, Victoire. BR. 3,76. S.

2278. ΕΝΠΟΡ. Même tête.
℞. Cheval au repos à droite. AR. 4,90. AF.

2279. Tête de Cérès à gauche entre deux dauphins.
℞. Cheval à droite; au-dessus, Victoire; dessous, tête d'homme. AR. 4,77. S.

2280. Tête de Cérès à droite.
℞. Cheval galopant à gauche; au-dessus, figure dégénérée de la Victoire tenant une couronne; à l'exergue, une fleur. (*Trouvé à Bridier.*) AR. 4,50. AF.

2281. Id. Même provenance. AR. 4,02. AF.

2282. Tête de Cérès à droite.
℞. Cheval galopant à droite; au-dessus, figure dégénérée réduite à un buste; à l'exergue, fleur. (*Trouvé à Bridier.*) AR. 4,40. AF.

2283. Tête de Cérès à droite; devant, chien dévorant une proie.
℞. Cheval galopant à gauche; au-dessus, corbeau; à l'exergue, ΟΝΩΤΡΗΙ. AR. 4,85. S.

Poids. Prov.

2284. Tête de femme à gauche; devant, chien dévorant une proie.
℞. ΙΙΠ. Cheval à gauche; au dessus, aigle. AR. 4,62. AF.

2285. Tête de Cérès à gauche.
℞. Cheval à gauche; la Victoire qui le couronne n'est pas apparente. AR. 4,70. S.

2286. Tête de Cérès à gauche.
℞. Cheval à gauche; au dessus, Victoire tenant une couronne. AR. 4,60. S.

2287. Id. D'un style barbare. AR. 4,65. S.

2288. Id. Même observation. AR. 4,72. S.

2289. Id. Front fuyant, le menton qui avance. AR. 4,68. S.

2290. Tête de femme à gauche.
℞. Cheval à gauche; au-dessus, Victoire tenant une couronne. AR. 4,80. S.

2291. Tête de Cérès à gauche, avec un collier de perles au cou. Une branche de houx traverse le visage.
℞. Corps d'un cheval, sans buste ni jambes. AR. 3,75. S.

2292. Tête de femme à gauche.
℞. Cheval galopant à droite; au-dessus, Victoire. AR. 4,40. S.

2293. Tête de Cérès à droite.
℞. Cheval à gauche; au-dessus, Victoire tenant une couronne. AR. 4,60. S.

2294. Tête de Cérès à droite.
℞. Cheval à droite; au-dessus, Victoire. AR. 4,25. S.

2295. Tête de Cérès à droite.
℞. Cheval à droite; au-dessus, figure barbare tenant une couronne. AR. 4,16. AF.

2296. Tête de Cérès à droite.
℞. Cheval à droite; au-dessus, figure tenant une couronne. AR. 4,12. AF.

2297. Tête de Cérès à droite; pendants d'oreilles et collier de perles.
℞. Cheval au repos à droite; au-dessus, Victoire; à l'exergue, ΙΙΙΙΙΥ. AR. 4,75. S.

Poids. Prov.

2298. Tête de Cérès à gauche.
R. Cheval à droite; au-dessus, Victoire. AR. 4,58. S.

2299. Tête de Cérès à droite.
R. Pégase à gauche; dessous, un astre. AR. 4,31. S.

2300. Tête de femme à droite; pendants d'oreilles. La chevelure disposée en grosses mèches.
R. Cheval à droite. AR. 2,94. S.

2301. Tête laurée à gauche.
R. Pégase à gauche; dessous, astre. AR. 2,85. S.

2302. Tête barbare à gauche; filet au pourtour.
R. MΠΟΜ. Pégase à droite; filet au pourtour. AR. 4,80. AF.

2303. Tête laurée à gauche.
R. Cheval galopant à gauche; au-dessus, long bouclier gaulois. AR. 3,90. S.

2304. Tête de femme à droite.
R. Cheval galopant à droite; au-dessus, sorte de double nœud, dégénérescence de la Victoire; dessous, fleuron. AR. 3,70. S.

2305. Tête de Cérès à droite; à l'entour, deux dauphins.
R. Cavalier à droite, armé d'une lance et d'un bouclier. AR. 4,40. AF.

2306. Tête de Cérès à droite.
R. Cavalier armé d'une lance et d'un bouclier, en marche à droite. AR. 4,26. S.

2307. Tête d'homme à droite.
R. Même cavalier. AR. 4,32. S.

INCERTAINES.

2308. Tête de Diane à droite.
R. Cerf à gauche. AR. 1,62. S.

2309. Tête de Diane à droite.
R. Lion barbare à gauche; dessous, oiseau. AR. 1,67. S.

2310. Id. AR. 1,82. S.

2311. Tête de Diane à droite.
R. Lion barbare à droite; dessous, oiseau. AR. 1,65. S.

2312. Tête de Diane à droite.
R. Bélier à gauche; dessous, lettre A; au-dessus, étoile. AR. 2,27. L.

2313. Tête de Diane à droite.
R. Lion à droite; dessous, S. AR. 2,22. L.

M. de La Saussaye, dans une note insérée au bas de l'*errata* de son livre, reconnait que le type du revers de ces pièces parait être un bélier plutôt qu'un lion, et regrette l'attribution à Agatha, qui n'a plus sa raison d'être, et qu'il avait proposée, malgré l'avis du marquis de Lagoy, se fondant sur la similitude de type avec les pièces de Marseille. (La Saussaye, *Gaule Narbonnaise*, *errata*, page 204.)

Poids. Prov.

2314. Tête de Diane à droite.
R. Lion barbare à droite; dessous, oiseau. AR. 0,90. AF.

2315. Tête de Diane à gauche.
R. Lion à droite; dessous, un oiseau. AR. 1,10. S.

2316. Tête barbare à gauche.
R. Δ. AR. 0,32. S.

IMITATION DE RHODA.

2317. ..... Tête de Cérès à gauche.
R. Rose épanouie. AR. 4,78. S.

2318. ΖΝΑ. Tête barbare de Cérès à gauche.
R. Rose. AR. 5,18. S.

2319. QOTN. Tête barbare de Cérès à gauche.
R. Rose. AR. 4,72. AF.

2320. ANH. Même tête.
R. Rose. AR. 4,97. S.

2321. Tête de Cérès à gauche.
R. Rose. AR. 4,89. AF.

2322. ΡΟΑ. Tête barbare à gauche.
R. Rose épanouie. AR. 4,58. S.

2323. Tête barbare à gauche; collier de perles.
R. Rose. AR. 3,00. S.

2324. Tête barbare à gauche.
R. Rose. AR. 4,77. AF.

2325. Tête barbare à gauche; pendants d'oreilles et collier de perles.
R. Rose. AR. 4,80. AF.

2326. Tête barbare à gauche.
R. Rose. AR. 4,57. AF.

2327. Tête de Cérès à gauche; pendants d'oreilles.
R. Rose. AR. 5,00. S.

2328. Tête informe.
R. Rose. AR. 4,30. S.

2329. Tête informe.
R. Rose. AR. 4,26. S.

2330. Tête de Cérès à gauche; pendants d'oreilles et collier de perles.

Poids. Prov.

℞. Rose. AR. 4,87. S.

2331. Tête barbare à gauche.
℞. Rose. AR. 4,83. S.

2332. Uniface.
℞. Rose. AR. 3,95. S.

2333. Tête barbare à gauche.
℞. Rose. AR. 4,92. S.

2334. Id. AR. 4,35. S.

2335. Id. AR. 4,38. S.

2336. Tête méconnaissable.
℞. Rose. AR. 4,26. S.

2337. Type indéfinissable.
℞. Rose. AR. 5,03. S.

2338. Feuille.
℞. Rose. AR. 3,20. S.

2339. Tête barbare.
℞. Rose. AR. 4,07. S.

2340. Uniface.
℞. Rose. AR. 4,15. S.

2341. Tête barbare.
℞. Rose. AR. 4,98. S.

2342. Uniface.
℞. Rose. AR. 5,27. S.

2343. Tête barbare à gauche.
℞. Rose en forme de quadrilatère. AR. 4,85. S.

2344. Tête barbare, cheveux hérissés.
℞. Rose. AR. 4,55. S.

2345. Tête de Cérès à gauche; collier de perles.
℞. Rose. AR. 4,48. S.

2346. Tête barbare à gauche.
℞. Roue des oboles de Marseille. AR. 4,70. S.

2347. Tête de Cérès à gauche.
℞. Roue. AR. 4,75. S.

2348. Uniface.
℞. Rose. (*Trouvé à Cannes.*) AR. 1,65. S.

INCERTAINE.

2349. Tête nue et ailée de Mercure à droite; caducée sur l'épaule.
℞. Train de derrière ou moitié de cheval. AR. 1,64. AF.

LONGOSTALÈTES.

2350. Tête nue et ailée de Mercure à droite; derrière, caducée.
℞. ΛΟΓΓΟΣΤΑΛΗΤΩΝ. Trépied. BR. 9,07. S.

Poids. Prov.

2351. Id. BR. 9,23. S.

2352. Id. BR. 12,47. S.

2353. Id. BR. 7,18. AF.

2354. Id. BR. 8,68. AF.

2355. Id. BR. 8,55. AF.

2356. Tête de Mercure à droite.
℞. ΛΟΓΓΟϹ... ΩΝ. Trépied. BR. 17,37. AF.

2357. Tête de Mercure à droite; avec le pétase ailé; derrière, caducée.
℞. ΛΟΓΓΟϹ ΤΑΛΗΤΩΝ. trépied. BR. 12,30. S.

2358. Id. BR. 8,02. S.

2359. Tête de Mercure à droite, avec le pétase ailé; derrière, caducée; devant, ΒΩΚΙΟϹ.
℞. ΛΟΓΓΟϹ ΤΑΛΗΤΩΝ ΓΤΦΓ. Trépied. BR. 9,73. S.

2360. Id. BR. 8,45. S.

2361. Id. BR. 8,30. S.

2362. Id. BR. 6,90. S.

2363. Id. BR. 11,31. AF.

2364. Id. BR. 7,35. AF.

2365. Id. BR. 6,52. AF.

2366. Id. BR. 9,07. AF.

2367. Id. Moins le nom ΒΩΚΙΟϹ. BR. 7,15. AF.

2368. Tête de Mercure à droite, avec le pétase ailé; derrière, caducée; devant, ΛΟΥΚΟΡΙΚΝΟϹ.
℞. ΛΟΓΓΟϹ ΤΑΛΗΤΩΝ ΓΤΦΓ. Trépied. BR. 7,65. S.

2369. Id. Avec ΛΟΥΚΟΡ... BR. 7,67. S.

2370. Id. Avec ΛΟΥΚΟ. BR. 6,90. S.

2371. Tête de Mercure avec le pétase ailé; derrière, caducée; devant, ΛΟΥΚΟΤΙΚ...
℞. ΛΟΓΓΟϹ ΤΑΛΗΤΩΝ ΓΤΦΓ. Trépied. BR. 6,02. S.

2372. Id. Avec ΛΟΥΚΟΤΝΚ... BR. 13,20. S.

2373. Id. Avec ΛΟΥΚ... BR. 10,52. S.

2374. Id. Avec ΛΟΥΚΟΤΝΚ... BR. 9,75. S.

2375. Id. Avec ΛΟΥΚΟΤ. BR. 6,05. AF.

2376. Id. BR. 6,79. AF.

2377. Id. Le nom effacé. BR. 9,20. S.

2378. Id. BR. 6,35. S.

2379. Id. BR. 6,80. S.

2380. Id. BR. 8,36. S.

2381. Id. BR. 6,60. S.

			Poids.	Prov.
2382.	Id. Sans légende celtibérienne.	BR.	8,00.	S.
2383.	Id.	BR.	5,10.	S.
2384.	Tête de Mercure avec le pétase. R. Sans légende. Trépied. Travail barbare.	BR.	6,45.	S.
2385.	Tête de Mercure avec le pétase; derrière, caducée; devant, AOY... R. AOΓΓOCTA... Trépied. Pièce coupée.	BR.	3,86.	S.
2386.	Tête de Mercure avec le pétase; devant, ... K... R...... AΛΓΩN. Trépied. Pièce coupée.	BR.	5,10.	S.
2387.	Tête de Mercure à droite, avec le pétase ailé; derrière, caducée. R. AOΓΓOC... AΛΓΩN. Trépied.	BR.	10,35.	L.
2388.	Même tête. R. AOΓΓOC.. AΛΓΩN. Trépied.	BR.	6,25.	L.
2389.	Même tête. R.... OCTA.. Trépied.	BR.	8,08.	L.
2390.	Même tête. R..... ΩN. Trépied.	BR.	7,73.	L.
2391.	Tête de Mercure à droite; derrière, caducée; devant, ... R... ΓOC...., ΓΥΦΓ. Trépied.	BR.	7,54.	L.
2392.	Même tête. R. ...ΓΓOC...TΩN. ΓΥΦΓ. Trépied.	BR.	7,00.	L.
2393.	Tête de Mercure à droite; devant, BΩKIOC. R. AOΓΓOC.. AΛΓΩN ΓΥΦΓ. Trépied.	BR.	9,46.	L.
2394.	Id. Moins la légende celtibérienne.	BR.	7,75.	L.
2395.	Tête de Mercure à droite; derrière, caducée; devant, BΩKIOC. R. AOΓΓOCTA. ΛΓΩN ΓΥΦΓ. Trépied.	BR.	7,91.	L.
2396.	Id.	BR.	7,23.	L.
2397.	Tête de Mercure à droite; devant, ... OTIKANO. R. AOΓΓOC... ΓΥΦΓ. Trépied.	BR.	6,75.	L.
2398.	Tête de Mercure. R. Trépied.	BR.	4,03.	L.
2399.	Tête de Mercure. R.... Trépied.	BR.	6,05.	L.

Pellerin[1] avait attribué ces pièces à Taletum de Laconie. L'abbé Barthélemy, se fondant sur la provenance et la ressemblance de fabrique avec les monnaies de Béziers, repoussa l'attribution de Pellerin[2]. Eckhel, Sestini et Mionnet tinrent pour ce dernier, mais en usant de réserve.

M. de Lagoy[3] ayant constaté la présence d'une légende celtibérienne dans le champ, là où ses devanciers avaient cru distinguer des caractères grecs, mit à néant l'attribution de Pellerin et corrobora celle de l'abbé Barthélemy.

M. de La Saussaye[4], qui se range à l'opinion du marquis de Lagoy et de l'abbé Barthélemy, croit que l'on ne peut scinder la légende et traduire *Longus des Talètes*, par la raison que des noms de chefs différents sont inscrits au droit de certaines de ces médailles, qui offrent entre elles de très-grandes différences de style indiquant un monnayage prolongé. La manière dont la légende est inscrite en deux lignes : AOΓΓOΣTA-ΛΗΤΩN, et non AOΓΓOΣ TAΛΗTΩN, est encore un obstacle à la division.

Charles Lenormant[5] déclare qu'il lui est impossible d'admettre la lecture sans division de la légende. AOΓΓOΣ TAΛΗTΩN n'a physionomie ni grecque, ni gauloise; aucune indication géographique dans la Gaule ne saurait répondre à cette légende. Le *Longus* dont le nom a été immobilisé sur la monnaie des Talètes serait un magistrat d'origine romaine que M. Lenormant veut rapprocher de C. Sempronius Longus, decemvir *sacrorum*, en 177 avant Jésus-Christ. Le point de départ de la monnaie des Talètes devrait remonter à l'année 160 environ avant notre ère.

M. Boudard[6] coupe la légende en deux, *longas* et *tala*, et propose l'attribution à Telo Martius.

La légende ibérienne a été diversement interprétée. M. de Lagoy, se servant de l'alphabet de M. de Saulcy, transcrit PTRP ou BTRP, qui lui semble offrir avec le nom de Beterra une grande analogie.

Charles Lenormant adopte la lecture PARP, Perpiniacus, proposée par M. de Saulcy.

M. Boudard traduit PTOP pour PETOPI, et y voit le nom estropié de PATAVIVM.

Les noms grecs inscrits du côté de la tête sont : AOYKOTIK, AOYKOPIKNOC, BΩKIOC, dont Lelewel faisait le rapprochement erroné aux médailles gauloises avec légendes LVCOTIO et TOVTOBOCIO.

M. Lenormant estime que le Toutobocius de la monnaie

[1] *Recueil de médailles*, t. I, p. 125.
[2] Barthélemy, *apud* abbé Audibert, *Dissertations sur les origines de Toulouse*, p. 16 et 17.
[3] *Revue numismatique*, 1841, p. 85.
[4] *Numismatique de la Gaule Narbonnaise*, p. 168.
[5] *Revue numismatique*, 1858, p. 132.
[6] *Numismatique ibérienne*, p. 270.

des Talètes reproduit le nom du roi des Teutons, adversaire de Marius.

Une dernière série de pièces barbares anépigraphes vient clore le monnayage du peuple des Longostalètes, dont M. de Saulcy croit retrouver le nom dans cet hémistiche d'Avienus : *Oppidum que Nuustalo*, qu'il lit *Oppidum Longostalo*. Le savant académicien place cet *oppidum* près de Saint-Georges, dans une localité appelée Murviel, où l'on voit des ruines antiques.

Saulcy, *Étude topographique sur l'ora maritima de Festus Avienus*. — *Rev. arch.*, 1867, p. 90.

INCERTAINE.

Poids. Prov.

2400. Tête d'Apollon à droite, les cheveux hérissés.
℞. Trépied. AR. 5,22. S.

RIGANTICUS. BITOUCOS.

2401. Tête d'Hercule à droite; derrière, massue.
℞. Lion courant à droite; à l'exergue, entre deux traits, PIΓANTIKOV. BR. 8,10. S.

2402. Même description. BR. 9,35. S.

2403. Id. BR. 9,18. AF. Pl. VI, 4e

2404. Id. Avec ΓATIKO. BR. 8,70. AF.

2405. Id. Légende fruste. BR. 10,92. S.

2406. Tête d'Hercule à droite; derrière, massue.
℞. Lion courant à droite; à l'exergue, en deux lignes, BITOYKOC BACIΛ.. BR. 13,10. S.

2407. Id. Avec BITOYKOC BACIΛEYC. BR. 10,45. S.

2408. Id. Avec BITOYKOCBACI... BR. 12,40. AF. Pl. VI, 4e

2409. Tête d'Hercule à droite; derrière, massue.
℞. Lion courant à droite; à l'exergue, en deux lignes, BITOYIO BACIΛE.. BR. 8,00. S.

2410. Id. Avec BITOYIOC BACIΛYE. BR. 10,95. S.

2411. Id. Avec BITOYIOC BACIΛEYC. BR. 11,75. S.

2412. Id. Avec BITOYIO BACΛEYC. BR. 9,28. AF. Pl. VI, 3e

2413. Id. Avec BITOYIO BACIΛEYC. BR. 10,15. AF.

2414. Id. Avec BITOYIO BACIΛEYC. BR. 9,15. AF.

2415. Tête d'Hercule à droite; derrière, massue.
℞. Lion courant à droite; à l'exergue, en deux lignes, BITOYIOΓOΓO BACIΛEYC. BR. 10,62. AF. Pl. VI, 4e

2416. Tête d'Hercule à droite; derrière, massue.
℞. Lion courant à droite; à l'exergue, en deux lignes, KAIANTOΛOY BAΣIΛ. BR. 10,36. S. Pl. VI, 3e

2417. Même description. BR. 9,66. S.

2418. Id. BR. 13,12. S.

2419. Id. BR. 11,75. S.

2420. Id. BR. 13,12. AF.

2421. Id. BR. 10,01. AF.

2422. Id. BR. 9,57. AF.

2423. Id. BR. 10,46. AF.

2424. Tête imberbe diadémée, à droite.
℞. Lion à droite; au-dessus, massue; à l'exergue, une flèche; dans le champ, traces de la légende AΓAΘOKΛEOΣ BAΣIΛEΩΣ et du foudre. BR. 7,32. S.

Pièce de Syracuse surfrappée sur une d'Agathocle.

Les rois Riganticus, Cœantolus, ont imité cette pièce de Syracuse, que M. de Saulcy a admise dans sa suite comme prototype.

2425. KAIAN. Tête d'Hercule à droite.
℞. Sanglier à droite; à l'exergue, BAΣIΛEΩΣ; dans le champ, trois points, marque du quadrans. BR. 8,35. S. Pl. VI, 3e

2426. Id. BR. 6,32. S.

2427. Id. Mauvaise conservation. BR. 5,30. S.

2428. Id. Avec KAIANTO et BAΣIΛEΩΣ. BR. 5,65. AF.

Les monnaies décrites sous les nos 2425 à 2428 sont une imitation des monnaies de Phintias, tyran d'Agrigente.

2429. Tête d'Hercule à droite.
℞. Lion à droite; la légende de l'exergue est complètement fruste et rend l'attribution incertaine. BR. 10,00. S.

2430. Lisse.
℞. Chimère à droite; à l'exergue, traces d'une légende. Pièce retouchée. BR. 13,51. S.

2405a Variété. Coll. de Luynes (retiré de la série des rois de Galatie, 8bre 1889).

2422a Variété. Coll. de Luynes (retiré de la série des rois de Galatie, 8bre 1889).

		Poids.	Prov.
2431.	Tête d'Hercule à droite; derrière, massue. R. AMYTO BA. Lion courant à droite.	BR. 9,02.	AF.

BITERRA.

		Poids.	Prov.
2432.	Tête nue, imberbe à droite; un bras étendu se détache du tronc; derrière la tête, massue. R. BHTAPPATIΣ. Lion courant à droite; K dans le champ.	BR. 9,72.	S.
2433.	Même description.	BR. 6,80.	S.
2434.	Id.	BR. 8,58.	S.
2435.	Id.	BR. 8,05.	S.
2436.	Id. Avec légende fruste.	BR. 11,29.	S.
2437.	Id. Bonne conservation.	BR. 7,61.	AF.
2438.	Id. Avec BHTAPPA..	BR. 9,16.	AF.
2439.	Id. Avec BHTAPP..	BR. 6,30.	AF.
2440.	Id. Avec BHTAPPA..	BR. 10,35.	AF.
2441.	Id. Avec BHTAPPATI..	BR. 9,55.	AF.
2442.	Id. Avec BHTAPPTI..	BR. 8,30.	AF.
2443.	Id. Avec BHTAPPAT..	BR. 7,67.	J.

NÉDÈNES.

		Poids.	Prov.
2444.	Tête d'Hercule à droite; devant, EI. R. NEGHNEN. Hippocampe ailé à droite.	BR. 5,44.	S.
2445.	Id. Avec dauphin dans le champ du revers.	BR. 6,40.	S.
2446.	Tête d'Hercule à droite; devant, EI. R. MEGH Hippocampe ailé à droite.	AR. 5,15.	AF.
2447.	Id. Avec MEGHMEN.	AR. 4,51.	AF.
2448.	Tête de Diane à droite; devant, EI. R. MEGHMEN. Taureau bondissant.	BR. 10,05.	S.
2449.	Même tête; devant, EI. R. MEGHMEN. Taureau bondissant; au-dessus, couronne.	BR. 10,20.	S.
2450.	Même description.	BR. 12,87.	S.
2451.	Id.	BR. 12,92.	AF.
2452.	Id.	BR. 12,75.	AF.
2453.	Id.	BR. 9,02.	AF.
2454.	Id.	BR. 9,80.	AF.
2455.	Id.	BR. 9,32.	AF.
2456.	Id.	BR. 9,21.	AF.
2457.	Id.	BR. 7,00.	AF.
2458.	Id. Avec MEGHN.	BR. 8,17.	AF.
2459.	Id.	BR. 9,35.	AF.
2460.	Id.	BR. 7,54.	AF.
2461.	Tête de Diane à droite; devant, EI. R. AEGBA (*sic*). Taureau bondissant; au-dessus, couronne.	BR. 7,92.	S.
2462.	Même tête; devant, EI. R. MEGHMEN. Même type.	BR. 10,10.	S.
2463.	Id. Avec MEGHN et sans EI.	BR. 10,74.	S.
2464.	Même tête; devant, EI. R. MEGHN. Même type du taureau.	BR. 10,78.	S.
2465.	Tête de Diane à droite. R. MEGHN. Taureau bondissant; couronne au-dessus.	BR. 6,42.	S.
2466.	Id. Avec MEGHMEN.	BR. 9,22.	S.
2467.	Id. Avec MEGHMEN.	BR. 11,46.	S.
2468.	Même tête; devant, EI. R. MEAHN. Taureau bondissant; couronne au-dessus.	BR. 9,54.	S.
2469.	Tête de Diane à droite. R. MEAHNEN. Taureau avec la couronne au-dessus.	BR. 8,15.	S.
2470.	Même tête: devant, EI. R. MEGHM ГT. Taureau bondissant; couronne au-dessus.	BR. 10,80.	S.
2471.	Même tête. R. AEGHN. Taureau avec couronne au-dessus.	BR. 7,72.	S.
2472.	Même tête. R. Légende dégénérée AHA...; taureau et couronne.	BR. 8,65.	S.
2473.	Même tête. R. Légende dégénérée AGENA; taureau et couronne.	BR. 8,05.	S.
2474.	Tête de Diane; devant, EI. R. MEGHMEN. Taureau bondissant; couronne au-dessus.	BR. 8,33.	S.
2475.	Même tête. R. Légende dégénérée		

Poids. Prov.

AHMN; taureau et couronne. BR. 10,78. S.

2476. Même tête; devant, [illegible].
℞. [illegible]. Taureau et couronne. BR. 10,87. S.

2477. Même tête.
℞. [illegible]. Taureau et couronne. BR. 11,75. S.

2478. Même tête.
℞... [illegible].. Taureau et couronne. BR. 7,24. S.

2479. Même tête d'une extrême barbarie.
℞. [illegible]. Taureau et couronne. BR. 9,34. S.

2480. Tête barbare à droite.
℞. Légende dégénérée [illegible]; taureau bondissant à droite. BR. 5,05. S.

2481. Tête virile à droite.
℞. [illegible]. Taureau bondissant; couronne au-dessus. BR. 7,98. AF.

2482. Tête de Diane à droite.
℞. [illegible]. Taureau bondissant; au-dessus, couronne. BR. 8,58. AF.

A. Heiss, *Monnaies antiques de l'Espagne*, pl. LXV, 5.

2483. Tête de Diane à droite, couverte d'un voile; devant, [illegible].
℞. [illegible]. Taureau bondissant; au-dessus, couronne. BR. 10,98. S.

2484. Même description. BR. 6,83. S.

2485. Id. BR. 7,35. S.

2486. Tête de Diane voilée à droite; devant, [illegible].
℞. [illegible]. Taureau et couronne. BR. 7,72. AF.

2487. Id. BR. 10,25. AF.

2488. Tête de Diane à droite; devant, [illegible].
℞. [illegible] [illegible]. Taureau et couronne. BR. 10,62. S.

2489. Id. BR. 8,50. AF.

2490. Id. BR. 9,05. AF.

2491. Tête de Diane à droite.
℞. [illegible]... Taureau et couronne. BR. 5,96. S.

2492. Tête de femme à gauche.
℞. Taureau bondissant à droite. BR. 7,23. S.

Poids. Prov.

2493. Tête de Diane voilée à droite; devant, [illegible].
℞. [illegible]... Taureau en course à droite; au-dessus, couronne. BR. 11,75. L.

2494. Id. Avec la légende du revers [illegible]. BR. 9,82. L.

2495. Tête de femme voilée à droite.
℞. ...[illegible]... Taureau en course; couronne au-dessus. BR. 10,25. L.

2496. Tête voilée à droite; devant, [illegible].
℞. [illegible]. Taureau et couronne. BR. 7,22. L.

2497. Tête de femme voilée.
℞ ...[illegible]. Taureau; couronne, lettre E. BR. 8,50. L.

2498. Tête virile imberbe nue, à droite.
℞. [illegible]. Hippocampe ailé. BR. 6,55. L.

Sestini[1] lit la légende celtibérienne [illegible], NERENKIN, et voit dans ce mot le Nardinium de Ptolémée.

M. de Saulcy[2] lit NERENKN, NERINIKEN, et fait l'attribution aux Artabres Nériens.

M. Boudard transcrit NEDHENA, NEDHENA-COEN, et attribue la monnaie à Narbo des Bebryces.

L'auteur, pour justifier son classement, fait valoir les raisons suivantes :

Le sol de Narbonne fournit en abondance de ces monnaies, qu'on ne trouve jamais en Espagne, et la légende celtibérienne contient l'ancien nom de Narbonne, Nado, qui se trouve dans l'*Ora maritima* d'Avienus. Le mot NEAHENA s'est conservé dans le pays montueux sous la forme de Nedenses appliquée aux habitants de Narbonne. Hudson a cru faire une correction heureuse en substituant le mot NARBO à celui de NADO.

(Boudard, *Numismatique ibérienne*, p. 245.)

Les arguments produits par M. Boudard ont entraîné les suffrages des juges les plus compétents.

M. de Saulcy, *Revue numismatique française*, 1856, p. 4, et Ch. Lenormant, même recueil, 1858, p. 147, ont adhéré aux considérations qui précèdent. Ch. Lenormant a reconnu, dans la tête voilée de nos monnaies, l'effigie de Livie, ce qui ferait dater ces pièces de l'époque de la colonie de Narbonne, si ce n'est même postérieurement à la fondation de cette colonie.

M. Heiss (*Monnaies antiques de l'Espagne*, p. 435) estime que la restitution à Narbonne proposée par M. Boudard, d'après les provenances, est certaine; mais

[1] *Medaglie ispane*, p. 172.
[2] *Autonomes d'Espagne*, p. 128.

que la lecture de M. de Saulcy, NERENKN, doit être conservée. Le même auteur se refuse à croire ces monnaies contemporaines des dernières années du règne d'Auguste.

La légende ΨΦΓΜ, figurée au droit de certains exemplaires, a été lue RHOTIS par Sestini; EAIS, EOIS, par M. de Saulcy; TZETIMA, par M. Boudard; THAVIS ou TZAVIS, par M. Heiss. Sestini fait l'attribution à *Rhoda;* M. de Saulcy, aux *Aebisoci;* M. Boudard, à l'*Arx setiena* d'Aviénus; M. Heiss, à la moderne Sigean, située au sud de Narbonne, à l'extrémité de l'étang de Bages, sur l'emplacement d'une ville antique.

ΓΟΝΑΝΨ.

		Poids.	Prov.
2499.	Tête de Diane à droite. R. ΓΟΝΑΨΗ. Taureau bondissant à droite; couronne au-dessus.	BR.	16,17. S.
2500.	Tête de Diane à droite; devant, ҌΙ. R. ΓΟΝΑΝΨ. Taureau et couronne.	BR.	10,90. AF.
2501.	Id.	BR.	9,67. AF.
2502.	Id.	BR.	12,25. AF.
2503.	Id. Moins ҌΙ.	BR.	8,66. L.
2504.	Tête de Diane; devant, ҌΙ. R. ΓΟΝΑ... Taureau et couronne.	BR.	12,33. L.
2505.	Id.	BR.	6,80. L.
2506.	Tête de Diane à droite. R..... Taureau bondissant; couronne au-dessus.	BR.	9,00. L.

M. de Saulcy (*Autonomes d'Espagne*, p. 46) lit BRIAIE, BARIALE, et propose l'attribution à Baron.

M. Boudard (*Numismatique ibérienne*, p. 265) établit d'abord que ces pièces proviennent en grande partie des environs de Béziers; la tête de Diane et le taureau en course les rattachent à la Bébrycie gauloise; la légende se lit POLAITZ, mais le lieu d'émission ne peut être déterminé avec certitude.

M. Heiss (*Monnaies antiques de l'Espagne*, p. 437) transcrit BRICITZE, nom qui semble rappeler celui des Bebryces de la Gaule, et celui plus moderne de Béziers.

ΤΝΨϞϚϞΝ.

2507.	Tête casquée de Minerve à droite. R. ΤΝΨϞϚϞΝ. Taureau à droite.	BR.	8,08. S.

ΝΛΨΟϞϚϞΝ.

		Poids.	Prov.
2508.	Tête imberbe à droite; derrière, épi. R. ΝΛΨΟϞϚϞΝ. Cavalier au galop à droite, portant une palme.	BR.	5,90. S.

Imitation gauloise d'Ilerda et Cosa.

AVICIO.

2509.	Tête laurée d'Apollon à gauche. R. ΑΟΥΕ. Sanglier en course à gauche; dessous, croissant.	AR.	2,27. S.
2510.	Id.	AR.	2,21. S.
2511.	Id.	AR.	2,25. AF.
2512.	Id.	AR.	2,22. AF.
2513.	Id.	AR.	2,42. AF.
2514.	Id.	AR.	2,23. L.
2515.	Tête d'Apollon à gauche. R. ΑΥΕ. Sanglier courant à gauche.	BR.	2,32. S.
2516.	Id.	BR.	2,30. AF.
2517.	Id.	BR.	2,01. L.
2518.	Tête tourelée à droite; devant, lettre A. R. ΑΟΥΕ. Taureau en marche à droite; devant, PK en monogramme.	BR.	1,51. S.
2519.	Id.	BR.	2,00. L.

Lagoy, *Notice sur l'attribution de quelques médailles gauloises*, nº 8, p. 19.

2520.	Tête d'Apollon à droite. R. ΑΟΥΕΝΙΟΑ. Taureau cornupète à droite.	BR.	1,76. L.
2521.	Tête d'Apollon. R..... ΥΟΑΝ. Taureau cornupète.	BR.	1,30. L.
2522.	Même tête. R... ΝΟΥΝ. Taureau cornupète.	BR.	2,18. L.
2523.	Tête d'Apollon. R... ΟΥ.. Taureau cornupète.	BR.	0,74. L.

KASIOS.

2524.	Tête d'Apollon à droite. R. KASIOS. Buste de cheval à droite.	AR.	2,43. S.
2525.	Id. Moins la légende.	AR.	2,35. S.
2526.	Id. Avec KA...	AR.	2,45. S.
2527.	Id. Avec ... OS.	AR.	2,52. S.
2528.	Id. Avec KASIOS.	AR.	2,42. S.

Poids. Prov.

2529. Id. Avec KASIOS. AR. 2,35. S.
2530. Id. AR. 2,40. S.
2531. Id. AR. 2,52. S.
2532. Id. AR. 2,41. AF.
2533. Tête d'Apollon à droite.
℞. KASIOS rétrograde. Buste de cheval à gauche. AR. 2,38. S.
2534. Id. KA... rétrograde. AR. 2,35. S.
2535. Tête d'Apollon laurée à droite.
℞. KASIOS. Buste de cheval à droite. AR. 2,42. L.
2536. Tête d'Apollon à droite.
℞. KASIOS. Buste de cheval à gauche. AR. 2,36. L.
2537. Tête d'Apollon à droite.
℞. IA LKOVASI. Buste de cheval à droite. AR. 2,50. S.
2538. Id. Avec IAILKOVASI. AR. 2,39. AF.
2539. Id. — AR. 2,63. S.
2540. Id. — AR. 2,38. AF.
2541. Id. — ... Fourrée. AR. 1,85. S.
2542. Id. ... AR. 2,56. S.
2543. Id. — AR. 2,40. L.

La trouvaille de Beauregard (Vaucluse) contenait cent onze pièces aux légendes IAILKOVASI et KASIOS, que M. Dureau de la Malle[1] rapportait à Elitovius, chef des Cénomans, qui, favorisé par Bellovèse, passa en Italie, cinq cent quatre-vingt-quinze ans environ avant notre ère.

Duchalais[2] a facilement repoussé cette attribution, et démontré que ces médailles sont des copies de deniers romains, frappés dans la Campanie au nom de Rome, avec légende ROMA ou ROMANO, dont la date d'émission peut correspondre à la première guerre punique, deux cent cinquante ans et non six cents ans avant notre ère.

CABELLIO.

2544. CABE. Tête de la nymphe de Cabellio, à droite.
℞. LEPI. Corne d'abondance; le tout dans une couronne de myrte. (Voir Antipolis.) AR. 0,35. S.
2545. Id. AR. 0,45. S.
2546. Id. AR. 0,42. AF.
2547. Id. AR. 0,50. AF.
2548. Id. AR. 0,45. L.

[1] *Revue numismatique française*, 1839, p. 331.
[2] *Description des médailles gauloises*, p. 100.

Poids. Prov.

2549. Id. AR. 0,46. L.
2550. COL CABE. Tête de la ville à droite avec une couronne de tours.
℞. IMP CAESAR AVGVST COS XI. Corne d'abondance. BR. 1,51. S.
2551. Même description. BR. 1,12. S.
2552. Id. BR. 1,35. S.
2553. Id. BR. 0,99. S.
2554. Id. Avec trois globules, deux et un, sous la tête. Cavaillon, 1868. BR. 1,22. S.
2555. COL.... Tête de la ville à droite, avec une couronne de tours.
℞. IMP CAESAR AVGVST COS XI. Corne d'abondance. BR. 0,90. S.
2556. Id. BR. 1,35. AF.
2557. Id. Avec trois globules sous la tête. BR. 1,20. L.
2558. COL CABE. Tête tourelée.
℞. IMP CAESAR...... OS XI. Corne d'abondance. BR. 1,40. L.
2559. COL CABE. Tête de la ville.
℞. .... SAR AVGVST CO... Corne d'abondance. BR. 1,21. L.
2560. Id. BR. 1,17. L.
2561. .OL... Tête tourelée.
℞. .... COS XI. Corne d'abondance. BR. 1,19. L.
2562. COL... Même tête; dessous, deux globules superposés.
℞. ... AVGVST COS XI. Corne d'abondance. BR. 1,29. L.
2563. CABE. Tête de la nymphe à droite; le tout dans une couronne de myrte.
℞. COL. Tête virile barbue, coiffée d'un casque. BR. 1,74. S.
2564. Id. BR. 1,96. S.
2565. Id. BR. 1,52. S.
2566. Id. BR. 2,27. S.
2567. Id. BR. 2,02. AF.
2568. Id. BR. 1,87. AF.
2569. Id. BR. 2,17. L.
2570. Id. BR. 1,92. L.
2571. Id. BR. 1,85. L.
2572. CABE. Tête de la nymphe à

Poids. Prov.

droite; le tout dans une couronne de myrte.
℞. COL. Tête virile imberbe, coiffée d'un casque à aigrette et à mentonnière BR. 2,27. S.

2573. Id. BR. 1,98. S.
2574. Id. BR. 1,82. S.
2575. Id. BR. 1,80. S.
2576. Id. BR. 1,83. S.
2577. Id. BR. 1,75. AF.
2578. Id. BR. 2,50. AF.
2579. Id. BR. 1,91. AF.
2580. Id. BR. 1,99. AF.
2581. Id. BR. 1,63. L.
2582. Id. BR. 1,63. L.
2583. Id. BR. 2,26. L.
2584. Id. BR. 2,19. L.
2585. ... Tête de la nymphe de Cabellio.
℞. COL. Tête virile imberbe casquée; derrière, corne d'abondance; devant, globe. BR. 2,08. L.

Lagoy, *Notice sur l'attribution de quelques médailles gauloises*, nº 8.

INCERTAINES ANÉPIGRAPHES DES CAVARES.

TROUVAILLE D'ORANGE, 1853.

2586. Croix dans un cercle bordé de feuilles à l'extérieur.
℞. Sanglier enseigne. Flan lisse et épais. BR. 3,05. L.
2587. Même description. BR. 2,98. L.
2588. Id. BR. 3,20. L.
2589. Id. BR. 3,38. L.
2590. Id. BR. 2,02. L.
2591. Id. BR. 2,15. L.
2592. Id. BR. 2,40. L.
2593. Id. BR. 2,66. L.
2594. Id. BR. 2,48. L.
2595. Id. BR. 2,37. L.
2596. Id. BR. 3,50. L.
2597. Id. BR. 2,53. L.
2598. Côté convexe. Arbuste desséché, à cinq branches de chaque côté, peut-être le gui.
℞. Côté concave. Deux faucilles en sautoir; dans le camp, arc, flèche et carquois. BR. 2,63. S.

Poids. Prov.

2599. Même description. BR. 2,30. S.
2600. Id. BR. 2,36. S.
2601. Id. BR. 2,08. L.
2602. Id. BR. 2,38. L.
2603. Id. BR. 2,28. L.
2604. Id. BR. 2,56. L.
2605. Id. BR. 2,07. L.
2606. Id. Mauvaise conservation. BR. 1,92. L.
2607. Id. BR. 1,68. L.
2608. Id. BR. 1,94. L.
2609. Id. BR. 1,05. L.
2610. Arbuste desséché, à cinq branches de chaque côté.
℞. Même type incus. BR. 2,60. L.
2611. Id. BR. 2,28. L.
2612. Id. BR. 1,81. L.
2613. Id. BR. 1,80. L.

Lagoy, *R. N. F.*, 1857, p. 395.

INCERTAINES DE LA NARBONNAISE.

2614. CAI.. Tête de Janus.
℞. Lion à droite. BR. 2,04. S.
2615. Id. BR. 2,36. S.
2616. CAI.. Tête de Janus.
℞. Lion à droite; à l'exergue, AN. BR. 2,10. S.
2617. CAPPIO. Tête de Janus.
℞. Lion à droite. BR. 1,90. S.
2618. Id. BR. 2,55. S.
2619. CAI.. Tête de Janus.
℞. Lion à droite; à l'exergue, AN. BR. 1,95. AF.

Ces pièces sont classées à Cabellio dans la *Numismatique de la Gaule Narbonnaise*, par M. de La Saussaye.

Voyez pl. XVII, 5, et page 143 du corps d'ouvrage.

A Apta Julia, *Dictionnaire archéologique de la Gaule*, page 60.

VOLCÆ ARECOMICI.

2620. Tête d'Apollon laurée, à gauche.
℞. VOL au-dessus d'un cheval en course à gauche; dessous, roue à quatre rayons. AR. 2,32. S.
2621. Id. AR. 2,33. S.
2622. Id. Pièce fourrée. AR. 2,05. S.
2623. Id. AR. 2,13. AF.
2624. Id. AR. 2,40. AF.
2625. Id. AR. 2,18. L.

			Poids.	Prov.
2626.	Id.	AR.	2,35.	L.
2627.	Id.	AR.	2,38.	S.
2628.	Tête d'Apollon laurée à gauche. R. VOL au-dessous d'un cheval en course à gauche; au-dessus, rameau garni de baies.	AR.	2,38.	S.
2629.	Id. Pièce fourrée.	AR.	2,02.	S.
2630.	Id.	AR.	2,38.	S.
2631.	Id. Pièce fourrée.	AR.	1,83.	S.
2632.	Id.	AR.	2,35.	AF.
2633.	Id.	AR.	2,40.	L.
2634.	Id.	AR.	2,26.	L.
2635.	Id.	AR.	2,33.	L.
2636.	Tête d'Apollon laurée à gauche. R. Cheval en course à gauche; au-dessus, rameau; au-dessous, roue à quatre rayons.	AR.	2,24.	L.
2637.	Tête d'Apollon à gauche. R. Cheval en course à gauche; au-dessus, rameau.	AR.	2,30.	S.
2638.	Id.	AR.	2,10.	S.
2639.	Id.	AR.	2,37.	L.
2640.	Id.	AR.	2,35.	L.
2641.	Id.	AR.	2,34.	L.
2642.	Id.	AR.	2,34.	L.
2643.	Id.	AR.	2,40.	L.
2644.	Id.	AR.	2,37.	L.
2645.	Tête virile à gauche. R. VNV dans les rayons d'une roue.	AR.	0,40.	L.

Anatilii, Lagoy, *Revue numism. franç.*, 1847, p. 397.

Volcæ Arecomici, Saulcy, *Revue numism. franç.*, 1866, p. 415.

Cette précieuse et unique obole, trouvée aux environs de Nîmes et attribuée par M. le marquis de Lagoy aux Anatilii de Pline et de Ptolémée, a été par M. de Saulcy restituée aux Volcæ Arecomici. Le style et la fabrique sont, en effet, ceux des oboles des Volkes Arécomiques. La légende doit se livre VNV.

			Poids.	Prov.
2646.	Tête d'Apollon à droite; devant, AR en monogramme. R. VOLC dans les rayons d'une roue.	AR.	0,55.	S.
2647.	Id.	AR.	0,49.	L.
2648.	Id.	AR.	0,47.	L.
2649.	Tête casquée à droite. R. VOL au-dessus d'un cheval en course à gauche.	AR.	1,36.	S.
2650.	Buste de Diane diadémée à droite; devant, AR en monogramme. R. VOLC. Aigle sur une palme, tenant une couronne dans ses serres, et une branche dans son bec.	BR.	1,71.	S.
2651.	Id.	BR.	1,31.	S.
2652.	Id.	BR.	1,42.	S.
2653.	Id.	BR.	1,92.	S.
2654.	Id.	BR.	1,71.	S.
2655.	Id.	BR.	1,45.	AF.
2656.	Id.	BR.	1,05.	S.
2657.	Id.	BR.	1,68.	L.
2658.	Id.	BR.	1,85.	L.
2659.	Id.	BR.	1,62.	L.
2660.	Id. Pièce surfrappée.	BR.	1,39.	L.
2661.	Buste de Diane diadémée, à droite; devant, AR en monogramme. R. Même type incus.	BR.	1,45.	L.
2662.	VOLCAE. Buste de Diane à droite; devant, couronne de laurier. R. AREC. *Démos*, debout à gauche, revêtu de la toge; devant, rameau.	BR.	2,75.	S.
2663.	Id.	BR.	2,28.	S.
2664.	Id.	BR.	1,75.	S.
2665.	Id.	BR.	2,01.	S.
2666.	Id.	BR.	1,37.	S.
2667.	Id. Fragmentée.	BR.	1,62.	S.
2668.	Id.	BR.	2,06.	S.
2669.	Id.	BR.	2,31.	S.
2670.	Id.	BR.	1,60.	S.
2671.	Id.	BR.	1,68.	S.
2672.	Id.	BR.	1,86.	S.
2673.	Id.	BR.	2,10.	AF.
2674.	Id.	BR.	1,40.	AF.
2675.	Id.	BR.	2,55.	AF.
2676.	Id.	BR.	1,98.	AF.
2677.	Id.	BR.	1,62.	L.
2678.	Id.	BR.	1,85.	L.
2679.	Id.	BR.	1,86.	L.
2680.	Id.	BR.	2,31.	L.
2681.	Id.	BR.	1,45.	L.

			Poids.	Prov.
2682.	Id.	BR.	1,70.	L.
2683.	Id.	BR.	2,28.	L.

NEMAUSUS.

2684.	Tête d'Apollon laurée à gauche. ℞. NAMA... Sanglier en course à gauche.	BR.	2,05.	S.
2685.	Id.	BR.	1,62.	S.
2686.	Id. avec ΝΑΜΑΣΑΤ.	BR.	2,45.	S.
2687.	Id.	BR.	1,27.	S.
2688.	Id. avec NAM...	BR.	1,20.	S.
2689.	Id. avec..... ΣΑΤ.	BR.	1,74.	S.
2690.	Id. avec NAM. ΣΑ...	BR.	2,47.	S.
2691.	Id. avec NAMA...	BR.	1,42.	S
2692.	Id. avec ΝΑΜΑΣΑΤ. Murviel.	BR.	1,46.	S.
2693.	Id.	BR.	1,70.	AF.
2694.	Id.	BR.	2,55.	AF.
2695.	Id. avec NAMA...	BR.	1,80.	AF.
2696.	Id. avec ΝΑΜΑΣΑΤ.	BR.	1,90.	L.
2697.	Id. avec NAMA...	BR.	1,00.	L.
2698.	Id. avec ΝΑΜΑΣΑΤ.	BR.	2,09.	L.
2699.	Id. avec NAMA.	BR.	1,06.	L.
2700.	Id. avec ....ΣΑΤ.	BR.	1,15.	L.

M. de Lagoy [1] a été le premier à déterminer la valeur de cette légende. Avant lui, le président de Saint-Vincent estimait que NAMA avait été écrit par erreur au lieu de ΜΑΣΣΑ, et il considérait les lettres ΣΑΤ de l'exergue comme des initiales monétaires telles qu'on en voit communément sur les monnaies de Marseille.

M. de Lagoy a lu ΝΑΜΑΣΑΤΩΝ, expliquant le changement de NEMAY en NAMA par l'emploi du dialecte dorien apporté par les Rhodiens, qui avaient fondé plusieurs colonies sur les bords du Rhône.

M. de La Saussaye [2] a encore produit une inscription trouvée à Vaison où se trouve l'ethnique NAMAYCATIC, et a admis avec M. de Lagoy que la médaille grecque de Nemausus est un monument de la domination de Marseille imposée aux Volkes Arécomiques par Pompée pour les punir d'avoir pris part au soulèvement de la province.

2701.	Tête virile nue, à droite; devant, ⵎ. ℞. Λ·Μ·V· Cavalier tenant une palme.	BR.	9,28.	S.
2702.	Tête virile nue, à droite. ℞. Λ·Μ·V· Même cavalier.	BR.	9,31.	S.

[1] *Médailles inédites de Massilia*, p. 34.
[2] *Gaule Narbonnaise*, p. 163.

			Poids.	Prov.
2703.	Id. Vieille-Toulouse.	BR.	7,15.	S.
2704.	Id. Narbonne.	BR.	6,10.	S.
2705.	Id.	BR.	8,55.	L.
2706.	Id.	BR.	10,05.	L.

Boudard, *Revue numism. franç.*, 1855, p. 2, et 1857, p. 301.

M. Boudard lit NMY pour NEMY, et fait l'attribution à Nemausus. Le savant auteur remarque que cette monnaie ne s'est pas encore trouvée en Espagne, et que les neuf exemplaires connus ont tous été découverts dans la Narbonnaise, forte présomption que ces monnaies appartiennent au sud de la Gaule. Cependant le type du cavalier tenant une palme est certainement ibérien, mais le type du droit est exactement celui de Neilhena. La ville qui a fait frapper cette monnaie doit être cherchée dans la Ligurie gauloise, et il n'y a toujours, suivant M. Boudard, que Nemousus à qui elle puisse être attribuée.

Ces remarques seraient excellentes, mais la légende, du moins sur nos exemplaires, est loin de présenter les caractères NMY nettement dessinés comme sur la planche de M. Boudard.

Il n'y a en réalité que Λ·Μ·V, et légende et type ont été imités des monnaies celtibériennes par les peuples du sud de la Gaule.

2707.	ΑΡΗΤΟΙΑΜΟΣ. Buste de Diane à droite. ℞. ΝΑΜΑΥ. Bouquetin à droite.	BR.	3,00.	S.

Le revers est celui de la famille Plancia. Cohen, pl. XXXII.

2708.	Id.	BR.	3,05.	AF.
2709.	Tête virile à gauche, les cheveux retenus par un bandeau. ℞. NEMAY. Dioscure armé de deux lances, galopant à gauche. Étoile dans le champ.	AR.	2,32.	S.

Le revers est imité d'un des types du denier romain.

2710.	Même tête; derrière, A. ℞. NEMAY. Même type.	AR.	2,23.	S.
2711.	Tête virile à gauche. ℞. NEMA. Même type.	AR.	2,03.	S.
2712.	Id. Pièce encastrée.	AR.	2,65.	S.
2713.	Tête virile à gauche, les cheveux retenus par un bandeau; derrière, A. ℞. NEMAY. Dioscure armé de deux lances, galopant à			

Poids. Prov.

gauche. Étoile dans le champ. AR. 2,23. AF.

2714. Id. AR. 2,28. AF.

2715. Tête virile à gauche.
R. NEMAY. Dioscure. AR. 2,37. L.

2716. Id. AR. 2,26. L.

NEMAUSUS COLONIA.

2717. Buste casqué à droite, collier de barbe.
R. NEM COL dans une couronne de laurier. AR. 0,35. S.

2718. Id. AR. 0,32. S.

2719. Id. AR. 0,43. S.

2720. Id. AR. 0,43. AF.

2721. Id. AR. 0,36. AF.

2722. Id. AR. 0,49. L.

2723. Id. AR. 0,36. L.

2724. Id. Exemplaire fruste. AR. 0,29. L.

2725. Buste viril casqué, à droite; derrière, Q.
R. NEM COL. Urne renversée et palme; le tout dans une couronne de feuillage. BR. 1,19. S.

2726. Id. BR. 1,19. AF.

2727. Id. BR. 1,26. L.

2728. Id. BR. 1,11. L.

La lettre Q, suivant M. de Lagoy, serait l'indice de la valeur monétaire du quadrans.

Le type du revers fait allusion, suivant M. de La Saussaye, aux cérémonies lustrales qui accompagnaient l'établissement d'une colonie chez les anciens.

2729. Buste casqué à droite, collier de barbe; derrière, S.
R. NEM COL. La colonie sacrifiant. Cavaillon. BR. 2,25. S.

2730. Id. BR. 2,20. S.

2731. Id. BR. 1,82. S.

2732. Id. BR. 2,15. S.

2733. Id. BR. 1,62. S.

2734. Id. BR. 2,10. AF.

2735. Id. BR. 2,51. AF.

2736. Id. BR. 2,25. L.

2737. Id. BR. 2,65. L.

2738. Id. BR. 2,50. L.

2739. Id. BR. 1,83. L.

La lettre S, toujours suivant M. de Lagoy, serait l'indice de la valeur monétaire du semis.

Poids. Prov.

2740. IMP DIVI F. Têtes jeunes et adossées d'Octave et d'Agrippa.
R. COL NEM. Crocodile adossé au palmier orné de bandelettes, deux rejetons partant de la tige. BR. 13,75. S.

2741. Id. BR. 7,75. S.

2742. Id. BR. 9,84. S.

2743. Id. Avec COL NM. BR. 13,57. S.

2744. Id. Avec COL NM. BR. 9,80. S.

2745. IMP DIVI F. Têtes jeunes et adossées d'Octave et d'Agrippa.
R. COL NEM. Crocodile adossé au palmier. BR. 11,33. S.

2746. Id. BR. 7,63. S.

2747. IMP DIVI F. Têtes jeunes et adossées d'Octave et d'Agrippa. La tête d'Auguste nue, tournée à droite; celle d'Agrippa, ceinte de la couronne rostrale, tournée à gauche.
R. COL NEM. Crocodile adossé au palmier orné de bandelettes, deux rejetons partant de la tige. BR. 21,00. AF.

2748. Id. BR. 16,55. AF.

2749. Id. BR. 13,85. AF.

2750. Id. Avec contre-marque DD au revers. BR. 16,31. AF.

2751. Id. Avec contre-marque DD sur le cou d'Auguste. BR. 18,05. AF.

2752. Id. Sans contre-marque. BR. 13,90. AF.

2753. Id. Avec contre-marque DD sur la tête d'Agrippa. BR. 18,05. AF.

2754. Id. Même contre-marque, au droit, sur les deux têtes. BR. 14,07. AF.

2755. Id. Même contre-marque au-dessus de la tête d'Agrippa. BR. 12,10. AF.

2756. Id. Même contre-marque au revers sur le palmier. BR. 11,75. AF.

2757. Id. Contre-marque DD et autre contre-marque semblable à un chrisme au revers sur le crocodile et le palmier. BR. 13,62. AF.

2758. Id. X en contre-marque entre deux têtes. BR. 9,95. AF.

2759. Id. X en contre-marque entre les deux têtes; contre-marque IMP sur la tête d'Octave.

Poids. Prov.

℞. contre-marque IMP surmontée du lituus au-dessous du crocodile. BR. 10,55. AF.

2760. Id. IMP en contre-marque sur la tête d'Agrippa. BR. 12,09. AF.

2761. Id. Même contre-marque sur la tête d'Auguste. BR. 11,40. AF.

2762. Id. Même contre-marque sous le cou d'Agrippa.
℞. Contre-marque DD sous le crocodile. BR. 11,29. AF.

2763. Id. IMP surmonté du lituus, en contre-marque sur la tête d'Auguste. BR. 10,00. AF.

2764. Id. IMP en contre-marque sur la tête d'Agrippa; roue en contre-marque sur celle d'Auguste. BR. 10,06. AF.

2765. Id. Roue en contre-marque sur la tête d'Auguste. BR. 7,77. AF.

2766. X en contre-marque sur la tête d'Auguste.
℞. AVG en contre-marque sur le crocodile. BR. 14,31. AF.

2767. Id. Sans contre-marque, avec COL NIW. BR. 11,77. AF.

2768. Roue en contre-marque sur la tête d'Octave.
℞. NEM Crocodile à gauche. BR. 10,42. AF.

2769. IMP DIVI F. Têtes jeunes adossées.
℞. COL NEM. Crocodile enchaîné au palmier. BR. 7,95. AF.

2770. Id. BR. 12,47. AF.

2771. Id. Arête démesurée au-dessus des narines du crocodile. BR. 14,95. AF.

2772. Id. Contre-marque DD devant la tête d'Auguste. BR. 11,45. AF.

2773. Id. Sans contre-marque. BR. 11,94. AF.

2774. IMP DIVI F. Têtes jeunes adossées.
℞. Même type incus. BR. 12,50. AF.

2775. Id. BR. 9,37. AF.

2776. IMP DIVI F. Têtes jeunes et adossées d'Octave et d'Agrippa.
℞. COL NEM. Crocodile à droite adossé à un palmier orné de bandelettes, deux rejetons partant de la tige. BR. 15,70. L.

2777. Id. Avec COL NE. BR. 15,83. L.

Poids. Prov.

2778. Id. Avec COL NEM. BR. 14,30. L.

2779. IMP DIVI F. Mêmes têtes.
℞. COL NIM. Même type. BR. 9,73. L.

2780. IMP DIVI F. Mêmes têtes.
℞. COL NEM. Même type. BR. 10,32. L.

2781. IMP... Mêmes têtes.
℞. COL... Le type mangé par l'oxyde. BR. 9,63. L.

2782. ... DIVI F. Têtes jeunes et adossées.
℞. COL *CIC*. Ce dernier en contre-marque à la place de NEM. Crocodile adossé au palmier orné de bandelettes. BR. 9,27. L.

2783. ... DIVI F. Têtes jeunes et adossées d'Octave et d'Agrippa.
℞. COL *MEM*. Crocodile enchaîné au palmier orné de bandelettes. BR. 10,58. L.

2784. IMP DIVI F. Têtes jeunes adossées; q c en contre-marque sur le cou d'Agrippa.
℞. COL NEW. Crocodile adossé au palmier, percé d'un trou. BR. 10,47. L.

2785. IMP DIVI F. Têtes jeunes adossées; IP. en contre-marque sur la tête d'Agrippa.
℞. ... Crocodile adossé au palmier. BR. 8,40. L.

2786. IMP DIVI F. Mêmes têtes; IMP en contre-marque devant la tête d'Octave.
℞. COL... Crocodile adossé au palmier; AVG en contre-marque dans le champ. BR. 9,27. L.

2787. IMP DIVI F. Têtes jeunes adossées; globule entre.
℞. CO.....M. Crocodile adossé au palmier; AVG en contre-marque dans le champ. BR. 9,80. L.

2788. IMP DIVI F. Têtes jeunes adossées.
℞. COL NEM. Crocodile adossé au palmier; contre-marque DD sous le crocodile. BR. 14,74. L.

2789. Id. Contre-marque DD devant la tête d'Octave. BR. 12,02. L.

Poids. Prov.

2790. ... DIVI F. Têtes jeunes adossées; contre-marque DD sur la tête d'Octave.
℞. Usé. BR. 10,76. L.

2791. IMP DIVI F. Mêmes têtes; contre-marque DD sur le cou d'Octave.
℞. COL NEM. Crocodile adossé au palmier. BR. 11,04. L.

2792. ... DIVI... Têtes jeunes adossées; DD en contre-marque devant la tête d'Agrippa.
℞. Le crocodile adossé au palmier, surfrappé sur l'avers de la pièce de Nemausus. BR. 14,12. L.

2793. IMP DIV... Mêmes têtes; le cou d'Octave contre-marqué d'une étoile.
℞. COL NEM. même type. BR. 9,90. L.

2794. IMP DIVI F. Mêmes têtes; la nuque d'Agrippa contremarquée d'une étoile.
℞. COL NEM. Même type. BR. 12,86. L.

2795. IMP...I F. Mêmes têtes; queue du crocodile en relief sous le cou d'Agrippa, et lettres CO en sens inverse des têtes.
℞. COL... Crocodile adossé au palmier; MP et tête d'Octave en sens inverse du crocodile. Pièce surfrappée. BR. 17,12. L.

2796. IMP.... Têtes jeunes adossées.
℞. COL N.. Crocodile adossé au palmier orné de bandelettes. BR. 5,76. L.

2797. IMP DIVI F. Têtes jeunes adossées d'Agrippa, avec la couronne rostrale, et d'Octave, laurée.
℞. COL NEM. Crocodile enchaîné au palmier. BR. 12,25. S.

2798. Id. BR. 11,59. S.

2799. Id. BR. 17,30. S.

2800. Id. BR. 16,30. S.

2801. Id. BR. 17,00. S.

2802. Id. BR. 13,25. S.

2803. Id. BR. 13,05. AF.

2804. Id. BR. 12,90. AF.

2805. Id. BR. 12,68. AF.

2806. Id. BR. 12,72. AF.

2807. Id. BR. 12,80. AF.

2808. Id. Avec contre-marque SD sur le crocodile. BR. 13,10. AF.

2809. IMP IMP. Trois têtes disposées en triangle, deux d'Octave et une d'Agrippa.
℞. NEM. Deux crocodiles adossés et opposés. BR. 12,24. AF.

2810. DIVI F. DIVI F. Quatre têtes en sens contraire, le cou d'Auguste surmontant la tête d'Agrippa, le cou d'Agrippa, la tête d'Octave.
℞. COL NE. Crocodile dont la tête est écrasée. BR. 12,80. AF.

2811. IMPE DIVI F. Têtes jeunes adossées d'Agrippa, avec la couronne rostrale, et d'Octave, nue.
℞. COL NEM. Crocodile adossé au palmier. BR. 9,97. L.

2812. IMP DIVI F. Têtes jeunes adossées.
℞. ... NEM. Crocodile adossé au palmier. BR. 12,61. L.

2813. IMP DIVI F. Mêmes têtes entre lesquelles un globule.
℞. COL NEM. Même type. BR. 11,68. L.

2814. IMP ... Têtes jeunes adossées. COL NEM. Crocodile adossé au palmier orné de bandelettes. Fragmenté. BR. 3,85. L.

2815. Sans légende. Mêmes têtes affrontées.
℞. COL NE. Crocodile adossé au palmier. BR. 14,05. L.

2816. IMP DIVI F. Têtes jeunes et adossées d'Octave et d'Agrippa.
℞. COL NEM. Crocodile enchaîné au palmier orné de bandelettes. BR. 17,24. L.

2817. Id. BR. 10,26. L.

2818. IMP DIVI F PP. Têtes adossées d'Octave et d'Agrippa; l'une laurée, l'autre avec la couronne rostrale; les traits sont plus âgés.
℞. COL NEM. Crocodile enchaîné à un palmier auquel sont appendues une

Poids. Prov.

couronne et des bandelettes. Deux rejetons partent de la tige.
Le flan se prolonge en forme de patte d'animal. BR. 14,63. S.

2819. Id. Moins la particularité du flan. BR. 13,55. S.

2820. Id. BR. 12,50. S.

2821. Id. BR. 13,75. S.

2822. Id. BR. 12,48. S.

2823. Id. BR. 12,77. S.

2824. Id. BR. 13,27. S.

2825. Id. Avec COL NEM. BR. 12,70. AF.

2826. Id. Avec COL NEM. BR. 12,68. AF.

2827. Id. BR. 12,18. AF.

2828. Id. BR. 11,88. AF.

2829. Id. BR. 13,00. AF.

2830. Id. BR. 13,45. AF.

2831. Id. BR. 13,91. AF.

2832. Id. BR. 13,27. AF.

2833. Id. BR. 12,62. AF.

2834. IMP DIVI F P P. Têtes adossées d'Octave et d'Agrippa; les traits plus âgés.
℞. Même type incus. BR. 12,97. AF.

2835. IMP DIVI F P P. Têtes adossées d'Octave et d'Agrippa; les traits plus âgés. FAT en contre-marque sur le cou d'Auguste.
℞. COL NEM. Crocodile enchaîné au palmier. BR. 12,35. AF.

2836. COL ... Crocodile enchaîné au palmier.
℞. Même type incus. BR. 12,68. AF.

2837. IMP DIVI F P P. Têtes adossées d'Octave et d'Agrippa, l'une laurée, l'autre avec la couronne rostrale; les traits sont plus âgés.
℞. COL NEM. Crocodile enchaîné à un palmier auquel sont appendues une couronne et des bandelettes. Deux rejetons partent de la tige. BR. 12,38. L.

2838. Id. BR. 12,90. L.

2839. Id. Le flan se prolonge en forme de patte d'animal. BR. 20,19. L.

2840. IMP DIVI F P P. Têtes adossées d'Octave et d'Agrippa, l'une laurée, l'autre avec la couronne rostrale; les traits plus âgés.
℞. Même type en creux. BR. 11,90. L.

2841. Id. BR. 12,85. L.

2842. IMP D... PP. Mêmes têtes; contre-marque FAT sur le cou d'Octave.
℞. Fruste. BR. 11,61. L.

2843. IMP DIVI F P P. Mêmes têtes; contre-marque M sur le visage d'Octave.
℞. COL NEM. Crocodile enchaîné au palmier. BR. 13,50. L.

2844. IMP DIVI F P P. Mêmes têtes.
℞. COL NE. Même type. Le crocodile contre-marqué de D C. BR. 13,05. L.

2845. IMP DIVI F P P. Mêmes têtes.
℞. COL NEM. Crocodile enchaîné au palmier. BR. 12,02. L.

2846. IMP DIVI F P P. Mêmes têtes.
℞. COL NEM. Même type. BR. 12,49. L.

2847. IMP DIVI F. Têtes jeunes et adossées d'Octave et d'Agrippa, l'une laurée, l'autre avec la couronne rostrale.
℞. COL NEM. Crocodile enchaîné au palmier auquel sont appendues une couronne et des bandelettes. BR. 12,26. L.

2848. IMP DIVI ... Têtes adossées d'Agrippa avec la couronne rostrale, et d'Octave avec la couronne de chêne.
℞. COL NEM. Crocodile enchaîné au palmier. BR. 12,46. L.

2849. IMP DIVI F. Mêmes têtes.
℞. COL NEM. Même type. BR. 13,18. L.

2850. IMP DIVI F. Mêmes têtes.
℞. COL NE. Même type; le crocodile contre-marqué de SD. BR. 12,83. L.

2851. IMP .... Mêmes têtes.
℞. COL .... Même type; même contre-marque. BR. 12,43. L.

2852. IMP .... Mêmes têtes; contre-marque A sur la joue d'Octave.
℞. .... NEM. Crocodile en-

Poids. Prov.

chaîné. BR. 12,42. L.

2853. IMP. IMP. Trois têtes adossées; deux d'Octave, une d'Agrippa.
R. Fruste. BR. 12,51. L.

2854. ... DIVI F. Têtes jeunes adossées.
R. Usé. Pièce fourrée de fer. BR. 4,07. S.

2855. IMP .... Mêmes têtes.
R. COL NM. Crocodile adossé au palmier. BR. 7,66. S.

2856. DIVI F. Tête d'Octave.
R. CO ... Queue de crocodile. Pièce coupée. BR. 4,15. S.

2857. ... VI F. Tête d'Octave.
R. CO ... Queue de crocodile. Pièce coupée. BR. 6,50. S.

2858. IM.. DIV. Tête d'Agrippa.
R. COL ... Moitié de crocodile. Pièce coupée. BR. 6,40. S.

2859. .... Tête d'Agrippa.
R. COL. Queue de crocodile. Pièce coupée. BR. 4,82. S.

2860. .MP .. Tête d'Octave.
R. C... Crocodile, moins la tête. Pièce coupée. BR. 6,54. S.

2861. ... IVI F. Tête d'Octave.
R... Les deux rejetons. Pièce coupée. BR. 5,30. S.

2862. IMP ... Tête d'Agrippa.
R. CO... Crocodile. Pièce coupée. BR. 7,91. S.

2863. I... DIV.. Tête d'Agrippa.
R. Ventre du crocodile. Pièce coupée. BR. 7,80. S.

2864. IMP . . Tête d'Agrippa.
R. Tête du palmier. Pièce coupée. BR. 5,05. S.

2865. IM ... Tête d'Agrippa contre-marquée de DD.
R. CO... Queue du crocodile. Pièce coupée. BR. 5,97. L.

2866. ... VI F. Tête d'Octave.
R. COL ... Moitié de crocodile. Pièce coupée. BR. 5,91. L.

2867. ..P ..VI F. P. Tête d'Octave.
R. COL ... Moitié de crocodile. Pièce coupée. BR. 6,08 L.

2868. IM.. Tête d'Agrippa.
R.. NEM. Tête du crocodile enchaîné au palmier. Pièce coupée. BR. 5,45. L.

2869. ... DI.. Tête d'Agrippa.
R. Même type en creux. Pièce coupée. BR. 5,08. L.

2870. .MP ...I F. Tête d'Octave.
R. COL NI.. Moitié de crocodile et tête du palmier. Pièce coupée. BR. 5,45. L.

2871. IM .... DI. Tête d'Agrippa.
R. ...EM. Tête du crocodile. Pièce coupée. BR. 6,04. L.

2872. ... VI F. Tête d'Octave.
R. COL.. Queue du crocodile et tige du palmier. Pièce coupée. BR. 4,90. L.

2873. IM.. DIV.. P. Tête d'Agrippa.
R. COL NEM. Tête du crocodile enchaîné au palmier. Pièce coupée. BR. 6,59. L.

2874. ...P ..I F. Tête d'Octave.
R. COL .. Queue de crocodile. Pièce coupée. BR. 9,53. L.

2875. .... I F P. Cou d'Octave.
R. Corps du crocodile. Fragment de pièce. BR. 3,22. L.

2876. .. Tête d'Agrippa.
R. Fruste. Fragment de pièce. BR. 3,25. L.

2877. Fruste.
R. Rejeton de la tige de palmier. Fragment de pièce. BR. 2,74. L.

ALLOBROGES. (*Dauphiné et partie de la Savoie.*)

2878. Tête d'Apollon à droite.
R. Chamois bondissant à droite; dessous, roue perlée; devant, tige. AR. 2,40. S.

2879. Id. AR. 2,47. S.

2880. Id. AR. 2,47. S.

2881. Tête d'Apollon à droite.
R. Chamois bondissant à droite; dessous, roue perlée et point centré; devant, tige. AR. 2,53. S.

2882. Tête d'Apollon à droite.
R. Chamois bondissant à droite; dessous, roue perlée; devant, tige. AR. 2,44. AF.

2883. Id. AR. 2,40. L.

2884. Tête d'Apollon à droite.
R. Chamois bondissant à droite; au-dessus, roue perlée; dessous, croix. AR. 1,23. S.

			Poids.	Prov.
2885.	Tête d'Apollon à droite. R. Chamois bondissant à droite; dessous, rameau.	AR.	2,35.	S.
2886.	Id.	AR.	2,07.	S.
2887.	Id.	AR.	2,32.	S.
2888.	Tête d'Apollon à gauche. R. Chamois bondissant à gauche; dessous, rameau; devant, deux petites tiges.	AR.	2,10.	S.
2889.	Id.	AR.	1,98.	S.
2890.	Id.	AR.	2,21.	S.
2891.	Id.	AR.	1,90.	AF.
2892.	Id.	AR.	2,21.	AF.
2893.	Tête d'Apollon à gauche. R. Cheval à gauche; au-dessus, tige.	AR.	2,37.	AF.
2894.	Id.	AR.	2,43.	AF.
2895.	Id.	AR.	2,37.	AF.
2896.	Tête d'Apollon à gauche. R. Chamois bondissant à gauche; dessous, *rameau*.	AR.	2,10.	L.

Lagoy, *Notice sur l'attribution de quelques médailles gauloises*, n° 3, p. 19.

M. de Lagoy, lisant AV au revers de notre pièce, à la place où est figuré le symbole, y voyait les initiales du nom d'Avenio. Les monnaies analogues se trouvent assez fréquemment dans le Comtat, et le peuple qui les a fait frapper devait être voisin des Cavares.

			Poids.	Prov.
2897.	Même tête. R. Chamois courant à gauche; au-dessous, rameau; devant, deux petites tiges.	AR.	2,30.	L.
2898.	Même tête. R. Chamois courant à gauche; dessous, rameau.	AR.	2,40.	L.
2899.	Tête d'Apollon à droite. R. Chamois courant à droite; au-dessous, glaive.	AR.	2,30.	L.
2900.	Id.	AR.	2,32.	L.

IANAS

			Poids.	Prov.
2901.	Tête d'Apollon à gauche. R. IANAS. Cheval à gauche; dessous, roue.	AR.	2,17.	S.
2902.	Id. pièce fourrée.	AR.	2,06.	S.
2903.	Id.	AR.	2,30.	S.
2904.	Id.	AR.	1,97.	S.
2905.	Id.	AR.	2,30.	AF.
2906.	Id.	AR.	2,23.	AF.
2907.	Id.	AR.	2,22.	AF.
2908.	Id.	AR.	2,20.	L.
2909.	Id.	AR.	2,07.	L.
2910.	Id.	AR.	2,33.	L.
2911.	Id.	AR.	2,33.	L.

La légende IANAS a été lue FHAI par les anciens auteurs qui n'ont pas tenu compte du trait qui précède la première lettre. Fauris Saint-Vincent regardait ces médailles comme ayant appartenu aux peuples qui habitaient la Provence avant les conquêtes des Romains, et croyait les caractères runiques. Villoison [1] faisait l'attribution à Velia de Lucanie par les raisons suivantes : les caractères FHAI sont grecs, le F est le digamma éolique, fort usité dans la Grande-Grèce. FHAI ou YHAI ont été mis pour YHAITΩN, c'est-à-dire de Velie, dont l'ancien nom était Helia avec un H, aspiration qui équivaut au digamma éolique.

Aux objections qui lui sont faites, que les médailles jusqu'ici connues de Velia diffèrent par la forme et la contexture de celles dont il s'agit, et que le P. Magnan n'en rapporte aucune de semblable, Villoison répond que les pièces à légende FHAI sont d'un genre particulier, et beaucoup plus anciennes que toutes celles jusqu'ici connues de Velia. On trouve à Aix, ou aux environs, ces pièces de Velia, dont les habitants avaient une origine commune, des relations fréquentes, et un commerce suivi avec les Marseillais.

Millin [2] pense avec Villoison que les caractères sont grecs et non runiques, comme le voulait Fauris Saint-Vincent. La première lettre est encore le digamma éolique, mais Millin ne croit pas pour cela devoir attribuer, ainsi que Villoison, ces médailles à Velia.

Le style, le type et la légende doivent faire refuser ces médailles à Velia. Le digamma sur ces pièces est une simple aspiration, et ne peut avoir la valeur du V romain. FHA, FHAI sont là, non pour FHAIA, Velia, mais pour FHAIΣ, Elis, ou FHAEIA, l'Elide. Velia s'écrit par un E, et non par une H; le nom de l'Elide s'écrit au contraire par une H, HAIΣ, et cette H peut être précédée du digamma éolique ayant la valeur de l'esprit doux. Enfin ces médailles ont été frappées par les Gaulois, à l'imitation de celles de l'Elide, ce qui ne peut surprendre, si l'on songe aux imitations gauloises des pièces de Thasos, Maronée et autres.

Duchalais [3] fait observer que les drachmes où on lit SENAS ne peuvent non plus être rangées aux Sennagenses, et sont imitées des pièces romaines de la Campanie. Il y a, en Italie, une ville nommée Sena Gallica, aujourd'hui Sinigaglia, et c'est à cette ville que Duchalais propose d'attribuer nos médailles.

[1] *Magasin encyclopédique*, ann. V, t. III, p. 309.
[2] Lettre du C. Millin au C. Fauris Saint-Vincent, *sur les médailles attribuées, par le C. Villoison, à Velia.*
[3] *Description des médailles gauloises*, p. 101.

M. François Lenormant[1] rapporte les inscriptions SENAS, IANKOVESI, KASIOS à l'alphabet nord-étrusque, et croit devoir supposer, d'après les provenances de ces monnaies, qu'on découvre habituellement dans les parties de la Provence voisines des Alpes et dans le Comtat, que le peuple qui les frappa habitait le revers occidental de la grande chaîne qui nous sépare de l'Italie.

Bouteroue[2], le premier, avait lu EHVS ou HESVS, nom de Mars, adoré par les Gaulois.

ALLOBROGES.

			Poids.	Prov.
2912.	Tête d'Apollon à gauche. ℞. Hippocampe à gauche. ¼ de statère.	OR.	1,65.	S.
2913.	Tête casquée à droite. ℞. Hippocampe à droite.	AR.	2,32.	S.
2914.	Id.	AR.	2,38.	S.
2915.	Id.	AR.	2,43.	S.
2916.	Id.	AR.	2,35.	S.
2917.	Id.	AR.	2,48.	AF.
2918.	MAGVS. Tête de Pallas à droite. ℞. Hippocampe à droite.	AR.	2,39.	L.

Lagoy, *Rev. numism. franç.*, 1840, p. 16.

M. de Lagoy, qui tenait cette médaille de Millingen, rapprochait la légende MAGVS de celle HERCVLI MAGVSANO qu'on lit au revers des pièces de Postume et sur des inscriptions lapidaires.

MAGVS et MAGVSANVS doivent avoir une même origine. Magusanus est un nom de lieu où Hercule était particulièrement honoré. L'idée du P. Hardouin, voulant y reconnaître Magusa d'Ethiopie, a été réfutée par Eckhel. Les monnaies de Postume ont été frappées dans le nord de la Gaule, et les inscriptions ont été découvertes dans la Batavie; c'est en conséquence dans cette partie de territoire que M. de Lagoy cherchait la position de Magusa.

Il existe des médailles gauloises, sans légende et aux mêmes types, qui ont été trouvées dans le midi de la Gaule. M. de Lagoy en convient et ajoute que ce gisement ne vient pas à l'appui de l'attribution à Magusa des Bataves, de la médaille avec légende dont la fabrique n'est pas exactement semblable à celle des anépigraphes. A ceci, il suffit de répondre que la légende MAGVS a été burinée après coup dans le champ d'une pièce sans légende comme celles qui précèdent, et que, par conséquent, l'attribution de M. de Lagoy ne peut se soutenir.

			Poids.	Prov.
2919.	Tête de Pallas à droite. ℞. Hippocampe à droite.	AR.	2,33.	L.
2920.	Id.	AR.	2,38.	L.
2921.	Id.	AR.	2,34.	L.
2922.	Id. Pièce fourrée.	AR.	1,90.	L.
2923.	Tête de Pallas à gauche. ℞. Hippocampe à gauche.	AR.	2,39.	S.
2924.	Id.	AR.	2,30.	S.
2925.	Id.	AR.	2,28.	AF.
2926.	Id.	AR.	2,37.	L.
2927.	Id.	AR.	2,31.	L.
2928.	Id.	AR.	2,32.	L.
2929.	Id.	AR.	2,36.	L.
2930.	Id. Pièce fourrée.	AR.	1,47.	L.
2931.	Id. Id.	AR.	1,70.	L.
2932.	Id.	AR.	2,33.	L.
2933.	Id.	AR.	2,34.	L.
2934.	Tête de Pallas à droite. ℞. Hippocampe à gauche. Pièce fourrée.	AR.	1,89.	L.
2935.	Tête barbare à gauche. ℞. Hippocampe à droite.	Potin.	3,50.	S.
2936.	Id.	Potin.	4,65.	S.
2937.	Id.	Potin.	4,00.	S.

Cinquante-neuf exemplaires trouvés au mont Beuvray.

A. de Barthélemy, *Études sur les monnaies antiques recueillies au mont Beuvray*, pl. 1, 7. (*Rev. arch.*)

VIENNA COL. (*Vienne, Isère*).

			Poids.	Prov.
2938.	IMP CAESAR DIVI F. DIVI IVLI. Têtes nues et adossées de César et d'Octave. Même légende sur les monnaies de COPIA. ℞. CIV. Proue de vaisseau.	BR.	19,15.	S.
2939.	Id.	BR.	19,75.	S.
2940.	Id.	BR.	19,90.	S.
2941.	Id. Mauvaise conservation.	BR.	18,06.	S.
2942.	Id.	BR.	19,30.	AF.
2943.	Id.	BR.	19,90.	AF.
2944.	Id.	BR.	19,28.	AF.
2945.	Id.	BR.	20,00.	L.
2946.	Id.	BR.	10,70.	L.
2947.	IMP DIV F. Têtes nues et adossées d'Octave et d'Agrippa. ℞. Proue de vaisseau. Au-dessus, disque dans un cercle.	BR.	19,08.	L.
2948.	CAESAR. Tête nue d'Octave, à droite. Tête de bouc en contre-marque sur le cou. ℞. CIV. Proue.	BR.	17,54.	L.

[1] *Revue numismatique française*, 1869, p. 375.
[2] Bouteroue, *Recherches curieuses des monoyes de France*, n° 41.

2918a AR A Buste casqué à droite avec collier de perles; derrière étoile. Allobroges. AR. 2g.18
R/ AΔII Hippocampe à dr. Blanchet, Traité, p. 213. Ex. Coll. Changarnier (1972/1309)
(Blanchet cite cette variante sous MIACO et écrit: "M. A. Changarnier qui possède cette pièce, lit au ↑ AMACOS et m'écrit que le revers porte les lettres AΔII") Cet exemplaire est le n° 204 de la vente publique des 47 du 30 nov.-1er déc. 1972, Monnaies et Médailles S.A. Bâle.

2943 1 à 4 (R965)

2944a Variété.

2948b. 15gr.49 (R965.)

2953 Noir — Cf. 2318 et suiv.

2955[a] Tête à droite, deux mèches de cheveux terminées par un globule. R. Croix centrée d'un globule, cant. de quatre croissants. AR 16 mm.
L 3309.

2960[a] Tête à gauche imberbe. R. Croix cant. de quatre croissants, dont l'un recouvre un torques. AR 16 mm. (conforme de Saulcy) ; le ☾ devenu ♡ ;
L 3305

2960[b] Tête à droite imberbe. R. Croix cant. de trois croissants dont l'un recouvre cinq petits points, un autre le torques, et d'un symbole indéterminé (ΛΛΔΔΛ).
L 3308

2986[a]. Id. AR.

Poids. Prov.

2949. CAESAR. Tête nue d'Octave à droite.
R. Proue mâtée. BR. 15,12. L. ?

2950. I.. DIVI... Tête de César.
R. CIV. Proue. Pièce coupée. BR. 8,85. S.

2951. I... DIV.. Tête de César.
R. .. V. Proue. Pièce coupée. BR. 6,58. S.

2952. .. M...
R. . IV. Mât. Fragment de pièce. BR. 3,57. L. ?

VOLCÆ TECTOSAGES.

1re série. — *La croix cantonnée de quatre croissants, dont l'un surmonte un torques.*

Cf. La Saussaye, *Monnaies anépigraphes des Volces Tectosages*, *Revue numismatique française*, 1866, page 389.
Saulcy, *Monnaies gauloises, dites à la croix ou à la roue*, *Revue numismatique française*, 1867, page 1.

2953. Tête à droite.
R. Croix cantonnée de quatre croissants, dont l'un recouvre un torques. AR. 3,31. S.

2954. Id. La tête avec quatre grandes mèches de cheveux. AR. 3,38. S.

2955. Id. Même remarque. AR. 3,30. S.

2956. Tête imberbe à gauche.
R. Croix cantonnée de quatre croissants, dont l'un recouvre un torques. AR. 3,62. AF.

2957. Tête à gauche.
R. Croix cantonnée de quatre croissants, d'un œil et d'une oreille. AR. 3,30. AF.

2958. Tête légèrement barbue, tournée à gauche.
R. Croix cantonnée de quatre croissants, dont l'un recouvre un torques. AR. 3,22. S.

2959. Id. AR. 3,62. S.

2960. Id. AR. 3,47. S.

2961. Tête imberbe à gauche.
R. Croix cantonnée de quatre croissants, dont l'un recouvre un torques. AR. 3,39. S.

2962. Id. AR. 3,51. S.

2963. Tête grossière à gauche.
R. Croix cantonnée de quatre croissants et d'un point centré. AR. 3,53. S.

Poids. Prov.

2964. Tête informe.
R. Croix cantonnée de quatre croissants, dont l'un recouvre un torques. AR. 3,44. S.

2965. Id. AR. 3,35. S.

2966. Id. AR. 3,45. S.

2967. Id. AR. 3,47. S.

2968. Id. AR. 3,30. S.

2969. Tête à droite.
R. Croix cantonnée de quatre croissants. AR. 3,42. S.

2970. Tête informe.
R. Croix cantonnée d'un croissant, de Δ, d'un croissant, d'un point surmonté d'un croissant. AR. 3,35. S.

2me série *a*. — *La croix cantonnée de trois points et d'un annelet recouverts par des croissants.*

2971. Tête à droite.
R. Croix cantonnée de trois points et d'un annelet recouverts par des croissants. AR. 3,32. S.

2972. Id. AR. 3,45. S.

2973. Id. AR. 3,45. S.

2974. Id. AR. 2,32. S.

2975. Tête à droite.
R. Croix cantonnée de quatre croissants recouvrant trois points et un annelet avec point. AR. 2,92. S.

2me série *b*. — *Tête de nègre.*

2976. Tête de nègre à gauche.
R. Croix cantonnée de quatre croissants recouvrant trois points et un annelet. AR. 2,63. S.

2977. Id. AR. 2,40. AF.

2978. Id. AR. 2,80. AF.

2979. Id. AR. 2,65. AF.

2980. Id. AR. 2,52. AF.

2981. Id. AR. 2,17. AF.

2982. Id. AR. 2,13. S.

2983. Id. Pièce fourrée. AR. 2,31. S.

2984. Id. AR. 3,20. S.

2985. Id. AR. 3,27. S.

2986. Id. AR. 2,55. S.

2987. Id. Pièce fourrée. AR. 1,83. S.

2988. Id. AR. 3,22. S.

2989. Id. Sorte de lingot carré. AR. 3,27. S.

2990. Id. AR. 2,45. S.

			Poids.	Prov.
2991.	Id.	AR.	3,75.	S.
2992.	Id.	AR.	2,57.	S.
2993.	Id.	AR.	2,30.	S.
2994.	Id.	AR.	2,36.	S.
2995.	Id.	AR.	3,18.	S.
2996.	Id.	AR.	3,59.	S.
2997.	Id.	AR.	3,20.	S.
2998.	Id.	AR.	3,28.	S.
2999.	Id.	AR.	3,33.	S.
3000.	Id.	AR.	3,39.	S.
3001.	Id.	AR.	3,22.	S.
3002.	Id.	AR.	3,38.	S.
3003.	Id.	AR.	3,32.	S.
3004.	Id.	AR.	2,30.	S.
3005.	Id.	AR.	1,54.	S.
3006.	Id.	AR.	2,20.	L. 160
3007.	Id.	AR.	2,87.	L. 161
3008.	Id. Flan écrasé.	AR.	2,45.	L. 162
3009.	Id.	AR.	2,17.	S.
3010.	Tête informe. R. Croix cantonnée de quatre croissants recouvrant quatre points.	AR.	3,62.	S.
3011.	Id.	AR.	3,43.	S.
3012.	Id.	AR.	3,32.	S.
3013.	Id.	AR.	3,25.	S.
3014.	Tête à gauche. R. Croix cantonnée de quatre croissants recouvrant trois points, un à un, et deux autres points.	AR.	3,55.	S.
3015.	Tête à gauche. R. Croix cantonnée d'un point centré, d'un autre point centré et d'un besant, d'un point recouvert d'un croissant, d'un S.	AR.	2,30.	S.
3016.	Tête à gauche. R. Croix cantonnée d'un S, d'un annelet et d'un croissant, d'un point centré au-dessous duquel un point relié par un trait, d'un point surmonté d'un croissant.	AR.	2,95.	AF.
3017.	Id.	AR.	3,02.	AF.
3018.	Id.	AR.	2,83.	S.
3019.	Id.	AR.	2,93.	S.
3020.	Id.	AR.	3,19.	L. 155

SÉRIE ATTRIBUÉE AUX SOTIATES PAR LE BARON DE CRAZANNES.

			Poids.	Prov.
3021.	Tête de nègre à gauche. R. Croix cantonnée d'un S, d'un annelet et d'un croissant, d'une ligne de trois besants reliés par un trait, d'un besant et d'un croissant.	AR.	2,58.	S.
3022.	Tête à gauche. R. Croix cantonnée d'un S, d'un besant et d'un croissant, d'une ligne de trois besants reliés par un trait, d'un besant et d'un croissant.	AR.	2,42.	AF.
3023.	Id.	AR.	2,56.	AF.
3024.	Tête de nègre à gauche. R. Croix cantonnée d'un S, d'un annelet et d'un croissant, d'une ligne de trois besants reliés par un trait, d'un besant et d'un croissant.	AR.	3,23.	S.
3025.	Id.	AR.	2,56.	S.
3026.	Id.	AR.	2,65.	S.
3027.	Id.	AR.	3,30.	S.
3028.	Id.	AR.	3,33.	S.
3029.	Id.	AR.	3,33.	S.
3030.	Id.	AR.	2,95.	S.
3031.	Id.	AR.	3,36.	S.
3032.	Id.	AR.	3,45.	S.
3033.	Id.	AR.	3,43.	S.
3034.	Id.	AR.	3,39.	S.
3035.	Id.	AR.	2,90.	S.
3036.	Id.	AR.	3,22.	S.
3037.	Id.	AR.	3,27.	S.
3038.	Id.	AR.	3,15.	S.
3039.	Id.	AR.	2,75.	S.
3040.	Id.	AR.	2,85.	S.
3041.	Id.	AR.	2,41.	S.
3042.	Id. Pièce fourrée.	AR.	1,54.	S.
3043.	Id.	AR.	2,59.	S.
3044.	Id.	AR.	2,92.	S.
3045.	Id.	AR.	3,23.	S.
3046.	Id.	AR.	3,15.	S.
3047.	Id.	AR.	3,35.	S.
3048.	Id.	AR.	2,93.	S.
3049.	Id.	AR.	1,25.	S.

3009[a] Variété de ce type (décrit n° 2976) — — B 2246 —

~~3015[a] Tête à gauche. R. Croix cantonnée de quatre pétales et des caractères suivants~~ Reporté au n° 3558[b]
~~[illegible] — AR~~ — M 2997 —

~~3015[b]~~ Variété. [illegible] — Lég. moins complète — AR Reporté au n° 3558[c]

3016[a, b] Variété — → B 2245 — et 2244 —

3020[a] Tête barbue à g., la chevelure disposée en grandes mèches. R. Croix coupant le champ et cantonnée de quatre globules. — M 8109 —

3020[b] Imitation de la m. de Rhoda. Type méconnaissable. R. Quatre arcs de cercle autour d'un point central, dégénérescence de la rose. AR 19 mm.
L 3312.

3020[c] Tête méconnaissable. R. Même type. — F 3203 —

(Note manuscrite :) 3104bis Variété de 3104 ; deux des bras de la croix sont dédoublés. AR 16 mm. L 3304.

			Poids.	Prov.
3050.	Id.	AR.	3,25.	L.
3051.	Id.	AR.	3,20.	L.

SÉRIE AVEC LA HACHE.

			Poids.	Prov.
3052.	Tête informe. R. Croix cantonnée de trois besants et d'une hache.	AR.	3,52.	S.
3053.	Tête à droite. R. Croix cantonnée de trois besants et d'une hache.	AR.	3,33.	S.
3054.	Id.	AR.	3,40.	S.
3055.	Id.	AR.	3,41.	S.
3056.	Id.	AR.	3,42.	S.
3057.	Id.	AR.	3,42.	S.
3058.	Id.	AR.	3,41.	S.
3059.	Id.	AR.	3,06.	S.
3060.	Id.	AR.	3,02.	S.
3061.	Id.	AR.	3,34.	S.
3062.	Id.	AR.	3,27.	S.
3063.	Id.	AR.	3,15.	S.
3064.	Id.	AR.	3,30.	S.
3065.	Id.	AR.	3,31.	S.
3066.	Id.	AR.	3,50.	S.
3067.	Id.	AR.	3,42.	S.
3068.	Id.	AR.	3,32.	S.
3069.	Id.	AR.	2,77.	S.
3070.	Id.	AR.	3,42.	S.
3071.	Id.	AR.	3,47.	S.
3072.	Id.	AR.	3,11.	S.
3073.	Id.	AR.	3,42.	S.
3074.	Id.	AR.	3,37.	S.
3075.	Id.	AR.	3,25.	S.
3076.	Id.	AR.	3,40.	S.
3077.	Id.	AR.	3,18.	L.
3078.	Tête à gauche. R. Croix cantonnée de trois besants et d'une harbe.	AR.	3,64.	S.
3079.	Id.	AR.	3,52.	S.
3080.	Id.	AR.	3,48.	S.
3081.	Id.	AR.	3,55.	S.
3082.	Id.	AR.	3,21.	S.
3083.	Id.	AR.	3,27.	S.
3084.	Id.	AR.	3,12.	S.
3085.	Id.	AR.	3,27.	S.
3086.	Id.	AR.	3,37.	S.
3087.	Id.	AR.	3,17.	S.
3088.	Id.	AR.	3,38.	S.
3089.	Id.	AR.	3,30.	S.
3090.	Id.	AR.	3,25.	S.
3091.	Id.	AR.	3,13.	S.
3092.	Id.	AR.	3,15.	S.
3093.	Id.	AR.	3,50.	S.
3094.	Id.	AR.	3,40.	S.
3095.	Id.	AR.	3,38.	S.
3096.	Id.	AR.	3,30.	S.
3097.	Id.	AR.	3,44.	S.
3098.	Id.	AR.	3,20.	S.
3099.	Id.	AR.	3,07.	S.
3100.	Id.	AR.	3,31.	S.
3101.	Id.	AR.	3,38.	S.
3102.	Id.	AR.	2,84.	S.
3103.	Tête à gauche; devant, deux poissons. R. Croix cantonnée de quatre points et d'une hache.	AR.	3,62.	S.
3104.	Même tête. R. Croix cantonnée de trois points et d'une hache.	AR.	3,45.	AF.
3105.	Tête à gauche. R. Croix cantonnée de trois points, d'une hache et d'un point.	AR.	3,30.	AF.
3106.	Tête à gauche; devant, deux poissons. R. Croix cantonnée de trois points et d'une hache.	AR.	2,90.	L.

TOLOSATES (*pièces prototypes*).

			Poids.	Prov.
3107.	Tête de femme à droite; devant, deux poissons figurés par un rameau à deux feuilles. R. Croix cantonnée de quatre croissants en forme de haricots, de deux billettes, d'unchache et d'uneoreille.	AR.	2,70.	S.
3108.	Même tête. R. Croix cantonnée de quatre croissants en forme de haricots, d'une oreille, d'un œil, d'une billette, d'une hache.	AR.	3,50.	AF.
3109.	Tête de femme à gauche; devant, deux poissons. R. Croix cantonnée de quatre croissants, d'une hache, d'un œil, d'une oreille, de quatre points.	AR.	3,40.	S.
3110.	Id.	AR.	3,52.	S.

			Poids.	Prov.
3111.	Id. L'oreille se trouve disposée à la place des quatre points, dans le canton de la croix.	AR.	3,53.	S.
3112.	Tête de femme à gauche; devant, deux feuilles réunies par une tige. ℞. Croix cantonnée de quatre croissants, d'une oreille, d'une hache.	AR.	3,30.	L.

TOLOSATES.

			Poids.	Prov.
3113.	Tête fruste. ℞. Croix cantonnée de deux olives, un annelet elliptique, une hache, recouverts par des croissants.	AR.	3,50.	S.
3114.	Id.	AR.	3,50.	S.
3115.	Tête de femme à gauche; devant la bouche, un rameau à deux feuilles. Les cheveux, ramenés en arrière, sont relevés et liés à leur extrémité. ℞. Croix cantonnée de deux olives, un annelet, une hache, recouverts par des croissants.	AR.	3,35.	S.
3116.	Tête de femme à gauche; devant la bouche, deux poissons. ℞. Croix cantonnée de deux olives, un annelet, une hache, recouverts par des croissants.	AR.	3,51.	AF.
3117.	Id.	AR.	3,58.	S.
3118.	Id.	AR.	3,58.	S.
3119.	Id.	AR.	3,50.	S.
3120.	Id.	AR.	3,47.	S.
3121.	Id.	AR.	3,45.	S.
3122.	Id.	AR.	3,43.	S.
3123.	Id	AR.	3,42.	S.
3124.	Id	AR.	3,42.	S.
3125.	Id.	AR.	3,41.	S.
3126.	Id.	AR.	3,40.	S.
3127.	Id.	AR.	3,40.	S.
3128.	Id.	AR.	3,38.	S.
3129.	Id.	AR.	3,35.	S.
3130.	Id.	AR.	3,35.	S.
3131.	Id.	AR.	3,30.	S.
3132.	Id.	AR.	3,29.	S.
3133.	Id.	AR.	3,21.	S.
3134.	Id.	AR.	3,17.	S.
3135.	Id.	AR.	3,15.	S.
3136.	Id.	AR.	3,20.	S.
3137.	Id.	AR.	3,19.	S.
3138.	Id.	AR.	2,75.	S.
3139.	Id.	AR.	2,67.	S.
3140.	Id.	AR.	3,45.	AF.
3141.	Id.	AR.	2,83.	AF.
3142.	Id. Pièce fourrée.	AR.	2,06.	AF.
3143.	Id.	AR.	2,55.	AF.
3144.	Id.	AR.	2,71.	AF.
3145.	Id.	AR.	2,28.	AF.
3146.	Id.	AR.	1,71.	AF.
3147.	Id.	AR.	2,32.	AF.
3148.	Id.	AR.	2,52.	AF.
3149.	Id.	AR.	2,83.	AF.
3150.	Id.	AR.	2,81.	AF.
3151.	Id.	AR.	1,96.	AF.
3152.	Id.	AR.	3,03.	AF.
3153.	Id.	AR.	2,57.	AF.
3154.	Id.	AR.	3,00.	AF.
3155.	Id.	AR.	1,95.	AF.
3156.	Id.	AR.	3,61.	L.
3157.	Id.	AR.	3,20.	L.
3158.	Id.	AR.	3,38.	L.
3159.	Id.	AR.	2,75.	L.
3160.	Id.	AR.	2,86.	L.
3161.	Id.	AR.	2,65.	L.
3162.	Id.	AR.	1,70.	L.
3163.	Id.	AR.	1,54.	L.
3164.	Id.	AR.	2,90.	L.
3165.	Id.	AR.	2,62.	S.
3166.	Id.	AR.	2,60.	S.
3167.	Id.	AR.	2,48.	S.
3168.	Id.	AR.	2,00.	S.
3169.	Id.	AR.	2,05.	S.
3170.	Id.	AR.	1,93.	AF.
3171.	Tête à gauche. ℞. Croix cantonnée de deux olives, un annelet, une hache, recouverts par des croissants.	AR.	1,22.	AF.
3172.	Id.	AR.	1,04.	AF.
3173.	Id.	AR.	1,60.	AF.
3174.	Tête de femme à gauche. ℞. Croix cantonnée d'une hache, d'une olive, d'un			

hache, d'une olive (annelet ovale) recouverts par un croissant; les deux autres compartiments rognés. AR. – M 7439 –

3204^a Variété. AR. LT (L'Escluse) 1756.

3217^a Anneaux entrecroisés (dégénérescence de la tête). Ʀ. Croix cant. de deux rouelles, hache (Λ) et torques (?). M 8058

3224^a Tête à g. Ʀ. Croix cantonnée d'une hache, d'une fleur à quatre pétales (quatrefeuille), d'un cercle perlé et d'une grenade. M 7437.

3224^b Tête à g. Ʀ. Croix cantonnée d'une hache, d'une grenade, d'un quatrefeuille et d'un cercle centré d'une étoile. M 7438.

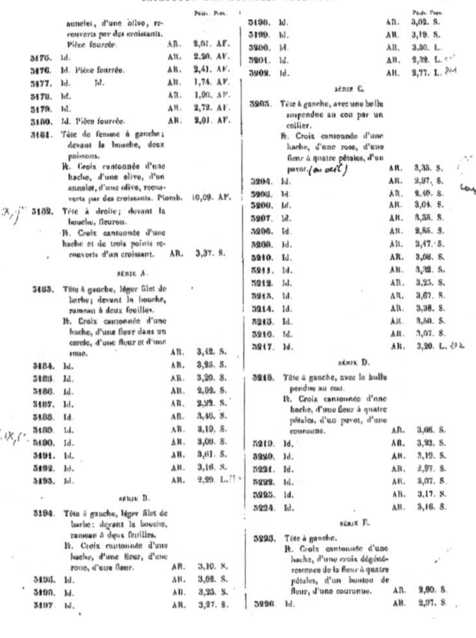

			Poids.	Prov.
	annelet, d'une olive, recouverts par des croissants. Pièce fourrée.	AR.	2,01.	AF.
3175.	Id.	AR.	2,20.	AF.
3176.	Id. Pièce fourrée.	AR.	2,41.	AF.
3177.	Id. Id.	AR.	1,74.	AF.
3178.	Id.	AR.	1,90.	AF.
3179.	Id.	AR.	2,72.	AF.
3180.	Id. Pièce fourrée.	AR.	2,01.	AF.
3181.	Tête de femme à gauche; devant la bouche, deux poissons. Ʀ. Croix cantonnée d'une hache, d'une olive, d'un annelet, d'une olive, recouverts par des croissants.	Plomb.	10,09.	AF.
3182.	Tête à droite; devant la bouche, fleuron. Ʀ. Croix cantonnée d'une hache et de trois points recouverts d'un croissant.	AR.	3,37.	S.
	SÉRIE A.			
3183.	Tête à gauche, léger filet de barbe; devant la bouche, rameau à deux feuilles. Ʀ. Croix cantonnée d'une hache, d'une fleur dans un cercle, d'une fleur et d'une roue.	AR.	3,42.	S.
3184.	Id.	AR.	3,25.	S.
3185.	Id.	AR.	3,20.	S.
3186.	Id.	AR.	2,92.	S.
3187.	Id.	AR.	2,92.	S.
3188.	Id.	AR.	3,46.	S.
3189.	Id.	AR.	3,10.	S.
3190.	Id.	AR.	3,08.	S.
3191.	Id.	AR.	3,61.	S.
3192.	Id.	AR.	3,16.	S.
3193.	Id.	AR.	2,29.	L.
	SÉRIE B.			
3194.	Tête à gauche, léger filet de barbe: devant la bouche, rameau à deux feuilles. Ʀ. Croix cantonnée d'une hache, d'une fleur, d'une roue, d'une fleur.	AR.	3,10.	S.
3195.	Id.	AR.	3,02.	S.
3196.	Id.	AR.	3,23.	S.
3197.	Id.	AR.	3,27.	S.
3198.	Id.	AR.	3,02.	S.
3199.	Id.	AR.	3,19.	S.
3200.	Id.	AR.	3,30.	L.
3201.	Id.	AR.	2,32.	L.
3202.	Id.	AR.	2,77.	L.
	SÉRIE C.			
3203.	Tête à gauche, avec une bulle suspendue au cou par un collier. Ʀ. Croix cantonnée d'une hache, d'une rose, d'une fleur à quatre pétales, d'un pavot. (ou oeil)	AR.	3,35.	S.
3204.	Id.	AR.	2,97.	S.
3205.	Id.	AR.	2,40.	S.
3206.	Id.	AR.	3,04.	S.
3207.	Id.	AR.	3,35.	S.
3208.	Id.	AR.	2,85.	S.
3209.	Id.	AR.	3,47.	S.
3210.	Id.	AR.	3,08.	S.
3211.	Id.	AR.	3,32.	S.
3212.	Id.	AR.	3,25.	S.
3213.	Id.	AR.	3,67.	S.
3214.	Id.	AR.	3,38.	S.
3215.	Id.	AR.	3,50.	S.
3216.	Id.	AR.	3,07.	S.
3217.	Id.	AR.	3,20.	L.
	SÉRIE D.			
3218.	Tête à gauche, avec la bulle pendue au cou. Ʀ. Croix cantonnée d'une hache, d'une fleur à quatre pétales, d'un pavot, d'une couronne.	AR.	3,08.	S.
3219.	Id.	AR.	3,23.	S.
3220.	Id.	AR.	3,19.	S.
3221.	Id.	AR.	2,97.	S.
3222.	Id.	AR.	3,07.	S.
3223.	Id.	AR.	3,17.	S.
3224.	Id.	AR.	3,16.	S.
	SÉRIE E.			
3225.	Tête à gauche. Ʀ. Croix cantonnée d'une hache, d'une croix dégénérescence de la fleur à quatre pétales, d'un bouton de fleur, d'une couronne.	AR.	2,90.	S.
3226.	Id.	AR.	2,97.	S.

			Poids.	Prov.
3227.	Id.	AR.	2,78.	S.
3228.	Tête à gauche. R. Croix cantonnée d'un pavot et d'une croix. Exemplaire incomplet.	AR.	3,29.	S.
3229.	Lisse. R. Croix cantonnée d'une hache et d'un pavot. Exemplaire incomplet.	AR.	3,30.	S.
3230.	Tête à gauche. R. Croix cantonnée d'une hache, d'un annelet surmonté d'un croissant, d'une olive avec croissant, d'une autre olive aussi avec croissant.	AR.	3,45.	S.
3231.	Id.	AR.	3,48.	S.
3232.	Id.	AR.	3,41.	S.
3233.	Id.	AR.	3,42.	S.
3234.	Id.	AR.	3,01.	S.
3235.	Id.	AR.	2,35.	S.
3236.	Id.	AR.	2,14.	S.
3237.	Id.	AR.	2,04.	S.
3238.	Id.	AR.	1,73.	S.
3239.	Id.	AR.	1,98.	S.
3240.	Id. Avec la hache dans le canton de l'olive. Pièce fourrée.	AR.	1,72.	S.
3241.	Tête barbare. R. Croix cantonnée d'une hache et d'un annelet surmonté d'un croissant.	AR.	2,75.	S.
3242.	Id.	AR.	2,23.	S.
3243.	Tête à gauche. R. Croix cantonnée d'une hache, d'une olive surmontée d'un croissant, d'un annelet et d'une olive avec le croissant.	AR.	3,30.	S.
3244.	Id.	AR.	2,10.	S.
3245.	Id.	AR.	1,92.	S.
3246.	Id.	AR.	1,10.	S.
3247.	Id.	AR.	2,21.	S.
3248.	Tête à gauche. R. Croix cantonnée d'une hache, d'un annelet avec croissant, d'une olive et d'un annelet avec croissant. Pièce fourrée.	AR.	2,80.	S.
3249.	Tête à gauche; derrière, un trépied. R. Croix cantonnée d'une hache, d'un annelet surmonté d'un croissant et de deux olives avec croissant.	AR.	3,15.	S.
3250.	Id.	AR.	2,51.	S.
3251.	Id.	AR.	2,05.	S.
3252.	Tête à gauche; derrière, trépied. R. Croix cantonnée de deux olives surmontées d'un croissant. Exemplaire incomplet.	AR.	3,02.	S.
3253.	Tête à gauche; derrière, trépied. R. Croix cantonnée de deux haches et de deux olives surmontées d'un croissant.	AR.	2,05.	S.
3254.	Tête de femme à gauche. R. Croix cantonnée de deux haches, un annelet, une olive, recouverts par des croissants.	AR.	2,50.	AF.
3255.	Id.	AR.	3,00.	AF.
3256.	Tête informe. R. Croix cantonnée de deux haches, un annelet, une olive.	AR.	2,85.	L.
3257.	Tête barbare à gauche; devant la bouche, deux poissons. R. Croix cantonnée de deux haches, un annelet, une olive.	AR.	2,86.	L.
3258.	Tête à gauche figurée par un triangle renfermant un point; devant la face, une accolade en forme d'arc. R. Croix cantonnée d'une hache et de trois points.	AR.	3,35.	S.
3259.	Tête à gauche figurée par un simple triangle renfermant un point; devant la face, une accolade en forme d'arc. R. Croix cantonnée d'une hache, d'un point, d'un croissant dont les cornes sont tournées à l'extérieur avec un gros point dedans et un petit au-dessous, et d'un autre point.	AR.	2,40.	AF.
3260.	Id.	AR.	3,20.	S.
3261.	Id.	AR.	3,35.	S.
3262.	Id.	AR.	3,32.	S.

			Poids.	Prov.
3263.	Id.	AR.	3,37.	S.
3264.	Id.	AR.	3,12.	S.
3265.	Id. Moins l'accolade.	AR.	3,51.	S.
3266.	Id.	AR.	3,40.	S.
3267.	Id.	AR.	3,40.	S.
3268.	Id.	AR.	3,33.	S.
3269.	Id.	AR.	3,27.	S.
3270.	Id.	AR.	3,27.	S.
3271.	Id.	AR.	2,90.	S.
3272.	Id.	AR.	2,87.	S.
3273.	Id.	AR.	1,92.	S.
3274.	Id. Avec la tête deux fois répétée.	AR.	3,07.	S.
3275.	Id. Id.	AR.	3,40.	S.
3276.	Id. Id.	AR.	2,05.	S.
3277.	Tête figurée par un triangle. ℞. Croix cantonnée de la hache, d'un point, d'un autre point, d'un croissant avec cornes à l'extérieur, avec gros points dedans et petit au-dessous.	AR.	3,37.	S.
3278.	Id.	AR.	3,43.	S.
3279.	Id.	AR.	3,37.	S.
3280.	Id.	AR.	3,25.	S.
3281.	Id.	AR.	3,25.	S.
3282.	Id.	AR.	3,20.	S.
3283.	Id.	AR.	3,18.	S.
3284.	Id.	AR.	3,02.	S.
3285.	Id. La tête avec l'accolade.	AR.	3,33.	S.
3286.	Id. Id.	AR.	3,36.	S.
3287.	Id. Id.	AR.	3,30.	S.
3288.	Id. Id.	AR.	3,25.	S.
3289.	Id. Id.	AR.	2,25.	S.
3290.	Id. Id.	AR.	2,20.	S.
3291.	Tête figurée par un triangle. ℞. Croix cantonnée de la hache, d'un point, d'un autre point, d'un croissant avec cornes à l'extérieur, avec gros point dedans.	AR.	3,16.	
3292.	Tête à gauche, figurée par un simple triangle renfermant un point; devant la face, une accolade. ℞. Croix cantonnée d'une hache, d'un point, d'un croissant dont les cornes sont tournées à l'extérieur avec un gros point dedans et un petit au-dessous, et d'un autre point.	AR.	3,30.	
3293.	Tête à gauche, léger filet de barbe. ℞. Croix cantonnée d'une hache, d'une fleur, d'un torques, d'une fleur.	AR.	3,40.	S.
3294.	Id.	AR.	3,17.	S.
3295.	Id.	AR.	3,10.	S.
3296.	Id.	AR.	3,00.	S.
3297.	Id.	AR.	3,34.	S.
3298.	Tête à gauche, léger filet de barbe. ℞. Croix cantonnée de la hache, d'un point dans un cercle de grènetis, d'un triskèle, d'un point dans le cercle de grènetis.	AR.	3,32.	S.
3299.	Id.	AR.	3,29.	S.
3300.	Tête imberbe à droite. ℞. Croix cantonnée de la hache, d'un point dans un cercle de grènetis, d'un triskèle, d'un point dans le cercle de grènetis.	AR.	3,25.	S.
3301.	Tête imberbe à droite. ℞. Croix cantonnée d'une hache, d'un point, d'un triskèle, d'un point.	AR.	3,41.	S.
3302.	Id.	AR.	3,41.	S.
3303.	Id.	AR.	3,46.	S.
3304.	Id.	AR.	3,35.	S.
3305.	Id.	AR.	3,35.	S.
3306.	Id.	AR.	3,27.	S.
3307.	Id.	AR.	3,20.	S.
3308.	Id.	AR.	3,23.	S.
3309.	Tête imberbe à droite. ℞. Croix cantonnée d'une hache, d'un point, d'un fleuron, d'un point.	AR.	3,31.	S.
3310.	Id.	AR.	3,22.	S.
3311.	Tête à droite. ℞. Croix cantonnée d'une hache, d'un point, d'un point centré, d'un point.	AR.	3,51.	S.
3312.	Tête à droite. ℞. Croix cantonnée d'une hache, d'un point centré, d'une autre hache, d'un autre point centré.	AR.	3,21.	S.

Poids. Prov.

3313. Id. AR. 3,30. S.

3314. Id. AR. 3,22. S.

3315. Id. AR. 3,32. S.

3316. Id. AR. 3,02. S.

3317. Id. AR. 3,22. S.

3318. Id. AR. 3,41. S.

3319. Id. AR. 3,25. S.

3320. Tête nue à droite.
℞. Croix cantonnée d'un point centré, d'une hache, d'un autre point centré, d'une autre hache. AR. 3,47. S.

3321. Id. AR. 3,41. S.

3322. Id. AR. 3,31. S.

3323. Id. AR. 3,31. S

3324. Id. AR. 3,25. S.

3325. Id. AR. 3,22. S.

3326. Tête à gauche.
℞. Croix cantonnée d'une hache, d'un besant, d'une roue, d'un besant. AR. 3,40. S.

3327. Id. AR. 3,41. S.

3328. Id. AR. 3,30. S.

3329. Tête à gauche.
℞. Croix cantonnée d'une hache, d'un besant, d'une roue, d'un besant. AR. 3,40. S.

3330. Id. AR. 3,30. S.

3331. Id. AR. 3,21. S.

3332. Id. Mais la tête à droite. AR. 3,32. S.

3333. Id. Id. AR. 3,30. S.

3334. Tête nue à gauche.
℞. Croix cantonnée d'une hache, d'un besant, d'un quadrilatère, d'un besant. AR. 3,31. S.

3335. Id. AR. 3,30. S.

3336. Tête à droite.
℞. Croix cantonnée d'une hache, d'un besant, d'un quadrilatère, d'un besant. AR. 3,17. S.

3337. Id. AR. 3,25. S.

3338. Id. AR. 3,38. S.

3339. Id. AR. 3,00. S.

3340. Id. AR. 3,01. S.

Le quadrilatère, comme symbole, n'est autre que la rose dégénérée, devenue type accessoire.

3341. Tête à droite.
℞. Croix cantonnée d'une hache, d'une fleur, d'un point cerné par quatre croissants, d'une fleur. AR. 3,10. S.

3342. Tête à gauche.
℞. Croix cantonnée d'une hache et de trois fleurs surmontées de croissants. AR. 3,28. S.

3343. Id. AR. 3,47. S.

3344. Tête barbare à droite.
℞. Croix cantonnée d'une hache et de trois fleurs surmontées de croissants. AR. 3,38. S.

3345. Id. AR. 3,33. S.

3346. Id. AR. 3,42. S.

3347. Id. AR. 3,35. S.

3348. Id. AR. 3,37. S.

3349. Id. AR. 3,32. S.

3350. Tête à gauche.
℞. Croix cantonnée d'un lis, d'un croissant... AR. 3,64. S.

3351. Fleur épanouie renfermée dans trois arcs de cercle.
℞. Croix cantonnée de trois croissants et d'une hache. AR. 3,45. S.

TECTOSAGES. — TYPES INCOMPLETS.

3352. Tête à gauche.
℞. Croix cantonnée de deux besants. AR. 3,01. S.

3353. Tête à gauche.
℞. Croix cantonnée d'une hache, d'un fleuron, d'un quadrilatère. AR. 3,30. S.

3354. Tête à gauche.
℞. Croix cantonnée d'une hache. AR. 2,27. S.

3355. Id. AR. 3,27. S.

3356. Tête.
℞. Croix cantonnée de S et d'un besant. AR. 3,44. S.

3357. Tête à gauche.
℞. Croix cantonnée d'une fleur. AR. 2,81. S.

3358. Tête à gauche.
℞. Croix cantonnée d'un vase. AR. 2,77. S.

3359. Tête barbue à droite.
℞. Croix cantonnée d'un besant et de A. AR. 3,38. S.

3360. Tête à gauche.
℞. Croix cantonnée d'une fleur. AR. 3,00 S.

3361. Tête à droite.

			Poids.	Prov.
	R. Croix cantonnée d'une hache, d'un large annelet, d'un besant.	AR.	3,28.	S.
3362.	Tête. R. Croix cantonnée d'une hache.	AR.	2,08.	S.
3363.	Tête à gauche. R. Croix cantonnée d'une hache, d'un besant.	AR.	3,38.	S.
3364.	Tête à gauche. R. Croix cantonnée d'une hache.	AR.	3,22.	S.
3365.	Tête à gauche, filet de barbe. R. Croix cantonnée d'une fleur et d'un S.	AR.	3,50.	S.
3366.	Tête. R. Croix cantonnée d'une hache, d'une roue.	BR.	1,75.	S.
3367.	Tête à droite avec une barbe épaisse et un oeil demesuré. R. Croix cantonnée d'une hache, d'un besant, d'un quadrilatère, d'un besant.	AR.	2,33.	S.
3368.	Tête nue à gauche. R. Croix cantonnée d'une hache, d'une rouelle, d'un besant, d'un point centré.	AR.	2,50.	S.
3369.	Tête à gauche. R. Croix cantonnée d'un point centré et d'un annelet.	AR.	2,30.	AF.
3370.	Côté convexe; sans type. R. Côté concave. Croix aux extrémités bifurquées, cantonnée de quatre croissants.	AR.	4,35.	AF.

OBOLES.

			Poids.	Prov.
3371.	Tête à gauche. R. Croix cantonnée d'un S, d'un annelet surmonté d'un croissant, de trois points reliés par un trait, d'un point surmonté d'un croissant.	AR.	0,30.	S.
3372.	Tête dont l'effigie est formée d'un simple triangle. R. Croix cantonnée d'une hache et de trois croissants.	AR.	0,45.	S.
3373.	Id.	AR.	0,35.	S.
3374.	Id.	AR.	0,32.	S.
3375.	Id.	AR.	0,28.	S.
3376.	Id.	AR.	0,30.	S.
3377.	Id.	AR.	0,42.	S.
3378.	Id.	AR.	0,32.	S.
3379.	Id.	AR.	0,23.	S.
3380.	Id.	AR.	0,46.	L.
3381.	Id.	AR.	0,38.	L.
3382.	Tête formée d'un simple triangle. R. Croix cantonnée d'une hache, d'un point surmonté d'un croissant, d'un symbole effacé, d'un croissant.	AR.	0,32.	S.
3383.	Tête à gauche; devant, deux poissons. R. Croix cantonnée d'une hache surmontée d'un croissant et de trois croissants.	AR.	0,45.	AF.
3384.	Id.	AR.	0,40.	S.
3385.	Id.	AR.	0,37.	S.
3386.	Id.	AR.	0,20.	S.
3387.	Id.	AR.	0,47.	S.
3388.	Id.	AR.	0,35.	S.
3389.	Id.	AR.	0,20.	S.
3390.	Tête à gauche. R. Croix cantonnée d'une hache et de trois croissants.	AR.	0,40.	S.
3391.	Id.	AR.	0,20.	S.
3392.	Id.	AR.	0,46.	S.
3393.	Id.	AR.	0,30.	S.
3394.	Id.	AR.	0,52.	S.
3395.	Id.	AR.	0,42.	S.
3396.	Id.	AR.	0,23.	S.
3397.	Id.	AR.	0,26.	S.
3398.	Id.	AR.	0,27.	S.
3399.	Id.	AR.	0,37.	S.
3400.	Id.	AR.	0,12.	S.
3401.	Id. Fragmentée.	AR.	0,23.	S.
3402.	Id.	AR.	0,38.	S.
3403.	Id.	AR.	0,21.	S.
3404.	Tête. R. Croix cantonnée d'une hache surmontée d'un croissant, d'un annelet et de deux olives surmontés de croissants.	AR.	0,50.	S.
3405.	Id.	AR.	0,47.	S.
3406.	Tête à gauche; devant la bouche, fleuron. R. Croix cantonnée d'une hache, d'un croissant, d'un point surmonté d'un crois-			

			Poids.	Prov.
	sant, d'un croissant.	AR.	0,42.	S.
3407.	Tête à gauche. R. Croix cantonnée d'une hache, de trois points disposés en triangle, d'une olive, d'un annelet.	AR.	0,25.	S.
3408.	Id.	AR.	0,30.	L. 329
3409.	Flan légèrement convexe figurant une tête informe. R. Croix cantonnée d'une hache surmontée d'un croissant, d'un annelet renfermant un point, de trois points disposés en triangle, d'un point, surmontés de croissants.	AR.	0,38.	L. 330
3410.	Tête à gauche; devant la bouche, deux poissons. R. Croix cantonnée d'une hache...	AR.	0,37.	L. 331
3411.	Lisse. R. Croix cantonnée d'un croissant.	AR.	0,28.	L. 332
3412.	Tête. R. Croix cantonnée de quatre points surmontés de croissants.	AR.	0,51.	S.
3413.	Tête. R. Croix cantonnée d'un croissant, d'un S... Fragmentée.	AR.	0,22.	S.
3414.	Tête. R. Croix cantonnée d'une hache et de deux olives. Fragmentée.	AR.	0,17.	S.
3415.	Tête. R. Croix cantonnée de quatre points.	Plomb.	0,97.	S.
3416.	Y. R. T.	Potin.	1,55.	S.
3417.	Id.	Potin.	1,42.	S.
3418.	Id.	Potin.	1,20.	S.
3419.	Id.	Potin.	1,52.	S.
3420.	Id.	Potin.	1,17.	S.
3421.	Id.	Potin.	1,72.	S.
3422.	Id.	Potin.	1,60.	S.
3423.	Id.	Potin.	2,12.	L. 312
3424.	Id.	Potin.	1,07.	L. 313
3425.	Id.	Potin.	1,02.	L. 314
3426.	Id.	Potin.	1,17.	L. 315
3427.	Deux croissants adossés, accostés de deux points. R. Croix cantonnée de quatre croissants.	Potin.	2,02.	S.
3428.	Deux croissants adossés. R. Croix cantonnée de quatre croissants.	Potin.	1,78.	L. 316

IMITATION DE PHILIPPE II.

			Poids.	Prov.
3429.	Tête d'Apollon à droite. R. ΦΙΛΙΠΠΟΥ. Bige à droite; sous les chevaux, trident.	OR.	8,42.	S.
3430.	Tête barbare d'Apollon à droite. R. ΦΙΛΙΠΠ... Bige à droite; sous les chevaux, trident.	OR.	8,17.	S.
3431.	Tête barbare d'Apollon à droite. R. ΦΙΛΙΠΠΟΥ. Bige à droite; sous les chevaux, trident. Flan très-large.	OR.	8,28.	AP.
3432.	Tête barbare d'Apollon à droite. R. ΦΙΛΙΠΠΟΥ. Bige à droite; sous les chevaux, trident.	OR.	8,55.	S.

TROUVAILLE DE CASTRES ET DE VINAIGRE.

			Poids.	Prov.
3433.	Tête à gauche. R. Sanglier à gauche entre deux points centrés.	AR.	2,21.	S.
3434.	Id.	AR.	2,15.	S.
3435.	Id.	AR.	2,10.	S.
3436.	Id.	AR.	2,21.	S.
3437.	Id.	AR.	2,18.	S.
3438.	Id.	AR.	2,21.	S.
3439.	Id.	AR.	2,19.	S.
3440.	Id. *Goutrens (Aveyron).*	AR.	2,15.	S.
3441.	Deux têtes à gauche. R. Sanglier à gauche entre deux points centrés.	AR.	2,21.	S.
3442.	Tête à gauche. R. Même type incus.	AR.	2,17.	S.
3443.	Id. Style différent.	AR.	2,25.	S.
3444.	Tête nue à gauche. R. Sanglier à gauche; au-dessous, point et point centré.	AR.	2,16.	S.
3445.	Tête nue à gauche. R. Sanglier aux soies hérissées, à gauche, entre deux croissants opposés.	AR.	2,16.	S.

3414a Tête barbare échevelée à dr. R. Croix cant. de quatre croissants et un annelet. AR. 10 mm. L 3306.

3414b Tête à gauche; devant, fleuron en forme de crosse. Croix cant. de 3 croissants avec globule (ou avait 2 croissants seul. et 3 globules) et d'une hache. AR 10 L 3307

3433a Tête à gauche, R/ sanglier à g. entre 2 points centrés. (1956/441) AR

3444a Tête à g. cheveux en SS. R. Sanglier à g.; au dessous annelet centré, le flan en quadrilatère irrégulier. AR — M 8057 —

			Poids.	Prov.
3446.	Id.	AR.	2,18.	S.
3447.	Id.	AR.	2,18.	S.
3448.	Id.	AR.	2,21.	S.
3449.	Id.	AR.	2,16.	S.
3450.	Id.	AR.	2,28.	S.
3451.	Id.	AR.	2,25.	S.
3452.	Id.	AR.	2,15.	S.
3453.	Id.	AR.	2,22.	S.
3454.	Id.	AR.	2,22.	S.
3455.	Id.	AR.	2,28.	S.
3456.	Id.	AR.	2,20.	L.

Cf. Lagoy, *Mélanges de numismatique*, pl. II, p. 6.

M. de la Saussaye, dans un *Mémoire sur les monnaies anépigraphes des Volces Tectosages*, inséré dans la *Revue numismatique française*, 1866, p. 399, a admis, sous le nº 55, pl. XVII de ce recueil, une pièce identique avec notre nº 3445. La taille irrégulière, la fabrique grossière, le symbole du croissant, la présence de ces pièces en grand nombre dans un dépôt d'autres médailles à la croix, tout sert à prouver que c'est bien le monnayage d'un seul et même peuple, et justifie l'attribution de M. de la Saussaye.

M. de Lagoy avait classé ces pièces à Avenio, la circonstance de leur réunion dans un même dépôt avec des médailles des Tectosages ne lui paraissant pas suffisante pour déterminer leur classement à la même contrée, et une complète conformité de types avec les plus anciennes monnaies d'Avenio paraissant, au contraire, une preuve convaincante en faveur de l'attribution à cette ville.

Toutefois, le type du sanglier et celui de la tête d'Apollon sont encore ceux du coin grec de Nemausus, et constituent seulement une série distincte de celle des *monnaies dites à la croix ou à la roue*; on pourrait y voir le monnayage des peuples limitrophes rutènes fonctionnant simultanément avec celui des Tectosages, et offrant avec ce dernier des analogies de style, de symbole et de taille, qu'il n'est pas nécessaire de justifier.

3457.	Id.	AR.	2,32.	L.
3458.	Tête nue, à gauche. ℞. Sanglier à gauche; dessous, point centré.	AR.	1,91.	L.
3459.	Tête à gauche. ℞. Sanglier à gauche; dessus, croissant; dessous, croisette.	AR.	2,26.	L.

TROUVAILLE DE VINASSAN (*Hérault*).

			Poids.	Prov.
3460.	Tête nue à gauche. ℞. Croix cantonnée de trois écrans perlés et d'une hache.	AR.	2,24.	S.
3461.	Id.	AR.	2,20.	S.
3462.	Id.	AR.	2,00.	S.
3463.	Id.	AR.	2,22.	S.
3464.	Id.	AR.	2,16.	S.
3465.	Id.	AR.	2,25.	S.
3466.	Id.	AR.	2,22.	S.
3467.	Id.	AR.	2,28.	S.
3468.	Id. Pièce fourrée.	AR.	1,45.	S.
3469.	Id.	AR.	2,00.	S.
3470.	Lisse. ℞. Un seul écran.	AR.	2,20.	S.
3471.	Tête nue à gauche. ℞. Croix cantonnée de trois écrans perlés et d'une hache.	AR.	2,10.	L.
3472.	Tête à gauche. ℞. Croix cantonnée d'une hache, d'une roue perlée, d'un torques, d'une roue perlée.	AR.	2,16.	S.
3473.	Id.	AR.	2,31.	L.
3474.	Id.	AR.	2,23.	L.
3475.	Id.	AR.	2,11.	L.
3476.	Id.	AR.	2,23.	S.
3477.	Id.	AR.	2,22.	S.
3478.	Id. *Goutrens* (*Aveyron*).	AR.	2,21.	S.
3479.	Id.	AR.	2,23.	S.
3480.	Id.	AR.	2,21.	S.
3481.	Id. *Goutrens* (*Aveyron*).	AR.	2,24.	S.
3482.	Id.	AR.	2,23.	S.
3483.	Id.	AR.	2,19.	S.
3484.	Id.	AR.	2,20.	S.
3485.	Id.	AR.	2,17.	S.
3486.	Id.	AR.	2,22.	S.
3487.	Id.	AR.	2,19.	S.
3488.	Id.	AR.	2,20.	S.
3489.	Id.	AR.	2,35.	S.
3490.	Id.	AR.	2,32.	S.
3491.	Id.	AR.	2,17.	S.
3492.	Id.	AR.	2,22.	S.
3493.	Id.	AR.	2,20.	S.
3494.	Id.	AR.	2,22.	S.
3495.	Id.	AR.	2,17.	S.
3496.	Id.	AR.	2,23.	S.
3497.	Id.	AR.	2,24.	S.
3498.	Id.	AR.	2,25.	S.
3499.	Id.	AR.	2,23.	S.
3500.	Id.	AR.	2,23.	S.

			Poids.	Prov.
3501.	Id.	AR.	2,22.	S.
3502.	Id.	AR.	2,24.	S.
3503.	Id.	AR.	2,23.	S.
3504.	Id.	AR.	2,23.	S.
3505.	Id.	AR.	2,21.	S.
3506.	Id.	AR.	2,25.	S.
3507.	Id.	AR.	2,24.	S.
3508.	Id.	AR.	2,20.	S.
3509.	Id.	AR.	2,20.	S.
3510.	Id.	AR.	2,24.	S.
3511.	Id.	AR.	2,22.	S.
3512.	Id.	AR.	2,20.	S.
3513.	Id.	AR.	2,24.	S.
3514.	Id.	AR.	2,25.	S.
3515.	Id.	AR.	2,20.	S.
3516.	Id.	AR.	2,15.	S.

PEUPLADES LIMITROPHES DES VOLCÆ ARECOMICI.

3517.	Tête nue à gauche. ℞. Croix cantonnée d'une hache, d'une olive, d'une fleur, d'une roue.	AR.	1,78.	S.
3518.	Id.	AR.	1,83.	S.
3519.	Id.	AR.	1,80.	S.
3520.	Tête nue à gauche. ℞. Croix cantonnée d'une hache, d'une olive, d'une roue, d'une fleur.	AR.	1,80.	S.
3521.	Id.	AR.	1,80.	S.
3522.	Id.	AR.	1,86.	S.
3523.	Id.	AR.	1,87.	S.
3524.	Id.	AR.	1,83.	S.
3525.	Tête nue à gauche. ℞. Croix cantonnée de deux haches et de deux écrans perlés.	AR.	1,80.	S.
3526.	Id.	AR.	1,83.	S.
3527.	Id.	AR.	1,60.	AF.
3528.	Id.	AR.	1,84.	L.
3529.	Tête nue à gauche. ℞. Croix cantonnée d'une hache, de deux symboles effacés, d'un écran perlé.	AR.	1,93.	S.
3530.	Tête nue à droite. ℞. Croix cantonnée d'un torques au-dessous duquel quatre points, d'une hache, d'un torques, d'une roue.	AR.	1,73.	S.
3531.	Tête à droite. ℞. Croix cantonnée d'un torques, d'une hache, d'un torques avec les quatre points, d'une roue.	AR.	1,87.	S.
3532.	Id.	AR.	1,76.	AF.
3533.	Sanglier à gauche; dessous, point dans un cercle de perles. ℞. Croix cantonnée de deux haches, d'une roue, d'un torques.	AR.	1,80.	S.
3534.	Tête nue à gauche. ℞. Croix cantonnée de deux haches, d'une roue, d'un torques.	AR.	1,82.	S.
3535.	Id.	AR.	1,80.	S.
3536.	Id.	AR.	1,81.	S.
3537.	Id.	AR.	1,81.	S.
3538.	Id.	AR.	1,85.	S.
3539.	Id.	AR.	1,95.	S.
3540.	Id.	AR.	1,80.	S.
3541.	Tête nue à gauche. ℞. Croix cantonnée d'une hache, d'une rouelle, d'une hache, d'un torques.	AR.	1,81.	S.
3542.	Tête nue à gauche. ℞. Croix cantonnée de deux haches et de deux écrans perlés.	AR.	1,83.	S.
3543.	Id.	AR.	1,78.	S.
3544.	Id.	AR.	1,85.	S.
3545.	Id.	AR.	1,82.	S.
3546.	Tête nue à gauche. ℞. Croix cantonnée d'une hache, d'un point centré, d'une olive, d'un point centré.	AR.	1,82.	S.
3547.	Id.	AR.	1,68.	S.

TROUVAILLE DE BLAYE, 1860. *R. N. F.*, 1867, p. 15.

3548.	Tête barbare à gauche. ℞. Croix cantonnée de quatre points ronds, rattachés au centre par des traits déliés; sur le pourtour, des indices de légende celtibérienne.	AR.	2,63.	S.
3549.	Id.	AR.	2,61.	S.

M. le vicomte Francisque de Saint-Remy, de Ville-

3547[1] Tête virile nue à g. ℞. Croix cant. de deux points centrés et de deux olives. K 2465.
3547[2] Tête nue à g. ℞. Croix cant. d'une hache, d'un point centré, de deux arcs de cercle pointillés. K 2466
3547[3] Id. avec la croix cant. d'une hache, de deux arcs de cercle, d'un point centré. K 2467.
3547[4] Tête nue à g. ℞. Croix cant. d'une hache, d'un croissant, d'un point centré. K 2468.
3547[5] Tête nue à dr. ℞. Croix cant. d'une hache, d'un torques, d'une roue, d'un torques. K 2469.
3547[6] Tête à g. ℞. Croix cant. d'une hache, d'un point centré, d'un S, d'une roue. K 2470.
3547[7] Même description. K 2471.
3547[8] Tête à g.; sous le cou, lyre droite. ℞. Croix cant. de 2 haches, d'une roue, d'un torques. K 2472.
3547[9] Même description. K 2473.
3547[10] Tête à g.; collier de perles. ℞. Croix cant. d'une hache, d'un torques, d'une fleur, d'une roue. K 2474.
3547[11] Même description. K 2475.
3547[12] Tête à g. ℞. Croix cant. de 2 haches et de 2 points centrés. K 2476.
3547[13] Tête à g. ℞. Croix cant. d'une hache, d'un besant, d'une roue, d'un torques. K 2477.

franche d'Aveyron, possède de cette pièce un exemplaire avec la légende : ÞSQŁXNΨN.

PIÈCES DE DIVERSES PROVENANCES.

			Poids.	Pres.
3550.	Croix cantonnée d'une hache, d'un point centré. ℞. Croix cantonnée de trois points centrés et...	BR.	1,03.	S.
3551.	Ornement ou fleuron en place de tête. ℞. Croix cantonnée d'une hache et de trois points.	AR.	1,80.	S.
3552.	Id.	AR.	1,22.	S.
3553.	Lisse. ℞. Croix cantonnée d'un lis et...	BR.	1,32.	S.
3554.	Tête nue à gauche. ℞. Croix cantonnée d'une hache et de trois olives surmontées d'un croissant.	AR.	0,36.	S.
3555.	Id.	AR.	0,35.	S.
3556.	Rouelle et divers fleurons en place de tête. ℞. Croix cantonnée d'une hache et de trois points centrés.	AR.	0,21.	S.
3557.	Id.	AR.	0,25.	S.
3558.	Tête de Cérès à droite ; le cou orné d'un collier de perles. ℞. Croix cantonnée de quatre globules et des caractères celtibériens ÞΤΜΨΣ.	AR.	3,45.	L.

Sestini[1] transcrit cette légende BTeMESCiN, suppose une R qui aurait été négligée, et attribue la monnaie à Termisus des Arévaques.

M. de Saulcy, dans son *Essai de classement des monnaies autonomes de l'Espagne*, p. 121, reconnait le nom des Vascones, *basekn*, écrit d'une manière incorrecte ÞΤΜΨΣ pour ÞΤΜΜΜΚΥ.

M. Boudard[2] lit avec Sestini *btmeson*, dont il fait Betamesa.

M. de la Saussaye (*Revue numismatique*, 1866, p. 398) y voit une imitation de la monnaie rhodienne par un peuple voisin de Rhoda, les Vascones, par exemple.

Plus tard, M. de Saulcy[3], traitant des monnaies des Tectosages, donne la légende ΨΜÞΤΜ, *Kapnn*, et propose d'y voir le nom générique de l'Espagne.

M. Heiss[4] transcrit ΤΜΨΣÞ pour *onthga*, contraction du mot *onathegula*, en basque, le bon lieu, en grec, Ἀγαθός ou Ἀγαθή, d'où Agatha, Agde.

Selon le même auteur, le monnayage ibérien des Volkes Arécomiques serait limité entre les années 90 à 77 avant Jésus-Christ. L'an 90 voit commencer la guerre sociale et le soulèvement des peuples transalpins; l'année 77 voit la ruine des Volques Arécomiques, qui, ayant tenu pour Sertorius contre Pompée, sont massacrés, vendus à l'encan, ont leurs villes incendiées et perdent leur territoire, qui est donné aux Massaliètes, fidèles alliés des Romains.

Le style de notre pièce, qui est bon et doit appartenir au monnayage primitif des Tectosages, contredit la date relativement récente que M. Heiss veut lui assigner.

			Poids.	Pres.
3559.	Fleuron en place de tête. ℞. COVED... Croix cantonnée d'une hache et de trois olives, rattachées au centre par des traits déliés.	AR.	2,01.	S.
3560.	Id. Avec COVEDOM.	AR.	2,88.	S.
3561.	Id. Avec fin de légende OM. Pièce rognée.	AR.	2,37.	S.
3562.	Ornement et fleuron en place de tête. ℞. COVED. Croix cantonnée d'une hache et de trois olives.	AR.	2,31.	L.
3563.	Fleuron en place de tête. ℞. SKTV. Croix cantonnée de trois olives et d'une hache.	AR.	1,72.	AF.
3564.	Flan légèrement convexe figurant une tête informe. ℞. Croix cantonnée des lettres VOCK.	AR.	1,90.	L.
3565.	Tête à gauche. ℞. Cheval à gauche; au-dessus, COVS.	AR.	0,20.	S.
3566.	VIII. Tête à droite; devant la bouche, fleuron. ℞. IOO. Daim courant à droite.	AR.	2,06.	S.
3567.	Même pièce, anépigraphe.	AR.	1,98.	S.
3568.	Tête à droite; devant la bouche, fleuron. ℞. CO.. Daim courant à droite.	AR.	1,93.	AF.
3569.	Tête nue à droite. ℞. COL BA. Cheval courant à droite.	AR.	2,52.	S.
3570.	Id.	AR.	1,92.	AF.

[1] *Medaglie ispane*, p. 208.
[2] *Numismatique ibérienne*, p. 171.
[3] *Revue numismatique française*, 1857, p. 11.
[4] *Monnaies antiques de l'Espagne*, p. 433.

			Poids.	Prov.
3371.	Buste à gauche; devant la bouche, fleuron. R. Cheval au pas à gauche; au-dessus, disque.	AR.	1,99.	S.
3372.	Id.	BR.	2,00.	S.
3373.	Tête à droite. R. RN. Cavalier courant à droite.	AR.	2,10.	S.
3374.	Tête d'Apollon à gauche. R. Cheval courant à gauche; dessous, disque.	AR.	2,32.	S.

MM. de la Saussaye et de Saulcy ont vu, dans les monnaies à la croix ou à la roue des Tectosages, une imitation de celles d'Emporiæ et de Rhoda.

M. de Saulcy forme deux grandes divisions : la première, des pièces munies de la hache; la seconde, de celles qui ne le sont pas. Les pièces munies de la hache se subdivisent elles-mêmes en quatre groupes principaux; les pièces non munies de la hache, en trois.

Les variétés qu'une étude attentive m'a fait découvrir sont plus nombreuses. Je vais les énumérer.

Sans la hache :

1° Croix cantonnée de quatre croissants et d'un torques;

2° Croix cantonnée de trois besants et un annelet recouverts par des croissants; tête de nègre;

3° Croix cantonnée d'un S, d'un annelet et d'un croissant, de trois besants reliés par un trait, d'un besant et d'un croissant; tête de nègre;

4° Croix cantonnée d'un point centré, d'un autre point centré et d'un besant, d'un point recouvert par un croissant, d'un S.

Avec la hache :

1° Croix cantonnée de trois besants et d'une hache;

2° Croix cantonnée de trois besants, d'une hache et d'un besant;

3° Croix cantonnée de deux olives, un annelet et une hache, recouverts par des croissants;

4° Croix cantonnée d'une hache, d'une fleur dans un cercle, d'une fleur et d'une roue;

5° Croix cantonnée d'une hache, d'une fleur, d'une roue, d'une fleur;

6° Croix cantonnée d'une hache, d'une rose, d'une fleur à quatre pétales, d'un pavot;

7° Croix cantonnée d'une hache, d'une fleur à quatre pétales, d'un pavot, d'une couronne;

8° Croix cantonnée d'une hache, d'une croix, d'un bouton à fleur, d'une couronne;

9° Croix cantonnée de deux haches, un annelet, une olive;

10° Croix cantonnée d'une hache, d'un point, d'un croissant avec point dedans et dessous, d'un autre point; la tête figurée par un triangle;

11° Croix cantonnée d'une hache, d'une fleur, d'un torques, d'une fleur;

12° Croix cantonnée d'une hache, d'une fleur, d'un triskèle, d'un point;

13° Croix cantonnée d'une hache, d'un point, d'un triskèle, d'un point;

14° Croix cantonnée d'une hache, d'un point, d'un fleuron, d'un point;

15° Croix cantonnée d'une hache, d'un point, d'un point centré, d'un point;

16° Croix cantonnée d'une hache, d'un point centré, d'une hache, d'un point centré;

17° Croix cantonnée d'une hache, d'un besant, d'une roue, d'un besant;

18° Croix cantonnée d'une hache, de trois fleurs avec croissants.

Le poids moyen de la drachme, de 3.52, 3.45, 3.32, 3.22.

Celui des fractions divisionnaires, de 0.45, 0.35, 0.30.

Au monnayage des peuples tectosages viennent se rattacher les pièces au sanglier; celles à la croix cantonnée de trois écrans perlés et d'une hache; une troisième variété à la croix cantonnée : 1° d'une hache; 2° d'une roue perlée; 3° d'un torques; 4° d'une roue perlée; monnaies dont la fabrique et la taille sont celles des Tectosages. Le poids varie entre 2.21 et 2.15. Trouvées en nombre à Castres et à Vinaigre.

Trois autres variétés, à la croix cantonnée d'une hache, d'une olive, d'une fleur, d'une roue; à la croix cantonnée de deux haches et de deux écrans perlés; à la croix cantonnée de deux haches, d'une roue, d'un torques, forment un autre groupe indépendant. Le poids de 1.80, 1.78.

La trouvaille de Blaye, celle de Saint-Sauveur (Gironde), composées de pièces tectosages des Bituriges Vivisques, confirment le dire de Strabon que ce dernier peuple est un rameau étranger détaché en Aquitaine.

M. de Saulcy nous a fait connaître les monnaies des Tectosages réfugiés dans la forêt Noire.

Les mêmes peuples, établis en Galatie à leur sortie de la Thrace, occupèrent le centre du pays. La légende ΣΕΒΑΣΤΗΝΩΝ ΤΕΚΤΟΣΑΓΩΝ des monnaies d'Ancyre rappelle cette occupation.

TARUSATES.

			Poids.	Prov.
3375.	Tête de face grossièrement figurée. R. Élévation globuleuse et allongée.	AR.	3,20.	S.

Trouvée, dit-on, à Eyres (Landes), sur les bords de l'Adour.

Longpérier, *Revue archéologique*, 1845, p. 844.

Saulcy, *Revue numism. franç.*, 1867, p. 12.

3376.	Id.	AR.	3,27.	S.

86 a–f Variétés. F 6237 à 6242.

87 a Variété. H (L'Isle...) 1758.
87 b Variété. M 8059.

520 a Arverni? — Tête d'Apollon. Rx. Bige. Dans le ch., astre et cheval marin. AV. 8.38

520 aa Arverni? — Tête d'Apollon lauré à dr., cheveux bouclés. Rx Bige. L'aurige brandit une épée. Dans le ch., épi sur sa tige et une autre figure (?). Ad ex., traces de la légende ΦΙΛΙΠΠΟΥ Stat. AV 21 — Vente Girard, 104. 8 g 04. N 3839

Poids. Prov.

3577. Id. AR. 3,20. S.
3578. Id. AR. 3,32. S.
3579. Id. AR. 3,10. S.
3580. Id. AR. 3,26. S.
3581. Id. AR. 3,07. S.
3582. Id. AR. 2,92. S.
3583. Id. AR. 2,82. S.
3584. Id. AR. 2,43. S.
3585. Id. AR. 2,76. L.
3586. Id. AR. 3,20. L.

CLUSATES.

3587. Flan convexe. Tête informe.
℞. Flan concave. Cheval à gauche. AR. 2,90. S.
3588. Id. AR. 3,08. S.
3589. Id. AR. 2,93. L.
3590. Id. Le type du revers à peine apparent. AR. 3,10. S.
3591. Id. AR. 2,99. S.
3592. Id. (*Trouvée à Manciet, Gers.*) AR. 3,15. S.
3593. Id. AR. 2,75. S.
3594. Id. AR. 2,63. S.
3595. Id. AR. 2,94. AF.
3596. Id. AR. 2,93. AF.
3597. Tête barbare.
℞. Cheval à gauche. Le flan n'est plus concave. AR. 2,97. S.
3598. Id. AR. 1,75. S.
3599. Flan convexe. Tête informe.
℞. Flan concave. Cheval à gauche. AR. 2,76. L.
3600. Id. AR. 3,02. L.
3601. Id. AR. 2,72. L.
3602. Flan convexe. Globule.
℞. Flan concave. Cheval à gauche. AR. 0,40. S.
3603. Tête informe.
℞. Cheval à gauche. BR. 3,20. S.

Chaudruc de Crazannes, *Revue numism. franç.*, 1847, p. 173.
La Saussaye, *Revue numism. franç.*, 1851, p. 11.

SOTIATES.

3604. REX ADIETVANVS FE. Tête informe.
℞. SOTIOTA. Louve marchant à gauche. AR. 2,53. S.

Poids. Prov.

3605. Id. AR. 1,87. S.
3606. Id. BR. 2,57. S.
3607. Id. BR. 2,30. S.
3608. Id. BR. 1,80. S.
3609. Id. AR. 2,13. AF.
3610. Id. AR. 2,61. AF.
3611. Id. BR. 2,12. AF.
3612. Id. BR. 2,10. L.
3613. Id. BR. 2,35. L.

Le revers est celui de la famille Satriena.
L. de la Saussaye, *Revue numism. franç.*, 1851, p. 13.
A. de Longpérier, *Revue numism. franç.*, 1864, p. 342.

ARVERNI.

3614. Tête d'Apollon, laurée, à droite.
℞. ΦΙΛΙΠΠΟΥ. Bige à droite; sous les chevaux, monogramme A; au-dessous du monogramme, foudre; au-dessous de la légende, épi couché. *Or.* statère. 8,38. S.
3615. Tête laurée d'Apollon, à droite.
℞. ΦΙΛΙΠΠΟΥ. Bige à droite; A et foudre dans le champ; à l'exergue, épi. Moulins. OR. 7,80. S.
3616. Id. OR. 8,33. AF.
3617. Id. OR. 8,25. AF.
3618. Tête laurée d'Apollon à droite; derrière, E.
℞. ΦΙΛΙΠΠΟΥ. Bige à droite. OR. 8,35. AF.
3619. Tête laurée d'Apollon à droite; devant, E.
℞. ΦΙΛΙΠΠΟΥ. Bige à droite; A et foudre dans le champ; à l'exergue, épi. OR. 7,70. AF.
3620. Tête d'Apollon laurée, à droite.
℞. ΦΙΛΙΠΠΟΥ, Bige à droite; sous les chevaux, monogramme A et tête radiée de face. OR. 8,15. S.
3621. Tête d'Apollon à droite.
℞. ΠΑΙΠΠΟ. Bige à droite; sous les chevaux, AO. OR. 7,85. AF.
3622. Tête d'Apollon à droite; devant, E.
℞. ΙΙΙΠΛΟ. Bige à droite; A et foudre dans le champ; à l'exergue, épi. OR. 7,82. AF.

			Poids.	Prov.
3623.	Tête d'Apollon laurée, à droite. R. ΦΙΛΙΠΠ. Bige à droite; ⱯP et foudre dans le champ; à l'exergue, épi.	OR.	7,78.	AF.
3624.	Id. Avec ΦΙΛΙΠΠΟΥ.	OR.	7,57.	AF.
3625.	Id. Avec ΛΙΠΠ.Π.	OR.	7,67.	AF.
3626.	Tête laurée d'Apollon à droite; devant, E. R. Bige à droite; ⱯP et foudre dans le champ; épi à l'exergue et ΦΙΛΙΠΠΟΥ.	OR.	7,80.	AF.
3627.	Tête d'Apollon laurée à droite. R. ΥΠΠΝΙΟΥ. Bige à droite; sous les chevaux, triskèle.	OR.	7,90.	AF.
3628.	Tête laurée d'Apollon à droite; devant, S; sous le cou, fleuron. R. Légende barbare. Bige à droite; sous les chevaux, triskèle et foudre.	OR.	7,34.	AF.
3629.	Tête d'Apollon à droite. R. ΦΙΛΙΠΠΙ. Bige à droite; monogramme, foudre et épi. Un quart de statère.	OR.	2,07.	S.
3630.	Tête d'Apollon à droite. R. ΝΠΠΟΥ, Bige à droite; sous les chevaux, ⱯP et foudre.	OR.	2,12.	S.
3631.	Tête d'Apollon. R. Aurige, armé du stimulus, dirigeant un cheval à droite; ⱯP et foudre dans le champ.	OR.	1,93.	S.
3632.	Id.	OR.	1,94.	S.
3633.	Tête d'Apollon. R. Aurige dirigeant un cheval à droite; dessous, ⱯP.	OR.	2,07.	S.
3634.	Id.	OR.	1,70.	S.
3635.	Tête d'Apollon à droite; sur la joue, S. R. Aurige dirigeant le cheval; dessous, ⱯP.	OR.	1,96.	S.
3636.	Tête d'Apollon à droite. R. Aurige armé du stimulus, avec le guidon carré derrière l'épaule, dirigeant un cheval à droite; monogramme ⱯP et triskèle.	OR.	1,97.	S.
3637.	Tête d'Apollon. R. Aurige dirigeant le cheval; monogramme ⱯP.	OR.	1,92.	S.
3638.	Tête d'Apollon. R. Même type; sous le cheval, Δ.	OR.	2,07.	S.
3639.	Tête d'Apollon à droite; globule sous le cou. R. Aurige dirigeant un cheval à droite; lyre dans le champ.	OR.	2,00.	S.
3640.	Tête d'Apollon. R. Bige à droite; dans le champ, ⱯP (et épi. ?)	OR.	2,05.	S.
3641.	Tête d'Apollon. R. Aurige dirigeant un cheval; dessous, ⱯP.	OR.	2,00.	S.
3642.	Id.	OR.	1,98.	S.
3643.	Id. Monogramme ⱯP.	OR.	2,05.	S.
3644.	Tête d'Apollon. R. Aurige, armé du stimulus, dirigeant un cheval sous lequel ⱯPo.	OR.	1,90.	AF.
3645.	Tête d'Apollon. R. Aurige dirigeant le cheval; dessous, monogramme ⱯP, épi et foudre.	OR.	1,97.	AF.
3646.	Id.	OR.	1,97.	AF.
3647.	Tête non laurée à droite. R. Cheval à droite dirigé par un aurige; sous le cheval, Π.	OR.	1,85.	AF.
3648.	Tête laurée d'Apollon à gauche. R. Aurige dirigeant le cheval; dessus, ⱯP.	OR.	2,09.	S.
3649.	Tête d'Apollon à gauche; derrière, point centré. R. Aurige à droite; sous le cheval, Δ.	OR.	2,05.	S.
3650.	Tête d'Apollon à gauche. R. Aurige dirigeant le cheval; dessous, ⱯP, foudre, épi.	OR.	1,96.	S.
3651.	Tête d'Apollon à gauche; sur le cou, S. R. Aurige à droite; monogramme ⱯP.	OR.	1,85.	S.
3652.	Tête de Parthénope à gauche, les cheveux ceints d'un bandeau, ornée de pendants d'oreilles. R. ΦΙΛΙΠΠΟΥ. Bige à droite; dans le champ, mo-			

3628^a Tête d'Apollon laurée à dr. R. Bige à droite; au dessous, symbole indéterminé. AV. 7,40. — M 8158 —
3629^a Exemplaire de bon style et sans symbole (peut-être grec) — demi-statère
3630^a Tête à dr. de l'Apollon aux cheveux bouclés (trois rangées de cheveux), longues et fines moustaches. R Bige à dr. [illegible]. Or. ¼ stat. 2,02 — M 6877 —
3630^b Autre exemplaire. Légende ΦΙΛΙΠΠΟ. Or ¼ stat. demi statère 4,02
3630^c Autre exemplaire. Ens symbole à l'ex. grain d'orge. Or ¼ stat. demi statère 4,13
pas de trace de [illegible]

3646 a. Arverni. Tête imberbe à dr. R Aurige, et symbole. Or pâle 1,74
N° 3792.

3654[a] Tête laurée d'Apollon à dr. R̸. Bige à dr. ; sous les chevaux, trident, Alix. ΠΠΠ.
(trouvé chez les Volcae Tectosages) AV 20 mm. 7,59
L 3313
3654[b] Tête laurée d'Apollon à dr. (type flou). R̸. Bige à dr., les chevaux de formes grossières arrondies, les pieds en globules ; sous leur ventre, trident. Al[illegible]. ΠΠΠΠ.
(d°) AV 20 mm. 7,78
L 3314
3655[a] Tête laurée d'Apollon. R̸ Bige à dr. [illegible]. ΠΛΠ. AV. P 684 7,53
[illegible] sous les chevaux. [illegible], foudre
3667[a] Tête bouclée à g. R̸. Cheval à g. dirigé par un aurige, balustrade et roue du char sur le devant, entre les jambes du cheval, fleuron cruciforme ; Alix, ΙΠΠΠ. 2,05 — M 7448 —

3672[a] Tête à gauche, croix sur la joue (×) R̸ [illegible] Cheval à gauche, croix (+) et aurige au-dessus. Or. 7 gr. 40.
L 3317

1992 | 36

Poids. Pres.

nogramme ᴬᴾ et foudre; à l'exergue, un épi. OR. 8,04. S.

3653. Tête barbare de Parthénope à gauche.
R. Bige à droite; foudre. OR. 7,64. S.

Les nos 3652 et 3653 sont une imitation du droit de la monnaie de Naples par les Arvernes.

3654. Tête laurée à droite.
R. Bige à droite; sous les chevaux, monogramme dégénéré; à l'exergue, ΠΙΠΙΙΙ. OR. 7,45. AF.

3655. Tête laurée à droite; annelet sur le cou.
R. ΟΑΙΙ. Bige à gauche; sous les chevaux, triskèle. OR. 7,95. S.

3656. Tête d'Apollon à droite avec le bâton d'aune sur la joue.
R. Bige à droite; sous les chevaux, fleur à quatre pétales. OR. 7,86. S.

3657. Même tête; la joue contremarquée d'un sanglier.
R. ΙΙΙΥ.Ρ. Personnage dans un bige à droite; monogramme ᴬᴾ sous les pieds des chevaux. OR. 7,75. L.

3658. Tête d'Apollon avec le bâton d'aune.
R. ΠΠΟ. Bige à droite; foudre et épi dans le champ. OR. 7,93. L.

3659. Même tête.
R. Même bige; sous les chevaux, ᴬᴾ; à l'exergue, Η. OR. 7,77. S.

3660. Même tête.
R. Bige à droite; sous les chevaux, ᴬᴾ. OR 7,62. S.

3661. Tête, avec le bâton d'aune sur la joue.
R. Bige à droite dirigé par un aurige; sous les chevaux, roue et épi; à l'exergue, ΟΥ. OR. 7,57. S.

3662. Même tête.
R. Bige à droite; sous les chevaux, roue; à l'exergue ⌒ΡΥ. OR. 7,50. AF.

3663. Tête d'Apollon à droite, avec le bâton sur la joue.
R. Aurige dirigeant un cheval à gauche; dessous, triskèle et Ο. 1/4 st. OR. 1,87. S.

3664. Même tête.
R. Aurige dirigeant un cheval à droite. OR. 1,92. S.

3665. Même tête.
R. Aurige dirigeant un cheval à droite; devant, X; sous les chevaux, roue; à l'exergue, ΟΙΙ. OR. 1,82. S.

3666. Tête laurée d'Apollon à droite.
R. Cheval libre galopant à gauche; au-dessus, astre rayonnant; sous le cheval, lyre renversée; à l'exergue, sorte de méandre. OR. 1,83. AF.

3667. Tête d'Apollon à droite avec un cheval renversé sur la joue.
R. Cheval à droite; au-dessus, torse d'aurige; derrière, une feuille; dessous, astre à cinq rayons. OR. 2,01. AF.

3668. Tête d'Apollon à droite avec la branche d'aune, la joue contre-marquée d'un cheval surmonté d'un oiseau.
R. ΡΡΙΙΙ, bige à droite. OR. 7,38. S.

3669. Tête d'Apollon à droite; sur le cou, triquetra dégénérescence du monogramme; dessous, fleuron; devant la bouche, fleuron.
R. Bige à droite; sous les chevaux, triquetra et foudre. OR. 7,87. S.

3670. Quart de statère aux mêmes types, la triquetra sur la joue. OR. 1,90. S.

3671. Id. OR. 1,82. AF.

3672. Tête d'Apollon à droite; triquetra sur le cou; devant la bouche, fleuron; sous la tête, accolade.
R. Bige à droite; sous les chevaux, triquetra et croissant. OR. 7,41. S.

Hucher, *Art gaulois*, 1re partie, planche 37, n° 1.

3673. Id. OR. 7,59. S.

3674. Id. OR. 7,30. S.

3675. Tête barbare à droite.
R. Bige à droite; sous les chevaux, lyre renversée. OR. 7,45. AF.

3676. Tête d'Apollon à droite; devant la bouche, fleuron; sous le cou, autre fleuron.
R. Aurige dirigeant un che-

			Poids.	Prov.
	val à droite; dessous, triquetra et foudre.	OR.	1,82.	S.
3677.	Tête nue d'Apollon à droite; sur le cou, point centré. R. Bige à gauche; sous les chevaux, fleur.	OR.	7,63.	S.
3678.	Id.	OR.	7,83.	S.
3679.	Tête d'Apollon à droite. R. Bige à gauche; sous les chevaux, écran perlé.	OR.	7,83.	S.
3680.	Id.	OR.	7,48.	S.
3681.	Tête d'Apollon à droite. R. Bige à gauche; à l'exergue, traces de légende.	OR.	7,75.	S.

ARVERNES SOUS LA SUPRÉMATIE ÉDUENNE.

			Poids.	Prov.
3682.	Tête à droite; cinq touffes de cheveux en forme de S. R. Cheval à droite; dessous, fleur renversée.	AR.	1,97.	S.
3683.	Tête nue à droite. R. Cheval au galop à droite; dessus, oiseau; dessous, fleur renversée.	AR.	2,00.	AF.
3684.	Id.	AR.	1,91.	AF.
3685.	Id.	AR.	1,95.	AF.
3686.	Id.	AR.	2,02.	AF.
3687.	Id.	AR.	2,04.	AF.
3688.	Id.	AR.	2,00.	AF.
3689.	Id.	AR.	2,05.	AF.
3690.	Id.	AR.	2,04.	AF.
3691.	Id.	AR.	2,07.	S.
3692.	Id.	AR.	2,06.	S.

ARVERNES INDÉPENDANTS.

			Poids.	Prov.
3693.	Tête laurée à droite; devant la bouche, fleuron. R. Bige à droite; dessous, triquetra, flan large.	OR.	7,15.	S.
3694.	Quart de statère aux mêmes types.	OR.	1,75.	S.
3695.	Tête à gauche. R. Aurige dirigeant un cheval à gauche; dessous, triquetra.	OR bas.	6,54.	S.
3696.	Tête à droite. R. Aurige dirigeant un cheval à gauche; dessous, étoile à quatre rayons.	OR.	6,90.	S.
3697.	Id.	OR.	6,86.	S.
3698.	Tête jeune imberbe, à gauche. R. Cheval galopant à gauche; au-dessus, oiseau; devant, S; dessous, point dans un cercle de perles.	OR.	6,73.	AF.
3699.	Tête jeune imberbe, à gauche. R. Cheval galopant à gauche; au-dessus, un oiseau, dont les pattes s'attachent à sa crinière; dessous, fleur.	OR.	6,86.	AF.
3700.	Tête à gauche avec un filet de barbe. R. Aurige dirigeant un cheval à gauche; dessous, une roue.	OR.	7,40.	S.
3701.	Tête jeune imberbe, à gauche; le cou orné d'un collier. R. Cheval à gauche; dessus, un oiseau; dessous, une roue.	OR.	7,40.	AF.
3702.	Id.	OR.	7,59.	S.
3703.	Id.	OR.	7,40.	S.
3704.	Id.	OR.	7,55.	S.
3705.	Id.	OR.	7,45.	S.
3706.	Id.	OR.	7,42.	S.
3707.	Id.	OR.	7,42.	S.
3708.	Id.	OR.	7,40.	S.
3709.	Tête à droite; point centré sur le cou. R. Cheval à droite; dessous, légende simulée.	OR.	7,35.	S.
3710.	Tête à gauche. R. Cheval en liberté à gauche; dessus et dessous, cercle centré.	OR.	7,46.	S.
3711.	Même tête. R. Cheval à gauche; dessus et dessous, cercle.	OR.	7,54.	S.
3712.	Tête nue à gauche. R. Cheval à gauche; dessus et dessous, croissant. (*Trouvaille de Pionsat.*)	OR.	7,35.	AF.
3713.	Id. (*Pionsat.*)	OR.	7,35.	AF.
3714.	Id.	OR.	7,41.	S.
3715.	Tête à gauche. R. Cheval à droite; dessous, un lévrier.	OR.	7,25.	S.
3716.	Tête jeune imberbe, à gauche. R. Cheval à droite; dessous, un lévrier. (*Pionsat.*)	OR.	3,25.	S.
3717.	Tête imberbe à droite.			

3718a Tête barbare à g. R. Cheval galopant à dr., surmonté d'une Victoire; au-dessous, lévrier (Lengyel dit : sanglier). AV 7,39 — M 8110 —

3718b Arverni (?). Branche occupant tout le champ (disposition en croix de feuilles ?). R. Les deux chevaux du bige courant à dr.; au-dessous, sanglier à dr., la queue nouée. AV 18 mm. 5,73
— L 3319 —

3736 [illegible] Pionsat Palmier (?) dessous le cheval Imitation des types de Carthage?
cf. [illegible] [illegible] ; CB. [illegible] no. 1257 p. 162 ; et Fabre, 1857, p. 155
voir aussi 4133, 6306, 6785, [illegible], [illegible], 7703, 6834, 6760

3739a Variété — M 7443.

Poids. Prov.

R. Cheval à droite; dessous, lévrier. OR. 7,45. AF.

3718. Id. OR. 7,38. S.

ATAV.

3719. Tête à gauche; devant, petite figure debout tenant un long bâton.
R. Cheval à gauche; dessus, fleuron; dessous, triquetra. OR. 7,44. S.

3720. Id. OR. 7,50. S.

3721. Id. OR. 7,45. S.

3722. Id. avec ATAV. OR. 7,38. S.

3723. Id. id. (*Pionsat.*) OR. 7,45. AF.

3724. Id. moins la légende. OR. 7,44. AF.

3725. Tête fruste à gauche.
R. Cheval à gauche; sur la croupe, une cigogne. (*Pionsat.*) OR. 7,35. AF.

3726. Tête jeune imberbe à gauche.
R. Cheval à gauche; dessous, triskèle. (*Pionsat.*) OR. 7,32. AF.

3727. CAMVLO. Tête imberbe à gauche.
R. Cheval à gauche; dessus, fleuron; dessous, bouclier. Exemplaire unique. OR. 7,35. AF.

Hucher, *Revue numism. franç.*, 1863, p. 298.)

3728. Tête à gauche avec le torques au cou.
R. Cheval à gauche; au-dessus, fleuron; dessous, bouclier. OR. 7,48. S.

3729. Tête à gauche.
R. Cheval à gauche, au-dessus, fleuron; dessous, ... OR. 7,55. S.

3730. Id. 1/4 st. OR. 1,85. S.

3731. Tête nue à gauche.
R. Cheval à gauche; dessus, fleuron. (*Pionsat.*) OR. 7,52. AF.

3732. Tête à gauche.
R. Cheval à droite; au-dessus, aigle éployé; dessous, lévrier. OR. 7,45. S.

3733. Id. OR. 7,44. S.

3734. Id. (*Pionsat.*) OR. 7,32. AF.

3735. Tête à droite.
R. Cheval à droite; dessus, aigle éployé; dessous, lévrier. (*Pionsat.*) OR. 7,40. AF.

Poids. Prov.

3736. Tête jeune imberbe, nue, à gauche.
R. Cheval à gauche; dessus, fleuron; dessous, bouclier. (*Pionsat.*) OR. 7,44. AF.

3737. Tête à gauche.
R. Cheval à gauche; au-dessus, étendard; dessous, lyre. OR. 7,45. S.

3738. Id. OR. 7,46. S.

3739. Id. OR. 7,40. S.

3740. Tête à gauche.
R. Cheval à gauche; dessus et dessous, lyre. OR. 7,48. S.

3741. Tête à gauche.
R. Aurige dirigeant un cheval à gauche; dessous, lyre. OR. 7,43. S.

3742. Tête jeune imberbe, à gauche.
R. Cheval à gauche; dessous, tête de taureau. (*Pionsat.*) OR. 7,37. AF.

3743. Tête à gauche.
R. Cheval à gauche; dessous, triskèle. (*Pionsat.*) OR. 6,03. AF.

3744. Tête jeune imberbe à gauche.
R. Cheval à gauche; dessus, ...; dessous, triskèle. (*Pionsat.*) OR. 7,61. AF.

3745. Tête nue à gauche.
R. Cheval à gauche; dessus, S couché; dessous, amphore. OR. 7,05. S.

3746. Id. OR. 7,35. S.

3747. Id. OR. 7,31. AF.

3748. Id. Pièce fourrée. OR. 4,61. AF.

3749. Id. Electrum bas. 4,95. S.

3750. NIIS. Tête à gauche.
R. Cheval à gauche; dessous, lyre. OR. 7,42. S.

3751. SUN. Tête à gauche.
R. Cheval galopant à gauche; dessous, lyre. (*Pionsat.*) OR. 7,42. AF.

3752. Tête à gauche.
R. Cheval à gauche; dessus, lyre; dessous, fleur à quatre pétales. OR. 7,38. S.

3753. Id. (*Pionsat.*) OR. 7,37. AF.

3754. Id. OR. 7,33. AF.

3755. Tête jeune imberbe, nue, à gauche.

Poids. Prov.

R. Cheval à gauche; dessus, fleuron; dessous, cigogne mangeant un serpent. OR. 7,30. S.

3756. Id. OR. 7,42. AF.

3757. Tête laurée à gauche.
R. Cheval à gauche; dessus, S couché; dessous, amphore. OR. 7,38. S.

3758. Id. (*Pionsat.*) OR. 7,40. AF.

3759. Id. OR. 7,46. L.

3760. Tête à gauche.
R. OMONDON. Cheval à gauche; dessous, lyre. Légende nouvelle. Exemplaire unique. OR. 7,40. S.

3761. CAS. Tête jeune diadémée à gauche.
R. Cheval à gauche; dessus, lyre; dessous, fleur à quatre pétales. OR. 7,47. S.

3762. Id. (*Pionsat.*) OR. 7,45. AF.

3763. Id. OR. 7,24. AF.

3764. CAS. Même tête.
R. Cheval à gauche; dessus, fleuron; dessous, cigogne mangeant un serpent. OR. 7,35. S.

3765. Id. OR. 7,35. AF.

3766. Id. (*Pionsat.*) OR. 7,42. AF.

3767. CAS. Même tête.
R. Cheval à gauche; dessus, S couché; dessous, amphore. OR. 7,32. S.

3768. Id. OR. 7,47. L.

3769. Anépigraphe aux mêmes types. BR. 4,40. S.

3770. Tête jeune imberbe, à gauche.
R. Cheval à gauche; dessus S couché; dessous, point centré. AR. 2,37. AF.

3771. Tête jeune, à gauche.
R. Cheval à gauche; dessus et dessous, cercle. BR. 1,74. AF.

MONNAIES AU NOM DE VERCINGETORIX.

3772. ....NGETORI.. Tête imberbe, jeune, nue, à gauche.
R. Cheval à gauche; dessus, S couché; dessous, amphore. OR. 7,41. S.

3773. Id. Avec VERCIN... OR. 7,46. S.

3774. Id. Avec VERCINGETORIXS. (*Pionsat.*) OR. 7,45. AF.

3775. Id. Avec ......TORIXIS. (*Pionsat.*) OR. 7,44. AF.

3776. Id. Avec VERCI... Pionsat. OR. 7,48. AF.

Poids. Prov.

3777. VERCINGETORIXS. Tête jeune, nue, à gauche.
R. Cheval à droite; au-dessus, croissant; dessous, amphore. OR. 7,47. S.

3778. Id. Avec ..RCINGETORIXS. OR. 7,40. S.

3779. Id. Avec ...ORIXS. (*Pionsat.*) OR. 7,45. AF.

3780. Id. Avec ...NGETORIXS. OR. 7,40. L.

3781. Tête d'Apollon, à droite.
R. Pégase à gauche; dessous, fleuron. AR. 1,07. S.

3782. Même tête.
R. Pégase à droite; dessous, cercle centré. AR. 0,35. S.

3783. Tête nue à gauche.
R. Cheval à gauche; dessus et dessous, cercle. Pièce fourrée. AR. 2,30. S.

3784. Tête à gauche; filet de barbe.
R. Cheval galopant à gauche; au-dessus, roue; dessous, cigogne. AR. 2,22. S.

3785. Id. AR. 2,11. S.

3786. Id. AR. 2,19. S.

3787. Id. Moins la cigogne. AR. 2,15. S.

3788. Id. Id. AR. 2,20. S.

3789. Id. Id. (*Puy de Corent*, 1862.) AR. 2,00. S.

3790. Id. La roue n'est pas apparente. AR. 2,27. S.

3791. Tête à gauche; filet de barbe.
R. Cheval galopant à gauche; dessous, cigogne. AR. 2,16. S.

3792. Id. Pièce fourrée. AR. 1,45. S.

3793. Id. AR. 2,00. S.

3794. Tête à gauche; filet de barbe.
R. Cheval galopant à gauche; roue au-dessus. AR. 2,02. AF.

3795. Tête à gauche.
R. Cheval à gauche; dessous, roue à quatre rayons partant d'un annelet. AR. 2,17. AF.

3796. Tête à gauche.
R. Cheval à gauche; au-dessus, roue; dessous, oiseau. AR. 1,65. AF.

3797. Id. AR. 2,21. AF.

3798. Tête à gauche; filet de barbe.
R. Cheval à gauche. AR. 1,75. AF.

3799. Tête à gauche.
R. Cheval à gauche; dessous, oiseau. AR. 1,77. AF.

			Poids.	Prov.
3800.	Id.	AR.	2,30.	AF.
3801.	Tête à droite. R. Lisse.	AR.	2,20.	AF.
3802.	Tête à gauche; filet de barbe. R. Cheval à gauche; dessous, cigogne.	AR.	2,22.	S.
3803.	Tête à gauche. R. Cheval galopant à gauche; au-dessus, S couché; dessous, sanglier à gauche. (*Coreus.*)	AR.	2,30.	S.
3804.	Id.	AR.	2,30.	S.
3805.	Tête à droite. R. Cheval galopant à gauche; dessous, sanglier dans le même sens.	AR.	1,90.	S.
3806.	Id.	AR.	2,30.	S.
3807.	Tête à droite. R. Cheval galopant à gauche; au-dessus, S couché; dessous, sanglier.	AR.	0,50.	S.
3808.	Cheval à gauche; au-dessus, S couché. R. Même type incus.	AR.	2,22.	S.
3809.	Tête casquée à gauche. R. Cheval galopant à gauche; au-dessus, S couché.	AR.	2,15.	S.
3810.	Tête à gauche. R. Cheval galopant à gauche; au-dessus, S couché.	AR.	1,45.	S.
3811.	Id.	AR.	1,72.	S.
3812.	Tête à droite. R. Cheval galopant à droite; dessus, S couché; dessous, bucrâne.	AR.	1,85.	S.
3813.	Id. Moins le signe S.	AR.	2,45.	S.
3814.	Tête à gauche. R. Cheval galopant à droite; dessus, S couché; dessous, arbuste.	AR.	2,35.	S.
3815.	Tête à gauche, filet de barbe. R. Cheval galopant à gauche; au-dessus, S couché; dessous, arbuste.	AR.	1,81.	S.
3816.	Tête à gauche. R. Cheval galopant à droite; dessus, S couché; dessous, croissant.	AR.	2,52.	S.
3817.	Tête à gauche. R. Cheval à gauche, dirigé par un aurige.	AR.	2,13.	S.
3818.	Tête à droite. R. Type confus.	AR.	2,33.	S.
3819.	Tête diadémée à gauche. R. Cheval à droite; au-dessus, triskèle. (*Vieille Toulouse.*)	AR.	1,30.	S.
3820.	Tête à gauche. R. Cheval à gauche; au-dessus, S couché.	AR.	1,80.	S.
3821.	Tête à gauche. R. Cheval galopant à gauche; au-dessus, lyre; dessous, triskèle. (*Gergovie.*)	BR.	2,28.	S.
3822.	Tête à gauche. R. Cheval à gauche.	AR.	2,33.	S.
3823.	Tête à droite. R. Cheval galopant à droite.	AR.	2,35.	S.
3824.	Tête à gauche. R. Cheval à gauche; dessous, étendard.	AR.	2,22.	S.
3825.	Tête à droite. R. Cheval à droite; dessous, lévrier.	AR.	1,98.	S.
3826.	Id.	AR.	2,34.	S.
3827.	Id.	AR.	2,05.	S.
3828.	Tête à droite. R. Cheval à droite; au-dessus, roue; dessous, lévrier.	AR.	1,82.	S.
3829.	Tête à gauche. R. Cheval galopant à droite.	AR.	1,08.	S.
3830.	Tête à gauche. R. Cheval à gauche, dont on n'aperçoit que le buste.	AR.	0,92.	S.
3831.	Tête à gauche. R. Cheval galopant à gauche. Pièce fourrée.	AR.	1,63.	S.
3832.	Id.	AR.	1,30.	S.
3833.	Tête à gauche. R. Pégase à gauche.	AR.	0,95.	S.
3834.	Tête virile nue, à droite. R. Cheval libre galopant à droite; au-dessus, tête.	AR.	0,57.	S.
3835.	Id.	AR.	0,70.	S.
3836.	Tête à droite. R. Cheval à droite; au-dessus, S couché.	AR.	0,48.	S.
3837.	Tête à droite. R. Cheval à droite; au-dessus, entrelacs; dessous, A.	AR.	0,32.	S.
3838.	Tête à gauche, filet de barbe. R. Cheval à gauche; dessous, cercle.	AR.	0,53.	S.
3839.	Tête à droite.			

Poids. Prov.

℞. Cheval à droite; dessus, O. AR. 0,55. S.

3840. Tête à gauche.
℞. Cheval à droite; dessus et dessous, point centré. AR. 0,42. S.

3841. Uniface.
℞. Cheval à gauche; dessus et dessous, point centré. AR. 0,83. S.

3842. Uniface.
℞. Cheval à droite. AR. 1,03. S.

3843. Uniface.
℞. Cheval à gauche. AR. 0,29. S.

3844. Tête à gauche.
℞. Cheval à droite; dessous, S couché. AR. 1,40. S.

3845. Tête à gauche.
℞. Cheval à gauche. AR. 0,40. S.

3846. Tête à gauche.
℞. Cheval à droite. AR. 0,31. S.

3847. Tête à droite.
℞. Cheval à droite; au-dessus, bouclier. AR. 0,35. S.

3848. Id. AR. 0,41. S.

3849. Tête à gauche.
℞. Cheval à gauche; dessus et dessous, cercle. AR. 0,28. S.

3850. Id. AR. 0,28. S.

3851. Id. AR. 0,26. S.

3852. Id. AR. 0,30. S.

3853. Id. AR. 0,45. S.

3854. Id. A dans le cercle de dessous. AR. 0,47. S.

3855. Tête à gauche.
℞. Cheval à gauche; dessus, S couché; dessous, X. AR. 0,35. S.

3856. Id. AR. 0,32. S.

3857. Tête à droite.
℞. Cheval galopant à droite. AR. 0,28. S.

3858. Tête à gauche.
℞. Cheval à droite. AR. 0,55. S.

3859. Tête à gauche.
℞. Cheval à gauche; au-dessus, S couché; dessous, roue. AR. 0,51. S.

3860. Tête à gauche.
℞. Cheval à gauche; au-dessus, point. (*Puy de Corent.*) AR. 0,39. S.

3861. Tête à droite.
℞. Lévrier à gauche; au-dessus, croix. Pièce fragmentée. AR. 0,42. S.

3862. Tête d'Apollon à droite.
℞. IIIIT. Bige à droite; sous le cheval, triskèle et foudre; à l'exergue, épi. Cuivre doré. 4,78. S.

Poids. Prov.

3863. Tête d'Apollon à gauche.
℞. Cheval à gauche. Cuivre doré. 4,05. S.

3864. Tête d'Apollon à gauche.
℞. Cheval à gauche; au-dessus, fleuron. BR. 4,71. S.

3865. CVNVANOS. Tête jeune imberbe, à gauche.
℞. Cheval tourné à gauche. AR. 2,10. S.

3866. Tête imberbe à gauche.
℞. Cheval à gauche; au-dessus, S couché; dessous, 4. BR. 2,97. S.

3867. Tête imberbe à gauche.
℞. Cheval à gauche; au-dessus, S couché; dessous, pentagone. BR. 3,12. S.

3868. DCVNVANOS. Même tête.
℞. Cheval à gauche; dessus, S couché; dessous, O. BR. 2,30. S.

3869. ...NOS. Même tête.
℞. Cheval à gauche; dessus, S couché; dessous, Θ. BR. 2,25. S.

3870. ...ANOS. Même tête.
℞. Cheval à gauche; au-dessus, S couché. BR. 2,23. L.

3871. CVNVANOS. Même tête.
℞. Cheval à gauche. BR. 1,80. S.

3872. CVNVANOS. Même tête.
℞. Cheval à gauche; entre les jambes de devant, A. BR. 1,84. S.

3873. ..NVANOS. Même tête.
℞. Cheval à gauche; dessus, S couché; dessous, Θ. BR. 1,05. S.

3874. ...VANOS. Même tête.
℞. Cheval à gauche; entre les jambes AA. (*Trouvé au Puy de Corent*, 1862.) BR. 2,35. S.

3875. ....VA... Même tête; derrière, A.
℞. Cheval à gauche; dessous, O. BR. 1,50. S.

3876. Tête jeune imberbe, à gauche.
℞. Cheval à gauche. BR. 2,62. S.

3877. Id. BR. 2,07. L.

3878. Id. BR. 2,30. L.

3879. Tête jeune imberbe, à gauche.
℞. Cheval à gauche; au-dessus, S couché; dessous, pentagone. BR. 2,67. S.

3880. .. Tête à gauche.
℞. Cheval à gauche; dessus,

Poids. Prov.

S couché; dessous, pentagone et O. BR. 1,20. S.

3881. Tête jeune imberbe, à gauche.
℟. Cheval à gauche; dessous, pentagone. BR. 2,49. S.

3882. Tête à gauche.
℟. Cheval à gauche; dessus, S couché; dessous, pentagone et O. AR. 0,95. S.

3883. Tête jeune imberbe, à gauche.
℟. Cheval à gauche; dessous, pentagone. BR. 2,79. S.

EPASNACTUS.

3884. Buste jeune, imberbe, tourné à droite; les cheveux séparés par un bandeau; torques et paludamentum. Au devant du cou, fleuron.
℟. EPAD. Cavalier au galop à droite, avec un vêtement flottant derrière la tête. AR. 2,10. S.

3885. Id. AR. 2,40. S.

3886. ... Tête nue à droite.
℟. IIPAD. Cavalier coiffé du pileus et armé d'une lance, galopant à droite; dessous, ∾∽. BR. 2,06. S.

3887. Id. BR. 2,75. S.

3888. Id. Avec CICIIDV BRI IIPAD. BR. 1,78. S.

3889. Id. Avec .ICIIDV BRI. BR. 2,94. S.

3890. Id. BR. 2,55. S.

3891. ... IIDV BRI. Même buste; derrière, pentagone.
℟. Cavalier galopant à droite; dessous, ∾∽. BR. 1,80. S.

3892. Id. Avec légendes complètes. BR. 2,59. S.

3893. Id. BR. 1,50. S.

3894. Id. BR. 1,84. S.

3895. Id. BR. 2,48. AF.

3896. Id. BR. 2,28. AF.

3897. CICIIDV BRI. Buste viril à droite.
℟. IIPAD. Cavalier armé d'une lance, au galop, à droite; sous le cheval, ∾∽. BR. 1,48. L.

3898. Id. Avec étoile derrière le buste. BR. 2,94. L.

3899. Id. BR. 3,02. L.

Poids. Prov.

3900. EPAD. Buste jeune, imberbe, casqué, à droite; le casque lauré, orné d'une crista.
℟. Guerrier debout, tenant de la main droite une enseigne militaire munie de deux ailes; de la gauche, un bouclier rond et une lance. Son épée, soutenue par un ceinturon, passe derrière le bouclier. Casque dans le champ. AR. 1,88. S.

LE DROIT IMITÉ DE LA PLATORIA
À LA LÉGENDE CESTIANVS.

3901. Id. (*Gergovie.*) AR. 1,89. S.

3902. Id. AR. 1,81. S.

3903. Id. AR. 1,79. AF.

3904. Id. AR. 1,87. AF.

3905. Id. AR. 1,92. L.

3906. Id. AR. 1,61. L.

3907. EPAD. Même buste ailé.
℟. Même guerrier. BR. 2,25. S.

3908. Id. BR. 2,26. S.

3909. Id. BR. 1,40. S.

3910. Id. BR. 1,72. S.

3911. Id. BR. 1,80. S.

3912. Id. BR. 1,64. S.

3913. EPAD. Buste jeune, casqué à droite.
℟. Même type incus. BR. 1,70. S.

3914. EPAD. Buste ailé.
℟. Guerrier debout, tenant une enseigne, un bouclier et une lance. BR. 1,05. S.

3915. Id. BR. 2,53. AF.

3916. Id. BR. 2,71. AF.

3917. Id. Pièce fragmentée. BR. 0,87. AF.

3918. Id. BR. 1,65. AF.

3919. Id. BR. 3,12. L.

3920. Id. BR. 1,74. L.

Les mots EPAD et IIPAD que l'on voit sur les médailles nos 15 et 16 de la planche V, sont, selon toute apparence, le même nom. Peut-être appartiennent-elles à Epasnact, chef gaulois dont il est fait mention dans les Commentaires de César.

(Pellerin, *Recueil de médailles*, t. Ier, p. 36.)

Poids. Prov.

DONNADU.

3921. DONNADV. Tête nue, imberbe, à gauche; derrière, point centré.
R. Cavalier, coiffé du pileus, galopant à droite; draperie flottante derrière; à l'exergue, ꩜ꟿ. BR. 2,37. S.
3922. Id. BR. 1,65. S.
3923. Id. BR. 1,81. S.
3924. Id. Moins la légende. BR. 3,02. S.
3925. Id. BR. 2,47. S.
3926. Id. Avec ...NNADV. BR. 2,14. S.
3927. Id. BR. 1,50. S.
3928. Id. Avec ...NADV. BR. 1,81. S.
3929. ...NADV. Tête nue, imberbe, à gauche.
R. Même type incus. BR. 1,05. S.
3930. DONNADV. Tête nue à gauche.
R. Cavalier galopant à droite. Pièce rognée. BR. 0,75. S.
3931. CALIIDV. Buste imberbe, à droite; cou orné du torques; derrière, losange renfermant un point.
R. Cheval d'épaisse encolure galopant à gauche; au-dessus, bouclier rond; dessous, fleuron, le buste de CICIIDV BRI IIPAD. BR. 1,55. S.
3932. Id. Moins la légende. BR. 2,70. S.
3933. Id. Id. BR. 2,47. S.
3934. Id. Avec CALIIDV. BR. 1,97. S.
3935. Id. Pièce rognée. BR. 0,95. S.

VERCASILLAUNUS.

3936. VERGA. Buste jeune, imberbe, à gauche; paludamentum; les cheveux retenus par un cordon perlé.
R. Cheval libre marchant à droite; au-dessus, point centré. BR. 1,54. S.
3937. Id. BR. 1,75. S.
3938. Id. BR. 1,97. S.
3939. Id. BR. 1,57. S.
3940. Id. BR. 1,90. S.
3941. Id. BR. 2,02. S.

Poids. Prov.

3942. Id. BR. 1,87. AF.
3943. Id. BR. 1,72. AF.
3944. Id. BR. 1,69. AF.
3945. Id. BR. 1,67. L.
3946. Id. BR. 1,89. L.
3947. Id. BR. 1,48. L.

(Bouteroue, *Recherches curieuses*, p. 64.)

BRIGIOS.

3948. BRIGIOS. Tête imberbe, à gauche. Les cheveux tombent sur le cou.
R. Cavalier galopant à droite BR. 2,52. S.
3949. Id. BR. 1,79. S.

IIPOS

3950. IIPOS. Tête imberbe à gauche.
R. IIPOS. Cigogne marchant à gauche. BR. 2,46. S.
3951. Id. BR. 2,78. S.
3952. M. Tête à gauche.
R. IIPOS. Cigogne à gauche. BR. 2,30. S.
3953. Tête à gauche.
R. IIPO. Cigogne à gauche BR. 2,08. S.
3954. Id. (*Gergovie.*) BR. 1,07. S.
3955. Id. (*Corent.*) BR. 1,45. S.
3956. Id. (*Corent.*) BR. 1,01. S.
3957. Id. BR. 1,01. S.
3958. Id. BR. 1,79. L.
3959. Id. BR. 2,46. L.
3960. Id. BR. 1,88. L.
3961. Id. BR. 1,89. L.
3962. Id. Pièce rognée. BR. 1,31. L.

(Lagoy, *Revue numismatique française*, 1857, 391, pl. XI, nº 4.) M. de Lagoy, croyant pouvoir lire SOSTI, proposait de faire l'attribution des pièces nºs 3950 et suiv. à Sostomagus (Castelnaudary), cité dans l'*Itinéraire* de Bordeaux, entre Toulouse et Carcassonne. Toutefois, cette lecture était loin de le satisfaire, surtout après que M. Lenormant eut proposé la leçon IIPOS de préférence à toutes les autres lectures.

Par un hasard fâcheux, sur tous les exemplaires connus, la légende est plus ou moins mutilée, ce qui rend très-difficile de reconstituer la légende et justifie l'extrême réserve de M. le marquis de Lagoy.

Ces pièces se trouvent dans le midi de la France, à Avignon, Nimes, Saint-Remy, Corent, Gergovie. Le type de la cigogne est arverne, comme l'a fort bien observé M. de Lagoy.

ARVERNES AU TYPE DU RENARD.

N°	Description		Poids.	Prov.
3963.	Tête à gauche. ℞. Renard courant à gauche; dessous, cercle.	BR.	2,10.	S.
3964.	Id.	BR.	1,72.	S.
3965.	Id.	BR.	1,02.	S.
3966.	Tête à gauche. ℞. Renard à gauche; dessus, cercle; dessous, cercle plus grand.	BR.	1,70.	S.
3967.	Id.	BR.	1,30.	S.
3968.	Tête à gauche. ℞. Renard à gauche, la queue contournée en S. (*Puy de Corent.*)	BR.	2,95.	S.
3969.	Tête à gauche. ℞. Renard dont la queue est contournée en S.	BR.	1,35.	S.
3970.	Id.	BR.	1,10.	S.
3971.	Id.	BR.	1,65.	S.
3972.	Id.	BR.	1,35.	S.
3973.	Id. La queue du renard se termine par trois points.	BR.	1,25.	S.
3974.	Id.	BR.	2,44.	S.
3975.	Tête à gauche. ℞. Renard courant à gauche.	BR.	1,70.	S.
3976.	Id.	BR.	1,10.	S.
3977.	Id.	BR.	1,24.	S.
3978.	Id. (*Corent.*)	BR.	1,57.	S.
3979.	Id. (*Corent.*)	BR.	2,36.	S.
3980.	Id.	BR.	2,30.	S.
3981.	Id.	BR.	1,69.	S.
3982.	Renard courant à gauche. ℞. Cheval à gauche.	BR.	2,03.	S.
3983.	Id.	BR.	1,54.	S.
3984.	Id.	BR.	2,05.	S.
3985.	Id.	BR.	1,80.	S.
3986.	Renard courant à gauche. ℞. Cheval à gauche; au-dessus, roue.	BR.	2,48.	S.
3987.	Id.	BR.	2,17.	S.
3988.	Id.	BR.	2,25.	S.
3989.	Id.	BR.	2,28.	S.

MOTUIDI.

N°	Description		Poids.	Prov.
3990.	Tête jeune, imberbe, à gauche. ℞. MOTVIDIAC. Hippocampe à gauche.	BR.	2,62.	S.
3991.	Id. Avec MOTVIDI. (*Puy de Corent.*)	BR.	2,56.	S.
3992.	Id. Avec MOTV... (*Corent.*)	BR.	1,70.	S.
3993.	Id. Moins la légende.	BR.	2,23.	S.
3994.	Id. Avec ...OTVIDI.	BR.	3,57.	S.
3995.	Id. Pas de légende.	BR.	2,47.	S.
3996.	Id. Avec MOTVIDI.	BR.	1,75.	S.
3997.	Id. Avec MO...	BR.	2,05.	S.
3998.	Id. Avec MOTV...	BR.	2,92.	L.
3999.	Id. Avec MOT...D...	BR.	2,97.	L.
4000.	Id. Moins la légende.	BR.	2,32.	L.
4001.	Id. Avec ...CI.	BR.	3,20.	L.
4002.	Id. Avec MOTVI...	BR.	4,03.	L.
4003.	Id. Avec MO...	BR.	2,10.	L.
4004.	Tête jeune, imberbe, à gauche; cheveux enroulés. ℞. M... Hippocampe à droite.	BR.	2,38.	L.
4005.	Id.	BR.	1,75.	L.

ARVERNI (anépigraphes).

N°	Description		Poids.	Prov.
4006.	Tête virile, imberbe, à droite. ℞. Cheval libre, galopant à gauche; au-dessus, tige verticale.	BR.	2,02.	L.

PICTILOS.

N°	Description		Poids.	Prov.
4007.	PICTILOS. Buste jeune, imberbe, à droite; le cou orné d'un collier. ℞. Cheval galopant à droite; au-dessus, rinceau; dessous, fleuron.	AR.	2,27.	S.
4008.	Id. Avec ...TILOS.	AR.	2,25.	S.
4009.	Id. Avec ...TILOS. (*Corent.*)	AR.	2,05.	S.
4010.	Id. Avec PIC...S.	AR.	2,27.	S.
4011.	Id. Avec PICTILOS. Pièce fourrée.	AR.	1,03.	S.
4012.	Id. Avec PICTILOS.	AR.	2,35.	AF.
4013.	Tête jeune, imberbe, à gauche. ℞. Cheval à droite.	BR.	0,42.	S.
4014.	Id.	BR.	0,30.	S.
4015.	Id.	BR.	0,51.	S.
4016.	Tête jeune, imberbe, à gauche. ℞. Type effacé.	BR.	1,18.	S.
4017.	Type confus. ℞. Sanglier à gauche.	BR.	1,05.	S.
4018.	Id.	BR.	0,88.	S.

			Poids.	Prov.
4019.	Id.	BR.	0,61.	S.
4020.	Buste à gauche. R. Cheval galopant à droite; dessous, ЗЧ.	AR.	1,71.	S.
4021.	Tête barbare à droite. R. Sanglier à droite.	Potin.	1,93.	S.
4022.	Id.	Potin.	1,60.	S.
4023.	Tête informe à gauche. R. Sanglier à gauche.	BR.	1,63.	S.
4024.	Tête grossière. R. Sanglier à droite.	BR.	1,97.	S.
4025.	Tête d'Apollon à droite. R. Cheval galopant à droite; au-dessus, un oiseau; à l'exergue, traces de légende.	AR.	1,95.	S.
4026.	Tête imberbe à droite. R. Cheval galopant à droite; dessus, un oiseau; dessous, astre. (*Vernon* [*Vienne*].)	AR.	2,02.	AF.
4027.	Tête imberbe à droite. R. Cheval galopant à droite; un oiseau s'attache à sa crinière; à l'exergue, séparé du champ par un trait, un foudre.	AR.	2,52.	AF.

EPOMENDUOS.

4028.	Deux bustes jeunes, accolés à droite, le cou orné du torques. R. IIPOMIIDV... Lion mordu à la tête par un serpent.	AR.	2,30.	S.
4029.	Id. Avec ...POMIIDOVS.	AR.	2,30.	S.
4030.	Id. Avec ...VOS.	AR.	2,28.	S.
4031.	Id. Avec ...VOS.	AR.	2,34.	S.
4032.	Id. Avec IIPOMIIDVOS. Pièce fourrée.	AR.	2,02.	AF.
4033.	Lion mordu à la tête par un serpent. R. Même type incus.	AR.	2,45.	S.

Cette médaille a été publiée successivement par Mionnet, MM. de la Saussaye, Duchalais, de Saulcy, de Longpérier.

Mionnet[1] lit IIPOMILAOS, nom d'un chef gaulois.

M. de la Saussaye[2] lit RICOM, avec attribution aux Rigomagenses.

[1] *Description de médailles antiques*, t. I, p. 90. Chefs gaulois, n° 21.
[2] *Revue numismatique française*, 1843, p. 411.

Duchalais[1] lit EROMILOS, et voit, dans les deux têtes figurées au droit, non plus la tête de Diane deux fois répétée, mais l'image de deux divinités locales. Le revers est calqué sur celui des drachmes de Marseille.

M. de Saulcy[2] donne la légende EPOMEDVOS, et M. de Longpérier[3], celle EPOMENDVOS, avec anousvara à la troisième syllabe.

TROUVAILLE DE VICHY.

			Poids.	Prov.
4034.	Tête. R. Cheval à droite entre deux roues. Flan concave.	BR.	2,13.	S.
4035.	Id.	BR.	2,10.	S.
4036.	Id.	BR.	1,97.	S.
4037.	Id.	BR.	1,90.	S.
4038.	Id.	BR.	2,20.	S.
4039.	Id.	BR.	2,65.	S.
4040.	Id.	BR.	2,23.	S.
4041.	Id.	BR.	2,40.	S.
4042.	Id.	BR.	2,11.	S.
4043.	Id.	BR.	2,22.	S.
4044.	Id.	BR.	2,22.	S.
4045.	Id.	BR.	1,70.	S.
4046.	Id.	BR.	2,26.	S.
4047.	Id.	BR.	1,89.	S.
4048.	Id.	BR.	2,15.	S.
4049.	Id.	BR.	2,00.	S.
4050.	Id.	BR.	2,79.	S.
4051.	Id.	BR.	3,02.	S.
4052.	Tête informe. R. Cheval à gauche, entre deux roues. Flan concave.	BR.	2,64.	S.
4053.	Tête. R. Cheval à droite; au-dessus, trois points. Flan concave.	BR.	2,27.	S.
4054.	Id.	BR.	2,27.	S.
4055.	Tête informe. R. Cheval à droite entre deux roues. Flan concave.	BR.	1,40.	S.
4056.	Grand œil des statères du Belgium. R. Cheval à droite entre deux roues. Flan concave.	BR.	4,42.	S.
4057.	Id.	BR.	4,00.	S.
4058.	Id.	BR.	4,04.	S.

[1] *Description des médailles gauloises*, n° 365, p. 91.
[2] *Revue numismatique française*, 1862, p. 22.
[3] *Ibid.*, 1854, p. 342.

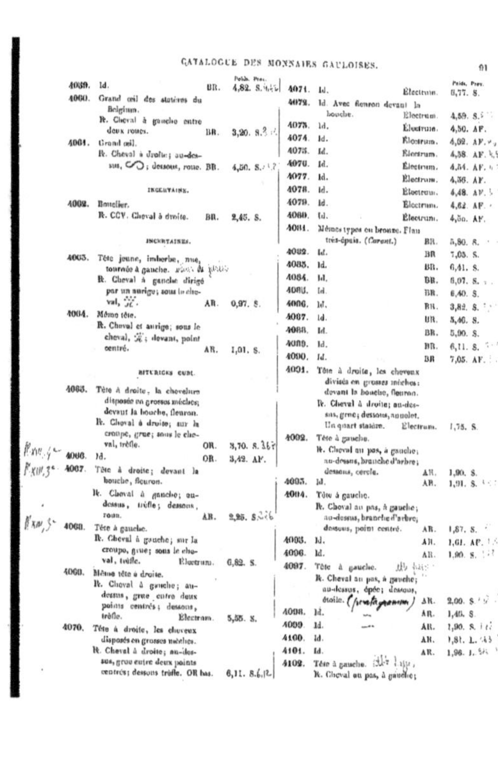

			Poids.	Prov.
4059.	Id.	BR.	4,82.	S.
4060.	Grand œil des statères du Belgium. R. Cheval à gauche entre deux roues.	BR.	3,20.	S.
4061.	Grand œil. R. Cheval à droite; au-dessus, ∽; dessous, roue.	BR.	4,50.	S.

INCERTAINE.

			Poids.	Prov.
4062.	Bouclier. R. CCV. Cheval à droite.	BR.	2,45.	S.

INCERTAINES.

			Poids.	Prov.
4063.	Tête jeune, imberbe, nue, tournée à gauche. R. Cheval à gauche dirigé par un aurige; sous le cheval, ⁂.	AR.	0,97.	S.
4064.	Même tête. R. Cheval et aurige; sous le cheval, ⁂; devant, point centré.	AR.	1,01.	S.

BITURIGES CUBI.

			Poids.	Prov.
4065.	Tête à droite, la chevelure disposée en grosses mèches; devant la bouche, fleuron. R. Cheval à droite; sur la croupe, grue; sous le cheval, trèfle.	OR.	3,70.	S.
4066.	Id.	OR.	3,42.	AF.
4067.	Tête à droite; devant la bouche, fleuron. R. Cheval à gauche; au-dessus, trèfle; dessous, roue.	AR.	2,25.	S.
4068.	Tête à gauche. R. Cheval à gauche; sur la croupe, grue; sous le cheval, trèfle.	Electrum.	6,82.	S.
4069.	Même tête à droite. R. Cheval à gauche; au-dessus, grue entre deux points centrés; dessous, trèfle.	Electrum.	5,55.	S.
4070.	Tête à droite, les cheveux disposés en grosses mèches. R. Cheval à droite; au-dessus, grue entre deux points centrés; dessous trèfle.	OR bas.	6,11.	S.
4071.	Id.	Électrum.	6,77.	S.
4072.	Id. Avec fleuron devant la bouche.	Electrum.	4,59.	S.
4073.	Id.	Électrum.	4,50.	AF.
4074.	Id.	Électrum.	4,62.	AF.
4075.	Id.	Électrum.	4,38.	AF.
4076.	Id.	Électrum.	4,54.	AF.
4077.	Id.	Électrum.	4,36.	AF.
4078.	Id.	Électrum.	4,48.	AF.
4079.	Id.	Électrum.	4,62.	AF.
4080.	Id.	Électrum.	4,50.	AF.
4081.	Mêmes types en bronze. Flan très-épais. (*Carent.*)	BR.	5,80.	S.
4082.	Id.	BR	7,05.	S.
4083.	Id.	BR.	6,41.	S.
4084.	Id.	BR.	6,07.	S.
4085.	Id.	BR.	6,40.	S.
4086.	Id.	BR.	3,82.	S.
4087.	Id.	BR.	5,46.	S.
4088.	Id.	BR.	5,90.	S.
4089.	Id.	BR.	6,11.	S.
4090.	Id.	BR	7,05.	AF.
4091.	Tête à droite, les cheveux divisés en grosses mèches: devant la bouche, fleuron. R. Cheval à droite; au-dessus, grue; dessous, annelet. Un quart statère.	Electrum.	1,75.	S.
4092.	Tête à gauche. R. Cheval au pas, à gauche; au-dessus, branche d'arbre; dessous, cercle.	AR.	1,90.	S.
4093.	Id.	AR.	1,91.	S.
4094.	Tête à gauche. R. Cheval au pas, à gauche; au-dessus, branche d'arbre; dessous, point centré.	AR.	1,87.	S.
4095.	Id.	AR.	1,61.	AF.
4096.	Id.	AR.	1,90.	S.
4097.	Tête à gauche. R. Cheval au pas, à gauche; au-dessus, épée; dessous, étoile.	AR.	2,00.	S.
4098.	Id.	AR.	1,40.	S.
4099.	Id.	AR.	1,90.	S.
4100.	Id.	AR.	1,81.	L.
4101.	Id.	AR.	1,96.	L.
4102.	Tête à gauche. R. Cheval au pas, à gauche;			

Poids. Prov.

au-dessus, épée; dessous, rouelle. AR. 1,95. S.

4103. Tête à gauche.
℞. Cheval au pas, à gauche; au-dessus, épée; dessous, point centré. AR. 1,88. S.

4104. Id. AR. 1,88. S.

4105. Id. AR. 1,82. S.

4106. Tête à gauche.
℞. Cheval à gauche; dessus, épée; dessous, point centré. AR. 1,87. AF.

4107. Tête à gauche.
℞. Cheval à gauche; dessus, sanglier; dessous, croix. AR. 1,77. S.

4108. Id. AR. 1,70. AF.

4109. Id. AR. 1,84. L.

4110. Id. AR. 1,87. S.

4111. Tête à gauche.
℞. Cheval à gauche; au-dessus, sanglier; dessous, cercle. AR. 1,80. S.

4112. Tête à gauche; devant, point centré.
℞. Cheval à gauche; au-dessus, torques et grande crosse. AR. 1,32. S.

4113. Tête à droite; devant la bouche, fleuron.
℞. Cheval à gauche, dessus, fleuron; dessous, roue. AR. 2,15. S.

4114. Tête à gauche.
℞. Cheval à gauche; dessus, OVI; dessous, KY. AR. 1,85. S.

4115. Id. AR. 1,75. AF.

4116. Id. AR. 1,70. L.

4117. Tête à gauche.
℞. Cheval à gauche; dessus, point centré; dessous, SVI. AR. 1,80. S.

4118. Id. AR. 1,92. S.

4119. Id. Pièce fourrée. AR. 1,42. S.

4120. Id. Pièce fourrée et fragmentée. AR. 0,63. S.

4121. Id. AR. 1,72. L.

4122. Id. AR. 1,52. L.

Lagoy, *Notice sur l'attribution de quelques médailles gauloises*, n° 31, p. 45.

CVBIOS. (*Peut-être les Bituriges Cubi?*)

4123. Tête à gauche.
℞. CVBIO. Cheval à gauche. AR. 2,12. S.

4124. Id. AR. 1,62. S.

4125. Id. AR. 1,75. AF.

Saulcy, *Rev. numism. franç.*, 1866, p. 242, et 1868, p. 7.

4126. CVBIO. Tête à droite.
℞. Cheval à droite; dessous, point centré. BR. 3,82. S.

4127. Tête à gauche.
℞. OIIO. Cheval à gauche. AR. 1,74. S.

4128. Id. NOH. AR. 1,85. S.

4129. Id. ΞOƎ. AR. 1,87. S.

4130. Id. Légende rognée. AR. 1,82. S.

CAMBOTRE.

4131. Tête à gauche.
℞. Cheval libre galopant à gauche; dessus, épée; dessous, CAMBOTRE. AR. 1,92. S.

4132. Id. Pièce fourrée. AR. 1,57. S.

4133. Id. AR. 1,88. S.

4134. Id. Avec CAMBOTRE. AR. 1,85. S.

4135. Id. Avec CAMBOTRE. Pièce fourrée. AR. 1,42. S.

4136. Id. AR. 1,95. AF.

4137. Id. AR. 2,01. AF.

4138. Id. AR. 1,91. L.

Lagoy, *Notice sur l'attribution de quelques médailles gauloises*, n° 2, p. 12.

L'attribution de cette médaille aux Cambolectri Agesinates, formulée par le marquis de Lagoy et généralement acceptée, n'est pas certaine.

La contraction de Cambolectri en Cambotre, justifiée par l'exemple de IBRVIX (lisez IBVROVIX en lettres liées), peut être vraisemblable, mais n'a pas tous les degrés de certitude désirables, surtout si l'on tient compte du T barré en signe d'abréviation, du n° 4134.

M. de la Saussaye[1] a vu, dans la tête figurée au droit, celle de la déesse CAMBONA, et dans le poignard qui est au-dessus du cheval, la feuille d'une plante aquatique.

Ces médailles se trouvent dans la Touraine, le Poitou et le Berry.

CAM.

4139. Tête à gauche.
℞. Cheval à gauche; dessus, branche d'arbre; dessous, CAM. AR. 1,82. S.

[1] *Revue numismatique française*, 1838, p. 142.

Poids. Prov.

4140. Id. AR. 1,90. S.

4141. Id. (*Chantenay.*) AR. 1,58. S.

4142. Id. AR. 1,86. L.

Combe, *Museum Britannicum*, pl. 1, 6.
La Saussaye, *Rev. numism. franç.*, 1836, p. 310.

4143. Tête à gauche.
℞. Cheval à gauche; dessus, CAM; dessous, trois annelets. BR. 4,40. S.

4144. Id. BR. 1,85. S.

4145. Tête jeune, imberbe, à gauche, les cheveux disposés en trois boucles.
℞. Cheval à gauche; au-dessus, CA; dessous, VR. AR. 1,90. L.

ABUDOS.

4146. Tête à gauche, les cheveux distribués en grosses mèches.
℞. ABVDOS. Cheval libre courant à gauche; au-dessus, aigle éployé; dessous, trois annelets. OR. 6,82. S.

4147. Id. OR. 6,85. S.

4148. Id. OR. 6,81. S.

4149. Id. OR. 6,82. L.

4150. Tête à gauche; devant la bouche, fleuron; AB sur le cou.
℞. ABVDOS. Cheval à gauche; au-dessus, aigle; dessous, trois annelets. OR. 6,78. S.

4151. Id. OR. 6,80. S.

4152. ABVDOS. Même tête à gauche.
℞. ABVDOS. Cheval à gauche; aigle au-dessus; dessous, trois annelets. OR. 6,87. S.

4153. Id. OR. 6,92. S.

4154. Tête à gauche, les cheveux distribués en grosses mèches.
℞. ABVDOS. Cheval libre courant à gauche; au-dessus, trois annelets. BR. 2,91. AF.

4155. ABVDOS. Tête à gauche.
℞. ABVDS. Cheval à gauche; au-dessus, trois annelets. BR. 2,83. AF.

4156. Tête à gauche.
℞. ABVD$\overset{S}{O}$ (*sic*). Cheval à gauche; au-dessus, aigle éployé. BR. 3,45. S.

4157. Tête à gauche.
℞. ABVD$\overset{S}{O}$ (*sic*). Cheval à gauche; au-dessus, trois annelets. BR. 3,00. S.

4158. Tête à gauche.
℞. ABVDOS. Cheval à gauche; au-dessus, trois annelets. BR. 2,65. S.

4159. Id. BR. 3,12. S.

4160. Id. BR. 2,62. S.

4161. Id. BR. 2,92. S.

4162. Id. BR. 3,70. S.

4163. Id. BR. 2,97. S.

4164. Id. BR. 2,11. S.

4165. Id. BR. 2,30. S.

4166. Id. BR. 3,41. L.

4167. Tête à gauche.
℞. AB... Cheval à gauche; au-dessus, trois annelets. BR. 2,95. S.

4168. Id. BR. 2,87. S.

4169. ABVDOS. Tête à gauche.
℞. ABVDOS. Cheval à gauche; au-dessus, trois annelets. BR. 2,58. S.

4170. Id. BR. 3,24. L.

4171. ABVDOS. Tête imberbe à gauche.
℞. AB... Cheval ailé galopant à gauche. BR. 2,37. L.

ABUCATO.

4172. Tête à gauche, les cheveux distribués en grosses mèches.
℞. ABVCATO. Cheval libre courant à gauche; au-dessus, aigle éployé; dessous, trois annelets. OR. 6,72. S.

4173. Id. OR. 6,90. AF.

4174. Id. OR. 6,92. L.

4175. Même tête à gauche.
℞. Cheval à gauche; au-dessus, aigle; dessous, trois annelets. Un tiers de statère. OR. 2,22. S.

4176. Id. Pièce fourrée et fragmentée. OR. 1,42. S.

OSVAII.

Poids. Prov.

4177. Tête à gauche.
R. Cheval en course à gauche; au-dessus, trois annelets; dessous, OSVAII. Type des monnaies de cuivre d'Abudos. BR. 3,95. S.

4178. Id. BR. 3,25. S.

HAROS.

4179. Même tête à gauche.
R. Cheval en course à gauche; dessus, trois annelets; dessous, HAROS. (*Alise.*) BR. 3,27. S.

4180. Id. (*Gergovie.*) BR. 3,25. S.

4181. Id. (*Paris [Pont au Change].*) BR. 2,92. S.

4182. Id. BR. 2,75. S.

AVDOS.

4183. Tête à gauche.
R. AVDOS. Cheval courant à gauche; au-dessus, trois annelets. BR. 2,80. AF.

ISVNIS.

4184. Tête à gauche.
R. Cheval courant à gauche; dessus, trois annelets; dessous, ISVNIS. BR. 2,32. S.

4185. Id. BR. 2,05. AF.

4186. Id. BR. 3,55. S.

4187. Id. Légende rognée. BR. 2,77. S.

4188. Id. BR. 2,88. S.

4189. Id. BR. 2,55. S.

EMBAV.

4190. Tête à gauche.
R. Cheval à gauche; dessus, trois annelets; dessous, EMBAV. BR. 3,40. S.

4191. Id. BR. 3,23. AF.

4192. Id. BR. 2,95. S.

4193. Tête imberbe à gauche.
R. AB. Cheval ailé galopant à gauche. BR. 2,42. S.

4194. Id. BR. 1,90. S.

SII...

4195. Tête à gauche.
R. Cheval à gauche; au-dessus, SII... BR. 1,25. S.

SOLIMA.

Poids. Prov.

4196. Tête à gauche; devant la bouche, fleuron.
R. Cheval en course à gauche; dessus, trois annelets; dessous, SOLIMA. OR. 7,05. S.

4197. Id. OR. 6,77. AF.

ANONYMES DES BITURIGES.

4198. Tête à droite.
R. Cheval à gauche, le pied de devant levé; dessous, annelet. Un quart de statère. OR. 1,70. S.

4199. Tête à gauche.
R. Cheval libre courant à gauche; au-dessus, symbole en forme d'A renversé; dessous, trois annelets. BR. 2,89. S.

4200. Id. BR. 4,05. S.

4201. Id. BR. 3,02. S.

4202. Id. (*Environs de Châteauroux.*) BR. 3,72. S.

4203. Id. BR 3,35. S.

4204. Id. BR. 4,02. S.

4205. Id. BR. 3,65. S.

4206. Id. BR. 3,24. S.

4207. Id. BR. 3,50. S.

4208. Id. BR. 3,39. AF.

4209. Id. BR. 3,05. AF.

4210. Id. BR. 3,39. AF.

4211. Id. BR. 3,68. AF.

4212. Tête nue à droite.
R. Cheval libre courant à gauche; au-dessus, symbole en forme d'A renversé; dessous, trois annelets. BR. 4,02. S.

4213. Id. (*Terminiers.*) BR. 2,36. S.

4214. Id. BR. 2,96. L.

4215. Id. BR. 2,68. L.

4216. Tête à droite, très en relief.
R. Cheval ailé à droite; dessous, croix cantonnée de points. (*Puy de Corent, 1862.*) BR. 3,20. S.

4217. Id. (*Environs de Bourges.*) BR. 3,97. S.

4218. Id. BR. 3,40. S.

4219. Id. Moitié des précédentes. BR. 1,90 S.

4220. Tête de loup à droite.
R. Pégase à droite. BR. 2,42. S.

La Saussaye, *Rev. numism. franç.*, 1837, p. 245.

			Poids.	Prov.
4221.	Id.	BR.	3,93.	AF.
4222.	Id.	BR.	3,94.	AF.
4223.	Id.	BR.	4,07.	S.
4224.	Id.	BR.	3,70.	S.
4225.	Id.	BR.	2,60.	S.
4226.	Id.	BR.	3,32.	S.
4227.	Id.	BR.	2,65.	S.
4228.	Id.	BR.	2,65.	S.
4229.	Id.	BR.	2,07.	L.
4230.	Tête de loup à droite. R. Pégase à droite; dessous, S couché.	BR.	2,60.	S.
4231.	Id.	BR.	4,24.	S.
4232.	Id. (*Levroux* [*Indre*].)	BR.	2,72.	S.
4233.	Id. (*Environs de Bourges.*)	BR.	2,33.	S.
4234.	Id.	BR.	2,65.	S.
4235.	Id. (*Vendôme.*)	BR.	2,35.	S.
4236.	Id. (*Tarquinpol* [*Meurthe*].)	BR.	2,55.	S.
4237.	Id.	BR.	2,16.	L.
4238.	Id.	BR.	3,71.	L.
4239.	Tête de loup tirant la langue, à droite. R. Pégase à droite; dessous, M.	BR.	4,15.	S.
4240.	Id.	BR.	3,47.	S.
4241.	Id.	BR.	2,60.	S.
4242.	Id.	BR.	3,00.	S.
4243.	Tête de loup à droite. R. Pégase à gauche; dessous, croix. (*Environs de Châteauroux.*)	BR.	2,17.	S.
4244.	Id.	BR.	2,20.	AF.
4245.	Id.	BR.	2,30.	AF.
4246.	Id.	BR.	1,94.	S.
4247.	Id.	BR.	2,05.	S.
4248.	Id.	BR.	2,20.	S.
4249.	Id.	BR.	2,15.	S.
4250.	Id.	BR.	1,94.	S.
4251.	Id. (*Levroux.*)	BR.	3,09.	S.
4252.	Id.	BR.	1,56.	S.
4253.	Id.	BR.	1,90.	S.
4254.	Id.	BR.	3,10.	S.
4255.	Id.	BR.	1,52.	S.
4256.	Id.	BR.	2,00.	S.
4257.	Id.	BR.	2,50.	S.
4258.	Tête de loup à gauche. R. Cheval ailé à gauche; dessous, X. (*Environs de Châteauroux.*)	BR.	1,74.	S.
4259.	Id.	BR.	1,50.	S.
4260.	Id.	BR.	2,47.	S.
4261.	Id.	BR.	1,37.	S.
4262.	Id.	BR.	1,32.	S.
4263.	Id.	BR.	1,14.	S.
4264.	Id.	Terre cuite.	3,85.	S.
4265.	Tête de loup à droite. R. Cheval ailé à droite; dessous, X.	BR.	2,36.	S.
4266.	Id.	BR.	2,05.	S.
4267.	Id.	BR.	2,50.	S.
4268.	Id.	BR.	2,80.	S.
4269.	Tête de loup à gauche. R. Cheval ailé à droite.	BR.	4,15.	S.
4270.	Id.	BR.	3,20.	S.
4271.	Id.	BR.	2,09.	L.
4272.	Tête de loup à droite. R. Cheval ailé à droite; dessous, X.	BR.	2,84.	S.
4273.	Id.	BR.	3,25.	S.
4274.	Tête de loup à gauche. R. Cheval ailé à droite; dessous, X.	BR.	1,53.	S.
4275.	Id.	BR.	2,07.	S.
4276.	Tête de loup à gauche. R. Cheval ailé à gauche; devant, X.	BR.	1,30.	S.
4277.	Id.	BR.	2,15.	S.
4278.	Tête de loup à droite. R. Cheval à droite; dessous, fleuron.	BR.	2,92.	S.
4279.	Id.	BR.	2,53.	S.
4280.	Id.	BR.	2,57.	L.
4281.	Id. (*Environs de Châteauroux.*)	BR.	3,48.	S.
4282.	Tête de loup. R. Cheval à gauche; dessus, deux globules; dessous, trois. (*Levroux.*)	BR.	1,72.	S.
4283.	Id. (*Levroux.*)	BR.	1,57.	S.
4284.	Id. (*Levroux.*)	BR.	1,47.	S.
4285.	Id. (*Environs de Châteauroux.*)	BR.	1,27.	S.
4286.	Tête à droite. R. Cheval à droite; dessus et dessous, globule.	BR.	0,80.	S.
4287.	Id.	BR.	1,55.	S.
4288.	Id. (*Environs de Châteauroux.*)	BR.	1,74.	S.
4289.	Tête de loup. R. Cheval à gauche; dessous,			

4242a Tête de loup à dr., tirant la langue. R/ Pégase à dr., tirant la langue; au-dessous, M. Br. 3,20 L 3349

4258a Tête de loup tirant la langue à g. R/ Pégase à dr. Æ 3 gr. 10 (3,07) — N 4188.

			Poids.	Prov.
...	roue. (*Levroux.*)	BR.	0,91.	S.
4290.	Id.	BR.	1,22.	S.
4291.	Id.	BR.	0,90.	S.
4292.	Id.	BR.	1,44.	S.
4293.	Id.	BR.	1,35.	S.
4294.	Id.	BR.	1,54.	S.
4295.	Id. (*Levroux.*)	BR.	1,67.	S.
4296.	Tête à droite. R. Cheval à droite; dessus, cercle; dessous, croissant.	BR.	1,46.	S.
4297.	Id.	BR.	1,47.	S.
4298.	Tête à droite. R. Cheval à droite regardant en arrière; les parties sexuelles extrêmement développées.	BR.	2,02.	S.
4299.	Id.	BR.	3,28.	S.
4300.	Id.	BR.	2,40.	S.
4301.	Id.	BR.	3,12.	S.
4302.	Id.	BR.	1,96.	S.
4303.	Id. (*Levroux.*)	BR.	1,89.	S.
4304.	Tête de loup. R. Corne d'abondance entre deux cercles.	BR.	0,77.	S.

Petrocorii. Gourgue, *Rev. numism. franç.*, 1841, p. 184.

			Poids.	Prov.
4305.	Tête barbare à gauche. R. Sanglier à gauche paraissant manger une plante bulbeuse. Derrière et dessous le sanglier, croisette.	Électrum.	6,45.	S.
4306.	Mêmes types, avec la tête à droite.	Électrum.	6,94.	S.
4307.	Tête à droite. R. Même sanglier à gauche; au-dessus, trois croisettes; devant, croisette; derrière, annelet. Taille du statère.	BR.	6,35.	S.
4308.	Tête à gauche. R. Sanglier à gauche se vautrant dans sa bauge. (*Écorneboeuf.*)	AR.	1,70.	S.
4309.	Id.	AR.	1,80.	S.
4310.	Id.	AR.	1,68.	S.
4311.	Obole aux mêmes types.	AR.	0,27.	S.
4312.	Tête à gauche. R. Sanglier couché à droite.	AR.	1,25.	S.
4313.	Id.	BR.	2,20.	S.
4314.	Tête à droite. R. Sanglier courant à droite.	AR.	1,71.	S.
4315.	Id.	AR.	1,09.	S.

CONTOUTOS.

			Poids.	Prov.
4316.	CONTOVTOS. Tête nue à droite, de Marc-Antoine. R. Loup marchant à droite, la patte droite sur un bucrâne; derrière, un arbre.	BR.	1,49.	S.
4317.	Id.	BR.	1,15.	S.
4318.	Id.	BR.	1,30.	S.
4319.	Id.	BR.	1,50.	S.
4320.	Id. Points dans les O.	BR.	1,74.	S.
4321.	CONTOVTOS. Tête nue à droite. R. Loup marchant à droite, la patte sur un bucrâne; derrière, un arbre.	BR.	1,70.	AF.
4322.	Id.	BR.	1,62.	AF.
4323.	Id.	BR.	1,50.	L.
4324.	Id.	BR.	1,48.	L.

ANNICCOIOS.

			Poids.	Prov.
4325.	ANNICCOIOS. Tête nue, imberbe, à gauche. R. Sanglier marchant à droite; au-dessus, fleuron; dessous, plante.	BR.	1,05.	S.
4326.	Id.	BR.	1,27.	S.
4327.	Id.	BR.	1,58.	S.
4328.	Id.	BR.	1,41.	S.
4329.	Id. Deux cassures.	BR.	1,18.	S.
4330.	Id.	BR.	1,45.	AF.
4331.	Id.	BR.	1,45.	AF.
4332.	Id.	BR.	1,61.	L.

VRDO. RF.

			Poids.	Prov.
4333.	VRDO RF. Tête casquée à droite. R. Lion courant à droite; au-dessus, astre. (*Poitiers.*)	BR.	1,70.	S.
4334.	Id. Sans légende. (*Gergovie.*)	BR.	0,67.	S.
4335.	Id. Avec légende.	BR.	1,03.	L.

Saulcy, *Rev. numism. franç.*, 1862, p. 187, et *Rev. archéolog.*, 1868, p. 133.

La pièce qui semblait à M. de La Saussaye porter le nom de Viridovix a en réalité l'ethnique LIXOVIATIS, ainsi que l'a reconnu M. de Saulcy d'après un bon exemplaire provenant des fouilles de Berthouville.

La médaille VRDO RE, dont la fabrique pétrocorienne est analogue aux Contoutos, Luccios, Annicoios, Atectorix, a été attribuée à l'éduen Viridovix par le même savant. Plus tard, M. de Saulcy donne la pièce de Viridovix à l'éduen Virdomar. Le type du lion est éduen, et la nouvelle attribution a, suivant son auteur, l'avantage de ne plus être en opposition flagrante avec le style, la fabrique et les types de la pièce, comme elle l'aurait été en maintenant son attribution à Viridovix.

Enfin, selon M. A. de Barthélemy, la légende VRDO doit renfermer le nom d'un chef pétrocorien. Il n'y a pas à rechercher d'autre attribution, d'autant que le style, la fabrique, les types et la provenance la plus habituelle sont en sa faveur, et aussi le suffrage de M. de Saulcy, disant de notre monnaie : « Petit bronze de fabrique excellente et tout à fait analogue à celle des pièces de Contoutos, Luccios, etc. »

LVCIOS.

Poids. Prov.

4336. LVCIOS. Tête de Diane à gauche, surmontée du croissant.
R. LVCIOS. Guerrier debout, de face, la tête nue, s'appuyant de la gauche sur un long bouclier gaulois, et tenant de la droite l'enseigne au sanglier AR. 1,88. S.
4337. Id. AR. 1,79. S.
4338. Id. Moins la légende du revers. AR. 1,90. S.
4339. Id. Moins les deux légendes. AR. 1,92. S.
4340. LVCCIOS. Tête laurée d'Auguste à droite.
R. Sanglier à droite; au-dessus, pentagone; dessous, une plante. BR. 1,58. S.
4341. Id. BR. 1,10. S.
4342. Tête d'Auguste laurée.
R. Même type incus. BR. 1,65. S.
4343. LVCCIOS. Tête laurée d'Auguste à droite.
R. Sanglier à droite; au-dessus, pentagone; dessous, une plante. BR. 1,55. AF.

ATECTORIX.

4344. ATECTORI. Tête nue à droite.
R. Taureau à droite, avec une guirlande autour des reins; au-dessus, couronne; à l'exergue, un fleuron. BR. 1,53. S.
4345. Id. BR. 1,42. S.
4346. Id. BR. 1,60. S.
4347. Id. BR. 1,38. S.
4348. Id. BR. 1,18. S.
4349. Id. BR. 1,35. AF.
4350. Id. BR. 1,50. AF.
4351. Id. BR. 1,40. AF.
4352. Id. BR. 1,79. L.

SEX F. T. POM.

4353. SEX F. Tête nue à droite; derrière, fleuron.
R. T POM. Taureau à droite. BR. 1,61. S.
4354. Id. BR. 2,00. S.
4355. Id. BR. 1,42. S.
4356. Id. BR. 0,97. S.
4357. Id. BR. 1,35. AF.
4358. Id. BR. 1,88. AF.
4359. Id. BR. 1,55. AF.
4360. Id. BR. 1,59. L.
4361. Id. BR. 1,53. L.
4362. Id. BR. 1,61. L.

Ces monnaies, attribuées jadis à Sextantio Felix par M. de la Saussaye, portent T POM[PEIVS] ou POMPONIVS SEX[TI] F[ILIVS]. MM. de Longpérier, de Saulcy, de Barthélemy, sont d'accord sur ce point.

Quant à l'attribution à un chef pétrocore, elle n'est pas généralement admise.

Ces bronzes ne se trouvent pas en Périgord, et M. de Barthélemy estime que l'érudition moderne a singulièrement exagéré l'importance de la famille Pompeia en se fondant sur la présence d'inscriptions signalées à Périgueux.

A. de Barthélemy, *Monnaies gauloises trouvées en Poitou et en Saintonge*, p. 13.

CMEP.

4363. Tête de Diane à droite.
R. CMEP. Cheval libre au galop à droite. BR. 1,51. S.
4364. Id. (*Trouvé à Saint-Remy*.) BR. 1,62. L.

M. de Lagoy, s'autorisant de la fabrique, de la provenance, de la légende en caractères grecs et de la tête de Diane, a conclu que notre monnaie devait appartenir à une colonie massaliète, dont le nom était à rechercher dans la légende. Le judicieux académicien reconnaît que les deux premiers caractères n'ont pas conservé tout leur relief; la lettre I est peu marquée, la barre de l'E lunaire est effacée; néanmoins il n'hésite pas à transcrire: IEMEP, et y reconnait le nom des Iemerii, peuple cité dans l'inscription de Suse.

M. de Saulcy croit devoir rectifier la lecture proposée par M. de Lagoy. M. de Saulcy, qui possède un magnifique exemplaire de cette pièce rarissime, voit dans l'I initial une jambe de cheval; le premier E est un sigma lunaire; la légende, en définitive, est CMEP. Le même savant, au sujet des noms gaulois commençant par la syllabe SMERT, renvoie à un article de M. de Longpérier, inséré dans la *Rev. numis. franç.* de 1859, page 116.

CADURCI.

			Poids.	Prov.
4365.	Tête imberbe à droite. R. Cheval libre marchant à droite; au-dessus, point centré; dessous, lyre. (*Trouvé dans le Lot.*)	AR.	0,38.	S.
4366.	Id. Id.	AR.	0,39.	L.

LUCTERIUS.

4367.	LVXTIIPIOS. Tête nue, imberbe, à droite. R. Cheval libre marchant à droite; au-dessus, enseigne militaire.	BR.	1,69.	S.
4368.	Id. Avec LV...	BR.	1,75.	S.
4369.	Id. Avec LVX..	BR.	1,74.	AF.

Chaudruc de Crazannes, *Rev. numism. franç.*, 1845, page 333.

...RAOB.

4370.	..., RAOB. Tête à gauche. R. Cheval à gauche; au-dessus, point dans un cercle perlé; dessous, deux annelets.	BR.	3,41.	S.

ANÉPIGRAPHES ANALOGUES.

4371.	Tête virile à gauche. R. Cheval à gauche; au-dessus, point dans un cercle de perles; dessous, annelet.	BR.	2,94.	S.
4372.	Id.	BR.	3,16.	S.
4373.	Tête à gauche. R. Cheval à gauche; dessous, deux annelets.	BR.	2,62.	S.
4374.	Tête jeune, imberbe, à gauche. R. Cheval à gauche; au-dessus, point centré; dessous, deux annelets.	BR.	2,92.	S.
4375.	Id.	BR.	2,52.	S.
4376.	Tête jeune à gauche; à l'entour, trois annelets dont l'un touche le menton. R. Cheval à gauche; au-dessus, point centré; dessous, point et annelet.	BR.	2,77.	S.
4377.	Id.	BR.	2,40.	S.
4378.	Tête jeune, imberbe, à gauche. R. Cheval à gauche; au-dessus, point dans un cercle de perles.	BR.	2,93.	S.
4379.	Id.	BR.	2,05.	S.
4380.	Tête jeune, imberbe, à gauche. R. Cheval à gauche; au-dessus, point centré; dessous, deux annelets.	BR.	2,62.	AF.
4381.	Id.	BR.	3,95.	AF.

TATINUS.

4382.	Tête barbue, diadémée, à droite, avec des ailes au sommet. R. TATINOS. Cavalier, au galop, à droite; sous les pieds du cheval, un rameau.	BR.	3,27.	S.
4383.	Id.	BR.	3,63.	S.
4384.	Id.	BR.	3,20.	S.
4385.	Id.	BR.	3,19.	S.
4386.	Id.	BR.	2,10.	S.
4387.	Id.	BR.	3,40.	AF.
4388.	Id.	BR.	4,50.	AF.
4389.	Id.	BR.	4,09.	AF.
4390.	Id.	BR.	2,70.	L.
4391.	Id.	BR.	2,30.	L.

Le droit imité de la Titia, le revers de la Marcia.

PICTONS.

4392.	Main. R. Lisse.	OR.	1,90.	S.
4393.	Tête à droite; cordons de perles. R. Aurige dirigeant un cheval androcéphale à droite; dessous, main étendue.	Électrum.	6,00.	S.
4394.	Id.	Électrum.	7,06.	S.

4424a Variété – F2729 – 6.38

4425a Tête chevelue à dr. R/ Cheval bondissant à dr. Au-dessus, une main et ~ En haut, symbole effacé. El. (H. 1660).

			Poids.	Prov.
4395.	Id.	Électrum.	6,75.	S.
4396.	Id.	Électrum.	5,23.	S.
4397.	Id.	Électrum.	6,52.	S.
4398.	Id.	Électrum.	6,67.	S.
4399.	Id.	Électrum.	6,45.	S.
4400.	Id.	Électrum.	6,62.	S.
4401.	Id.	Électrum.	6,55.	S.
4402.	Id.	Électrum.	6,60.	S.
4403.	Id.	Électrum.	6,71.	S.
4404.	Id.	Électrum.	6,15.	S.
4405.	Id.	Électrum.	6,33.	S.
4406.	Id. (*Parthenay*, 1862.)	Électrum.	6,08.	S.
4407.	Id.	Électrum.	6,56.	S.
4408.	Id.	Électrum.	6,32.	S.
4409.	Id.	Électrum.	6,46.	AF.
4410.	Id.	Électrum.	6,49.	AF.
4411.	Id.	Électrum.	6,56.	AF.
4412.	Id.	Électrum.	5,96.	AF.
4413.	Tête à droite d'où partent des cordons; devant le menton, rameau. R. Aurige tenant une couronne dirigeant à droite le cheval androcéphale; dessous, main se rattachant à un rameau.	Cuivre.	6,11.	L.
4414.	Id. (*Bonneuil.*)	BR.	5,22.	S.
4415.	Id.	BR.	6,42.	S.
4416.	Tête d'Ogmius à droite, entourée de cordons de perles. R. Cheval androcéphale à droite, dirigé par un aurige; devant, croix; dessous, main.	OR.	6,45.	S.
4417.	Tête d'Ogmius à gauche, entourée de cordons de perles. R. Androcéphale à gauche; dessous, main étendue. (*Parthenay*, 1862.)	OR.	6,55.	S.
4418.	Id.	BR.	5,08.	S.
4419.	Tête d'Ogmius à gauche; cordons de perles. R. Androcéphale à gauche, dirigé par un aurige ailé; sous le cheval, main et étoile.	OR.	6,00.	S.
4420.	Tête d'Ogmius à gauche; cordons de perles. R. Androcéphale à gauche, dirigé par l'aurige ailé; dessous, main avec fleuron.	OR.	6,16.	S.
4421.	Id.	OR.	6,58.	S.
4422.	Tête d'Ogmius à droite. R. Bige à droite; dessous, main.	OR.	1,50.	S.
4423.	Tête d'Ogmius à droite; cordons de perles. R. Bige à droite; annelet au-dessus du cheval androcéphale; dessous, la main.	Électrum.	6,38.	S.
4424.	Id.	Électrum.	6,44.	S.
4425.	Id.	Électrum.	6,34.	S.
4426.	Id.	Électrum.	5,87.	S.
4427.	Tête à droite, les cheveux disposés en grosses mèches. R. Cavalier armé d'un bouclier, courant à droite; sous le cheval, main.	AR.	3,45.	S.
4428.	Id. (*Charnisay.*)	AR.	3,27.	S.
4429.	Id. id.	AR.	3,10.	S.
4430.	Id.	AR.	3,07.	S.
4431.	Id.	AR.	3,43.	AF.
4432.	Id. Hucher, *Art gaulois*, 1re part., pl. 60, n° 1.	AR.	3,44.	AF.
4433.	Tête imberbe laurée, à droite; collier de perles au cou. R. Cavalier armé du bouclier, courant à droite; sous le cheval, main.	AR.	3,35.	S.
4434.	Id.	AR.	3,40.	S.
4435.	Id.	AR.	3,35.	S.
4436.	Tête à droite, les cheveux divisés en grosses mèches; collier de perles. R. Cavalier armé d'un bouclier courant à droite; sous le cheval, main.	AR.	3,40.	S.
4437.	Id.	AR.	3,42.	S.
4438.	Id.	AR.	3,28.	S.
4439.	Tête à droite, les cheveux divisés en grosses mèches; croix en relief sur la joue. R. Cavalier armé d'un bouclier, en course à droite; sous le cheval, main.	AR.	3,62.	S.
4440.	Id. (*Charnisay.*)	AR.	3,45.	S.
4441.	Id.	AR.	3,40.	S.
4442.	Id. Hucher, *Art gaulois*, 1re part., pl. 43, n° 2.	AR.	3,50.	S.

			Poids.	Prov.
4443.	Id.	AR.	3,32.	S.
4444.	Id.	AR.	3,46.	S.
4445.	Tête à droite, les cheveux divisés en grosses mèches. R. Cavalier armé d'un bouclier, en course à droite; sous le cheval, fleuron.	AR.	3,28.	S.
4446.	Id.	AR.	3,47.	S.
4447.	Id.	AR.	3,38.	S.
4448.	Id.	AR.	3,35.	S.
4449.	Id.	AR.	3,36.	S.
4450.	Id.	AR.	3,39.	S.
4451.	Id.	AR.	3,15.	S.
4452.	Id.	AR.	3,37.	S.
4453.	Id.	AR.	3,35.	S.
4454.	Id.	AR.	3,18.	S.
4455.	Id.	AR.	3,15.	L.
4456.	Id.	AR.	3,15.	L.
4457.	Tête à droite, les cheveux divisés en grosses mèches; derrière, ... R. Cavalier armé d'un bouclier, galopant à droite; sous le cheval, trois annelets.	AR.	3,03.	S.
4458.	Id.	AR.	3,36.	S.
4459.	Id.	AR.	2,90.	S.
4460.	Tête à gauche. R. Cavalier armé d'un bouclier chargé de trois points, galopant à gauche; dessous, ... (*Saint-Just, près Limoges*, 1866.)	AR.	4,08.	S.
4461.	Tête à droite, les cheveux divisés en grosses mèches. R. Cavalier ailé en marche à droite; dessous, fleuron.	AR.	3,07.	S.
4462.	Id.	AR.	3,11.	AF.
4463.	Id.	AR.	3,20.	L.
4464.	Id.	AR.	3,00.	S.
4465.	Id.	AR.	3,08.	S.
4466.	Id.	BR.	2,97.	S.
4467.	Id.	AR.	3,05.	S.
4468.	Id.	AR.	2,75.	S.
4469.	Id.	AR.	2,57.	S.
4470.	Id.	AR.	3,11.	S.
4471.	Tête à droite. R. Cheval à gauche; dessus, fleur; dessous, main.	AR.	2,41.	S.

VIREDISOS.

			Poids.	Prov.
4472.	VIREDISOS. Tête à droite, cheveux massés et rejetés en arrière. R. Cheval bridé et sanglé galopant à droite; dessus, temple; dessous, roue à six raies. (*Paris*, 1863.)	BR.	2,50.	S.
4473.	Id. avec VIREDIOS.	BR.	3,32.	S.
4474.	Id.	BR.	2,55.	S.
4475.	Id. Moins la légende. (*Levroux* [*Indre*].)	BR.	2,72.	S.
4476.	Id. Moins la légende.	BR.	2,20.	S.
4477.	Id. avec ....DIOS.	BR.	2,98.	S.

Lagoy, *Rev. numism. franç.*, 1841, p. 12; Hucher, *Rev. numism. franç.*, 1859, p. 82.

Le premier exemplaire connu de cette médaille, faisant partie du cabinet de M. Courtois, à Beaucaire, a été publié par le marquis de Lagoy dans la *Revue numismatique française*.

La fabrique et le lieu de la découverte, environs de Beaucaire, avaient fait présumer à M. de Lagoy que la médaille devait appartenir au midi de la France. La dernière lettre probable de la légende devait être un N, et cette légende complète serait VIREN, mot qui a du rapport avec VIRINN, Vissec, suivant Walckenaer, qu'on trouve cité dans une inscription lapidaire relatant les noms de plusieurs des vingt-quatre villes du territoire des Arécomiques. M. de Lagoy, à l'appui de son attribution, faisait valoir la conformité de type que présente le cheval en course et la roue en dessous, avec les anciennes monnaies d'argent des Volcæ Arecomici.

En 1859, M. Hucher publiait un magnifique exemplaire de sa collection avec le nom complet VIREDISOS, et constatait l'identité de style de notre médaille et du numéraire ordinaire de l'Aquitaine : cheveux disposés en grosses boucles, cheval sanglé et bridé, l'édicule aquitain sur la croupe de l'animal et la roue entre les jambes.

DVRAT. — IVLIOS.

			Poids.	Prov.
4478.	DVRAT. Tête de Vénus diadémée à gauche. R. IVLIOS. Cheval galopant à droite; au-dessus, temple. (*Chantenay*.)	AR.	1,37.	S.
4479.	Id. (*Chantenay*.)	AR.	2,00.	S.
4480.	Id.	AR.	1,87.	S.
4481.	Id.	AR.	1,77.	AF.
4482.	Id.	AR.	1,80.	L.

Lagoy, *Notice sur l'attribution de quelques médailles gauloises*, n° 3.

La Saussaye, *Rev. numism. franç.*, 1851, p. 394.

4484a Tête de Vénus à g. R/ guerrier debout de face, cuirassé, armé de la haste et du bouclier. VIIOTA. AR 1gr.95 — N 4189 —
4484b Variété — Tête à vins siècle — F 8516 — 1.87
4484c Variété — On ne distingue pas le sanglier — 1.92

VIIPOTAL.

			Poids.	Prov.
4483.	Tête de Vénus à gauche. R. VIIPOTAL. Guerrier debout, de face, le corps couvert d'une cuirasse, tenant une haste, le sanglier enseigne et un bouclier.	AR.	1,85.	S.
4484.	Id.	AR.	1,92.	S.
4485.	Id. (*Puy de Corent*, 1862.) Pièce fourrée.	AR.	1,01.	S.
4486.	Id.	AR.	1,76.	S.
4487.	Id. Pièce fourrée.	AR.	1,56.	S.
4488.	Id. Avec ...POTALO.	AR.	1,61.	S.
4489.	Id. Moins la légende.	AR.	1,60.	S.
4490.	Id. Avec VIIPOTAL.	AR.	1,42.	AF.
4491.	Id.	AR.	1,86.	AF.
4492.	Id.	AR.	1,51.	AF.
4493.	Id.	AR.	1,91.	L.
4494.	Id.	AR.	1,51.	L.
4495.	Tête de Diane à gauche. R. VIIPOTAL au-dessus d'un lion passant à gauche. (*Chantenay.*)	AR.	1,87.	S.
4496.	Id.	AR.	1,89.	S.
4497.	Id.	AR.	1,92.	AF.

Longpérier, *Rev. numism. franç.*, 1856, p. 74.

4498.	Tête à droite. R. VIRT. Cheval galopant à droite; au-dessus, temple.	BR.	2,09.	S.
4499.	Id.	BR.	2,55.	S.
4500.	VIRT. Tête à droite. R. Cheval galopant à droite; au-dessus, temple; dessous, point dans un cercle de perles.	BR.	3,70.	S.
4501.	Id.	BR.	3,17.	S.
4502.	Id.	BR.	2,36.	S.
4503.	Id.	BR.	3,20.	S.
4504.	Id.	BR.	2,62.	AF.
4505.	Id.	BR.	2,92.	AF.
4506.	Id.	BR.	3,17.	S.

SANTONES?

			Poids.	Prov.
4507.	Tête à droite, les cheveux divisés en grosses mèches. R. Bige à droite, attelé d'un cheval androcéphale casqué; l'aurige tient le torques; sous le cheval, main sur un fleuron.	Electrum.	5,82.	S.
4508.	Id.	Electrum.	5,92.	S.
4509.	Id.	Electrum.	5,90.	S.
4510.	Id.	Electrum.	6,00.	S.
4511.	Mêmes types. SA aux côtés de la main.	Electrum.	5,72.	S.
4512.	Id.	Electrum.	5,75.	AF.
4513.	Id.	Cuivre.	5,10.	L.

SANTONOS.

4514.	Tête à droite, les cheveux divisés en grosses mèches. R. SACTNOS. Cheval à droite; au-dessus, temple.	BR.	3,82.	S.
4515.	Id. (*Poitou.*)	BR.	3,32.	S.
4516.	Tête à droite; devant, fleuron. R. Cheval à droite.	BR.	1,75.	S.

SANTONOS.

4517.	SANTONOS. Tête casquée à gauche. R. Cheval libre galopant à droite; dessus, fleuron; dessous, étoile. (*Chantenay.*)	AR.	1,95.	S.
4518.	Id.	AR.	1,74.	AF.
4519.	SANTONOS. Tête casquée à gauche. R. Cheval bridé et sanglé galopant à droite; dessous, point dans un cercle de perles.	AR.	1,70.	S.
4520.	Id. (*Environs de Châteauroux.*)	AR.	1,85.	S.
4521.	Id. (*Chantenay.*)	AR.	1,95.	S.
4522.	SANTONOC. Tête casquée à gauche. R. Cheval bridé et sanglé galopant à droite; dessous, point dans un cercle de perles.	AR.	1,92.	S.
4523.	Id. Avec SANTONOS.	AR.	1,82.	AF.
4524.	Id.	AR.	1,95.	L.

ARIVOS. — SANTONOS.

4525. ARIVOS. Tête casquée à gauche.
R. SANTONOS rétrograde. Cheval bridé et sanglé galopant à droite; dessous.

Poids. Prov.

point dans un cercle de perles. AR. 1,92. S.

4526. Id. (*Paris*, 1863.) AR. 1,92. S.

4527. Id. AR. 1,50. S.

4528. Id. AR. 1,86. S.

4529. Id. AR. 1,82. S.

4530. Id. AR. 1,91. S.

4531. Id. AR. 1,75. AF.

4532. Id. AR. 1,60. AF.

4533. Id. AR. 1,89. L.

4534. Id. Plus petit module. AR. 0,80. S.

NERCOD.

4535. NERCOD. Tête nue à gauche.
℞. NERCOD. Cheval en marche à gauche; dessous, point centré. (*Trouvaille de Vernon [Vienne]*.) AR. 1,92. AF.

4536. Id. AR. 1,87. AF.

Ercod, Duchalais, n° 455, p. 169; Nercod, Hucher, *Mélanges de numismatique*, p. 84.

DARA. — DIARILOS.

4537. ...RA. Tête nue à droite.
℞. DIARILOS. Lion en marche à droite. AR. 1,57. L.

Lagoy, *Notice sur l'attribution de quelques médailles des Gaules*, n° 32, p. 45.

Hucher, *Art gaulois*, 1re partie, pl. 86, n° 1.

LÉMOVIQUES.

4538. Tête laurée à droite.
℞. Bige à droite; dessous, fleur; à l'exergue, ΠΟV. OR. 7,80. S.

4539. Id. A l'exergue, ΛΠΟV. (*Moulins*.) OR. 8,15. S.

4540. Id. Moins la légende de l'exergue. OR. 7,56. S.

4541. Id. A l'exergue, ΠΘV. (*Limoges*.) OR. 7,70. S.

4542. Tête laurée d'Apollon à droite.
℞. Bige à droite dirigé par un aurige; sous les chevaux, fleur et VI; à l'exergue, ΙΛΠΟV. OR. 8,32. AF.

4543. Tête laurée à droite.
℞. Bige à droite; sous les chevaux, fleur; à l'exergue, VΠΟΛ. OR. 7,76. AF.

4544. Tête laurée à droite.
℞. Bige à droite; sous le cheval, fleur. Un quart de statère. OR. 1,92. S.

4545. Id. Un quart de statère. OR. 1,90. AF.

4546. Tête laurée à droite.
℞. Bige à droite; dessous, fleur. OR. 7,28. S.

4547. Tête laurée à droite.
℞. Bige à droite; dessous, châtaigne. OR. 7,35. S.

4548. Id. d'un style meilleur. Un quart de statère. OR. 1,85. S.

4549. Tête de Diane à droite.
℞. Bige à droite; dessous, fleur et épi; à l'exergue, ΠΑΟΝ. (*Trouvaille de Breith*.) AR. 4,47. S.

4550. Id. Moins la légende de l'exergue. (*Breith*.) AR. 4,42. S.

4551. Tête à droite; devant la bouche, fleuron.
℞. Cheval à gauche; dessous, la tête d'un personnage tenant un énorme carnyx. OR. 7,22. S.

Hucher, *Art gaulois*, 2e part., n° 89.

4552. Tête virile à gauche.
℞. Cheval à gauche; dessous, buste tenant le carnyx. AR. 2,17. S.

Hucher, *Art gaulois*, 2e part., n° 90.

4553. Id. AR. 2,27. S.

4554. Tête d'Ogmius à gauche, avec les cordons de perles.
℞. Androcéphale à gauche; dessous, tête. OR. 6,67. S.

4555. Id. OR. 6,37. S.

4556. Id. OR. 6,56. S.

Hucher, *Art gaulois*, 2e part., n° 91.

4557. Tête à gauche.
℞. Cheval à gauche; dessous, tête. OR. 2,24. S.

4558. Tête à droite.
℞. Cavalier armé d'un bouclier galopant à droite; dessous, tête humaine. AR. 3,35. S.

4559. Id. AR. 2,72. S.

4560. Id. AR. 3,41. S.

4561. Tête à droite, les cheveux divisés en trois grosses mèches.

Poids. Prov.

℞. Cheval à droite; au-dessus, tête; dessous, point centré. (*Bénévent* [*Creuse*].) AR. 2,02. S.

4562. Id. AR. 2,18. AF.

4563. Id. AR. 2,25. AF.

4564. Id. AR. 2,22. S.

4565. Tête à gauche.
℞. Cheval à droite; au-dessus, tête; dessous, point centré. AR. 2,30. S.

4566. Tête à gauche.
℞. Cheval à gauche; au-dessus, tête; dessous, point centré. (*Bénévent* [*Creuse*].) AR. 2,17. S.

4567. Id. Plus petit module. AR. 1,17. S.

4568. Id. AR. 1,13. AF.

4569. Id. AR. 2,60. AF.

4570. Id. AR. 2,22. AF.

4571. Tête jeune, imberbe, à gauche.
℞. Cheval galopant à gauche; au-dessus, tête; dessous, un annelet. AR. 2,15. L.

4572. Tête à gauche.
℞. Cheval à gauche; au-dessus, tête; dessous, trois points centrés. AR. 2,08. S.

4573. Tête à droite.
℞. Cheval à droite; au-dessus, tête; dessous, point centré. AR. 2,02. AF.

4574. Tête à gauche.
℞. Cheval à gauche; au-dessus, tête; dessous, trois cercles. AR. 2,12. AF.

4575. Id. AR. 2,17. AF.

4576. Id. AR. 2,20. AF.

4577. Id. AR. 2,16. AF.

CONNO. — EPILLOS. — SEDULLUS.

4578. CONNO EPILLOS. Tête nue ornée d'un bandeau et d'un collier à droite.
℞. SEDVLLVS. Cavalier galopant à droite, portant devant lui un sanglier; un autre sanglier au-dessus de sa tête; deux autres derrière les épaules; entre les jambes du cheval, personnage renversé. BR. 2,86. S.

4579. Id. De moins bonne conservation. La légende SEDVLLVS effacée. (*Poitiers.*) AR. 4,27. S.

4580. CONNO EPILLOS. Tête nue à droite, ornée d'un bandeau.
℞. Cavalier à droite embouchant le carnyx; deux sangliers derrière; entre les jambes du cheval, ennemi renversé. (*Montpaon, près d'Arles.*) BR. 2,20. L.

Lagoy. *Notice sur l'attribution de quelques médailles des Gaules*, p. 44, n° 29.

Saulcy, *Rev. numism. franç.*, 1863, p. 137.

M. de Saulcy a vu dans le mot SEDVLLVS le Sedulius des Commentaires de César, chef lémovique qui périt les armes à la main devant Alesia.

LÉMOVIQUES AU TYPE ARMORICAIN.

4581. Tête d'Ogmius à droite, coiffée d'un sanglier et entourée de cordons de perles.
℞. Androcéphale à droite, dirigé par un aurige qui embouche le carnyx; sous le cheval, fleur. OR. 7,85. S.

Hucher, *Art gaulois*, 1re partie, pl. I, n° 2.

4582. Tête d'Ogmius à droite, entourée de cordons de perles.
℞. Androcéphale à droite, dirigé par un aurige; sous le cheval, fleur. OR. 7,31. S.

4583. Tête avec corne de bélier entourée d'un cordon de perles.
℞. Androcéphale à droite, dirigé par un aurige qui embouche le carnyx; sous le cheval, fleur. AR. 3,49. S.

4584. Tête d'Ogmius à droite, surmontée de quatre points et entourée de cordons de perles.
℞. Androcéphale à droite, dirigé par un aurige; sous le cheval, fleur. AR. 3,73. S.

Hucher, *Art gaulois*, 1re part., pl. IX, n° 2.

4585. Tête d'Ogmius à droite, surmontée de trois points et

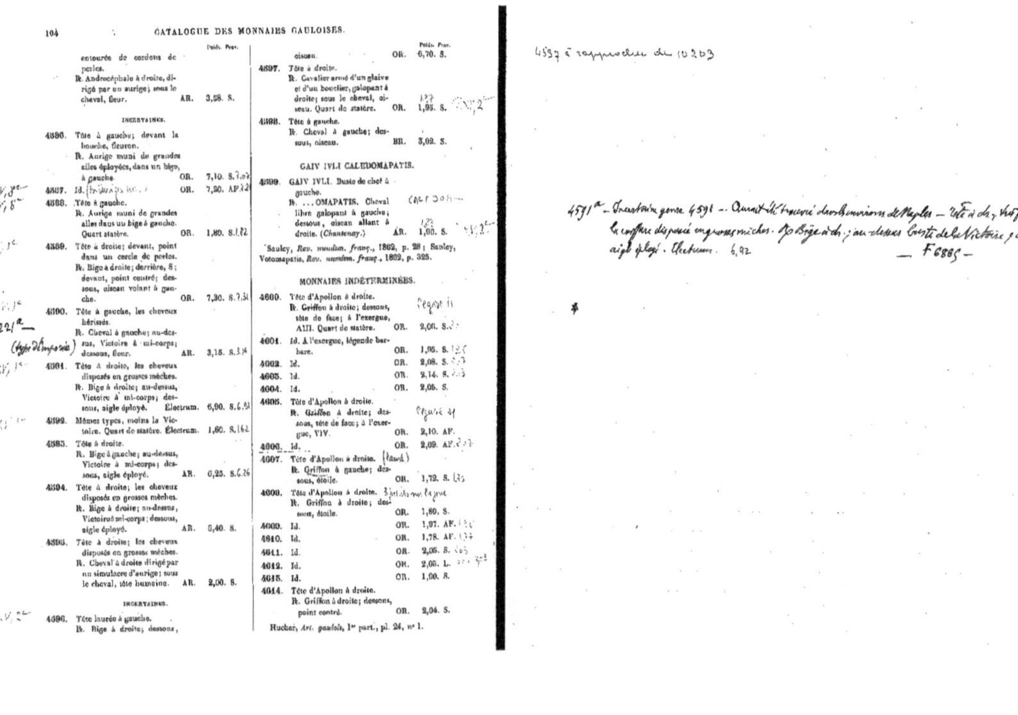

			Poids.	Prov.
	entourée de cordons de perles. R. Androcéphale à droite, dirigé par un aurige; sous le cheval, fleur.	AR.	3,58.	S.

INCERTAINES.

			Poids.	Prov.
4586.	Tête à gauche; devant la bouche, fleuron. R. Aurige muni de grandes ailes éployées, dans un bige, à gauche.	OR.	7,10.	S.
4587.	Id.	OR.	7,20.	AF.
4588.	Tête à gauche. R. Aurige muni de grandes ailes dans un bige à gauche. Quart statère.	OR.	1,80.	S.
4589.	Tête à droite; devant, point dans un cercle de perles. R. Bige à droite; derrière, S; devant, point centré; dessous, oiseau volant à gauche.	OR.	7,30.	S.
4590.	Tête à gauche, les cheveux hérissés. R. Cheval à gauche; au-dessus, Victoire à mi-corps; dessous, fleur.	AR.	3,15.	S.
4591.	Tête à droite, les cheveux disposés en grosses mèches. R. Bige à droite; au-dessus, Victoire à mi-corps; dessous, aigle éployé.	Électrum.	6,90.	S.
4592.	Mêmes types, moins la Victoire. Quart de statère.	Électrum.	1,60.	S.
4593.	Tête à droite. R. Bige à gauche; au-dessus, Victoire à mi-corps; dessous, aigle éployé.	AR.	6,25.	S.
4594.	Tête à droite; les cheveux disposés en grosses mèches. R. Bige à droite; au-dessus, Victoire à mi-corps; dessous, aigle éployé.	AR.	6,40.	S.
4595.	Tête à droite; les cheveux disposés en grosses mèches. R. Cheval à droite dirigé par un simulacre d'aurige; sous le cheval, tête humaine.	AR.	2,00.	S.

INCERTAINES.

			Poids.	Prov.
4596.	Tête laurée à gauche. R. Bige à droite; dessous, oiseau.	OR.	6,70.	S.
4597.	Tête à droite. R. Cavalier armé d'un glaive et d'un bouclier, galopant à droite; sous le cheval, oiseau. Quart de statère.	OR.	1,95.	S.
4598.	Tête à gauche. R. Cheval à gauche; dessous, oiseau.	BR.	3,02.	S.

GAIV IVLI CALEDOMAPATIS.

			Poids.	Prov.
4599.	GAIV IVLI. Buste de chef à gauche. R. ...OMAPATIS. Cheval libre galopant à gauche; dessous, oiseau allant à droite. (*Chantenay*.)	AR.	1,80.	S.

Saulcy, *Rev. numism. franç.*, 1862, p. 28; Saulcy, Votomapatis, *Rev. numism. franç.*, 1862, p. 325.

MONNAIES INDÉTERMINÉES.

			Poids.	Prov.
4600.	Tête d'Apollon à droite. R. Griffon à droite; dessous, tête de face; à l'exergue, AIII. Quart de statère.	OR.	2,06.	S.
4601.	Id. A l'exergue, légende barbare.	OR.	1,95.	S.
4602.	Id.	OR.	2,08.	S.
4603.	Id.	OR.	2,14.	S.
4604.	Id.	OR.	2,05.	S.
4605.	Tête d'Apollon à droite. R. Griffon à droite; dessous, tête de face; à l'exergue, VIV.	OR.	2,10.	AF.
4606.	Id.	OR.	2,09.	AF.
4607.	Tête d'Apollon à droite. R. Griffon à gauche; dessous, étoile.	OR.	1,72.	S.
4608.	Tête d'Apollon à droite. R. Griffon à droite; dessous, étoile.	OR.	1,80.	S.
4609.	Id.	OR.	1,97.	AF.
4610.	Id.	OR.	1,78.	AF.
4611.	Id.	OR.	2,05.	S.
4612.	Id.	OR.	2,05.	L.
4613.	Id.	OR.	1,90.	S.
4614.	Tête d'Apollon à droite. R. Griffon à droite; dessous, point centré.	OR.	2,04.	S.

Hucher, *Art gaulois*, 1re part., pl. 24, n° 1.

			Poids.	Prov.
4615.	Tête d'Apollon à droite; branche de houx sur la joue. R. Griffon à droite; dessus, annelet; dessous, croissant et étoile.	OR.	2,00.	S.
4616.	Tête d'Apollon à droite. R. Griffon à droite; dessous, Ψ.	OR.	1,77.	S.
4617.	Tête d'Apollon à droite. R. Griffon à droite; dessus, fleuron; dessous, étoile.	OR.	1,90.	S.
4618.	... Tête à droite. R. ... Cheval ailé à droite. Légendes indéchiffrées.	BR.	2,34.	S.
4619.	Id.	BR.	3,00.	S.
4620.	Id.	BR.	2,40.	S.
4621.	Id.	BR.	2,85.	S.

SEGUSIAVI.

4622.	SEGVSIAVS. Buste imberbe, casqué, à droite; derrière, une lance. R. ARVS. Hercule debout, tenant sa massue de la main droite, et de la gauche touchant Télesphore posé sur une base.	AR.	1,79.	S.
4623.	Id. Avec SEGV....S.	AR.	1,95.	S.
4624.	Id. Avec SEGVSIAVS.	AR.	1,74.	AF.
4625.	Id.	AR.	1,92.	AF.
4626.	Id. Pièce fourrée.	AR.	1,35.	AF.
4627.	Id.	AR.	1,75.	L.
4628.	SEGISV en creux sur une tête barbare. R. Génie ailé, de face, au-dessus d'un cheval tourné à droite.	Potin.	3,80.	S.
4629.	Id.	Potin.	2,23.	S.
4630.	Id.	Potin.	3,73.	S.
4631.	Id.	Potin.	3,98.	S.
4632.	Id.	Potin.	3,74.	AF.

GELISV, Duchalais, n° 564.

4633.	Tête de face. R. SEGISV. Aigle sur un bucrâne. *Scyphate*.	BR.	0,86.	S.
4634.	Id.	BR.	0,92.	S.
4635.	Id.	BR.	0,80.	S.
4636.	Id.	BR.	0,80.	L.

ATTIL.

			Poids.	Prov.
4637.	Tête de face. R. ATTIL. Aigle sur un bucrâne.	AR.	1,12.	S.
4638.	Id.	AR.	0,86.	S.

LUGDUNUM.

4639.	Tête jeune ailée à droite de Fulvie sous les traits de la Victoire. R. LVGVDVNI A XL. Lion à droite. Quinaire.	AR.	1,71.	S.
4640.	Id. Quinaire.	AR.	1,92.	S.
4641.	Id. Quinaire.	AR.	1,65.	S.
4642.	Id. Quinaire.	AR.	1,90.	S.
4643.	Id. La tête de Fulvie deux fois répétée. Quinaire.	AR.	1,02.	S.
4644.	Id. Quinaire.	AR.	1,82.	AF.
4645.	Id. Quinaire.	AR.	1,85.	AF.
4646.	Id. Quinaire.	AR.	1,76.	AF.
4647.	Id. Quinaire.	AR.	1,09.	AF.
4648.	Id. Quinaire.	AR.	1,79.	AF.
4649.	Id. Quinaire.	AR.	1,60.	L.
4650.	Id. Quinaire.	AR.	1,52.	L.
4651.	III VIR R P C. Tête jeune ailée, à droite, de la Victoire. R. ANTONI IMP A XLI. Lion à droite. Quinaire.	AR.	1,77.	S.
4652.	Id. Quinaire.	AR.	1,66.	S.
4653.	Id. Quinaire.	AR.	1,71.	S.
4654.	Id. Pièce fourrée. Quinaire.	AR.	1,23.	S.
4655.	Id. Quinaire.	AR.	1,65.	AF.
4656.	Id. Quinaire.	AR.	1,80.	AF.
4657.	Id. Quinaire.	AR.	1,85.	AF.
4658.	Id. Quinaire.	AR.	1,74.	AF.
4659.	Id. Quinaire.	AR.	1,73.	L.
4660.	IMP DIVI F. Têtes adossées de J. César et d'Auguste. R. Proue et disque avec la tête de corbeau.	BR.	18,40.	S.
4661.	Id.	BR.	19,07.	S.
4662.	Id.	BR.	18,32.	AF.
4663.	Id.	BR.	17,72.	AF.
4664.	Id.	BR.	17,92.	AF.

COLONIE DE LYON.

4665. IMP CAESAR DIVI F DIVI IVLI. Têtes adossées de J.

4658a COPIA FELI/X. Buste de femme à dr., tête ailée; derrière, corne d'abondance. 3,00
R. MV/N/ATI/A. Hercule debout, à g., s'appuyant sur sa massue. Æ — F9914 — trouvée à Gergovie

4664a, b. Variété. D'Ailly: 17492, 17493. 17754; 17757

4633, 4634, 4635 découverts à Alise-Sainte-Reine, Barry près Bollène (Vaucluse), Vendeuil-Caply d'après Saulcy, R.N. 1868, p. 5.

			Poids.	Prov.
	César et d'Auguste, séparées par une palme. ℞. COPIA. Proue de vaisseau ; au-dessus, globe et meta.	BR.	17,75.	S.
4666.	Id.	BR.	16,66.	S.
4667.	Id.	BR.	21,40.	S.
4668.	Id.	BR.	20,07.	S.
4669.	Id. Légende retouchée, IVLIVS pour IVLI.	BR.	22,90.	AF.
4670.	Id. avec IVLI.	BR.	21,50.	AF.
4671.	Id. La tête de J. César surfrappée.	BR.	17,02.	AF.
4672.	Id.	BR.	17,52.	L.
4673.	Id.	BR.	19,18.	L.
4674.	Id.	BR.	20,86.	L.
4675.	Id.	BR.	17,69.	L.
4676.	IMP CAESAR DIVI F DIVI IVLI. Têtes adossées sans palme qui les sépare. ℞. COPIA. Proue de vaisseau ; au-dessus, meta.	BR.	21,05.	S.
4677.	Id.	BR.	23,41.	AF.
4678.	Id.	BR.	23,82.	AF.
4679.	Id.	BR.	26,23.	AF.
4680.	Id.	BR.	17,42.	AF.
4681.	Id.	BR.	19,62.	L.
4682.	Id.	BR.	19,00.	L.
4683.	IMP… DIVI IVLI. Tête de J. César et palme. ℞. CO… moitié de proue, globe et meta ; pièce coupée.	BR.	11,40.	S.
4684.	…P CAESAR DIVI.. Tête d'Auguste. ℞. COPIA. Moitié de proue et globe ; pièce coupée.	BR.	10,51.	S.
4685.	CAESAR. Tête d'Auguste à droite. ℞. Proue de vaisseau.	BR.	16,20.	S.
4686.	Id.	BR.	15,90.	S.
4687.	CAESAR. Tête d'Auguste à droite. Dans le champ, contre-marque au type de Pixtilos, du chien qui regarde en arrière. ℞. Proue de vaisseau.	BR.	17,90.	S.

Saulcy, *Mélanges de numismatique*, 1875, p. 191.

Selon M. de Saulcy, la pièce ne mentionnant pas le titre d'Auguste est antérieure à l'an 27, où le Sénat lui concéda ce titre et où l'atelier monétaire de Lyon fut fondé. Le monnayage de Pixtilos aurait ainsi persisté au delà de cette date, et peut-être jusqu'au moment de la consécration de l'autel de Lyon, l'an 12 avant Jésus-Christ.

			Poids.	Prov.
4688.	CAESAR. Tête d'Auguste à droite. ℞. Proue de vaisseau chargée d'une tour, d'un mât, et tournée à droite.	BR.	17,70.	AF.
4689.	Id.	BR.	17,12.	AF.
4690.	Id.	AR.	12,75.	AF.
4691.	CAESAR AVGVSTVS DIVI F PATER PATRIAE. Tête laurée à droite. ℞. ROM ET AVG. Autel de Lyon.	BR.	20,00.	S.
4692.	Id.	BR.	10,18.	S.
4693.	Id.	BR.	13,90.	S.
4694.	Id.	BR.	11,75.	S.
4695.	Id. Pièce fourrée de fer.	BR.	3,06.	S.
4696.	CAESAR AVGVSTVS DIVI F PATER PATRIAE. Tête laurée. ℞. ROM ET AVG. Autel de Lyon ; contre-marque RI dans le champ.	BR.	24,16.	L.
4697.	Id. Même contre-marque.	BR.	11,73.	L.
4698.	Id. Moins la contre-marque.	BR.	10,59.	L.
4699.	Id.	BR.	11,45.	L.
4700.	Id.	BR.	12,33.	L.
4701.	…. VS DIVI F … Tête laurée d'Auguste à droite. TIB IM en contre-marque sur le cou. ℞. Type effacé. TIB AVG en contre-marque dans le champ.	BR.	8,70.	L.
4702.	CAESAR AVGVST.. DIVI F PATER PATRIAE. Tête laurée. ℞. ROM ET AVG. Autel de Lyon. RT en contre-marque ; percée d'un trou.	BR.	10,01.	L.
4703.	CAESAR PONT MAX. Tête laurée à droite. ℞. ROM ET AVG. Autel de Lyon.	BR.	10,76.	S.
4704.	Id.	BR.	6,55.	S.
4705.	Id. Pièce fourrée de fer.	BR.	1,60.	S.

TROUVÉE A RENNES, DANS LA VILAINE.

			Poids.	Prov.
4706.	Id.	BR.	10,81.	L.
4707.	Id.	BR.	10,93.	L.
4708.	Id.	BR.	8,97.	L.
4709.	Id.	BR.	11,36.	L.
4710.	Id.	BR.	11,30.	L.
4711.	Id.	BR.	8,80.	L.
4712.	Id.	BR.	7,06.	L.
4713.	CAESAR PONT MAX. Tête laurée. ℞. ROM ET AVG. L'autel de Lyon deux fois répété.	BR.	8,40.	L.
4714.	CAESAR PONT MAX. Même tête. ℞. ROM ET ... Autel.	BR.	4,98.	L.
4715.	AESAR PONT MAX. Même tête. ℞. ... ET AVG. AV et étoile en contre-marque sur l'autel de Lyon.	BR.	9,40.	L.
4716.	CAES... Tête laurée à droite. Étoile en contre-marque sur la joue d'Auguste. ℞. ROM ET A.. Autel.	BR.	10,64.	L.
4717.	CAESAR PONT MAX. Tête laurée à droite. ℞. ROM ET AVG. Autel de Lyon. Dans le champ, PP en contre-marque.	BR.	10,20.	L.
4718.	Id. Dans le champ, même contre-marque autrement disposée.	BR.	10,32.	L.
4719.	CAESAR.PONT MAX. Tête laurée. ℞. ROM ET AVG. Autel. TIB en contre-marque dans le champ; percée d'un trou.	BR.	10,42.	L.
4720.	Id. FAN en contre-marque dans le champ du revers.	BR.	9,92.	L.
4721.	Id. MP en contre-marque au revers.	BR.	10,47.	L.
4722.	Id. CA en contre-marque au revers.	BR.	10,27.	L.
4723.	Id. TIB en contre-marque au revers.	BR.	9,80.	L.
4724.	CAESAR AVGVSTVS DIVI F PATER PATRIAE. Tête laurée. ℞. ROM ET AVG. Autel.	BR.	4,65.	S.
4725.	Id.	BR.	4,75.	S.
4726.	Id.	BR.	4,36.	S.
4727.	Id.	BR.	4,65.	L.
4728.	Id.	BR.	4,08.	L.
4729.	Id.	BR.	4,30.	L.
4730.	IMP CAESAR. Tête laurée à droite. ℞. AVGVSTVS. Aigle éployé.	BR.	2,09.	S.
4731.	Id.	BR.	2,47.	S.
4732.	Id.	BR.	2,85.	S.
4733.	Id.	BR.	3,00.	S.
4734.	Id.	BR.	2,30.	S.
4735.	Id.	BR.	1,90.	S.
4736.	Imitation barbare des précédentes.	BR.	2,62.	S.
4737.	Tête d'Auguste laurée à gauche; derrière, foudre. ℞. ROM ET AVG. Autel de Lyon.	BR.	4,42.	S.
4738.	TI CAESAR AVGVSTI F IMPERATOR V. Tête nue à gauche, de Tibère. Contre-marque du Musée de Modène. ℞. ROM ET AVG. Autel.	BR.	24,10.	S.
4739.	Id. Moins la contre-marque.	BR.	24,62.	S.
4740.	Id.	BR.	25,95.	L.
4741.	TI CAESAR AVGVST F IMPERAT V. Tête nue de Tibère à gauche. ℞. ROM ET AVG. Autel.	BR.	11,20.	S.
4742.	Id.	BR.	11,10.	L.
4743.	Id.	BR.	12,04.	L.
4744.	Id.	BR.	13,00.	S.
4745.	Id.	BR.	4,73.	S.
4746.	Id.	BR.	4,82.	S.
4747.	TI CAESAR AVGVST F IMPERAT V. Tête laurée de Tibère à droite. ℞. ROM ET AVG. Autel.	BR.	11,30.	S.
4748.	Id.	BR.	12,41.	L.
4749.	Id.	BR.	10,61.	L.
4750.	TI CAESAR AVGVST F IMPERAT VI. Tête laurée à droite. ℞. ROM ET AVG. Autel.	BR.	11,01.	L.
4751.	Id. avec IMPERAT VII.	BR.	10,62.	S.
4752.	Id. id.	BR.	9,73.	S.
4753.	Id. id.	BR.	10,27.	S.
4754.	Id. id. Pièce fourrée de fer.	BR.	1,48.	S.

			Poids.	Prov.
4755.	Id. avec IMPERAT VII. Pièce fourrée de fer.	BR.	1,05.	S.
4756.	Id. avec IMPERAT VII.	BR.	10,92.	L.
4757.	Id.	BR.	11,19.	L.
4758.	Id.	BR.	4,85.	L.
4759.	Id.	BR.	4,20.	L.
4760.	Id. Aspérité au revers.	BR.	10,47.	L.
4761.	... SAR AVGVST F IMPERAT VII. Tête laurée à droite. ℞. Fruste.	BR.	4,08.	L.
4762.	TI CAESAR DIVI AVG F AVGVSTVS. Tête laurée à droite. ℞. ROM ET AVG. Autel.	BR.	3,10.	L.
4763.	Id.	BR.	3,66.	L.
4764.	Id.	BR.	3,08.	L.
4765.	TI CAESAR DIVI AVG F AVGVSTVS. Tête laurée. ℞. NED. Autel.	BR.	3,80.	S.
4766.	TI CAESAR AVGVST F IMPERAT VII. Tête laurée à droite. ℞. ROM ET AVG. Autel.	BR.	3,68.	S.
4767.	Id.	BR.	4,32.	S.
4768.	Id.	BR.	4,26.	S.
4769.	Id. Pièce fourrée de fer.	BR.	2,29.	S.
4770.	TI CAESAR DIVI AVG F AVGVSTVS. Tête laurée à droite. ℞. PONTIF MAX TR P IMP PP SC. Rome casquée, assise à gauche sur une cuirasse et des boucliers, tenant une couronne et un parazonium. Médaille hybride, frappée sous Néron.	BR.	3,50.	S.
4771.	TI CLAVDIVS CAESAR AVG P M TR P IMP. Tête laurée de Claude à droite. ℞. ROM ET AVG. Autel.	BR.	3,23.	S.
4772.	Id.	BR.	4,23.	S.
4773.	Id.	BR.	2,72.	L.
4774.	Id.	BR.	2,59.	L.
4775.	Id.	BR.	2,77.	L.
4776.	NERO CLAVD CAESAR AVG GERM. Tête de Néron à gauche. ℞. ROM ET AVG. Autel.	BR.	8,23.	S.
4777.	Tête barbare à droite. ℞. Autel de Lyon grossièrement figuré.	BR.	1,94.	S.
4778.	Id.	BR.	2,02.	S.
4779.	Id.	BR.	2,55.	S.
4780.	Id.	BR.	2,77.	S.
4781.	Id.	BR.	1,70.	S.
4782.	Id.	BR.	2,64.	S.
4783.	Tête barbare à gauche. ℞. Autel de Lyon.	BR.	2,40.	S.
4784.	Id.	BR.	2,10.	S.
4785.	Id.	BR.	3,08.	S.
4786.	Tête barbare à droite. ℞. Autel de Lyon.	BR.	2,07.	S.

MONNAIES A LÉGENDES DE LECTURE INCERTAINE.

L. MUNATIUS PLANCUS.

4787.	L MV MVN en lettres liées. Tête nue à gauche. ℞. Cavalier à gauche; sous le cheval, roue et annelet.	AR.	1,73.	S.

Ch. Robert (*Rev. num. franç.*, 1859, p. 230, et 1860, p. 206) croit lire ici L MVNATIVS.

ANÉPIGRAPHES.

4788.	Tête barbare à droite. ℞. Cavalier galopant à gauche au-dessus d'un sanglier dans le même sens.	AR.	1,75.	AF.
4789.	Tête à gauche. ℞. Cavalier armé d'une lance galopant à gauche; sous le cheval, sanglier.	AR.	1,53.	S.
4790.	Tête à droite. ℞. Cavalier à droite; sous le cheval, sanglier.	AR.	1,39.	S.
4791.	Tête diadémée à droite. ℞. Cavalier armé d'une lance au galop à droite; sous le cheval, sanglier.	AR.	1,64.	AF.

Duchalais, *Description*, n° 12.

L. MVN.

4792.	L. MVNAT. Tête casquée à gauche. ℞. ATTALV. Oiseau volant à droite emportant un serpent; au-dessus, rameau.	BR.	2,31.	S.

4786a Tête à droite, ... globule devant la lèvre. ℞. Imitation de l'autel de Lyon. (par les Ségusiaves ?) — L 3340. 2.43

Lyon (add.).

4786[1] ... IMP. Amphore ... ℞. Instruments. Denier AR. 3.56

4786[2] MAT IMP D° ℞ LEP IMP D°. Denier AR 1.67

4786[3] MAT IMP D° ℞ Victoire couronnant un trophée. Denier AR 1.38

4786[4] Variété. 1.75

4786[5] III VIR RPC Tête ... ℞. MANTON LEP. Deux mains jointes tenant un caducée. Deni...

4786[6] Variété. 1.23

4786 [1-4] → République ... Aemilia

4786 [5-6] → République Marc Antoine ...

4762-5 → Empire, Tibère (imitations)

4769 → Empire, Néron (imit)

4776 → Empire, Néron (imit)

Poids. Prov.

4793. Id. BR. 4,07. S.

4794. Id. BR. 2,77. S.

4795. Id. BR. 3,08. S.

4796. Id. BR. 2,60. S.

4797. ...VNAT. Tête à droite.
℞. Lion à droite; à l'exergue, ...TTALV. BR. 3,10. S.

Selon M. Robert, les monnaies de bronze et celle d'argent, si elle est bien lue, appartiennent incontestablement à Lucius Munatius Plancus. Les monnaies de bronze auraient été frappées à Lugdunum, peu après la fondation de la colonie; celle d'argent, de fabrique germaine, à Augusta Rauracorum ou Rauricorum[1].

Le nom inscrit à l'exergue de la monnaie de Lugdunum serait VIATTV, celui d'une famille considérable du pays ségusiave, qui a fourni deux prêtres du temple de Rome et d'Auguste, plus un décemvir augustal[2].

M. Charles Robert avait proposé de lire IVSSV. Enfin, tout récemment, M. Hucher vient de déchiffrer le nom AIIAMOC sur un exemplaire de la même pièce, à lui communiquée par M. Maxe Werly, et appartenant à l'abbé Cerès[3].

4798. SER GALBA IMP. Galba à cheval, à droite, tenant une haste.
℞. TRES GALLIAE. Trois têtes de femme à droite, avec une branche devant chacune. Les Gaules Aquitaine, Narbonnaise et Lyonnaise. Pièce fourrée. Denier. AR. 3,12. S.

4799. SER GALBA IMP. Galba à cheval.
℞. TRES GALLIAE. Les trois têtes sans la branche. Pièce fourrée. Denier. AR. 2,90. S.

On a des monnaies de Galba aux légendes GALLIA, TRES GALLIAE, GALLIA HISPANIA. (Cohen, *Monnaies de l'Empire romain*, nos 7, 8, 35 et 36, Galba.)

La légende TRES GALLIAE peut s'entendre indifféremment de la Belgique, de la Lyonnaise, de l'Aquitaine, ou de la Narbonnaise, de l'Aquitaine, de la Lyonnaise.

Dans la première hypothèse, on exclut la Narbonnaise; dans la seconde, la Belgique.

Eckhel (*D. N. V.*, t. VI, p. 293) a exposé les raisons pour ou contre, et laissé au lecteur la décision.

Nous suivrons l'exemple d'Eckhel.

[1] *Revue numismatique française*, 1848, p. 230.
[2] *Libertés gauloises*, par A. de Barthélemy, p. 10.
[3] *Mélanges de numismatique*, p. 326.

PIÈCES ATTRIBUÉES AUX ÉDUENS.

ATPILII. — ORGETIRIX.

Poids. Prov.

4800. ATPILIF. Buste de Diane à gauche.
℞. ORGETIRIX. Cheval galopant à gauche; dessous, étoile. AR. 1,90. S.

4801. Id. AR. 1,85. S.

4802. Id. AR. 1,77. AF.

4803. Id. AR. 1,87. AF.

4804. Id. AR. 1,90. L.

4805. ATPILIF. Buste de femme à gauche.
℞. ORGETIRIX. Cheval galopant à gauche; dessous, dauphin. AR. 1,89. S.

4806. Id. AR. 1,83. S.

4807. Id. Moins la légende du revers. AR. 2,05. S.

4808. Id. AR. 1,57. S.

4809. Id. AR. 1,80. S.

4810. Id. AR. 1,76. AF.

4811. Id. AR. 1,70. L.

4812. Id. AR. 1,98. L.

4813. ATPILIF.. Buste de Diane et OR, avec l'empreinte du cheval en surfrappe.
℞. Cheval et buste de Diane en surfrappe. AR. 1,86. S.

4814. COIOS. Buste casqué à gauche, le cou orné du torques.
℞. ORCITIRIX. Cheval galopant à gauche; à l'exergue, fleuron. AR. 1,67. S.

4815. COIOS. Même buste.
℞. ORCHTIRIX. Cheval galopant à gauche. AR. 1,88. S.

4816. COIOS. Même buste.
℞. ORCHTI... Cheval à gauche; à l'exergue, fleuron. AR. 1,82. S.

4817. COIOS. Même buste.
℞. ORCHTIRIX. Cheval à gauche. AR. 1,87. S.

4818. Id. AR. 1,88. S.

4819. COIOS. Même buste.
℞. ORCHTIRIX. Cheval galopant à gauche; à l'exergue, fleuron. AR. 1,87. AF.

4820. COIOS. Même buste.

			Poids.	Prov.
	R. ORCHTIRIX. Cheval galopant à gauche.	AR.	1,78.	L.
4821.	Id. Moins les légendes.	AR.	1,35.	L.

EDVIS. — ORGETIR.

4822.	EDVIS. Tête d'Apollon à droite. R. Même type incus.	AR.	1,85.	S.
4823.	EDVIS. Tête d'Apollon. R. Ours.	AR.	1,56.	S.
4824.	EDVIS. Tête d'Apollon. R. ORCET. Ours.	AR.	1,79.	S.
4825.	Id.	AR.	1,80.	S.
4826.	Id.	AR.	1,78.	S.
4827.	EDVIS. Même tête. R. ORCETIR. Ours.	AR.	2,05.	S.
4828.	Id.	AR.	1,55.	AF.
4829.	Id. Moins la légende du revers.	AR.	1,80.	L.
4830.	ORCET. Buste à gauche. R. Cheval libre à gauche.	BR.	2,52.	S.
4831.	OR... Buste à gauche, le corps orné du torques; derrière, S. R. ... EDV... Cheval libre en marche à gauche.	BR.	1,97.	L.

M. de La Saussaye dit[1], en parlant de cette pièce : « Cette précieuse médaille est certainement, à l'égard des légendes, de la fabrique, des événements auxquels elle se rapporte, l'une des plus remarquables de celles qui furent frappées dans la Gaule indépendante. »

D'un côté, le nom des Éduens, écrit EDVIS, et le type de Diane pharétrée, des médailles de Marseille; au revers, le nom d'Orgétorix, écrit ORGETIRIX, accompagné du type de l'ours, symbole si naturel du pays de forêts et de montagnes où commandait ce chef.

D'autre part, le temps d'émission de notre médaille concorde avec l'époque de la conjuration des Helvètes contre les libertés de la Gaule, sous le commandement d'Orgétorix, époque qui, suivant le même savant, peut seule expliquer la présence du nom de ce chef sur une monnaie des Éduens.

« On se rappelle, ajoute M. de La Saussaye, que, vers l'an 50 avant notre ère, Orgétorix, généralissime des Helvètes, Casticus, chef des Séquanes, et Dumnorix, frère du célèbre Éduen Divitiacus, formèrent le projet audacieux d'envahir toute la Gaule et de la soumettre à leur domination. »

Notre médaille serait un monument de l'alliance d'Orgétorix et de Dumnorix. Orgétorix y aurait seul inscrit son nom en qualité de généralissime; Dumnorix y aurait mis celui de la cité.

[1] La Saussaye, *Monnaies des Éduens*, Rev. numism. franç., 1868, p. 98.

Les autres monnaies d'Orgétirix ont pour légende : ORGETIRIX COIOS, ORGETIRIX ATPILIF.

Le nom Atpili rappelle ceux d'Epillus et d'Atepilos, inscrits sur d'autres médailles gauloises, et nous révèle le nom du père d'Orgétirix[1], ORGITIRIX ATEPILI FILIVS.

Dans le nom COIOS, Bouteroue[2] voyait un nom de lieu; d'autres y ont vu le prénom Caius, qui rappellerait un patronage romain[3]; Oderici[4] pense que COIOS est le nom d'un second personnage différent d'Orgétirix; M. de Saulcy[5] se demande si Casticus, Coios et Coiosticus ne seraient pas un seul et même personnage. Enfin, d'après M. de Barthélemy[6], ATPILI et COIOS seraient les noms de deux chefs voisins de l'Helvétie ou de la Gaule, qui auraient reconnu la suprématie d'Orgétorix.

M. Mommsen (*Histoire de la monnaie romaine*, t. III, p. 271, de la traduction du duc de Blacas) dit que, des trois Orcitirix qui ont frappé des quinaires, aucun ne peut être identifié avec l'Helvète de ce nom.

EDUENS.

			Poids.	Prov.
4832.	Tête d'Apollon laurée, à droite. R. Bige à droite; sous les chevaux, épi; à l'exergue, deux traits ponctués pour ΦΙΛΙΠΠΟΥ.	OR.	8,25.	S.
4833.	Id.	OR.	8,27.	S.
4834.	Id. Quart de statère.	OR.	2,10.	S.
4835.	Tête barbare à droite. R. Bige à gauche; sous les chevaux, épi.	OR.	1,96.	S.
4836.	Id.	OR.	1,98.	S.
4837.	Tête d'Apollon laurée, à droite. R. ΦΙΛΙΠΠΟΥ. Aurige dirigeant un bige à droite; sous les chevaux, lyre renversée. Statère.	OR.	8,35.	S.
4838.	Tête d'Apollon à droite. R. Aurige dirigeant un cheval à droite; sous le cheval, lyre droite; dans le champ, épi. Quart de statère.	OR.	1,95.	L.
4839.	Id.	OR.	1,92.	L.
4840.	Id.	OR.	2,00.	S.

[1] De Longpérier, *Revue numismatique française*, 1860, p. 179.
[2] *Recherches curieuses des monnaies de France*, p. 41.
[3] La Saussaye, *Monnaies des Éduens*, *Revue numismatique française*, 1862, p. 164.
[4] *De argenteo Orcitirigis nummo*. Roma, 1767, in-4°, p. 50.
[5] *Numismatique des Éduens et des Séquanes*, *Revue archéologique*, 1863, p. 135.
[6] *Monnaies gauloises trouvées en Poitou et en Saintonge*, p. 33.

			Poids. Prov.
4841.	Id.	OR.	1,70. S.
4842.	Tête d'Apollon à gauche. ℞. Aurige dirigeant un cheval à droite; sous le cheval, lyre droite; dans le champ, M.	OR.	1,94. S.
4843.	Tête d'Apollon à droite. ℞. Aurige dirigeant un cheval à droite; devant le poitrail du cheval, timon orné; sous le cheval, lyre droite.	Électrum.	7,20. S.
4844.	Id. Fleuron devant la bouche d'Apollon. Quart de statère.	Électrum.	1,63. S.
4845.	Id.	Électrum.	1,75. S.
4846.	Id.	Électrum.	1,61. S.
4847.	Id. Pièce fourrée.	Électrum.	1,35. S.
4848.	Tête casquée de Pallas à droite. ℞. Cheval galopant à gauche; dessous, triquetra.	OR.	5,98. S.
4849.	Tête casquée de Pallas à droite. ℞. Trèfle. (*Trouvée dans la Saône, à Mâcon.*)	AR.	0,30. S.
4850.	Tête à droite des deniers d'Orgétirix à la légende EDVIS. ℞. Cheval à droite; devant le poitrail du cheval, bout de timon orné; sous le cheval, lyre droite.	AR.	2,00. S.
4851.	Id.	AR.	2,05. S.
4852.	Id.	AR.	2,00. S.
4853.	Id.	AR.	2,05. S.
4854.	Même tête à droite. ℞. Cheval à droite avec le timon devant le poitrail; au-dessus du cheval, roue; dessous, lyre droite.	AR.	2,01. S.
4855.	Id.	AR.	2,00. S.
4856.	Id.	AR.	2,01. S.
4857.	Id.	AR.	2,01. S.
4858.	Id.	AR.	2,02. S.
4859.	Id.	AR.	2,01. S.
4860.	Tête à droite, les cheveux disposés en grosses mèches. ℞. Cheval à droite; au-dessus, roue; dessous, lyre.	AR.	2,05. AF.
4861.	Id.	AR.	2,06. AF.
4862.	Id.	AR.	2,06. AF.
4863.	Id.	AR.	2,03. AF.
4864.	Id.	AR.	2,05. AF.
4865.	Id. Avec deux roues au-dessus du cheval.	AR.	2,02. S.
4866.	Même tête. ℞. Cheval à droite avec le bout de timon; sous le cheval, lyre droite; au-dessus, S couché.	AR.	1,92. S.
4867.	Même tête. ℞. Cheval galopant à droite; au-dessus, corbeau; dessous, lyre droite.	AR.	2,01. S.
4868.	Tête nue à droite; cheveux enroulés en S. ℞. Cheval libre galopant à droite; au-dessus, roue; dessous, lyre.	AR.	2,00. L.
4869.	Id.	AR.	2,03. L.

DIASVLOS.

			Poids. Prov.
4870.	Tête nue à gauche; le cou orné du torques. ℞. DIASVLOS. Cheval sanglé galopant à droite; la queue, fort courte, semble coupée carrément.	AR.	1,91. S.

Saulcy, *Rev. numism. franç.*, 1852, p. 28; *id.*, *Rev. archéolog.*, 1868, p. 130.

			Poids. Prov.
4871.	Id. Avec DIASVLOS.	AR.	1,93. S.
4872.	Id. Avec DIASVL..	AR.	2,00. S.
4873.	Id. Avec DIASVLOS.	AR.	1,85. S.
4874.	Id. Avec DIA..LOS. (*Villeneuve-au-Roi.*)	AR.	2,00. S.
4875.	DIA et partie de la tête. ℞. DIASVLOS. Cheval galopant à droite.	AR.	1,80. S.
4876.	Id. Avec DI·ASVLOS.	AR.	1,85. S.
4877.	Id. Avec DI·ASVLOS.	AR.	1,94. S.
4878.	Id. Avec IAVSOL.	AR.	1,68. S.
4879.	Tête nue à gauche; le cou orné du torques. ℞. DIASVLOS. Cheval sanglé galopant à droite.	AR.	1,44. AF.
4880.	Id.	AR.	1,67. AF.
4881.	DIASVLOS. Cheval sanglé galopant à droite. ℞. Même type incus.	AR.	1,96. S.
4882.	Id.	AR.	1,92. S.

Poids. Prov.

4883. Tête nue à gauche.
R. Même type incus. AR. 1,91. S.

4884. Tête nue à gauche; le cou orné du torques.
R. DIASVLOS. Cheval sanglé galopant à droite. AR. 1,90. L.

ΔOVBNO.

4885. Tête nue à gauche; le cou orné du torques.
R. Cheval sanglé galopant à droite; ΔOV, sous le cheval; BNO, au-dessus. AR. 1,93. S.

4886. Id. AR. 1,92. S.
4887. Id. AR. 1,91. S.
4888. Id. AR. 1,95. S.
4889. Id. AR. 1,94. S.
4890. Id. Pièce fourrée. AR. 1,50. S.

4891. Id. Même tête.
R. ΔOVBNO rétrograde. Cheval sanglé galopant à droite. AR. 1,96. S.

4892. Id. AR. 1,93. L.
4893. Id. AR. 1,96. S.
4894. Id. AR. 1,95. S.
4895. Id. AR. 1,92. S.
4896. Id. AR. 1,76. S.

4897. Même tête.
R. ΔOBNO. Cheval sanglé galopant à droite. AR. 1,94. S.

4898. Id. AR. 1,93. S.
4899. Id. AR. 1,91. S.

4900. Id. Même tête.
R. OB. NOO. Cheval sanglé galopant à droite. AR. 1,93. S.

4901. Id. Avec OB.NO. AR. 1,93. S.
4902. Id. AR. 1,93. S.
4903. Id. AR. 1,91. S.
4904. Id. AR. 1,90. S.
4905. Id. AR. 1,95. S.
4906. Id. AR. 1,95. S.
4907. Id. Avec OB. AR. 1,92. S.
4908. Id. AR. 1,93. S.
4909. Id. AR. 1,90. S.

4910. Tête nue à gauche; le cou orné du torques.
R. ΔONO. Cheval sanglé galopant à droite. AR. 1,92. S.

4911. Id. AR. 1,92. S.

Poids. Prov.

4912. Id. AR. 1,94. S.
4913. Id. AR. 1,94. S.
4914. Id. AR. 1,90. S.
4915. Id. AR. 1,90. S.
4916. Id. Pièce fourrée. AR. 1,25. S.
4917. Id. AR. 1,93. S.
4918. Id. AR. 1,96. L.

4919. Même tête.
R. OBCINO. Cheval sanglé galopant à droite. AR. 1,95. S.

4920. Id. BR. 1,95. S.
4921. Id. AR. 1,94. S.
4922. Id. AR. 1,92. AF.
4923. Id. AR. 1,98. L.
4924. Id. AR. 1,92. S.
4925. Id. AR. 1,90. S.

4926. Tête nue à gauche; le cou orné du torques.
R. ΔOVNO. Cheval sanglé galopant à droite. AR. 1,93. S.

4927. Id. AR. 1,98. L.
4928. Id. AR. 1,86. S.
4929. Id. AR. 1,97. S.
4930. Id. AR. 1,97. S.
4931. Id. AR. 1,80. S.
4932. Id. AR. 1,92. AF.
4933. Id. AR. 1,98. S.
4934. Id. AR. 1,95. S.
4935. Id. AR. 1,98. S.
4936. Id. AR. 1,88. S.
4937. Id. AR. 1,97. S.
4938. Id. AR. 1,92. S.

4939. Même tête deux fois répétée.
R. ΔO. Cheval deux fois répété. AR. 1,73. S.

4940. ΔOVNO. Cheval sanglé galopant à droite.
R. Même type incus. AR. 1,86. S.

4941. Tête nue à gauche; le cou orné du torques.
R. ΔOB. Cheval sanglé galopant à droite. AR. 1,92. S.

4942. Même tête.
R. OMO au-dessus du cheval sanglé galopant à droite. AR. 1,98. S.

4943. Même tête.
R. NO au-dessus du cheval. AR. 1,93. S.

4944. Tête nue à gauche; le cou orné du torques.

Poids. Prov.

℞. ABNO au-dessus d'un cheval sanglé galopant à droite; ΔO, au-dessous. AR. 1,97. L.

ANORBOS-DUMNORIX.

4945. Tête à droite.
℞. Cheval sanglé galopant à droite; au-dessus, annelet; dessous, NΔ. AR. 1,85. S.

4946. Tête à droite, coiffée d'un casque orné de points et de festons.
℞. Cheval sanglé galopant à droite; au-dessus, annelet centré; dessous, RN. AR. 1,91. S.

4947. Id. avec ANO sous le cheval. AR. 1,90. S.

4948. Tête à droite, coiffée d'un casque orné de points et de festons; devant, NO.
℞. Cheval sanglé galopant à droite; au-dessus, annelet centré; dessous, A. AR. 1,80. S.

4949. Tête coiffée d'un casque orné de trois festons centrés, surmontés de trois points disposés en triangle; devant la figure, ANORBOS. Chevelure formée de deux traits et de deux lignes de points; collier de perles.
℞. Cheval sanglé et bridé galopant à droite; au-dessus, DVBNO; sous le ventre, annelet centré au-dessous duquel un C renversé. AR. 1,90. S.

La présence d'une double légende ressort de la comparaison de plusieurs exemplaires; et, là où elle manque, c'est par un simple défaut de frappe.

4950. Id. L'annelet centré et le C renversé ne sont pas apparents. AR. 1,95. S.

4951. Id. L'annelet centré et le C renversé ne sont pas apparents. AR. 1,90. S.

4952. Id. Sans la légende du droit. AR. 1,90. S.

4953. Id. Moins les deux légendes. AR. 1,86. S.

4954. Id. Moins le C renversé. AR. 1,96. S.

4955. Id. Moins la légende du droit et le C renversé. AR. 1,83. S.

4956. ANORBO. Même tête casquée, la chevelure formée de deux traits et de deux lignes de points.
℞. Cheval bridé et sanglé galopant à droite; dessous, DVBNOR. AR. 1,87. S.

4957. Id. AR. 1,97. S.

4958. Id. Avec DVBNO. AR. 1,85. S.

4959. Id. AR. 1,90. S.

4960. Id. AR. 1,92. S.

4961. Id. AR. 1,85. L.

4962. ANORBO. Même tête casquée, la mèche de cheveux formée de deux traits simples; collier de perles.
℞. Cheval bridé et sanglé galopant à droite; au-dessus, annelet centré; au-dessous, même annelet et légende DVBNOR. AR. 1,94. L.

4963. Id. AR. 1,93. S.

4964. Id. AR. 1,93. S.

4965. Id. AR. 1,91. S.

4966. Id. Avec DVBNORX. AR. 1,93. S.

4967. Id. AR. 1,98. S.

4968. Id. AR. 1,95. S.

4969. Id. AR. 1,95. S.

4970. Id. AR. 1,85. S.

4971. Id. AR. 1,95. S.

4972. ANORBO. Tête casquée à droite.
℞. DVBN. Cheval sanglé et bridé galopant à droite; au-dessus et au-dessous, annelet centré. AR. 1,93. S.

4973. Id. Avec DVBNO. AR. 1,93. S.

4974. Id. AR. 1,93. S.

4975. ANORBO. Même tête casquée. Les cheveux formés de deux traits simples non accompagnés de lignes de points; collier de perles.
℞. Cheval bridé et sanglé galopant à droite; au-dessus, annelet centré; au-dessous, DVBNO. AR. 1,90. S.

4976. Id. AR. 1,95. S.

4977. Id. AR. 1,93. S.

4978. Id. AR. 1,95. S.

4979. Id. AR. 1,80. S.

4980. Id. Moins l'annelet centré

Prov. Poids.

au-dessus du cheval. AR. 1,90. S.

4981. Id. AR. 1,90. S.

4982. Id. AR. 1,91. S.

4983. ANORBO. Même tête.
R. Cheval bridé et sanglé galopant à droite ; dessous, DVBNORI. AR. 1,91. S.

4984. Id. AR. 1,91. S.

4985. Id. AR. 1,89. S.

4986. DVBN, sous le cheval ; O, devant le poitrail ; au-dessus du cheval, annelet centré. AR. 1,89. S.

4987. Id. AR. 1,92. S.

4988. Id. AR. 1,96. S.

4989. Id. Pièce fourrée. AR. 1,56. S.

4990. Id. AR. 1,95. S.

4991. DVB sous le cheval ; N devant le poitrail ; au-dessus du cheval, annelet centré. AR. 1,90. S.

4992. Id. AR. 1,97. S.

4993. Id. AR. 1,95. S.

4994. ANORBOS. Même tête casquée.
R. Cheval bridé et sanglé galopant à droite ; au-dessus, annelet centré ; dessous, DVBN. AR. 1,92. S.

4995. Id. AR. 1,93. S.

4996. Id. AR. 1,72. S.

4997. Id. AR. 1,90. S.

4998. Id. AR. 1,95. S.

4999. Id. AR. 1,90. S.

5000. Id. AR. 1,91. S.

5001. Id. Pièce fourrée. AR. 1,65. S.

5002. Id. AR. 1,82. S.

5003. Id. Avec DVBN rétrograde. AR. 1,90. S.

5004. ANORBO. Même tête casquée.
R. Cheval bridé et sanglé galopant à droite ; au-dessus, annelet centré ; dessous, DVB. AR. 1,94. S.

5005. Id. AR. 1,93. S.

5006. Id. AR. 1,95. S.

5007. Id. AR. 1,95. S.

5008. Id. AR. 1,94. S.

5009. Id. AR. 1,94. S.

5010. Id. AR. 1,97. S.

Poids. Prov.

5011. ANORBOS. Même tête casquée.
R. Cheval bridé et sanglé galopant à droite ; dessous, DVBN. AR. 1,96. S.

5012. Id. AR. 1,90. S.

5013. Id. AR. 1,95. S.

5014. Id. AR. 1,93. S.

5015. Id. AR. 1,98. S.

5016. Id. AR. 1,98. S.

5017. Id. AR. 1,93. S.

5018. Id. Avec point dans un cercle de perles, devant la tête. AR. 1,96. S.

5019. Même tête casquée ; devant, ANORBO.
R. Cheval bridé et sanglé galopant à droite ; au-dessus, annelet centré. AR. 1,92. S.

5020. Id. AR. 1,91. S.

5021. Id. AR. 1,94. S.

5022. Id. AR. 1,89. S.

5023. ..ORB. Tête casquée à droite.
R. Même type incus. AR. 1,95. S.

5024. ...BOS. Tête casquée à droite.
R. Même type incus. AR. 1,93. S.

5025. Cheval bridé et sanglé galopant à droite ; dessous, DVBN.
R. Même type incus. AR. 1,82. S.

DUBNOCOV-DUBNOREX.

5026. DVBNOCOV. Tête de femme à droite.
R. DVBNOREX. Personnage debout à gauche, tenant des deux mains une courte hampe surmontée du sanglier. AR. 1,80. S.

5027. Id. AR. 1,90. S.

5028. Id. AR. 1,90. S.

5029. Id. AR. 1,52. S.

5030. Id. AR. 1,85. AF.

5031. Id. AR. 1,87. AF.

5032. Id. AR. 1,90. AF.

5033. Id. Avec NBNOREX. Pièce fourrée. AR. 1,48. AF.

5034. ... Tête de femme à droite.
R. ... BNOREX. Personnage debout à gauche, tenant

Poids. Prov.

des deux mains une courte hampe surmontée du sanglier. AR. 1,90. L.

3035. DVBNOCOV. DVBNOCOV. Tête de femme à droite.
℞. ...VBNOREX ..REX. L'empreinte du guerrier deux fois reproduite. AR. 1,88. S.

3036. DVBNOCOV. Tête de Diane à droite.
℞. Même tête incuse. AR. 1,86. S.

3037. DVBNOCOV. Tête de Diane à droite; derrière, carquois.
℞. DVBNOREIX. Personnage debout, de face. Une longue épée est suspendue à son flanc; de la droite, il tient le carnyx et le sanglier enseigne; de la gauche, une tête coupée. AR. 1,86. S.

3038. Id. AR. 1,81. S.

3039. Id. AR. 1,80. S.

3040. Id. AR. 1,92. S.

3041. Id. AR. 1,79. S.

3042. Id. Moins la légende du revers. AR. 1,43. S.

3043. Id. Avec DVBNOX pour DVBNOREIX. Pièce fourrée. AR. 1,48. S.

3044. DVBNOCOV. Tête de Diane à droite; derrière, carquois.
℞. DVBNOREIX. Personnage debout, de face. Une longue épée est suspendue à son flanc; de la droite, il tient le carnyx et le sanglier enseigne; de la gauche, une tête coupée. AR. 1,88. AF.

3045. Id. AR. 1,90. AF.

3046. Id. AR. 1,66. AF.

3047. Id. AR. 1,93. L.

3048. Id. AR. 1,98. L.

VALETIAC.

3049. ...ETIAC. Tête casquée à gauche des quinaires éduens.
℞. Cheval à gauche; entre les jambes de devant, O; sous le ventre, traces de lettres. AR. 1,95. S.

Saulcy, *Annuaire de la Société française de numismatique*, t. II, p. 11.

3050. VALETIAC. Tête à gauche.
℞. Lion courant à droite; dessous, quadrilatère; dessus, S. BR. 2,57. S.

ƎNOO.

3051. Tête casquée à gauche.
℞. ƎNOO. Cheval à gauche; sous le ventre, main; devant le poitrail, S. AR. 1,81. S.

3052. Id. AR. 1,95. S.

3053. Id. AR. 1,90. S.

3054. Id. AR. 1,88. S.

3055. Id. AR. 1,97. AF.

3056. Id. AR. 1,78. AF.

Saulcy, *Annuaire de la Société française de numismatique*, t. II, p. 12.

LITAVICUS.

3057. Tête de Diane, à droite; devant, sceptre.
℞. LITA. Personnage à cheval et cuirassé. Il galope à droite et tient des deux mains le sanglier enseigne. AR. 1,82. S.

3058. Id. AR. 1,87. S.

3059. Id. Moins la légende. AR. 2,02. S.

3060. Id. Avec LITAV. AR. 1,80. S.

3061. Id. Avec LITAV. AR. 1,90. S.

3062. Id. id. AR. 1,92. S.

3063. Id. Avec LITAVICOS. AR. 1,92. S.

3064. Id. Avec .....ICOS. AR. 1,98. S.

3065. Id. Avec .....ICOS. AR. 1,95. S.

3066. Id. Avec LIT..VICOS. AR. 1,90. S.

3067. Id. Avec traces de légende. AR. 1,82. S.

3068. Id. Avec ...ICO.. AR. 1,91. S.

3069. Id. Avec LITA... AR. 1,92. S.

3070. Id. Avec LITA. AR. 1,79. S.

3071. Id. Avec LITA.. AR. 1,95. S.

3072. Tête de Diane, à droite; devant, sceptre.
℞. LITA. Cavalier. AR. 1,75. AF.

3073. Id. AR. 1,90. AF.

3074. Id. Avec LITAV. AR. 1,91. AF.

3075. Id. Avec LITAVICOS. AR. 1,72. AF.

			Poids. Prov.
5076.	Id.	AR.	1,85. AF.
5077.	Id. Avec LITA.	AR.	1,07. L.
5078.	Id.	AR.	1,95. L.
5079.	Id. Avec LITAVICOS.	AR.	1,98. L.

Bouteroue, *Recherches curieuses des monnayes de France*, p. 48.

Lagoy, *Notice sur l'attribution de quelques médailles des Gaules*, p. 35, n° 22.

L'honneur de l'attribution à Litavicus de la pièce à légende LITA revient à Claude Bouteroue.

Pellerin (t. Ier, p. 32, de son *Recueil de médailles*) se borne à citer l'opinion émise par Bouteroue.

Le même auteur (t. III, p. 183, du même ouvrage) propose l'attribution à LITANOBRIGA, ville de la Gaule sur la route d'Amiens à Soissons.

Eckhel[1], Sestini[2] et Mionnet[3] relèguent la pièce aux chefs gaulois incertains.

Enfin, M. de Lagoy publia une pièce à légende LITAVICOS, qui faisait cesser toute incertitude sur l'attribution des autres médailles, et donna gain de cause aux conjectures de Bouteroue.

ALAV.

5080. Tête nue à droite; derrière, point centré.
℞. ALAV. Lion à droite, tirant la langue; dessous, deux annelets. (*Mont Beuvray* [*Saône-et-Loire*].) Potin. 3,30. S.

5081. Id. *Vendeuil.* Potin. 3,67. S.

5082. Id. BR. 3,60. S.

5083. ALAVCOS. Buste à gauche.
℞. Lion bondissant à gauche. (*Mont Beuvray*). Potin. 3,85. AF.

A. de Barthélemy, *Étude sur les monnaies antiques recueillies au mont Beuvray*, pl. I, n° 11.

Pistollet de Saint-Ferjeux, *Annuaire de la Société de numismatique*, deuxième année, pl. VII, n° 49.

5084. Id. Pièce fragmentée. BR. 1,09. S.

5085. Tête diadémée à gauche.
℞. Cheval bridé et sanglé galopant à gauche; au-dessus, bouclier gaulois; au-dessous, roue. BR. 1,93. AF.

5086. Id. BR. 2,05. S.

TOGIANTOS.

5087. TOGIANTOS. Tête à droite.
℞. Lion courant à gauche; dessous, annelet. BR. 2,92. S.

Hucher, *Art gaulois*, 2e part., p. 56.

5088. ..GIANTOS. Tête chauve barbue à gauche.
℞. SLAMB. Taureau à gauche. (*Suin* [*Saône-et-Loire*].) BR. 4,45. AF.

5089. Id. BR. 2,07. S.

5090. Tête à droite; sous le menton, point dans un cercle de perles.
℞. Cheval galopant à droite; à l'exergue, traces de lettres. AR. 1,62. S.

5091. Tête casquée à gauche.
℞. Cheval bridé galopant à gauche; dessous, trois annelets. AR. 1,85. S.

5092. Tête virile casquée, à droite; devant, materis; derrière, O; grènetis à l'entour.
℞. Taureau debout, à droite; baissant la tête pour boire dans un petit vase posé à terre; derrière, arbuste. Flan concave. (*Mont Beuvray*.) BR. 2,47. S.

5093. Id. BR. 2,57. S.

5094. Id. BR. 2,35. L.

5095. Id. BR. 2,61. L.

Lagoy, *Médailles gauloises imitées des derniers consulaires*, p. 24, n° 26.

A. de Barthélemy, *Étude sur les monnaies antiques recueillies au mont Beuvray*, p. 15, pl. I, n° 12.

5096. Tête barbare, casquée, à gauche.
℞. Cheval bridé et sanglé galopant à gauche; au-dessus, croix pommetée; dessous, rouelle. AR. 1,91. S.

5097. Id. Pièce fourrée. AR. 1,35. S.

5098. Id. AR. 1,80. S.

5099. Id. AR. 2,00. S.

5100. Id. AR. 1,91. S.

5101. Id. AR. 1,91. S.

5102. Id. AR. 1,85. AF.

ÆDUENS ANÉPIGRAPHES.

5103. Tête casquée à gauche; derrière; quatre points disposés en croix.

[1] *Doctrina numorum*, t. I, p. 78.
[2] *Classes générales*, p. 10.
[3] *Description des médailles*, t. I, p. 91.

5087^a^ TOGIANTOS. Tête à dr. R/ S LAMB, taureau ou lion? à g. Bronze. 2g48 (ex coll. Changarnier) 1972 (voir au Musée de St Germain 1 bronze TOGIANTOS / SODIVS) Blanchet, Traité p. 410. Cf. Scheers, Num. Rep. ... p. 30-31, 180-182.
L'attribution est incertaine. Eduens? ou Viliocasses? cf. BN 7856. Le droit est imité d'un denier de L. Plaetorius L. f. Cestianus (Sydenham 792) questeur en 72 av. J.C.
Cet ex. est le n° 290 de la vente publique n° 47, 30 nov.-1er déc. 1972, Monnaies et Médailles

5103^a^ Tête à dr., les cheveux flottants. R/ Loup en arrêt à dr. AR. 1g.[illegible] — N 4190

			Poids.	Pres.
	℞. Cheval sanglé galopant à gauche; au-dessus et au-dessous, cercle centré; devant le poitrail, tige terminée par un arc de cercle ouvert à l'extérieur. Flan large. Fabrique barbare.	AR.	1,93.	S.
5104.	Id.	AR.	1,93.	S.
5105.	Id.	AR.	1,89.	S.
5106.	Id. (*Chantenay.*)	AR.	1,95.	S.
5107.	Id.	AR.	1,84.	S.
5108.	Id.	AR.	1,85.	S.
5109.	Id.	AR.	1,94.	AF.
5110.	Tête casquée à gauche; derrière, quatre points disposés en croix. ℞. Cheval à gauche; au-dessus et au-dessous, cercle centré; devant le poitrail, tige terminée par un cercle centré. Style meilleur. Flan plus petit.	AR.	1,75.	S.
5111.	Id.	AR.	1,85.	S.
5112.	Id.	AR.	1,90.	S.
5113.	Id.	AR.	1,93.	S.
5114.	Id.	AR.	1,91.	S.
5115.	Id.	AR.	1,91.	S.
5116.	Id.	AR.	1,65.	S.
5117.	Id.	AR.	1,75.	S.
5118.	Id.	AR.	1,58.	S.
5119.	Id.	AR.	1,88.	S.
5120.	Id.	AR.	1,90.	S.
5121.	Id.	AR.	1,92.	S.
5122.	Id.	AR.	1,92.	S.
5123.	Id.	AR.	1,94.	S.
5124.	Id.	AR.	1,84.	S.
5125.	Id. Pièce fourrée.	AR.	1,28.	S.
5126.	Id.	AR.	1,92.	S.
5127.	Id.	AR.	1,82.	S.
5128.	Id.	AR.	1,92.	S.
5129.	Id.	AR.	1,90.	AF.
5130.	Id.	AR.	1,72.	AF.
5131.	Id.	AR.	1,92.	AF.
5132.	Id.	AR.	1,93.	AF.
5133.	Id.	BR.	1,72.	AF.
5134.	Tête casquée à gauche; derrière, quatre points en croix. ℞. Même type incus.	AR.	1,90.	S.
5135.	Id.	AR.	1,92.	S.
5136.	Tête casquée à gauche; derrière, quatre points réunis par des traits, de façon à former une véritable croix. ℞. Cheval à gauche; au-dessus et au-dessous, cercle centré; devant le poitrail, tige terminée par un cercle centré.	AR.	1,85.	S.
5137.	Id.	AR.	1,90.	S.
5138.	Id.	AR.	1,91.	S.
5139.	Id. Pièce fourrée.	AR.	1,36.	S.
5140.	Id.	AR.	1,90.	S.
5141.	Id.	AR.	1,88.	S.
5142.	Id.	AR.	1,88.	S.
5143.	Id.	AR.	1,72.	S.
5144.	Id.	AR.	1,87.	S.
5145.	Tête casquée à gauche; devant le nez, cercle centré. ℞. Cheval galopant à gauche; au-dessus et au-dessous, cercle; devant le poitrail, flèche de timon.	AR.	1,91.	S.
5146.	Id.	AR.	1,91.	S.
5147.	Id.	AR.	1,90.	S.
5148.	Id.	AR.	1,88.	S.
5149.	Id.	AR.	1,90.	S.
5150.	Id.	AR.	1,93.	S.
5151.	Id.	AR.	1,91.	S.
5152.	Tête casquée à gauche; derrière, point centré et croix. ℞. Cheval galopant à gauche; au-dessus, rouelle et olive; au-dessous, cercle centré; devant le poitrail, tige.	AR.	1,80.	S.
5153.	Tête casquée à gauche; devant, cercle centré; derrière, quatre points disposés en croix. ℞. Cheval grossièrement figuré; sous le ventre, cercle et epsilon renversé.	AR.	1,92.	S.
5154.	Id.	AR.	1,90.	S.
5155.	Tête casquée à gauche; derrière, quatre points disposés en croix. ℞. Cheval libre galopant à gauche; au-dessus et au-dessous, annelet; devant la tête du cheval, un arc de			

N°	Description	Métal	Poids.	Prov.
	cercle.	AR.	1,93.	S.
5156.	Id.	AR.	1,94.	S.
5157.	Id.	AR.	1,90.	S.
5158.	Id.	AR.	1,90.	S.
5159.	Id.	AR.	1,85.	S.
5160.	Id.	AR.	1,89.	S.
5161.	Tête casquée à gauche; derrière, croix. ℞. Cheval galopant à gauche; au-dessus, annelet surmonté de deux S; au-dessous, annelet et A.	AR.	1,83.	S.
5162.	Id.	AR.	1,83.	S.
5163.	Id.	AR.	1,88.	S.
5164.	Id.	AR.	1,88.	S.
5165.	Id.	AR.	1,76.	S.
5166.	Id.	AR.	1,92.	S.
5167.	Id. Pièce fourrée.	AR.	1,00.	S.
5168.	Id.	AR.	1,86.	S.
5169.	Id.	AR.	1,87.	S.
5170.	Id. Pièce fourrée.	AR.	1,50.	S.
5171.	Id.	AR.	1,93.	AF.
5172.	Id.	AR.	1,93.	AF.
5173.	Tête casquée à gauche. ℞. Cheval galopant à gauche; au-dessus, cercle perlé accosté de VI; dessous, cercle centré.	AR.	1,85.	S.
5174.	Id.	AR.	1,85.	S.
5175.	Tête casquée à gauche. ℞. Cheval à gauche; au-dessus et au-dessous, annelet; devant le poitrail, autre annelet.	AR.	1,95.	S.
5176.	Id.	AR.	1,89.	S.
5177.	Tête barbare, casquée, à gauche. ℞. Cheval à gauche; au-dessus et au-dessous, annelet; l'annelet inférieur au-dessus d'un T.	AR.	1,88.	S.
5178.	Tête casquée à gauche. ℞. Cheval à gauche; au-dessus, annelet; dessous, A.	AR.	1,68.	S.
5179.	Id.	AR.	1,88.	S.
5180.	Id.	AR.	1,86.	S.
5181.	Id.	AR.	1,91.	S.
5182.	Tête casquée à gauche; derrière, croix. ℞. Cheval à gauche; au-dessus, annelet et deux croissants; dessous, point centré.	AR.	1,82.	S.
5183.	Id.	AR.	1,85.	S.
5184.	Id.	AR.	1,96.	S.
5185.	Id.	AR.	1,90.	S.
5186.	Id.	AR.	1,77.	S.
5187.	Id.	AR.	1,86.	S.
5188.	Id.	AR.	1,85.	S.
5189.	Tête casquée à gauche. ℞. Cheval à gauche; au-dessus et au-dessous, annelet.	AR.	1,87.	S.
5190.	Id.	AR.	1,90.	S.
5191.	Id.	AR.	1,87.	S.
5192.	Id.	AR.	1,87.	S.
5193.	Id.	AR.	1,82.	S.
5194.	Id.	AR.	1,82.	S.
5195.	Id.	AR.	1,83.	S.
5196.	Id.	AR.	1,85.	S.
5197.	Id.	AR.	1,93.	S.
5198.	Id.	AR.	1,86.	S.
5199.	Id.	AR.	1,92.	S.
5200.	Id.	AR.	1,90.	S.
5201.	Id.	AR.	1,84.	S.
5202.	Id.	AR.	1,90.	L.
5203.	Id.	AR.	1,90.	S.
5204.	Id.	AR.	1,90.	S.
5205.	Id.	AR.	1,87.	S.
5206.	Id.	AR.	1,86.	S.
5207.	Id.	AR.	1,95.	S.
5208.	Id.	AR.	1,90.	S.
5209.	Tête casquée à gauche; derrière, quatre points en croix. ℞. Cheval à gauche; dessus et dessous, annelet.	AR.	1,92.	AF.
5210.	Id.	AR.	1,58.	AF.
5211.	Tête casquée à gauche; derrière, quatre points en croix. ℞. Même type incus.	AR.	1,93.	AF.
5212.	Tête barbare casquée, à gauche. ℞. Cheval libre galopant à gauche; au-dessus et au-dessous, annelet.	AR.	1,97.	L.
5213.	Tête barbare casquée, à gauche. ℞. Cheval libre galopant à gauche; au-dessus, anne-			

Poids. Prov.

lot ; dessous, annelet et oméga renversé. AR. 1,97. L.

5214. Tête casquée à gauche.
R. Cheval à gauche ; au-dessus, O accosté de 2 S couchées ; dessous, annelet. AR. 1,92. S.

5215. Id. AR. 1,90. S.

5216. Id. AR. 1,92. S.

5217. Id. AR. 1,87. S.

5218. Id. AR. 1,50. S.

5219. Tête casquée à gauche.
R. Cheval à gauche ; au-dessus et au-dessous, annelet ; flan large, fabrique barbare. AR. 1,91. S.

5220. Id. AR. 1,83. S.

5221. Id. AR. 1,88. S.

5222. Tête casquée à gauche.
R. Cheval courant à gauche. AR. 1,90. S.

5223. Id. AR. 1,60. S.

5224. Id. AR. 1,77. S.

5225. Tête casquée à gauche.
R. Cheval à gauche ; au-dessus, annelet. AR. 1,65. S.

5226. Id. AR. 1,92. S.

5227. Tête à gauche.
R. Cheval à gauche ; dessous, annelet. AR. 1,88. S.

5228. Id. AR. 1,88. S.

5229. Id. AR. 1,80. S.

5230. Id. AR. 1,94. S.

5231. Id. AR. 1,97. S.

5232. Id. AR. 1,00. S.

5233. Id. AR. 1,86. S.

5234. Id. AR. 1,90. S.

5235. Id. AR. 1,90. S.

5236. Tête casquée à gauche.
R. Cheval à gauche ; au-dessus, point centré. AR. 1,82. S.

5237. Tête à gauche.
R. Cheval à gauche ; au-dessus et au-dessous, point centré. AR. 1,63. S.

5238. Tête à gauche.
R. Cheval à gauche ; devant la tête du cheval, un arc de cercle. AR. 1,92. S.

5239. Tête à gauche ; derrière, quatre points disposés en croix.
R. Cheval à gauche ; au-dessus, deux annelets ; dessous, annelet. AR. 1,92. S.

5240. Id. Pièce fourrée. AR. 1,20. S.

5241. Tête informe.
R. Cheval à gauche ; au-dessus, D ; dessous, croissant. AR. 1,80. S.

5242. Tête à gauche.
R. Cheval à gauche ; au-dessus, annelet ; derrière, annelet ; dessous, point. AR. 1,88. S.

5243. Tête à gauche.
R. Cheval, deux fois répété, à gauche ; au-dessus, annelet. AR. 1,92. S.

5244. Tête à gauche.
R. Cheval à gauche ; dessous, point ; devant le poitrail, tige. AR. 1,93. S.

5245. Tête à gauche.
R. Type informe. AR. 2,07. S.

5246. Tête à gauche.
R. Cheval à gauche ; dessous, annelet ; flan aplati. AR. 1,90. S.

5247. Tête casquée à gauche ; derrière, quatre points disposés en croix.
R. Cheval galopant à gauche ; au-dessus, cercle accosté de DC ; sous le ventre du cheval, annelet centré. AR. 1,91. S.

5248. Id. AR. 1,91. S.

5249. Id. AR. 1,91. S.

5250. Id. AR. 1,89. S.

5251. Id. AR. 1,92. AF.

5252. Id. AR. 1,92. AF.

5253. Tête casquée à droite.
R. Taureau à droite ; au-dessus, S couché. Potin. 4,35. S.

5254. Id. (*Mont Beuvray.*) Potin. 3,44. S.

5255. Id. (*Mont Beuvray.*) Potin. 4,92. S.

5256. Tête casquée à gauche.
R. Cheval à gauche. Potin. 4,25. S.

5257. Linéaments en saillie d'une tête informe.
R. Cheval à gauche ; au-dessus, torques. Potin. 4,90. S.

5258. Id. Potin. 3,24. S.

5259. Id. Potin. 5,23. S.

5260. Id. Potin. 6,45. L.

5261. Autre, mais fragmentée. Potin. 3,81. L.

Poids. Prov.

5262. Tête à gauche.
R. Taureau cornupète à droite; au-dessus, ∀. Potin. 4,42. S.

5263. Tête à gauche.
R. Cheval à gauche. Potin. 4,07. S.

5264. Id. Module plus petit. Potin. 2,05. S.

5265. Tête à gauche.
R. Cheval à droite. Potin. 5,12. S.

5266. Id. Potin. 4,75. S.

5267. Tête à gauche.
R. Taureau cornupète à droite. Potin. 4,32. S.

5268. Id. Potin. 2,65. S.

5269. Id. Potin. 3,45. S.

5270. Id. Potin. 4,21. AF.

5271. Id. Potin. 4,47. S.

5272. Tête à gauche.
R. Cheval à droite; au-dessus, trois globules; devant, globule. Potin. 2,70. S.

5273. Tête à gauche.
R. Taureau à gauche. Potin. 4,90. S.

5274. Tête à gauche.
R. Cheval à gauche, regardant en arrière. Potin. 4,46. S.

5275. Tête barbare à gauche.
R. Aigle éployé de face. Potin. 4,41. S.

5276. Id. (*Mont Beuvray*.) Potin. 3,65. S.

5277. Id. (*Mont Beuvray*.) Potin. 5,47. S.

MANDUBIENS.

5278. Tête d'Apollon à gauche.
R. Bige à droite; dessous, lyre accostée de MA. OR. 7,56. S.

5279. Tête d'Apollon à gauche.
R. Aurige dirigeant un cheval à droite; dessous, lyre, accostée de AM. OR. 7,51. AF.

5280. Id. OR. 7,46. S.

5281. Id. Avec MA. OR. 7,41. S.

5282. Id. OR. 7,48. L.

5283. Tête laurée à gauche.
R. Bige attelé de deux chevaux dirigés par un aurige à gauche; sous les chevaux, lyre. OR. 7,93. S.

5284. Tête à gauche.
R. Taureau cornupète à droite; au-dessus, MA. Potin. 3,89. S.

5285. Tête barbare diadémée à gauche.
R. Taureau cornupète à droite. Potin. 2,96. AF.

5286. Tête à gauche.
R. Taureau cornupète à droite; au-dessus, MA. Potin. 3,11. AF.

5287. Id. Potin. 2,72. AF.

5288. Id. Potin. 3,93. AF.

5289. Id. Potin. 3,59. AF.

5290. Id. Potin. 4,25. AF.

5291. Id. Potin. 3,12. S.

5292. Id. Potin. 3,00. S.

5293. Id. Potin. 4,40. S.

5294. Tête à gauche.
R. Taureau cornupète à droite. Potin. 3,55. S.

5295. Id. Potin. 2,55. S.

5296. Id. Potin. 2,75. S.

5297. Id. Potin. 3,20. S.

5298. Id. Potin. 3,10. S.

5299. Id. Potin. 4,52. S.

5300. Id. Potin. 3,45. S.

5301. Id. Potin. 2,05. S.

5302. Id. Potin. 2,20. S.

5303. Id. Potin. 2,90. S.

5304. Id. Potin. 2,65. S.

5305. Id. Potin. 3,34. S.

5306. Id. Potin. 2,90. S.

5307. Id. Potin. 2,85. S.

5308. Id. Potin. 3,05. S.

5309. Id. Potin. 3,07. S.

5310. Id. Potin. 3,77. S.

5311. Tête à gauche.
R. Taureau cornupète à gauche; au-dessus, MA. Potin. 3,07. AF.

5312. Tête à gauche.
R. Taureau cornupète à droite; au-dessus, MA. Potin. 3,78. L.

5313. Tête à gauche.
R. Taureau s'agenouillant à gauche. AR. 5,19. L.

5314. Tête à gauche.
R. Taureau cornupète à droite. Potin. 2,95. L.

TROUVAILLE DE CRÉMIEUX (*Isère*).

5315. Tête d'Apollon à droite; sur la joue, trois points; devant

Poids. Prov.

le nez, A surmonté d'un apex cruciforme.
R. Bige à gauche; sous les chevaux, ΙΠΙΙΠΙΙ et épi de blé. (*Crémieu.*) OR. 8,05. S.

5316. Tête d'Apollon à droite; sur la joue, trois points.
R. Bige à droite. (*Trouvé près de Genève.*) OR. 7,96. S.

Pl. XVI, 5a 5317. Tête d'Apollon à droite; sur la joue, un point.
R. Bige à droite; sous les chevaux, AM. (*Crémieu.*) Quart de statère. OR. 2,03. S.

M. de Saulcy attribue aux Ambarres des statères et des quarts de statère d'or pur qui ont été découverts près de Crémieu, en Dauphiné. (*Dictionnaire archéologique de la Gaule*, p. 48.)

SÉQUANES.

Pl. XVI, 6a 5318. Tête à droite avec une corne de bélier et tatouée d'une lyre.
R. Bige à droite; sous les chevaux, lyre couchée. OR. 7,75. S.

5319. Id. Quart de statère. OR. 1,90. S.

5320. Tête à droite avec une corne de bélier.
R. Bige attelé d'un cheval à droite; dessous, lyre couchée; à l'exergue, légende pseudo-grecque. Quart de statère. OR. 1,75. AF.

5321. Id. OR. 1,89. S.

Pl. XVI, 7a 5322. Id. OR. 1,96. S.

5323. Id. OR. 2,03. S.

5324. Id. OR. 1,92. S.

5325. Id. OR. 1,98. S.

5326. Id. OR. 2,00. S.

5327. Id. A l'exergue, IOΛOY. OR. 1,97. S.

5328. Tête à droite avec corne de bélier, et globule sur la joue.
R. Bige à droite; sous les chevaux, lyre. OR. 1,90. S.

5 328a. Séquanes (?) Tête diadémée d'Alexandre III à dr. avec la corne d'Ammon (imitation des statères d'or [illegible]),
R/ bige à droite, symbole [illegible] cf. [illegible] (197 e/1314). Or.
Cet exemplaire est le n° 342 de la vente publique [illegible], 30 nov.-1er déc. 1972, Monnaies et Médailles Bâle

28A. Tête casquée à g., devant fleuron. R/ Victoire barbare à g.
Imitation du statère d'Alexandre. Or. 3 gr. 60 (trouvé à [illegible] (Jura))
Anc. coll. Changarnier. Morsenet, Beaune. cf. Blanchet, Traité, p. 225
Forrer, Keltische Numismatik, fig. 356, p. 185.
cf. pr. type 5376

Hucher, *Art gaulois*, 2e série, nos 35, 36, 37, p. 26.

5329. Tête à chevelure bouclée, à gauche.
R. SEQVANOIOTVOS. Sanglier passant à gauche. AR. 1,92. S.

5330. Id. AR. 1,92. S.

5331. Id. AR. 1,92. S.

5332. Id. AR. 1,97. S.

5333. Id. Pièce fourrée. AR. 1,41. AF.

5334. Id. Avec SEQVAN... ...OS. AR. 1,95. AF.

5335. Id. Moins la légende. AR. 1,96. AF.

5336. Id. Avec ...OIOT... AR. 1,91. S.

5337. Id. Avec ...TVO... AR. 1,92. S.

5338. Id. Avec SEQVA... AR. 1,93. S.

5339. Id. Avec ...OIOTVO... AR. 1,92. S.

5340. Id. Avec SE... ...OS. AR. 1,90. S.

5341. Id. Avec SE... ...S. AR. 1,93. S.

5342. Id. Avec ...OS. AR. 1,93. S.

5343. Id. Avec ...ANOIO... AR. 1,94. S.

5344. Id. Avec ...OIOT... AR. 1,95. S.

5345. Id. Avec S...ANOI... ...S. AR. 1,91. S.

5346. Id. Avec SEQVA... AR. 1,91. S.

5347. Tête à gauche, deux fois répétée.
R. S... Sanglier à gauche. AR. 1,91. S.

5348. Tête à gauche.
R. ...QVANO... Sanglier à gauche. AR. 1,96. S.

5349. Id. Sans légende. AR. 1,93. S.

5350. Id. Id. AR. 1,91. S.

5351. Id. Avec SEQVANOIO TVOS. AR. 1,95. S.

5352. Id. Avec ...EQVANO... TVO... AR. 1,94. S.

5353. Id. Avec ...QVAN... AR. 1,92. S.

5354. Id. Avec SEQVAN... AR. 1,91. S.

5355. Tête à gauche.
R. SEQVANOIO TS. Sanglier à gauche. AR. 1,90. S.

5356. Tête à gauche.
R. ...QANO... Sanglier. Pièce fourrée. AR. 1,58. S.

5357. Tête à gauche.
R. Sanglier à gauche. AR. 1,85. S.

5358. ...QVANOIO... Sanglier à gauche.
R. Même type incus. AR. 1,98. S.

5359. Sanglier à gauche.
R. Sanglier à gauche. AR. 1,93. S.

5360. SE... Sanglier à gauche.
R. ...VANO. Sanglier incus. AR. 1,96. S.

5361. Tête à gauche.
R. FM. Sanglier à gauche. AR. 1,96. S.

5362. SE...AN... Sanglier à gauche.
R. Même type incus. AR. 1,86. S.

5363. Tête à gauche.

			Poids.	Prov.
	R. Même type incus.	AR.	1,95.	S.
5364.	Tête à gauche. R. SEQVAN... ...VOS. Sanglier à gauche.	AR.	1,93.	L.
5365.	Id. Avec SE... ...OS.	AR.	1,78.	L.
5366.	Id. Avec ...QVAN...	AR.	1,93.	L.
5367.	Même tête, deux fois répétée par une surfrappe. R. OHXXKNO... Sanglier à gauche.	AR.	2,02.	L.

ANALOGUES A Q SAM ET DOCI.

			Poids.	Prov.
5368.	Tête barbare à gauche. R. Taureau à gauche. (*Mont Beuvray.*)	Potin.	5,69.	S.
5369.	Id. Même provenance.	Potin.	6,00.	S.
5370.	Id. Id.	Potin.	3,37.	S.
5371.	Id. Id.	Potin.	3,83.	S.
5372.	Id. Id.	Potin.	5,98.	S.
5373.	Id. Id.	Potin.	5,10.	AF.
5374.	Id. Id.	Potin.	4,49.	AF.
5375.	Id. Id.	Potin.	5,65.	AF.
5376.	Id. Id.	Potin.	4,98.	AF.
5377.	Id. Id.	Potin.	5,25.	AF.
5378.	Id. Id.	Potin.	5,85.	S.
5379.	Id. Id.	Potin.	6,05.	S.
5380.	Id. Id.	Potin.	6,23.	S.
5381.	Id. Id.	Potin.	6,55.	S.
5382.	Id. Id.	Potin.	5,55.	S.
5383.	Id. Id.	Potin.	5,37.	S.
5384.	Id. Id.	Potin.	4,29.	S.
5385.	Id. Id.	Potin.	7,60.	S.
5386.	Id. Avec rouelle au-dessus du taureau.	Potin.	6,06.	S.
5387.	Tête laurée à gauche. R. Taureau à gauche.	Potin.	7,57.	S.
5388.	Id.	Potin.	6,00.	AF.
5389.	Id.	Potin.	4,46.	S.
5390.	Id.	Potin.	4,74.	AF.
5391.	Id.	Potin.	5,35.	S.
5392.	Id.	Potin.	4,05.	S.

Q. SAM.

			Poids.	Prov.
5393.	Q. SAM sur une tête laurée à gauche. R. Cheval à gauche; au-dessus, cercle centré.	Potin.	4,71.	S.
5394.	Id.	Potin.	4,95.	S.
5395.	Id.	Potin.	4,49.	L.
5396.	Id.	Potin.	5,30.	L.

DOCI.

			Poids.	Prov.
5397.	Tête barbare à gauche, ceinte d'une couronne de laurier. R. Cheval à gauche, les jambes pliées, la queue relevée.	Potin.	4,55.	L.
5398.	Tête barbare laurée à gauche. R. Cheval à gauche, les jambes pliées. (*Besançon.*)	Potin.	5,45.	L.
5399.	Id.	Potin.	4,93.	L.
5400.	Id.	Potin.	2,95.	L.

TEVT.

			Poids.	Prov.
5401.	TEVT gravé en creux sur une tête à gauche. R. Cheval à gauche.	Potin.	3,00.	S.

Q DOCI SAM F.

			Poids.	Prov.
5402.	[Q DOCI]. Tête casquée à gauche. R. Q DOCI SAM F. Cheval à gauche.	AR.	1,93.	S.
5403.	Tête casquée à gauche. R. DOC SAM. Cheval à gauche.	AR.	1,85.	S.
5404.	Q... Tête casquée. R. Q DOCI. Cheval galopant à gauche.	AR.	1,91.	S.
5405.	DOCI. Tête. R. ... SAM F. Cheval.	AR.	1,93.	S.
5406.	Q DOCI. Tête casquée à gauche. R. Q DOCI SAM F. Cheval bridé et sanglé galopant à gauche.	AR.	1,95.	AF.
5407.	Id.	AR.	1,82.	AF.
5408.	Id. Moins la légende du droit.	AR.	1,92.	AF.
5409.	Id. Avec Q DOCI et ... SAM F.	AR.	1,92.	AF.
5410.	Id. Légendes complètes.	AR.	1,97.	AF.
5411.	Id.	AR.	1,85.	AF.
5412.	Id.	AR.	1,88.	AF.
5413.	Id. Moins la légende du droit.	AR.	1,88.	AF.
5414.	Id.	AR.	1,83.	AF.
5415.	Id.	AR.	1,90.	AF.
5416.	Id. Avec Q DO... et Q DOCI S...	AR.	1,89.	L.

			Poids.	Prov.
5417.	Id. Avec Q DOCI et ...SAM F.	AR.	1,72.	L.
5418.	Id. Avec Q D... et ...SAM F.	AR.	1,80.	L.
5419.	Id. Avec Q DOCI et ...SAM F.	AR.	1,85.	L.
5420.	DOCI. La tête n'est pas empreinte, par un défaut de frappe. ℞. ...DOC SAM F. Cheval à gauche.	AR.	2,15.	L.
5421.	Tête casquée à gauche. ℞. Q DOCI SAM F. Cheval à gauche.	AR.	1,93.	L.
5422.	Id.	AR.	1,60.	L.
5423.	Id.	AR.	1,85.	S.
5424.	Id.	AR.	1,97.	S.
5425.	Id. Avec Q D... et Q DOCI SAM F.	AR.	1,93.	S.
5426.	Id. Avec Q DOCI et DOCI...	AR.	1,93.	S.
5427.	Id. Avec Q DOC... et ... DOCI SAM F.	AR.	2,00.	S.
5428.	Id. Avec Q DOCI et ... S...	AR.	1,93.	S.
5429.	Id. Avec Q DOC... et ... SAM.	AR.	1,97.	S.
5430.	Id. Avec Q DOCI et DOCI SAM M.	AR.	1,95.	S.
5431.	Id. Avec Q DOCI et DOCI SAM F.	AR.	1,95.	S.
5432.	Id. Avec Q DOC et OCI SAM F.	AR.	1,90.	S.
5433.	Q DOCI. Tête casquée à gauche. ℞. Même type incus.	AR.	1,96.	S.
5434.	Id.	AR.	1,80.	S.
5435.	Id.	AR.	1,96.	S.
5436.	Q DOCI. Tête casquée à gauche. ℞. SAM. Cheval à gauche.	AR. AR.	1,90. 1,96.	S. S. [struck through by hand]
5437.	Id. Avec Q DOCI et Q DOCI SAM F.	AR.	1,92.	S.
5438.	Id. Avec Q DOC et ...OC.	AR.	1,93.	S.
5439.	Id. Avec Q DOCI et Q DOCI...	AR.	1,87.	S.
5440.	Id. Avec Q DOCI et SAM F.	AR.	1,95.	S.
5441.	Id. Avec Q D... et Q DOC SAM F.	AR.	1,98.	S.
5442.	Id. Avec Q DO... et SAM.	AR.	1,91.	S.
5443.	Id. Q DOCI et ... SAM F.	AR.	1,98.	S.
5444.	Id. Q DOCI et DOCI SAM.	AR.	1,95.	S.
5445.	Id. Q DOCI et ... SAM F.	AR.	1,90.	S.
5446.	Id. Q DO... et Q DOCI SAM F.	AR.	2,05.	S.
5447.	Id. Q DOCI et ... SAM F.	AR.	1,92.	S.
5448.	Id. Q DOCI et Q DOCI SAM F.	AR.	1,95.	S.
5449.	Id. Q DOCI et Q DOCI SAM F.	AR.	1,93.	S.
5450.	Id. Q DOCI et Q DOCI SAM F.	AR.	1,91.	S.
5451.	Id. Q D... et ... DO... SAM F.	AR.	1,90.	S.
5452.	Id. ... Q DO...	AR.	1,97.	S.
5453.	Q DOCI et DOC SAM F.	AR.	1,93.	S.
5454.	Q DO... et Q DOCI SAM F.	AR.	1,91.	S.
5455.	Id. Q DOCI et Q DOC SAM F.	AR.	1,82.	S.
5456.	Id. Q DOCI et Q DOCI SAM.	AR.	1,96.	S.
5457.	Id. ... DOCI ...	AR.	1,85.	S.
5458.	Id. ... SAM F.	AR.	1,92.	S.
5459.	Id. Q D... et SAM F.	AR.	1,97.	S.
5460.	Tête casquée à gauche. ℞. Cheval à gauche; au-dessus, DOC; dessous, IVI. Pièce fourrée.	AR.	1,30.	S.
5461.	Q DO... Tête casquée. ℞. ... SAM. Cheval à gauche.	AR.	1,65.	S.
5462.	Id. Q DOCI et ...OCI SAM F.	AR.	1,90.	S.
5463.	Id. ...OCI.	AR.	1,87.	S.
5464.	Id. Q DOCI et Q DOC SAM F.	AR.	1,82.	S.
5465.	Id. ...OCI et ...OCI SAM F.	AR.	1,90.	S.
5466.	Id. Q DOCI et DOCI SAM F.	AR.	1,90.	S.
5467.	Id. Q DOCI et DO... SAM F.	AR.	1,98.	S.
5468.	Id. ... DOCI et Q D... S...	AR.	1,98.	S.
5469.	Id. Q DOC et DOCI SAM F.	AR.	1,80.	S.
5470.	Id. ... Q DOCI ...M F.	AR.	1,93.	S.
5471.	Id. Q DOC... et DOCI S.	AR.	1,93.	S.
5472.	Id. DOCI et Q DOC... M.	AR.	1,92.	S.
5473.	Id. ... DOC... M F. Fourrée.	AR.	1,25.	S.
5474.	Id. ... DOC... SAM...	AR.	1,88.	S.
5475.	Id. ... Q DO...	AR.	1,95.	S.
5476.	Id. Q DOCI et Q DO... SAM F.	AR.	1,80.	S.
5477.	Id. ... SAM F.	AR.	1,92.	S.
5478.	Id. DOCI ...	AR.	1,87.	S.
5479.	Id. Q ... S.	AR.	1,90.	S.
5480.	Id. SAM F.	AR.	1,86.	S.
5481.	Id. DO... Fourrée.	AR.	1,21.	S.
5482.	Id. Q DOC et SAM F.	AR.	2,01.	S.
5483.	Id. Q D... Q D et DOCI SAM F.	AR.	1,96.	S.
5484.	Id. Q D...CI et QOOQ. Fourrée.	AR.	1,07.	S.
5485.	Id. SAM F.	AR.	1,87.	S.
5486.	Id. OCI SAM...	AR.	1,90.	S.
5487.	Id. Q DOC et Q DOCI ...M F.	AR.	1,77.	S.
5488.	Id. DOCI et DOCI SAM.	AR.	1,90.	S.
5489.	Id. Q DOCI et Q DOCI SAM F.	AR.	1,80.	S.
5490.	Id. Q DO... et Q DOCI SAM.	AR.	1,76.	S.
5491.	Id. Q DOCI et DO...	AR.	1,82.	S.

Poids. Prov.

5492. Id. DOCI SA F. AR. 1,97. S.

5493. Q DOC. Tête casquée à droite.
℞. Q DOCI SA F. Cheval galopant à gauche. AR. 2,01. S.

5494. Id. ... Q DOC... SA F. AR. 1,95. S.

5495. Id. Q D... et DOCI SA F. AR. 2,02. S.

5496. Q DOCI. Tête casquée à gauche; derrière, S.
℞. Q DO.. SA F. Cheval galopant à gauche. AR. 1,93. S.

5497. Id. Q DOCI et Q DO SA. AR. 1,93. S.

5498. Tête casquée à gauche; derrière, S.
℞. SA. Cheval galopant à gauche. AR. 1,95. S.

5499. Id. AR. 1,91. S.

5500. Id. AR. 1,95. S.

5501. Id. AR. 1,96. S.

5502. Id. BR. 1,91. S.

5503. Tête casquée à gauche; derrière, S.
℞. DOCI SA. Cheval à gauche. AR. 1,95. S.

5504. Id. AR. 1,93. S.

5505. Id. Avec DOC SA. AR. 1,60. S.

5506. Id. DOC SA. AR. 1,92. S.

5507. Q DOC. Tête casquée à gauche.
℞. DO..S. Cheval galopant à gauche; devant le poitrail, croix. AR. 1,98. S.

Q. DOCI (*Potins.*)

5508. Tête barbare à gauche.
℞. Q DOCI. Cheval à gauche. Potin. 5,13. S.

Cf. *Rev. numism. franç.*, 1846, p. 257.

5509. Id. Potin. 3,55. S.

5510. Id. Potin. 3,45. S.

5511. Tête barbare à gauche.
℞. Q DO. Cheval à gauche. Potin. 3,68. S.

5512. Tête barbare à gauche.
℞. Cheval à gauche. Potin. 4,43. S.

5513. Id. Avec Q DO. Potin. 3,40. S.

5514. Id. Anépigraphe. Potin. 4,10. S.

5515. Id. Potin. 4,15. S.

5516. Id. Potin. 3,38. S.

5517. Id. Potin. 4,10. S.

Poids. Prov.

5518. Id. Potin. 3,65. S.

5519. Id. Potin. 3,16. S.

5520. Id. Potin. 4,12. AF.

5521. Tête barbare à gauche.
℞. Q DOCI. Cheval à gauche. Potin. 3,79. AF.

5522. Id. Potin. 3,58. AF.

5523. Id. Potin. 4,20. S.

5524. Id. Potin. 4,41. S.

5525. Id. Potin. 3,56. S.

5526. Id. Potin. 3,91. S.

5527. Id. Potin. 3,98. S.

5528. Id. Potin. 3,11. S.

5529. Id. Potin. 4,10. S.

5530. Id. Potin. 3,26. S.

5531. Id. Potin. 4,55. S.

5532. Id. Potin. 3,00. S.

5533. Id. Potin. 3,18. S.

5534. Id. Potin. 3,20. S.

5535. Id. Potin. 2,85. S.

5536. Id. Potin. 3,82. S.

5537. Id. Potin. 4,12. S.

5538. Tête barbare à gauche.
℞. Cheval courant à gauche. Potin. 3,40. S.

5539. Id. Potin. 4,06. AF.

5540. Id. Potin. 2,20. S.

5541. Id. Potin. 2,41. S.

5542. DOCI sur une tête à gauche.
℞. Cheval à gauche. Potin. 4,72. S.

5543. Id. Potin. 4,70. AF.

5544. Id. Potin. 3,60. S.

5545. Id. Potin. 5,85. S.

TOGIRIX.

Le médaillier de la bibliothèque de Besançon n'a pas un seul exemplaire des monnaies d'argent à la légende TOGIRIX.

Castan, *Monnaies des Séquanes*.

5546. TOGIR.. Tête casquée à gauche.
℞. TOGIR.. Cheval sanglé galopant à gauche; dessous, un lézard. AR. 1,90. S.

5547. Id. Moins la légende du revers. AR. 1,81. S.

5548. TOGIRIX. Même tête.

			Poids.	Prov.
	R. ..GIRI. Même type.	AR.	1,97.	S.
5549.	Id. TOGIRIX et OGI.	AR.	1,90.	S.
5550.	Id. TOGIRIX et TOGIRI.	AR.	1,98.	S.
5551.	Id. ..GIRIX.... Fourrée.	AR.	1,10.	S.
5552.	Id. TOGI..	AR.	1,90.	S.
5553.	Id. TOGIRI et TOG.	AR.	1,95.	S.
5554.	Id. TOGIRI et OGIR.	AR.	1,85.	S.
5555.	Id. ..IRIX et TOGIRI.	AR.	1,95.	S.
5556.	Id. TOGRX et TOCIRI.	AR.	1,88.	S.
5557.	Id. ..GIRIX.	AR.	1,97.	S.
5558.	Id. TOGIRIX..	AR.	1,86.	S.
5559.	Id. TOGIR..	AR.	1,72.	S.
5560.	Id. .OGIRIX et .GIRI.	AR.	1,97.	S.
5561.	Id. ... TOGI.	AR.	1,57.	S.
5562.	Id. ..IRI.. et TOGIR.	AR.	1,89.	S.
5563.	Id. .OGIRIX et TOGI.	AR.	2,11.	S.
5564.	Id. .IR..	AR.	1,92.	S.
5565.	OGIRIX IRIX. Tête à gauche. R. Cheval à gauche; dessous, lézard.	AR.	1,89.	S.
5566.	GIRIX. Tête à gauche. R. Lisse.	AR.	1,90.	S.
5567.	RI. Tête à gauche. R. Cheval et lézard.	AR.	1,81.	S.
5568.	Id. RIX et TOGI.	AR.	1,91.	S.
5569.	Tête à gauche. R. Cheval et lézard.	BR.	2,05.	S.
5570.	TOGIR. Tête à gauche. R. Cheval et lézard.	AR.	1,95.	S.
5571.	Id. TOGIRIX et ..GIRI.	AR.	1,97.	S.
5572.	Id. TOGIR.	AR.	1,97.	S.
5573.	Cheval galopant à gauche; dessous, lézard. R. Même type incus.	AR.	1,98.	S.
5574.	OGIRIX. Tête à gauche. R. Cheval et lézard.	AR.	1,86.	S.
5575.	Tête à gauche. R. TOGI.. Cheval dont on n'aperçoit que la crinière.	AR.	1,90.	S.
5576.	TOGIRIX. Tête à gauche. R. Cheval et lézard.	AR.	1,94.	S.
5577.	Id. ..RIX et OGIRI.	AR.	1,94.	S.
5578.	Tête à gauche. R. Cheval et lézard.	AR.	1,87.	S.
5579.	TOG. Tête à gauche. R. Même type incus.	AR.	1,92.	S.
5580.	GIRI. R. Cheval et lézard.	AR.	1,89.	S.
5581.	TOGI. Tête à gauche. R. Cheval et lézard.	AR.	1,98.	S.
5582.	Id. TOGI et GIRI.	AR.	1,90.	S.
5583.	Id. TOGIRIX et TOGIRI.	BR.	1,79.	AF.
5584.	Id. Moins la légende du revers.	AR.	1,92.	AF.
5585.	Id.	AR.	1,92.	AF.
5586.	Id.	AR.	1,92.	AF.
5587.	Id. Avec TOG et TOGILI.	AR.	1,60.	AF.
5588.	Id. Avec TOGIRIX et TOG.	AR.	1,87.	AF.
5589.	Id. Légendes rognées.	AR.	1,89.	AF.
5590.	Id. TOGIRIX et TOGIRIX.	AR.	1,90.	AF.
5591.	Id. Moins la légende du droit.	AR.	1,90.	AF.
5592.	Id. Moins celle du revers.	AR.	1,88.	AF.
5593.	Pièce informe, la légende plusieurs fois répétée, ainsi que le grènetis.	AR.	1,87.	AF.
5594.	TOGIRIX. Tête casquée à gauche. R. Cheval à gauche; dessous, point centré.	BR.	1,40.	AF.
5595.	TOGIR. Tête à gauche. R. Cheval galopant à gauche; dessous, un lézard.	BR.	1,30.	AF.
5596.	Id. Avec OGIRIX.	AR.	1,94.	L.
5597.	Id. TOGI et OGIR.	AR.	2,13.	L.
5598.	Id. TOGIR..	AR.	1,62.	L.
5599.	Id. .OGIRI..	AR.	1,75.	L.
5600.	Id. ..... et TOGI.	AR.	1,67.	L.
5601.	Id. TOGIR et TOGIRI.	AR.	1,90.	AF.
5602.	TOGI. Tête casquée à gauche. R. Même type en creux.	AR.	1,58.	L.
5603.	.OGIRIX. Tête casquée à gauche. R. Chèvre courant à gauche.	BR.	1,00.	S.
5604.	.OGIRIX. Tête à gauche. R. TOG. Chèvre à gauche.	BR.	1,54.	S.
5605.	.OGIRI. Tête à gauche. R. Chèvre à gauche; dessous, annelet.	BR.	0,76.	S.
5606.	TOGI. Tête à gauche. R. Chèvre courant à droite.	BR.	0,60.	S.
5607.	Tête barbare à gauche. R. TO. Cheval à gauche.	Potin.	4,80.	S.
5608.	Tête à gauche. R. TO. Cheval à gauche.	Potin.	4,10.	S.
5609.	Id.	Potin.	4,29.	S.
5610.	Tête à gauche.			

			Poids.	Prov.
	R. Cheval à gauche; au-dessous, Q.	Potin.	3.30.	S.
5611.	Id.	Potin.	3,65.	S.
5612.	Id.	Potin.	3,02.	S.
5613.	Id.	Potin.	2,58.	S.
5614.	Id.	Potin.	3,56.	AF.
5615.	Id.	Potin.	3,02.	AF.
5616.	Id.	Potin.	2,97.	AF.
5617.	Id.	Potin.	3,30.	AF.
5618.	Tête barbare à gauche.			
	R. Cheval à gauche; au-dessous, Q.	Potin.	3,80.	L.
5619.	Tête à gauche.			
	R. Cheval à gauche; au-dessus, TO; dessous, Q.	Potin.	3,99.	L.
5620.	TOG. Buste casqué à droite.			
	R. TOG. Lion courant à droite.	Potin.	2,40.	S.
5621.	Id.	Potin.	1,92.	S.
5622.	Id.	Potin.	2,20.	AF.
5623.	Id.	Potin.	2,08.	AF.
5624.	Id.	Potin.	2,10.	AF.
5625.	Id.	Potin.	2,28.	AF.
5626.	Id.	Potin.	2,72.	AF.
5627.	Id.	Potin.	2,81.	L.
5628.	Id.	Potin.	2,88.	L.
5629.	Id.	Potin.	2,51.	S.
5630.	Id. Légère cassure.	Potin.	1,90.	S.
5631.	Tête barbare à gauche.			
	R. TOG. Cheval à gauche.	Potin.	2,65.	L.

JULIUS TOGIRIX.

5632.	IVLIVS. Tête casquée à gauche.			
	R. TOGIRIX. Cheval galopant à gauche au-dessus d'un reptile.	AR.	1,87.	S.
5633.	Id.	AR.	1,73.	AF.
5634.	Id.	AR.	1,85.	S.
5635.	Id.	AR.	1,80.	S.
5636.	Id.	AR.	1,88.	L.

IMIOCI.

			Poids.	Prov.
5637.	IMIOCI. Tête casquée à gauche.			
	R. Cheval bridé et sanglé galopant à gauche; dessous, SAΔ. (*Chantenay.*)	AR.	1,80.	S.
5638.	Id. Moins la légende du droit.	AR.	1,70	S.
5639.	IMIOCI. Tête casquée à gauche.			
	R. Cheval à gauche; dessous, SΔA; dessus, traces de légende.	AR.	1,93.	S.
5640.	IMIOC. Tête casquée.			
	R. Même type incus.	AR.	1,84.	S.
5641.	Tête casquée à gauche.			
	R. Cheval à gauche.	AR.	1,96.	S.
5642.	Double grènetis, traces de légende.			
	R. Cheval galopant à gauche; dessous, SΔ.	AR.	1,77.	S.
5643.	I... Tête casquée à gauche.			
	R. Cheval à gauche, dessous, SΔA.	AR.	1,90.	S.

Saulcy, *Rev. numism. franç.*, 1862, p. 22.

5644.	Tête à droite.			
	R. Taureau debout à gauche; dessous, croix. (*Levroux.*)	BR.	2,68.	S.
5645.	Tête barbare à gauche.			
	R. Cheval à gauche; les jambes pliées, la queue en S.	Potin.	2,42.	S.
5646.	Id.	Potin.	3,60.	S.
5647.	Id.	Potin.	2,69.	S.
5648.	Id.	Potin.	2,90.	S.
5649.	Id.	Potin.	2,02.	S.
5650.	Id.	Potin.	1,91.	S.
5651.	Id.	Potin.	2,30.	S.
5652.	Id.	Potin.	1,79.	S.
5653.	Id.	Potin.	2,71.	S.
5654.	Id.	Potin.	2,98.	S.
5655.	Id.	Potin.	2,32.	S.
5656.	Id.	Potin.	3,08.	S.
5657.	Id. (*Paris, au pont Saint-Michel.*)	Potin.	3,45.	S.
5658.	Id.	Potin.	2,74.	S.
5659.	Id.	Potin.	1,40.	S.
5660.	Id. (*Vieille-Toulouse.*)	Potin.	3,10.	L.
5661.	Id.	Potin.	3,01.	L.
5662.	Id.	Potin.	1,98.	L.
5663.	Id. (*Vieille-Toulouse.*)	Potin.	1,69.	L.

Les nos 5660 et 5663 doivent être restitués aux Tolosates.

5664.	Id.	Potin.	2,86.	L.

			Poids.	Prov.
5665.	Tête barbare à gauche, la bouche figurée par un croissant. ℞. Cheval à droite; les jambes pliées, la queue en S.	Potin.	2,15.	L.
5666.	Id. (*Cavaillon.*)	Potin.	1,79.	S.
5667.	Id.	Potin.	2,42.	S.
5668.	Id.	Potin.	3,02.	S.
5669.	Tête barbare à gauche. ℞. Taureau à gauche; les jambes pliées, la queue en S.	Potin.	3,62.	S.
5670.	Id.	Potin.	3,16.	S.
5671.	Id.	Potin.	3,50.	S.
5672.	Id.	Potin.	3,78.	S.
5673.	Id.	Potin.	2,80.	S.
5674.	Id.	Potin.	3,38.	S.
5675.	Id.	Potin.	3,17.	S.
5676.	Id. (*Murviel.*)	Potin.	3,93.	S.
5677.	Id. (*Vieille-Toulouse.*)	Potin.	3,28.	S.
5678.	Id.	Potin.	2,84.	S.
5679.	Id.	Potin.	3,34.	S.
5680.	Id.	Potin.	2,22.	S.
5681.	Id.	Potin.	1,76.	S.
5682.	Tête barbare à gauche. ℞. Taureau cornupète à gauche.	Potin.	2,60.	S.
5683.	Id.	Potin.	2,64.	S.
5684.	Id.	Potin.	1,70.	S.
5685.	Id.	Potin.	2,21.	S.
5686.	Id.	Potin.	1,90.	S.
5687.	Id.	Potin.	1,97.	S.
5688.	Id.	Potin.	1,48.	S.
5689.	Id.	Potin.	4,30.	S.
5690.	Id.	Potin.	3,30.	S.
5691.	Tête nue à gauche. ℞. Taureau cornupète à gauche; au-dessus, étoile.	Potin.	2,60.	S.
5692.	Id.	Potin.	2,81.	L.
5693.	Id.	Potin.	2,20.	AF.
5694.	Id.	Potin.	1,82.	S.
5695.	Id.	Potin.	3,30.	S.
5696.	Id.	Potin.	3,40.	S.
5697.	Tête barbare à gauche. ℞. Hippocampe à gauche. (*Vendôme.*)	Potin.	2,47.	S.
5698.	Id. (*Vendôme.*)	Potin.	3,30.	S.
5699.	Id.	Potin.	3,37.	S.
5700.	Tête tournée à droite. ℞. Serpent. (*Vendeuil-Caply.*)	Potin.	2,43.	S.
5701.	Deux têtes nues, opposées l'une à l'autre. ℞. Taureau cornupète à gauche.	Potin.	3,17.	S.

Lambert, 2e part., pl. 1, no 17.

			Poids.	Prov.
5702.	Tête nue, barbare, à gauche. ℞. Taureau cornupète à gauche.	Potin.	2,54.	S.
5703.	Même description. La queue du taureau en S.	Potin.	3,67.	S.
5704.	Tête barbare à gauche. ℞. Cheval à gauche.	Potin.	3,48.	S.
5705.	Tête barbare à gauche. ℞. Taureau cornupète à droite.	Potin.	2,43.	S.
5706.	Tête barbare. ℞. Cheval à gauche; entre les jambes, fleuron.	Potin.	3,71.	S.
5707.	Tête à gauche. ℞. Cheval à droite.	Potin.	2,62.	S.
5708.	Tête à gauche. ℞. Cheval à gauche.	Potin.	2,80.	S.
5709.	Tête barbare. ℞. Cheval à gauche.	Potin.	2,31.	S.
5710.	Trois segments de cercle. ℞. Type confus.	Potin.	2,85.	S.
5711.	Double tête. ℞. Type confus; deux entailles sur les bords.	Potin.	2,20.	S.
5712.	Tête barbare. ℞. Deux drapeaux? accolés en sens inverse.	Potin.	2,74.	S.
5713.	Tête de lion, de face. ℞. Cheval à gauche; au-dessus et au-dessous, globule.	Potin.	3,30.	S.
5714.	Tête humaine barbue, de face. ℞. Croix aux bras recourbés.	Potin.	3,55.	S.

MÉDAILLES IMITÉES DES DENIERS CONSULAIRES AU TYPE DES DIOSCURES

AMBILLI. — EBVRO. — AMBIL. — AMBILO.

5715. Tête de chef à droite, avec casque à crinière; derrière, AMBILLI.

Poids. Prov.

℞. Cavalier au galop à droite; à l'exergue, EBVRO. AR. 2,19. S.
3716. Id. AR. 2,15. S.
3717. Id. AR. 2,10. L.
3718. Tête de Pallas à droite, avec le casque ailé; derrière, ABILLI.
℞. Cavalier au galop, la lance en avant; à l'exergue, EBVRO. Fourrée. AR. 1,70. S.
3719. Id. Fourrée. AR. 1,80. S.
3720. Id. Moins ABILLI. AR. 2,18. S.
3721. Id. id. AR. 2,12. L.
3722. Id. Avec ABILLI et EBVRO. AR. 2,15. L.
3723. Id. AR. 2,15. L.
3724. Id. Avec ABILLI et EBV. AR. 2,17. L.
3725. Tête de Pallas à droite, avec le casque ailé; devant, ABIL.
℞. Cavalier au galop; à l'exergue, EBVRO. AR. 2,18. S.
3726. Id. Moins EBVRO. AR. 2,05. S.
3727. Tête de Pallas à droite.
℞. Cavalier au galop; à l'exergue, EBVR. AR. 2,15. AF.
3728. Id. Avec ABIL et EBVRO. AR. 1,95. AF.
3729. Tête de Pallas à droite, avec le casque ailé; devant, ABIL.
℞. Cavalier au galop, la lance en avant; à l'exergue, EBVRO. AR. 2,10. L.
3730. Id. AR. 2,16. L.
3731. Tête de Pallas; devant, ABILO.
℞. Cavalier au galop; à l'exergue, EBVRO. AR. 2,10. S.
3732. Id. AR. 2,08. S.

RICANT. — EBVRO.

3733. Tête de Pallas à droite, avec le casque ailé; devant, RICANT.
℞. Cavalier au galop, la lance en avant; à l'exergue, EBVRO. AR. 2,15. S.
3734. Id. AR. 2,07. S.
3735. Id. AR. 2,07. AF.
3736. Id. AR. 2,14. L.
3737. Id. AR. 1,93. L.
3738. Tête de Pallas à droite; derrière, RICANT.
℞. Cavalier au galop; à l'exergue, EBVRO. AR. 2,12. S.
3739. Id. AR. 2,09. S.
3740. Id. AR. 2,13. L.
3741. Id. AR. 2,16. L.
3742. Id. AR. 1,77. L.

DVRNAC. — EBVRO.

3743. Tête de Pallas à droite, avec le casque ailé; devant, DVRNAC.
℞. Cavalier au galop; à l'exergue, EBVRO. AR. 2,09. S.
3744. Id. AR. 1,87. AF.

DVRNAC. — EBVROV.

3745. Tête de Pallas; devant, DVRNAC.
℞. Cavalier au galop; à l'exergue, EBVROV. AR. 1,91. L.

AMB. — EBVRO.

3746. Tête de Pallas; AMB dans le champ.
℞. Cavalier; à l'exergue, EBVRO. AR. 2,05. S.

AVS. — AVSC.

3747. Tête de Pallas.
℞. Cavalier au galop; à l'exergue, AVS. Fourrée. AR. 1,34. S.
3748. Id. A l'exergue, AVSC. Fourrée. AR. 1,45. S.

DVRNACOS. — AVSCRO.

3749. Tête de Pallas à droite; devant, DVRNACOS.
℞. Cavalier au galop; à l'exergue, AVSCRO. AR. 1,86. S.
3750. Id. AR. 1,80. S.
3751. Id. AR. 2,02. S.
3752. Id. AR. 1,92. S.
3753. Id. AR. 1,92. S.
3754. Id. AR. 1,19. S.
3755. Id. Moins AVSCRO. AR. 1,95. S.
3756. Id. AR. 1,86. S.
3757. Id. Moins DVRNACOS. AR. 1,91. S.

			Poids.	Prov.
3758.	Id.	AR.	1,93.	S.
3759.	Id.	AR.	1,90.	S.
3760.	Id. Moins DVRNACOS. Pièce fourrée.	AR.	1,45.	S.
3761.	Id. Moins AVSCRO.	AR.	1,97.	S.
3762.	Id.	AR.	1,93.	S.
3763.	Id.	AR.	1,95.	S.
3764.	Id.	AR.	1,96.	S.
3765.	Tête de Pallas; devant, DVRNACOS. R. Cavalier; à l'exergue, AVSCRO.	AR.	1,87.	AF.
3766.	Id.	AR.	1,61.	AF.
3767.	Id. Moins DVRNACOS.	AR.	1,70.	AF.
3768.	Id.	AR.	1,90.	AF.
3769.	Id. Avec DVRNACO : AVSCRO.	AR.	1,90.	AF.
3770.	Tête de Pallas. R. Cavalier; à l'exergue, AV..	AR.	1,73.	AF.
3771.	Tête de Pallas; devant, DVRNACOS. R. AVSCRO. Cavalier armé.	AR.	1,97.	L.
3772.	Id.	AR.	1,98.	L.
3773.	Id. Moins DVRNACOS.	AR.	1,86.	L.

DURNACOS. — AUSCROCOS.

3774.	Tête de Pallas; devant, DVRNACOS. R. Cavalier au galop; à l'exergue, AVSCROCOS.	AR.	1,82.	S.
3775.	Id. Moins DVRNACOS.	AR.	1,72.	S.
3776.	Id. Moins DVRNACOS.	AR.	1,97.	S.
3777.	Tête de Pallas à droite. R. Cavalier; à l'exergue, AVSCROCO.	AR.	1,88.	L.
3778.	Tête de Pallas à droite; devant, DVRNACOS. R. Même type incus.	AR.	1,88.	S.

DURNACUS. — AUSCROCUS.

3779.	Tête de Pallas; devant, DVRNACVS. R. Cavalier au galop à droite; à l'exergue, AVSCROCVS.	AR.	1,83.	S.

DURN. — AUSC.

3780.	Tête à gauche; devant, DVRN. R. AVSC dans les cantons d'une croix. (*Barry près, Orange.*)	AR.	0,17.	S.
3781.	Id.	AR.	0,22.	S.
3782.	Id. Moins DVRN.	AR.	0,26.	S.
3783.	Id Id.	AR.	0,15.	S.
3784.	Tête à gauche; devant, DVRN. R. AVSC. Dans les cantons d'une croix.	AR.	0,43.	L.
3785.	Id. Moins DVRN. (*Environs d'Alais* [*Gard*].	AR.	0,43.	L.

Lagoy, *Médailles inédites de Massilia, Glanum,* page 32.

L. de la Saussaye, *Rev. numism. franç.*, 1851, p. 10.

F. de Saulcy, *id.*, 1864, p. 172.

M. de Lagoy, lisant AVSC sur l'exemplaire alors unique et un peu fruste de sa collection, avait fait l'attribution aux *Auscii*, peuple d'Aquitaine. La légende DVRN, qui existe en réalité du côté de la tête, ne pouvait se lire sur la pièce que nous avons sous les yeux, et le savant numismatiste avait cru discerner dans la tête des lettres du mot DVRN la répétition du mot AVSC.

M. de la Saussaye, ayant à traiter de la numismatique de l'Aquitaine, admit l'attribution du marquis de Lagoy.

Enfin, M. de Saulcy se rendait acquéreur d'une précieuse obole, portant au droit, devant la figure, la légende DVRN, et au revers, dans les contours de la croix, AVSC. M. de Saulcy lisait DVRNACOS AVSCROCOS, et le judicieux rapprochement qui aurait été fait de l'obole d'Auscrocus avec celles de Marseille et des Volkes Arécomiques, au lieu d'être un obstacle, Auch étant bien loin de Nîmes, venait à l'appui de l'attribution à Auscrocus des deniers au type du cavalier.

DURNACUS. — DONNUS.

3786.	Tête de Pallas à droite; devant, DVRNACVS. R. Cavalier au galop; à l'exergue, DONNVS.	AR.	1,91.	S.
3787.	Id. Avec .DVR... DONNVS. Fourrée.	AR.	1,32.	S.
3788.	Id. Avec DVRNACVS DONNVS.	AR.	1,97.	S.
3789.	Id.	AR.	1,35.	S.
3790.	Id. Fourrée.	AR.	1,60.	S.
3791.	Id.	AR.	1,94.	S.
3792.	Id. Avec ...NACVS DONNVS.	AR.	1,92.	S.
3793.	Id. Moins DONNVS.	AR.	1,91.	S.

Poids. Prov.

5794. Id. Avec ...NACV. DONNVS. AR. 1,05. S.
5795. Id. Avec DVRNACVS DONNVS. AR. 1,92. S.
5796. Id. AR. 1,96. AF.
5797. Id. Fourrée. AR. 1,32. AF.
5798. Id. AR. 1,61. AF.
5799. Id. AR. 1,96. L.
5800. Id. Moins DVRNACVS. AR. 1,95. L.

ESIANNI. — DONNUS.

5801. Tête de Pallas; devant, ESIANNI.
℞. Cavalier au galop; à l'exergue, DONNVS. (*Chantenay*, 1861.) AR 1,90. S.
5802. Id. Moins DONNVS. (*Chantenay.*) AR. 1,90. S.

Sauley, *Revue numism. franç.*, 1862, p. 5.

BRI. — BRI.

5803. Tête de Pallas; devant, BRI.
℞. Cavalier au galop; à l'exergue, BRI. AR. 2,17. S.
5804. Id. AR. 2,17. L.
5805. Id. AR. 2,12. L.
5806. Tête de Pallas à droite.
℞. Même type incus. AR. 2,21. L.

BRIC. — COMAN.

5807. Tête de Pallas à droite; devant, BRIC.
℞. Cavalier au galop; à l'exergue, COAN. AR. 2,20. S.
5808. Id. AR. 2,20. AF.
5809. Id. Avec BRIC COAN. AR. 2,18. L.
5810. Id. Avec BRIC CO... AR. 2,18. L.
5811. Id. Avec BRIC COAN. AR. 2,20. S.
5812. Id. AR. 2,20. S.
5813. Id. AR. 2,13. S.
5814. Id. AR. 2,20. S.

BRICO. — COMA.

5815. Tête de Pallas; devant, BRICO.
℞. Cavalier au galop; dessous, COMA. AR. 2,01. S.

BRI. — COMA.

5816. Tête de Pallas; devant, BRI.
℞. Cavalier au galop; à l'exergue, COMA. AR. 1,97. S.
5817. Id. AR. 1,90. S.
5818. Id. AR. 2,06. AF.
5819. Id. AR. 1,76. AF.
5820. Id. AR. 2,05. AF.
5821. Id. Avec BRI COMA. AR. 1,90. AF.
5822. Id. Avec BRI COMA. AR. 1,18. L.
5823. Id. Avec BR. COMA. AR. 2,07. L.
5824. Id. Avec ... COMA. AR. 2,00. L.
5825. Id. Avec BRI COM. AR. 2,20. L.
5826. Id. Avec ... COMA. AR. 2,21. L.
5827. B... Tête de Pallas à droite; devant, sceptre.
℞. COMA, Cavalier au galop; sous le cheval, roue. AR. 1,83. L.
5828. Id. Avec BRI COMA. AR. 2,01. L.
5829. Tête de Pallas à droite.
℞. COMA. Cavalier au galop. AR. 1,06. L.
5830. Id. Avec OMA (*sic*). AR. 2,15. L.
5831. Id. Avec BRI OMA. AR. 2,20. S.
5832. Id. Avec BRI COMA. AR. 1,16. S.
5833. Tête de Pallas; branche garnie de baies et BRI devant la tête.
℞. Cavalier au galop; dessous, COMA. AR. 2,15. S.
5834. Id. Moins BRI. AR. 2,13. L.
5835. Id. Avec BRI COMA. AR. 2,18. L.
5836. Id. AR. 2,17. S.
5837. Id. Moins BRI. AR. 2,15. S.
5838. Id. Avec BRI COMA. AR. 2,20. S.
5839. Id. AR. 2,14. S.
5840. Id. AR. 2,22. S.
5841. Id. Moins BRI. AR. 2,20. S.
5842. Id. Avec BRI COMA. AR. 2,18. S.
5843. Id. AR. 2,10. S.
5844. Id. Moins BRI. AR. 2,15. S.
5845. Id. Avec la tête de Pallas deux fois répétée. AR. 2,15. S.
5846. Tête de Pallas; devant, BRI.
℞. Cavalier au galop. AR. 2,10. S.
5847. Id. AR. 2,15. S.
5848. Tête de Pallas à droite.
℞. Cavalier au galop; dessous, COMA. AR. 2,20. S.
5849. Id. Avec BRI COMA. AR. 2,22. S.
5850. Id. Avec COMA. AR. 2,17. S.

Poids. Prov.

3851. Id. Avec BRI COMA. AR. 2,17. S.
3852. Id. AR. 2,22. S.
3853. Id. Avec COM. AR. 2,22. S.
3854. Id. Avec BR. COMA. AR. 2,20. S.
3855. Id. Avec BRI COMA. AR. 2,20. S.
3856. Id. AR. 2,11. S.
3857. Id. Avec COMA. AR. 2,20. S.

COSII. — CALITIX.

3858. Tête de Pallas; devant, COSII.
℞. Cavalier au galop; dessous, CALITIX. AR. 2,07. S.
3859. Id. AR. 2,12. L.

COSII. — COMAN.

3860. Tête de Pallas; devant, COSII.
℞. Cavalier au galop; dessous, COMAN. AR. 2,20. S.
3861. Id. Fourrée. AR. 1,76. S.
3862. Id. AR. 2,20. S.
3863. Id. AR. 2,18. S.
3864. Id. AR. 2,21. L.
3865. Id. AR. 2,16. L.
3866. Id. Avec la tête de Pallas deux fois répétée. AR. 2,18. L.

COM. — COMA.

3867. Tête casquée à droite.
℞. Cavalier armé; à l'exergue, COM. AR. 2,25. S.
3868. Id. AR. 2,23. S.
3869. Id. AR. 2,20. S.
3870. Tête casquée.
℞. Cavalier armé; à l'exergue, COMA. AR. 2,21. S.
3871. Tête casquée.
℞. Cavalier; à l'exergue, COMA. AR. 2,20. S.
3872. Id. AR. 2,20. S.
3873. Id. AR. 2,15. S.
3874. Id. AR. 2,13. S.
3875. Id. AR. 2,20. S.
3876. Id. Au droit, la tête de Pallas deux fois répétée. AR. 2,22. S.
3877. Cavalier armé; à l'exergue, COMA.
℞. Même type incus. AR. 2,13. S.

COMA. — COMA.

3878. Tête casquée; devant, COMA.
℞. Cavalier armé; à l'exergue, COMA. AR. 2,09. S.

VIID. — COMA.

3879. Tête casquée de Pallas; devant, VIID.
℞. Cavalier au galop; à l'exergue, COMA. AR. 2,16. S.
3880. Id. AR. 2,18. S.
3881. Id. AR. 2,18. S.
3882. Id. Avec VIID COM. AR. 2,10. S.
3883. Id. Avec VIID. AR. 2,18. L.
3884. Id. Avec VIID COMA. AR. 2,01. L.
3885. Id. AR. 2,19. L.

COOV. — COMA.

3886. Tête de Pallas; devant, COOV.
℞. Cavalier armé; à l'exergue, COMA. AR. 2,21. S.
3887. Id. AR. 2,10. S.
3888. Id. AR. 2,10. S.
3889. Id. AR. 2,20. L.
3890. Tête de Pallas et cavalier; devant, COOV.
℞. Cavalier et tête de Pallas; COMA, COOV. AR. 2,10. S.

COVI.

3891. Tête de Pallas.
℞. Cavalier armé; à l'exergue, COVI. AR. 2,16. S.

BI. — MAV.

3892. Tête casquée; devant, BI.
℞. Cavalier armé; à l'exergue, MAV. AR. 2,13. S.

VIID. — CAND.

3893. Tête de Pallas; devant, VIID.
℞. Cavalier au galop; à l'exergue, CAND. AR. 1,98. AF.
3894. Tête de Pallas à droite.
℞. Cavalier; dessous, DNAC (sic). Fourrée. AR. 2,02. L.

ROVV. CN VOL.

Poids. Prov.

3895. Tête de Pallas; devant, ROVV.
R. Cavalier au galop; à l'exergue, CN VOL. AR. 2,21. S.
3896. Id. AR. 2,20. S.
3897. Id. AR. 2,20. S.
3898. Id. AR. 2,14. S.
3899. Id. AR. 2,16. S.
3900. Tête de Pallas à droite.
R. Cavalier; à l'exergue, CN VO. AR. 2,16. S.
3901. Id. Avec ROVV CN VOL. AR. 2,14. AF.
3902. Id. AR. 2,06. AF.
3903. Id. AR. 2,13. L.
3904. Id. AR. 1,95. L.
3905. Id. AR. 2,14. L.

ROVV. VOLVNT.

3906. Tête de Pallas; devant, ROVV.
R. Cavalier au galop; à l'exergue, VOLVNT. AR. 2,18. S.
3907. Id. AR. 2,07. S.
3908. Id. AR. 2,23. S.
3909. Id. Fourrée. AR. 1,38. S.
3910. Id. AR. 2,16. S.
3911. Id. AR. 1,63. L.
3912. Tête de Pallas.
R. Cavalier; à l'exergue, VOLVNT. AR. 2,14. L.
3913. Id. Avec ROVV VOLVNT. AR. 2,16. L.
3914. OVV entre deux têtes de Pallas tronquées.
R. OLVNT. Cavalier armé. AR. 2,16. L.
3915. ROVV. Deux têtes de Pallas.
R. VO. Deux cavaliers. AR. 2,17. S.

MOR. ROVV. CAL.

3916. Tête de Pallas; devant, MOR.
R. Cavalier au galop; à l'exergue, CAL. AR. 2,18. S.
3917. Tête de Pallas.
R. Cavalier; à l'exergue, CAL. AR. 2,18. S.
3918. Id. AR. 2,20. S.
3919. Tête de Pallas; devant, ROVV.
R. Cavalier au galop. AR. 2,10. S.
3920. ROVV. Deux têtes de Pallas.
R. Cavalier; à l'exergue, CAL. AR. 2,20. S.
3921. Tête de Pallas; devant, ..VV.
R. Cavalier; à l'exergue, CAL. AR. 1,88. S.
3922. Tête de Pallas; devant, MOR.
R. Cavalier; à l'exergue, CAL. AR. 2,20. L.
3923. CAL. Cavalier armé.
R. Même type incus. Pièce fourrée et percée d'un trou. AR. 1,73. L.
3924. ROV. Tête de Pallas.
R. CAL. Cavalier armé. AR. 2,16. L.
3925. Id. Avec ROVV CAL. AR. 2,14. L.
3926. Id. AR. 1,83. L.

BRI.

3927. Tête de Pallas à droite.
R. Cavalier au galop; à l'exergue, BRI. AR. 2,15. S.
3928. Id. AR. 2,16. S.

COMAN.

3929. Tête de Pallas à droite.
R. Cavalier au galop; à l'exergue, COMAN. AR. 1,75. S.

VIRODV. — TVROCA.

3930. Tête de Pallas; devant, VIRODV.
R. Cavalier; à l'exergue, TVROCA. Fourrée. AR. 1,57. S.
3931. Id. AR. 2,00. AF.
3932. Id. AR. 2,12. L.
3933. Id. AR. 2,16. S.
3934. Id. AR. 2,10. S

MPA.

3935. Tête de Pallas à droite.
R. Cavalier au galop; à l'exergue, MA. Pièce fourrée. AR. 1,02. AF.

OMA.

3936. Tête de Pallas à droite.
R. Cavalier; à l'exergue, OMA. AR. 2,18. AF.

147a. Variété : H 1657

147b Variété, la lyre dégénérée. M 7446 —

9a. Tête laurée à dr. ℞ Aurige dirigeant un cheval à dr.; dessous, [illegible]; devant, [illegible] et cordon. AV L 3327

9b Tête à dr. entourée de cordons et coiffée d'un loup courant à dr. ℞ Cheval à dr. conduit par un aurige; dessous, tête à dr. AV. L 3328

153a Tête à dr., avec raie en demi-cercle sur la joue. ℞. Bige à dr.; au dessous, lyre renversée; à l'ex., trait courant avec pseudo légende ~~~~ Or rouge. M 8112 —

OLTVBA.

Poids. Prov.

3937. Tête de Pallas; devant, OLTVBA.
R. Cavalier au galop. AR. 1,91. S.

ANÉPIGRAPHES.

3938. Tête de Pallas.
R. Cavalier au galop. AR. 2,11. S.

3939. Id. Fourrée. AR. 1,76. S.

3940. Id. AR. 2,19. S.

3941. Id. Traces de légende au revers. Fourrée. AR. 1,78. S.

3942. Id. Même remarque. AR. 2,21. S.

3943. Tête de Pallas à droite.
R. Cavalier au galop; à l'exergue, OVV. Fourrée. AR. 1,70. S.

3944. Cavalier au galop; dessous, OV.
R. Même type incus. AR. 2,15. S.

CARNUTES.

3945. Tête laurée d'Apollon à droite.
R. Aurige dirigeant un bige à droite; sous les chevaux, lyre reversée. OR. 7,50. S.

3946. Id. OR. 7,38. S.

3947. Tête d'Apollon à droite; sur la joue, une barre.
R. Bige à droite; sous les chevaux, lyre renversée. OR. 6,45. S.

3948. Id. OR. 7,32. S.

3949. Id. OR. 7,25. S.

3950. Id. Quart de statère. OR. 1,79. S.

3951. Tête d'Apollon à droite; sur la joue, trois points.
R. Bige à droite; sous les chevaux, lyre renversée; à l'exergue, ~~~~. Or bas titre. 7,31. S.

3952. Id. Or bas. 7,10. S.

3953. Id. Or bas. 7,18. AF.

3954. Id. Quart de statère. Or bas. 1,60. S.

3955. Id. Or bas. 1,66. S.

3956. Id. Pièce fourrée. OR. 1,35. S.

CABALLOS.

3957. Tête d'Apollon à droite; trois points sur la joue.
R. Bige à droite; sous les chevaux, lyre renversée; à l'exergue, KABAAA. OR. 7,11. S.

3958. Tête diadémée à droite.
R CABALLOS. Bœuf marchant à gauche. BR. 3,02. S.

3959. Id. BR. 2,92. AF.

3960. Id. BR. 2,81. L.

Lagoy, *Rev. num. franç.*, 1855, p. 332.

3961. Id. BR. 2,07. S.

3962. Tête imberbe, diadémée, à droite.
R. Taureau à droite. BR. 1,60. S.

3963. Tête d'Apollon laurée, à droite.
R. Aurige dirigeant un cheval à gauche; sous le cheval, rose à quatre pétales. Quart de statère. OR. 1,87. S.

3964. Id. OR. 1,87. S.

3965. Tête d'Apollon à droite.
R. Bige à droite; à l'exergue, ~~~~. Statère. Potin. 5,05. S.

3966. Tête casquée à gauche.
R. Cheval ailé à gauche. Quart de statère. OR. 1,50. S.

3967. Tête casquée à droite.
R. Cheval à droite; dessus et dessous, lettre K. (*Trouvé à douze exemplaires à Montfort-le-Rotrou [Sarthe].*) AR. 1,15. S.

Hucher, *Art gaulois*, 1re part., pl. XXIV, no 2.

3968. Id. AR. 1,15. S.

3969. Id. AR. 1,21. S.

3970. Id. AR. 1,08. S.

3971. Id. Coup de cisaille sur la face. AR. 1,05. S.

3972. Id. AR. 1,14. L.

3973. Id. Obole. AR. 0,58. S.

3974. Id. BR. 0,91. S.

3975. Tête casquée à gauche.
R. Cheval à gauche; dessus et dessous, ↑. AR. 0,86. S.

3976. Id. AR. 1,02. AF.

3977. Id. AR. 1,07. L.

3978. Id. AR. 0,96. S.

3979. Id. La face entaillée. AR. 0,77. S.

3980. Id. AR. 1,07. S.

Poids. Prov.

5981. Id. AR. 1,05. S.

5982. Tête casquée à droite.
℞. Cheval à droite; au-dessus, Victoire; dessous, fleuron. Imitation d'Emporiæ. lion style. AR. 1,15. S.

Hucher, *Art gaulois*, 2e part., n° 46.

5983. Id. AR. 1,40. S.

5984. Id. AR. 1,08. S.

5985. Tête casquée à droite.
℞. Deux chevaux à droite, l'un au-dessus de l'autre. AR. 1,08. S.

TROUVAILLES D'ISSOUDUN ET DE CHARNIZAY.

5986. Tête imberbe à droite; les cheveux divisés en grosses mèches; au cou, torques.
℞. Deux chevaux superposés courant à droite; au-dessus, branche formée de deux feuilles de laurier; dessous, fleuron. AR. 3,47. S.

5987. Id. AR. 3,20. AF.

5988. Id. AR. 3,25. S.

5989. Id. AR. 3,36. S

5990. Id. AR. 3,45. S.

5991. Id. AR. 3,40. S.

5992. Id. AR. 3,28. S.

5993. Même tête avec moustache relevée en croc. AR. 3,28. S.

5994. Id. AR. 3,46. S.

5995. Id. AR. 3,41. S.

5996. Tête imberbe à droite, les cheveux divisés en grosses mèches.
℞. Deux chevaux superposés courant à gauche; dessus, triskèle; dessous, croix. AR. 3,20. S.

5997. Id. AR. 3,15. S.

5998. Id. AR. 3,39. S.

5999. Id. AR. 3,45. S.

6000. Id. AR. 3,13. S.

6001. Tête barbue à droite.
℞. Deux chevaux superposés courant à gauche. AR. 3,31. S.

6002. Tête imberbe à droite.
℞. Deux chevaux superposés courant à gauche; au-dessus, deux D adossés. AR. 3,41. S.

Poids. Prov.

6003. Tête imberbe à gauche, les cheveux divisés en grosses mèches.
℞. Deux chevaux superposés courant à gauche; dessus, triskèle; dessous, croix. AR. 3,40. S.

6004. Id. AR. 3,39. S.

6005. Id. AR. 3,35. AF.

6006. Id. AR. 3,30. S.

6007. Id. AR. 3,36. S.

6008. Id. AR. 3,45. S.

6009. Id. AR. 3,23. S.

6010. Id. AR. 3,32. S.

6011. Id. AR. 3,48. S.

6012. Id. AR. 3,27. S.

6013. Id. AR. 3,36. S.

6014. Tête à gauche; collier de perles au cou.
℞. Cheval à droite; dessus, loup courant à droite; dessous, triquetra fleuronnée. AR. 3,81. S.

6015. Id. AR. 3,80. AF.

6016. Id. AR. 3,85. S.

6017. Tête à droite.
℞. Cheval à droite; au-dessus, loup accroupi; dessous, triskèle. AR. 3,40. S.

6018. Id. AR. 3,20. AF.

6019. Id. AR. 3,42. S.

6020. Tête à droite; sur la joue, croix pommetée.
℞. Cheval sur lequel un loup accroupi; dessous, triskèle. AR. 3,12. S.

6021. Id. AR. 3,29. S.

6022. Id. AR. 3,26. S.

6023. Tête à gauche.
℞. Cheval à droite; dessus, loup accroupi; dessous, triskèle. AR. 3,40. S.

6024. Id. AR. 3,30. AF.

6025. Id. AR. 3,13. L.

6026. Id. AR. 3,25. S.

6027. Id. AR. 3,30. S.

6028. Tête à gauche; sur la joue, croix pommetée.
℞. Cheval à droite; dessus, loup accroupi; dessous, triskèle. AR. 3,02. S.

6029. Id. AR. 3,17. S.

			Poids.	Prov.
6030.	Id.	AR.	3,17.	S.
6031.	Id.	AR.	3,33.	S.
6032.	Tête à droite; cheveux disposés en longues mèches. ℞. Cheval à droite; au-dessus, loup à droite; dessous, lyre couchée.	AR.	2,72.	S.

			Poids.	Prov.
6033.	Tête à droite. ℞. Cheval à droite, sur la croupe duquel danse un petit personnage; dessous, deux crosses.	AR.	3,32.	S.
6034.	Id.	AR.	3,26.	S.
6035.	Id.	AR.	3,26.	S.
6036.	Id.	AR.	3,00.	S.
6037.	Id.	AR.	3,35.	S.
6038.	Id. Mais, sous le cheval, deux C adossés.	AR.	3,25.	S.
6039.	Id.	AR.	3,01.	S.
6040.	Id.	AR.	3,30.	S.
6041.	Id.	AR.	3,22.	S.
6042.	Id.	AR.	3,30.	S.
6043.	Tête à gauche. ℞. Cheval à droite, sur la croupe duquel danse un petit personnage.	AR.	3,20.	S.
6044.	Tête à droite. ℞. Cheval sur la croupe duquel danse un petit personnage; sous le cheval, m.	AR.	3,28.	S.
6045.	Id.	AR.	3,47.	AF.
6046.	Tête imberbe à droite, les cheveux divisés en grosses mèches. ℞. Cheval ailé à droite; dessous, fleuron semblable à deux crosses.	AR.	3,28.	S.
6047.	Id.	AR.	3,28.	S.
6048.	Id.	AR.	3,28.	S.
6049.	Id.	AR.	3,35.	S.
6050.	Id.	AR.	3,30.	S.
6051.	Tête laurée à gauche. ℞. Cheval galopant à gauche; dessous, Δ. Travail barbare.	AR.	2,96.	S.
6052.	Tête laurée à gauche. ℞. Cheval galopant à gauche; au-dessus, trois points disposés en triangle; dessous, Δ.	AR.	3,08.	S.
6053.	Tête laurée à gauche. ℞. Cheval à gauche; dessus, fleuron; dessous, Δ.	AR.	2,68.	S.
6054.	Tête laurée à droite. ℞. Cheval galopant à droite; dessus, Ψ; dessous, Δ.	AR.	2,57.	S.
6055.	Tête d'Apollon à gauche; devant la bouche, fleuron. ℞. Aurige dirigeant un cheval à droite; dessous, plante dont se détache un cordon aboutissant à un croissant. (*Les Aubrais, près Orléans.*)	OR.	7,15.	S.
6056.	Id.	OR.	7,17.	S.
6057.	Tête laurée à droite. ℞. Aurige dirigeant un cheval à gauche; dessous, plante.	OR.	6,50.	S.
6058.	Id.	OR.	6,86.	S.
6059.	Id.	OR.	6,69.	S.
6060.	Id. Avec tête à gauche. Quart de statère.	OR.	1,82.	S.
6061.	Id. La tête à droite.	OR.	1,52.	S.
6062.	Id.	OR.	1,65.	S.
6063.	Id. La tête à gauche.	OR.	1,21.	S.
6064.	Tête laurée à gauche. ℞. Aurige dirigeant un cheval à droite; dessous, plante. Statère défourré.	OR.	5,01.	S.
6065.	Id.	OR.	4,47.	S.
6066.	Tête d'Apollon à gauche. ℞. Quadrige à gauche. (*Annonay [Ardèche].*)	Or bas.	6,21.	S.
6067.	Id. (*Annonay.*)	Or bas.	5,80.	S.
6068.	Tête d'Apollon à droite. ℞. Quadrige à droite; sous les chevaux, roue.	Or bas.	6,85.	AF.
6069.	Tête laurée à droite. ℞. Aigle de profil à droite; rouelle dans le champ.	OR.	3,71.	S.
6070.	Tête nue à droite. ℞. Aigle de profil à droite; derrière, point centré.	OR.	0,92.	S.
6071.	Tête à droite. ℞. Aigle à droite, tenant une rouelle dans ses serres.	OR.	0,85.	S.
6072.	Tête à droite. ℞. Aigle à gauche, tenant une rouelle dans ses serres.	OR.	0,88.	S.
6073.	Tête barbare à droite. ℞. Aigle à droite, tenant une			

Poids. Prov.

rouelle. OR. 0,75. S.

6074. Tête à gauche, avec l'astre à quatre rayons sur la joue.
℞. Aigle à droite, tenant une rouelle ; au-dessus, large croissant. OR. 3,83. S.

6075. Tête à gauche.
℞. Aigle à droite, tenant une rouelle ; au-dessus, ϑ. OR. 3,60. S.

6076. Id. Avec cercle au-dessus de l'aigle. OR. 3,65. S.

6077. Tête de Vénus à droite ; derrière, fleur épanouie.
℞. Aigle à droite combattant un serpent ; derrière, ϑ ; sous la queue, point dans un cercle de grènetis ; devant l'aigle, point centré. BR. 3,93. S.

6078. Id. BR. 2,92. S.
6079. Id. BR. 2,60. S.
6080. Id. BR. 3,66. AF.
6081. Id. BR. 3,00. AF.
6082. Id. BR. 2,52. AF.
6083. Id. BR. 2,52. S.
6084. Id. BR. 2,88. S.
6085. Id. BR. 3,33. S.
6086. Id. BR. 2,91. S.
6087. Id. BR. 2,89. L.

6088. Tête jeune à droite.
℞. Aigle, aiglon, serpent, pentagone et croisette cantonnée de quatre points. BR. 3,60. S.

6089. Id. BR. 2,95. S.
6090. Id. BR. 3,15. AF.
6091. Id. BR. 2,70. AF.
6092. Id. BR. 3,30. AF.
6093. Id. BR. 3,16. AF.
6094. Id. BR. 2,65. AF.
6095. Id. BR. 3,30. AF.
6096. Id. BR. 3,23. AF.
6097. Id. BR. 3,20. L.
6098. Id. BR. 3,41. L.
6099. Id. BR. 2,48. L.
6100. Id. BR. 3,60. S.
6101. Id. BR. 3,70. S.
6102. Id. BR. 3,32. S.
6103. Id. BR. 3,01. S.
6104. Id. BR. 2,60. S.
6105. Id. BR. 2,70. S.
6106. Id. BR. 3,47. S.
6107. Id. BR. 2,60. S.

Ces pièces trouvées à Brionne (Eure), au nombre de plusieurs centaines, mélangées avec des PIXTILOS.

6108. Tête à droite.
℞. Aigle à droite ; dans le champ, pentagone et croisette cantonnée de quatre points. BR. 3,20. S.

6109. Id. BR. 3,20. AF.
6110. Id. BR. 3,20. S.
6111. Id. BR. 3,07. S.

6112. Tête barbare à droite.
℞. Aigle à droite ; serpent et rouelle. BR. 2,61. S.

6113. Id. BR. 2,36. AF.
6114. Id. BR. 2,90. AF.
6115. Id. BR. 2,92. S.
6116. Id. BR. 2,69. S.
6117. Id. BR. 2,55. S.
6118. Id. BR. 2,51. S.
6119. Id. BR. 2,93. S.
6120. Id. BR. 3,02. S.
6121. Id. BR. 2,90. S.
6122. Id. BR. 2,85. S.
6123. Id. BR. 2,96. S.
6124. Id. BR. 2,67. S.
6125. Id. BR. 2,60. S.
6126. Id. BR. 2,05. S.
6127. Id. BR. 2,96. S.
6128. Id. BR. 2,45. S.
6129. Id. BR. 2,41. S.
6130. Id. BR. 2,35. S.

6131. Tête barbare à gauche.
℞. Aigle à droite ; serpent et rouelle. BR. 2,78. S.

6132. Id. BR. 2,66. S.
6133. Id. BR. 3,22. AF.
6134. Id. BR. 2,90. AF.
6135. Id. BR. 2,37. AF.

6136. Tête informe à gauche.
℞. Aigle à gauche ; deux annelets et deux S dans le champ. BR. 3,88. L.

6137. Tête casquée à gauche.
℞. Aigle éployé à gauche ; croissant dans le champ. BR. 6,12. S.

6138. Id. BR. 6,75. AF.

			Poids.	Prov.
6139.	Id.	BR.	6,63.	AF.
6140.	Id.	BR.	6,52.	AF.
6141.	Id.	BR.	6,20.	L.
6142.	Id.	BR.	6,17.	S.
6143.	Id.	BR.	6,80.	S.
6144.	Id.	BR.	5,37.	S.
6145.	Tête casquée à gauche. R. Aigle éployé de face.	BR.	3,30.	S.
6146.	Id.	BR.	3,95.	S.
6147.	Id.	BR.	4,08.	S.
6148.	Tête diadémée à gauche. R. Aigle de profil à gauche, déchirant un serpent.	Potin.	8,41.	S.
6149.	Id.; d'un module plus petit.	Potin.	3,90.	S.
6150.	Tête diadémée à gauche. R. Aigle de face.	Potin.	7,63.	S.
6151.	Id.	Potin.	5,35.	AF.
6152.	Id.	Potin.	7,26.	AF.
6153.	Id.	Potin.	3,49.	L.
6154.	Id.	Potin.	7,02.	S.
6155.	Tête diadémée à gauche. R. Aigle éployé de face.	Potin.	3,33.	S.
6156.	Id.	Potin.	2,60.	S.
6157.	Id.	Potin.	3,57.	AF.
6158.	Id.	Potin.	2,72.	S.
6159.	Id.	Potin.	4,02.	S.
6160.	Tête jeune, imberbe, à gauche. R. Aigle de profil à droite, tenant un serpent.	Potin.	2,88.	S.
6161.	Id.	Potin.	4,75.	AF.
6162.	Id.	Potin.	3,76.	AF.
6163.	Id.	Potin.	3,22.	L.
6164.	Id.	Potin.	2,98.	S.
6165.	Id.	Potin.	3,27.	S.
6166.	Id.	Potin.	3,01.	S.
6167.	Id.	Potin.	5,05.	S.
6168.	Id.	Potin.	5,72.	S.

La Saussaye, *Rev. numism. franç.*, 1837, p. 87.

			Poids.	Prov.
6169.	Tête à gauche; au cou, torques. R. Aigle éployé à droite.	Potin.	3,70.	S.
6170.	Id.	Potin.	3,16.	S.
6171.	Tête casquée à droite. R. Aigle éployé à gauche.	Potin.	1,57.	S.
6172.	Tête casquée à droite. R. Aigle éployé de face.	Plomb.	7,48.	S.
6173.	Tête à droite; au cou, torques. R. Aigle de face.	Potin.	3,06.	S.
6174.	Tête casquée à droite. R. Aigle à gauche regardant à droite, accompagné de deux globules.	Potin.	2,67.	S.
6175.	Tête casquée à gauche. R. Alouette marchant vers la gauche.	Potin.	3,48.	S.
6176.	Id.	Potin.	2,72.	AF.
6177.	Id.	Potin.	2,92.	S.
6178.	Id.	Potin.	2,72.	S.
6179.	Id.	Potin.	2,25.	S.
6180.	Tête imberbe à gauche. R. Aigle à gauche déchirant un serpent.	Potin.	3,87.	L.

TROUVAILLE D'ARTENAY (LOIRET).

(*Revue numismatique française*, 1836, page 381.)

6181.	Tête à gauche, coiffée de trois longues tresses ondulées. R. Loup à gauche, la langue pendante.	Potin.	3,20.	S.
6182.	Id.	Potin.	2,70.	S.
6183.	Id.	Potin.	2,00.	S.
6184.	Id.	Potin.	2,58.	S.
6185.	Id.	Potin.	2,30.	S.
6186.	Id.	Potin.	3,15.	AF.
6187.	Tête à droite, coiffée de trois longues tresses ondulées. R. Loup à gauche, la gueule béante.	Potin.	3,50.	S.
6188.	Id.	Potin.	2,50.	S.
6189.	Id.	Potin.	1,85.	S.
6190.	Id.	Potin.	4,17.	S.
6191.	Tête à droite. R. Loup à droite; dessus, Ω.	BR.	3,11.	S.

6192.	Tête à gauche paraissant coiffée d'une couronne de plumes. R. Cheval à gauche; dessus, Π.	BR.	1,62.	S.
6193.	Id.	BR.	2,00.	S.
6194.	Tête nue, imberbe, à gauche. R. Cheval libre galopant à droite; dessous, sanglier			

Poids. Prov.

dans le même sens. (*Artenay*.) BR. 2,11. S.

6195. Id. BR. 2,96. AF.

6196. Id. BR. 2,77. AF.

6197. Id. BR. 3,70. L.3224

6198. Id. BR. 1,75. S.

6199. Id. (*Terminiers* [*Eure-et-Loir*].) BR. 2,32. S.

6200. Id. (*Terminiers*.) BR. 2,45. S.

6201. Id. BR. 2,42. S.

6202. Tête nue, imberbe, à gauche.
℞. Cheval libre galopant à droite; dessus, croisette cantonnée de quatre points; dessous, sanglier. BR. 2,97. S.

6203. Id. Avec annelet derrière la tête. BR. 2,48. AF.

6204. Id. Moins l'annelet. BR. 2,28. S.

6205. Id. Avec annelet devant la tête. BR. 3,02. S.

6206. Id. (*Beauvais*.) BR. 1,75. S.

6207. Id. Avec annelet devant et derrière la tête. (*Paris*, 1864.) BR. 2,65. S.

6208. Tête nue, imberbe, à gauche.
℞. Cheval libre galopant à droite; dessus, croisette; dessous, sanglier. (*Dourdan*, 1858.) BR. 2,82. S.

6209. Id. BR. 3,15. AF.

6210. Tête nue, imberbe, à gauche; devant, point centré.
℞. Cheval libre galopant à droite; dessus, croisette cantonnée de quatre points; dessous, sanglier et point centré. (*Vendeuil-Caply*.) BR. 2,01. S.

6211. Id. (*Morouville* [*Eure-et-Loir*].) BR. 2,38. S.

6212. Tête nue à gauche; devant, deux annelets.
℞. Cheval libre galopant à droite; dessus, point centré; dessous, sanglier. (*Maubeuge*.) BR. 3,74. S.

6213. Tête nue à gauche; devant, point centré.
℞. Cheval libre galopant à droite; dessus, point centré; dessous, croix et serpent. (*Paris*, 1868.) BR. 2,51. S.

6214. Tête à gauche.
℞. Cheval libre galopant à gauche; dessus, VO; dessous, O. (*Terminiers*.) BR. 3,15. S.

6215. Tête nue à droite.
℞. Cheval en marche à droite; dessus, croix cantonnée de quatre points; dessous, O; devant, pentagone. BR. 2,95. S.

6216. Id. BR. 2,42. S.

6217. Tête nue à droite.
℞. Loup à gauche, la gueule béante; dessus, deux points centrés; dessous, point centré. BR. 3,20. S.

6218. Tête nue à droite.
℞. Cheval libre marchant à droite; dessus, deux annelets; dessous, deux annelets. (*La Ségourie* [*Maine-et-Loire*].) BR. 2,12. S.

6219. Tête barbare à gauche.
℞. Type dégénéré du taureau cornupète. (*Châteaudun*.) Potin. 3,05. S.

6220. Id. (*Châteaudun*.) Potin. 3,03. S.

6221. Id. Potin. 3,90. S.

6222. Id. Potin. 4,35. S.

6223. Id. Potin. 3,08. S.

6224. Id. Potin. 4,15. S.

6225. Id. Potin. 2,91. S.

6226. Id. Potin. 3,14. S.

6227. Id. Potin. 2,28. S.

6228. Id. Potin. 1,98. S.

6229. Id. Potin. 4,94. S.

6230. Id. Potin. 4,08. S.

6231. Id. Potin. 3,43. S.

6232. Id. Potin. 2,35. S.

6233. Id. Potin. 3,68. S.

6234. Id. Potin. 3,25. S.

6235. Id. Plomb. 5,37. S.

6236. Tête à droite.
℞. Type dégénéré du taureau cornupète. Potin. 2,20. S.

6237. Tête à gauche.
℞. Même type. (*Levroux*.) Potin. 2,95. S.

6238. Tête à gauche.
℞. Sanglier à droite. Potin. 2,20. S.

6239. Tête casquée à gauche.
℞. Sanglier à droite; dessus, arc ou édicule aquitanique. BR. 2,75. S.

Hucher, *Art gaulois*, 2e part., n° 117.

6284a Tête casquée à droite R/ croix à branches recourbées (Quadrisecte) Potin ancien 10378a
6284b " " " " " " " ancien 10378F
6284c " " " " " " " ancien 10378b

			Poids.	Prov.
6240.	Id.	BR.	2,61.	AF.
6241.	Id.	BR.	3,42.	AF.
6242.	Id.	BR.	2,03.	S.
6243.	Id.	BR.	1,60.	S.
6244.	Id. (*Levroux.*)	BR.	2,42.	S.
6245.	Tête casquée à gauche. ℞. Sanglier à gauche.	BR.	2,76.	S.
6246.	Id. La tête nue.	BR.	1,45.	S.
6247.	Id.	BR.	2,05.	S.
6248.	Tête nue à gauche; collier de perles au cou. ℞. Sanglier à gauche; au-dessus, édicule.	BR.	2,92.	AF.
6249.	Id.	BR.	1,80.	AF.
6250.	Id.	BR.	1,77.	S.
6251.	Tête casquée à gauche. ℞. Sanglier à droite.	BR.	2,44.	S.
6252.	Tête à droite. ℞. Sanglier à droite.	BR.	1,60.	S.
6253.	Tête à gauche. ℞. Sanglier à droite; au-dessus, édicule.	BR.	1,40.	S.
6254.	Type incertain. ℞. Sanglier à droite.	BR.	1,72.	S.
6255.	Cheval agenouillé à gauche. ℞. Sanglier à gauche.	BR.	0,70.	S.
6256.	Tête barbare. ℞. Sanglier à droite.	BR.	1,42.	S.
6257.	Tête casquée à droite. ℞. Sanglier à gauche; dessous, annelet.	BR.	0,65.	S.
6258.	Tête à droite, les cheveux disposés en longues mèches. ℞. Sanglier à gauche; dessus, fleuron; dessous, croisette. (*Environs de Châteauroux.*)	BR.	3,45.	S.
6259.	Id. (*Levroux.*)	BR.	3,25.	S.
6260.	Id. (*Environs de Bourges.*)	BR.	3,22.	S.
6261.	Id. (*Levroux.*)	BR.	2,80.	S.
6262.	Id.	BR.	3,60.	S.
6263.	Id.	BR.	2,68.	S.
6264.	Id.	BR.	2,64.	S.
6265.	Id.	BR.	3,22.	S.
6266.	Tête à gauche. ℞. Sanglier à gauche; au-dessus, croix; dessous, Π.	Potin.	5,80.	S.
6267.	Id.	Potin.	3,52.	S.
6268.	Id.	Potin.	3,87.	S.
6269.	Tête barbare à gauche. ℞. Loup à gauche, la gueule béante; au-dessus, croix.	Potin.	4,56.	S.
6270.	Id.	Potin.	3,50.	S.
6271.	Tête barbare à droite. ℞. Sanglier à droite; dessous, type méconnaissable.	Potin.	2,01.	S.
6272.	Tête barbare à gauche. ℞. Cheval ailé à droite; dessous, sanglier.	BR.	2,30.	S.
6273.	Id.	BR.	2,02.	S.
6274.	Tête casquée à gauche. ℞. Cheval à droite, avec crinière et la queue relevée.	BR.	3,42.	S.
6275.	Tête à gauche. ℞. Cheval à droite.	Potin.	4,30.	S.
6276.	Id.	Potin.	4,45.	AF.
6277.	Id.	Potin.	4,21.	S.
6278.	Tête à gauche. ℞. Cheval à droite; trois globules dans le champ.	Potin.	3,75.	S.
6279.	Tête barbare à gauche. ℞. Cheval à droite; dessus, U; dessous, quatre globules. (*Beauce.*) Quart de statère.	OR.	1,50.	S.
6280.	Id.	OR.	1,10.	S.
6281.	Id. Avec cheval à gauche.	OR.	1,55.	S.
6282.	Tête barbare, casquée, à droite. ℞. Cheval à gauche; dessous, globule.	BR.	1,97.	S.
6283.	Tête barbare à droite. ℞. Cheval à droite.	BR.	1,48.	S.
6284.	Tête casquée à droite. ℞. Croix à branches recourbées.	Potin.	2,30.	S.
6285.	Id.	Potin.	2,73.	AF.
6286.	Id.	Potin.	2,06.	AF.
6287.	Id.	Potin.	2,56.	L.
6288.	Id.	Potin.	2,89.	L.
6289.	Id.	Potin.	3,00.	L.
6290.	Id.	Potin.	2,10.	L.
6291.	Id.	Potin.	3,49.	L.
6292.	Id. (*Montant, près Gaillac [Tarn].*)	Potin.	2,36.	S.
6293.	Id. Même provenance.	Potin.	2,22.	S.
6294.	Id.	Potin.	2,55.	S.

TASGETIOS.

6295. CAKESOOYIZ. Tête d'Apollon diadémée à droite; derrière, une feuille.

Poids. Prov.

℞. TASGIITIOS. Pégase galopant à droite. BR. 3,40. S.
6296. Id. BR. 4,16. AF.
6297. Id. BR. 3,92. AF.
6298. Id. BR. 3,49. AF.
6299. Id. BR. 2,95. AF.
6300. Id. BR. 2,92. AF.
6301. Id. BR. 3,78. L.5413
6302. Id. *Paris.* BR. 2,43. S.
6303. Id. BR. 3,38. S.
6304. Id. BR. 3,22. S.
6305. Id. BR. 2,32. S.

P. Petau, *Veterum nummorum gnorisma*. Parisiis, 1610, pl. XXV.
Pellerin, t. I, pl. VI, nº 33.

Petau et Pellerin ont donné le dessin de notre médaille. Mionnet[1] et Vergnaud-Romagnesi[2] la décrivent sans attribution. M. de la Saussaye[3], dès 1837, a reconnu dans la légende du revers le nom du roi des Carnutes cité par César (liv. V, chap. xxv). Dans le mot ELKESOOVIX, le même auteur supposait celui de l'aïeul de Tasgetius. M. de Longpérier (*Catalogue Rousseau*, nº 19), par comparaison avec la racine de certains mots grecs, incline à voir dans ELKESOOVIX un surnom d'Apollon. Le droit de la médaille est imité de la Calpurnia; le revers, de la Titia.

6306. TASGET. Tête à droite.
℞. Loup à gauche; derrière, un arbre. BR. 2,97. S.
6307. Id. Moins la légende. BR. 3,37. S.

Ucetia. La Saussaye, *Gaule Narbonnaise*, p. 177.
Tasgèce, roi des Carnutes. Saulcy, *Rev. numism. franç.*, 1864, p. 249.

6308. Tête jeune, imberbe, les cheveux frisés, tournée à gauche; derrière, ΛΦΝ, pour ΛΦΡΛ, qui se lit sur des deniers celtibériens.
℞. Taureau à gauche; au-dessus, un aigle semi-éployé; à l'exergue, KOIIOC rétrograde. AR. 2,97. AF.

Saulcy, *Rev. numism. franç.*, 1859, p. 402.

[1] Mionnet, t. 1, p. *Chefs gaulois*, nºs 59, 60 et 73.
[2] Vergnaud-Romagnesi, *Revue numismatique française*, t. I, p. 386.
[3] La Saussaye, *id.*, t. II, p. 1.

Poids. Prov.

CONETODUX.

Saulcy, *Rev. numism. franç.*, 1865, p. 148.

6309. CONE...D... Tête diadémée à droite; derrière, pentagone.
℞. Sanglier aux soies hérissées à gauche. BR. 3,11. S.

Lambert, 1re part., pl. X, nº 4.

6310. Tête casquée à droite; devant, OBNOS.
℞. Cavalier galopant à droite. BR. 2,63. S.
6311. Id. (*Camp d'Amboise.*) BR. 2,48. S.

Saulcy, *Rev. numism. franç.*, 1865, p. 150.

6312. Dégénérescence de la tête des statères bellovaques et des peuplades belges.
℞. KONAT. Lion en marche à droite; sur son dos, un oiseau. BR. 2,90. S.

Saulcy, *Rev. numism. franç.*, 1859, p. 404.

6313. Id. (*Bazoches-les-Hautes.*) BR. 3,44. AF.
6314. Id. BR. 3,93. S.
6315. Id. BR. 4,07. S.
6316. Id. BR. 2,70. S.
6317. Tête dégénérée.
℞. ...ONAT. Lion en marche à gauche; sur son dos, un oiseau; devant et dessous, point centré. BR. 3,95. S.
6318. Id. BR. 3,02. L.1227
6319. Id. BR. 2,65. S.
6320. Id. Avec KONNO rétrograde. BR. 3,75. S.
6321. Id. Même observation. BR. 3,12. S.

ⱩK

Saulcy, *Rev. numism. franç.*, 1867, p. 175.

6322. Tête jeune, imberbe, à droite.
℞. Monogramme ⱩK; dans le champ, aigle s'abattant sur un lézard. BR. 3,52. S.
6323. Id. BR. 3,21. AF.
6324. Id. (*Châteaudun.*) BR. 3,37. S.
6325. Id. BR. 3,00. S.
6326. CATAL. Tête à droite.
℞. Aigle sur une foudre; au-

Poids. Prov.

près, amphore; au-dessus de l'amphore, point centré. BR. 3,25. S.
6327. Id. BR. 3,40. AF.
6328. Id. BR. 3,76. L.
6329. Id. BR. 3,63. S.
6330. Id. BR. 4,45. S.
6331. CATAL. Tête à droite.
R. Lion à droite; dessous, sanglier à gauche et S; au dessus, fleur à quatre pétales. BR. 2,87. S.
6332. Id. BR. 3,82. AF.
6333. Id. BR. 3,58. AF.
6334. Id. BR. 3,42. AF.
6335. Id. BR. 3,33. S.
6336. Id. BR. 3,32. S.
6337. Tête de Vénus à droite.
R. Lion ailé à droite. BR. 3,33. S.
6338. Id. BR. 3,83. AF.
6339. Id. BR. 2,80. L.
6340. Id. BR. 3,10. S.
6341. Id. BR. 3,97. S.

ANDECOM.

6342. ANDECOM. Tête jeune diadémée, à gauche.
R. ANDECOM. Cheval galopant à gauche; dessous, sanglier enseigne. AR. 1,93. S.
6343. Id. AR. 1,80. S.
6344. Id. AR. 1,88. S.
6345. Id. Pièce fourrée. AR. 1,37. AF.
6346. Id. AR. 1,81. AF.
6347. Id. AR. 1,90. AF.
6348. Id. AR. 1,73. L.
6349. Id. AR. 1,55. L.
6350. Id. AR. 1,74. L.
6351. Id. AR. 1,91. S.
6352. Id. Moins la légende du droit. AR. 1,81. S.
6353. Id. Même remarque. (*Poitiers.*) AR. 1,82. S.
6354. Id. Même remarque. AR. 1,60. S.
6355. Id. Moins la légende du revers (*Bazoches en Dunois*). AR. 1,97. S.
6356. Id. Mauvaise conservation. AR. 1,61. S.

Saulcy, *Rev. numism. franc.*, 1865, p. 140.

6357. Tête.
R. Cheval galopant à droite; dessous, sanglier enseigne. BR. 2,96. S.

Les pièces à la légende ANDECOM semblent à M. de Saulcy avoir été frappées par le chef nomme Andecomborius, ami de César, chargé de réorganiser et de maintenir dans le devoir la cité des Carnutes.

AREMACIOS.

6358. AREMACIOS. Tête jeune, diadémée, à droite.
R. Aigle saisissant un aiglon; dessous, serpent et pentagone; dessus, croix cantonnée de quatre points. BR. 3,10. AF.
6359. Id. BR. 2,65. S.
6360. Tête casquée à droite; devant, annelet.
R. Cheval à droite; dessous, annelet. BR. 2,60. S.

TOVTOBOCIO. — ATEPILOS.

6361. TOVTOBOCIO. Tête imberbe à gauche.
R. ATEPILOS. Lion marchant à droite. BR. 3,03. S.
6362. Id. BR. 2,94. AF.
6363. Id. BR. 3,16. L.
6364. Id. BR. 3,37. S.
6365. Id. Avec ...CIO et TEPILOS. BR. 2,63. S.
6366. Id. Avec TOVTOBO... et le revers fruste. BR. 3,70. S.

Eckhel, *Numi veteres anecdoti*, p. 4, pl. I, 5.
E. Cartier, *Rev. numism. franç.*, 1842, p. 428.

CAMBIL.

6367. Tête d'Apollon à droite.
R. CAMBIL. Lion à droite, la tête levée. BR. 2,82. S.
6368. Id. BR. 3,40. AF.
6369. Id. Mais la tête fruste. BR. 2,46. S.
6370. Id. BR. 3,26. S.
6371. Id. BR. 3,20. S.
6372. Id. BR. 3,35. S.
6373. Id. BR. 2,88. S.
6374. Tête barbare à droite, avec un oeil démesuré.
R. ...AD. Lion à gauche, la tête levée. BR. 2,44. S.
6375. Id. BR. 2,63. S.

Poids. Prov.

ARIM.

6376. ARIM. Tête imberbe nue, à droite.
R. RI.. Cheval galopant à droite. BR. 2,00. S.

SNIA.

6377. Tête imberbe, nue, à gauche.
R. SNIA. Loup marchant à gauche. BR. 4,27. S.

BELINOS.

6378. Tête jeune, casquée, à gauche.
R. BELINOC. Cheval galopant à gauche; dessous, corne d'abondance. AR. 1,86. S.

6379. Id. AR. 1,95. AF.

6380. Id. Du cabinet Allier d'Hauteroche. AR. 1,97. L.

Lagoy, *Notice sur l'attribution de quelques médailles gauloises*, p. 44, n° 30.
La Saussaye, *Rev. numism. franç.*, 1851, p. 381.

INCERTAINE.

6381. Tête à gauche.
R... Sanglier à gauche; dessous, croissant. BR. 2,83. S.

ARTOS.

6382. Tête diadémée à droite; derrière, sceptre.
R. ARTOS. Athlète nu, courant, portant une palme et un ceste; dans le champ, pentagone. BR. 3,38. S.

6383. Id. BR. 2,33. AF.

6384. Id. BR. 3,28. AF.

6385. Id. BR. 3,10. S.

6386. Id. Le revers de la Plætoria que l'on trouve décrit sous le numéro suivant. (*Camp d'Amboise.*) BR. 3,12. S.

Cartier, *Rev. numism. franç.*, 1842, pl. XXI, n° 17, p. 431.

PLÆTORIA.

6387. MONETA. Tête de Junon moneta.
R. L. PLAETORI L F Q S C. Athlète portant la palme et le ceste. AR. 2,78. S.

ACUTIOS.

6388. Tête à droite; devant, ...TIOS.
R. Victoire debout tenant une haste; devant, étendard surmonté d'un aigle. BR. 3,22. S.

6389. Id. BR. 2,97. S.

6390. Id. (*Camp d'Amboise et Manthelan [Indre-et-Loire].*) BR. 2,87. S.

Hucher, *Art gaulois*, 1re part., pl. LII, n° 2.

ACUSSROS.

6391. ACVSSROS. Tête de femme à droite; les cheveux retombent en tresses sur le cou.
R. Sanglier en course à droite; au-dessus, épi. Le revers de la Volteia. BR. 4,13. S.

6392. Id. BR. 3,98. AF.

6393. Id. BR. 4,10. L.

6394. Id. (*Camp d'Amboise.*) BR. 3,40. S.

DRUCCA.

6395. DRVCCA. Tête de Vénus à droite.
R. Prêtresse debout à gauche, le coude appuyé sur une colonne, donnant à manger à un serpent. BR. 2,15. AF.

6396. Id. BR. 2,77. S.

6397. Id. Revers de la famille Acilia. (*Camp d'Amboise.*) BR. 2,65. S.

Hucher, *Art gaulois*, 2e part., n° 63.

MAGURIX.

6398. MAGVRIX. Buste de Diane à gauche.
R. Victoire tenant un carnyx et un bouclier. BR. 1,10. S.

6399. Id. Moins la légende. BR. 1,23. L.

Lagoy, *Rev. numism. franç.*, 1855, p. 333, pl. VIII, n° 5.

Poids. Prov.

KARIΘA.

6400. Tête virile nue, à droite.
℞. IΓK. Deux guerriers prêtant serment. BR. 2,82. S.

6401. Id. BR. 2,40. S.

6402. Id. Avec IΓKI. BR. 3,06. S.

6403. Tête virile nue, à droite; derrière, S.
℞. IΓKK. Deux guerriers prêtent serment. BR. 3,27. AF.

6404. Id. BR. 2,71. S.

6405. Id. Avec KARIΘA au revers. BR. 2,51. S.

6406. Tête virile nue, à droite; sous le cou, KARIΘ.
℞. Deux guerriers prêtent serment. BR. 2,68. AF.

6407. Id. BR. 2,82. L.R.

6408. Tête virile à droite; derrière, S.
℞. Deux guerriers prêtent serment. BR. 1,95. S.

6409. Id. BR. 3,10. S.

MONNAIES AU TYPE ARMORICAIN.

6410. Tête d'Apollon à droite.
℞. ΦΙΛΙΠΠΟΥ. Bige à droite; sous les chevaux, triton. (Dinan [Côtes-du-Nord].) OR. 8,37. S.

6411. Tête d'Apollon à droite.
℞. Bige à droite; dessous, canthare ou triton. OR. 8,07. S.

6412. Tête à droite entourée de cordons de perles.
℞. Cheval androcéphale et aurige à droite; devant, vexillum formé par un X; dessous, fleur. OR. 7,32. S.

Parenteau, *Monnaies des Namnètes*, pl. I, nº 12.

6413. Tête à gauche, entourée de cordons de perles.
℞. Mêmes types que sur le statère précédent. OR. 7,25. S.

6414. Id. OR. 7,30. S.

6415. Tête laurée d'Apollon à droite.
℞. Aurige dans un bige à droite; dessous, tête de face; à l'exergue, IIIIIII. OR. 7,71. S.

6416. Id. OR. 7,30. S.

Poids. Prov.

6417. Tête d'Apollon à droite.
℞. Bige à droite; dessous, une tête de face. Quart de statère. OR. 1,81. S.

6418. Id. OR. 1,95. S.

6419. Id. OR. 1,88. S.

6420. Id. OR. 1,88. S.

6421. Tête d'Apollon à droite.
℞. Bige à droite; sous le bras de l'aurige, X. Statère. OR. 7,35. S.

6422. Tête d'Apollon laurée, à droite.
℞. Char dirigé à droite par un aurige armé du stimulus. Ce char n'est attelé que d'un seul cheval, qui retourne la tête vers l'aurige. Tableau quadrilatère réuni par un lien aux crins du cheval; sous celui-ci, une sèche. OR. 7,95. AF.

6423. Tête laurée à droite.
℞. Bige à droite; dessous, zigzags. Quart de statère. OR. 2,02. S.

6424. Id. OR. 1,95. S.

6425. Id. La tête contre-marquée d'une fleur. OR. 1,96. S.

6426. Tête laurée à droite.
℞. Bige à droite; dessous, fleur. Quart de statère. OR. 2,03. S.

6427. Tête laurée à droite.
℞. Bige à droite; dessous, triskèle. OR. 1,92. S.

6428. Id. OR. 1,97. S.

6429. Tête laurée à droite; au cou, torques.
℞. Bige à gauche; dessous, lis. Or pâle. 1,53. S.

6430. Tête à droite.
℞. Bige à droite; dessous, fleuron. OR. 1,65. S.

6431. Id. OR. 1,65. S.

TROUVAILLE DU PONT DE LA CHALOIRE, A ANGERS, 1828.

6432. Tête barbare de face.
℞. Sanglier à droite. Obole. Billon. 0,37. S.

6433. Id. Billon. 0,42. S.

6434. Id. Billon. 0,44. S.

6435. Id. Billon. 0,37. S.

421a Tête d'Apollon lauré à dr. de bon style. Rx. Cheval galopant à dr. Au-dessous, un gros oiseau (aigle) debout et un globule; au-dessus, corne d'abondance mince avec festons; à l'ex. ?EX< [illegible] AV. Anc. coll. Saulcy. Pl. 27 [illegible] (entrée des [illegible])

			Poids.	Prov.
6436.	Id.	Billon.	0,50.	S.
6437.	Id.	Billon.	0,45.	S.
6438.	Id.	Billon.	0,30.	AF.
6439.	Id.	Billon.	0,45.	AF.
6440.	Id.	Billon.	0,39.	AF.
6441.	Id.	Billon.	0,41.	AF.
6442.	Id.	Billon.	0,40.	L.
6443.	Id.	Billon.	0,49.	L.
6444.	Id.	Billon.	0,31.	S.
6445.	Id.	Billon.	0,36.	S.
6446.	Id.	Billon.	0,40.	S.
6447.	Id.	Billon.	0,42.	S.
6448.	Id.	Billon.	0,70.	S.
6449.	Id.	Billon.	0,53.	S.
6450.	Id.	Billon.	0,47.	S.
6451.	Id.	Billon.	0,30.	S.
6452.	Id.	Billon.	0,47.	S.
6453.	Id.	Billon.	0,48.	S.
6454.	Id.	Billon.	0,45.	S.
6455.	Id.	Billon.	0,67.	S.
6456.	Id.	Billon.	0,42.	S.
6457.	Id.	Billon.	0,39.	S.
6458.	Id.	Billon.	0,30.	S.
6459.	Tête à droite. ℞. Sanglier à droite.	Billon.	0,40.	S.
6460.	Id.	Billon.	0,38.	S.
6461.	Id.	Billon.	0,40.	S.
6462.	Id.	Billon.	0,32.	S.
6463.	Id.	Billon.	0,44.	S.
6464.	Id.	Billon.	0,54.	S.
6465.	Id.	Billon.	0,49.	S.
6466.	Tête à gauche. ℞. Sanglier à gauche.	Billon.	0,32.	S.
6467.	Deux S posés symétriquement de chaque côté d'un bâton perlé; dégénérescence de la tête de face. ℞. Cheval barbare à droite; dessous, point dans un cercle de perles.	Billon.	0,45.	S.
6468.	Id.	Billon.	0,40.	L.
6469.	Id.	Billon.	0,43.	S.
6470.	Id.	Billon.	0,45.	S.
6471.	Id.	Billon.	0,40.	S.
6472.	Id.	Billon.	0,47.	S.
6473.	Id.	Billon.	0,39.	S.
6474.	Id.	Billon.	0,42.	S.
6475.	Id.	Billon.	0,55.	S.
6476.	Id.	Billon.	0,37.	S.
6477.	Tête à droite. ℞. Cheval à droite.	Billon.	0,50.	S.
6478.	Id.	Billon.	0,32.	S.
6479.	Id.	Billon.	0,60.	S.
6480.	Tête à droite. ℞. Cheval à droite; dessous, fleuron.	Billon.	0,41.	S.
6481.	Tête barbare à droite. ℞. Cheval à gauche.	Billon.	0,48.	S.
6482.	Tête à droite. ℞. Cheval à gauche.	Billon.	0,37.	L.
6483.	Tête barbare de face. ℞. Cheval à gauche.	Billon.	0,52.	S.
6484.	Id.	Billon.	0,30.	S.
6485.	Id.	Billon.	0,40.	S.
6486.	Id.	Billon.	0,42.	S.

AULERCI DIABLINTES.

Hucher, *Art gaulois*, 1re partie, pl. 34, 2.

			Poids.	Prov.
6487.	Tête laurée d'Apollon à droite. ℞. Aurige et cheval androcéphale à droite; devant, vexillum; dessous, génie couché portant un vase.	OR.	6,85.	S.
6488.	Id. (*Le Ribay* [*Mayenne*].)	AR.	3,35.	S.
6489.	Id.	AR.	4,80.	S.
6490.	Id.	AR.	4,75.	S.
6491.	Id.	AR.	4,86.	S.
6492.	Id.	AR.	6,35.	S.
6493.	Id.	AR.	5,67.	AF.
6494.	Id.	AR.	6,30.	AF.
6495.	Id.	AR.	4,98.	L.
6496.	Id.	AR.	6,35.	S.
6497.	Id.	AR.	6,15.	S.
6498.	Id.	AR.	5,70.	S.
6499.	Id.	AR.	6,12.	S.
6500.	Id.	AR.	4,76.	S.
6501.	Tête laurée à gauche. ℞. Aurige et cheval androcéphale à gauche; dessous, le génie tenant le vase.	AR.	5,57.	S.
6502.	Tête laurée à droite. ℞. Aurige et cheval androcéphale à droite; dessous, le			

Poids. Prov.

génie tenant le vase. Quart de statère. AR. 1,29. S.

6503. Tête laurée à droite; figure humaine à la place de la bouche.
℞. Aurige et cheval à droite; dessous, même génie. AR. 5,31. S.

Hucher, *Rev. numism. franç.*, 1852, p. 165.

OSISMIENS.

Hucher, *Art gaulois*, 1re partie, pl. 51, 2.

6504. Tête d'Ogmius à droite, coiffée d'une étoile et entourée de cordons de perles auxquels est attachée une tête.
℞. Cheval androcéphale à gauche; devant, croix suspendue à un cordon que tient l'aurige réduit à une tête; sous l'androcéphale, tente. (*Plestin* [*Côtes-du-Nord*].) OR blanc. 6,71. S.

6505. Id. Quart de statère. OR bas. 1,61. S.

6506. Id. Quart de statère. Billon. 1,57. S.

6506ª Tête d'Ogmius à dr., les cheveux en volutes ℞ cheval à gauche au-dessus d'une tente. AR. Syn 48. N 4192

6507. Tête d'Ogmius à droite, coiffée d'une étoile à quatre rayons, et entourée de cordons de perles.
℞. Bige à gauche; devant, rouelle suspendue à un cordon que tient l'aurige; sous l'androcéphale, tente. AR. 5,25. S.

6508. Id. AR. 5,81. S.

6509. Id. AR. 5,32. L.

6510. Tête d'Ogmius à droite coiffée de l'étoile et entourée de cordons de perles.
℞. Bige à gauche; devant, rouelle suspendue à un cordon que tient l'aurige. AR. 5,52. S.

6511. Id. AR. 4,57. S.

6512. Tête d'Ogmius à droite entourée de cordons de perles.
℞. Androcéphale à droite; dessous, tente. OR. 5,58. S.

6513. Tête à droite.
℞. Cheval à droite; dessous, tente. Quart de statère. Billon. 1,66. S.

6514. Tête d'Ogmius à droite entourée de cordons de perles.
℞. Cheval à droite; dessous, tente. Quart de statère. OR. 1,43. S.

6515. Id. Quart de statère. OR. 1,44. S.

6516. Tête d'Ogmius coiffée de l'étoile et entourée de cordons de perles; croix devant la figure.
℞. Bige à gauche; devant, croix suspendue à un cordon que tient l'aurige; sous l'androcéphale, trois lignes parallèles. OR. 7,05. S.

6517. Uniface.
℞. Androcéphale à droite; dessous, deux lignes de points. Quart de statère. OR. 1,50. S.

6518. Tête d'Ogmius à droite, coiffée de l'étoile et entourée de cordons de perles auxquels est attachée une tête.
℞. Bige à gauche; devant, la croix suspendue au cordon que tient l'aurige; sous l'androcéphale, génie couché avec une longue queue de cheveux. OR. 7,00. S.

6519. Tête d'Ogmius à droite, coiffée du sanglier et entourée de cordons de perles.
℞. Bige à droite; sous l'androcéphale, trois lignes parallèles. OR. 7,45. S.

6520. Même tête.
℞. Bige à droite; sous le cheval, génie couché avec longue queue de cheveux. Quart de statère. OR. 1,85. S.

6521. Id. Quart de statère. OR. 1,94. S.

6522. Tête casquée à gauche; devant, croix perlée.
℞. Bige à gauche; devant, le vexillum suspendu au cordon que tient l'aurige; sous l'androcéphale, fleur. OR. 7,33. S.

6523. Tête laurée à droite.
℞. Cheval androcéphale dirigé à gauche par un aurige tenant le torques et le cordon auquel est suspendu le vexillum; sous le cheval, génie couché. (*Mamers* [*Sarthe*].) Billon. 6,53. S.

Hucher, *Art gaulois*, 1re partie, pl. 27, 1.

			Poids.	Prov.
6524.	Id.	Billon.	6,58.	S.
6525.	Tête d'Ogmius à droite, entourée de cordons perlés auxquels est attachée une petite tête au-dessus du front du dieu. ℞. Bige à droite ; devant, vexillum suspendu ; dessous, génie ailé replié sur lui-même.	OR.	7,52.	S.
6526.	Id. Pièce fourrée.	OR.	5,67.	S.
6527.	Tête d'Ogmius à droite, entourée de cordons perlés auxquels est attachée une tête qui aboutit à l'occiput. ℞. Le même que le précédent.	Électrum.	7,20.	S.
6528.	Id.	Électrum.	7,15.	S.
6529.	Tête à droite, les cheveux divisés en grosses mèches. ℞. Bige à droite ; point centré entre le bras de l'aurige et le cheval ; dessous, génie ailé replié sur lui-même.	OR.	7,06.	S.
6530.	Tête d'Ogmius à droite, coiffée de l'étoile à quatre rayons, entourée de cordons de perles. ℞. Bige à gauche ; devant, croix suspendue ; dessous, génie ailé.	OR.	7,00.	S.
6531.	Tête d'Ogmius à droite, entourée de cordons perlés. ℞. Bige à gauche ; devant, triskèle ; dessous, génie ailé.	OR.	7,32.	S.
6532.	Tête d'Ogmius à droite, coiffée de l'étoile et entourée de cordons de perles auxquels est attachée une tête devant la bouche du dieu. ℞. Bige à droite ; roue entre le bras de l'aurige et le cheval ; devant, croix suspendue ; dessous, génie ailé. (*Plestin* [*Côtes-du-Nord*].)	Or bas.	6,00.	S.
6533.	Id. Id.	OR.	6,98.	S.
6534.	Même tête. ℞. Androcéphale à gauche, dirigé par un aurige réduit à une seule tête, tenant un cordon auquel est suspendue une croix ; sous le cheval, génie.	OR.	6,62.	S.
6535.	Id.	OR.	6,67.	S.
6536.	Tête d'Ogmius à gauche, entourée de cordons de perles ; devant, croix. ℞. Bige à gauche ; dessous, tente. Quart de statère. (*Lannéanou* [*Finistère*].)	OR.	1,72.	S.
6537.	Id.	OR.	1,80.	S.
6538.	Tête d'Ogmius à droite, coiffée de A et entourée de cordons de perles. ℞. Bige à droite ; devant, croix isolée ; dessous, OO.	OR.	7,41.	S.
6539.	Tête à droite, d'où partent des cordons aboutissant à un sanglier et trois petites têtes. ℞. Cheval androcéphale à gauche ; deux cordons aboutissant à des têtes se croisent au-dessus ; dessous, sanglier à droite. (*Morlaix*, 1845.)	Billon.	6,95.	S.
6540.	Id.	Billon.	6,69.	S.
6541.	Id.	Billon.	6,63.	S.
6542.	Id.	Billon.	6,80.	S.
6543.	Id. Quart de statère.	Billon.	1,46.	S.
6544.	Id.	Billon.	1,65.	S.
6545.	Id.	Billon.	1,35.	S.
6546.	Id.	Billon.	1,60.	S.
6547.	Id.	Billon.	1,30.	S.
6548.	Id.	Billon.	1,47.	S.
6549.	Id.	Billon.	1,48.	S.
6550.	Id.	Billon.	1,47.	S.
6551.	Tête d'Ogmius à droite ; cordons de perles. ℞. Cheval androcéphale à gauche ; devant, croix suspendue ; dessous, sanglier à droite. Quart de statère.	Billon.	1,59.	S.
6552.	Tête d'Ogmius à droite, cheveux enroulés. ℞. Androcéphale à gauche ; dessous, sanglier dans le même sens.	Billon.	6,48.	S.
6553.	Id. Quart de statère.	Billon.	1,57.	S.
6554.	Id. (*Environs de Saint-*			

6537bis Variété du précédent — 1gr.21 — F6129.

			Poids.	Prov.
	Malo.)	Billon.	1,06.	S.
6555.	Tête à droite d'où partent des chainons aboutissant à un sanglier et trois petites têtes. ℞. Cheval androcéphale à gauche; deux chainons aboutissant à des têtes se croisent au-dessus; dessous, aigle attaquant un sanglier. (*Morlaix* [*Finistère*], 1845.)	Billon.	6,42.	S.
6556.	Id.	Billon.	6,70.	AF.
6557.	Id.	Billon.	6,83.	L.
6558.	Id.	Billon.	6,81.	L.
6559.	Id.	Billon.	6,47.	S.
6560.	Id.	Billon.	6,91.	S.
6561.	Id.	Billon.	6,75.	S.
6562.	Id.	Billon.	6,76.	S.
6563.	Id.	Billon.	6,70.	S.
6564.	Id.	Billon.	6,87.	S.
6565.	Id.	Billon.	7,05.	S.
6566.	Id.	Billon.	6,60.	S.
6567.	Id.	Billon.	6,40.	S.
6568.	Id.	Billon.	6,75.	S.
6569.	Id.	Billon.	6,45.	S.
6570.	Id.	Billon.	6,80.	S.
6571.	Id.	Billon.	6,42.	S.
6572.	Id. (*Huelgoat* [*Finistère*].)	Billon.	6,70.	S.
6573.	Id.	Billon.	6,82.	S.
6574.	Id.	Billon.	6,30.	S.
6575.	Id. (*Huelgoat.*)	Billon.	6,70.	S.
6576.	Tête à gauche; devant, croix. ℞. Androcéphale à gauche; dessous, tente pointue.	OR.	7,47.	S.

CORISOPITES.

6577.	Tête d'Ogmius à gauche, entourée de chainons aboutissant à une petite tête; devant la face du dieu, croix. ℞. Cheval androcéphale à gauche; dessus, oiseau; devant, croix suspendue; dessous, bœuf à droite. (*Plonéour-Lanvern* [*Finistère*], 1835.)	Électrum.	4,94.	S.
	Lambert, *Rev. numism. franç.*, 1836, p. 1.			
6578.	Id.	Électrum.	6,17.	S.
6579.	Id.	Électrum.	6,06.	AF.
6580.	Id. Quart de statère.	Électrum.	1,58.	AF.
6581.	Id.	Électrum.	1,57.	S.
6582.	Id.	Électrum.	1,55.	S.
6583.	Id.	Électrum.	1,58.	S.
6584.	Id.	Électrum.	1,59.	S.
6585.	Tête à droite avec de grosses mèches de cheveux et entourée d'un cordon de perles. ℞. Cheval androcéphale à droite attaqué par un aigle; dessous, personnage renversé à gauche. Style aquitain.	OR.	6,49.	S.

CURIOSOLITES.

6586.	Tête d'Apollon-Belenus, à droite, avec de grosses boucles de cheveux enroulés; devant la bouche, fleuron. ℞. Cheval à tête d'oiseau à droite; devant, croisette suspendue à un cordon que tient l'aurige réduit à une tête d'oiseau; dessous, sanglier à droite. (*Tourlaville et le Lorey* [*Manche*].)	Billon.	6,40.	S.
6587.	Id.	Billon.	6,60.	AF.
6588.	Id.	Billon.	6,51.	AF.
6589.	Id.	Billon.	5,88.	AF.
6590.	Id.	Billon.	5,96.	L.
6591.	Id.	Billon.	6,35.	S.
6592.	Id.	Billon.	6,58.	S.
6593.	Id. (*Avranches.*)	Billon.	6,24.	S.
6594.	Id.	Billon.	6,20.	S.
6595.	Id.	Billon.	6,26.	S.
6596.	Id.	Billon.	5,00.	S.
6597.	Id.	Billon.	4,90.	S.
6598.	Id.	Billon.	6,60.	S.
6599.	Id.	Billon.	6,51.	S.
6600.	Id.	Billon.	6,45.	S.
6601.	Id.	Billon.	6,45.	S.
6602.	Id.	Billon.	6,40.	S.
6603.	Id.	Billon.	5,62.	S.
6604.	Tête à droite; cheveux enroulés. ℞. Cheval à tête d'oiseau à droite; devant, fleuron suspendu au cordon que tient l'aurige à tête d'oiseau;			

6576a Tête d'Ogmius à g, cordons perlés; devant, une croix. Rx Androcéph. à g.; dessous, tente 1/4 stat Or. Vente Bulland 263 — N 3840

			Poids.	Prov.
	dessous, sanglier à droite.	Billon.	6,41.	S.
6605.	Id.	Billon.	6,28.	S.
6606.	Id.	Billon.	6,48.	S.
6607.	Id.	Billon.	6,27.	S.
6608.	Id.	Billon.	6,53.	S.
6609.	Id.	Billon.	5,95.	S.
6610.	Id.	Billon.	6,55.	S.
6611.	Id.	Billon.	5,20.	S.
6612.	Id.	Billon.	6,33.	L.
6613.	Id.	Billon.	6,18.	S.
6614.	Id.	Billon.	6,10.	S.
6615.	Id.	Billon.	6,29.	S.
6616.	Tête à droite, le nez formé par un upsilon couché, les cheveux enroulés. ℞. Cheval à tête d'oiseau à droite ; devant, fleuron suspendu ; dessous, sanglier. (*Huelgoat.*)	Billon.	6,43.	S.
6617.	Id.	Billon.	6,33.	S.
6618.	Id.	Billon.	6,63.	AF.
6619.	Id.	Billon.	6,45.	AF.
6620.	Id.	Billon.	6,55.	S.
6621.	Id.	Billon.	6,48.	S.
6622.	Id.	Billon.	6,17.	S.
6623.	Id.	Billon.	6,50.	S.
6624.	Id.	Billon.	6,24.	S.
6625.	Id. (*Avranches*, 1846.)	Billon.	6,55.	S.

Lambert, 2e part., pl. X, nos 11 et 12.

6626.	Tête barbare à droite, cheveux enroulés. ℞. Cheval à tête d'oiseau à droite ; devant, vexillum suspendu ; dessous, sanglier. (*Avranches*, 1846.)	Billon.	6,20.	S.
6627.	Id.	Billon.	5,80.	AF.
6628.	Id.	Billon.	5,59.	S.
6629.	Id.	Billon.	6,31.	S.
6630.	Id.	Billon.	6,47.	S.
6631.	Id.	Billon.	5,57.	S.
6632.	Id.	Billon.	6,25.	S.
6633.	Id.	Billon.	6,50.	S.
6634.	Id.	Billon.	6,35.	S.
6635.	Tête à droite, le nez formé par un upsilon couché, les cheveux enroulés. ℞. Cheval galopant à droite ; devant, vexillum suspendu ; dessous, sanglier.	Billon.	5,20.	S.
6636.	Id.	Billon.	6,51.	S.
6637.	Id.	Billon.	7,25.	AF.
6638.	Id.	Billon.	6,28.	AF.
6639.	Id.	Billon.	5,70.	S.
6640.	Id.	Billon.	6,36.	S.
6641.	Id.	Billon.	3,79.	S.
6642.	Id.	Billon.	6,25.	S.
6643.	Id.	Billon.	6,27.	S.
6644.	Id.	Billon.	6,84.	S.
6645.	Id. (*Moncontour* [*Côtes-du-Nord*].)	Billon.	6,27.	S.
6646.	Id.	Billon.	7,77.	S.
6647.	Id.	Billon.	5,35.	S.
6648.	Id.	Billon.	6,33.	S.
6649.	Id.	Billon.	6,65.	S.
6650.	Id. (*Avranches.*)	Billon.	6,06.	S.
6651.	Tête barbare à droite ; cheveux enroulés ; devant la bouche, fleuron. ℞. Bige à droite ; devant, fleuron ; dessous, sanglier.	Billon.	5,65.	S.
6652.	Tête barbare à droite ; cheveux enroulés ; devant la bouche, fleuron. ℞. Bige à droite dirigé par un aurige tenant le bâton surmonté du disque ; devant, vexillum suspendu ; dessous, sanglier.	Billon.	6,15.	S.
6653.	Id.	Billon.	6,32.	AF.
6654.	Id.	Billon.	6,67.	S.
6655.	Id.	Billon.	6,63.	S.
6656.	Id.	Billon.	6,65.	S.
6657.	Id.	Billon.	7,09.	S.
6658.	Id.	Billon.	6,75.	S.
6659.	Id.	Billon.	6,38.	S.
6660.	Id.	Billon.	6,77.	S.
6661.	Tête barbare à droite ; cheveux enroulés. ℞. Bige à gauche dirigé par un aurige tenant le torques ou bâton ; devant le cheval, fleuron ; dessous, sanglier à gauche. (*Bain* [*Ille-et-Vilaine*].)	Billon.	5,00.	S.
6662.	Id.	Billon.	5,85.	AF.
6663.	Id.	Billon.	6,59.	AF.

6674a Tête d'Ogmius à dr. R Cheval androcéphale casqué, traînant un char conduit par un aurige à g.; en-dessous, sanglier à g. R 1gr.95 — N4198 —

6684a Variété du précédent. — F10482 —

			Poids.	Prov.
6664.	Id.	Billon.	5,90.	L.
6665.	Id.	Billon.	6,42.	S.
6666.	Id.	Billon.	6,58.	S.
6667.	Id.	Billon.	6,25.	S.
6668.	Id.	Billon.	6,05.	S.
6669.	Id.	Billon.	6,11.	S.
6670.	Id.	Billon.	6,32.	S.
6671.	Id.	Billon.	6,40.	S.
6672.	Id.	Billon.	6,25.	S.
6673.	Id.	Billon.	5,74.	L.
6674.	Id. Quart de statère.	Billon.	1,35.	S.
6675.	Id.	Billon.	1,33.	S.
6676.	Id.	Billon.	1,25.	S.
6677.	Id.	Billon.	0,91.	S.
6678.	Id.	Billon.	1,18.	S.
6679.	Tête d'Ogmius à droite. R. Androcéphale à droite; dessous, sanglier dans le même sens.	Billon.	1,50.	S.
6680.	Id.	Billon.	1,42.	S.
6681.	Id.	Billon.	1,47.	S.
6682.	Tête barbare à droite, cheveux enroulés. R. Bige à droite; devant, vexillum; dessous, lyre penchée. L'aurige tient le torques.	Billon.	6,70.	S.
6683.	Tête barbare à droite; cheveux enroulés. R. Bige à droite; devant, croix suspendue; dessous, lyre penchée. L'aurige tient le torques. (*St-Pierre-de-Plesguen* [*Ille-et-Vilaine*].)	Billon.	6,75.	S.
6684.	Id.	Billon.	6,77.	S.
6685.	Id.	Billon.	6,22.	S.
6686.	Id.	Billon.	6,00.	S.
6687.	Id.	Billon.	6,65.	S.
6688.	Tête barbare à droite; cheveux enroulés. R. Bige à droite; devant, fleuron; dessous, lyre penchée. L'aurige tient le torques.	Billon.	6,32.	S.
6689.	Id.	Billon.	6,40.	S.
6690.	Id.	Billon.	6,51.	S.
6691.	Id.	Billon.	6,64.	S.
6692.	Id.	Billon.	5,75.	S.
6693.	Id. (*Saint-Pierre-de-Plesguen.*)	Billon.	6,66.	S.
6694.	Id. (*Saint-Pierre-de-Plesguen.*)	Billon.	6,97.	S.
6695.	Id. (*Saint-Pierre-de-Plesguen.*)	Billon.	6,26.	S.
6696.	Id.	Billon.	6,52.	S.
6697.	Id.	Billon.	6,10.	S.
6698.	Id.	Billon.	6,56.	AF.
6699.	Id.	Billon.	5,48.	L.
6700.	Id.	Billon.	6,30.	S.
6701.	Id.	Billon.	6,50.	S.
6702.	Id.	Billon.	6,20.	S.
6703.	Id. (*Moncontour* [*Côtes-du-Nord*].)	Billon.	5,00.	S.
6704.	Id. (*Moncontour.*)	Billon.	6,70.	S.
6705.	Id.	Billon.	6,76.	S.
6706.	Id.	Billon.	6,50.	S.
6707.	Id.	Billon.	6,46.	S.
6708.	Id.	Billon.	6,70.	S.
6709.	Id.	Billon.	6,10.	S.
6710.	Tête barbare à droite. R. Androcéphale à droite; dessous, lyre penchée. Quart de statère.	Billon.	1,50.	S.
6711.	Tête barbare à droite; devant, fleuron. R. Androcéphale à droite.	Billon.	1,58.	S.
6712.	Tête à droite; cheveux hérissés. R. Cheval à droite; dessous, lyre.	Billon.	1,39.	S.
6713.	Tête à gauche. R. Cheval à droite; devant, croix; dessous, lyre.	Billon.	1,25.	S.
6714.	Tête barbare à droite. R. Cheval à droite; dessous, lyre.	Billon.	1,31.	AF.
6715.	Tête à droite, cordons de perles. R. Androcéphale à droite; dessous, figure renversée suspendue au fleuron placé devant le cheval. L'aurige tient un torques. (*Saint-Pierre-de-Plesguen.*)	Billon.	6,05.	S.
6716.	Id. (*Bain* [*Ille-et-Vilaine*].)	Billon.	6,45.	S.
6717.	Id. (*La Noude-Blanche*			

			Poids.	Prov.
	[*Morbihan*].)	Billon.	5,62.	S.
6718.	Id.	Billon.	6,31.	S.
6719.	Id.	Billon.	5,27.	S.
6720.	Id.	Billon.	5,80.	S.

NAMNÈTES.

6721.	Tête à droite semblant accuser sur la joue et dans la nuque des rudiments de la peau de lion. ℞. Personnage debout à gauche, le corps serré par une ceinture, tenant le lituus et un torques. Dans le champ, autel. (*Environs d'Ancenis.*)	OR.	2,12.	S.

Hucher, *Art gaulois*, 2e part., n° 8.

6722.	Rudiments d'une tête. ℞. Même type que ci-dessus.	OR.	1,06.	AF.

Catalogue de la coll. Kergariou, n° 377.

ANDECAVES, NAMNÈTES (*suivant certains auteurs*).

6723.	Tête d'Ogmios à droite, coiffée d'un rayon; cordons de perles. ℞. Cheval androcéphale à droite; dessous, un génie à mi-corps retient les jambes des chevaux. (*Candé* [*Maine-et-Loire*].)	OR.	7,40.	S.
6724.	Id. (*Cholet.*) Quart de statère.	OR.	1,86.	S.
6725.	Id. Moins les cordons de perles.	OR.	1,86.	S.
6726.	Tête d'Ogmius à droite, avec cordon perlé aboutissant à de petites têtes. Croix sur le front. ℞. Androcéphale à droite; dessous, figure à mi-corps.	OR.	7,45.	S.
6727.	Id. (*Nantes.*)	OR.	7,46.	S.
6728.	Id.	OR.	7,41.	S.
6729.	Id.	OR.	7,52.	S.
6730.	Id.	OR.	6,65.	S.
6731.	Id.	OR.	7,54.	S.
6732.	Tête d'Ogmius à droite, avec cordon perlé aboutissant à quatre petites têtes. ℞. Androcéphale à droite, dirigé par un aurige; dessous, personnage à mi-corps retenant les jambes des chevaux.	OR.	7,45.	S.
6733.	Tête d'Ogmius à droite, sans cordons de perles. ℞. Androcéphale à droite; dessous, personnage à mi-corps. Quart de statère.	Billon.	1,25.	S.
6734.	Tête d'Ogmius à droite; cordon de perles. ℞. Androcéphale à droite; dessous, personnage à mi-corps. Quart de statère.	Billon doré.	1,78.	S.
6735.	Tête à droite, cheveux disposés en grosses mèches. ℞. Cheval à droite, dirigé par un aurige; dessous, figure à mi-corps.	BR.	2,35.	S.
6736.	Tête d'Ogmius à droite, cordons de perles. ℞. Androcéphale à droite, dirigé par un aurige; dessous, figure à mi-corps.	Électrum.	6,91.	S.
6737.	Id.	Électrum.	6,60.	S.
6738.	Id.	Billon.	6,95.	S.
6739.	Tête d'Ogmius à droite, cordons de perles et croix sur le front. ℞. Androcéphale à droite, dirigé par un aurige; dessous, personnage à mi-corps retenant les jambes des chevaux.	Billon.	7,00.	S.
6740.	Tête d'Ogmius à droite, cordons de perles. ℞. Androcéphale à droite, dirigé par un aurige; dessous, personnage à mi-corps.	Électrum.	7,10.	AF.
6741.	Id.	Billon.	6,81.	AF.
6742.	Id.	Billon.	6,95.	S.
6743.	Id.	Billon.	6,88.	S.
6744.	Tête d'Ogmius à droite, avec un cordon perlé aboutissant à de petites têtes. ℞. Cheval androcéphale à droite, dirigé par un aurige; un personnage vu à mi-corps retient les jambes des chevaux.	BR.	4,86.	L.
6745.	Id. Quart de statère.	Billon.	1,60.	S.
6746.	Id. Quart de statère.	Billon.	1,39.	AF.
6747.	Id. Quart de statère.	Billon.	1,61.	AF.

6725bis, Br. 7,50

6743a Tête d'Ogmius casqué à dr. ℞ Cheval androcéphale à dr. dirigé par un aurige - R Gr. 95. — N 4194 —

6752[c] [illegible] A/ 7,80

6755[a] Monnaie (Petit) d'argent analogue à celles de la trouvaille d'Angers. — Deux croissants adossés et deux points. ℞ Deux croissants adossés et deux points. Ar. — L 3326 —

6757[a] Stat. d'or. Tête à droite, même style, avec contremarque sur la joue. ℞ Pareil aux précédents. AV. N 3767

6757[b] Stat. d'or. Même descr. Tête d'un autre style. Types effacés. La contremarque est au revers. AV. N 3768

6759[a] Variété de 6759. El or, méandre (dégénérescence de la légende ΑΤΕΙΤΟΥΙΟΥ) N. L 2803

6763[a] Tête d'Apollon à dr. ℞. Cavalier galopant à gauche, tenant une lance et un bouclier. ¼ statère Or — 2gr. L 3331

6769[a] Tête à dr. coiffée d'un sanglier. ℞. Cheval androcéphale à dr., dirigé par un aurige; devant, vexillum; dessous, roue. Or. — L 3330. 1gr 55 — ¼ stat. Or

6769[b] Tête à dr., coiffée d'un sanglier et entourée de cordons de perles qui aboutissent à de petites têtes. ℞ Cheval à dr. (non androcéphale); au-dessus, palme et cercle perlé; au-dessous, roue à 4 rayons. Statère or. 7gr. 65. (cf. pour le revers le n° 6765) L 3332

6769[c] Tête laurée à dr. ℞. Cheval androcéphale dirigé par un aurige à dr.; devant, roue sur un lit de perles; au-dessous, hippocampe à tête de chien à dr. Statère or. 7gr. 50 L 3333

6769[d] Tête confuse (surfrappée?) ℞. Cheval (non androcéphale) dirigé par un aurige à dr.; devant, [illegible]; au-dessous, hippocampe à g. Statère or 7gr L 3334

		Poids.	Prov.
6748. Id. Quart de statère.	Billon.	1,60.	S.
6749. Id.	Billon.	1,50.	S.
6750. Id.	Billon.	1,70.	S.
6751. Id.	Billon.	1,65.	S.
6752. Id.	Billon.	1,05.	S.
6753. Id.	Billon.	1,51.	S.
6754. Id.	Billon doré.	1,50.	S.

Pl. XXI, 6 — 6755. Tête barbare à gauche, cheveux bouclés; devant la face, croix.
℞. Androcéphale à gauche; devant, roue; dessous, buste d'un homme étendant les bras. OR. 7,25. AF.

Catalogue de la coll. Kergariou, n° 262.

REDONS.

Pl. XXII, 5 — 6756. Tête laurée à droite.
℞. Cavalier entièrement nu sur un cheval sans selle ni bride, brandissant un javelot et un bouclier; dessous, foudre; devant, épi. OR. 8,11. S.

6757. Id. OR. 7,97. AF. (Surlamon (Seine))

Hucher, *Art gaulois*, 1re partie, pl. 53, 1.

Pl. XXII — 6758. Tête d'Apollon à droite.
℞. Cavalier entièrement nu et armé d'une lance, sur un cheval au galop à droite. OR. 1,99. S.

Pl. XXII, 7 — 6759. Tête laurée à droite.
℞. Cavalier entièrement nu sur un cheval, sans selle ni bride, galopant à droite; ce guerrier brandit une épée et un bouclier; sous le cheval, lyre; devant, rosace. OR. 7,47. S.

Pl. XXII, 7 — 6760. Id. Quart de statère. OR. 1,98. S.

Pl. XXII, 7 — 6761. Tête laurée à droite.
℞. Cavalier nu brandissant une épée et un bouclier; dessous, lyre reliée à deux croisettes. OR. 7,57. S.

Pl. XXII, 5 — 6762. Tête laurée à droite.
℞. Guerrier brandissant une épée et un bouclier; dessous, lyre accostée de KA; devant, point centré. OR pâle. 7,45. S.

Pl. XXII — 6763. Tête laurée à droite.
℞. Cavalier brandissant une épée et un bouclier; dessous, lyre; devant, point centré. Quart de statère. OR. 1,85. S. (Trouvé Colmar (Ht-Rhin))

6764. Tête d'Ogmius coiffée d'un sanglier et entourée de cordons de perles.
℞. Cavalier entièrement nu sur un cheval androcéphale sans selle ni bride, brandissant une épée et un bouclier; devant, vexillum suspendu; dessous, roue. OR. 7,40. S.

6765. Tête d'Ogmius, coiffée d'un sanglier et entourée de cordons de perles, auxquels sont rattachées quatre petites têtes.
℞. Androcéphale libre galopant à droite; dessous, roue à quatre rais. OR. 7,70. S.

6766. Id. Mais l'androcéphale dirigé par un aurige. OR. 7,60. S.

6767. Id. OR. 7,64. S.

6768. Tête d'Ogmius à droite, coiffée d'un sanglier et entourée de cordons de perles, auxquels sont rattachées les quatre têtes.
℞. Cheval androcéphale dirigé par un aurige tenant une longue branche de houx; dessous, roue à huit rais. OR. 7,75. S.

Hucher, *Art gaulois*, 1re partie, pl. 9, 1.

6769. Id. (*Trouvé en Poitou.*) OR. 7,85. S.

6770. Tête laurée à droite.
℞. Cheval androcéphale à droite; devant, vexillum suspendu à un cordon que tient l'aurige; dessous, roue à quatre rais. (*Amanlis* [*Ille-et-Vilaine*].) Billon. 6,25. S.

		Poids.	Prov.
6771. Id.	Billon.	6,24.	AF.
6772. Id.	Billon.	6,65.	AF.
6773. Id.	Billon.	6,88.	L.
6774. Id.	Billon.	6,57.	S.
6775. Id.	Billon.	6,67.	S.
6776. Id. (*Environs de Rennes.*)	Billon.	6,75.	S.
6777. Id.	Billon.	6,95.	S.
6778. Id.	Billon.	6,80.	S.
6779. Id.	Billon.	6,01.	S.
6780. Id.	Billon.	6,95.	S.

			Poids.	Prov.
6781.	Id.	BR.	6,51.	AF.
6782.	Tête laurée à droite. R. Cheval à tête d'oiseau à droite; devant, hippocampe suspendu au cordon que tient l'aurige; dessous, roue à quatre rais.	Billon.	6,73.	S.
6783.	Tête laurée à droite. R. Cheval androcéphale à droite; devant, vexillum suspendu au cordon que tient l'aurige; dessous, roue à huit rais.	Billon.	6,42.	S.
6784.	Id.	Billon.	6,70.	S.
6785.	Id.	Billon.	6,05.	AF.
6786.	Id.	Billon.	6,35.	S.
6787.	Id.	Billon.	6,43.	S.
6788.	Tête laurée à droite. R. Androcéphale à droite; devant, hippocampe suspendu au cordon que tient l'aurige; dessous, roue à huit rais et symbole enroulé à double volute.	Billon.	6,12.	S.

Hucher, *Art gaulois*, 1re part., pl. 21, n° 2.

6789.	Id. (*Amanlis.*)	Billon.	5,85.	S.
6790.	Id.	Billon.	6,45.	AF.
6791.	Id.	Billon.	6,24.	S.
6792.	Id. (*Environs de Rennes.*)	Billon.	6,75.	S.
6793.	Tête à gauche, cheveux enroulés. R. Androcéphale à gauche; au-dessus, fleuron; dessous, roue à huit rais.	Billon.	5,95.	AF.
6794.	Tête à droite, cheveux enroulés, cordons de perles. R. Cheval androcéphale dirigé à gauche par un aurige; dessous, roue à huit rais et double volute.	Billon.	6,32.	S.
6795.	Même tête. R. Androcéphale à gauche, dirigé par un aurige tenant le torques; dessous, roue à huit rais.	Billon.	5,62.	S.
6796.	Tête barbare à droite. R. Androcéphale à droite; dessous, roue à quatre rais.	Billon.	0,70.	S.
6797.	Id.	Billon.	0,82.	S.
6798.	Id.	Billon.	0,67.	S.
6799.	Id.	Billon.	0,75.	S.
6800.	Id.	Billon.	0,77.	S.
6801.	Id.	Billon.	0,70.	S.
6802.	Tête barbare à droite. R. Androcéphale à gauche; dessous, roue.	Billon.	0,57.	S.
6803.	Id.	Billon.	0,41.	S.
6804.	Tête d'Ogmius à droite. R. Androcéphale à droite; devant, vexillum suspendu à un cordon que tient l'aurige; dessous, hippocampe.	OR.	6,96.	S.

Hucher, *Art gaulois*, 1re part., pl. 47, n° 1.

6805.	Tête d'Ogmius à droite, entourée d'un cordon de perles. R. Androcéphale à droite dirigé par un aurige; dessous, hippocampe. Quart de statère.	OR.	1,88.	S.
6806.	Tête d'Ogmius à droite; cheveux enroulés, cordons de perles. R. Cavalier à droite, brandissant une épée; sous le cheval, hippocampe.	Billon.	6,27.	S.
6807.	Id.	Billon.	6,68.	S.

Hucher, 1re part., pl. 21, n° 1.

6808.	Id.	Billon.	6,85.	AF.
6809.	Id.	Billon.	6,25.	AF.
6810.	Id.	Billon.	7,11.	AF.
6811.	Id. (*Amanlis.*)	Billon.	6,62.	S.
6812.	Id. (*Amanlis.*)	Billon.	6,85.	S.

ABRINCATUI.

6813.	Tête laurée et barbue d'Hercule, à droite. R. Androcéphale à droite; devant, vexillum suspendu au cordon que tient l'aurige; dessous, roue à huit rais. (*Montanel* [*Manche*], *en* 1824.)	Billon.	6,75.	S.

Hucher, *Art gaulois*, 2e part., n° 7.

6814.	Id.	Billon.	6,66.	AF.
6815.	Id.	Billon.	7,33.	S.
6816.	Id.	Billon.	6,52.	S.
6817.	Id.	Billon.	6,37.	S.

6824ᵃ. Variété. La tête a une mèche proéminente sur le front. — M. 2891.

6827ᵃ Tête d'Ogmius à dr. entourée de cordons de perles. R/ Androcéphale à dr., génie ailé sous le cheval. Or. 7 g. 60. R. 1900.

6852ᵃ Tête jeune imberbe à dr., laurée. La coiffure est formée d'un bandeau au-dessous de la couronne et de mèches folles au-dessus, dont deux, dans la verticale du front, recouvrent le laurier; devant le front, signe B. R/ Type du quadrige. On voit une roue, un cheval androcéphale au galop à droite, et un aurige qui, manteau au vent, tient au bout d'une corde le tableau enseigne [illegible]; en dessous, un personnage couché tenant un glaive et une longue lance. Or pâle. 7 gr. 40. Statère.

6852ᵇ Id. Les mèches des cheveux, au lieu d'être pleines, sont figurées par deux traits linéaires; devant le front, L; deux globules à la naissance du cou. Au revers, l'aurige est effacé, et le tableau est hors du champ. Dessin grossier. Or pâle. 7 gr. 35. Statère.

6852ᶜ Id. Même droit; devant le front, [illegible]. Au revers, on voit l'aurige et son tableau. Or pâle. 7 gr. 20. Statère.

6852ᵈ Id. Même droit; pas de signe devant le front. À l'exergue, au lieu du personnage couché, une sorte de rose. Au revers, on voit l'aurige, mais pas son tableau. Or pâle. 7 gr. 26. Statère.

AULERCI CENOMANI.

			Poids.	Prov.
6818.	Tête laurée à droite. R. Androcéphale à gauche; devant, vexillum suspendu au cordon que tient l'aurige; dessous, génie ailé à gauche.	OR.	7,68.	S.
6819.	Id. Pièce fourrée.	Cuivre.	4,97.	S.
6820.	Id. Statère défourré.	Billon.	7,38.	AF.
6821.	Id. Quart de statère.	OR.	1,82.	S.
6822.	Id.	OR.	1,70.	S.
6823.	Tête laurée à droite. R. Androcéphale ailé à droite; l'aurige tient le vexillum; dessous, génie ailé à droite.	OR.	7,62.	S.
6824.	Id. Quart de statère.	OR.	1,92.	S.
6825.	Tête laurée à droite. R. Androcéphale non ailé à droite; l'aurige tient le tableau quadrilatère; dessous, génie ailé.	Or pâle.	7,17.	S.
6826.	Tête d'Ogmius à droite, coiffée du sanglier et entourée de cordons de perles. R. Cheval androcéphale non ailé à droite; l'aurige armé du stimulus; dessous, génie ailé.	OR.	7,80.	S.
6827.	Même tête. R. Androcéphale à droite; devant, franges suspendues; dessous, génie ailé.	OR.	7,56.	S.
6828.	Tête d'Ogmius à gauche, entourée de cordons de perles auxquels sont attachées de petites têtes. R. Androcéphale à droite; devant, franges suspendues; dessous, génie ailé.	OR.	7,22.	S.
6829.	Tête laurée à droite. R. Androcéphale ailé à droite; l'aurige tient une longue branche de gui à laquelle est suspendu le vexillum; dessous, génie ailé à droite.	OR.	7,83.	S.
6830.	Tête d'Ogmius à droite, coiffée d'un hippocampe et entourée de cordons de perles. R. Androcéphale non ailé à droite; l'aurige tient la branche de gui; génie ailé sous le cheval.	OR.	7,68.	S.
6831.	Mêmes types.	OR.	7,71.	AF.
6832.	Id.	OR.	7,65.	L.
6833.	Id.	OR.	7,80.	S.
6834.	Id.	OR.	7,52.	S.
6835.	Id.	OR.	7,38.	S.
6836.	Id.	OR.	7,70.	S.
6837.	Tête d'Ogmius à gauche, coiffée d'un hippocampe et entourée de cordons de perles. R. Androcéphale non ailé à droite; l'aurige tient la branche de gui; génie ailé sous le cheval.	OR.	7,42.	S.
6838.	Tête d'Ogmius à droite, entourée de cordons de perles; au-dessus, ∴. R. Androcéphale à droite; l'aurige tient la branche de gui; génie ailé sous le cheval. Quart de statère.	OR.	1,87.	S.
6839.	Tête d'Ogmius à droite; cordons de perles. R. Semblable au précédent.	OR.	1,90.	S.
6840.	Tête d'Ogmius à droite, entourée de cordons de perles. R. Androcéphale à gauche; dessous, génie ailé.	OR.	1,87.	S.
6841.	Tête d'Ogmius à droite, d'où partent quatre chaînons aboutissant à autant de petites têtes. R. Cheval androcéphale à gauche, dirigé par un aurige; sous le cheval, génie ailé.	OR.	1,82.	L.
6842.	Tête d'Ogmius à droite, cordons de perles; au-dessus, losange. R. Androcéphale à droite; devant, vexillum; dessous, génie ailé.	OR.	1,90.	S.
6843.	Tête laurée à droite. R. Androcéphale à gauche, traînant un char que dirige un aurige; sous le cheval, génie ailé.	AR.	3,06.	L.
6844.	Tête laurée à droite, mèche de cheveux isolée devant le front. R. Androcéphale ailé à droite; l'aurige tient le vexillum; dessous, figure couchée tenant de chaque			

			Poids.	Prov.
	main une tête par les cheveux.	OR.	7,50.	S.
6845.	Id.	OR.	7,60.	AF.
	Hucher, *Art gaulois*, 1re partie, pl. 15.			
6846.	Id.	OR.	7,53.	AF.
6847.	Id.	OR.	7,50.	S.
6848.	Id.	OR.	7,20.	S.
6849.	Id.	OR.	7,55.	S.
6850.	Id. Statère défourré.	BR.	4,95.	S.
6851.	Tête laurée à droite, avec la mèche isolée devant le front. ℞. Androcéphale ailé à droite ; l'aurige tient le vexillum ; sous le cheval, figure couchée tenant une lance et une tête. Quart de statère.	OR.	1,82.	S.
6852.	Tête laurée à droite, mèche isolée devant le front. ℞. Androcéphale ailé à droite ; l'aurige tient le vexillum ; sous le cheval, guerrier couché tenant une lance et un glaive recourbé.	OR.	7,47.	S.
6853.	Id.	OR.	7,55.	S.
6854.	Id.	OR.	7,28.	S.
6855.	Id.	OR.	7,41.	S.
6856.	Id. Le guerrier couché tient un glaive de chaque main.	OR.	7,47.	S.
6857.	Id.	OR.	6,02.	S.
6858.	Id. Le guerrier couché tient une lance et un glaive recourbé.	OR.	7,44.	AF.
6859.	Id.	OR.	7,42.	AF.
6860.	Tête laurée à droite, avec la mèche isolée. ℞. Androcéphale ailé à droite ; l'aurige tient le vexillum ; sous le cheval, guerrier couché tenant une lance et un glaive. Quart de statère.	OR.	1,80.	S.
6861.	Id.	OR.	1,81.	AF.
6862.	Id.	OR.	1,94.	S.
6863.	Id.	OR.	1,75.	S.
6864.	Id.	OR.	1,55.	S.
6865.	Id.	OR.	1,80.	S.
6866.	Id.	OR.	1,75.	S.
6867.	Tête d'Ogmius à droite, entourée d'un cordon de perles. ℞. Androcéphale ailé à droite ; dessous, génie ailé suspendu à un épi. Quart de statère.	OR.	1,90.	S.
6868.	Id.	OR.	1,82.	S.
6869.	Tête laurée à gauche, avec la mèche isolée. ℞. Androcéphale ailé à gauche ; l'aurige tient le vexillum ; sous le cheval, guerrier couché tenant la lance et le glaive. (*Le Mans.*)	OR.	7,32.	S.
6870.	Id. Pièce fourrée.	OR.	4,50.	S.
6871.	Id.	OR.	7,18.	S.
6872.	Id.	OR.	7,35.	S.
6873.	Id.	OR.	7,20.	S.
6874.	Id. Quart de statère.	OR.	1,81.	S.
6875.	Tête laurée à gauche, avec la mèche isolée. ℞. Androcéphale ailé à gauche ; l'aurige tient le vexillum ; sous le cheval, roue. (*Allonnes* [*Sarthe*].) Quart de statère.	OR.	1,75.	S.
6876.	Même provenance.	OR.	1,73.	S.
6877.	Tête d'Ogmius à droite, entourée de cordons de perles. ℞. Androcéphale à droite ; génie ailé sous le cheval.	OR.	7,70.	AF.
6878.	Tête d'Ogmius à droite, coiffée d'une aigrette et entourée de cordons de perles. ℞. Androcéphale à droite ; l'aurige tient le vexillum ; sous le cheval, génie ailé.	OR.	7,22.	S.
6879.	Tête d'Ogmius entourée de cordons de perles auxquels sont attachées quatre têtes ; raie derrière l'occiput. ℞. Androcéphale et aurige à droite ; sous le cheval, génie ailé.	OR.	7,80.	S.
6880.	Id.	OR.	7,65.	AF.
6881.	Tête d'Ogmius à droite coiffée du sanglier et entourée de cordons de perles. ℞. Androcéphale à droite ; l'aurige tient le vexillum ; sous le cheval, génie ailé.	OR.	7,48.	S.
6882.	Tête d'Ogmius à droite,			

Poids. Prov.

entourée de cordons de perles ; raie au-dessus.
R. Androcéphale et aurige à droite ; sous le cheval, génie ailé. OR. 7,40. S.

6883. Id. OR. 7,50. S.

6884. Id. OR. 7,48. S.

6885. Tête d'Ogmius à droite, entourée de cordons de perles auxquels sont attachées quatre têtes.
R. Androcéphale, dirigé par un aurige à droite ; dessous, génie ailé. OR. 7,53. S.

6886. Tête d'Ogmius à droite, entourée de cordons de perles.
R. Androcéphale et aurige à droite ; dessus, génie ailé. Quart de statère. OR. 1,80. S.

6887. Même tête.
R. Androcéphale et aurige à gauche ; dessous, génie ailé. OR. 1,90. S.

6888. Tête d'Ogmius à droite, surmontée de trois points et entourée de cordons de perles.
R. Androcéphale à droite ; l'aurige tient le vexillum ; dessous, génie ailé. OR. 1,68. S.

6889. Même tête.
R. Androcéphale à gauche ; l'aurige tient le vexillum ; dessous, génie ailé. OR. 1,85. S.

6890. Tête d'Ogmius surmontée de quatre points et entourée de cordons de perles.
R. Androcéphale à droite ; dessous, génie ailé. OR. 1,95. S.

6891. Id. OR. 1,70. S.

6892. Tête d'Ogmius à droite, coiffée du sanglier et entourée de cordons de perles.
R. Androcéphale à droite ; l'aurige tient le vexillum ; génie ailé sous le cheval. OR. 1,93. S.

6893. Id. OR. 1,85. S.

6894. Tête d'Ogmius à droite, coiffée d'une branche de gui et entourée de cordons de perles.
R. Semblable au précédent. OR. 1,75. S.

6895. Même tête coiffée d'un rayon et entourée de cordons de perles. Croix sur la joue.
R. Semblable au précédent. OR. 1,94. S.

6896. Tête d'Ogmius mal frappée ; grosse croix sur la tête ; cordons de perles à l'entour.
R. Androcéphale et génie à droite. OR. 7,52. S.

6897. Tête laurée d'Apollon à droite ; dessus, en contremarque, l'hippocampe des Cénomans.
R. Bige à droite ; dessous, triskèle et épi. Flan très-large. OR. 7,64. S.

6898. Tête d'Ogmius à droite, surmontée d'un rayon.
R. Androcéphale à droite ; l'aurige tient le vexillum ; sous le cheval, hippocampe ailé. OR. 1,85. S.

6899. Tête d'Ogmius à droite, surmontée de quatre points et entourée de cordons avec les têtes.
R. Semblable au précédent. OR. 1,99. S.

6900. Id. OR. 2,02. AF.

6901. Tête d'Apollon laurée à droite.
R. Jument allaitant son poulain ; au-dessus, hippocampe ; devant, un épi. OR. 7,95. S.

INDÉTERMINÉES DE L'ARMORIQUE.

6902. Tête laurée à droite avec la mèche isolée.
R. Androcéphale à droite ; dessous, quatrefeuille avec point central, entouré d'un nimbe de perles. Quart de statère. OR. 1,88. S.

Cette monnaie a été attribuée aux *Aulerci Diablintes*.
Hucher, *Art gaulois*, 1re partie, p. 12.

6903. Tête d'Ogmius à droite, entourée d'un cercle de perles.
R. Androcéphale à droite ; dessous, rosace dans un nimbe de perles. OR. 1,85. S.

6904. Id. OR. 1,90. AF.

Poids. Prov.

6905. Tête d'Ogmius à droite coiffée d'un sanglier et entourée de cordons de perles.
R. Androcéphale à droite; dessus et dessous, cercle de perles. OR. 1,76. S.

6906. Tête à droite, coiffée d'un sanglier.
R. Androcéphale à droite; dessous, roue perlée. OR. 1,87. S.

6907. Id. OR. 1,85. S.

6908. Tête d'Ogmius à droite.
R. Androcéphale à droite; dessus, cercle de perles; dessous, roue. OR. 1,84. S.

6909. Tête barbare à droite, tirant une langue énorme.
R. Aurige dirigeant un androcéphale à gauche; dessous, le génie ailé des Aulerques Cénomans. (Voir n° 7008.) OR. 1,43. S.

6910. Id. Or pâle. 1,78. S.

6911. Tête d'Ogmius entourée d'un cordon de perles.
R. Androcéphale ailé à droite; dessous, hippocampe ailé à gauche. OR. 1,95. S.

6912. Tête d'Ogmius à droite, entourée d'un cordon de perles.
R. Grand buste de cheval androcéphale à droite. OR. 1,88. S.

6913. Tête laurée à droite; point centré et serpent tatoués sur la joue.
R. Chien entouré de rayons. (*Les Aubrais, près Orléans.*) OR. 7,00. S.

Hucher, *Art gaulois*, 2e part., p. 90.

6914. Tête d'Ogmius à droite.
R. Chien entouré de rayons. Type dégénéré. (*Trouvé dans le Finistère.*) Quart de statère. OR. 1,90. S.

6915. Id. OR. 1,87. S.

6916. Id. OR. 1,89. AF.

Catalogue de la coll. Kergariou, n° 364.

6917. Tête d'Ogmius à droite, entourée de cordons de perles.
R. Androcéphale à droite. OR. 1,85. S.

6918. Tête d'Ogmius à droite, coiffée d'un sanglier coupé par un rayon, et entourée de cordons de perles.
R. Androcéphale à droite; l'aurige tient les rênes et le guidon carré; sous le cheval, branche de gui. OR. 7,45. S.

6919. Tête d'Ogmius coiffée du sanglier coupé par un rayon et entourée de cordons de perles.
R. Méconnaissable. Quart de statère. OR. 1,85. S.

6920. Deux croix à branches égales dans le champ, remplaçant la tête.
R. Androcéphale à gauche; l'aurige tient les rênes et le guidon; sous le cheval, branche de gui. OR. 7,25. S.

6921. Tête laurée à droite; rayon sur le cou.
R. Bige attelé d'un cheval à droite; l'aurige tient une branche chargée de baies; sous le cheval, branche de gui et VOC EV. OR. 2,02. S.

UNELLI.

6922. Tête laurée à droite.
R. Bige à droite; l'aurige remplacé par une grande épée; sous le cheval, roue à huit rais. OR. 8,08. S.

6923. Tête coiffée à l'égyptienne à droite.
R. Cavalier nu à gauche, tenant une épée et un bouclier. Demi-statère. OR. 3,33. S.

6924. Tête à droite.
R. Cavalier nu à droite, tenant un torques. Lyre dans le champ. Quart de statère. OR. 1,99. S.

6925. Tête à droite, les cheveux frisés.
R. Lion marchant à droite, et regardant un astre à gauche; devant, une tête coupée; dessous, aigle éployé. Demi-statère. OR. 4,02. S.

Le type du revers paraît imité des monnaies de Milet d'Ionie. Voyez (*Revue numismatique* de 1838, p. 417) la

6921a. Quart de statère. Tête de face, les oreilles se prolongeant en S. R. Sanglier à dr.; au-dessous, deux dauphins. Or. (Lambert, 2e partie, pl. IV, 12). K 2439.

dissertation de M. le baron de Witte sur le *Géant de Milet*.

Mélanges de numismatique, recueil publié par MM. de Saulcy, de Barthélemy et Hucher (t. I, p. 323, article de M. Hucher).

Poids. Prov.

6926. Tête laurée à droite; sous le cou, épée.
R. Bige à droite; l'aurige tient les rênes du cheval et un navire; dessous, épée suspendue à un cordon; à l'exergue, épi. Demi-statère. OR. 3,58. S.

6927. Id. OR. 4,05. AF.

6928. Tête à chevelure papillotée à droite; sur la joue, trois points; sous le cou, croissant.
R. Bige à droite; l'aurige tient le navire et les rênes; sous le cheval, épée suspendue; à l'exergue, épi. Demi-statère. OR. 3,73. S.

6929. Tête laurée à droite.
R. Bige à droite; l'aurige tient les rênes et le navire; devant le cheval, marteau; dessous, épée. Demi-statère. OR. 3,32. S.

6930. Tête à droite.
R. Bige à droite; l'aurige tient les rênes et un carnyx; sous le cheval, épée. Quart de statère. OR. 1,57. S.

6931. Tête laurée d'Apollon à droite.
R. Bige à droite; l'aurige tient une épée; devant le cheval, flotte retenue par un lien qui aboutit derrière sa tête, un marteau; sous le cheval, vase à deux anses; à l'exergue, sorte de méandre. Demi-statère. OR. 3,35. S.

6932. Tête laurée à droite; sous le cou, épée.
R. Bige à droite; l'aurige danse sur la croupe du cheval; dessous, épée suspendue à un cordon terminé par un épi. Quart de statère. OR. 2,10. S.

6933. Tête de Bélénus, les cheveux frisés, à droite; sur la joue, une épée.
R. Cheval galopant à droite; sur la croupe, figure nue, accroupie, tenant les rênes du cheval; dessous, épée suspendue au cordon terminé par un épi. Quart de statère. OR. 1,83. AF.

6934. Tête à droite avec fleuron sous le cou.
R. Cavalier en marche à gauche. Il tient d'une main un bouclier chargé d'une sorte de croix; de l'autre, un globe radié. Il semble qu'au lieu de tête humaine, ce personnage ait une sorte de tête d'oiseau surmontée de trois cornes. (*Étaples* [*Pas-de-Calais*].) OR. 3,61. AF.

6935. Tête à droite.
R. Cheval à droite; un guerrier à mi-corps armé du bouclier, renversé sur le cheval. Demi-statère. OR. 3,31 AF.

6936. Tête à droite.
R. Bige à droite; un guerrier nu, l'épée à la main, renversé sur le cheval. Quart de statère. OR. 2,07. S.

6937. Tête laurée à droite.
R. Bige à droite; l'aurige qui détourne la tête brandit une épée; un javelot passe par-dessus sa tête; sous le cheval, épée suspendue à un cordon terminé par un épi; à l'exergue, riche fleuron. Demi-statère. OR. 3,95. S.

6938. Tête laurée à droite.
Bige à droite; l'aurige tient les rênes et une épée, et détourne la tête; sous le cheval, épée suspendue; à l'exergue, fleuron. Demi-statère. OR. 4,21. S.

6939. Tête à gauche.
R. Bige à gauche; sous le cheval, M; à l'exergue, IIII. Quart de statère. OR. 2,02. S.

6940. Id. Quart de statère. OR. 2,11. AF.

6941. Tête nue à droite.
R. Grande épée fichée en terre; à droite, personnage

Poids. Prov.

dansant, un cordon à la main. OR. 4,03. S.

6942. Id. (*Environs de Falaise.*) Demi-statère. OR. 4,18. AF.

6943. Id. Quart de statère. OR 1,84. AF.

6944. Tête nue à droite.
R. Grande épée fichée en terre; à gauche, personnage dansant, un torques à la main. OR. 2,03. S.

6945. Id. OR. 2,05. S.

VIDUCASSES.

6946. Tête informe, barbue, à droite; à l'entour, trois points centrés. Deux coups de ciseau sur la face.
R. Cheval libre courant à droite; au-dessus, cercle et croissant; dessous, cercle perlé; devant, trois globules. Deux lignes de points à l'exergue. (*La Maladrerie, près Caen.*) AR. 2,06. AF.

Lambert, Ire part., pl. VI, 24.
Hucher, IIe part., n° 52.

BAIOCASSES.

6947. Tête laurée à droite, lyre sous le cou.
R. Bige à droite dirigé par par un aurige tenant une double clef; sous les chevaux, lyre; à l'exergue, légende simulée. (*Bayeux.*) Demi-statère. OR. 4,05. S.

6948. Id. (*Vendeuil.*) Demi-statère. OR. 4,00. S.

6949. Tête à droite; lyre sur le cou.
R. Bige à droite; l'aurige tient les rênes et la clef à double panneton; sous le cheval, lyre couchée et épi. Quart de statère. OR. 1,67. S.

6950. Tête d'Apollon Belenus, les cheveux frisés, à droite.
R. Cheval courant à droite, dirigé par un épervier placé au-dessus et tenant les rênes; dessous, vase suspendu avec deux chaînes; dans le champ, S. (*Environs de Caen.*) Demi-statère. OR. 4,15. AF.

Lambert, Ire part., pl. II, n°s 12, 13. *Id.*, IIe part., pl. II, n° 10.

6951. Id. (*Caen.*) Quart de statère. OR. 2,03. S.

Lambert, Ire part., pl. II, n° 13.

6952. Tête à droite; fleuron sur le cou.
R. Cheval courant à droite, dirigé par un épervier; sous le cheval, rouelle; à l'exergue, des caractères simulés. Demi-statère. OR. 3,85. S.

6953. Tête nue à droite.
R. Cheval à gauche; l'aurige assis sur la croupe; dessous, lyre; à l'exergue, légende barbare. Demi-statère. OR. 4,12. S.

6954. Même tête; la joue contremarquée de Δ.
R. Cheval à droite; l'aurige assis sur la croupe; dessous, lyre; légende barbare à l'exergue. Quart de statère. OR. 2,05. S.

6955. Tête d'Ogmius à droite; au-dessus, sanglier.
R. Cheval androcéphale à droite; devant, vexillum suspendu à un cordon que tient l'aurige; sous le cheval, sanglier. OR. 6,80. S.

6956. Id. OR. 7,28. S.

6957. Tête d'Ogmius à droite, coiffée du sanglier et entourée de cordons de perles.
R. Androcéphale à droite; l'aurige tient les rênes et le tableau quadrilatère; sous le cheval, sanglier. AR. 7,09. AF.

6958. Id. AR. 7,22. AF.

6959. Id. AR. 7,34. AF.

6960. Id. AR. 6,45. AF.

6961. Id. AR. 7,00. L.

6962. Id. OR. 6,80. S.

6963. Id. Quart de statère. OR. 1,82. S.

6964. Id. OR. 1,48. S.

6965. Id. OR. 1,58. S.

6966. Id. OR. 1,65. S.

6967. Tête d'Ogmius à droite, coif-

6947a Tête laurée à dr. R. Cheval à dr., conduit par un aurige à corps de poisson; au-dessous, hippocampe. ½ Stat., or Ep. 10. — L 3335

cf. 6983-4
(1) 6955a Tête à dr., la chevelure en trois grosses torsades. R. Cheval au galop à dr., l'aurige au-dessus, quadrilatère devant et derrière, lyre couchée au-dessous. Gros cheval. A — Y 4111
(2) 6955b Autre. Le cheval a la cuisse rayée ou comme à claire-voie. A — Y 4112.
(2a) 6955c Autre. La tête a la lèvre retroussée, faisant la moue. Même revers. A. — Y 4113
(3) 6955d Autre. Le cheval a la crinière formée d'un trait détaché. A. — Y 4114.
(4) 6955e Autre. La tête est presque effacée au droit; au rev., le cheval est androcéphale (avec triflage). A. — Y 4115 — (trouvé de Castillon – Voir P.-V. Soc. fr. numism. 6 novembre 1920)

6956a Tête à dr. (presque effacée). R. Cheval androcéphale conduit par un aurige à ..., au-dessous, sanglier; devant B (quadrilatère?). A. — Y 4116 —

6960a Tête à droite. R. Cheval androcéphale à g. Dessous, sanglier. R — L 3353.
6961a Tête casquée d'Ogmius à dr. R cheval à dr. R Ep. 25. — N 4195 – 983
6961b même descr. R cheval à dr., au-dessous, un sanglier. R Ep. 70. N 4196 – 86
(voir aussi le même type : 7243a-f)

Poids. Prov.

fée du sanglier et entourée de cordons de perles.
℞. Androcéphale à droite; l'aurige tient les rênes et le tableau quadrilatère; sous le cheval, sanglier. AR. 6,47. S.

6968. Id. AR. 6,46. S.

6969. Id. AR. 6,17. S.

6970. Id. AR. 6,52. S.

6971. Id. AR. 6,49. S.

6972. Id. Billon. 6,94. S.

6973. Id. Billon. 6,77. S.

6974. Id. (*Aunay* [*Calvados*].) Billon. 7,14. S.

6975. Id. Billon. 6,40. S.

6976. Id. Billon. 6,05. S.

6977. Id. Billon. 6,02. S.

6978. Id. Billon. 6,57. S.

6979. Id. Billon. 6,15. S.

6980. Id. Quart de statère. Billon. 1,67. S.

6981. Id. Billon. 1,74. S.

6982. Tête d'Ogmius à droite, coiffée du sanglier et entourée de cordons de perles.
℞. Cheval à droite; sur la croupe, personnage nu, recourbé sur lui-même, tenant une branche et le tableau quadrilatère; sous le cheval, sanglier. (*Castillon, arrondissement de Bayeux.*) Statère. Électrum. 7,03. AF.

Lambert, 1re partie, pl. IV, nº 16.

6983. Tête d'Ogmius à droite, entourée de cordons de perles; lyre renversée au-dessus.
℞. Bige à droite dirigé par un aurige tenant une clef et le tableau quadrilatère; sous le cheval, lyre couchée. Statère. OR. 7,24. AF.

6984. Tête d'Ogmius à droite; au-dessus, lyre renversée; cordons de perles.
℞. Cheval à droite dirigé par un aurige tenant le vexillum; dessous, la lyre couchée et ΠA. OR. 7,40. S.

6985. Tête d'Ogmius à droite, coiffée d'un sanglier et entourée de cordons de perles.
℞. Androcéphale à droite dirigé par un aurige tenant le vexillum; dessous, lyre debout. (*Cherbourg.*) Billon. 7,02. S.

6986. Tête d'Ogmius à droite.
℞. Androcéphale à droite; devant, vexillum suspendu; dessous, lyre debout. Billon. 6,35. S.

6987. Id. Billon. 6,45. S.

6988. Id. Billon. 5,37. AF.

6989. Tête d'Ogmius à gauche.
℞. Cavalier à gauche, montant un cheval androcéphale; dessous, guerrier couché. Billon. 3,87. S.

6990. Tête d'Ogmius à gauche.
℞. Cavalier sur l'androcéphale à droite; dessous, guerrier couché. Billon. 3,53. S.

6991. Id. Pièce assez mal conservée. Billon. 3,90. S.

TOUONOS. — TRICCOS. — CANTORIX.

6992. TVRONOS. Tête de Vénus à droite.
℞. Guerrier armé d'un javelot et d'un bouclier, dans un bige à droite; pentagramme dans le champ; à l'exergue, TRICCOS. BR. 2,47. S.

6993. Id. BR. 3,00. AF.

6994. Id. BR. 2,74. AF.

6995. Id. BR. 2,72. S.

6996. TVRONOS. Tête virile à droite.
℞. TRICCOS. Cheval à droite, la tête levée; devant, amphore; au-dessus, point dans un cercle de perles. BR. 3,03. S.

6997. Id. BR. 3,92. AF.

6998. Id. BR. 2,01. L.

6999. Id. BR. 3,72. S.

7000. Id. BR. 2,65. S.

7001. Id. BR. 2,56. S.

7002. TVRONOS. Tête à gauche; derrière, épi.
℞. CANTORIX. Cheval libre galopant à gauche; au-dessus, S couché; devant, pentagone; dessous, annelet

Poids. Prov.

dans un cercle de grènetis et sabre. BR. 3,02. S.

7003. Id. BR. 3,15. AF.

7004. Id. BR. 3,02. AF.

7005. Id. BR. 3,03. AF.

7006. Id. BR. 4,00. L.

7007. Id. BR. 4,52. L.

7008. Id. BR. 3,40. S.

7009. Id. BR. 3,03. S.

7010. TVRONOS. Tête casquée à gauche.
℞. CANTORIX. Cheval libre à gauche; au-dessus, annelet; dessous, lyre. Potin. 3,00. S.

7011. Id. Potin. 4,05. S.

7012. Id. Potin. 3,54. AF.

7013. Id. Potin. 2,95. AF.

7014. Id. Potin. 3,50. L.

Les monnaies à la légende *Turonos-Cantorix* se trouvent dans le Bas-Rhin, la Marne et Saône-et-Loire.

AULERCI EBUROVICES.

7015. Tête à droite, coiffée d'une branche de gui; barbe frisée.
℞. Bige à gauche; dessous, loup courant à gauche. Demi-statère. OR. 4,02. S.

7016. Tête barbare à gauche, couronnée et coiffée d'une branche de gui; la joue tatouée, les cheveux de la nuque en tétraskèle.
℞. Bige à droite; l'aurige tient les rênes et un cordon auquel est enchaîné le loup. (*Andelys.*) Demi-statère. OR. 3,35. S.

Hucher, *Art gaulois*, IIe partie, n° 12.

7017. Même tête.
℞. Bige à droite; dessous, un loup, mordant le sabot du cheval; globule dans le champ. Demi-statère. OR. 3,40. S.

7018. Id. Demi-statère. OR. 3,45. S.

7019. Tête barbare à gauche, coiffée d'une branche de gui, la joue tatouée, les cheveux en tétraskèle.
℞. Cheval à droite; l'aurige tient les rênes et le tableau quadrilatère; devant le poitrail, croix; sous le cheval, loup mordant le sabot. Demi-statère. OR. 3,20. S.

7020. Id. Demi-statère. BR. 2,27. AF.

7021. Tête à gauche, conçue dans le style des monnaies belges.
℞. Cheval à droite; au-dessus, oiseau; dessous, sanglier. BR. 4,75. S.

7022. Id. BR. 4,07. S.

7023. Id. (*Étaples.*) BR. 3,80. S.

7024. Id. BR. 4,60. S.

7025. Id. BR. 4,32. S.

7026. Id. BR. 3,04. S.

7027. Id. (*Paris.*) BR. 4,12. S.

7028. Id. BR. 4,37. S.

7029. Id. BR. 4,20. AF.

7030. Id. Moitié de pièce. BR. 2,30. AF.

7031. Id. BR. 5,29. L.

7032. Tête laurée.
℞. Cheval galopant à droite; au-dessus, point centré; dessous, point dans un cercle de perles. (*Septeuil.*) BR. 2,70. S.

7033. Tête à gauche, conçue dans le style des monnaies belges.
℞. Même type incus. BR. 2,84. S.

7034. Même tête.
℞. Cheval galopant à droite; au-dessus, annelet; au-dessous, point centré. (*Paris.*) BR. 2,07. S.

7035. Id. (*Paris.*) BR. 2,50. S.

7036. Id. BR. 2,36. S.

7037. Tête à gauche; devant la bouche, annelet.
℞. Cheval galopant à gauche; dessus, trois annelets; dessous, sanglier à gauche. BR. 2,65. S.

7038. Fasce de laurier; dessous, sanglier à gauche.
℞. Cheval à gauche; dessous et devant, annelet. BR. 3,05. S.

7039. Croix aux bras recourbés, évidée en cœur; quatre S dans les cantons.
℞. Cheval à droite; dessous, point centré et sanglier. (*Septeuil.*) BR. 3,00. S.

... au-dessous, sanglier ... à d.; dans le ch., une couronne. Le sanglier a un annelet au cou. N. 4885

7016[b] Variété. Le sanglier a un annelet au cou; au-dessous, deux ... La couronne est incomplète. N. 4886.

7016[c] Variété; avec l'annelet; au-dessous, ... N. 4887

7016[d] Variété; avec l'annelet; sous la tête du sanglier, fleuron ... N. 48..

7016[e] Variété; la tête du sanglier est en forme de cloche; au-dessous, globule. N. ...

7016[f] Variété; globule plus petit. N. 4890.

7016[g] Variété; le sanglier a la tête écrasée; globule. N. 4891

... 8603[a] ... 6 gr. replacé aux Atrébates 8603[a]

70.15 ... 10213

7015 .. Influence de ... 3736, 4134, 6316, 6984, 9004, 7895, 7015, 7903, 6894, 69.. Lafaurie, BSFN mars 1960, CB, BSFN, ... 1957, p. 142. ... BSFN oct 57, p. 155

		Poids.	Prov.
7040.	Tête d'Apollon à droite; devant, cep de vigne. ℞. Cheval libre galopant à droite; au-dessus, deux S et point centré; dessous, point centré et sanglier.	BR.	2,65. S.
7041.	Id.	BR.	2,02. AF.
7042.	Id.	AB.	2,25. S.
7043.	Même tête d'Apollon. ℞. Cavalier à droite; dessous, sanglier.	BR.	2,42. S.
7044.	IIDVROVIX. Tête de Vénus à droite. ℞. Cheval libre galopant à gauche; devant, rameau; dessus, deux S; dessous, sanglier à gauche entre les jambes duquel est un point centré.	BR.	3,23. AF.
7045.	Id.	BR.	2,60. L.

Pellerin, *Recueil*, t. I, pl. IV, n° 20.
Hucher, *Rev. numism. franç.*, 1863, p. 306.

7046.	AVLIRCVS. Tête imberbe à gauche. ℞. Génie ailé combattant un lion; dessous, point centré et sanglier.	BR.	6,72. AF.

Pellerin, *Recueil*, t. I, pl. III, n° 13.

7047.	AVLIRCO. Cheval libre galopant à droite; dessous, un astre. ℞. EBVROVICOM. Sanglier enseigne.	BR.	6,60. AF.
7048.	Id.	BR.	9,76. AF.
7049.	Id.	BR.	6,52. S.

Pellerin, *Recueil*, t. I, pl. III, n° 12.

7050.	BIIINOC. Buste d'Apollon à gauche; la chevelure, retenue sur le front par un bandeau d'où sort une couronne de laurier, tombe sur le cou en mèches roulées; derrière, carnyx et carquois. ℞. Cheval à gauche dans un temple distyle.	AR.	1,92. S.
7051.	Id.	AR.	1,91. S.
7052.	Id.	AR.	1,77. S.
7053.	Id.	AR.	1,82. AF.
7054.	Id. Pièce fourrée.	AR.	1,62. AF.
7055.	BIIINOC. Tête d'Apollon à gauche; derrière, carnyx. ℞. Même type incus.	AR.	1,67. L.

La lecture BIIINOC, pour BELINOC, proposée par le marquis de Lagoy[1] et suivie par Duchalais[2], a été contestée. On a lu BRIINOC, forme qui rappelle le nom Brennus. Mais le rapprochement fait entre les pièces qui ont la légende BELINOC et BIIINOC semble incontestable depuis la trouvaille de Vernon; l'attribution aux Belindi d'Aquitaine ou aux Belini du Maine n'est plus soutenable.

Quant aux types, M. de Lagoy a vu, dans la tête de la médaille BIIINOC, celle de l'Apollon Belenus, connu par diverses inscriptions[3] et figuré sur les médailles consulaires de la famille Calpurnia; dans celui du cheval au repos dans un édicule, la jument du Soleil, ou plutôt, dit-il, Epona. L'analogie de style avec les pièces de PIXTILOS, SVTICOS, a encore été démontrée par le même savant.

La légende BELINOC de l'autre monnaie ne doit pas servir à désigner Belinus, mais plutôt, suivant l'usage gaulois, une localité ou plutôt un nom de chef. Elle est inscrite au revers de la pièce.

PIXTILOS.

7056.	PIXTILOS. Tête virile nue, à gauche. ℞. Pégase à droite; dessous, hippocampe ailé et pentagone.	BR.	4,05. S.
7057.	Id.	AR.	3,67. AF.
7058.	PIXTILOS. Tête virile, barbue, d'Auguste, à droite; cheveux courts. ℞. Personnage assis à gauche; devant, fleuron; à l'exergue, crabe.	BR.	3,23. S.
7059.	Id.	BR.	4,34. S.
7060.	Id.	BR.	3,45. S.
7061.	Id.	BR.	3,75. AF.
7062.	Id.	BR.	5,11. L.
7063.	PIXTILOS. Tête de Vénus à gauche. ℞. PILX. Griffon à gauche foulant un homme renversé.	BR.	4,75. S.
7064.	Id.	BR.	4,70. S.
7065.	Id.	BR.	3,67. S.

[1] *Rev. numism. franç.*, 1842, p. 12.
[2] *Catalogue de Duchalais*, p. 5, n° 4.
[3] Ibid., pl. XXVI, n° 12, 13, etc.

			Poids.	Prov.
7066.	Id.	BR.	4,52.	AF.
7067.	Id.	BR.	4,00.	AF.
7068.	Tête de Vénus à droite. ℞. PIXTILOS. Main tenant une branche chargée de fruits que becquète un oiseau.	BR.	3,65.	S.
7069.	Id.	BR.	3,85.	S.
7070.	Id.	BR.	3,52.	S.
7071.	Id.	BR.	2,85.	AF.
7072.	Id.	BR.	4,50.	AF.
7073.	Id.	BR.	2,55.	AF.

M. A. de Barthélemy[1] a fait le rapprochement entre le type de notre médaille et le sujet d'un bas-relief antique publié par Montfaucon (*Antiquité expliquée*, t. II, p. 427), dont voici la description :

« Jeune homme imberbe, vêtu d'une chlamyde jetée sur l'épaule, tenant de la main droite une grappe de raisin, qui est becquetée par un oiseau posé sur sa main gauche; entre les doigts de la même main, on remarque un fruit qu'il est difficile de déterminer, et, au-dessus de l'épaule droite du personnage, on lit : DEO REMI-LVCIOVI, inscription dans laquelle M. de Barthélemy voit le nom d'une divinité topique. »

7074.	Tête de Vénus à droite. ℞. PIXTILOS. Griffon à droite; dessous, tente.	BR.	2,87.	S.
7075.	Id.	BR.	3,45.	S.
7076.	Id.	BR.	3,67.	S.
7077.	Id.	BR.	2,98.	S.
7078.	Id.	BR.	4,31.	AF.
7079.	Id.	BR.	4,62.	L.
7080.	Id.	BR.	3,32.	L.
7081.	Tête diadémée, à droite, d'Apollon. ℞. Cavalier ailé, armé d'un stimulus, galopant à droite; sous le cheval, ∾.	BR.	3,40.	S.
7082.	Id.	BR.	3,68.	S.
7083.	Id.	BR.	3,70.	S.
7084.	Id.	BR.	3,27.	S.
7085.	Id.	BR.	4,07.	S.
7086.	Id.	BR.	4,37.	S.
7087.	Id.	BR.	2,17.	S.
7088.	Id.	BR.	2,84.	AF.
7089.	Id.	BR.	2,84.	L.

[1] *Études sur la numismatique celtique*, 1842, in-8°, apud LA SAUSSAYE, *Revue numismatique française*, 1843, p. 301.

			Poids.	Prov.
7090.	PIXTILOS. Tête de Vénus à gauche. ℞. Chienne trottant à gauche et se retournant pour saisir un lézard placé au-dessus.	BR.	4,35.	S.
7091.	Id.	BR.	4,70.	S.
7092.	Id.	BR.	5,08.	S.
7093.	Id.	BR.	4,00.	S.
7094.	Id.	BR.	3,87.	S.
7095.	Id.	BR.	4,44.	AF.
7096.	Id.	BR.	4,18.	AF.
7097.	Id.	BR.	4,19.	AF.
7098.	Id.	BR.	4,15.	L.
7099.	Id.	BR.	4,29.	L.
7100.	PIXTILOS. Tête d'Apollon à droite. ℞. Aigle éployé à gauche, au-dessus d'un serpent; sous un temple distyle.	BR.	3,11.	S.
7101.	Id.	BR.	3,20.	S.
7102.	Id.	BR.	2,57.	S.
7103.	Id.	BR.	3,46.	AF.
7104.	Id.	BR.	3,28.	AF.
7105.	PIXTILOS. Buste imberbe, casqué, à gauche, le cou orné d'un torques; derrière, rameau. ℞. PIXTILOS. Lion à gauche, la queue relevée; au-dessus, deux points centrés; dessous, sabre gaulois. (*Évreux.*)	BR.	3,02.	S.
7106.	Id.	BR.	3,48.	S.
7107.	Id.	BR.	3,42.	S.
7108.	Id.	BR.	3,41.	AF.
7109.	Id.	BR.	3,33.	L.
7110.	Id.	BR.	3,48.	AF.

AKA.

7111.	Tête à gauche, conçue dans le style des monnaies belges. ℞.... A. Cheval galopant à droite; dessus et dessous, annelet.	BR.	3,21.	S.
7112.	Id. Avec KA.	BR.	3,27.	S.
7113.	Id. ...	BR.	3,12.	S.
7114.	Id. Avec AKA..	BR.	2,52.	S.
7115.	Id. Avec AKA.	BR.	3,02.	S.

7122a. Tête casquée à dr. : devant, croisette et deux annelets. R. Cheval à dr. Dessus, croisette, deux palmes, deux annelets et deux croissants. BR. — L 3337.

7147a Buste de face, avec de grosses mèches de chaque côté de la tête. Grènetis. R. Cheval à dr. Au-dessus, tête analogue à celle du dr. ; sous le cheval, une zone. Æ. 2799

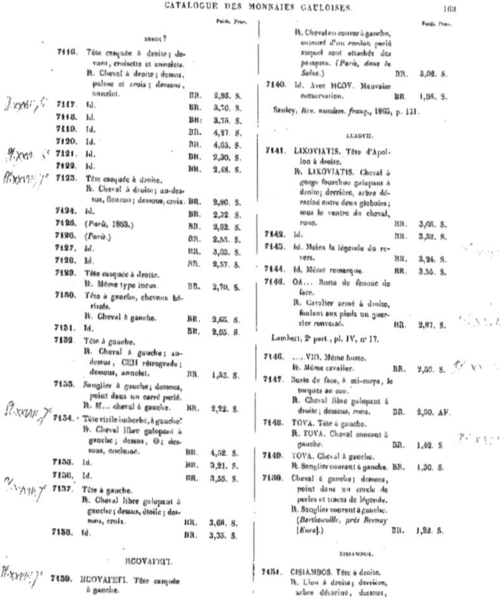

Poids. Prov.

ESSUI ?

7116. Tête casquée à droite ; devant, croisette et annelets. R. Cheval à droite ; dessus, palme et croix ; dessous, annelet. BR. 2,95. S.
7117. Id. BR. 3,70. S.
7118. Id. BR. 3,75. S.
7119. Id. BR. 4,27. S.
7120. Id. BR. 4,65. S.
7121. Id. BR. 2,30. S.
7122. Id. BR. 2,48. S.
7123. Tête casquée à droite. R. Cheval à droite ; au-dessus, fleuron ; dessous, croix. BR. 2,80. S.
7124. Id. BR. 2,32. S.
7125. (*Paris*, 1863.) BR. 2,92. S.
7126. (*Paris*.) BR. 2,55. S.
7127. Id. BR. 3,05. S.
7128. Id. BR. 2,57. S.
7129. Tête casquée à droite. R. Même type incus. BR. 2,70. S.
7130. Tête à gauche, cheveux hérissés. R. Cheval à gauche. BR. 2,65. S.
7131. Id. BR. 2,65. S.
7132. Tête à gauche. R. Cheval à gauche ; au-dessus, CEH rétrograde ; dessous, annelet. BR. 1,35. S.
7133. Sanglier à gauche ; dessous, point dans un carré perlé. R. M... cheval à gauche. BR. 2,22. S.
7134. Tête virile imberbe, à gauche. R. Cheval libre galopant à gauche ; dessus, Θ ; dessous, enclume. BR. 4,52. S.
7135. Id. BR. 3,21. S.
7136. Id. BR. 3,55. S.
7137. Tête à gauche. R. Cheval libre galopant à gauche ; dessus, étoile ; dessous, croix. BR. 3,68. S.
7138. Id. BR. 3,35. S.

HCOVAPETI.

7139. HCOVAPETI. Tête casquée à gauche. R. Cheval en course à gauche, entouré d'un cordon perlé auquel sont attachés des pompons. (*Paris, dans la Seine*.) BR. 3,02. S.
7140. Id. Avec HCOV. Mauvaise conservation. BR. 1,95. S.

Saulcy, *Rev. numism. franç.*, 1865, p. 131.

LEXOVII.

7141. LIXOVIATIS. Tête d'Apollon à droite. R. LIXOVIATIS. Cheval à gorge fourchue galopant à droite ; derrière, arbre déraciné entre deux globules ; sous le ventre du cheval, rone. BR. 3,05. S.
7142. Id. BR. 3,32. S.
7143. Id. Moins la légende du revers. BR. 3,24. S.
7144. Id. Même remarque. BR. 3,55. S.
7145. OA... Buste de femme de face. R. Cavalier armé à droite, foulant aux pieds un guerrier renversé. BR. 2,87. S.

Lambert, 2e part., pl. IV, no 17.

7146. ....VIO. Même buste. R. Même cavalier. BR. 2,50. S.
7147. Buste de face, à mi-corps, le torques au cou. R. Cheval libre galopant à droite ; dessous, rone. BR. 2,50. AF.
7148. TOVA. Tête à gauche. R. TOVA. Cheval courant à gauche. BR. 1,42. S.
7149. TOVA. Cheval à gauche. R. Sanglier courant à gauche. BR. 1,30. S.
7150. Cheval à gauche ; dessous, point dans un cercle de perles et traces de légende. R. Sanglier courant à gauche. (*Barthouville, près Bernay [Eure]*.) BR. 1,22. S.

CISIAMBOS.

7151. CISIAMBOS. Tête à droite. R. Lion à droite ; derrière, arbre déraciné, dessous,

			Poids.	Prov.
	étoile. (*Berthouville.*)	BR.	2,02.	S.
7152.	Id.	BR.	2,83.	S.
7153.	Id. (*Berthouville.*)	BR.	2,02.	S.
7154.	CISIAMBOS. Tête à droite. ℞. Lion à droite; derrière, arbre déraciné; sous le ventre du lion, petite rouelle; dans le champ, derrière le lion, trois points disposés en triangle.	BR.	4,15.	S.
7155.	Id.	BR.	2,25.	S.
7156.	CISIAMBOS. Tête à gauche; derrière, fleur à quatre pétales. ℞. ...SOS LEXOVIO. Aigle éployé.	BR.	6,08.	S.
7157.	Id. Avec PVBLICOS SEMISSOS LIXOVIO.	BR.	7,37.	AF.
7158.	CISIAMBOS. Tête à gauche. ℞. ARCANT ...M. Aigle éployé.	BR.	9,45.	S.
7159.	CISIAMBOS CATTOS VERCOBRETO. Aigle éployé. ℞. SIMISSOS PVBLICOS LIXOVIO. Fleur à quatre pétales.	BR.	5,58.	S.
7160.	Id.	BR.	6,58.	S.
7161.	Id.	BR.	6,58.	S.
7162.	Id.	BR.	7,37.	S.
7163.	CISIAMBOS CATTOS VERCOBRETO. Aigle éployé. ℞. SIMISSOS PVPLICOS LIXOVIO. Fleur à quatre pétales.	BR.	6,84.	S.
7164.	CISIAMBOS... Aigle éployé. ℞. Lisse.	BR.	6,48.	S.
7165.	CISIAMBOS CATTOS VERCOBRETO. Aigle éployé. ℞. SIMISSOS PVBLICOS LIXOVIO. Fleur à quatre pétales, munie de ses étamines. (*Villeret de Berthouville.*)	BR.	6,32.	S.
7166.	MAVFENNOS ARCANTODAN. Aigle éployé. ℞. SIMISSOS PVBLICOS LIXOVIO. Fleur à quatre pétales. (*Paris.*)	BR.	6,25.	S.
7167.	Id. (*Ver-les-Chartres.*)	BR.	6,70.	S.
7168.	Id.	BR.	6,45.	AF.

Monnaies des Lexoviens. — Saulcy, *Rev. numism. franç.*, 1861, p. 165; 1862, p. 177.

CALETES.

			Poids.	Prov.
7169.	Tête laurée à droite. ℞. Bige à droite; dessous, chien courant à droite; à l'exergue, fleuron.	OR.	8,07.	S.
7170.	Tête d'Apollon Belenus à droite; les mèches de cheveux se croisent deux à deux; les yeux sont effacés. ℞. Cheval à droite; l'aurige placé sur la croupe tient les rênes et un long cordon auquel est attaché le loup. Demi-statère.	OR.	3,82.	S.
7171.	Id. Les yeux indiqués. Demi-statère.	OR.	3,85.	AF.
7172.	Id. Quart de statère.	OR.	1,78.	AF.
7173.	Id. Quart de statère.	OR.	2,05.	S.

CALEDU. — SENODON.

			Poids.	Prov.
7174.	Buste diadémé à gauche. ℞. CALEDV. Cheval bridé et sanglé galopant à gauche; dessous, serpent. (*Bazoches en Dunois.*)	AR.	1,90.	S.
7175.	Id.	AR.	1,78.	AF.
7176.	Id.	AR.	1,85.	L.
7177.	CALEDV. Buste à gauche; le cou orné du torques, les seins très-marqués; derrière, point centré. ℞. Cheval, la longe pendante, galopant à gauche; dessus, S couché; dessous, point centré. (*Bazoches en Dunois.*)	AR.	2,05.	S.
7178.	Id.	AR.	1,60.	AF.
7179.	Id.	AR.	1,75.	AF.
7180.	Id.	AR.	1,35.	L.
7181.	SENODON. Buste à gauche, le cou orné du torques. ℞. CALEDV. Cheval, la longe pendante, galopant à gauche; dessous, point centré.	AR.	1,95.	S.
7182.	Id.	AR.	1,77.	S.
7183.	Id.	AR.	1,66.	AF.
7184.	SENODON. Buste à gauche, le cou orné du torques. ℞. Cheval, la longe pendante, galopant à gauche; dessus,			

		Poids.	Prov.
	S couché ; dessous, point centré.	AR.	1,08. S.

Les légendes CALEDV, et SENODON CALEDV ou SENODON, ont exercé la sagacité des numismatistes.

M. de Lagoy[1] regarde le mot CALEDV comme le nom d'un chef inconnu, et la légende SENODON comme celui de la ville principale des Sénons.

M. de la Saussaye[2] estime que pour adopter l'opinion du marquis de Lagoy, il faudrait rapporter la fabrication de la monnaie à l'époque à laquelle la ville d'*Agedicum* perdit son nom particulier pour prendre celui de la cité elle-même. Or, on ne peut admettre que le droit de monnoyage fût resté aussi tard en possession d'aucune cité des Gaules. Il vaudrait mieux supposer, suivant M. de la Saussaye, qu'une autre ville du Sénonais portait le nom de *Senodunum*, car il paraît impossible de méconnaître le rapport frappant qui existe entre la légende SENODON et le nom des Sénons.

Duchalais, rendant compte dans la *Revue numismatique* de 1840 des monnaies gauloises découvertes à Bazoches en Dunois, n'ose adopter, pour le CALEDV SENODON, l'opinion du marquis de Lagoy, et ajoute que si SENODON n'est pas le nom de la ville principale des Sénonais dont le nom bien connu est *Agedicum*, il est encore moins celui des habitants de la province. Duchalais voit dans CALEDV et SENODON, deux noms de chefs.

M. de la Saussaye[3], en réponse au mémoire de Duchalais, finalement propose de lire CALEDVNVM SENONVM, CALEDVNVM étant le nom de la localité où auraient été frappées ces monnaies.

Dans sa description des médailles gauloises de la Bibliothèque, Duchalais fait l'attribution de CALEDV à un lieu nommé CALADVNVM du *pagus Diablinticus*, et fait de SENODON un nom de chef. Duchalais a raison quant au nom de chef, mais il se trompe en prêtant aux Diablintes, nation armoricaine, une monnaie à légendes. Les monnaies de l'Armorique sont muettes.

M. Léon Fallue[4] fait le classement de la médaille SENODON CALEDV à l'ancienne cité des Calètes qui aurait porté le nom de CALEDV ou CALIDV.

M. de Longpérier[5] relève le nom de Senodonna, fille de Cintugnatus et de Gemmna, sur une inscription de Bordeaux, et rend difficile l'application de la légende SENODON à un nom de lieu.

M. de Saulcy, dans son travail de révision de ses lettres[6], propose d'attribuer définitivement les monnaies ATEVLA VLATOS et SENODON CALEDV aux Calètes.

M. Hucher[7] consacre une longue note à l'étude de ces monnaies. En présence de l'incertitude des attributions, il se base sur une identité de style et rapproche le buste des médailles SENODON CALEDV, entouré d'un système de lignes ponctuées, de ceux de SVTICOS RATVMACOS et de MAGVRIX, qui offrent la même particularité.

L'auteur en conclut que la médaille SVTICOS RATVMACOS a servi à inspirer le graveur de SENODON CALEDV.

Cette observation paraît à M. Hucher de nature à localiser les ATEVLA VLATOS et CALEDV SENODON dans la région des Véliocasses ou des Calètes. Des fouilles pratiquées au mont Calidu, situé près de Caudebec, auraient mis au jour deux deniers, l'un au nom de CALEDV, l'autre à celui d'ATEVLA.

On avait trouvé en 1820 et 1821 des médailles semblables à Liméz y et à Cailly (Seine-Inférieure) ; en 1840, d'autres, en nombre, à Bazoches en Dunois (Eure-et-Loir).

M. Hucher examine si le mot CALEDV est un nom de lieu et s'applique précisément au mont CALIDV. La solution de cette question, si embarrassante déjà, se complique de la présence d'une autre monnaie à légende CALIIDV, avec E du système vertical, de style arverne, trouvée à Alise, à Corent et à Gergovie, émise probablement par un chef confédéré du nom de Caledurix ou Caleduos, pendant la guerre de l'indépendance. Le Caledu des monnaies véliocasses ou calètes, entraîné loin de sa patrie, aurait-il frappé monnaie chez les Arvernes, dans le style arverne, à l'exemple de Pixtilos? ou bien ces monnaies sont de deux chefs différents.

Pour résumer la question, dans les deux cas, CALIIDV est un nom d'homme, et alors rien ne prouve que nos médailles portent le nom de l'oppidum des Calètes.

ATEVLA.

		Poids.	Prov.
7185. ATEVLA. Buste ailé à gauche, orné du torques. ℞ VLATOS. Cheval à droite, la tête levée ; au-dessus, S couché ; dessous, rosace ; à l'exergue, épi.	AR.	1,50.	S.
7186. Id.	AR.	1,75.	S.
7187. Id. (*Chantenay*.)	AR.	1,90.	S.
7188. Id.	AR.	1,61.	AF.
7189. AT... Buste ailé à gauche. ℞ Même type incus.	AR.	1,66.	AF.
7190. VLATOS. Cheval à droite, la tête levée ; au-dessus, S couché ; dessous, rosace ; à l'exergue, épi. ℞ Même type incus.	AR.	1,60.	S.
7191. ATEVLA. Buste ailé à gauche,			

[1] *Notice sur l'attribution de quelques médailles des Gaules*, p. 41.
[2] *Revue numismatique française*, 1838, p. 301.
[3] *Id.*, 1840, p. 180.
[4] *Id.*, 1855, p. 271.
[5] *Id.*, 1860, p. 182.
[6] *Id.*, 1869, p. 7.
[7] *Art gaulois*, 2e part., p. 48.

Poids. Prov.

le cou orné du torques, les seins indiqués.
℞. VLATOS. Cheval à droite, la tête levée; au-dessus, S couché; dessous, pentagone; à l'exergue, un large croissant. AR. 1,70. S.

7192. Id. AR. 1,85. S.

7193. Id. (*Chantenay*.) AR. 1,90. S.

7194. ATEVLA. Buste ailé.
℞. Même type incus. AR. 1,72. S.

7195. TEVN. Buste ailé.
℞. ..ATOS. Cheval à droite, la tête levée; au-dessus, S couché. AR. 1,74. S.

7196. ATEVLA. Buste ailé à gauche, le cou orné du torques.
℞. VLATOS. Cheval à droite, la tête levée; au-dessus, S couché; dessous, pentagone; à l'exergue, large croissant. AR. 1,72. AF.

7197. Id. AR. 1,80. AF.

7198. Id. Moins la légende du revers. AR. 1,80. AF.

7199. Id. Avec VLATOS. AR. 1,81. AF.

7200. Id. AR. 1,81. L.

7201. Id. AR. 1,72. L.

7202. Id. AR. 1,81. L.

CVCINACIOS.

7203. CVCINACIOS. Tête diadémée à droite, le cou orné du torques.
℞. VLATOS. Cheval marchant à droite. (*Trouvaille de Vernon* [*Vienne*].) AR. 1,87. AF.

7204. Id. Avec CVCIN... (*Vernon*.) AR. 1,82. AF.

7205. Tête diadémée à droite; derrière, pentagone.
℞. VLA.. Cheval marchant à droite. (*Trouvaille de Vernon*.) AR. 1,80. AF.

7206. Id. VLATOS. AR. 1,66. S.

EIVICIAC.

7207. EIVICIAC. Tête à droite.
℞. Cheval à droite, la tête levée; devant, épi; dessus, rosace; dessous, croissant. (*Paris, dans la Seine*.) BR. 2,04. S.

Poids. Prov.

7208. Id. Moins la légende. BR. 2,20. AF.

7209. Id. Avec EIVICIAC. BR. 2,12. S.

7210. Id. Avec EIVICIACOS. BR. 2,85. S.

7211. Id. Légende non apparente. BR. 2,75. S.

7212. Id. ..r..COS. (*Paris*.) BR. 3,15. S.

7213. Id. EIVCA. BR. 2,97. S.

7214. Id. EIVIC. (*Meaux*.) BR. 2,35. S.

7215. Id. ...IACO. (*Paris*.) BR. 2,70. S.

7216. Id. EIVICIAC. (*Paris*.) BR. 2,63. S.

7217. Id. Mauvaise conservation. BR. 2,75. S.

7218. Id. .AI.. BR. 2,40. S.

7219. Id. Sans légende. BR. 2,94. S.

Saulcy, *Rev. numism.*, 1868, p. 407.

7220. Tête à droite.
℞. Lion à gauche; au-dessus, sanglier dans le même sens. AR. 1,80. S.

7221. Tête casquée à droite.
℞. Coq debout à droite, les éperons fortement accusés; dans le champ, triskèle. BR. 3,00. S.

7222. Id. BR. 2,35. S.

7223. Id. (*Corbie* [*Somme*].) BR. 2,85. S.

Un exemplaire de cette rare médaille, ayant appartenu à M. Bigant, ancien conseiller à la Cour royale de Douai, a été trouvé à Lewarde, près Douai (Nord)[1].

7224. Tête des monnaies des Veromandui, à droite.
℞. Coq à droite; devant, annelet et S. BR. 2,48. S.

7225. Tête casquée à droite; devant la bouche, gouvernail.
℞. Coq debout à droite, les éperons fortement accusés; tête de profil devant ses pieds. BR. 2,06. AF.

7226. Id. Module plus petit. BR. 1,80. S.

7227. Tête casquée à droite.
℞. Coq à droite. BR. 0,95. S.

7228. Sanglier à droite.
℞. Coq à droite. BR. 2,47. S.

VELIOCASSES.

7229. Tête virile, nue, à gauche.
℞. Lion, la gueule béante,

[1] Ch. Robert, *Description d'une monnaie gauloise*, lue à la commission historique du département du Nord, le 20 avril 1844. Metz, 1848, in-12.

7219a Tête à dr. ℞ Cheval à dr.; au-dessus, une rosace; devant, un épi; au-dessous, un croissant. Æ Ep. 3[illegible]. → N 4198 –

7228a Tête barbare casquée, à dr. ℞ Coq à g. Æ Ep. 15. – N 4199.

7243a Tête barbare à dr. R̸. Cheval à dr. ; au-dessus, lézard (?) et [illegible] ; au-dessous, hippocampe ; à dr. croix en 7 globules. AR M 4379 et 4380.
7243b [illegible]
7243c Même. R̸. Cheval à dr. ; au-dessus, lézard (?) et [illegible] ; au-dessous, sanglier ; à dr., la croix. AR M 4381.
7243d
7243e } Variétés. La tête a un sanglier au cimier. AR. { M 4382. M 4383. M 4384.
7243f

[illegible] 7243 a à f :

7265a Personnage nu, les jambes écartées et repliées, la tête à dr., les bras levés, symboles piriformes, annelets centrés et lignes perlées dans le champ. R̸ PAVΛ° Cheval galopant à dr. ; au-dessous un grand quadrilatère (?) avec annelet perlé et centré. Br. F 9390.

			Poids.	Fras.
	au-dessous d'un cheval libre courant à droite; roue dans le champ.	AR.	1,63.	S.
7230.	Tête barbare, dont on ne distingue qu'un gros œil de face. R. Cheval à droite et trois étoiles.	OR.	6,00.	S.
7231.	Même tête. R. Cheval et deux étoiles. (*Falaise*.)	OR.	5,88.	S.
7232.	Id.	OR.	5,72.	S.
7233.	Tête barbare, dont on ne distingue qu'un gros œil. R. Cheval à gauche et deux étoiles.	OR.	5,75.	S.
7234.	Id.	OR.	6,15.	S.
7235.	Tête barbare, dont on ne distingue qu'un gros œil de face. R. Cheval à droite; dessus et dessous, étoile.	OR.	5,95.	AF.
7236.	Même tête. R. Cheval à gauche; dessus et dessous, étoile. (*Rugles* [*Eure*].) Quart de statère.	OR.	1,52.	AF.
7237.	Même tête. R. Cheval à droite; au-dessus, étoile.	OR.	1,48.	S.
7238.	Id.	OR.	1,48.	S.
7239.	Tête barbare, dont on ne distingue qu'un gros œil. R. Cheval à droite; dessus et dessous, étoile. (*Vendeuil*.)	OR.	1,48.	S.
7240.	Gros œil de face. R. Cheval à droite; dessus et dessous, étoile.	AR.	1,85.	S.
7241.	Id.	AR.	1,75.	S.
7242.	Id.	AR.	1,75.	S.
7243.	Tête barbare à gauche. R. Cheval à droite. (*Paris*.)	AR.	1,79.	S.
7244.	Gros œil de face. R. Cheval à droite; au-dessus, étoile.	AR.	1,85.	S.
7245.	Id.	AR.	1,82.	S.
7246.	Id.	AR.	1,35.	S.
7247.	Id.	AR.	1,12.	S.
7248.	Tête barbare, dont on n'aperçoit que l'œil. R. Cheval à gauche; dessus et dessous, astre.	BR.	1,74.	S.
7249.	Id.	BR.	1,53.	S.
7250.	Même tête. R. Cheval à droite.	BR.	1,05.	S.
7251.	Grand œil de face. R. Cheval à gauche; dessus, V.	AR.	1,64.	S.
7252.	Id.	AR.	1,57.	AF.
7253.	Personnage nu, les jambes écartées et repliées, étendant la main droite en avant, la gauche en arrière. R. Cheval à droite; astre au-dessus.	BR.	3,15.	S.
7254.	Id.	BR.	3,08.	AF.
7255.	Id.	BR.	3,30.	AF.
7256.	Id.	BR.	3,02.	S.
7257.	Id.	BR.	3,30.	S.
7258.	Id.	BR.	3,88.	S.
7259.	Id.	BR.	3,23.	S.
7260.	Id.	BR.	3,23.	S.
7261.	Id.	BR.	3,30.	S.
7262.	Id.	BR.	3,22.	S.
7263.	Id. (*Vendeuil-Caply*.)	BR.	2,60.	S.
7264.	Id.	BR.	2,85.	S.
7265.	Id.	BR.	2,70.	S.
7266.	Personnage nu, les jambes écartées et repliées, tenant de la droite un torques, la gauche ramenée à la hanche. R. Cheval androcéphale à droite; au-dessus et au-dessous, globule chargé de trois points. (*Saint-André-sur-Cailly*.)	BR.	2,25.	S.
7267.	Id.	BR.	3,02.	S.
7268.	Id.	BR.	3,24.	L.
7269.	Id.	BR.	3,48.	S.
7270.	Id.	BR.	2,27.	S.
7271.	Id. (*Saint-André-sur-Cailly*.)	BR.	2,45.	S.
7272.	Id.	BR.	3,40.	AF.
7273.	Id. (*Vendeuil-Caply*.)	BR.	3,15.	S.
7274.	Id.	BR.	3,34.	S.
7275.	Id.	BR.	3,11.	S.
7276.	Personnage nu, les jambes écartées et repliées, la droite étendue, la gauche ramenée à la hanche; derrière, point dans un cercle de perles. R. Cheval androcéphale à			

			Poids.	Prov.
	droite; au-dessus et au dessous, astre chargé de trois points. (*Vendeuil-Caply.*)	BR.	3,12.	S.
7277.	Id. Avec point centré devant le cheval. (*Villeret-Berthonville.*)	BR.	2,75.	S.
7278.	Même remarque.	BR.	2,25.	S.
7279.	Id. (*Villeret-Berthouville.*)	BR.	2,80.	S.
7280.	Personnage agenouillé, la droite en avant, la gauche en arrière; deux globules et point centré dans le champ. ℞. Cheval androcéphale à droite; dessus et dessous, astre.	BR.	3,60.	S.
7281.	Id.	BR.	2,45.	S.
7282.	Id.	BR.	2,72.	S.
7283.	Id. (*Vendeuil-Caply.*)	BR.	3,62.	S.
7284.	Personnage agenouillé, les bras levés; à droite et à gauche, annelet. ℞. Cheval à droite; au-dessus, astre; dessous, trois points.	BR.	2,45.	S.
7285.	Personnage agenouillé, les bras levés. ℞. Cheval à droite; au-dessus et au-dessous, astre.	BR.	2,82.	S.
7286.	Personnage agenouillé, la droite en avant, la gauche en arrière. ℞. Cheval à droite; dessus et dessous, astre.	BR.	2,54.	AF.
7287.	Id. (*Vendeuil-Caply.*)	BR.	2,87.	S.
7288.	Id.	BR.	2,52.	S.
7289.	Personnage agenouillé à droite, le bras droit en avant, le gauche ramené à la hanche. ℞. Androcéphale à droite; dessus et dessous, astre.	BR.	3,25.	AF.
7290.	Id.	BR.	3,55.	AF.
7291.	Personnage agenouillé, la droite levée, la gauche abaissée. ℞. Cheval à droite; dessus et dessous, astre.	BR.	2,77.	S.
7292.	Id. (*Vendeuil-Caply.*)	BR.	2,88.	S.
7293.	Id.	BR.	1,82.	S.
7294.	Personnage agenouillé, à droite, le bras gauche en avant, la main droite sur la poitrine. ℞. Cheval galopant à droite; au-dessus et au-dessous, astre.	BR.	3,00.	S.
7295.	Id.	BR.	2,85.	AF.
7296.	Id.	BR.	2,72.	AF.
7297.	Id. (*Saint-André-sur-Cailly.*)	BR.	3,25.	S.
7298.	Id. (*Vendeuil-Caply.*)	BR.	3,24.	S.
7299.	Id.	BR.	2,85.	S.
7300.	Personnage agenouillé, à droite; le bras droit étendu supporte un sanglier, le gauche est ramené à la hanche. ℞. Cheval androcéphale, à droite; dessus et dessous, astre. (*Sainte-Beuve-Épinay* [*Seine-Inférieure*].)	BR.	3,47.	S.
7301.	Id.	BR.	3,40.	S.
7302.	Id.	BR.	4,63.	S.
7303.	Id.	BR.	3,70.	S.
7304.	Id.	BR.	3,25.	S.
7305.	Id.	BR.	3,38.	S.
7306.	Id.	BR.	2,42.	S.
7307.	Personnage accroupi, la main droite sur la poitrine. ℞. Cheval à droite; trois astres dans le champ.	BR.	3,53.	S.
7308.	Id.	BR.	3.41.	S.
7309.	Même personnage accroupi. ℞. Cheval à gauche.	BR.	2,80.	S.
7310.	Figure agenouillée à gauche; deux annelets dans le champ. ℞. Cheval à tête humaine au galop, à droite; au-dessus, un annelet.	BR.	2,09.	L.
7311.	Personnage agenouillé, les bras étendus. ℞. Cavalier à droite, brandissant un javelot.	BR.	2,20.	S.
7312.	Figure agenouillée, les bras étendus. ℞. Cheval à gauche; astre au-dessus.	BR.	2,98.	S.
7313.	Id. (*Vendeuil-Caply.*)	BR.	3,52.	S.
7314.	Guerrier dansant à gauche, les bras étendus. ℞. Cheval à droite; dessous, point dans un cercle perlé.	BR.	2,45.	S.

7299a Même droit. Rx. Cheval à dr.; au dessus, [illegible]; au dessous ⊙. — L 3342 —

7309a Même droit. Rx. Sanglier à gauche. — L 3339 —

			Poids.	Pres.
7515.	Id.	BR.	2,00.	S.
7516.	Id.	BR.	2,29.	AF.

N° 640 du *Catalogue de Duchalais.*

7517.	Guerrier dansant à gauche, les bras étendus. R. Cheval à droite; sur la croupe, un oiseau; dessous, rouelle.	BR.	2,92.	S.
7518.	Id.	BR.	3,03.	S.
7519.	Guerrier dansant à gauche. R. Cheval à droite.	BR.	2,92.	S.
7520.	Guerrier dansant à gauche. R. Cheval à droite; astre au-dessous.	BR.	2,37.	S.
7521.	Id.	BR.	3,40.	S.
7522.	Guerrier dansant à gauche. R. Cheval à droite; dessus et dessous, astre.	BR.	3,15.	AF.
7523.	Id.	BR.	3,05.	S.
7524.	Id.	BR.	2,34.	S.
7525.	Guerrier dansant à gauche; astre entre les jambes. R. Cheval à droite; astre au-dessous.	BR.	2,66.	S.
7526.	Guerrier dansant à gauche; S dans le champ. R. Cheval à droite; dessus et dessous, point centré.	BR.	2,92.	S.
7527.	Guerrier dansant à gauche et regardant à droite. R. Cheval à droite; au-dessus, deux bustes de chevaux.	BR.	2,12.	S.
7528.	Buste à mi-corps. R. Cheval à droite; au-dessus, sanglier.	BR.	2,75.	S.
7529.	Guerrier dansant à droite. R. Cheval à gauche; au-dessus, tête de lion.	BR.	2,38.	S.
7530.	Guerrier dansant à droite. R. Cheval à droite; au-dessus, aigle éployé.	BR.	2,65.	S.
7531.	Guerrier dansant à gauche; NACA dans le champ. R. Cheval à droite; au-dessus, aigle éployé.	BR.	2,32.	S.
7532.	Tête à droite. R. Sanglier à gauche; dessous, rose.	BR.	2,12.	S.
7533.	Id.	BR.	2,42.	S.

Lambert, 2e partie, pl. V, n° 30.

			Poids.	Pres.
7534.	Id. (*Saint-André-sur-Cailly.*)	BR.	2,47.	S.
7535.	Id.	BR.	2,72.	S.
7536.	Id.	BR.	2,40.	S.
7537.	Id.	BR.	2,64.	S.
7538.	Id. (*Villeret-Berthouville.*)	BR.	2,07.	S.
7539.	Id. (*Saint-André-sur-Cailly.*)	BR.	3,31.	S.
7540.	STRATOS. Tête de femme à droite; les cheveux, tournés en forme de diadème autour du front, se relèvent en chignon derrière le cou. R. Sanglier à gauche; dessous, point centré et S.	BR.	2,57.	AF.
7541.	Sanglier à droite. R. Deux croissants, coupés par une ligne verticale.	BR.	2,34.	S.
7542.	Id.	BR.	2,12.	S.
7543.	Id.	BR.	1,75.	S.
7544.	Id.	BR.	2,00.	S.
7545.	Id.	BR.	1,60.	S.
7546.	Id.	BR.	1,83.	S.
7547.	Id.	BR.	2,22.	S.
7548.	Id.	BR.	2,48.	S.
7549.	Tête à droite. R. Sanglier à gauche; devant, point dans un cercle de perles; dessous, point dans un carré perlé.	BR.	2,25.	S.
7550.	Sanglier à droite; dessous, +. R. Sanglier à gauche; devant, point dans un cercle de perles; dessous, point dans un carré perlé. (*Saint-André-sur-Cailly*, 1848.)	BR.	2,55.	S.
7551.	Id.	BR.	2,32.	S.
7552.	Id.	BR.	2,45.	S.
7553.	Id.	BR.	2,55.	S.

SVTICCOS. — VELIOCASI. — SVTICOS. — SVTICOS. RATVMACOS.

7554.	SVTICCOS. Tête de Vénus à droite. R. VELIOCAΘI. Cheval à droite; dessus, ∞; dessous, ∞ et annelet.	BR.	3,20.	S.
7555.	Id.	BR.	3,10.	S.
7556.	Id.	BR.	2,77.	L.
7557.	SVTICOS. Tête à gauche. R. Lion à droite; derrière, S;			

			Poids.	Prov.
	à l'exergue, sanglier.	BR.	3,45.	S.
7358.	Id.	BR.	3,20.	S.
7359.	Tête à droite. (AΘΠDIAC?) R. Traces de légende. Lion à droite. (AHIR IMP?)	BR.	2,28.	S.
7360.	SVTICCOS. Buste à droite; collier de perles. R. VELIOCAΘI. Cheval à droite; dessous, fleur trifoliée.	BR.	3,11.	S.
7361.	Id.	BR.	2,35.	S.
7362.	SVTICOS. Tête imberbe à droite. R. Bœuf à droite; dessous, sanglier.	BR.	2,33.	S.
7363.	SVTICOS. Tête d'Apollon à droite; fleur dans le champ. R. Bœuf à droite; dessus, ∞; dessous, sanglier.	BR.	3,00.	AF.
7364.	SVTICOS. Tête de Vénus à droite. R. RATVMACOS. Bige à droite; dessous, ∞.	BR.	2,32.	S.
7365.	Id.	BR.	2,47.	S.
7366.	Id.	BR.	2,68.	S.
7367.	SVTICOS. Buste jeune, imberbe, à droite; le cou orné du torques. R. RATVMACOS. Bige à droite; dessous, ∞.	BR.	3,05.	AF.
7368.	Id.	BR.	3,74.	AF.
7369.	Id.	BR.	2,75.	AF.
7370.	SVTICCOS. Tête jeune, diadémée, à gauche. R. Cheval galopant à gauche; sur son dos, un rameau; sous le cheval, vase et deux points centrés.	BR.	3,18.	AF.
7371.	Id. Avec SVTIC.	BR.	2,80.	AF.
7372.	RATVMACOS. Tête à droite. R. Cavalier à droite.	BR.	4,22.	S.
7373.	Id.	BR.	4,00.	AF.

SENONES.

			Poids.	Prov.
7374.	Statère en forme de balle, marqué d'une croix.	OR.	7,00.	S.
7375.	Id.	OR.	7,22.	AF.
7376.	Id.	OR.	6,87.	AF.
7377.	Id.	OR.	7,44.	S.
7378.	Id.	OR.	7,32.	S.
7379.	Id.	OR.	7,37.	S.
7380.	Id.	OR.	7,45.	S.
7381.	Id.	OR.	7,44.	S.
7382.	Id.	OR.	7,37.	S.
7383.	Id.	OR.	7,20.	S.
7384.	Id.	OR.	7,40.	S.
7385.	Id.	OR.	7,42.	S.
7386.	Id.	OR.	7,40.	S.
7387.	Demi-statère en forme de balle, marqué d'une croix formée de quatre points en creux.	OR.	3,30.	S.

Cent trente-neuf statères en forme de balles ont été trouvés au lieu dit *au-dessus de la Hayette*, terroir de Sainte-Preuve, canton de Sissonne (Aisne).

Ces monnaies, très-rares jusqu'ici, provenaient pour la plupart d'une vigne sise à Moinville, près Melun, où l'on en trouve pour ainsi dire chaque année. Les autres avaient été recueillies dans le pays des Carnutes.
Saulcy, *Revue archéologique*, 1869, p. 294.

			Poids.	Prov.
7388.	Tête casquée à gauche. R. Cheval à gauche; dessus, trois globules; dessous, cinq.	Potin.	3,72.	S.
7389.	Tête casquée à gauche; devant, globule. R. Cheval à gauche; dessus, trois globules; dessous, cinq.	Potin.	4,05.	AF.
7390.	Id.	Potin.	2,87.	AF.
7391.	Id.	Potin.	3,05.	S.
7392.	Id.	Potin.	3,22.	S.
7393.	Tête casquée à gauche. R. Cheval à gauche; dessus, deux globules; dessous, trois.	Potin.	2,65.	S.
7394.	Même tête à gauche. R. Cheval à gauche; trois globules dans le champ.	Potin.	3,03.	S.
7395.	Tête casquée à gauche. R. Cheval à gauche; dessous, large annelet.	Potin.	2,92.	AF.
7396.	Tête casquée à gauche; devant, globule. R. Cheval à gauche; cinq globules dans le champ.	Potin.	4,30.	S.
7397.	Id.	Potin.	2,89.	AF.
7398.	Id.	Potin.	2,15.	AF.
7399.	Id.	Potin.	2,34.	AF.

			Poids.	Prov.
7400.	Id.	Potin.	4,00.	S.
7401.	Tête casquée à gauche; devant, globule. R. Cheval à gauche; six globules dans le champ.	Potin.	3,30.	S.
7402.	Tête casquée à gauche; devant, point. R. Cheval à gauche; quatre globules dans le champ.	Potin.	3,87.	S.
7403.	Id.	Potin.	2,71.	S.
7404.	Tête casquée à gauche. R. Cheval à gauche; quatre globules dans le champ. (*Soissons.*)	Potin.	3,48.	S.
7405.	Tête casquée à gauche. R. Cheval à gauche; dessus, deux globules; dessous, deux.	Potin.	3,42.	AF.
7406.	Tête casquée à gauche. R. Cheval à gauche; globule dans le champ.	Potin.	2,02.	S.
7407.	Tête casquée à gauche. R. Cheval à gauche; quatre globules dans le champ.	Potin.	2,70.	AF.
7408.	Tête casquée à gauche. R. Cheval à gauche; trois globules dans le champ.	Potin.	2,82.	AF.
7409.	Tête casquée à gauche. R. Cheval à gauche.	Potin.	3,35.	AF.
7410.	Tête nue à droite. R. Cheval à gauche; globule dans le champ.	Potin.	4,30.	S.
7411.	Id.	Potin.	3,87.	S.
7412.	Tête nue à droite. R. Cheval à gauche; deux globules dans le champ.	Potin.	4,80.	AF.
7413.	Id.	Potin.	3,32.	AF.
7414.	Id.	Potin.	3,60.	AF.
7415.	Id.	Potin.	4,20.	AF.
7416.	Id.	Potin.	4,32.	AF.
7417.	Id.	Potin.	3,36.	AF.
7418.	Id.	Potin.	4,16.	AF.
7419.	Id.	Potin.	4,73.	AF.
7420.	Id.	Potin.	5,23.	AF.
7421.	Id.	Potin.	5,45.	AF.
7422.	Tête nue à droite. R. Cheval à gauche; trois globules dans le champ.	Potin.	4,90.	L. Pft.
7423.	Tête nue à droite. R. Cheval à gauche; deux globules dans le champ.	Potin.	4,50.	S.
7424.	Id.	Potin.	3,20.	S.
7425.	Tête nue à droite. R. Cheval à gauche; trois globules dans le champ.	Potin.	4,20.	S.
7426.	Id.	Potin.	3,33.	S.
7427.	Id.	Potin.	3,57.	S.
7428.	Id.	Potin.	4,23.	S.
7429.	Id.	Potin.	6,48.	S.
7430.	Id.	Potin.	4,90.	S.
7431.	Id.	Potin.	4,35.	S.
7432.	Id.	Potin.	5,36.	AF.
7433.	Tête nue à gauche. R. Cheval à gauche.	Potin.	2,87.	S.
7434.	Id.	Potin.	4,60.	S.
7435.	Id.	Potin.	3,65.	S.
7436.	Id.	Potin.	2,72.	S.
7437.	Id.	Potin.	2,07.	S.
7438.	Id.	Potin.	2,10.	S.
7439.	Id.	Potin.	1,65.	S.
7440.	Id. Tête nue à gauche. R. Cheval à gauche.	Potin.	2,84.	AF.
7441.	Id.	Potin.	4,06.	AF.
7442.	Id.	Potin.	2,72.	AF.
7443.	Id. Tête nue à droite. R. Sanglier à droite; trois globules dans le champ.	Potin.	3,92.	S.
7444.	Id.	Potin.	3,05.	S.
7445.	Id.	Potin.	2,62.	S.
7446.	Tête casquée à gauche. R. Cheval à gauche; dessous, cercle.	Potin.	3,02.	S.
7447.	Id.	Potin.	3,35.	S.
7448.	Tête à gauche. R. Cheval à gauche; au-dessus, deux globules.	Potin.	3,45.	S.
7449.	Deux chèvres dressées et affrontées; au centre, un point. R. Loup et sanglier affrontés. (*Crépy.*)	Potin.	5,20.	S.

Adr. de Longpérier, *Rev. numism. franç.*, 1844, p. 165.

7450.	Id.	Potin.	5,52.	S.
7451.	Id.	Potin.	5,95.	AF.
7452.	Id.	Potin.	2,98.	AF.
7453.	Id.	Potin.	5,20.	AF.

			Poids.	Prov.
7454.	Id.	Potin.	4,58.	L.1284
7455.	Id.	Potin.	5,52.	S.
7456.	Id. (*Paris, dans la Seine.*)	Potin.	4,72.	S.
7457.	Id. (*Paris.*)	Potin.	4,95.	S.
7458.	Id. (*Paris, pont Saint-Michel.*)	Potin.	5,35.	S.
7459.	Id.	Potin.	3,24.	S.
7460.	Id. (*Meaux.*)	Potin.	5,47.	S.
7461.	Id. (*Athis, dans la Seine.*)	Potin.	5,07.	S.
7462.	Id. (*Reims.*)	Potin.	3,74.	S.
7463.	Id. (*Paris, pont au Change.*)	Potin.	4,77.	S.
7464.	Deux chèvres dressées et affrontées; au centre, un point centré. R. Bœuf à gauche; dessus et dessous, point centré.	Potin.	3,02.	S.
7465.	Deux chèvres dressées et affrontées; au centre et autour, quatre points centrés. R. Deux sangliers affrontés; au centre, point centré.	Potin.	5,90.	S.
7466.	Id. (*Paris, dans la Seine.*)	Potin.	4,22.	S.
7467.	ΑΓΗΔ rétrograde. Deux chèvres dressées et affrontées; au centre, point. R. Loup et sanglier affrontés; au centre, point centré.	Potin.	5,15.	S.
7468.	Id.	Potin.	5,17.	S.
7469.	Id.	Potin.	4,94.	AF.
7470.	Id.	Potin.	5,21.	L.1280

Adr. de Longpérier, *Rev. numism. franç.*, 1844, p. 165.

M. de Longpérier, qui a lu le premier ΑΓΗΔ, attribue ces pièces à *Agedicum Senonum*, l'ΑΓΗΔΙΚΟΝ de Ptolémée, l'Agedicum de César. A cette monnaie, le savant auteur rattache la série de potins sans légende, aux mêmes types et de même fabrique, qu'on trouve communément dans la Champagne et dans la Brie.

Le type des deux chèvres paraît imité des monnaies de bronze d'Amphipolis et de Thessalonique.

ECCAIOS.

			Poids.	Prov.
7471.	ECCAIOS. Tête jeune, nue, à droite. R. ECCAIOS. Cheval passant à droite, et regardant en arrière; dessous, personnage courant à gauche. (*Paris, dans la Seine.*)	BR.	2,30.	S.
7472.	Id. Moins la légende du revers. (*Reims.*)	BR.	3,05.	S.
7473.	Id. Légendes complètes. (*Catenoy, arrondissement de Clermont* [*Oise*].)	BR.	2,81.	S.
7474.	Id.	BR.	2,54.	S.
7475.	Id.	BR.	2,70.	S.
7476.	Id. (*Paris, dans la Seine.*)	BR.	2,45.	S.
7477.	Id. Id.	BR.	2,47.	S.
7478.	Id. Id.	BR.	2,88.	S.
7479.	Id.	BR.	2,74.	S.
7480.	Id.	BR.	2,47.	S.
7481.	Id.	BR.	2,14.	S.
7482.	Id.	BR.	3,22.	AF.
7483.	Tête jeune, nue, à droite. R. ECCAIOS. Cavalier galopant à droite et brandissant une épée. (*Catenoy.*)	BR.	2,80.	S.
7484.	Id. (*Paris.*)	BR.	2,32.	S.
7485.	Id.	BR.	3,20.	S.
7486.	Id.	BR.	2,08.	S.
7487.	Id.	BR.	2,35.	S.
7488.	Id.	BR.	2,29.	AF.
7489.	Id.	BR.	2,04.	AF.

Charles Lenormant, cité par M. de Saulcy[1], propose le premier de voir, dans ECCAIUS, Iccius, chef rème, des Commentaires de César. M. de Saulcy, que la provenance habituelle de ces pièces, qu'on extrait isolément du lit de la Seine, à Paris, avait mis en garde contre l'attribution séduisante de Charles Lenormant, pense aujourd'hui que l'ECCAIOS de nos monnaies n'est autre que le sénon Acco, mis à mort dans l'hiver qui précéda l'insurrection de Vercingétorix. Cette nouvelle attribution est également problématique.

De beaux tétradrachmes d'argent, de la série pannonienne, au type du cavalier galopant l'épée à la main, portent aussi le nom d'ECCAIOS, écrit ECCAIO, HCCAIO.

Saulcy, *Rev. numism. franç.*, 1867, p. 173.

KOIIAKA.

7490.	Tête à droite, coiffée de quatre grosses mèches; devant la bouche, cercle de perles. R. KOIIAKA. Oiseau éployé à gauche; annelet et point centré dans le champ.	BR.	3,53.	S.

[1] *Revue numismatique française*, 1867, p. 173.

Poids. Cons.

7491. Id. BR. 2,95. S.
7492. Id. BR. 3,45. AF.

Hucher, *Rev. numism. franç.*, 1863, p. 307.

VLLVCCI.

7493. Tête à droite, les cheveux divisés en quatre grosses mèches.
℞. Oiseau éployé à gauche; derrière, pentagramme, croix cantonnée de quatre points et de deux points centrés. VLLVCCI. (*Sens.*) BR. 2,88. S.
7494. Id. BR. 2,97. AF.
7495. Id. BR. 2,90. AF.
7496. Id. BR. 3,04. AF.
7497. Id. BR. 3,20. AF.
7498. Id. BR. 3,07. AF.
7499. Id. BR. 3,15. AF.
7500. Id. BR. 3,30. AF.
7501. Id. BR. 2,02. L.
7502. Id. BR. 3,20. S.
7503. Id. BR. 1,88. S.
7504. Id. BR. 3,10. S.
7505. Id. BR. 3,05. S.
7506. Id. BR. 2,45. S.
7507. Id. BR. 2,65. S.
7508. Tête à droite, les cheveux divisés en grosses mèches; devant la bouche, point centré dans un cercle de perles.
℞. VLLVCCI. Oiseau éployé à gauche; derrière, pentagramme, deux points centrés et croix. BR. 3,75. L.
7509. Id. BR. 2,96. AF.
7510. Id. BR. 4,35. S.
7511. Id. BR. 3,25. S.
7512. Id. BR. 2,45. S.
7513. Id. BR. 3,30. S.
7514. Id. BR. 3,00. S.
7515. Id. BR. 3,07. S.
7516. Id. BR. 3,47. S.
7517. Id. BR. 3,25. S.
7518. Tête à droite, les cheveux divisés en grosses mèches.
℞. VLLVCCI. Oiseau à gauche; derrière, pentagramme, deux points centrés et croix cantonnée de quatre points. BR. 3,20. AF.
7519. Id. BR. 2,98. AF.
7520. Id. BR. 3,17. AF.
7521. Id. BR. 3,32. AF.
7522. Id. BR. 2,70. AF.
7523. Id. BR. 3,05. AF.
7524. Id. BR. 2,30. AF.
7525. Id. BR. 2,85. AF.
7526. Tête à droite, les cheveux divisés en grosses mèches, l'œil figuré par un énorme annelet.
℞. Pas de légende. Oiseau à gauche; trois points centrés dans le champ. BR. 2,56. AF.
7527. Tête à droite, les cheveux divisés en grosses mèches; devant la bouche, S; sous le cou, Θ.
℞. VLLVCCI. Oiseau à gauche; derrière, pentagramme et S. (*Alise.*) BR. 3,05. S.
7528. Id. BR. 3,50. S.
7529. Id. BR. 2,71. S.
7530. Id. BR. 2,95. AF.
7531. Tête à droite, l'œil formé d'un point centré; devant la bouche, S.
℞. VLLVCCI. Oiseau à gauche; derrière, pentagramme, croix cantonnée de quatre points, deux points centrés. BR. 3,15. S.
7532. Id. BR. 3,02. S.
7533. Id. BR. 3,45. S.
7534. Id. BR. 2,70. S.
7535. Tête à droite.
℞. Oiseau à gauche; derrière, pentagramme, deux points centrés, croix. BR. 2,88. S.
7536. Id. BR. 3,08. S.
7537. Id. BR. 3,15. S.
7538. Id. BR. 2,22. S.
7539. Id. BR. 3,17. S.
7540. Id. BR. 3,50. S.
7541. Id. BR. 2,28. S.
7542. Tête à droite.

			Poids.	Prov.
	R. VLLVCCI. Oiseau à gauche.	BR.	1,90.	S.
7543.	Tête à droite. R. VLIII. Oiseau à gauche; derrière, croix et deux points centrés.	BR.	3,02.	S.
7544.	Tête à droite. R. VLL-VIII. Oiseau à gauche.	BR.	2,20.	S.
7545.	Tête à droite. R. Oiseau à gauche; derrière, pentagramme et deux points centrés.	BR.	2,62.	S.
7546.	Id.	BR.	2,75.	S.
7547.	Tête à droite. R. VLLIII. Oiseau à gauche.	BR.	2,74.	S.
7548.	Tête à droite. R. Oiseau à gauche; au-dessus, pentagramme.	BR.	2,75.	S.
7549.	Id. (*Naix [Meuse].*)	BR.	3,50.	S.
7550.	Tête à droite; l'œil formé par un point centré. R. Oiseau à gauche buvant dans un vase; derrière, S, pentagone et croix cantonnée de quatre points.	BR.	2,82.	S.
7551.	Id.	BR.	2,50.	S.

SENV.

7552.	Tête à droite, les cheveux divisés en quatre mèches; devant la bouche, C. R. SENV. Oiseau picorant à gauche.	BR.	3,60.	S.
7553.	Id.	BR.	1,82.	S.

GIAMILOS. — SIINVI.

7554.	GIAMILOS. Tête à droite. R. SIINVI. Oiseau picorant à gauche; derrière, pentagone et deux points centrés.	BR.	3,00.	S.
7555.	Id.	BR.	2,94.	AF.
7556.	Id.	BR.	3,28.	AF.
7557.	Id. Moins la légende du droit.	BR.	2,60.	AF.
7558.	Id. Même remarque.	BR.	3,32.	AF.
7559.	Id. Avec GIAMILOS SIINVI.	BR.	2,86.	L.
7560.	Id. Moins la légende du revers.	BR.	3,36.	L.
7561.	Id. Légendes complètes.	BR.	2,80.	S.
7562.	Id.	BR.	1,89.	S.
7563.	Id.	BR.	2,97.	S.
7564.	Id.	BR.	2,22.	S.
7565.	Id.	BR.	3,27.	S.
7566.	Id.	BR.	3,07.	S.
7567.	Id. (*Paris, dans la Seine.*)	BR.	2,92.	S.
7568.	Id.	BR.	2,70.	S.
7569.	Id. (*Meaux.*)	BR.	3,03.	S.
7570.	GIAMILOS. Tête laurée à droite. R. GIAMILOS. Aigle déchirant un serpent.	BR.	3,53.	S.
7571.	Id.	BR.	3,31.	AF.
7572.	Id.	BR.	2,70.	AF.
7573.	Id. (*Termiuiers [Eure-et-Loir].*)	BR.	2,20.	S.
7574.	GIAMILOS. Tête diadémée à droite. R. Cavalier à droite, tenant une palme. À l'exergue, traces de légende GIAMILOS.	AR.	1,87.	S.

M. Hucher[1] s'est occupé de la signification des mots SENV, SENVI.

Faut-il appliquer le système des lettres intercalées à la légende SENV, et y trouver, par exemple, le commencement du nom SENOVIR? M. Hucher renonce prudemment à cette méthode bien risquée, et ajoute que ce genre de médailles s'étant trouvé récemment en masse homogène sur le territoire des Sénons, le mot SENV y semble avoir dès lors un rapport justifié avec l'ethnique de ce peuple.

Les GIAMILOS-GIAMILOS, aux types de l'aigle déchirant un serpent et du cavalier tenant une palme, n'appartiennent pas aux Sénons. Le style est élégant. La tête du n° 7570 est imitée de la Considia; le type du revers figure sur les monnaies de diverses villes. L'oiseau picorant est d'une tout autre fabrique; il n'y a d'autre rapport entre ces pièces que le nom GIAMILOS qui leur est commun.

Un exemplaire du n° 7574 a été trouvé à Vernon (Vienne)[2].

VOCVNILIOS.

7575.	Tête de Vénus à gauche. R. VOCVNILIOS. Aigle et pentagone. (*Vendôme.*)	BR.	3,30.	S.
7576.	Id.	BR.	2,25.	S.

[1] *Revue numismatique française*, 1863, p. 308.

[2] *Sur un denier gaulois inédit, à la légende Giamilos*, par Th. Ducrocq. Ext. du *Bulletin de la Société des antiquaires de l'Ouest*, 1er trimestre de 1877.)

7549bis Tête barbare à dr. R. Oiseau à g., détournant la tête à dr.; dans le ch., cinq points en sautoir. Br. — M 1932 —

7569a Variété — H (1re Suite) 1765.
7569b Variété — H (1re Suite) 1766.
7569c Même type. On lit: ...DVOOV 3... M 6973 —

NAN.

			Poids.	Prov.
7577.	NDN. Buste barbu à droite. R. Aigle éployé. (*Anc. coll. Rigollot.*)	BR.	2,22.	S.
7578.	Id.	BR.	2,37.	S.
7579.	Tête barbue à gauche. R. Cheval à gauche; dessus et dessous, trois points.	BR.	2,92.	S.
7580.	Id.	BR.	2,75.	S.
7581.	Tête barbue à droite. R. Alouette à droite; au-dessus, quatre points.	BR.	1,67.	S.
7582.	Id.	BR.	3,03.	S.
7583.	Id.	BR.	1,70.	S.
7584.	Tête à droite. R. Alouette tournée à droite. (*Anc. coll. Rigollot.*)	BR.	2,25.	S.
7585.	Tête à droite. R. Alouette à gauche; au-dessus, quatre points.	BR.	3,09.	S.
7586.	Tête à droite. R. Alouette à gauche; au-dessus, croix.	BR.	1,57.	S.
7587.	Tête à gauche. R. Alouette à droite. (*Clairois, près Compiègne.*)	BR.	3,17.	S.
7588.	Tête barbare à gauche. R. Alouette à gauche.	BR.	2,57.	AF.
7589.	Tête dans un cartouche. R. Alouette.	BR.	2,70.	S.
7590.	Tête barbare à gauche. R. Aigle dévorant une alouette.	BR.	3,25.	S.
7591.	Id.	BR.	1,95.	S.
7592.	Tête barbare à droite. R. Aigle dévorant une alouette.	BR.	2,85.	S.
7593.	Id.	BR.	2,20.	S.
7594.	Id.	BR.	2,07.	S.
7595.	Id.	BR.	1,44.	S.
7596.	Id.	BR.	1,80.	S.
7597.	Id.	BR.	1,95.	AF.
7598.	Id.	BR.	1,95.	S.
7599.	Id.	BR.	2,12.	S.
7600.	Tête à droite. R. Oiseau tourné à droite et regardant à gauche. Grènetis à l'entour.	BR.	3,04.	S.
7601.	Id.	BR.	3,48.	S.

MELDI.

			Poids.	Prov.
7602.	Deux taureaux opposés et affrontés. R. Aigle dévorant une alouette. (*Meaux.*)	Potin.	4,50.	S.
7603.	Id. (*Meaux.*)	Potin.	4,05.	S.
7604.	Id. (*Meaux.*)	Potin.	5,05.	S.
7605.	Id.	Potin.	4,40.	S.
7606.	Tête barbare à gauche; derrière, SO. R. SOSO. Aigle dévorant un poisson. (*Meaux.*)	BR.	4,14.	S.
7607.	Id. (*Paris, dans la Seine.*)	BR.	3,55.	S.
7608.	Tête barbare à gauche. R. Aigle sur un sanglier à droite.	BR.	1,94.	S.
7609.	Id. (*Paris.*)	BR.	2,31.	S.
7610.	Id. (*Paris.*)	BR.	2,63.	S.
7611.	Id.	BR.	3,05.	L.
7612.	Tête barbare à droite. R. Sanglier sur un aigle à droite.	BR.	2,80.	S.
7613.	Id.	BR.	3,00.	S.
7614.	Id.	BR.	3,32.	S.
7615.	Id.	BR.	3,35.	S.

EPENOS. — EΠHNOC.

			Poids.	Prov.
7616.	EPENOS. Tête jeune, imberbe, à gauche. R. EΠHNOC. Cheval bridé et sanglé courant à droite; au-dessus, un oiseau éployé; dessous, croissant.	BR.	3,00.	S.
7617.	Id. (*La Ferté-sous-Jouarre.*)	BR.	3,85.	S.
7618.	Id.	BR.	3,20.	L.
7619.	Id.	BR.	2,62.	S.
7620.	EPENOS. Tête jeune, imberbe, à gauche. R. Cheval bridé et sanglé à droite; au-dessus, oiseau; dessous, croissant.	BR.	3,15.	S.
7621.	Id. EP... EΠHNOC. (*Beaumont-sur-Oise.*)	BR.	3,22.	S.
7622.	Id. (*Près de Roye.*)	BR.	3,20.	S.
7623.	..ENOS. Tête jeune, à gauche. R. EΠHNOC. Cheval à			

7583ᵃ Tête barbare à dr. R Oiseau à droite. Br. L 3341.

7617ᵃ EPENVS, tête juvénile à g. R Cheval galopant à dr., au dessous un oiseau les ailes éployées. Æ 3g. N 4200.

7619ᵃ Autre exemplaire. Trouvé à Champlieu. Y 4194.

Poids. Prov.

droite; au-dessus, oiseau éployé; dessous, croissant. (*La Folie, près Pierrefonds.*) BR. 2,92. S.

7624. Id. Moins les légendes. (*Paris.*) BR. 2,12. S.

7625. Id. EPE... et EIIRN... (*Vendeuil-Caply.*) BR. 3,27. S.

7626. Id. EPEN... EIIRNOC. BR. 3,37. AF.

7627. Id. Moins la légende du droit. BR. 3,87. AF.

7628. Id. Moins la légende du revers. BR. 3,48. AF.

7629. Id. Moins la légende du droit. BR. 2,80. S.

7630. Id. Moins la légende du droit. BR. 3,87. AF.

Hucher, *Rev. numism. franç.*, 1859, p. 86.
Saulcy, *id.*, 1860, p. 357.

ROVECA. — POOVIKA.

7631. Rameau, triskèle et filet.
℞. ROVECA. Cheval courant à droite; au-dessus, croix pommetée; dessous, point centré. OR. 5,72. S.

7632. Id. OR. 5,75. S.

7633. Tête à gauche, le cou orné du torques; devant la face, trois annelets.
℞. ROVECA. Cavalier à droite, armé d'une épée et d'un bouclier; sous le cheval, point centré. AR. 2,26. AF.

7634. Id. Avec point centré derrière le cavalier. (*Thiescourt, près Noyon.*) AR. 2,32. S.

7635. ROVECA. Buste de Vénus à droite, couronnée par l'Amour.
℞. Cheval à droite, une des jambes de devant levée; au-dessus du cheval, roue; dessous, point centré; devant les naseaux, point centré; sous le pied en l'air, triple point centré. BR. 3,40. S.

7636. Id. Avec ROVECA. BR. 2,99. AF.

7637. Id. Avec ROVECA. BR. 3,25. AF.

7638. Id. BR. 4,00. AF.

7639. Id. BR. 3,32. S.

Poids. Prov.

7640. Id. BR. 2,93. S.

7641. Id. Avec ROVECA. BR. 3,42. S.

7642. Id. Avec ROMCA. BR. 4,05. S.

7643. POOVIKA. Tête casquée à gauche.
℞. ROVECA. Lion bondissant à droite, la queue en l'air et la langue pendante; sous le ventre, croix formée d'un annelet central et de quatre globules. BR. 3,79. S.

7644. Id. BR. 3,84. AF.

7645. Id. BR. 4,16. AF.

7646. Id. BR. 4,05. AF.

7647. Id. BR. 2,47. AF.

7648. Id. BR. 3,95. S.

7649. Id. BR. 3,35. S.

7650. Id. BR. 3,20. S.

7651. POOVIKA. Tête casquée à gauche.
℞. ROVECA. Lion bondissant à droite. BR. 2,00. S.

7652. Id. BR. 3,60. S.

7653. Id. BR. 3,35. S.

7654. Id. BR. 3,90. S.

7655. Id. BR. 2,90. S.

7656. POOVIKA. Tête casquée à gauche.
℞. ROVECA. Lion bondissant à droite; au-dessus, épi retombant et quatre points centrés, trois et un. BR. 4,03. S.

7657. Id. (*Paris.*) BR. 4,92. S.

7658. POOVIKA en légende rétrograde. Tête casquée à gauche; sous le menton, point centré.
℞. ROVECA. Lion à droite; au-dessus, épi et quatre points centrés. BR. 4,40. S.

7659. Id. Avec ROAECA. BR. 3,89. S.

7660. ROVECA. Tête jeune nue à gauche, le cou orné du torques; dessous, amphore; deux points centrés dans le champ.
℞. POOVIKA. Cheval galopant à gauche; au-dessus, trois points centrés, deux et un; dessous, point centré. BR. 4,12. S.

7661. Id. BR. 2,08. AF.

Poids. Prov.

7662. Id. BR. 2,58. AF.

7663. Id. BR. 3,05. AF.

7664. Id. BR. 2,17. AF.

7665. ROVECA. Tête à gauche, le cou orné du torques; sous le menton, point centré.
℞. POOVIKA. Cheval à gauche; au-dessus, trois points centrés; dessous, point centré. BR. 2,72. S.

7666. Id. BR. 2,80. S.

7667. Id. BR. 2,85. AF.

7668. Id. BR. 3,10. S.

7669. Id. BR. 3,17. S.

7670. Id. BR. 2,50. S.

7671. Id. BR. 2,20. S.

7672. ROVECA. Tête à gauche, le cou orné du torques.
℞. ..... Cheval à gauche; dessous, point centré. BR. 4,07. AF.

7673. ROVECA. Tête à gauche.
℞. POOVIKA. Cheval à gauche; au-dessus, trois points centrés; dessous, point centré. BR. 2,19. S.

7674. Id. BR. 2,65. S.

7675. Id. Amphore sous le cou. BR. 2,32. S.

7676. Id. BR. 2,02. S.

7677. ROVECA. Tête jeune, nue, à gauche.
℞. Cheval galopant à gauche; dessous, POOVIKA. BR. 2,30. S.

7678. ROVECA rétrograde. Tête à gauche; le cou orné du torques; dessous, amphore; deux points dans le champ.
℞. POOVIKA. Cheval à gauche; dessous, point centré; dessus, trois points centrés. BR. 2,85. S.

7679. Même tête à gauche; devant, point centré.
℞. Cheval à droite; dessus et dessous, point centré. BR. 2,54. S.

7680. Tête à droite.
℞. ROVE. Cheval à droite. BR. 3,80. S.

7681. ROVECA. Tête jeune et nue tournée à gauche.
℞. Cheval galopant à gauche; au-dessus, trois annelets centrés, placés deux et un; dessous, annelet centré. BR. 3,08. S.

7682. Id. BR. 2,87. S.

7683. Id. BR. 2,35. S.

ARCANTODAN. — ROVECA.

7684. ARCANTODAN devant une tête casquée tournée à gauche; derrière, ROVECA.
℞. Griffon femelle à droite; dessous, ligne perlée; dessus, des *S* couchés. BR. 3,84. S.

7685. Id. BR. 3,00. S.

7686. Id. BR. 2,92. S.

7687. Id. BR. 2,65. S.

7688. Id. BR. 4,78. L.

7689. Tête casquée à gauche; devant, cep de vigne.
℞. Griffon à droite; dessous, ligne perlée; dessus, des *S* couchés. BR. 3,40. S.

7690. ARCANTODAN ROVECA. Tête casquée à gauche.
℞. Griffon femelle bondissant à droite; dessous, ligne perlée; dessus, des *S* couchés et des annelets. BR. 4,12. AF.

7691. Tête casquée à gauche; derrière, cep de vigne.
℞. ROVECA. Griffon à droite. BR. 3,10. AF.

7692. Buste de Vénus à droite, dans une couronne de myrte.
℞. Cheval galopant à droite et placé devant un cep de vigne; devant le cheval, une feuille avec sa tige; à l'exergue, ROVECA. AR. 2,40. S.

Le droit est celui de la Considia. Cohen, pl. XIII, 10.

7693. Id. AR. 2,40. S.

7694. Id. AR. 2,26. S.

7695. Id. AR. 2,37. S.

7696. Id. AR. 2,20. AF.

7697. Id. AR. 2,39. AF.

7698. Id. Moins les grappes de raisin au cep de vigne. AR. 2,37. AF.

7699. Tête de Vénus à droite, dans une couronne de myrte.
℞. ROVECA. Cavalier à pied conduisant son cheval par la bride. AR. 2,45. S.

Poids. Prov.

7700. Tête jeune, nue, à gauche; devant, deux annelets.
℞. Cheval galopant à gauche; dessous, point centré et roue. BR. 2,68. AF.

Longpérier, *Rev. numism. franç.*, 1859, p. 100.
Saulcy, *id.*, 1860, p. 348.

SUESSIONES.

7701. Buste à gauche; au cou, torques.
℞. Cheval à droite; dessus, étoile à six pans; sous le ventre, rosace; devant, roue. (*Paris, pont au Change.*) BR. 4,28. S.

7702. Id. BR. 6,30. S.
7703. Id. (*Paris.*) BR. 6,22. S.
7704. Id. BR. 5,07. S.
7705. Id. BR. 4,53. S.
7706. Id. (*Paris.*) BR. 3,80. S.
7707. Id. BR. 4,25. AF.
7708. Id. BR. 3,62. S.
7709. Id. BR. 3,50. S.
7710. Id. (*Paris.*) BR. 2,70. S.

7711. Tête à gauche, le cou orné du torques.
℞. Cheval à droite; dessus, tableau quadrilatère; devant, roue. BR. 4,52. S.

7712. Id. BR. 4,13. S.

7713. NOVIIOD. Tête à gauche, le cou orné du torques.
℞. Cavalier à droite brandissant une épée et tenant de la main gauche le long bouclier gaulois; deux points centrés dans le champ. (*Près de Laon.*) AR. 2,32. S.

Saulcy, *Rev. numism. franç.*, 1859, p. 315; pl. XIII, n° 6.

7714. Tête d'Apollon à droite.
℞. Cavalier, brandissant une épée et armé d'un bouclier, marchant à droite. (*Laon.*) AR. 0,80. S.

7715. Lisse.
℞. Même cavalier. AR. 0,90. S.

7716. Tête nue, à gauche, le cou orné d'un torques.
℞. Cheval à droite, au-dessus d'un sanglier; dans le champ, deux points centrés et croix. BR. 3,16. AF.

7717. Tête à gauche, collier de perles au cou; devant la face, plusieurs annelets.
℞. ΔΕΙΟΥΙGΙΙΑGΟC. Cheval à droite; au-dessous, sanglier. (*Paris.*) BR. 4,55. S.

7718. Id. BR. 5,26. AF.
7719. Id. (*Paris.*) BR. 7,72. S.
7720. Id. BR. 4,50. S.
7721. Id. BR. 4,70. S.
7722. Id. BR. 5,05. S.
7723. Id. Moins la légende. BR. 3,70. S.
7724. Id. BR. 5,06. S.
7725. Id. BR. 4,07. S.
7726. Id. BR. 3,17. S.
7727. Id. Moins la légende. BR. 4,32. S.
7728. Id. BR. 5,30. S.

7729. ΔΕΙΟΥΙGΙΙΑ. Tête à gauche.
℞. ΔΕΙΥΙCΑC. Cheval galopant à droite, au-dessus d'un sanglier. BR. 3,35. S.

7730. Id. BR. 2,40. AF.
7731. Id. BR. 3,20. L.
7732. Id. ΔΕΟΥΙGΙΙ. ΔΕΙΥΙC. BR. 2,95. S.
7733. Id. ...ΔΕΙΥΙCΑC. BR. 2,70. S.
7734. Id. ΔΕΙΟΥΙCΙΙ. ΔΕΙΥΙC. BR. 3,12. S.
7735. Id. Id. BR. 3,60. S.
7736. Id. ΔΕΙΟΥΙGΙΙΑ. ΔΕΙΥΙCΑ. BR. 2,25. S.

7737. ...ΚΙΙΑΚ. Buste à gauche, le cou orné du torques.
℞. ΔΕΙΥΙCΙΑ. Cheval à droite, au-dessus d'un sanglier. BR. 3,10. S.

Divitiacus, vergobret des Eduens. — Hucher, *Rev. numism. franç.*, 1854, p. 85.
Saulcy, *id.*, 1859, p. 314.

7738. CΑΛΟΥ. Tête à droite, le cou orné du torques et portant une sorte de couronne formée d'anneaux.
℞. Cheval galopant à gauche; au-dessus, point centré et quatre étoiles; dessous, point centré. BR. 1,80. S.

7739. CΑΛΟΥ. Tête à droite, le cou orné du torques.
℞. Cheval galopant à gau-

7701ª. Tête à g.; devant un fleuron. ℞ Cheval à dr.; au dessus étoile à 6 pans, sous le ventre rosace, au dessous serpent.
R$. 1305
Br. 2 g. 75

Poids. Prov.

che; au-dessus, point centré et trois étoiles; dessous, point centré. BR. 1,73. AF.

7740. Id. BR. 1,80. S.
7741. Id. AVOA. BR. 2,05. S.
7742. Id. CAAV. BR. 1,57. S.
7743. Id. Légende confuse. BR. 1,90. S.
7744. Id. CAAOY. BR. 1,74. S.
7745. Id. CAA. BR. 2,02. S.
7746. Id. BR. 1,58. S.
7747. Id. BR. 1,92. S.
7748. Tête fruste à droite.
℟. ...AOVA. Cheval galopant à gauche; au-dessus, point centré et deux étoiles. BR. 1,70. S.
7749. Id. Moins la légende. BR. 2,05. S.
7750. Id. (*Maubeuge.*) BR. 1,37. S.
7751. Id. (*Naix [Meuse].*) BR. 2,20. S.
7752. Id. BR. 1,05. S.
7753. Id. BR. 1,50. S.
7754. Id. BR. 1,74. S.
7755. Id. BR. 1,42. S.
7756. Id. (*La Cheppe [Marne].*) BR. 1,80. S.
7757. Id. BR. 1,90. S.
7758. Id. BR. 2,26. S.
7759. Id. BR. 1,50. S.
7760. Id. BR. 1,75. S.
7761. Id. BR. 1,73. S.

Saulcy, *Rev. numism. franç.*, 1859, p. 316.

MAU.

Hucher, *Rev. numism. franç.*, 1859, p. 96.

7762. Tête nue à droite.
℟. Cheval galopant à gauche; dessus, point centré et trois étoiles; dessous, trois points centrés et MAY. (*Château-Porcien [Ardennes].*) BR. 1,82. S.
7763. Id. Moins la légende. BR. 1,73. AF.
7764. Id. BR. 1,93. AF.
7765. Id. BR. 1,62. AF.
7766. Id. MAV. BR. 1,75. S.
7767. Id. Moins la légende. BR. 1,60. S.
7768. Id. MAV. BR. 1,30. S.
7769. Id. BR. 2,10. S.
7770. Tête nue à droite; au-dessus, trois globules.
℟. Cheval galopant à gauche; dessus, point centré et trois étoiles; dessous, trois points centrés et MAV; devant le poitrail, point centré. BR. 1,67. S.
7771. Buste imberbe à droite.
℟. Cheval libre galopant à gauche; au-dessus, point centré et trois étoiles; dessous, trois points centrés et MAV. BR. 1,77. L.
7772. Id. BR. 2,15. S.
7773. Tête fruste.
℟. Cheval à gauche; dessus, point centré et trois étoiles; dessous, trois points centrés. BR. 1,83. AF.
7774. Id. BR. 2,12. S.
7775. Id. BR. 1,75. S.
7776. Lisse.
℟. Cheval marchant à droite. BR. 1,57. S.

PARISII.

7777. Tête à droite; devant la bouche, fleuron.
℟. Cheval à gauche; au-dessus, filet triangulaire avec point dans chacune des mailles; dessous, rosace. Statère. OR. 7,05. S.
7778. Id. Avec entaille au revers. OR. 6,90. R.
7779. Tête à droite; devant la bouche, fleuron et point centré.
℟. Cheval à gauche; au-dessus, filet; dessous, rosace; entre les jambes de devant, étoile. Entaille au revers. OR. 7,12. S.
7780. Id. Entaille au revers. OR. 7,15. AF.
7781. Id. Id. OR. 7,17. AF.
7782. Tête à droite, les cheveux divisés en grosses mèches; devant la bouche, S.
℟. Cheval à gauche, la bride flottante; au-dessus, filet; dessous, rosace. OR. 7,27. S.
7783. Id. OR. 7,28. L.
7784. Id. OR. 7,60. AF.

			Poids.	Prov.
7785.	Id.	OR.	7,05.	S.
7786.	Id. Entaille au revers.	OR.	7,15.	S.
7787.	Id. Flanc épais. Fragmenté.	OR.	6,67.	S.
7788.	Tête à droite, les mèches de cheveux encadrées de perles; devant la bouche, fleuron. ℞. Cheval à droite, la bride flottante; dessus, filet; dessous, rosace.	OR.	6,93.	S.
7789.	Tête à droite, la figure entourée d'un cercle perlé ouvert dont les extrémités se recourbent à la place de l'oreille. La joue tatouée d'une croix. ℞. Cheval à gauche; dessus, filet; dessous, rosace.	OR.	3,36.	S.
7790.	Id.	OR.	7,02.	AF.
7791.	Tête à droite, les cheveux divisés en grosses mèches. ℞. Cheval à gauche, la bride flottante; au-dessus, filet; dessous, rosace.	OR.	1,83.	AF.
7792.	Id.	OR.	1,78.	S.
7793.	Id. Entaille au revers.	OR.	1,76.	S.
7794.	Id. Entaille au revers.	OR.	1,80.	S.
7795.	Tête à droite. ℞. Cheval à gauche; au-dessus, filet élégant; dessous, rosace. (*Paris, pont au Change.*)	OR.	1,72.	S.
7796.	Id. La rosace en croix. (*Paris, pont Louis-Philippe.*)	OR.	1,07.	S.
7797.	Id.	OR.	1,76.	AF.
7798.	Id.	OR.	1,62.	AF.
7799.	Tête à droite. ℞. Cheval à gauche; au-dessus, filet élégant; dessous, rosace.	OR.	1,73.	S.
7800.	Id. La rosace en croix.	OR.	1,57.	S.
7801.	Tête à droite. ℞. Cheval à gauche; devant la bouche, S; au-dessus du cheval, rosace et filet.	OR.	2,07.	S.
7802.	Id.	OR.	2,00.	S.
7803.	Id.	OR.	1,97.	S.
7804.	Id. Entaille au droit et au revers.	OR.	2,05.	S.
7805.	Id. Entaille au droit.	OR.	1,96.	S.
7806.	Tête à droite. ℞. Cheval à gauche; au-dessus, rosace et fleuron.	OR.	1,90.	S.
7807.	Id.	OR.	1,97.	S.
7808.	Id. Entaille au revers.	OR.	2,00.	S.
7809.	Id. Id.	OR.	1,90.	S.
7810.	Id. Id.	OR.	1,92.	S.
7811.	Id. Id. (*Environs de Noyon.*)	OR.	1,87.	S.
7812.	Tête à droite. ℞. Cheval à gauche; dessous, rosace. Entaille au droit et au revers.	OR.	1,80.	S.
7813.	Id. Entaille au droit et au revers.	OR.	2,00.	S.
7814.	Id. Entaille au droit et au revers.	OR.	2,00.	S.
7815.	Id. Entaille au droit.	OR.	1,91.	S.
7816.	Tête à droite, la figure entourée d'un cercle de perles. ℞. Cheval à gauche; dessus, filet; dessous, rosace. Statère.	OR.	7,50.	S.
7817.	Id. Quart de statère.	OR.	1,60.	S.
7818.	Tête de Diane à droite, la tête surmontée du croissant; devant la face, feston. ℞. Cheval à gauche; dessus, S couché; dessous, point et large croissant.	Potin.	3,00.	S.
7819.	Id.	Potin.	3,12.	AF.
7820.	Id.	Potin.	5,13.	AF.
7821.	Id	Potin.	3,65.	L.
7822.	Id.	Potin.	4,30.	S.
7823.	Id.	Potin.	3,25.	S.
7824.	Id.	Potin.	4,40.	S.
7825.	Id.	Potin.	4,65.	S.
7826.	Id.	Potin.	4,10.	S.
7827.	Id.	Potin.	4,60.	S.

Lelewel, *Type gaulois*, pl. II, n° 13.

7828.	Tête de Diane à droite, la tête surmontée du croissant. ℞. Cheval à gauche; dessus, S couché; dessous, point et large croissant; derrière le cheval, deux autres croissants. (*Paris, pont Notre-Dame.*)	Potin.	4,93.	S.
7829.	Même tête. ℞. Cheval à gauche; dessus, S couché; dessous, point			

7845a. VENEXTOC. Electrum. Tête à gauche. R/ androcéphale à droite (1904/582)

7846a. KNEYT Tête barbare à g. & Cheval à dr., au dessus, un oiseau. Bron. ©. K. Ap. 12 — N 1202 —

		Poids.	Prov.
et large croissant; derrière le cheval, deux annelets.	Potin.	3,45.	S.
7830. Id. (*Paris.*)	Potin.	3,37.	S.
7831. Id. (*Paris.*)	Potin.	3,32.	S.
7832. Id. (*Meaux.*)	Potin.	4,55.	S.
7833. Id.	Potin.	4,70.	S.
7834. Id. (*Paris.*)	Potin.	3,60.	S.
7835. Id.	Potin.	2,85.	S.
7836. Id. (*Paris.*)	Potin.	4,55.	S.
7837. Id. (*Paris.*)	Potin.	4,00.	S.
7838. Id. (*Paris.*)	Potin.	4,10.	S.
7839. Tête de Diane à droite, la tête surmontée du croissant. ℞. Cheval à gauche; dessus, S couché; dessous, point centré, point, large croissant; derrière le cheval, deux annelets. (*Paris.*)	Potin.	3,90.	S.
7840. Id. (*Paris.*)	Potin.	4,20.	S.
7841. Id. (*Paris, préfecture de police.*)	Potin.	3,97.	S.
7842. Id.	Potin.	3,35.	S.
7843. Id. (*Paris.*)	Potin.	4,92.	S.
7844. Id. (*Paris.*)	Potin.	3,89.	S.

VENEXTOS.

		Poids.	Prov.
7845. ..EXTOC. Tête barbare à gauche. ℞. Androcéphale à droite; l'aurige réduit à une tête coupée tient le cordon auquel est suspendu le tableau quadrilatère; sous le cheval, fleur. (*Huelgoat [Finistère].*)	Or.	6,78.	S.
7846. VENEXTOC. Tête à gauche; devant, deux annelets. ℞. Cheval androcéphale à droite; dessus, oiseau; à l'entour, rosace et annelets.	BR.	5,12.	S.
7847. Id.	BR.	3,75.	AF.
7848. Id. (*Paris.*)	BR.	4,98.	S.
7849. Id. (*Paris.*)	BR.	4,60.	S.
Pl. XXVI, 9c 7850. Id. (*Paris.*)	BR.	4,72.	S.
7851. Id. (*Paris.*)	BR.	6,30.	S.
7852. Id.	BR.	4,55.	S.
7853. Id. (*Paris.*)	BR.	3,95.	S.
7854. Id.	BR.	4,25.	S.
7855. Id.	BR.	4,30.	S.
7856. Id.	BR.	4,32.	S.
7857. Id.	BR.	3,22.	S.
7858. Tête à gauche. ℞. Cheval androcéphale à gauche; dessus et dessous, roue; devant, tableau quadrilatère suspendu à un cordon.	AR.	2,80.	S.

Saulcy, *Rev. numismat. franç.*, 1858, p. 438.

SILVANECTES.

		Poids.	Prov.
7859. Tête nue à droite. ℞. Cheval à gauche; au-dessus, point centré.	Potin.	4,75.	S.
7860. Id.	Potin.	3,87.	AF.
7861. Tête nue à droite; devant la face, croissant; collier de perles; annelets au pourtour. ℞. Cheval à gauche; dessus, S couché; dessous, A; annelets et grènetis au pourtour.	Potin.	4,27.	S.
7862. Id.	Potin.	4,65.	AF.
7863. Id.	Potin.	3,85.	AF.
7864. Id.	Potin.	4,10.	AF.
7865. Id.	Potin.	4,52.	S.
7866. Id. (*Paris, pont Saint-Michel.*)	Potin.	4,53.	S.
7867. Id. (*Noyon.*)	Potin.	5,03.	S.
7868. Tête nue, à droite, les cheveux disposés en anneaux et une ligne de zigzags devant la face. ℞. Cheval à gauche; au-dessus, point centré; dessous, croix. (*Compiègne.*)	Potin.	3,50.	S.
7869. Id.	Potin.	3,70.	AF.
7870. Id. (*Senlis.*)	Potin.	5,00.	AF.
7871. Id.	Potin.	4,55.	S.
7872. Id.	Potin.	3,02.	S.

Lambert, 1re part., pl. VII, n° 21.

		Poids.	Prov.
7873. Fleuron formé de quatre pétales en S. ℞. Cheval à gauche; dessous, rosace; dessus et devant, point centré. (*Beaumont-sur-Oise.*)	Potin.	3,85.	S.
7874. Id.	Potin.	4,23.	AF.

			Poids.	Prov.
7875.	Id. (*Près de Senlis.*)	Potin.	3,09.	L.
7876.	Id. Pièce fragmentée. (*Paris.*)	Potin.	2,36.	S.

BELLOVACI.

			Poids.	Prov.
7877.	Tête laurée à droite, à grande chevelure frisée; bandeau vertical au-dessus de l'oreille. R. Cheval belge à gorge fourchue à droite; dessus, victoire; dessous, rosace.	OR.	7,20.	S.
7878.	Id.	OR.	7,62.	S.
7879.	Tête laurée à droite, chevelure frisée, tige verticale au-dessus de l'oreille. R. Bige à droite; au-dessus, victoire; dessous, rosace.	OR.	1,80.	S.
7880.	Id.	OR.	1,85.	S.
7881.	Id.	OR.	1,88.	S.
7882.	Id.	OR.	1,82.	S.
7883.	Id.	OR.	1,67.	S.
7884.	Id.	OR.	1,97.	S.
7885.	Tête laurée à gauche, chevelure frisée, tige verticale au-dessus de l'oreille. R. Bige à gauche; au-dessus, victoire; dessous, rosace; dans le champ, ΔTO.	OR.	7,42.	S.
7886.	Id. Moins ΔTO.	OR.	7,15.	S.
7887.	Id.	OR.	7,25.	S.
7888.	Tête laurée à gauche, avec la chevelure frisée et la tige verticale au-dessus de l'oreille. R. Bige à gauche; au-dessus, victoire; dessous, rosace; dans le champ, ΔO.	OR.	7,65.	AF.
7889.	Tête laurée à droite avec la tige verticale. R. Bige à gauche; au-dessus, victoire. (*Melun.*)	OR.	1,80.	S.
7890.	Tête laurée à gauche avec la tige verticale. R. Bige à gauche; au-dessus, victoire; dessous, rosace; devant, croissant.	OR.	1,79.	S.
7891.	Id.	OR.	1,84.	S.
7892.	Id. Moins le croissant.	OR.	1,85.	S.
7893.	Id.	OR.	1,90.	L.
7894.	Tête laurée à droite avec la tige verticale. R. Bige à droite.	BR.	0,73.	S.
7895.	Tête à droite, coiffée d'une tige garnie de baies. R. Cheval à gauche; dessus, figure dansant; dessous, fleuron. Demi-statère.	OR.	3,75.	S.
7896.	Tête à droite, coiffée d'une tige verticale. R. Bige à gauche; l'aurige danse et tient un long cordon relié à l'exergue; sous le cheval, fleuron.	OR.	4,03.	S.
7897.	Tête barbare à droite. R. Bige à gauche; sur la croupe du cheval, personnage dansant; rinceaux et fleuron. Entaille au revers.	OR.	2,78.	AF.

Anc. coll. Koryarlou, n° 403.

			Poids.	Prov.
7898.	Semblable au n° 7896.	OR.	4,06.	AF.
7899.	Tête laurée à gauche. R. Cheval à droite; au-dessus, victoire; dessous, fleuron. Quart de statère.	OR.	1,00.	S.
7900.	Tête laurée à droite. R. Cheval à gauche; victoire au-dessus; dessous, fleuron.	OR.	1,97.	S.
7901.	Tête d'Hercule jeune, à droite. R. Griffon à gauche; dessous, fleuron.	OR.	1,88.	S.
7902.	Id.	OR.	1,82.	S.
7903.	Id.	OR.	2,02.	S.
7904.	Tête barbare à droite. R. Griffon à droite. Demi-statère.	OR.	4,02.	S.
7905.	Tête barbare à droite. R. Sanglier à droite; point centré entre ses jambes; dessous, cinq globules au-dessus d'un hémicycle. (*Paris.*)	Potin.	3,92.	S.
7906.	Id.	Potin.	3,57.	L.
7907.	Id.	Potin.	3,31.	AF.
7908.	Id.	Potin.	2,75.	AF.
7909.	Id.	Potin.	3,07.	AF.
7910.	Id.	Potin.	4,56.	AF.
7911.	Id.	Potin.	4,42.	S.
7912.	Id. (*Beauvais.*)	Potin.	3,43.	S.

			Poids.	Prov.
7913.	Id. (*Reims.*)	Potin.	3,37.	S.
7914.	Id. (*Reims.*)	Potin.	2,37.	S.
7915.	Id.	Potin.	3,87.	S.
7916.	Id. (*Paris.*)	Potin.	4,20.	S.
7917.	Id.	Potin.	4,04.	S.
7918.	Id. (*Paris.*)	Potin.	3,95.	S.
7919.	Id. (*Paris.*)	Potin.	3,90.	S.
7920.	Id.	Potin.	3,80.	S.
7921.	Id.	Potin.	4,58.	S.
7922.	Id. (*Vendeuil-Caply.*)	Potin.	2,98.	S.
7923.	Id.	Potin.	3,82.	S.

Lambert, 2e part., pl. I, no 26; 1re part., pl. I, no 13.

7924.	Tête chevelue à gauche. ℞. Cheval à droite; dessus, ω; dessous, symbole en forme d'osselet ou de cuirasse.	Potin.	4,02.	S.
7925.	Id.	Potin.	4,48.	AF.
7926.	Id.	Potin.	5,11.	S.
7927.	Id.	Potin.	4,25.	S.
7928.	Id. (*Noyon.*)	Potin.	4,30.	S.
7929.	Id. Moitié de pièce.	Potin.	1,54.	S.
7930.	Tête à gauche. ℞. Croix aux bras recourbés. (*Terminiers.*)	Potin.	3,90.	S.
7931.	Id.	Potin.	2,65.	S.
7932.	Id.	Potin.	3,67.	S.

Hucher, *Art gaulois*, 2e part., no 170, p. 106.

7933.	Tête barbare à gauche. ℞. Type indéterminé. (*Paris.*)	Potin.	4,10.	S.
7934.	Tête barbare à gauche. ℞. Type indéterminé.	Potin.	3,90.	S.
7935.	O|O. ℞. Type indéterminé.	Potin.	3,05.	S.
7936.	Tête chevelue à gauche. ℞. Taureau cornupète.	Potin.	2,80.	S.
7937.	Id.	Potin.	3,15.	AF.
7938.	Id.	Potin.	3,09.	AF.

La figure du revers exprime la dégénérescence du type du taureau cornupète, ainsi que l'a reconnu Duchalais.

7939.	Tête chevelue à gauche. ℞. Taureau cornupète à gauche.	Potin.	3,29.	S.
7940.	Tête barbare à gauche. ℞. Trois S et trois globules en triangle.	Potin.	4,91.	AF.

CRICIRU.

			Poids.	Prov.
7941.	Rosace avec l'œil des monnaies LVCOTIOS, VOCARAN, OTTINA, et le filet des monnaies d'or des Parisiens. ℞. Cheval galopant à gauche; dessous, rouelle et S couché.	OR.	5,90.	S.
7942.	Même rosace. ℞. Cheval galopant à gauche; dessous, point centré; derrière, point centré plus petit.	OR.	5,85.	S.
7943.	Même rosace. ℞. Cheval à gauche; dessous, point centré. (*Vermand.*)	OR.	5,88.	S.
7944.	Même rosace. ℞. Cheval à gauche; au-dessus, CRICIRV; dessous, point centré. (*Senlis.*)	OR.	5,87.	S.
7945.	Même rosace. ℞. Cheval à gauche; dessous, annelet centré et légende CRICIRV; derrière, annelet centré.	OR.	5,92.	S.
7946.	Buste à gauche; au cou, torques; devant la figure, un fleuron. ℞. Cheval sanglé galopant à gauche; dessous, dauphin à droite. CRICIRV.	AR.	2,30.	S.
7947.	Id.	AR.	2,20.	AF.
7948.	Même buste. ℞. Cheval sanglé galopant à gauche; dessus, point centré et CRICIR; dessous, dauphin.	AR.	2,00.	S.
7949.	Buste tourné à gauche et décoré du torques gaulois; devant la figure, fleuron; derrière l'épaule gauche, annelet centré. ℞. Cheval sanglé galopant à gauche; sur la croupe, un oiseau et deux annelets centrés; sous le ventre du cheval, annelet centré et légende CRICRV. (*Trouvé à Reims en 1852.*)	AR.	2,32.	S.

7950. Même buste.

7944a CRIC/AC. Symboles divers, parmi lesquels un œil, une aile et deux annelets centrés. ℞. Cheval à g., surmonté d'une fibule; au-dessous, annelet centré. — M 7451 —

7944c Variété — — L 3343 —

Poids. Titre.

R. Cheval sanglé galopant à gauche; dessus, CRICIRV; dessous, un loup. AR. 2,10. S.

7951. Tête casquée à gauche.
R. CRICIRV. Cheval ailé à gauche. (*Beaumont-sur-Oise.*) BR. 2,65. S.

7952. Id. BR. 2,08. AF.

7953. Id. BR. 3,20. AF.

7954. Id. BR. 3,02. AF.

7955. Id. BR. 2,02. AF.

7956. Id. BR. 2,29. L.

7957. Id. BR. 3,01. L.

7958. Id. (*Meaux.*) BR. 3,47. S.

7959. Id. (*Reims.*) BR. 3,00. S.

7960. Id. BR. 2,57. S.

7961. Id. (*Paris.*) BR. 2,81. S.

7962. Id. (*Paris.*) BR. 2,85. S.

7963. Tête casquée à gauche.
R. Cheval ailé à gauche; dessous, point centré et CRICIRV. BR. 2,45. S.

7964. Id. BR. 2,55. AF.

7965. Tête casquée, barbue, à gauche; devant, S.
R. Cheval ailé à gauche; dessous, point centré et CRICIRV. BR. 2,70. S.

7966. Id. BR. 2,43. S.

7967. Id. Avec deux S devant la tête. BR. 3,02. S.

7968. Tête casquée à gauche.
R. Cheval ailé à gauche; dessous, annelet centré et légende CRICIRV, dont l'V final est rejeté entre la jambe de derrière et la queue du cheval. BR. 3,06. S.

7969. Id. CRICIRV. BR. 2,35. S.

7970. Tête casquée à gauche.
R. Cheval ailé à gauche; dessous, point centré et CRICIRV, dont l'V final est rejeté derrière la queue du cheval. BR. 3,45. S.

7971. Id. BR. 3,47. S.

7972. Tête casquée à gauche.
R. Cheval ailé à gauche; devant le poitrail, annelet; dessous, CRICRONIS. BR. 2,30. S.

7973. Id. Avec CRICIRONIS. BR. 2,02. AF.

Poids. Titre.

7974. Tête casquée à gauche.
R. Cheval ailé à gauche; à l'entour, légende CRICIRONVS rétrograde. BR. 2,45. S.

7975. Id. BR. 2,80. S.

Pellerin, t. I, pl. VI, n° 32.
Vergnaud-Romagnési, *Rev. numism. franç.*, 1836, p. 387.
Hucher, *id.*, 1853, p. 13.
Longpérier, *id.*, 1859, p. 103.
Saulcy, *id.*, 1860, p. 353.

La légende CRICIRV, CRICIRONIS, CRICIRONVS, paraît devoir représenter un nom de chef.

M. de Longpérier (*loc. cit.*) a signalé les noms de potiers CRICIRO, à Neuwied et à Augst-Voorburg, CRICIRONVS, à Amiens, et CRICIRI d'une inscription de Langres.

Les médailles de Criciru ont été classées aux Mediomatrici, aux Meldi et aux Bellovaci.

M. de Saulcy voit dans la forme CRICIRV le nom du chef bellovaque Corréus, qui fut battu par César; mais ce n'est là qu'une hypothèse.

NIREI MVTINVS.

7976. NIREI MVTINVS. Tête casquée à gauche.
R. Cheval à droite; dessus, enseigne; dessous, oiseau et VORO. (*Vendeuil-Caply.*) BR. 2,53. S.

7977. Id. Avec NIREI... BR. 2,88. S.

7978. Id. Avec MVTINVS... BR. 2,92. S.

CAIC.

7979. Buste à droite; devant, CAIC.
R. cheval à droite; dessous, point centré; à l'exergue, OYOAV. BR. 1,85. S.

VADNEILOS. — VANDELOS. — VANDIIAOS.

7980. Buste de Diane à gauche, le cou orné du torques.
R. VADNEILOS. Aigle éployé; dans le champ, pentagone et deux points centrés. BR. 3,36. S.

7981. Id. BR. 3,66. AF.

7982. Id. Coup de cisaille du côté de la tête. BR. 4,08. AF.

7983. Buste à gauche.

Poids. Prov.

℞. VANDHAIOS. Aigle éployé; dans le champ, pentagone et deux points centrés. BR. 3,31. L.

7984. Buste de Diane à gauche, le cou orné du torques.
℞. ...HAIOS. Aigle éployé; dans le champ, deux pentagones et deux points centrés. BR. 3,61. AF.

7985. Id. BR. 3,71. AF.

7986. Id. Avec VANDH... BR. 3,25. L.

7987. Id. Avec VANDHAIOS. BR. 3,35. S.

7988. Id. Avec ...AIOS. BR. 3,60. S.

7989. Id. Légende rognée. BR. 2,88. S.

7990. Buste à gauche, le cou orné du torques.
℞. VANDHILOS. Aigle éployé; dans le champ, deux pentagones et point centré. BR. 3,20. S.

7991. Buste de Diane.
℞. VANDHILOS. Aigle éployé; dans le champ, deux points centrés. BR. 2,70. S.

7992. Buste de Diane à gauche.
℞. ...HAIOS. Aigle éployé; dans le champ, deux pentagones et point centré. BR. 3,50. S.

7993. Buste de Diane.
℞. VANDHIꝁOS. Aigle éployé; dans le champ, deux pentagones et deux points centrés. BR. 3,12. S.

7994. Id. Avec ...DHIꝁOS. BR. 3,58. S.

7995. Id. Avec VANDHIꝁOS. BR. 2,74. S.

7996. Buste de Diane.
℞. ...HAIOS. Aigle éployé; dans le champ, deux pentagones et deux points centrés. BR. 3,18. S.

7997. Id. AWDHAIOS. BR. 3,25. S.

7998. Id. VANDH... BR. 2,30. S.

7999. Id. Légende confuse. BR. 3,45. S.

Hucher, *Rev. numism. franç.*, 1855, p. 369.

CALIAGIIIS.

8000. Buste de Diane à gauche, le cou orné du torques.
℞. CALIAGIIIS. Aigle et aiglon éployés. BR. 3,38. S.

Poids. Prov.

8001. Id. BR. 2,96. AF.

8002. Id. BR. 3,17. AF.

8003. Id. BR. 3,15. L.

8004. Id. BR. 3,23. S.

8005. Id. BR. 3,43. S.

8006. Id. (*Gergovie.*) BR. 3,15. S.

8007. Id. (*Levroux.*) BR. 3,00. S.

8008. Buste de Diane à gauche.
℞. CALIAGIIIS rétrograde. Aigle et aiglon. BR. 3,80. S.

8009. Buste de Diane, le cou orné du torques.
℞. CALIAGIIIS. Aigle éployé; dans le champ, deux pentagones et deux points centrés. (*Vendeuil.*) BR. 2,92. S.

8010. Id. BR. 4,15. AF.

8011. Id. (*Levroux.*) BR. 3,02. S.

8012. Buste de Diane à gauche.
℞. CALIAGIIIS, en légende rétrograde. Aigle éployé; dans le champ, deux points centrés et deux pentagones. BR. 3,34. S.

8013. Id. BR. 3,21. AF.

Hucher, *Rev. numism. franç.*, 1855, p. 381.

8014. Buste de Diane à gauche, le cou orné du torques.
℞. ...NR.. Aigle éployé; dans le champ, pentagone et point centré. BR. 2,02. S.

On est redevable à M. Hucher de la lecture définitive des bronzes à légendes VANDHILOS et CALIAGIIIS, dont les types sont semblables.

Suivant M. Hucher, le mot VANDHILOS peut représenter un nom de chef, de peuple ou de ville. Si c'est un nom de chef, on doit renoncer à déterminer sa patrie.

Au contraire, supposons que VANDHILOS soit un nom de peuple ou de ville, la ressemblance qui existe entre ce mot et le nom moderne de Vendeuil, pagus Vindiolensis des Carlovingiens, paraît à M. Hucher assez forte pour qu'on soit tenté de voir sur nos médailles le nom gaulois de la ville inconnue qui était située près de Vendeuil et de Breteuil, dans le diocèse de Beauvais.

La légende CALIAGIIIS de l'autre médaille qu'on trouve près de Vendeuil donne lieu aux mêmes hypothèses que la médaille précédente. Doit-on voir dans ce mot un nom de chef ou de localité?

Dans la dernière hypothèse, on peut admettre que CALIAGIIIS est le nom gaulois de Caply, village tout près de Vendeuil, ou en dégageant, ce qui est difficile, VANDHILOS de CALIAGIIIS, voir dans ce dernier le nom de

Chailly, CALAGVM et CALLIACVM, ancienne localité dans le parcours de la route de Beauvais à Troyes.

M. Hucher ne peut, en définitive, se résoudre à attribuer nos médailles à Chailly, attribution basée sur une ressemblance, peut-être fortuite, dans les noms.

La provenance de Vendeuil pourrait autoriser le classement de nos médailles aux Bellovaques, mais la trouvaille faite à Levroux (Indre), d'un bien plus grand nombre d'exemplaires des VANDIILOS et CALIAGIIIS, nous reporterait aux Bituriges. Alors le type de l'aigle éployé, si commun au-dessus du cheval, sur les statères bituriges, serait un argument de plus en faveur de l'attribution à ce peuple. Les VANDIILOS et CALIAGIIIS ont encore été recueillis dans les fossés d'Alise, et sont antérieurs à l'an 51 avant notre ère.

Poids. Prov.

REMI.

8015. Grand œil de profil.
℞. Cheval à gauche; dessous, une roue. OR. 5,90.

8016. Œil de profil.
℞. Cheval à gauche; dessous, une roue. OR. 5,91. S.

8017. Grand œil de profil.
℞. Cheval à gauche; dessous, roue. OR. 5,97. S.

8018. Id. OR. 6,05. S.

8019. Grand œil de profil.
℞. Cheval à droite avec auriga; dessous, une roue. OR. 5,98. S.

8020. Id. OR. 6,05. S.

8021. Id. OR. 5,98. S.

8022. Id. Avec trois globules derrière le cheval. OR. 6,00. S.

8023. Id. Même observation. OR. 6,02. S.

8024. Grand œil de profil.
℞. Cheval à droite avec auriga; dessous, une roue. OR. 6,10. S.

8025. Id. OR. 5,95. AF.

8026. Id. OR. 5,92. S.

8027. Id. OR. 6,07. S.

8028. Id. Le type du droit dégénéré. (*Trouvé à Châteaudun.*) OR. 5,40. S.

8029. Œil de profil.
℞. Cheval à droite avec auriga; dessous, une roue. BR. 4,07. S.

8030. Tête à droite.
℞. Cheval à gauche; dessous, astre. Électrum. 1,30. S.

8031. Id. (*Boviolles.*) Argent doré. 1,32. S.

8032. Même tête.
℞. Cheval à gauche; dessous, cercle. AR. 1,42. S.

8033. Id. (*Maubeuge.*) AR. 1,47. S.

8034. Id. (*Boviolles.*) Électrum. 1,06. S.

8035. Id. Tige sous le cheval. Électrum. 0,98. S.

8036. Tête à droite.
℞. Cheval à gauche; dessous, deux globules. AR. doré. 1,27. S.

8037. Lisse.
℞. Cheval à gauche; dessous, cercle. (*Trouvé à Paris.*) Bas électrum. 1,10. S.

REMOS.

8038. REMO. Trois bustes accolés de profil à gauche.
℞. REMO. Aurige ou Victoire dans un bige au galop à gauche. BR. 2,70. S.

Le revers de la Cœlia. Cohen, pl. XIII, Cœlia, 2.

8039. Id. BR. 2,15. AF.

8040. Id. BR. 2,55. AF.

8041. Id. BR. 3,58. L.

8042. Id. BR. 2,44. L.

8043. Id. BR. 3,08. L.

8044. Id. (*Reims.*) BR. 2,80. S.

8045. Id. (*Paris.*) BR. 2,42. S.

8046. Id. BR. 2,27. S.

8047. Id. BR. 2,00. S.

8048. Id. BR. 1,72. S.

8049. Id. BR. 2,67. S.

8050. Id. BR. 2,80. S.

8051. Id. (*Palenne, près Pierrefonds.*) BR. 3,07. S.

8052. REMO. Trois bustes accolés.
℞. Même type incus. (*Palenne, près Pierrefonds.*) BR. 2,45. S.

8053. Usé.
℞. REMO. Bige à gauche. BR. 1,97. S.

Hucher, *Rev. numism. franç.*, 1853, p. 15.
Bretagne, *Rev. numism. franç.*, 1854, p. 143.

ATISIOS. — REMOS.

8054. ATISIOS REMOS. Tête imberbe à gauche, derrière, une rosace.
℞. Lion à gauche; dessous, dauphin. BR. 5,53. S.

8055. Id. BR. 5,66. AF.

			Poids.	Prov.
8056.	Id.	BR.	5,73.	AF.
8057.	Id.	BR.	5,84.	AF.
8058.	Id.	BR.	5,69.	AF.
8059.	Id.	BR.	5,31.	AF.
8060.	Id.	BR.	5,50.	AF.
8061.	Id.	BR.	5,50.	AF.
8062.	Id.	BR.	5,50.	AF.
8063.	Id.	BR.	5,65.	AF.
8064.	Id.	BR.	5,71.	AF.
8065.	Id.	BR.	4,74.	L.
8066.	Id.	BR.	5,22.	L.
8067.	Id. Pas de rosace derrière la tête.	BR.	5,58.	L.
8068.	Id. Avec rosace.	BR.	5,68.	L.
8069.	Id.	BR.	5,04.	S.
8070.	Id. (*Paris.*)	BR.	5,72.	S.
8071.	Id.	BR.	5,71.	S.
8072.	Id.	BR.	5,37.	S.
8073.	Id. (*Paris.*)	BR.	5,57.	S.
8074.	Id. (*Corbeny* [*Aisne*].)	BR.	6,00.	S.
8075.	Id.	BR.	5,00.	S.
8076.	Id. (*Paris.*)	BR.	4,70.	S.
8077.	Id. (*Reims.*)	BR.	4,74.	S.
8078.	Id. (*Reims.*)	BR.	5,75.	S.
8079.	Id.	BR.	5,20.	S.
8080.	Id.	BR.	5,70.	S.
8081.	OMAOS. Tête à gauche. ℞. Lion à gauche; quatre annelets dans le champ.	BR.	5,35.	AF.
8082.	ATISIOS REMOS. Tête imberbe à gauche; derrière, rosace. ℞. Lion à gauche; dessous et devant, annelet.	BR.	5,72.	AF.
8083.	Id.	BR.	4,80.	AF.

Le nom d'Atés semble particulier aux Gaulois; c'est sans doute le même que l'on trouve sur la médaille de Reims : REMOS ATISIOS.

La Saussaye, *Rev. numism. franç.*, 1838, p. 81, note 2.
Longpérier, *Notice des monnaies françaises de J. Rousseau*, p. 13.

8084.	Buste imberbe diadémé, à droite; au cou, torques. ℞. ATESOS. Bœuf dressé à gauche et levant la tête; au-dessus, S couché et croissant; dessous, large annelet. (*Trouvé à Reims*, en juin 1874, et donné au Cabinet des médailles, par M. A. de Barthélemy.)	BR.	5,02.	AF.
8085.	KRACCVS. Buste imberbe ailé, diadémé, à droite; au cou, torques. Les épaules et les reins accentués. ℞. R. M.. Cheval galopant à gauche; dessus, croissant; derrière et dessous, S.	BR.	3,95.	AF.

Maxe-Werly, *Mélanges de numismatique*, p. 165.
Hucher, *Mélanges de numismatique*, p. 169.

AGHIDIAC. — A HIR IMP.

8086.	AGHIDIAC. Buste de femme à droite. ℞. A HIR. IMP. Lion marchant à droite.	BR.	2,80.	S.
8087.	Id.	BR.	3,15.	AF.
8088.	Id.	BR.	2,83.	AF.
8089.	Id. (*Vendeuil-Caply.*)	BR.	2,80.	S.
8090.	Id. Même provenance.	BR.	2,33.	S.
8091.	Id.	BR.	2,15.	S.

Saulcy, *Rev. numism. franç.*, 1858, p. 443.

INIICRITVRIX. — A HIR IMP.

8092.	INIICRITURIX? Tête jeune imberbe, à droite. ℞. A HIR IMP. Lion à droite; dessous, point centré.	BR.	2,93.	S.

Saulcy, *Rev. numism. franç.*, 1858, p. 444.
La légende du droit est d'une lecture incertaine.

CORIARCOS. — A HIR IMP.

8093.	CORIARCOS? Tête barbue à droite. ℞. A HIR IMP. Lion à droite. (*Trouvé à Paris.*)	BR.	2,80.	S.
8094.	Id. Moins la légende du revers.	BR.	2,72.	AF.

La lecture CORIARCOS est encore incertaine.

HENNOOVINAOC.

8095. Tête de Vénus à gauche; dans le champ, deux S et deux annelets.
℞. H.... Cavalier la lance en arrêt galopant à droite. Dans le champ, étoile, an-

			Poids.	Prov.
	nelet et croissant; sous le cheval, S.,	AR.	2,78.	S.
8096.	Tête de Vénus à droite : dans le champ, deux S, deux croissants et deux points centrés. ℞. IIENNOOVINΔOC. Type du cavalier; sous le cheval, roue et point dans un cercle de perles. Coup de cisaille au droit.	AR.	2,85.	S.
8097.	Id. Entaille au revers.	AR.	2,82.	AF.
8098.	Id. (*Paris, dans la Seine.*)	AR.	2,45.	S.
8099.	Id. Arc de cercle sous le buste de Vénus.	AR.	2,85.	S.

NIDE. — ALABPOΔIIOC.

8100.	NIDE. Tête nue à droite. ℞. ..ABPOΔIIOC. Cheval à droite; dessous, trois points centrés.	AR.	2,47.	S.
8101.	Id. Avec ALABPOΔIIOC.	AR.	2,30.	AF.
8102.	Id.	AR.	2,41.	AF.
8103.	Id.	AR.	2,57.	S.
8104.	Id. Pièce fourrée.	AR.	1,85.	S.
8105.	IDOIXO. Tête à droite. ℞. ..ABPOΔ.. Cheval à droite; dessous, trois points centrés.	AR.	2,44.	AF.
8106.	Tête de Janus. ℞. Lion à gauche; la langue pendante, la queue en S; dessous, rosace.	BR.	2,57.	S.
8107.	Id.	BR.	2,82.	S.
8108.	Id.	BR.	3,08.	AF.
8109.	Id.	BR.	3,00.	AF.
8110.	Id.	BR.	1,84.	AF.
8111.	Id.	BR.	2,25.	AF.
8112.	Id.	BR.	3,40.	AF.
8113.	Id. (*Mont de Berny.*)	BR.	2,02.	S.
8114.	Id. (*Châlons-sur-Marne.*)	BR.	2,80.	S.
8115.	Tête de Janus. ℞. Lion à gauche; dessus, trois annelets; dessous, annelet.	BR.	2,99.	S.
8116.	Id.	BR.	3,20.	AF.
8117.	Id.	BR.	3,28.	L.
8118.	Id. (*Meaux.*)	BR.	2,42.	S.
8119.	Id. (*Vendeuil.*)	BR.	3,25.	S.
8120.	Id. (*Crépy.*)	BR.	3,13.	S.
8121.	Id. (*Château-Thierry.*)	BR.	2,54.	S.
8122.	Id. (*Vendeuil.*)	BR.	2,22.	S.
8123.	Id.	BR.	2,52.	S.

CATALAUNI.

(*Partie intégrante des Rèmes ou Lingons.*)

8124.	Guerrier debout à droite tenant une lance et le torques. ℞. Ours à droite; au-dessus, serpent.	Potin.	5,70.	S.
8125.	Id.	Potin.	5,12.	AF.
8126.	Id.	Potin.	4,25.	AF.
8127.	Id.	Potin.	3,70.	AF.
8128.	Id.	Potin.	5,07.	AF.
8129.	Id.	Potin.	3,53.	L.
8130.	Id.	Potin.	5,10.	S.
8131.	Id. (*Trouvé à Paris.*)	Potin.	3,07.	S.
8132.	Id. (*Vendeuil.*)	Potin.	3,70.	S.

Lambert, 1re part., pl. I, nos 17 et 18.

M. de Saulcy voit dans la figure du droit Camulus, le Mars des Gaulois, connu par des inscriptions.

Ces monnaies sont communes à Bratuspantium, que l'on croit être Breteuil (Oise), ainsi qu'au camp de la Cheppe (Marne).

8133.	Camulus à droite. ℞. Cheval à gauche; dessous, annelet; dessus, serpent.	Potin.	3,42.	S.
8134.	Tête barbare à gauche. ℞. Guerrier à droite, armé d'une lance et d'un bouclier. (*Trouvé à Reims.*)	Potin.	4,30.	S.
8135.	Id.	Potin.	3,75.	AF.
8136.	Id.	Potin.	3,92.	AF.
8137.	Id.	Potin.	3,20.	L.
8138.	Id.	Potin.	4,06.	S.
8139.	Id.	Potin.	3,95.	S.
8140.	Id.	Potin.	4,38.	S.
8141.	Camulus à droite. ℞. Deux sangliers affrontés.	Potin.	5,72.	S.
8142.	Ours à droite; au-dessus, serpent. ℞. Id. (*Vendeuil.*)	Potin.	4,72.	S.
8143.	Camulus à gauche. ℞. Ours à droite; au-dessus, serpent. (*Trouvé à Troyes.*)	Potin.	4,85.	S.
8144.	Id.	Potin.	4,05.	S.
8145.	Personnage accroupi, vu de face, se tirant de chaque			

8131 m dr. Rf Cheval à g. au dessus fibule.
8132a Autre exemplaire. Trouvé à Champlieu. Y 4193.

8111a Tête de Janus
Rf Lion à g. Br. 2 g. 760 R. 1306

8128a Variété. — Y 1203 —
8128b Variété — N 4203

Poids. Prov.

main une mèche de cheveux.
R̸. Sanglier à droite; dessus, serpent; dessous, étoile; devant, croissant. Potin. 4,47. AF.

8146. Id. Potin. 4,45. AF.
8147. Id. Potin. 3,53. AF.
8148. Id. Potin. 5,08. L.
8149. Id. Potin. 4,38. S.
8150. Id. Moins le croissant devant la tête du sanglier. Potin. 5,95. S.
8151. Id. (*Trouvé à Paris.*) Potin. 6,89. S.
8152. Id. Potin. 5,00. S.

Lambert, 2e part., pl. XII, no 21.

8153. Personnage accroupi, vu de face, se tirant de chaque main une mèche de cheveux.
R̸. Sanglier à droite; dessus, serpent; dessous et devant, étoile. Potin. 4,97. AF.
8154. Id. Potin. 3,64. AF.
8155. Id. Potin. 5,95. AF.
8156. Id. Potin. 4,70. AF.
8157. Id. Potin. 4,96. AF.

INCERTAINES DE L'EST.

8158. Tête casquée à gauche.
R̸. KAA. Cheval à gauche; dessous, roue. AR. 1,60. S.
8159. Id. AR. 1,84. S.
8160. Id. AR. 1,94. S.
8161. Id. AR. 1,92. S.
8162. Id. AR. 1,75. S.
8163. Id. AR. 1,30. S.
8164. Id. AR. 1,95. S.
8165. Id. AR. 1,87. S.
8166. Id. AR. 1,87. S.
8167. Id. AR. 1,85. S.
8168. Id. AR. 1,82. S.
8169. Id. AR. 1,95. S.
8170. Id. AR. 1,54. S.
8171. Id. AR. 1,75. AF.
8172. Id. AR. 1,88. L.

Lagoy, *Notice sur l'attribution de quelques médailles gauloises*, no 24.
Saulcy, *Rev. numism. franç.*, 1858, p. 281.

8173. Id. BR. 1,33. S.

Poids. Prov.

8174. Tête casquée à gauche; derrière, torques.
R̸. KAA. Cheval galopant à gauche; dessous, une roue. AR. 1,84. S.
8175. Id. AR. 1,88. S.
8176. Id. AR. 1,80. S.
8177. Id. AR. 1,85. S.
8178. Id. AR. 1,85. S.
8179. Id. AR. 1,86. S.
8180. Id. AR. 1,75. S.
8181. Id. AR. 1,91. AF.
8182. Id. AR. 1,80. L.
8183. Tête casquée à gauche.
R̸. Cheval à gauche; dessous, I. AR. 1,95. S.
8184. Tête casquée à gauche.
R̸. Cheval sanglé et bridé, galopant à gauche; au-dessus, KAA; dessous, ΔE superposés; devant le poitrail, Y. AR. 1,95. S.
8185. Id. AR. 1,86. S.
8186. Id. AR. 1,92. S.
8187. Id. AR. 1,90. S.
8188. Id. AR. 1,94. S.
8189. Id. AR. 1,85. S.
8190. Id. AR. 1,94. S.
8191. Id. AR. 1,91. S.
8192. Id. AR. 1,83. S.
8193. Id. AR. 1,88. S.
8194. Id. AR. 1,85. S.
8195. Id. AR. 1,60. S.
8196. Id. AR. 1,85. S.
8197. Id. AR. 1,90. S.
8198. Id. AR. 1,87. S.
8199. Id. AR. 1,80. S.
8200. Id. AR. 1,83. S.
8201. Id. AR. 1,92. S.
8202. Id. AR. 1,23. S.
8203. Id. AR. 1,92. S.
8204. Id. *Pièce fourrée.* AR. 1,52. S.
8205. Id. AR. 1,83. S.
8206. Id. AR. 1,86. AF.
8207. Id. AR. 1,87. AF.
8208. Id. AR. 1,92. AF.
8209. Id. AR. 1,23. AF.
8210. Id. AR. 1,94. AF.
8211. Id. AR. 1,95. AF.

N°	Description		Poids.	Prov.
8212.	Id.	AR.	1,91.	AF.
8213.	Id.	AR.	1,78.	AF.
8214.	Id.	AR.	1,89.	AF.
8215.	Id.	AR.	1,97.	AF.
8216.	Id.	AR.	1,89.	AF.
8217.	Id.	AR.	1,90.	AF.
8218.	Id.	AR.	1,87.	AF.
8219.	Id.	AR.	1,74.	L.
8220.	Id.	AR.	1,90.	L.
8221.	Id.	AR.	1,85.	L.
8222.	Id. Cheval sanglé et bridé galopant à gauche; au-dessus, KAA; dessous, ΔR superposés; devant le poitrail, Υ. R. Même type incus.	AR.	1,94.	S.
8223.	Tête casquée à gauche. R. Cheval galopant à gauche; au-dessus, KAA; dessous, rouelle au-dessus d'un E renversé; devant le poitrail, Υ.	AR.	1,95.	S.
8224.	Id.	AR.	1,95.	S.
8225.	Id. (*Chantenay.*)	AR.	1,96.	S.
8226.	Id.	AR.	1,95.	S.
8227.	Id. (*Villeneuve-au-Roi.*)	AR.	1,89.	S.
8228.	Id.	AR.	1,89.	S.
8229.	Id.	AR.	1,88.	S.
8230.	Id.	AR.	1,85.	S.
8231.	Id.	AR.	1,82.	S.
8232.	Id.	AR.	1,81.	S.
8233.	Id.	AR.	1,81.	S.
8234.	Id.	AR.	1,72.	S.
8235.	Id.	AR.	1,72.	S.
8236.	Id. Pièce fourrée.	AR.	1,50.	S.
8237.	Id.	AR.	1,90.	L.
8238.	Id.	AR.	1,72.	AF.
8239.	Id.	AR.	1,85.	AF.
8240.	Id.	AR.	1,92.	AF.
8241.	Id.	AR.	1,90.	AF.
8242.	Tête casquée à gauche. R. Cheval, un pied de devant posé à terre, l'autre levé; entre, l'O de la légende ΚΑΛΕΔΟΥ.	AR.	1,82.	S.
8243.	Id. (*Chantenay.*)	AR.	1,96.	S.
8244.	Id.	AR.	1,95.	S.
8245.	Id.	AR.	1,97.	S.
8246.	Id.	AR.	1,95.	S.
8247.	Id.	AR.	1,94.	S.
8248.	Id.	AR.	1,93.	S.
8249.	Id.	AR.	1,90.	S.
8250.	Id.	AR.	1,87.	S.
8251.	Id.	AR.	1,80.	S.
8252.	Id.	AR.	1,83.	S.
8253.	Id.	AR.	1,98.	S.
8254.	Id.	AR.	1,98.	S.
8255.	Id.	AR.	1,87.	S.
8256.	Id.	AR.	1,91.	S.
8257.	Id.	AR.	1,96.	S.
8258.	Id.	AR.	1,93.	S.
8259.	Id.	AR.	2,01.	S.
8260.	Id.	AR.	1,90.	AF.
8261.	Id.	AR.	1,92.	AF.
8262.	Id.	AR.	1,81.	AF.
8263.	Id.	AR.	1,95.	AF.
8264.	Id.	AR.	1,90.	AF.
8265.	Id.	AR.	1,96.	AF.
8266.	Id. Pièce fourrée.	AR.	1,50.	AF.
8267.	Id.	AR.	1,94.	AF.
8268.	Id.	AR.	1,87.	L.
8269.	Id.	AR.	1,85.	L.
8270.	Id.	AR.	1,88.	L.
8271.	Id.	AR.	1,90.	L.
8272.	Id.	AR.	1,97.	L.
8273.	Id.	AR.	1,87.	L.
8274.	Id.	AR.	1,93.	L.
8275.	Tête casquée à gauche. R. Cheval galopant à gauche; au-dessus, KAA; dessous, ΔE; devant le poitrail, Υ.	AR.	1,83.	S.
8276.	Id.	AR.	1,78.	S.
8277.	Id.	AR.	1,90.	S.
8278.	Id.	AR.	1,84.	S.
8279.	Tête casquée à gauche. R. ΚΑΛΕΤΕΔΟΥ. Cheval à gauche, un pied de devant posé à terre, l'autre levé.	AR.	1,76.	S.
8280.	Id.	AR.	1,81.	S.
8281.	Id.	AR.	1,87.	S.
8282.	Id.	AR.	1,88.	S.
8283.	Id.	AR.	1,96.	S.
8284.	Id.	AR.	1,95.	S.
8285.	Id.	AR.	2,15.	S.
8286.	Id.	AR.	2,00.	S.
8287.	Id.	AR.	1,85.	S.

Poids. Prov.

8288. Id. AR. 2,10. S.
8289. Id. AR. 1,96. S.
8290. Id. AR. 1,97. S.
8291. Id. AR. 1,84. S.
8292. Id. AR. 1,91. AF.
8293. Id. AR. 1,90. AF.
8294. Id. AR. 1,92. L.
8295. Id. AR. 1,91. L.
8296. Tête avec le casque ailé, à droite; derrière, XE.
R. Cheval bridé galopant à droite; à l'entour, la légende KAAETEΔOYSVA. AR. 1,81. S.
8297. Id. AR. 1,90. S.
8298. Type méconnaissable.
R. Cheval à gauche; dessous, Δ. AR. 1,84. S.
8299. Tête casquée à gauche.
R. Cheval à gauche; dessous, rouelle. AR. 1,80. S.
8300. Tête casquée à gauche.
R. Cheval à gauche; devant le poitrail, Y. AR. 1,88. S.
8301. Tête casquée à gauche.
R. Cheval galopant à gauche; au-dessus, KAA; dessous, roue; devant, S. Pièce fourrée. AR. 1,83. S.
8302. Tête casquée à gauche.
R. Cheval à gauche; au-dessus, KAA. AR. 1,95. S.
8303. Id. AR. 1,89. S.
8304. Id. AR. 1,88. S.
8305. Id. AR. 1,75. AF.
8306. Id. AR. 1,94. AF.
8307. Lisse.
R. KAA. Cheval galopant à gauche. AR. 1,93. L.
8308. Tête barbare, casquée, à gauche.
R. Cheval à gauche; au-dessus, KAA; devant le poitrail, Y. AR. 1,93. S.
8309. Id. AR. 1,94. S.
8310. Deux profils accolés en sens inverse.
R. Sanglier à gauche; dessous, monogramme. Potin. 3,21. S.
8311. Id. Potin. 4,25. S.

Poids. Prov.

8312. Id. Potin. 3,20. S.
8313. Id. Percé d'un trou. Potin. 2,10. S.
8314. Id. Potin. 3,05. S.
8315. Id. Potin. 3,17. AF.
8316. Id. Potin. 2,16. AF.
8317. Id. Potin. 2,54. AF.
8318. Deux profils accolés en sens contraire.
R. Sanglier à gauche; dessous, ΔIAOYIN, rétrograde en deux lignes. Potin. 3,51. S.
8319. Id. Potin. 4,30. S.

8319a Deux profils accolés en sens contraire. R̸ Sanglier courant à g., et signe indéterminé au dessous. Æ 2gr.55. — N4904 —

8320. Id. Potin. 2,52. S.
8321. Id. Potin. 2,48. S.
8322. Id. Potin. 3,95. AF.
8323. Id. Potin. 3,45. AF.
8324. Id. Potin. 4,37. L.
8325. Id. Potin. 2,32. L.

8325a Id. variété Æ.3gr. — N4205 —

8326. Deux profils accolés en sens contraire.
R. Sanglier à gauche; dessous, ΔSS. Potin. 3,11. S.
8327. Id. Potin. 3,43. S.
8328. Id. Potin. 2,70. S.
8329. Trois croissants reliés à un cercle centré, en forme de triskèle.
R. Trois S et trois globules autour d'un cercle centré. Potin. 4,10. S.
8330. Trois croissants autour d'un point.
R. Trois S autour d'un point. Potin. 3,95. S.
8331. Id. Potin. 2,86. AF.
8332. Id. Potin. 3,54. AF.
8333. Id. Potin. 3,20. AF.
8334. Id. Potin. 3,40. AF.
8335. Id. Potin. 3,49. L.
8336. Id. (*Gergovie.*) Potin. 3,00. S.
8337. Id. (*Reims.*) Potin. 3,58. S.
8338. Id. Potin. 3,90. S.
8339. Id. Potin. 3,60. S.
8340. Id. Potin. 2,82. S.
8341. Id. (*Paris*, 1864.) Potin. 2,50. S.
8342. Id. Potin. 2,76. S.
8343. Id. (*Bar-sur-Aube.*) Potin. 3,18. S.
8344. Id. Potin. 3,85. S.
8345. Id. (*Alise.*) Potin. 2,44. S.

Poids. Prov.

8346. Id. (*Paris*, 1864.) Potin. 3,38. S.

8347. Id. (*Paris*, 1863.) Potin. 4,09. S.

8348. Id. (*Bovielles*, 1867.) Potin. 4,30. S.

8349. Id. Potin. 4,38. S.

8350. Id. Potin. 4,32. S.

Lambert, 1re part., pl. I, no 27.
Pistollet de Saint-Ferjeux, *Monnaies des Lingons*.

8351. Bucrane entre deux S.
℞. Ours dévorant un serpent. (*La Folie-Pierrefonds*.) Potin. 5,35. S.

8352. Id. Potin. 4,06. AF.

8353. Id. Potin. 4,26. AF.

8354. Id. Potin. 4,70. AF.

8355. Id. Potin. 4,33. AF.

8356. Id. Potin. 4,40. AF.

8357. Id. Potin. 4,50. AF.

8358. Id. Potin. 5,23. L.

8359. Id. (*Paris*.) Potin. 3,90. S.

8360. Id. Potin. 3,95. S.

8361. Id. Potin. 4,87. S.

Cf. Lambert, 1re part., pl. I, no 24.

AMBACTUS.

8362. AMBACTVS. Bucrane; au-dessus, étoiles.
℞. Aigle éployé dans une couronne de laurier. BR. 2,25. S.

8363. Id. BR. 3,05. AF.

8364. Id. BR. 3,07. AF.

8365. Id. BR. 3,00. S.

8366. Id. BR. 1,95. S.

8367. Bucrane.
℞. Cavalier à gauche. (*Levroux*.) Potin. 3,10. S.

8368. Id. (*Terminiers*.) Potin. 3,51. S.

EKPIT.

8369. Tête à gauche.
℞. EKPIT rétrograde. Chèvre à gauche, regardant en arrière. Devant, croix cantonnée de quatre points; dessous, BR. 1,93. S.

8370. Id. BR. 2,85. AF.

8371. Id. BR. 1,96. AF.

8372. Id. BR. 2,80. AF.

8373. Id. BR. 2,65. S.

8374. Id. BR. 3,00. S.

8375. Id. BR. 2,22. S.

8376. Id. BR. 1,90. S.

8377. Id. (*Paris, pont Saint-Michel*.) BR. 2,70. S.

8378. Id. (*Environs de Châteauroux*.) BR. 2,03. S.

8379. Id. (*Alise*.) BR. 2,62. S.

AMBIANI.

8380. Tête à cheveux et barbe frisés, à droite.
℞. Bige à droite, dirigé par un aurige à longue chevelure. Une flèche traverse le poitrail du cheval, sous lequel une cigogne. (*Trouvée à Amiens*.) Demi-statère. OR. 4,08. S.

Hucher, *Art gaulois*, 1re part., pl. LXVIII, no 1.

8381. Tête à cheveux et barbe frisés, à droite.
℞. Bige à droite dirigé par un aurige à longue chevelure; sous les chevaux, cigogne. Demi-statère. OR. 4,12. AF.

8382. Id. Demi-statère. OR. 4,12. AF.

8383. Tête à droite; cheveux et barbe frisés.
℞. Bige à droite, dirigé par un aurige à longue chevelure; à l'exergue, IIIIIIIII. Demi-statère. OR. 4,13. S.

8384. Tête à cheveux et barbe frisés, à droite.
℞. Bige à droite, dirigé par un aurige à longue chevelure. Une flèche traverse le poitrail du cheval, sous lequel une cigogne. Quart de statère. OR. 2,03. S.

8385. Tête à droite, les cheveux et la barbe frisés.
℞. Bige à droite, dirigé par un aurige à longue chevelure. Une flèche traverse le poitrail du cheval, sous lequel un épi. (*Trouvé à Charbonnières, arrondissement de Montdidier [Somme]*.) Quart de statère. OR. 2,00. S.

8386. Id. Quart de statère. OR. 1,85. S.

N°	Description	Métal	Poids. Prov.
8387.	Id. Quart de statère.	OR.	1,90. S.
8388.	Tête à droite, les cheveux et la barbe frisés. R. AIIIAII. Bige à droite dirigé par un aurige à longue chevelure; sous le cheval, croissant; dans le champ, épi. Quart de statère.	OR.	2,04. I.
8389.	Tête de femme laurée à droite. R. Aurige à longue chevelure tenant le torques, dirigeant un bige à droite dont les chevaux sont attaqués par une cigogne. Étoile dans le champ. Demi-statère.	OR.	4,00. S.
8390.	Id. Mais le bige à gauche, réduit à un seul cheval. Quart de statère.	OR.	2,06. S.
8391.	Id. Quart de statère.	OR.	1,98. S.
8392.	Tête à droite; devant, S. R. Cheval à gauche; dessus, ω; dessous, A.	BR.	2,22. S.
8393.	Id. (*La Folie-Pierrefonds.*)	BR.	2,62. S.
8394.	Id.	BR.	2,90. S.
8395.	Buste à gauche; au cou, torques; devant, fleuron. R. Cheval à gauche; au-dessus, personnage accroupi tenant les rênes; sous le ventre du cheval, serpent.	BR.	2,51. S.
8396.	Id.	BR.	2,51. S.
8397.	Id.	BR.	3,17. S.
8398.	Id. (*Meaux.*)	BR.	2,60. S.
8399.	Id.	BR.	2,45. S.
8400.	Tête à droite. Cheval à droite; dessus, personnage accroupi.	BR.	2,41. S.
8401.	Tête à droite. R. Bœuf à gauche.	BR.	2,80. S.
8402.	Sanglier à droite, entouré de rayons. R. Cheval à droite; au-dessus, rouelle.	BR.	2,32. S.
8403.	Tête à gauche, le cou orné du torques. R. Tête de face, au-dessus d'un cheval fantastique, à droite. (*Pernois* [*Somme*].)	BR.	2,55. S.
8404.	Id. Id.	BR.	2,30. S.
8405.	Tête à gauche. R. Tête de face.	BR.	2,40. S.
8406.	Buste de face; à droite, une guirlande. R. Cheval à droite; astre au-dessus; dessous, annelet. (*Berneuil-sur-Aisne* [*Oise*].)	BR.	2,48. S.
8407.	Id.	BR.	2,40. AF.
8408.	Id.	BR.	2,58. S.
8409.	Id.	BR.	2,80. S.
8410.	Id.	BR.	2,49. S.
8411.	Tête casquée de face. R. Cheval à droite. (*Pernois.*)	BR.	1,92. S.
8412.	Tête casquée de face. R. Cheval à gauche; globules dans le champ.	BR.	1,77. S.
8413.	Id.	BR.	1,07. S.
8414.	Id. (*Pernois.*)	BR.	2,25. S.
8415.	Id.	BR.	1,80. S.

Rigollot, *Rev. numism. franç.*, 1838, pl. VIII, nos 2 et 3.

N°	Description	Métal	Poids. Prov.
8416.	Tête casquée à droite; derrière, SS. R. Cheval à droite; sur la croupe, un oiseau; annelets et globule dans le champ. (*Pernois.*)	BR.	4,10. S.
8417.	Id. (*Boviolles.*)	BR.	2,72. S.
8418.	Id.	BR.	2,09. S.
8419.	Id.	BR.	2,20. S.
8420.	Id.	BR.	2,36. S.
8421.	Id.	BR.	2,37. S.
8422.	Id.	BR.	1,67. S.
8423.	Id.	BR.	2,00. S.
8424.	Id.	BR.	2,45. S.
8425.	Cheval fantastique à gauche. R. Cheval à droite; sur la croupe, un oiseau; dessous, annelet.	BR.	2,30. S.
8426.	Figure assise à gauche; devant, un oiseau. R. Cheval à gauche; sur la croupe, oiseau.	BR.	2,55. S.
8427.	Tête à gauche, le cou orné du torques. R. Cheval à droite; dessus, point centré; dessous, trois annelets et croix.	BR.	2,30. S.
8428.	Id.	BR.	2,38. S.

			Poids.	Prov.
8429.	Id.	BR.	2,62.	S.
8430.	Tête nue à droite. R. Cheval à gauche; dessus, SS; dessous, annelet. (*Parnois.*)	BR.	2,60.	S.
8431.	Tête à gauche. R. Cheval à gauche; dans le champ, cinq annelets.	BR.	2,45.	S.
8432.	Tête à droite; devant, deux points centrés. R. Cheval à droite; dessus, ꝟ; dessous, sanglier; devant, point centré. (*Parnois.*)	BR.	2,95.	S.
8433.	Id.	BR.	2,56.	S.
8434.	Id.	BR.	2,76.	S.
8435.	Id.	BR.	3,07.	S.
8436.	Id.	BR.	3,55.	S.
8437.	Id.	BR.	2,70.	S.
8438.	Id.	BR.	2,55.	S.
8439.	Id.	BR.	3,50.	S.
8440.	Id.	BR.	3,07.	AF.
8441.	Tête nue à gauche. R. Cheval à droite; au-dessus, SS; dessous, rosace.	BR.	2,60.	S.

VACHCO.

8442.	Sanglier à droite; dessous, S et VACHCO. R. Cavalier à gauche.	BR.	2,60.	S.
8443.	Id.	BR.	2,97.	AF.
8444.	Id.	BR.	2,70.	S.
8445.	Tête à droite; derrière, annelet. R. Sanglier à gauche; devant, annelet.	Potin.	3,97.	S.
8446.	Id.	Potin.	3,82.	AF.
8447.	Tête à droite. R. VAVO. Sanglier à gauche; devant, annelet.	Potin.	3,27.	S.
8448.	Id.	Potin.	4,02.	S.
8449.	Sanglier à droite. R. Cavalier à gauche. (*Maubeuge* [*Nord*].)	BR.	3,15.	S.
8450.	Id.	BR.	2,49.	S.
8451.	Id.	BR.	2,17.	S.
8452.	Id.	BR.	2,40.	S.
8453.	Sanglier marchant à droite. R. Cavalier marchant à gauche; A entre les jambes de devant du cheval; trois globules dans le champ.	BR.	2,32.	L.
8454.	Bœuf à droite; au-dessus, bucrâne. R. Cavalier à gauche.	BR.	2,27.	S.
8455.	Bœuf à droite; au-dessus, bucrâne. R. Cavalier en marche à gauche; dans le champ, deux annelets et un globule.	BR.	2,44.	L.
8456.	Id.	BR.	2,47.	S.
8457.	Id.	BR.	2,42.	S.

Le marquis de Lagoy[1], lisant BISO rétrograde au revers de ces pièces, au-dessus du cavalier, avait fait l'attribution à *Bisontio*. Mais la lettre B figure l'extrémité de l'objet recourbé, carnyx, que tient le cavalier. Les lettres IS sont les oreilles du cheval; enfin la lettre O est un des annelets dont le champ de la pièce est semé.

MM. Plantet[2] et Jeannez ont admis l'attribution du marquis de Lagoy.

			Poids.	Prov.
8458.	...CHCA. Cheval marchant à gauche; dans le champ, deux annelets et S. R. Cheval à gauche; au-dessus, bucrâne; dans le champ, globule et annelet.	BR.	2,55.	L.
8459.	Cheval à droite; deux annelets et point centré dans le champ. R. Sanglier à droite; dessus, S entre deux points centrés; dessous, point centré.	BR.	2,60.	S.
8460.	Id.	BR.	2,38.	S.
8461.	Cheval à droite; dessous, point centré; devant, annelet. R. Sanglier à droite; dessous, globule.	BR.	2,41.	S.
8462.	Cheval à droite; dessous, point centré; dans le champ, deux annelets. R. Sanglier à droite; dessous, annelet.	BR.	2,48.	S.
8463.	Sanglier à droite; dessous, globule. R. Cheval à gauche; sur la croupe, un oiseau.	BR.	2,42.	S.
8464.	Sanglier à droite; dessous, deux annelets; devant, point centré. R. Cheval à gauche; dessus			

[1] *Revue numismatique française*, 1837, p. 401.
[2] *Monnaies du comté de Bourgogne*, pl. I, 4 et 5.

8460a (1972/1311) Bronze coulé. Sanglier à g. / animal cornu à g. 1 g 70 Ambiens?? (ex. Coll. Changarnier). Cet exemplaire est le n° 315 de la vente publique 17, 30 nov.–1er déc. 1972, Monnaies et Médailles

8471ª. Tête à droite, volute devant la bouche, globule devant le nez. R/ cheval à droite, au dessus : sanglier, au dessous reptile à queue perlée. 2g96 (Ex. Coll. Changarnier) Bronze Antiques R. (1972/1312). Cet exemplaire est le n° 316 de la vente publique 47, 30 nov.-1° déc. 1972, Monnaies et Méd. Bâle

8475ª Bronze. LMA. Victoire assise à g. tenant une couronne ; devant la tête annelet perlé, centré. R/ guerrier galopant à dr. ; il tient une lance et une épée, sous le cheval annelet et cercle perlé centré. cf. Blanchet Traité, p. 397. fig. 416.
Cet exemplaire est le n° 331 de la vente publique 47, 30 nov. 1° déc. 1972, Monnaies et Médailles, Bâle.

		Poids.	Prov.
	et dessous, point centré; devant, annelet.	BR.	2,97. S.
8465.	Id.	BR.	2,72. S.
8466.	Tête à droite; devant, sanglier. ℞. Sanglier à droite; dessous, rouelle. (*Vendeuil.*)	BR.	2,60 S.
8467.	Tête laurée à droite. ℞. Cheval à droite; dessus, globule; dessous, annelet ou sanglier.	BR.	2,88. S.
8468.	Tête laurée à droite; devant, palme et globule. ℞. Cheval à droite; dessus, globule; dessous, sanglier.	BR.	2,55. AF.
8469.	ΥCΘΑ. Tête à gauche. ℞. ...VM. Aigle sur un chapiteau.	BR.	2,39. S.
8470.	Id. Moins la légende du revers. (*Maubeuge.*)	BR.	2,15. S.

M. de Saulcy, au n° 1147 de son catalogue manuscrit, a lu ΑΘCΕ au droit et A HIR IMP au revers, et au n° 1197, correspondant au 8470, ΕΘΑ ou CΩΑ. Il faudrait un exemplaire mieux conservé pour se prononcer sur ces légendes avec connaissance de cause.

		Poids.	Prov.
8471.	Tête à droite, entourée de fleurons. ℞. Cheval, la tête en l'air et de face; dessous, bucrâne.	BR.	3,00. S.
8472.	Figure à mi-corps, de face et les bras levés; dans le champ, deux points centrés et deux annelets centrés. ℞. Cheval à gauche; dessus, quatre points centrés et ⊐; dessous, croisette et trois points centrés.	BR.	2,25. S.
8473.	Sanglier à gauche; dessous, point centré. ℞. Cheval à droite; dessus, point centré; dessous, pentagramme; entre les jambes de devant, point centré.	BR.	1,52. S.
8474.	Tête barbare à droite. ℞. Lion à droite; dessus et dessous, annelet.	BR.	1,63. S.
8475.	Id.	BR.	1,66. S.
8476.	Tête nue à gauche. ℞. Pégase au galop à droite; dessous, croix. (*Paris, dans la Seine.*)	BR.	2,12. S.
8477.	Id. (*Vendeuil-Caply.*)	BR.	2,02. S.
8478.	Id. (*Corbie.*)	BR.	2,10. S.
8479.	Cheval à droite, retournant la tête. ℞. Cheval à droite; sur la croupe, un aurige; dessous, bucrâne.	BR.	2,35. S.
8480.	Id.	BR.	2,70. S.
8481.	Sanglier à droite; au-dessus, cinq globules. ℞. Cheval à gauche; dessus, Ψ; dessous, point. (*Boulogne.*)	BR.	1,50. S.
8482.	Id.	BR.	2,09. AF.
8483.	Id. Avec AI devant le cheval.	BR.	2,17. S.
8484.	Id.	BR.	2,17. S.
8485.	Deux chevaux dressés sur les pieds de derrière et affrontés. ℞. Cheval à gauche. Pièce concave.	AR.	0,57. S.
8486.	Deux chevaux à mi-corps, en sens contraire. ℞. Cheval à gauche; dessous, bucrâne renversé.	BR.	1,00. S.
8487.	Sanglier à droite. ℞. Cheval à droite; dessous, globule.	BR.	2,02. S.
8488.	Id.	BR.	2,30. S.
8489.	Id. (*Vendeuil.*)	BR.	3,50. S.
8490.	Cheval à gauche avec la queue en S. ℞. Cheval à gauche; dessus, bucrâne; globules dans le champ.	BR.	2,08. S.
8491.	Id.	BR.	2,20. S.
8492.	Id.	BR.	2,27. S.
8493.	Id. Avec CAS au droit.	BR.	2,55. S.
8494.	Id. Avec CAS.	BR.	2,70. S.
8495.	Deux loups opposés. ℞. Cheval à gauche; dessus, sanglier à droite.	BR.	3,50. S.
8496.	Cheval à droite; devant, bucrâne. ℞. Sanglier à droite; au-dessus, annelet centré.	BR.	2,35. S.
8497.	Hippocampe à droite; devant, S. ℞. Cheval à droite, dirigé par un aurige. Travail barbare.	BR.	2,22. S.

Lambert, IIe partie, pl. XI, n° 14.

Poids. Prov.

8498. Lion à droite; dessous, bucrâne couché.
R. Cheval à gauche; au-dessus, bucrâne; dessous, point centré. (*Berthouville.*) BR. 3,10. S.

8499. Cheval passant à gauche, l'oreille et la queue en S.
R. Cheval courant à droite; dessous, rosace. (*Vendeuil.*) BR. 2,72. S.

8500. Rudiments d'une tête de Minerve-Belisama.
R. Cheval à droite; dessus, B; dessous, sanglier; devant, ✕. Pièce concave. (*On trouve cette pièce aux environs de Douai.*) AR. 0,87. S.

Lelewel, *Type gaulois*, pl. VI, nº 37.

8501. Id. AR. 0,80. S.

Hucher, *Art gaulois*, IIe partie, nº 50.

8502. Tête barbare à droite.
R. Louve à gauche. (*Vendeuil.*) BR. 2,38. S.

8503. Trois chevaux contournés; au centre, un annelet.
R. Cheval avec X sur la cuisse. BR. 2,26. S.

8504. Id. BR. 2,00. S.

8505. Id. BR. 2,57. S.

8506. Id. BR. 2,16. S.

8507. Rudiments d'une tête.
R. Cavalier à droite; dessous, IMONIO. BR. 2,85. S.

8508. Id. BR. 2,75. S.

IMONIO, à l'imitation de la légende celtibérienne IMONES.

8509. Rudiments d'une tête.
R. Cheval à gauche; dessus, rameau et deux annelets; dessous, large croissant. BR. 2,38. S.

8510. Sanglier à droite.
R. Cheval à droite; annelets dans le champ. BR. 2,23. S.

8511. Tête à gauche.
R. Cheval à droite; dessus et dessous, point centré. BR. 1,88. S.

8512. Tête à gauche.
R. Cheval à droite; dessus, triquetre; dessous, point centré. BR. 2,72. S.

8513. Tête à droite; derrière, cinq globules; devant, vase et serpent.
R. Cheval à gauche; dessus, sanglier hampé; annelets dans le champ. AR. 2,10. S.

8514. Cheval à droite, dont la tête est ornée d'enroulements perlés; à l'entour, animaux fantastiques.
R. Deux chevaux affrontés; dessous, deux javelots placés horizontalement, les fers dans le sens opposé. (*Environs d'Amiens.*) AR. 0,92. S.

Lambert, IIe partie, pl. VI, nº 22.

8515. Tête casquée, à droite, de Pallas.
R. Cheval à droite; au-dessus, simulacre d'aurige; dessous, sanglier. AR. 1,00. AF.

Hucher, *Art gaulois*, 2e partie, nº 47.

8516. Tête casquée à droite.
R. Cheval à droite; dessus, sanglier; dessous, animal fantastique. (*Jort* [*Calvados*].) AR. 0,97. S.

Lambert, IIe partie, pl. IV, nº 17 *bis*.

8517. Deux chevaux affrontés.
R. Cheval à droite; dessus, bucrâne. (*Vendeuil-Caply.*) BR. 2,44. S.

8518. Deux sangliers opposés; dans le champ, S et bucrâne.
R. Cheval à droite; dessous, bucrâne. BR. 2,45. S.

8519. Id. BR. 2,36. S.

8520. Id. BR. 1,98. S.

8521. Id. BR. 1,45. S.

8522. Deux sangliers opposés, avec annelet sous chacun d'eux.
R. Cheval à gauche; dessous, annelet. BR. 1,90. S.

8523. Sanglier à droite; au-dessus, cheval à droite, regardant en arrière.
R. Cheval à droite; dessus, loup dans le même sens. BR. 2,40. S.

8524. Deux bœufs opposés.
R. Deux animaux fantastiques. BR. 3,37. S.

8525. Id. BR. 3,44. AF.

Poids. Prov.

8326. Tête à gauche; devant, deux fleurons.
R. Deux hippocampes. (*Trouvaille de Reims.*) BR. 2,38. S.

8327. Deux animaux adossés.
R. Cheval et deux animaux fantastiques. BR. 2,75. S.

8328. Cheval tourné à gauche et regardant à droite; devant, sanglier; dessous, épi.
R. Sanglier à droite. (*Vendeuil-Caply.*) BR. 1,99. S.

8329. Id. BR. 1,76. S.

8330. Id. BR. 2,07. S.

8331. La même pièce, avec un cheval au lieu d'un sanglier au revers. (*Vendeuil-Caply.*) BR. 1,22. S.

8332. Tête barbare à droite.
R. Cheval à droite; dessus, annelet; dessous, bucrâne. (*Pernois.*) BR. 2,45. S.

8333. Id. (*Amiens.*) BR. 2,20. S.

8334. Trois têtes de face et trois globules en cercle.
R. Cheval à gauche, regardant en arrière; traces de légende. BR. 2,49. S.

8335. Vaisseau.
R. Traits confus. Quart de statère. OR. 1,85. S.

8336. Id. OR. 1,82. AF.

8337. Id. OR. 1,83. S.

8338. Id. OR. 1,50. S.

8339. Id. OR. 1,73. S.

Quatre de ces pièces trouvées dans le pays des Ambiens.

8340. Tête barbare à gauche; derrière, traces de légende.
R. Sanglier à gauche; dessous, annelet et serpent. BR. 2,10. S.

VIRICIV.

8341. Tête à droite; annelets dans le champ.
R. VI[RICIV]. Cheval galopant à gauche; dessous, M; annelets dans le champ. (*Vendeuil.*) BR. 2,38. S.

8342. Id. BR. 3,50. AF.

8343. Tête barbare à droite, cheveux hérissés; devant la bouche, point centré.
R. VIRICIV. Cheval bridé et sanglé galopant à gauche; dessous, T. BR. 3,50. AF.

8344. Id. BR. 2,79. AF.

8345. Id. (*Vendeuil.*) BR. 2,38. S.

8346. Tête nue à droite; annelets dans le champ.
R. VIR... Cheval à gauche; dessous, M; annelets dans le champ. (*Paris.*) BR. 3,03. S.

8347. Id. Avec VIRICI. (*Vendeuil.*) BR. 3,05. S.

8348. Id. BR. 2,90. S.

8349. Id. BR. 3,00. S.

8350. Id. (*Avallon.*) BR. 2,70. S.

8351. Tête barbare à droite.
R. VIRICIV. Cheval bridé et sanglé, galopant à gauche; dessous, E. BR. 2,41. AF.

8352. Id. BR. 2,78. AF.

8353. Id. BR. 2,37. L.

8354. Id. (*Vendeuil-Caply.*) BR. 2,44. S.

8355. Id. BR. 2,95. S.

8356. Id. (*Meaux.*) BR. 2,52. S.

8357. Id. BR. 3,40. S.

8358. Id. BR. 3,20. S.

8359. Id. (*Vendeuil.*) BR. 2,84. S.

8360. Id. BR. 3,05. S.

8361. Id. BR. 2,70. S.

8362. Id. (*Vendeuil.*) BR. 2,60. S.

8363. Tête casquée à gauche; devant, trois annelets.
R. VIRICIV. Cheval à gauche; dessous, ω. (*Beauvais.*) BR. 2,40. S.

8364. Id. (*Vendeuil.*) BR. 2,85. S.

8365. Id. (*Collection Rigollot.*) BR. 2,20. S.

8366. Tête casquée à gauche.
R. VIIRICIV. Cheval à gauche; dessous, annelet. BR. 2,82. S.

8367. Id. Sous le cheval, roue. BR. 2,92. S.

8368. Id. BR. 2,05. S.

8369. Id. BR. 2,00. S.

Cf. Hucher, *Revue numism. franç.*, 1863, p. 310.

Les monnaies à la légende VIRICIV, VIIRICIV, se trouvent chez les Bellovaques, à Vendeuil-Caply, Beauvais.

VEROMANDVI.

8370. SOLLOS. Tête nue à gauche.
R. Lion à gauche; dessous, fleuron. (*Niort.*) BR. 2,26. S.

			Poids.	Prov.
8571.	Id. SOLLOS au droit et au revers.	BR.	2,37.	AF.
8572.	Id. Moins la légende du droit SOLLOS.	BR.	2,25.	S. *Pl. XXXIV, 8e*
8573.	SOLLOS. Tête virile à gauche. ℞. SOLLOS. Lion en marche à gauche.	BR.	1,97.	L. 648
8574.	Id.	BR.	1,98.	L. 649
8575.	Id.	BR.	1,99.	L. 650
8576.	Id. Sans légendes.	BR.	1,95.	S.

Adr. de Longpérier, *Cat. Desains*, n° 8.
Baron Chaudruc de Crazannes, *R. N. F.*, 1844, p. 85.

8577.	Tête à droite, entourée de grosses mèches de cheveux. ℞. Lion barbare à gauche, la crinière hérissée. (*Vendeuil.*)	BR.	2,90.	S. *Pl. XXXIV, 8e*
8578.	Id.	BR.	2,88.	AF.
8579.	Id. A sous le lion.	BR.	2,82.	S.
8580.	Id. Zigzags à l'exergue. (*Vendeuil.*)	BR.	1,92.	S.

Lambart, II° partie, pl. V, 19.

8581.	Tête à gauche, entourée de grosses mèches de cheveux. ℞. Coq à droite; sous le ventre on distingue une tête humaine; devant, astre et point centré.	BR.	2,20.	S.
8582.	Id.	BR.	2,10.	AF.
8583.	Id.	BR.	2,40.	AF.
8584.	Id. (*Vermand.*)	BR.	2,87.	S. *Pl. XXXIV, 8e*

Pour le revers, C. Lambert, I° part., pl. VII, 35.

8585.	Tête à droite, entourée de grosses mèches de cheveux. ℞. Lion à gauche, la crinière hérissée; dessous, annelet. (*Collection Rigollot.*)	BR.	2,35.	S. *Pl. XXXIV, 9e*

ATREBATES.

			Poids.	Prov.
8586.	Tête barbare à droite. ℞. Bige à droite; dessus et dessous, croissant.	OR.	7,78.	S.
8587.	Id. (*Bapaume.*)	OR.	7,80.	AF.
8588.	Id.	OR.	8,10.	S. *Pl. XXXIV, 9e*
8589.	Id.	OR.	7,58.	S.
8590.	Tête barbare à droite. ℞. Bige à droite; au-dessus, large croissant. (*Arras.*) Quart de statère.	OR.	2,02.	S. *Pl. XXXIV, 9e*
8591.	Id. (*Aire.*)	OR.	1,98.	S.
8592.	Tête barbare. ℞. Bige à gauche; au-dessus, croissant.	OR.	1,90.	S. *Pl. XXXIV, 9e*

Hermand, *Revue numism. belge*, 1864, p. 274.

8593.	Buste lauré à droite; tige verticale derrière l'oreille. ℞. Cheval disloqué à droite. (*Vic-sur-Aisne.*)	OR.	6,40.	S. *Pl. XXXV, 1e*
8594.	Id.	OR.	6,40.	S.
8595.	Id. (*Marché-le-Pot* [*Somme*].)	OR.	6,30.	S.
8596.	Id. (*Roye.*)	OR.	6,20.	S.
8597.	Id. (*Montreuil-sur-Mer.*)	OR.	7,05.	S. *Pl. XXXV, 1e*
8598.	Id. (*Maubeuge.*)	OR.	7,00.	S.
8599.	Id.	OR.	6,35.	AF.
8600.	Id.	OR.	6,25.	AF. *Pl. XXXV, 1e*
8601.	Id.	OR.	6,30.	S.
8602.	Id.	OR.	6,40.	S.
8603.	Id.	OR.	6,10.	S. *Pl. XXXV, 1e*
8604.	Id.	OR.	6,35.	S.
8605.	Id.	OR.	6,36.	S.
8606.	Id. (*Abbeville.*) Quart de statère.	OR.	1,80.	S. *Pl. XXXV, 1e*
8607.	Vaisseau. ℞. Tête à gauche.	OR.	1,61.	S.
8608.	Id.	OR.	1,92.	AF.
8609.	Id.	OR.	1,70.	S.
8610.	Id.	OR.	1,65.	S.
8611.	Bateau. ℞. Chêne, faucille, croissant.	OR.	1,48.	S. *Pl. XXXV, 1e*
8612.	Id.	OR.	1,48.	S.
8613.	Id.	OR.	1,43.	AF.
8614.	Id.	OR.	1,33.	S.
8615.	Id.	OR.	1,52.	S.
8616.	Id.	OR.	1,75.	S.
8617.	Id.	OR.	1,57.	S.
8618.	Tête dégénérée en forme de foudre. ℞. Cheval à droite. (*Beauvais.*)	Potin.	5,79.	S. *35*
8619.	Id. Avec globules dans le champ du revers.	Potin.	4,85.	S.
8620.	Id.	Potin.	4,05.	S. *Pl. XXXV, 2e*
8621.	Tête en forme de foudre.			

8603ª Idem. ℞) idem sous le cheval [illegible]; devant : [illegible], au dessus : motif [illegible] 6 gr (anc. n° 7032ª)

8606ª Tête à dr., très dégénérée. ℞. Cheval à dr., accompagné de trois annelets centrés, et surmonté d'un grand annelet renfermant plusieurs annelets concentriques, également centrés d'un point. 1/4 stat. 1 gr 7 — Z 635 —

8620ª Potin. 5,85. Don de M. Thorburn 24/6/31.

Poids. Prov.

℞. Cheval à droite ; au-dessus, trois annelets. Potin. 3,80. AF.

8622. Id. Potin. 5,75. AF.

8623. Tête en forme de foudre.
℞. Cheval à droite ; au-dessus, croissant. Potin. 4,62. AF.

8624. Id. Potin. 3,85. AF.

8625. Id. Potin. 5,25. AF.

8626. Tête en forme de foudre.
℞. Cheval à droite. Potin. 5,22. AF.

8627. Id. Potin. 5,37. L.

8628. Tête en forme de foudre.
℞. Cheval à droite ; au-dessus, croissant. Potin. 5,76. L.

8629. Id. Potin. 3,50. S.

8630. Id. Potin. 3,85. S.

8631. Id. Potin. 2,47. S.

8632. Id. (*Vendeuil-Caply.*) Potin. 2,84. S.

8633. Id. Potin. 3,10. S.

8634. Id. Potin. 4,53. S.

8635. Id. (*Meaux.*) Potin. 2,55. S.

La Saussaye, *Revue numism. franç.*, 1847, pl. XIV, p. 323.
Saulcy, *Revue numism. franç.*, 1860, p. 260.
Hermand, *Revue numism. belge*, 1864, pl. X et XI.

8636. Tête en forme de foudre.
℞. Cheval à gauche, entouré d'annelets. Potin. 6,02. S.

8637. Id. (*Maubeuge.*) Potin. 7,25. S.

8638. Tête dégénérée en forme de foudre.
℞. Cheval à droite, entre deux globules. BR. 3,11. S.

8639. Id. BR. 3,53. AF.

8640. Id. BR. 3,25. AF.

8641. Id. BR. 3,32. AF.

8642. Id. (*Maubeuge.*) BR. 3,05. S.

8643. Id. BR. 3,10. S.

8644. Id. BR. 4,32. S.

VARTICE.

8645. Tête en forme de foudre.
℞. VARTICE. Cheval à droite ; dessus, globule ; dessous, deux autres globules ; devant, point centré. BR. 3,82. S.

Poids. Prov.

8646. Id. N° 670 de Duchalais. BR. 3,14. AF.

8647. Id. BR. 3,40. S.

8648. Id. BR. 3,27. S.

8649. Id. (*Maubeuge.*) BR. 3,38. S.

8650. Id. BR. 2,88. S.

8651. Tête en forme de foudre.
℞. VOCV. Cheval à droite ; dessus, globule ; dessous, deux autres globules. BR. 2,18. S.

La Saussaye, *Revue num. franç.*, 1847, p. 324.
Saulcy, *Revue num. franç.*, 1860, p. 234.
Id., *ibid.*, 1868, p. 414.

8652. Buste lauré à droite.
℞. Cheval disloqué à droite. BR. 1,80. S.

8653. Id. BR. 3,02. S.

8654. Tête à droite, cheveux hérissés.
℞. Champ divisé en deux : dans la partie supérieure, un sanglier ; dans la partie inférieure, trois traits courbés. (*Vendeuil-Caply.*) Potin. 3,42. S.

8655. Potin. 3,40. AF.

8656. Id. n° 304 de Duchalais. Potin. 3,33. AF.

8657. Id. Potin. 2,38. L.

8658. Id. Potin. 3,86. S.

8659. Id. (*Vendeuil-Caply.*) Potin. 2,32. S.

8660. Id. Potin. 2,75. S.

Voillemier, *Monnaies de Beauvais*, pl. I, n°s 16 et 17.
Lambert, IIe part., pl. I, n° 24.

8661. Tête à gauche.
℞. Champ divisé en deux : dans la partie supérieure, [illegible] ; dans la partie inférieure, trois traits. (*De la trouvaille de Saint-André-sur-Cailly, arrondissement de Rouen.*) Potin. 3,57. S.

8662. Id. (*St-André-sur-Cailly.*) Potin. 2,53. S.

8663. Id. même provenance. Potin. 2,51. S.

8664. Id. Potin. 3,30. S.

8665. Id. (*St-André-sur-Cailly.*) Potin. 2,06. S.

Lambert, IIe part., pl. I, n°s 14 et 15.

8666. Tête à gauche.
℞. Champ divisé en deux parts : en haut, croissant ;

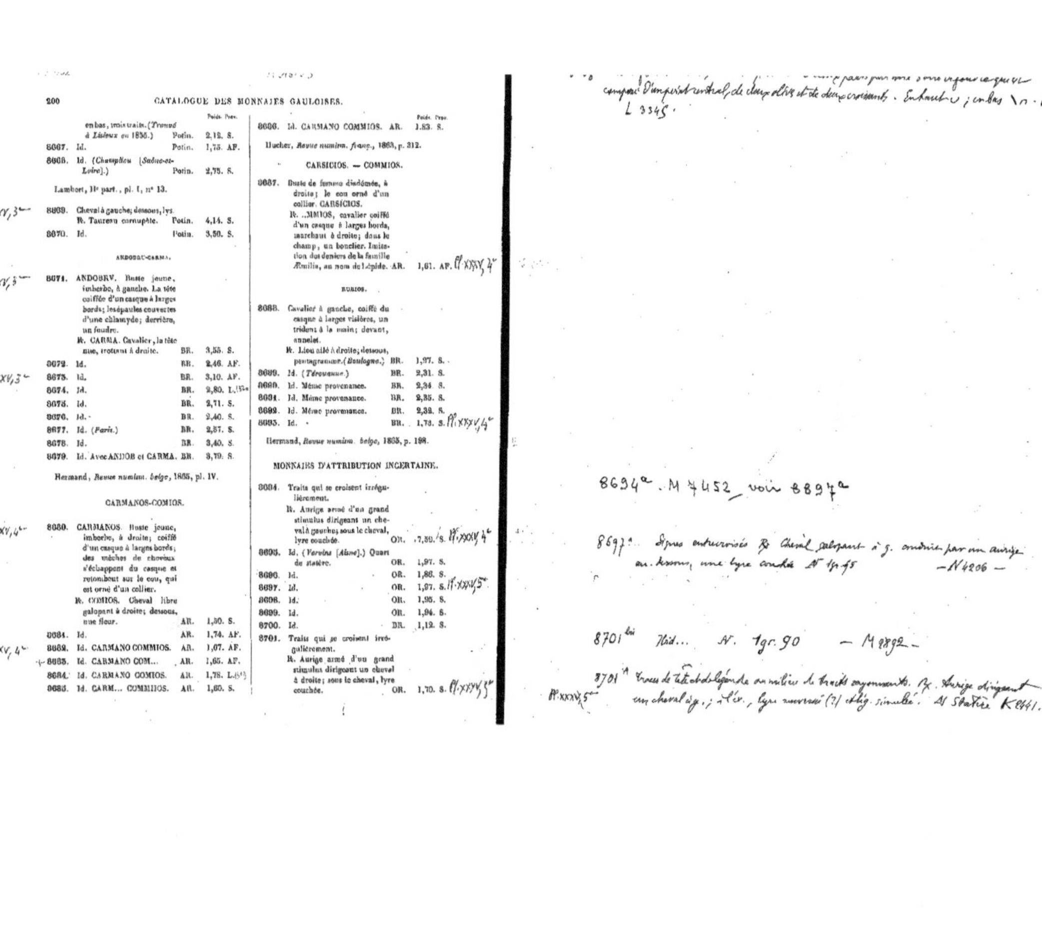

Poids. Prov.

en bas, trois traits. (*Trouvé à Lisieux en* 1836.) Potin. 2,12. S.

8667. Id. Potin. 1,75. AF.

8668. Id. (*Champlieu* [*Saône-et-Loire*].) Potin. 2,75. S.

Lambert, IIe part., pl. I, n° 13.

XXXV, 3 — 8669. Cheval à gauche; dessous, lys. ℞. Taureau cornupète. Potin. 4,14. S.

8670. Id. Potin. 3,50. S.

ANDOBRU-CARMA.

XXXV, 3 — 8671. ANDOBRV. Buste jeune, imberbe, à gauche. La tête coiffée d'un casque à larges bords; les épaules couvertes d'une chlamyde; derrière, un foudre. ℞. CARMA. Cavalier, la tête nue, trottant à droite. BR. 3,55. S.

8672. Id. BR. 2,46. AF.

XXXV, 3 — 8673. Id. BR. 3,10. AF.

8674. Id. BR. 2,80. L.

8675. Id. BR. 2,71. S.

8676. Id. BR. 2,40. S.

8677. Id. (*Paris.*) BR. 2,57. S.

8678. Id. BR. 3,40. S.

8679. Id. Avec ANDOB et CARMA. BR. 3,79. S.

Hermand, *Revue numism. belge*, 1865, pl. IV.

CARMANOS-COMIOS.

XXXV, 4 — 8680. CARMANOS. Buste jeune, imberbe, à droite; coiffé d'un casque à larges bords; des mèches de cheveux s'échappent du casque et retombent sur le cou, qui est orné d'un collier. ℞. COMIOS. Cheval libre galopant à droite; dessous, une fleur. AR. 1,30. S.

8681. Id. AR. 1,74. AF.

XXXV, 4 — 8682. Id. CARMANO COMMIOS. AR. 1,07. AF.

8683. Id. CARMANO COM... AR. 1,65. AF.

8684. Id. CARMANO COMIOS. AR. 1,78. L.

8685. Id. CARM... COMMIIOS. AR. 1,60. S.

8686. Id. CARMANO COMMIOS. AR. 1,83. S.

Hucher, *Revue numism. franç.*, 1863, p. 312.

CARSICIOS. — COMMIOS.

8687. Buste de femme diadémée, à droite; le cou orné d'un collier. CARSICIOS. ℞. ..MMIOS, cavalier coiffé d'un casque à larges bords, marchant à droite; dans le champ, un bouclier. Imitation des deniers de la famille *Æmilia*, au nom de Lépide. AR. 1,61. AF. Pl. XXXV, 4

RUBIOS.

8688. Cavalier à gauche, coiffé du casque à larges visières, un trident à la main; devant, annelet. ℞. Lion ailé à droite; dessous, pentagramme. (*Boulogne.*) BR. 1,97. S.

8689. Id. (*Térouanne.*) BR. 2,31. S.

8690. Id. Même provenance. BR. 2,34. S.

8691. Id. Même provenance. BR. 2,35. S.

8692. Id. Même provenance. BR. 2,32. S.

8693. Id. BR. 1,73. S. Pl. XXXV, 4

Hermand, *Revue numism. belge*, 1865, p. 198.

MONNAIES D'ATTRIBUTION INCERTAINE.

8694. Traits qui se croisent irrégulièrement. ℞. Aurige armé d'un grand stimulus dirigeant un cheval à gauche; sous le cheval, lyre couchée. OR. 7,39. S. Pl. XXXV, 4

8695. Id. (*Vervins* [*Aisne*].) Quart de statère. OR. 1,97. S.

8696. Id. OR. 1,86. S.

8697. Id. OR. 1,97. S. Pl. XXXV, 5

8698. Id. OR. 1,95. S.

8699. Id. OR. 1,94. S.

8700. Id. BR. 1,12. S.

8701. Traits qui se croisent irrégulièrement. ℞. Aurige armé d'un grand stimulus dirigeant un cheval à droite; sous le cheval, lyre couchée. OR. 1,70. S. Pl. XXXV, 5

composé d'un point central, de deux olives et de deux croissants. En haut … ; en bas …
L 3345.

8694ª. M 7452 voir 8897ª

8697ª. Signes entrecroisés ℞ Cheval galopant à g. conduit par un aurige au-dessous, une lyre couchée AV 1gr.75 — N 4206 —

8701 bis Id... AV. 1gr. 90 — M 9892 —

Pl. XXXV, 5 — 8701 A Traces de tête et de légende au milieu de traits rayonnants. ℞. Aurige dirigeant un cheval à g.; à l'ex., lyre renversée (?) et lég. simulée. AV Statère K 2441.

Poids. Prov.

8702. Traits qui se croisent.
℞. Aurige dirigeant un cheval à gauche ; dessous, rosace ; devant le poitrail, trois points. AR. 3,30. S.

Hermand, *Revue numism. belge*, 1865, p. 10.
Arras, Béthune, le littoral de la mer, aux environs de Calais surtout, recèlent ces monnaies dans leur sol.

MORINI.

8703. Uniface.
℞. Cheval disloqué à droite ; dessous, S, globule et croissant. OR. 5,55. S.

8704. Id. Sous le cheval, S, globule, S et croissant ; devant, point dans un cercle de perles. OR. 5,88. S.

8705. Id. OR. 5,90. S.

8706. Id. OR. 5,80. S.

8707. Uniface avec A.
℞. Cheval disloqué à droite ; dessous, S, globule et croissant. OR. 5,55. S.

8708. Id. (*Ledringhem* (*Nord*.) OR. 5,54. AF.

8709. Id. (*Ledringhem*.) OR. 5,54. AF.

8710. Uniface.
℞. Cheval disloqué à droite ; dessous, globule et croissant ; à l'exergue, oves. OR. 6,10. S.

8711. Id. (*Rugles* [*Eure*].) OR. 6,30. AF.

8712. Id. (*Laon*.) OR. 6,33. AF.

8713. Id. OR. 6,17. S.

8714. Id. (*Ledringhem*.) OR. 6,20. S.

8715. Id. Uniface dentelé. Même provenance. OR. 5,96. S.

8716. Id. (*Ledringhem*.) OR. 5,94. S.

8717. Uniface traversé par une baguette et dentelé sur les bords.
℞. Cheval disloqué à droite ; dessous, globule et croissant. OR. 6,00. S.

8718. Id. OR. 6,00. S.

8719. Id. Uniface traversé par une baguette.
℞. Cheval disloqué à droite ; dessous, globule et croissant. (*Ledringhem*.) OR. 5,85. AF.

8720. Uniface.
℞. Cheval disloqué à droite ; dessous, globule et croissant. (*Ledringhem*.) OR. 5,88. AF.

8721. Id. (*Ledringhem*.) OR. 5,97. AF.

8722. Uniface.
℞. Chêne, faucille, annelets. Quart de statère. OR. 1,40. S.

8723. Id. OR. 1,40. S.

8724. Id. OR. 1,40. S.

8725. Id. OR. 1,40. S.

8726. Id. OR. 1,35. S.

8727. Id. OR. 1,33. S.

8728. Id. OR. 1,25. S.

Voyez *Revue numismatique belge*, tome XX, pl. VII, XV, XVI, XVII.

8729. Uniface avec trois annelets.
℞. Chêne, faucille. OR. 1,34. S.

8730. Id. OR. 1,30. S.

8731. Uniface avec trois annelets et croissant.
℞. Chêne, faucille. OR. 1,34. S.

8732. Uniface avec annelet.
℞. Chêne, faucille. OR. 1,30. S.

Voyez *Revue numism. belge*, tome XX, pl. XVII.

8733. Uniface.
℞. Cheval disloqué à droite ; dessous, S, annelet, croissant et S. BR. 3,90. S.

8734. Id. BR. 3,42. S.

8735. Id. Moins S S sous le cheval. BR. 4,54. S.

8736. Id. BR. 4,75. S.

8737. Id. BR. 5,07. S.

8738. Id. BR. 3,70. S.

8739. Id. BR. 4,42. S.

8740. Id. BR. 4,72. S.

8741. Id. BR. 5,32. S.

8742. Uniface avec A.
℞. Cheval disloqué à droite. BR. 4,63. S.

MENAPII.

8743. Traits confus, des poissons peut-être ?
℞. Navire informe. (*Utrecht*.) OR. 4,92. S.

8744. Uniface avec lyre.
℞. Navire avec habitacle. (*Hollande*.) OR. pâle. 5,92. S.

Ch. Robert, *Essai de rapprochement entre les mon-*

naies celtiques du Danube et quelques monnaies anépigraphes de la Gaule cisrhénane. (Académie des inscriptions, comptes rendus, 2ᵉ série, tome IV, p. 424.)

INCERTAINE.

Poids. Prov.

8745. Tête à droite ; devant, lyre.
℟. Cheval à droite, sur le dos duquel une lyre. (*Collection Dancoisne.*) AR. 0,62. S.

NERVII.

Pl. XXXV, 8ᵉ 8746. Tête disloquée dite à l'epsilon.
℟. Cheval belge à gorge fourchue ; au-dessus du cheval, roue isolée. OR. 5,90. S.
8747. Id. OR. 5,61. S.
8748. Id. (*Ledringhem* [*Nord*].) OR. 5,62. AF.
8749. Id. Même provenance. OR. 5,72. AF.
8750. Id. OR. 5,90. AF.
8751. Id. (*Hayles* [*Eure*].) OR. 6,00. AF.
8752. Id. OR. 6,00. S.
8753. Id. OR. 5,90. S.
Pl. XXXV, 8ᵉ 8754. Id. OR. 5,90. S.
8755. Id. OR. 5,90. S.
8756. Id. (*Maubeuge* [*Nord*].) OR. 5,90. S.
8757. Id. OR. 6,06. S.
8758. Id. (*Belgique.*) OR. 5,70. S.
8759. Id. OR. 5,97. S.
Pl. XXXV, 8ᵉ 8760. Id. OR. 6,00. S.
8761. Id. OR. 6,10. S.
8762. Id. OR. 5,60. S.
8763. Id. OR. 5,95. S.
8764. Id. OR. 5,77. S.
8765. Tête à l'epsilon.
℟. Cheval à gorge fourchue ; au-dessus, roue. BR. 4,81. S.

Voyez *Revue numism. belge*, 1864, pl. XXI, XXII, et page 428.

Une certaine quantité de monnaies de ce groupe mêlées avec des VIROS ont été découvertes à Ledringhem et à Aubigny, non loin de Saint-Pol.

VIROS.

Pl. XXXV, 9ᵉ 8766. VIROS. Tête disloquée, dite à l'epsilon.
℟. VIROS. Cheval à gauche. (*Ledringhem* [*Nord*].) OR. 5,75. S.
8767. Id. Même provenance. OR. 5,70. AF.
8768. Id. (*Ledringhem.*) OR. 5,65. AF.
8769. Id. (*Ledringhem.*) OR. 5,65. AF.
8770. Id. (*Ledringhem.*) OR. 5,69. AF.
8771. Id. OR. 5,65. S.

Hermand, *Revue numism. belge*, 1864, p. 435.

8772. Tête nue à droite ; devant, VIROS.
℟. VIROS. Cavalier armé à droite ; dans le champ, annelet. BR. 5,02. S. Pl. XXXV, 9ᵉ
8773. Id. BR. 5,45. AF. Pl. XXXV, 9
8774. Id. BR. 5,00. AF.
8775. Id. BR. 4,68. AF.
8776. Id. BR. 4,85. S.
8777. Id. BR. 4,96. S.
8778. Id. BR. 5,36. S.

IOVERC.

8779. IOVERC. Lion à droite.
℟. IOVERC. Cheval à droite ; roue au-dessus. BR. 5,12. S.
8780. Id. BR. 5,32. S. Pl. XXXV, 9ᵉ
8781. Id. (*Maubeuge* [*Nord*].) BR. 4,29. S.
8782. Id. (*Vernon* [*Eure*].) BR. 5,82. S.
8783. Id. (*Maubeuge.*) BR. 4,24. S.
8784. Id. (*Reims.*) BR. 5,04. S.
8785. Id. BR. 5,08. AF.
8786. Id. BR. 4,92. AF.
8787. Id. BR. 4,87. AF.
8788. Id. BR. 5,08. AF.
8789. Id. Module plus petit. BR. 3,12. AF.
8790. . . VERC. Lion à droite.
℟. Même type incus. BR. 5,05. S.
8791. IOVERC. Lion courant à droite.
℟. . . VERC. Cheval à droite ; au-dessus, roue à quatre rayons. BR. 4,97 L.

Hermand, *Revue numism. belge*, 1864, p. 437.

Deux interprétations de la monnaie à légende VIROS se présentent à M. Hermand. L'une d'elles consiste à la regarder comme une simple modification artistique des types de l'autonomie belge, continuant, mais ne con-

8762ᵃ Tête disloquée dite à l'epsilon. ℟ cheval à droite, au dessus roue
Electrum. 5 gr. 75
Ledringhem (Nord) Acq. 1949, n° 9
8762ᵇ même type, cheval à droite, plus massif, moins ensellé
Electrum. 5 gr. 75 Ledringhem (Nord) Acq. 1949. n° 9
8762ᶜ lingot en electrum, 8 gr. 350. Ledringhem (Nord). Acq. 1949 n° 9

stituant pas seule un monnayage particulier. Ainsi envisagée, la variété au mot VIROS appartiendrait au groupe à l'epsilon, car là est l'analogie la plus grande.

L'autre interprétation consiste à faire de la variété dont il s'agit, peu rare dans le nord de l'ancienne Belgique, un numéraire distinct et particulier de l'époque autonome dans la Belgique.

Le mot VIROS, différemment interprété, n'offre pas par lui-même une ressource sérieuse de classement pour les monnaies qui le portent. S'il exprime un nom d'homme, comme sa terminaison en OS pourrait le faire croire, le chef qu'il indique, inconnu dans l'histoire écrite, reste sans nationalité spéciale et ne détermine pas l'attribution de ces monnaies à une peuplade quelconque. Si ce mot est formé des syllabes initiales d'un nom de peuple, les *Veromandui*, a-t-on dit, devraient en revendiquer la propriété. Non-seulement les découvertes ordinairement faites sur le sol véromanduen font attribuer à ce pays des monnaies à l'epsilon et à la roue, mais des pièces de cuivre ayant l'inscription VERO montrent la roue, au-dessus du cheval, comme symbole caractéristique du monnayage des *Veromandui*. Il résulte enfin de l'orthographe du mot VERO un doute très-sérieux que l'inscription VIROS convienne aux *Veromandui*. Ainsi parle M. Hermand.

M. de Lagoy [1], dès 1837, avait fait l'attribution aux *Veromandui* des pièces de cuivre VER ou VERO.

Duchalais [2] dit qu'on ne saurait traduire VERC ou VOVERC par *Veromandui*, et propose en conséquence l'attribution de ces monnaies à un peuple de la Belgique, aux Rèmes? La même attribution est encore applicable aux pièces à légende VIROS.

Pour résumer la question, abstraction faite des légendes, les monnaies VIROS, IOVERC font partie du groupe à l'epsilon et à la roue. On trouve le plus fréquemment ces monnaies dans le nord-est de la Belgique. L'attribution aux Nerviens a ce double avantage de ne pas être en contradiction avec les types et la provenance, et de ne pas reposer principalement sur l'interprétation ou le déchiffrement très-incertains des légendes.

En effet, l'R prétendu de IOVERC, en forme d'entrelacs, a la valeur d'un Q sur les deniers de Louis le Débonnaire à légendes AQVIS VASON, AQVITANIA, et sur ceux de Pépin I; en sorte qu'on pouvait lire IOVEQC tout aussi bien que IOVERC.

Poids. Prov.

8792. Tête disloquée.
R. Cheval à droite entre une rouelle et un annelet. (*Collection Rigollot.*) BR. 2,02. S.

8793. Id. (*Vermand* [*Aisne*].) BR. 2,44. S.

8794. Id. BR. 2,70. S.

Poids. Prov.

8795. Id. BR. 2,45. S.

8796. Tête disloquée.
R. Cheval à gauche entre un annelet et une rouelle. BR. 2,20. S.

8797. Tête disloquée.
R. Cheval à droite; dessus, M; dessous, Θ. BR. 5,61. S.

8798. Tête disloquée.
R. Cheval à droite; dessus, ω; dessous, roue. BR. 6,28. AF.

TREVIRI.

8799. Œil de profil, tourné à droite.
R. Cheval non disloqué, aux articulations globuleuses, galopant à gauche; dessous, cercles concentriques. OR. 6,22. S.

8800. Grand œil de profil.
R. Cheval galopant à gauche; au-dessus, trois astres et ornement en forme de cœur; dessous, cercles concentriques. OR. 6,20. AF.

8801. Id. OR. 6,25. AF.

8802. Grand œil de profil.
R. Cheval à gauche; au-dessus, trois astres et ornement en forme de cœur; dessous, cercles concentriques; dans le champ, quadrilatère armoricain. (*Maubeuge* [*Nord*].) OR. 6,21. S.

8803. Id. (*Genève.*) OR. 6,21. S.

8804. Id. OR. 6,22. S.

8805. Id. OR. 6,18. S.

8806. Id. OR. 6,32. S.

8807. Id. OR. 6,18. S.

8808. Id. OR. 6,10. S.

8809. Grand œil de profil.
R. Cheval aux articulations globuleuses galopant à gauche; devant, astre; dessus, ornement en forme de cœur; entre les jambes, deux cercles concentriques. OR. 6,20. L.

8810. Id. OR. 6,15. S.

8811. Id. OR. 6,30. S.

8812. Id. OR. 6,02. S.

[1] *Notice sur l'attribution de quelques médailles gauloises*, Aix, 1837, in-4°, p. 43.

[2] *Description*, n° 613, p. 207.

Poids. Prov.

8813. Id. OR. 6,12. S.

8814. Grand œil de profil, la prunelle indiquée par des cercles concentriques.
℞. Cheval bridé à gauche; dessus, trois points; dessous, cercles concentriques; devant, point centré. OR. 6,12. S.

8815. Id. OR. 5,95. S.

8816. Grand œil de profil.
℞. Cheval à gauche; dessus et dessous, point dans un cercle de perles. Pièce fourrée. OR. 2,54. S.

8817. Id. OR. 5,43. S.

8818. Grand œil.
℞. Cheval à gauche. (*Mariaval [Oise], au lieu dit Lessart l'Abbesse.*) BR. 5,15. S.

8819. Id. (*Près d'Arras.*) BR. 4,92. AF.

Ces statères se trouvent très-fréquemment sur le territoire des Rèmes.

LVCOTIOS.

8820. LVCOTIOS. Grand œil.
℞. LVCOTIO. Cheval à gauche; dessous, deux cercles concentriques. OR. 5,95. S.

8821. Id. OR. 6,03. S.

VOCARAN.

8822. VOCARAN. Grand œil.
℞. VOCARAN. Cheval à gauche; dessous, cercles concentriques. OR. 5,95. S.

8823. Id. OR. 6,02. AF.

8824. Id. BR. 3,69. S.

POTTINA.

8825. Grand œil dont la prunelle est une rouelle à huit rayons.
℞. POTTINA. Cheval à gauche; dessus, ornement en forme de cœur; derrière, astre. OR. 5,57. S.

8826. Id. OR. 5,46. AF.

8827. Id. OR. 5,54. S.

8828. Id. OR. 5,52. S.

8829. Id. OR. 5,40. S.

8830. Id. OR. 5,51. S.

Poids. Prov.

8831. Id. Pièce fourrée. OR. 5,18. S.

8832. Grand œil.
℞. Cheval à gauche; dessus, deux annelets; dessous, cercle de perles. BR. 5,77. S.

8833. Grand œil.
℞. Cheval à gauche. BR. doré. 4,03. AF.

Voyez *Revue numism. belge*, 1865, pl. I, nº 137.

8834. Tête à droite, laurée.
℞. cheval à gauche; sous la queue, roue; sous le cheval, rosace; devant, fasce. (*Luxembourg.*) OR. 7,30. S.

Lelewel, pl. III, 20, pl. V, 4.

8835. Tête à gauche, laurée.
℞. cheval à gauche; sous la queue, roue; dessous le cheval, rosace; devant, fasce. Quart de statère. OR. 1,83. S.

8836. Id. OR. 1,63. S.

8837. Tête laurée à droite.
℞. Cheval à droite; sous la queue, roue; à l'exergue, trait ponctué. OR. 1,78. S.

8838. Tête laurée à droite.
℞. Cheval à droite; sous la queue, roue; devant, trait ponctué. OR. 1,73. S.

ARDA.

8839. APAA. Tête barbue à droite, avec le diadème.
℞. Cavalier à droite, semblable à celui des monnaies de ANDOBRV. La tête est celle de la Terentia. BR. 4,05. S.

Cf. *Revue archéologique*, 1872, page 259.

8840. Id. Avec un annelet derrière la tête. Monnaie coulée dans l'antiquité. BR. 1,98. S.

8841. Tête à droite; derrière, deux globules; devant le visage, ARDA.
℞. Cheval ailé à droite; devant et dessous, globule. BR. 3,60. S.

8842. ARDA. Tête virile à droite.
℞. ARDA. Cheval à droite; contre la crinière, C; devant le poitrail, S; sous le ventre du cheval, X. BR. 2,32. S.

Poids. Prov.

8843. ARDA. Tête virile à droite.
℞. ARDA. Cheval à droite; contre la crinière, C; devant le poitrail, S; sous le ventre du cheval, X. BR. 2,08. AF.
8844. Id. BR. 2,22. AF.
8845. Id. BR. 2,55. AF.
8846. Id. (*Luxembourg.*) BR. 2,09. S.
8847. [ARDA]. Tête virile à droite.
℞. ARDA. Cheval galopant à droite. BR. 2,40. L.
8848. Id. BR. 2,09. L.
8849. Id. BR. 2,64. S.
8850. Id. BR. 2,55. S.
8851. Id. BR. 3,10. S.
8852. Tête de femme à droite.
℞. Bœuf passant à droite; dessous, petit sanglier; au-dessus du bœuf, le nom ARDA. BR. 2,12. S.

Le revers est celui de SVTICOS, nº 444 de Duchalais.

8853. Id. BR. 1,86. L.
8854. Id. BR. 1,12. S.
8855. Id. BR. 1,65. S.
8856. Id. BR. 1,55. S.
8857. Id. BR. 1,26. S.
8858. Tête virile à droite.
℞. Cheval à droite; dessous, ARDA? BR. 2,92. S.

M. de Saulcy propose, avec toute apparence de raison, d'attribuer les monnaies de cuivre qui portent le nom ARDA au chef suprême de la grande ligue des peuplades belges que Dion Cassius nomme Adra.
Revue archéologique, 1872, p. 259.

EBURONES.

8859. Sorte de triquetra.
℞. Cheval à gauche; dessus, ∴; devant et dessous, point centré. OR. 5,60. S.

Lelewel, *type gaulois*, pl. VI, 2.

8860. Id. OR. 5,82. S.
8861. Id. OR. 5,17. S.
8862. Id. (*Anvers.*) OR. 5,55. S.
8863. Id. Sorte de triquetra.
℞. Cheval à gauche; dessus, quatre globules et croix; devant et dessous, point centré. OR. 5,30. S.
8864. Triquetra dans un cercle de perles.
℞. Cheval à droite; dessus, loup; dessous, triquetra. Quart de statère. OR. 1,95. S.
8865. Croix avec annelet dans chaque canton.
℞. Cheval à droite; dessus et dessous, annelet. BR. 2,08. AF.

ADUATUCI.

8866. Quatre bustes de cheval en forme de croix.
℞. Cheval à droite; dessous, globule. BR. 2,72. S.
8867. Id. BR. 2,08. S.
8868. Quatre bustes de cheval en croix; annelets dans les cantons.
℞. Cheval à gauche; bouclier rond sur le poitrail et sur la croupe. BR. 2,95. S.
8869. Id. BR. 2,84. S.
8870. Id. BR. 3,35. AF.
8871. Id. BR. 3,04. AF.
8872. Id. BR. 2,75. AF.
8873. Id. BR. 1,78. AF.
8874. Id. BR. 3,14. S.
8875. Id. BR. 2,20. S.
8876. Id. BR. 3,35. S.
8877. Quatre bustes de cheval en forme de croix.
℞. Cheval à gauche. BR. 3,22. S.
8878. Id. BR. 1,52. S.
8879. Id. BR. 3,38. S.
8880. Id. BR. 3,10. S.

AVAVCIA.

8881. Quatre bustes de cheval en forme de croix.
℞. AVAVCIA. Cheval à gauche. BR. 3,33. S.
8882. Quatre bustes de cheval en forme de croix; annelets dans les cantons.
℞. AVAVCIA. Cheval à gauche. BR. 2,97. AF.

Poids. Prov.

8883. Id. BR. 3,12. AF.

8884. Quatre bustes de cheval disposés en croix.
R. AVAVCIA. Cheval marchant à gauche. BR. 2,80. L.

8885. Id. BR. 3,38. S.

8886. Id. BR. 3,54. S.

8887. Id. BR. 3,52. S.

8888. Id. BR. 3,38. S.

8889. Id. BR. 3,18. S.

8890. Id. BR. 3,34. S.

8891. Quatre bustes de cheval.
R. Deux croissants adossés. (*Saint-André-sur-Cailly* [*Seine-Inférieure*].) BR. 1,82. S.

Lambert, IIe partie, pl. XII, 19.

8892. Id. (*Teruinière* [*Eure-et-Loir*].) BR. 1,76. S.

ANNA. — ROVECI.

8893. ANNAROVECI. Tête à droite; sous le menton, point centré.
R. ANNA ROVECI. Cheval à gauche; au-dessus, point centré. AR. 1,17. S.

Revue numismatique belge, t. XVIII, p. 106.

8894. Id. AR. 1,13. AF.

8895. Id. AR. 1,66. S.

Catal. Colson, no 133.

INCERTAINES DE L'EST.

8896. Tête laurée à droite.
R. Bige à gauche; dessous, foudre; devant, épi. Statère concave. OR. 7,50. S.

8897. Tête laurée à gauche.
R. Bige à droite; sous les chevaux, triquetra. OR. 7,28. S.

8898. Id. OR. 6,45. S.

8899. Tête laurée à droite.
R. Bige à droite; dessous, épée et foudre. OR. 6,77. S.

8900. Id. Quart de statère. OR. 1,70. S.

8901. Tête laurée à droite.
R. Bige à droite; dessous, roue et croissant; devant, croissant. OR. 6,80. S.

Lambert, IIe part., pl. III, nos 6-7.

8902. Tête laurée à droite.
R. Bige à droite; dessous, roue et croissant; devant, croissant. OR. 7,05. AF.

8903. Id. OR. 6,18. AF.

8904. Id. OR. 6,00. AF.

8905. Id. OR. 6,28. L.

8906. Id. OR. 5,97. S.

8907. Id. Statère défourré. BR. 4,37. S.

8908. Tête laurée à droite.
R. Bige à gauche; dessous, roue et foudre; devant, croissant. (*Doulevant* [*Haute-Marne*].) OR. 6,15. S.

8909. Id. OR. 6,82. AF.

8910. Id. OR. 6,78. L.

8911. Id. Quart de statère. OR. 1,30. S.

8912. Id. Tête laurée à droite.
R. Bige à gauche; dessous, deux lignes parallèles; devant, croissant. OR. 7,30. S.

8913. Id. Quart de statère. OR. 1,55. S.

8914. Id. OR. 1,70. S.

8915. Tête laurée à droite.
R. Bige à gauche; devant, croissant; dessous, croix. (*Environs de Schaffouse.*) OR. 6,62. S.

Beschreibung der in der Schweiz aufgefundenen Gallischen münzen. Meyer, pl. II, no 90.

8916. Id. Quart de statère. OR. 1,74. S.

8917. Id. Défourré. OR. 1,18. S.

8918. Tête laurée à droite.
R. Bige à droite; devant, S; dessous, croix. OR. 1,70. S.

8919. Tête laurée à droite.
R. Bige à droite; dessous, S couché. (*Jouy*, 1848.) OR. 1,78. S.

8920. Tête laurée à droite.
R. Bige à droite; dessous, roue. OR. 1,80. S.

8921. Id. OR. 1,20. S.

8922. Tête à droite dans un cercle festonné.
R. Bige à gauche; dessous, large croissant et H. Statère concave. OR. 7,00. S.

Hucher, *Art gaulois*, IIe part., no 29.

8923. Id. (*Grainvilliers* [*Vosges*, 1843].) OR. 7,22. S.

8931ª Tête (grossière) à dr. Rx. Cheval attelé à un char (et aurige) à dr.; au-dessous, triquètre. 1/4 stat. N (L'Écluse) 1769. (Cf. les Arvernes).

8945ª Tête de Janus barbu; cheveux en torsades, dans un disque avec support. Rx Sanglier à gauche. Potin. L3352.

8960ª Tête imberbe à dr. Rx. Pégase (comme sur plusieurs pièces de la série, il a un bec de griffon); au-dessous, annelet entre rayonnant. N 2 gr 05. — L3368. —
reclassé à 4614ª (Leuci?)

			Poids.	Pres.
8924.	Id. Quart de statère.	OR.	1,85.	S.
8925.	Tête laurée à droite; devant la bouche, fleuron; sur la nuque, feuille de fougère. R. Bige à gauche; sous le cheval, large croissant et foudre; devant, épi.	OR.	1,85.	S.

Hucher, *Art. gaulois*, IIe part., p. 15.

8926.	Id.	OR.	1,85.	L.
8927.	Tête laurée à droite. R. Bige à gauche; dessous, lyre.	OR pâle.	6,95.	S.
8928.	Tête à droite dans un cercle festonné. R. Bige à gauche; dessous, lyre. Quart de statère.	OR.	1,77.	S.
8929.	Id.	OR.	1,73.	S.
8930.	Tête laurée à droite. R. Bige à droite; dessous, lyre.	OR.	1,55.	S.
8931.	Id.	OR.	1,37.	AF.
8932.	Tête laurée à droite. R. Bige à droite; dessous, rose.	OR.	7,74.	S.

MEDIOMATRICI.

8933.	Tête de Janus. R. Cheval à gauche; dessous, rosace; dessus, fleuron.	OR.	7,48.	S.

Lelewel, *Type gaulois*, pl. III, nº 10.

8934.	Id. Pièce reyphate.	OR.	7,25.	S.
8935.	Tête de Janus. R. Cheval à gauche; dessus, fleuron; dessous, rosace; devant, épi.	OR.	7,60.	AF.
8936.	Id. Statère défourré.	BR.	4,92.	S.
8937.	Id. Quart de statère.	OR.	1,77.	S.

Lambert, IIe part., pl. IV, 2.
Lelewel, *Type gaulois*, pl. VI, nºs 6-7.

8938.	Id.	OR.	1,65.	S.
8939.	Id.	OR.	1,41.	S.
8940.	Id.	OR.	1,80.	S.
8941.	Id.	OR.	1,77.	L.
8942.	Tête de Janus. R. Cheval à gauche; dessus, fleuron; dessous, rosace; derrière, O.	OR.	6,62.	S.
8943.	Tête de Janus dans un cercle festonné; dessous, A. R. ACO. Cheval à droite; dessus, fleuron; dessous et devant, rose.	OR.	6,82.	S.
8944.	Tête de Janus dans un cercle festonné; dessous, A. R. OVOAE. Cheval à gauche; dessus, fleuron; dessous, rosace; devant, rose.	OR.	6,98.	S.
8945.	Tête à droite. R. Cheval à gauche; dessus, fleuron; dessous, rosace; devant, épi. (*Doulevant* [*Haute-Marne*].)	OR.	1,84.	S.

Lambert, IIe part., pl. IV, 3.

8946.	Tête casquée à droite. R. MEDIO. Cavalier à droite.	BR.	2,71.	S.
8947.	Id.	BR.	2,35.	AF.
8948.	Buste casqué à droite. R. MEDIO. Cavalier armé d'un glaive, galopant à droite.	BR.	1,97.	L.
8949.	Id.	BR.	2,40.	S.
8950.	Id. (*Meaux*.)	BR.	2,20.	S.
8951.	Id. (*Tarquimpol* [*anc. dépt. de la Meurthe*].)	BR.	1,82.	S.
8952.	Id. (*Château-Thierry*.)	BR.	2,05.	S.
8953.	Tête de Vénus à droite; devant, fleuron. R. MEDIOMA. Pégase à droite. (*Tarquimpol*.)	BR.	2,38.	S.
8954.	Id.	BR.	1,93.	S.
8955.	Id.	BR.	1,70.	L.
8956.	Tête d'Apollon à droite. R. Pégase à droite; à l'exergue, points simulant une légende. Quart de statère.	OR.	2,07.	S.
8957.	Id.	OR.	2,12.	AF.
8958.	Id.	OR.	1,87.	L.
8959.	Id.	OR.	1,96.	L.
8960.	Id.	OR.	2,00.	S.

Lelewel, *Type gaulois*, pl. IV, 54.
Ces pièces se trouvent aux environs de Metz.

8961.	Lisse. R. T. Quart de statère.	OR.	1,83.	S.
8962.	Lisse. R. S couché.	OR.	1,97.	S
8963.	Profil dégénéré. R. Bige à gauche; des-			

Poids. Prov.

sous, croissant ; devant, croix. Électrum bas. 5,05. S.

8964. Id. Électrum. 6,30. S.

8965. Id. Électrum. 6,55. S.

8966. Id. Électrum. 6,15. S.

8967. Id. Électrum. 6,28. S.

8968. Id. Électrum. 6,48. S.

8969. Id. Sous le bige, S. Électrum. 5,22. S.

8970. Tête casquée à droite.
℞. Pégase à droite ; dessous, M. BR. 1,63. S.

8971. Victoire assise à gauche sur un siège portant les lettres ST. (Porcia, Cohen, pl. XXXV, 6.)
℞. Cavalier armé d'une lance, au galop à droite ; sous le cheval, point dans un cercle de perles. (*Naix* [*Meuse*].) BR. 1,70. S.

8972. Id. (*Tarquimpol.*) BR. 1,65. S.

8973. Id. BR. 1,80. S.

8974. Id. BR. 1,70. AF.

8975. Id. AM devant la Victoire. BR. 1,78. S.

Hucher, *Art gaulois*, Ire p., p. 41.

8976. Cavalier à gauche ; devant, AM.
℞. Aigle déchirant une alouette. BR. 1,23. S.

8977. Id. moins les lettres. BR. 1,35. S.

8978. Cheval bronchant à gauche ; devant, trois globules.
℞. Aigle dévorant une alouette. BR. 1,70. S.

8979. Id. BR. 2,06. S.

8980. Id. BR. 1,65. S.

8981. Id. BR. 1,31. S.

8982. Id. BR. 1,37. S.

8983. Id. BR. 1,57. S.

8984. Id. BR. 1,57. S.

8985. ARC. ....MBACTV. Tête d'Auguste à droite.
℞. Bœuf à droite dans une couronne. BR. 3,54. S.

8986. ARC... Même tête.
℞. Même type. BR. 3,64. S.

Combe, *Musée Hunter*, pl. IV, n° 3. Classé à Ambo.
Plantet et Jeannez, *Monnaies du comté de Bourgogne*, pl. I, n° 9 et 10.

8987. ARC AMBA. Tête d'Auguste à droite.
℞. Lion courant à gauche ; dessous, étoile. BR. 3,38. S.

VIRODUNI.

8988. Tête à droite, encadrée dans un cercle.
℞. Cheval à gauche, regardant en arrière ; dessous, lyre. OR. 7,14. S.

Hucher, *Art. gaulois*, Ire part., 61, 1.

8989. Tête à droite.
℞. Cheval à gauche, regardant en arrière ; dessus, quadrilatère ; dessous, fleur. OR. 6,96. S.

Hucher, *Art gaulois*, Ire pl., p. 61, 2.

8990. Tête à droite.
℞. Cheval à gauche, regardant en arrière ; dessus, croix ; dessous, fleur. OR. 6,90. AF.

8991. Tête à droite.
℞. Cheval à gauche, regardant en arrière ; dessus, quadrilatère ; dessous, fleur. (*Luxembourg.*) OR. 6,65. S.

8992. Tête laurée à droite.
℞. Cheval à gauche, regardant en arrière ; dessus, croix ; dessous, fleur ; devant, O. OR. 6,95. S.

8993. Id. Moins O devant le cheval. OR. 7,19. S.

8994. Tête laurée à droite.
℞. Cheval à gauche, regardant en arrière ; dessus, roue ; dessous, fleur. Quart de statère. OR. 1,82. S.

8995. Id. OR. 1,70. S.

8996. Tête à droite.
℞. Cheval à gauche, regardant en arrière ; dessous, lyre. (*Luxembourg.*) Quart de statère. OR. 1,50. S.

8997. Id. (*Luxembourg.*) OR. 1,60. S.

8998. Tête ceinte d'un triple diadème, à droite ; S couché au-dessus du sourcil et sous le menton.
℞. Cheval à droite, regardant en arrière ; dessus, rameau et deux S ; dessous, rosace ;

Poids. Pres.

devant, croix. (*Environs de Metz.*) OR. 6,94. S.

8999. Id. OR. 7,15. S.

9000. Id OR. 6,95. S.

9001. Id. OR. 6,86. S.

9002. Id. BR. 3,87. S.

9003. Id. Quart de statère. OR. 1,85. S.

9004. Tête ceinte du triple diadème, à droite.
R. Cheval à gauche, regardant en arrière; dessus, rameau et tableau quadrilatère; dessous, rosace. (*Près Neufchâteau [Vosges].*) OR. 7,74. S.

9005. Id. Quart de statère. OR. 1,92. S.

9006. Tête ceinte d'un triple bandeau, à droite; S couché au-dessus du sourcil.
R. Cheval à gauche, regardant en arrière; dessus, rameau; dessous, rosace; devant, croix; derrière, S S. (*Près Neufchâteau.*) Quart de statère. OR. 1,70. S.

9007. Id. OR. 1,65. S.

9008. Id. OR. 1,70. S.

9009. Id. OR. 1,77. S.

9010. Id. OR. 1,72. S.

9011. Id. BR. 1,07. S.

9012. Id. BR. 1,25. S.

9013. Tête à gauche, ceinte du triple diadème.
R. Cheval à gauche, regardant en arrière; dessus, rameau; dessous, rosace. Quart de statère. OR. 1,97. S.

LEUCI.

9014. Tête laurée à gauche; devant, ∴.
R. Cheval à gauche; dessus, corbeau; dessous, croix. OR. 7,70. S.

9015. Id. OR. 7,75. S.

9016. Id. OR. 7,70. S.

9017. Tête à gauche.
R. Cheval à droite; dessus, corbeau. Quart de statère. OR. 1,88. S.

9018. Tête jeune, imberbe, à gauche.
R. Figure ailée, marchant à gauche, les jambes traversées par une flèche. Le druide Abaris. OR. 2,02. AF.

Un exemplaire de cette pièce a été trouvé, en 1848, à Colombey-aux-Belles-Femmes, arrondissement de Toul (Meurthe).

La Saussaye, *Rev. numism. franç.*, 1842, p. 165.
Lambert, IIe part., pl. III, no 3.

9019. Tête jeune, imberbe, à droite.
R. Aigle de face, dans une bordure dentelée. OR. 2,05. S.

Hucher, *Art gaulois*, IIe part., no 28.
Sur l'exemplaire de M. Danjou de la Garenne, l'oiseau est transpercé d'une flèche.

SOLIMA

9020. Tête nue à gauche.
R. COAI... Cheval galopant à gauche. Électrum. 1,90. AF.

9021. Tête à gauche; derrière, S.
R... Cheval sanglé, galopant à gauche; dessous, dauphin. AR. 1,86. S.

9022. Id. AR. 1,69. AF.

9023. Id. Avec SOLIMA au droit et au revers. AR. 1,75. S.

9024. Id. Avec SOLIMA et COAIMA. AR. 1,78. S.

9025. Id. Id. AR. 1,92. S.

9026. Id. Id. AR. 1,82. S.

9027. Id. Id. AR. 1,63. S.

9028. Id. Avec SOLIMA et ...IM. (*Vendeuil-Caply [Oise].*) AR. 1,82. S.

9029. Id. avec SOLIMA. AR. 1,85. S.

9030. Id. Moins les légendes. (*Chantenay [Nièvre].*) AR. 1,98. S.

9031. SOLIM... Tête à gauche.
R... Cheval bridé et sanglé, galopant à gauche; dessous, dauphin en sens contraire. AR. 1,84. L.

9032. Id. AR. 1,86. L.

9033. Id. AR. 1,58. L.

9034. Id. AR. 1,48. L.

9035. Id. Avec SOLIMA au droit et au revers, pièce fourrée. AR. 1,53. L.

9036. Id. AR. 1,08. L.

9037. Tête à gauche; derrière, S.
R... OAIM. Cheval galopant à gauche. AR. 1,77. L.

9038. SOLIMA. Tête nue à gauche.

N°	Description		Poids.	Prov.
	R. SOLIMA. Cheval galopant à gauche; dessous, dauphin en sens contraire.	AR.	1,80.	AF.
9039.	Id.	AR.	1,96.	AF.
9040.	Id.	AR.	1,90.	AF.
9041.	Id.	AR.	1,75.	AF.
9042.	Id.	AR.	1,80.	AF.
9043.	Id.	AR.	1,65.	AF.
9044.	Tête barbare à gauche. R. Sanglier à gauche; entre les jambes, lys.	Potin.	6,37.	S.
	Lambert, IIe part., pl. I, n° 27.			
9045.	Id.	Potin.	4,90.	S.
9046.	Tête diadémée, cheveux épars, à gauche. R. Sanglier à gauche; dessous, lis.	Potin.	4,80.	AF.
9047.	Id.	Potin.	4,38.	AF.
9048.	Id.	Potin.	4,47.	
9049.	Id.	Potin.	4,70.	S.
9050.	Tête barbare diadémée à gauche. R. Sanglier à gauche; entre les jambes, lis à tige plus élevée.	Potin.	4,40.	AF.
9051.	Id.	Potin.	3,08.	AF.
9052.	Id.	Potin.	4,11.	AF.
9053.	Tête barbare diadémée, à gauche. R. Sanglier à gauche.	Potin.	3,78.	AF.
9054.	Id.	Potin.	4,30.	S.
9055.	Tête barbare, cheveux épars, œil rond. R. Sanglier à gauche; dessous, lis.	Potin.	4,72.	S.
9056.	Id. (*Boviolles [Meuse].*)	Potin.	3,45.	S.
9057.	Id.	Potin.	2,57.	S.
9058.	Id.	Potin.	3,15.	S.
9059.	Id.	Potin.	3,50.	S.
9060.	Id. (*Bar-sur-Aube.*)	Potin.	3,55.	S.
9061.	Id. (*Bar-sur-Aube.*)	Potin.	4,56.	S.
9062.	Tête barbare à gauche. R. Sanglier à gauche; entre les jambes, fleur de lis.	Potin.	5,05.	AF.
9063.	Id.	Potin.	4,20.	AF.
9064.	Id.	Potin.	5,27.	AF.
9065.	Id.	Potin.	5,38.	AF.
9066.	Id.	Potin.	4,19.	AF.
9067.	Id.	Potin.	5,07.	AF.
9068.	Id.	Potin.	6,00.	AF.
9069.	Id.	Potin.	3,36.	AF.
9070.	Id.	Potin.	4,28.	AF.
9071.	Id.	Potin.	5,57.	AF.
9072.	Id.	Potin.	4,53.	AF.
9073.	Id.	Potin.	4,46.	AF.
9074.	Id.	Potin.	4,27.	AF.
9075.	Id.	Potin.	4,32.	AF.
9076.	Id.	Potin.	3,21.	AF.
9077.	Id.	Potin.	4,40.	AF.
9078.	Id.	Potin.	4,40.	AF.
9079.	Id.	Potin.	4,72.	AF.
9080.	Id.	Potin.	4,22.	AF.
9081.	Id.	Potin.	4,23.	AF.
9082.	Id.	Potin.	3,50.	AF.
9083.	Id.	Potin.	5,40.	AF.
9084.	Id.	Potin.	4,90.	AF.
9085.	Id.	Potin.	5,08.	AF.
9086.	Id.	Potin.	5,04.	AF.
9087.	Id.	Potin.	4,73.	AF.
9088.	Id.	Potin.	3,41.	AF.
9089.	Id.	Potin.	4,00.	AF.
9090.	Id. (*Boviolles.*)	Potin.	3,07.	S.
9091.	Id.	Potin.	2,27.	S.
9092.	Id.	Potin.	4,13.	S.
9093.	Id. (*Bar-sur-Aube.*)	Potin.	4,20.	S.
9094.	Id. (*Vendeuil-Caply.*)	Potin.	5,30.	S.
9095.	Id.	Potin.	4,65.	S.
9096.	Id. (*Bar-sur-Aube.*)	Potin.	3,85.	S.
9097.	Id. (*Boviolles.*)	Potin.	5,45.	S.
9098.	Id. (*Bar-sur-Aube.*)	Potin.	4,70.	S.
9099.	Id. (*Bar-sur-Aube.*)	Potin.	3,25.	S.
9100.	Tête barbare à gauche. R. Sanglier à gauche; dessous, lis.	Potin.	4,58.	AF.
9101.	Id.	Potin.	3,93.	AF.
9102.	Id.	Potin.	3,98.	AF.
9103.	Id.	Potin.	3,25.	AF.
9104.	Id. (*Près de Châlons.*)	Potin.	3,50.	S.
9105.	Id.	Potin.	3,95.	S.
9106.	Id. (*Boviolles.*)	Potin.	3,80.	S.
9107.	Id. (*Près Neufchâteau.*)	Potin.	3,92.	S.
9108.	Id. (*Près Neufchâteau.*)	Potin.	3,39.	S.
9109.	Id. (*Paris.*)	Potin.	4,85.	S.
9110.	Id.	Potin.	3,96.	S.

9145bis Variété de 9145 et 9146. — L 3351.

9153bis Tête aux cheveux hérissés en éventail. Rx. Sanglier debout; dessous, globule. Potin. L 3350.

			Poids.	Prov.
9111.	Id. (*Bouiolles.*)	Potin.	4,80.	S.
9112.	Id. (*Bar-sur-Aube.*)	Potin.	3,59.	S.
9113.	Id. (*Bouiolles.*)	Potin.	3,32.	S.
9114.	Id. (*Bar-sur-Aube.*)	Potin.	2,98.	S.
9115.	Id.	Potin.	4,75.	S.
9116.	Id.	Potin.	4,55.	S.
9117.	Id.	Potin.	3,30.	S.
9118.	Id. (*Bar-sur-Aube.*)	Potin.	4,28.	S.
9119.	Id. (*Bouiolles.*)	Potin.	3,70.	S.
9120.	Id. (*Bouiolles.*)	Potin.	3,08.	S.
9121.	Id. (*Vendeuil-Caply.*)	Potin.	4,08.	S.
9122.	Id.	Potin.	3,75.	S.
9123.	Id. (*Naix.*)	Potin.	4,70.	L.
9124.	Id.	Potin.	4,07.	L.
9125.	Tête à droite. Style meilleur. ℞. Sanglier à gauche.	Potin.	2,27.	S.
9126.	Tête barbare à gauche. ℞. Sanglier à droite; dessous, fleur de lis. (*Bouiolles.*)	Potin.	5,20.	S.
9127.	Tête diadémée, cheveux épars, à gauche. ℞. Sanglier à droite; dessous, fleuron.	Potin.	4,91.	AF.
9128.	Id.	Potin.	4,47.	AF.
9129.	Id.	Potin.	4,90.	AF.
9130.	Id.	Potin.	4,97.	AF.
9131.	Id.	Potin.	5,85.	AF.
9132.	Id.	Potin.	4,99.	AF.
9133.	Id.	Potin.	4,50.	AF.
9134.	Id.	Potin.	5,25.	AF.
9135.	Tête diadémée, cheveux épars, à gauche. ℞. Sanglier à droite; entre les jambes, lis.	Potin.	5,25.	AF.
9136.	Id.	Potin.	4,05.	L.
9137.	Id. (*Naix.*)	Potin.	5,00.	L.
9138.	Id. (*Bouiolles.*)	Potin.	4,72.	S.
9139.	Id.	Potin.	5,22.	S.
9140.	Id.	Potin.	4,44.	S.
9141.	Id.	Potin.	5,15.	S.
9142.	Tête diadémée, cheveux épars, à gauche. ℞. Sanglier à gauche; dessous, fleuron formé d'un seul pétale.	Potin.	3,77.	AF.
9143.	Id.	Potin.	3,84.	AF.
9144.	Id.	Potin.	2,70.	AF.
9145.	Tête barbare à gauche. ℞. Sanglier à gauche; dessous, lis en forme de croix.	Potin.	5,32.	AF.
9146.	Id.	Potin.	3,20.	AF.
9147.	Id. Pas de symbole sous le sanglier.	Potin.	4,80.	AF.
9148.	Id.	Potin.	3,93.	AF.
9149.	Id.	Potin.	3,16.	AF.
9150.	Id.	Potin.	4,80.	AF.
9151.	Id.	Potin.	4,50.	AF.
9152.	Id.	Potin.	4,43.	AF.
9153.	Id.	Potin.	4,70.	AF.
9154.	Tête casquée à gauche; devant la bouche, fleuron. ℞. Taureau cornupète à gauche; au-dessus, lis.	Potin.	3,10.	AF.
9155.	Tête casquée à gauche; devant la bouche, fleuron. ℞. Taureau cornupète à droite; au-dessus, lis. (*Trouvé à Paris.*)	Potin.	2,65.	S.
	Lelewel, *Type gaulois*, pl. V, 8.			
9156.	Id.	Potin.	2,25.	L.
9157.	Tête casquée à gauche; devant la bouche, fleuron. ℞. Taureau cornupète à droite; au-dessus, lis entre deux globules.	Potin.	3,20.	AF.
9158.	Id.	Potin.	3,65.	AF.
9159.	Id., moins les globules.	Potin.	2,68.	AF.
9160.	Id.	Potin.	2,47.	AF.
9161.	Id.	Potin.	3,23.	AF.
9162.	Id.	Potin.	3,44.	AF.
9163.	Id. (*Poitiers.*)	Potin.	3,35.	S.
9164.	Tête casquée à gauche. ℞. Taureau cornupète à droite; au-dessus, lys; dans le champ, trois globules.	Potin.	2,96.	S.
9165.	Id. (*Reims.*)	Potin.	2,32.	S.
9166.	Id.	Potin.	3,05.	S.
9167.	Tête à gauche. ℞. Sanglier à gauche; dessous, tête humaine de face. (*Paris.*)	Potin.	3,15.	S.
9168.	Id.	Potin.	3,11.	L.
9169.	Id.	Potin.	3,48.	AF.
9170.	Id.	Potin.	2,60.	AF.

			Poids.	Prov.
9171.	Id.	Potin.	3,21.	AF.
9172.	Id.	Potin.	3,56.	AF.
9173.	Id.	Potin.	3,25.	AF.
9174.	Id.	Potin.	2,53.	AF.
9175.	Id.	Potin.	3,15.	AF.
9176.	Id.	Potin.	2,05.	AF.
9177.	Id.	Potin.	3,05.	AF.
9178.	Id.	Potin.	2,60.	AF.
9179.	Id. (*Gury* [*Oise*].)	Potin.	3,32.	S.
9180.	Id. (*Vendeuil-Caply.*)	Potin.	3,35.	S.
9181.	Id.	Potin.	2,01.	S.
9182.	Id.	Potin.	2,57.	S.
9183.	Id.	Potin.	3,51.	S.
9184.	Id. (*Vendeuil-Caply.*)	Potin.	4,10.	S.
9185.	Id. (*Meaux.*)	Potin.	2,60.	S.
9186.	Id. (*Meaux.*)	Potin.	2,90.	S.
9187.	Tête barbare à gauche; globules dans le champ. R. Sanglier lampé à gauche.	Potin.	2,25.	S.
9188.	Id.	Potin.	2,95.	AF.
9189.	Id.	Potin.	3,36.	S.
9190.	Tête à longs cheveux à gauche. R. Sanglier à gauche; dessous, bucrane. (*Vendeuil-Caply.*)	Potin.	4,15.	S.
9191.	Id.	Potin.	4,80.	S.
9192.	Id. (*Paris.*)	Potin.	2,92.	S.
9193.	Tête à gauche. R. Rouelle.	Potin.	2,00.	S.
9194.	Tête à droite, cheveux hérissés. R. Ours dévorant un homme; rouelle dans le champ. (*Meaux.*)	Potin.	3,35.	S.
9195.	Id.	Potin.	3,07.	S.
9196.	Id. (*Paris.*)	Potin.	2,67.	S.
9197.	Tête nue à droite, cheveux hérissés. R. Sanglier à droite; dessous, trois points.	Potin.	4,86.	S.
9198.	Id.	Potin.	3,27.	AF.
9199.	Tête à gauche. R. Sanglier à droite; dessous, quatre globules. (*Vernon.*)	Potin.	4,00.	S.
9200.	Id.	Potin.	3,75.	S.
9201.	Id.	Potin.	4,00.	S.
9202.	Id.	Potin.	3,57.	S.

MATVCHNOS.

			Poids.	Prov.
9203.	MATVCHNOS. Buste casqué à gauche. R. MATVCHNOS. Cheval libre galopant à gauche; dessus, oiseau; dessous, rosace.	BR.	2,98.	S.
9204.	Id.	BR.	3,00.	S.
9205.	Id.	BR.	3,22.	S.
9206.	Id.	BR.	2,71.	S.
9207.	Id.	BR.	3,24.	S.
9208.	Id.	BR.	3,46.	S.
9209.	Id. (*Boviolles.*)	BR.	3,04.	S.
9210.	Id. (*Boviolles.*)	BR.	2,82.	S.
9211.	MATVCHNOS. Buste casqué à gauche. R. MATVCHNOS. Cheval galopant à gauche; dessus, oiseau; dessous, rosace et dauphin.	BR.	2,42.	AF.
9212.	Id.	BR.	2,91.	AF.
9213.	Id.	BR.	3,00.	AF.
9214.	Id.	BR.	2,80.	AF.
9215.	Id.	BR.	2,95.	AF.
9216.	Id.	BR.	3,21.	AF.
9217.	Id.	BR.	3,32.	AF.
9218.	Id.	BR.	3,85.	AF.
9219.	Id.	BR.	3,20.	AF.
9220.	Id.	BR.	2,83.	AF.
9221.	Id.	BR.	4,00.	AF.
9222.	Id.	BR.	2,57.	AF.
9223.	Id.	BR.	2,95.	AF.
9224.	Id.	BR.	2,90.	AF.
9225.	Id.	BR.	3,09.	AF.
9226.	Id.	BR.	3,72.	AF.
9227.	Id.	BR.	3,00.	AF.
9228.	Id.	BR.	2,95.	AF.
9229.	Id.	BR.	2,92.	AF.
9230.	Id. Module plus petit.	BR.	1,29.	AF.
9231.	Id. Sans le dauphin.	BR.	3,30.	AF.
9232.	. . VCHN . . Tête casquée à gauche. R. . . Cheval galopant à gauche; dessous, rosace.	BR.	2,85.	L.

Lelewel, *Type gaulois*, pl. VI, nº 48.

A. HIRTIUS IMP.

			Poids.	Prov.
9233.	A HIRTIV. Éléphant à droite. R. Simpule, aspersoir, hache et bonnet de flamine.	BR.	2,75.	S.

Cohen, *Julia*, pl. XX, 10.

FRAPPÉE CHEZ LES TRÉVIRES.

			Poids.	Prov.
9234.	Id.	BR.	2,66.	S.
9235.	Id.	BR.	3,05.	S.
9236.	Id.	BR.	3,48.	S.
9237.	Id.	BR.	2,96.	S.
9238.	Id.	BR.	2,90.	S.
9239.	Id.	BR.	3,07.	S.
9240.	Avec Γ dans le champ du droit.	BR.	2,61.	S.
9241.	Id. Légende rétrograde.	BR.	2,05.	S.
9242.	Id.	BR.	2,70.	S.
9243.	VITRIHA. Éléphant à droite; devant, Γ. R. Simpule, aspersoir, hache et bonnet de flamine. A dans le champ.	BR.	2,30.	L.
9244.	Id.	BR.	2,36.	L.

GERMANUS INDUTILLI F.

			Poids.	Prov.
9245.	Tête d'Octave à droite. R. GERMANVS INDVTILLI L. Taureau à gauche.	BR.	3,06.	S.
9246.	Id. GERMANVS INDVTILL II.	BR.	3,05.	S.
9247.	Id.	BR.	2,50.	S.
9248.	Id.	BR.	3,30.	S.
9249.	Id.	BR.	2,80.	S.
9250.	Id.	BR.	2,45.	S.
9251.	Id.	BR.	2,05.	S.
9252.	Id. *(Orange.)*	BR.	2,65.	S.
9253.	Id. *(Compiègne.)*	BR.	3,10.	S.
9254.	Id *(Paris.)*	BR.	3,25.	S.
9255.	Id. *(Bouiolles.)*	BR.	1,75.	S.
9256.	Id.	BR.	2,84.	AF.
9257.	Id.	BR.	1,78.	AF.
9258.	Id.	BR.	2,65.	AF.
9259.	Id.	BR.	2,75.	AF.
9260.	Id.	BR.	6,57.	AF.
9261.	Id.	BR.	3,33.	AF.
9262.	Id.	BR.	2,87.	L.
9263.	Id.	BR.	2,29.	L.
9264.	Id.	BR.	2,95.	L.
9265.	Id.	BR.	3,01.	L.

M. de Longperier, dans un mémoire sur la forme de la lettre F dans les légendes de quelques médailles gauloises, discute la légende GERMANVS INDVTILLI.

Après avoir analysé les opinions diverses auxquelles a donné lieu la monnaie de Germanus, le savant académicien établit que la question qu'elle soulève n'a pu être résolue, malgré les efforts de tant d'habiles antiquaires, uniquement parce qu'aucun d'entre eux n'avait eu recours à l'épigraphie.

Indutillus appartient à une riche famille de noms gaulois terminés en ILLVS, et Germanus est son fils, comme Orgetirix celui d'Atepilus.

Rev. numism. franç., 1860, p. 180.

Hucher, *Rev. numism. franç.*, 1867, p. 81.

			Poids.	Prov.
9266.	IMP CAESAR. Tête nue à droite d'Auguste. R. AVGVSTVS DIVI F. Taureau cornupète à gauche.	MB.	2,98.	S.

Cohen, Auguste, n° 202.

PETIT BRONZE AYANT SERVI DE TYPE AUX GAULOIS.

			Poids.	Prov.
9267.	Id.	BR.	2,78.	S.
9268.	Id.	BR.	2,88.	S.
9269.	Tête barbare à droite. R. KERN. taureau à gauche.	BR.	2,70.	S.

SALASSES.

			Poids.	Prov.
9270.	Type où l'on a cru voir la représentation des instruments servant au lavage de l'or.	OR.	7,30.	S.
9271.	Id.	OR.	7,12.	S.

A. de Longperier, *Rev. numism. franç.*, 1861, pl. XV, 10.

SÉNONS (MIGRÉS).

			Poids.	Prov.
9272.	Tête à gauche. R. Cheval à gauche; dessus, globule.	AR.	1,80.	S.
9273.	Id.	AR.	1,48.	S.
9274.	Tête dégénérée figurant un rameau, nommé par quelques-uns *douisken*. R. cheval à gauche; dessus, croissant.	AR.	1,85.	S.
9275.	Rameau simulant une tête. R. cheval à gauche; devant, croix.	AR.	1,74.	S.
9276.	Rameau simulant une tête.			

			Poids.	Prov.
	℞. Cheval à gauche; dessus, lyre.	AR.	1,75.	S.
9277.	Rameau simulant une tête. ℞. Cheval à gauche.	AR.	1,61.	S.
9278.	Id.	AR.	1,80.	S.
9279.	Rameau simulant une tête. ℞. Cheval bronchant à droite.	AR.	1,40.	S.

TECTOSAGES ÉMIGRÉS DANS LA FORÊT NOIRE.

9280.	Tête à droite. ℞. Croix cantonnée d'un trait, de A, de deux points, d'un globule.	AR.	1,70.	S.
9281.	Id.	AR.	1,77.	S.
9282.	Tête à droite. ℞. Croix cantonnée de A, d'un trait, d'un globule, de deux points.	AR.	1,82.	S.
9283.	Tête à droite. ℞. Croix cantonnée de V, d'un annelet surmonté d'un croissant dont les cornes sont à l'extérieur, d'un V surmonté de cinq points, d'un annelet.	AR.	1,90.	AF.
9284.	Tête à droite. ℞. Croix cantonnée de A, de trois annelets, de A, de trois annelets.	AR.	1,83.	S.
9285.	Id.	AR.	1,73.	S.
9286.	Tête barbare à droite. ℞. Croix cantonnée de A, de trois annelets, de A, de deux annelets accostés de deux points.	AR.	1,55.	S.
9287.	Tête à droite. ℞. Croix cantonnée de A, de trois annelets, de A, de trois annelets.	AR.	1,64.	S.
9288.	Tête barbare à droite. ℞. Croix cantonnée de A, de deux globules, d'une olive, d'un trait.	AR.	1,84.	S.
9289.	Tête à gauche. ℞. Croix cantonnée d'un trait, de A, de deux points, d'un globule.	AR.	1,80.	S.
9290.	Lisse. ℞. Croix cantonnée de Y, de C, de I, de A. Pièce fourrée.	AR.	0,81.	S.
9291.	Id. fourrée.	AR.	1,02.	AF.
9292.	Id.	AR.	1,20.	S.
9293.	Tête barbare à droite. ℞. Croix cantonnée d'un V aux 1er et 3e; de trois croissants et d'un globule aux 2e et 4e.	AR.	1,92.	L.
9294.	Lisse. ℞. Croix cantonnée de quatre besants.	BR.	2,63.	L.

De Saulcy, *Rev. numism. franç.*, 1859, p. 318.

ARMORICAINS ÉMIGRÉS.

9295.	Tête laurée à droite. ℞. Aurige dirigeant le cheval androcéphale à gauche; dessous, génie ailé.	OR pâle.	4,80.	S.

Pfaffenhoffen, *Rev. numism. franç.*, 1869, pl. II, 14, page 25.

9296.	Id.	OR pâle.	5,24.	S.
9297.	Tête laurée à droite. ℞. Androcéphale coiffé d'un bonnet, dirigé par un simulacre d'aurige, à gauche; devant, vexillum; dessous, lyre couchée.	OR.	7,40.	S.
9298.	Id. moins le vexillum. Quart de statère.	OR.	1,80.	S.
9299.	Id.	OR.	1,89.	S.
9300.	Tête laurée à droite. ℞. Cheval dirigé par un simulacre d'aurige, à gauche; devant, vexillum; dessous, lyre couchée.	Billon.	6,62.	AF.
9301.	Id.	Billon.	5,41.	AF.

HELVETII.

9302.	Tête laurée à droite. ℞. Bige à droite dirigé par un aurige; sous les chevaux, fleur; à l'exergue, ΑΠΟΑ. Statère concave.	OR.	7,40.	S.
9303.	Id.	OR.	7,45.	S.
9304.	Id. Quart de statère.	OR.	1,90.	S.
9305.	Tête laurée à droite. ℞. Bige à droite dirigé par un aurige à tête radiée; à l'exergue, ... Statère concave.	Électrum.	7,25.	
9306.	Tête laurée à droite. ℞. Aurige assis sur la croupe			

Poids. Prov.

des chevaux d'un bige en marche à gauche; l'aurige tient un bouclier rond; sous les chevaux, triquetra. Électrum. 4,31. S.

Meyer, pl. II, 98. Canton de Lucerne.

9307. Id. Électrum. 5,30. S.

9308. Tête nue à droite.
R. Bige à gauche, dirigé par un aurige; sous les chevaux, triquetra; à l'exergue, IIIII. Quart de statère. OR. 1,85. S.

9309. Tête nue à droite.
R. Bige à gauche, dirigé par un aurige; dessous, triquetra. Quart de statère. OR. 2,02. S.

9310. Tête laurée à droite.
R. Bige à gauche; sous les chevaux, serpent à tête de coq; à l'exergue, ΠΤΗΟ. OR. 1,92. S.

9311. Id. Électrum. 1,26. S.

9312. Tête laurée à droite.
R. Bige à gauche; dessous, fleur. OR. 1,96. S.

9313. Tête laurée à droite.
R. Bige à gauche; devant, palme; dessous, croix. OR. 1,92. S.

9314. Id. OR. 1,86. AF.

9315. Tête laurée à droite.
R. Bige à gauche; devant, palme; dessous, V. OR. 1,85. AF.

9316. Tête laurée à droite.
R. Bige à droite; dessous, ∞ et foudre; à l'exergue, légende barbare. OR. 1,75. S.

9317. Id. OR. 1,74. S.

9318. Tête laurée à droite.
R. Bige à droite; dessous, étoile; à l'exergue, VLN.; Quart de statère. OR. 1,54. S.

9319. Tête laurée à droite.
R. Bige à droite; dessous, fleur. OR. 1,65. S.

9320. Tête laurée à droite.
R. Bige à droite; dessous, point dans un cercle de perles. OR. 2,02. S.

9321. Tête laurée à droite.
R. Bige à droite; à l'exergue, N. OR. 1,82. S.

Poids. Prov.

9322. Rameau.
R. Cheval à gauche; dessus et dessous, point dans un cercle bordé d'un second cercle de perles. AR. 1,50. S.

9323. Id. AR. 1,60. S.

9324. Rameau.
R. Cheval à gauche; dessous, point centré. AR. 1,56. S.

9325. Rameau.
R. Cheval à gauche; dessous, C renversé. AR. 1,50. S.

9326. Rameau.
R. Cheval à gauche; dessus, S couché. AR. 1,48. S.

9327. Rameau.
R. Cheval à gauche; au-dessus, deux globules. AR. 1,75. S.

9328. Id. AR. 1,60. S.

9329. Rameau.
R. Cheval à gauche; dessous, cercle. AR. 1,55. S.

9330. Rameau.
R. Cheval à gauche; au-dessus, croissant. AR. 1,35. S.

9331. Rameau.
R. Cheval à gauche. AR. 1,55. S.

9332. Id. AR. 1,50. S.

9333. Rameau.
R. Cheval à gauche; au-dessus, cercle. AR. 1,66. S.

9334. Rameau.
R. Même type incus. AR. 1,57. S.

9335. Id. AR. 1,63. S.

9336. Rameau.
R. Cheval à gauche; au-dessous, croissant. AR. 1,82. L.

9337. Rameau.
R. Même type incus. AR. 1,68. L.

La Saussaye, *Rev. numis. franc.*, 1847, p. 317.

9338. Rameau.
R. Cheval galopant à gauche; au-dessus, globule très-grand; entre les jambes du cheval et semées dans le champ, les lettres CAVI.N. AR. 1,40. S.

Saulcy, *Rev. numism. franc.*, 1860, p. 259.

9339. Rameau ou douisien.
R. Cheval à gauche; au-dessus, fleuron; dessous, MV.

9321 a Tête laurée à dr. Rx. Bige à dr.; dessous, ♀; à l'ex. légende simulée. Quart de statère. Or. 1gr.95. — L 3369.

9321 b Tête laurée à dr. Rx. Bige dégénéré à g.; à l'ex. légende simulée. Quart de statère Or. 1gr.95. — L 3370.

9327 a Tête dégénérée en forme de rameau. Rx. Cheval à gauche, accompagné de cinq globules; au-dessous, serpent. AR — L 3371.

Poids. Prov.

Trouvé en nombre près d'Aran, en Suisse. AR. 1,50. S.

9340. Rameau.
R. Cheval à gauche; au-dessus, fleuron; dessous, M. AR. 1,48. S.

9341. Id. AR. 1,50. S.

9342. Rameau.
R. Cheval à gauche; dessus, fleuron; dessous, MV rétrograde. AR. 1,40. S.

9343. Rameau.
R. Cheval à gauche; au-dessus, fleuron; dessous, A. AR. 1,70. S.

NINNO MAVC.

9344. NINNO rétrograde. Buste à gauche avec des ailes dans les cheveux.
R. Cheval à gauche; dessus, G. AR. 1,62. S.

9345. Id. NINNO. AR. 1,55. S.

9346. Id. AR. 1,60. S.

9347. NINNO. Tête à gauche avec des ailes dans les cheveux.
R. MAVC rétrograde. Sanglier à droite. AR. 1,65. S.

9348. Id. AR. 1,60. S.

9349. NINNO. Tête avec des ailes dans les cheveux.
R. MAVC. Sanglier à gauche. AR. 1,60. S.

9350. Id. AR. 1,75. AF.

9351. Id. moins la légende du droit. AR. 1,47. AF.

9352. NINO. Tête à droite avec des ailes dans les cheveux.
R. MAVC rétrograde. Sanglier à droite. AR. 1,72. AF.

9353. Tête à gauche.
R. MAVC, sanglier à gauche. AR. 1,65. S.

9354. Id. pièce fourrée. AR. 1,02. S.

9355. Tête à gauche avec des ailes dans les cheveux. NINNO.
R. NINNO rétrograde. Sanglier à gauche. AR. 1,55. S.

9356. Tête à gauche. NINNO.
R. NINNO. Sanglier à gauche. AR. 1,50. S.

9357. Id. AR. 1,72. AF.

9358. NININO. Tête à gauche avec des ailes à la tête.
R. NINNO rétrograde. Sanglier à gauche. AR. 1,75. AF.

9359. NINNO. Tête à gauche.
R. Sanglier à gauche; dessous et dessus, légendes indéchiffrées. AR. 1,50. S.

9360. Tête à gauche avec des ailes à la tête.
R. MAV. Sanglier à gauche. AR. 1,07. L.

On a trouvé un certain nombre de ces pièces à Aran, en Suisse, mêlées à des Q DOCI SAM et à des pièces au type du rameau.

Lelewel, dans la *Rev. numism. belge*, tome 1, p. 217.

9361. Umbo de bouclier.
R. Cheval à gauche regardant en arrière. BR. 4,00. S.

9362. Id. BR. 4,42. S.

9363. Id. BR. 2,00. S.

GERMAINS EN SÉQUANIE. ARIOVISTE.

9364. Guerrier debout à gauche, tenant deux glaives, entre deux arcs et deux globules.
R. Sanglier à gauche; dessous, A; devant, globule. OR. 7,93. S.

Pfaffenhoffen, *Rev. numism. franç.*, 1869, pl. I, 6.

9365. Même guerrier, sans les arcs.
R. Sanglier à gauche; dessous, trait; devant, globule. Tiers de statère. OR. 2,74. S.

Pfaffenhoffen, *Rev. numism. franç.*, 1869, pl. I, 7.

9366. Homme nu, vu de profil, courant à droite; il tient de la main droite deux bâtons en croix; il porte au bras gauche, ou sur le dos, un bouclier à umbo très-saillant.
R. Lisse, avec trois protubérances, dont l'une chargée d'un arc bandé. OR. 7,89. S.

Pfaffenhoffen, *Rev. numism. franç.*, 1869, pl. I, 8.

9367. Id. Tiers de statère. OR. 2,50. S.

Pfaffenhoffen, *Rev. numism. franç.*, 1869, pl. I, 9.

9368. Id. Huitième de statère. OR. 0,90. S.

Rev. numism. franç., 1869, pl. I, 10.

9369. Umbo de bouclier très-orné.
R. Cheval libre marchant à gauche; dessous, guirlande; dessus, tableau quadrilatère. OR. 7,97. S.

9366 a Trois protubérances. R. Homme nu et [illegible] (?) [illegible] dans la bordure à g. Or. Statère. — B 3646 —

9369 bis Tête barbare à g. R. Buste de face la tête laurée à g., [illegible] d'un cor; les cheveux figurés par de petites boules; il semble avoir les bras étendus et tenir de la main dr. un cercle, ou une-

			Poids.	Prov.
9370.	Tête barbare à gauche. R. Guerrier à gauche sonnant de la trompe.	OR.	5,95.	S.

Rev. numism. franç., 1869, pl. I, 11.

9371.	Triangle terminé à chaque pointe par des lis. R. Id. Deux tiers de statère.	OR.	5,92.	S.

Rev. numism. franç., 1869, pl. I, 4.

9372.	Guerrier courant à gauche. R. Cheval à gauche; devant, globule; dessus, V.	OR.	0,96.	S.
9373.	Id.	OR.	0,91.	S.
9374.	Tête nue à droite. R. Guerrier nu, debout, à droite, tenant de la main droite une épée nue levée, et de la gauche un bouclier.	OR.	2,10.	AF.
9375.	Tête laurée, bouffie, à gauche. R. Guerrier nu debout à gauche, tenant de la main droite une épée nue levée, et de la gauche un bouclier avec inscription.	AR.	3,17.	S.

Pfaffenhoffen, *Revue. numism. franç.*, 1869, pl. II, n° 13.

9376.	Tête barbare à droite. R. Victoire barbare de face.	OR.	5,48.	S.
9377.	Tête barbare à droite; dans le champ, sept globules. R. Victoire de face grossièrement figurée; dans le champ, sept globules.	OR.	3,45.	AF.

Rev. numism. franç., 1860, pl. XII, 11, p. 274.

VINDELICIE.

9378.	Personnage assis à gauche; auprès, un serpent; devant, arbre. R. Cheval à gauche.	AR.	1,15.	S.

Lelewel, *Type gaulois*, pl. I, 13.

9379.	Id.	AR.	1,65.	S.
9380.	Id.	AR.	1,56.	S.
9381.	Id.	AR.	1,55.	S.
9382.	Id.	AR.	1,57.	S.
9383.	Id.	AR.	1,89.	AF.
9384.	Id.	AR.	1,40.	AF.
9385.	Id.	AR.	1,68.	AF.
9386.	Id.	AR.	1,61.	L.
9387.	Id.	AR.	1,74.	L.

Cf. *Ueber eine Gallische Silbermünze mit dem angeblichen bilde eines Druiden, von Franz Streber.*

Ch. Robert, *Revue numismatique française*, 1864, page 164.

Suivant M. Streber, le personnage assis est un héros ou un dieu particulièrement honoré chez les Rèmes ou les Trévires. L'arbre qui semble sortir des flancs du personnage ne peut être le gui ni le palmier. Le serpent placé dans le champ de la médaille est en hostilité avec le frêne, arbre auquel la tradition a attribué une action sur les reptiles. La figure du droit représente un héros de la lumière, autrement dit Hercule, que les Germains invoquaient en allant au combat; l'arbre est l'arbre généalogique de la race; le serpent, l'emblème des ténèbres; le cheval du revers, le coursier de la lumière.

M. Charles Robert combat la théorie de M. Streber, et ramène la question à des proportions plus simples. La présence d'une figure assise n'a rien d'insolite; l'arbre et le serpent sont des images familières aux graveurs gaulois. Comme type principal, le rameau apparait sur les monnaies des Senons et des Nerviens. Le serpent figure sur les Regenbogen-Schüsselchen, et le cheval est un reste du bige macédonien.

M. Robert reprend et réfute un à un les arguments de l'auteur allemand.

Le prétendu antagonisme du *serpent* est une supposition toute gratuite. Le rameau ne sort pas des flancs du personnage assis, car il y a solution de continuité entre sa tige et le corps de l'homme. Un rameau analogue se voit sur des statères belges, au-dessus du cheval à pose rétrospective. La figure du droit n'est pas nécessairement le cavalier du cheval figuré au revers, et pas davantage Hercule.

Enfin l'attribution aux Rèmes ou Trévires est encore contestée par le savant académicien, qui déclare n'avoir pas connaissance de pièces semblables trouvées sur le territoire de ces peuples.

PRUSSE RHÉNANE.

9388.	Tête imberbe à droite; les cheveux frisés; le cou orné d'un collier dans une couronne de feuillage. R. Personnage couvert d'un manteau, marchant à gauche et tenant un torques.	AR.	1,08.	S.

Lelewel, *Type gaulois*, pl. VI, 25. Se trouve à Trèves.

9389.	Id.	AR.	1,47.	S.
9390.	Id.	AR.	1,87.	S.
9391.	Id.	AR.	1,63.	AF.

			Poids.	Prov.
9392.	Tête imberbe à droite; les cheveux frisés; le cou orné d'un collier. R. Personnage couvert d'un manteau, marchant à droite et tenant un torques.	AR.	2,15.	L.
9393.	Personnage tenant un serpent, dansant, à droite. R. Cheval à droite, regardant en arrière.	AR.	1,63.	S.

Lelewel, *Type gaulois*, pl. VI, 10.

9394.	Id.	AR.	1,52.	S.
9395.	Id.	AR.	1,52.	S.
9396.	Id.	AR.	1,61.	S.
9397.	Id.	AR.	1,45.	AF.
9398.	Id.	AR.	1,60.	AF.
9399.	Id.	AR.	1,57.	L.
9400.	Tête virile imberbe, nue, à droite. R. Animal fantastique.	AR.	1,27.	L.

IMITATION DES ÉDUENS.

9401.	Tête barbare à gauche. R. Cheval à gauche.	AR.	1,85.	S.
9402.	Id.	AR.	1,80.	S.
9403.	Id.	AR.	1,90.	S.
9404.	Id.	AR.	1,54.	AF.
9405.	Id.	AR.	1,97.	AF.
9406.	Id.	AR.	1,98.	AF.
9407.	Id.	AR.	1,48.	AF.
9408.	Tête barbare à droite. R. Cheval à gauche.	AR.	1,85.	S.
9409.	Tête à gauche, les cheveux en S. R. Cheval à gauche; dessous, rouelle.	AR.	1,66.	S.
9410.	Tête à gauche. R. Cheval à droite; au-dessus, tête.	AR.	1,75.	S.
9411.	Tête barbare échevelée à gauche. R. Cheval à droite.	AR.	1,55.	S.
9412.	Tête échevelée à gauche. R. Cheval à droite, la longe pendante.	AR.	1,82.	S.
9413.	Id.	AR.	1,52.	S.
9414.	Tête échevelée à gauche. R. Cheval à droite.	AR.	1,33.	S.
9415.	Id.	AR.	1,52.	S.
9416.	Tête barbare à gauche; collier de perles au cou. R. Proue à gauche; dessous, AAA.	OR.	2,23.	S.
9417.	Tête à gauche. R. Proue à droite.	AR.	1,40.	S.
9418.	Tête barbare à droite. R. Proue.	BR.	2,20.	S.

BOII.

9419.	Serpent courbé en forme d'anneau avec une tête de lion à oreilles pointues et crinière dorsale. R. Hache dont le tranchant a la forme hémicirculaire.	AR.	3,77.	AF.

Rev. numism. franç., 1863, pl. IV, 1.

Streber, *Über die Sogenannten Regenbogen-Schüsselchen*, pl. I, 1.

9420.	Serpent courbé en forme d'anneau, à gauche. R. Six points posés, 1, 2 et 3, au centre d'un demi-cercle. (*Trouvé à Gagers.*)	OR.	7,15.	S.

Rev. numism. franç., 1863, pl. IV, 2.

9421.	Id.*	OR.	7,50.	AF.
9422.	Id.	OR.	7,60.	S.
9423.	Demi-couronne de feuillage autour d'une élévation convexe. R. Six points au centre d'un demi-cercle.	OR.	7,30.	S.

Rev. numism. franç., 1863, pl. V, 17.

9424.	Id. Les points disposés 1, 2 et 3. (*Trouvé à Ingolstadt.*)	OR.	7,63.	S.
9425.	Tête d'oiseau à gauche, dans un demi-cercle.	OR.	7,66.	S.

Rev. numism. franç., 1863, pl. IV, 13.

9426.	Lisse. R. Trois points dans un demi-cercle.	OR.	1,02.	S.

Il devait y avoir au droit une tête d'oiseau, comme au nº 14 de la planche IV de la *Rev. numism.*

9427.	Tête d'oiseau à gauche, dans une couronne; deux points près du bec. R. Six points dans un demi-cercle.	OR.	7,45.	S.

Rev. numism. franç., 1863, pl. IV, 11.

9442[a] (ancien 10413[1]) Type de 9442. AR.

9443[a] Serpent à tête de bélier. R̸. Trois fleurons en forme de lyre, rangés autour d'un globule central. Or. — N 3428 —

9449[a] Vestiges d'une tête de profil à dr. (protubérance convexe à g., concave à dr., sur laquelle un demi-cercle à l'oreille, et un globule à l'œil) R̸. Vaisseau rayonnant, à mât central et globules dans les rayons. AV. 6 gr. 60. — L 3374 —

9455[a] Côté convexe avec protubérance. R̸. Côté concave avec protubérance. AV
9455[b] Variété.

		Poids.	Prov.
9428. Tête d'oiseau à gauche, dans une couronne. R̸. Six points dans un demi-cercle.	OR.	7,82.	S.
9429. Tête d'oiseau à droite, dans une couronne. R̸. Six points dans un demi-cercle.	OR.	7,25.	S.
9430. Tête d'oiseau à gauche, entre deux points, dans une couronne. R̸. Six points dans un demi-cercle.	OR.	7,67.	S.
9431. Id.	OR.	7,10.	AF.
9432. Id. Avec légende.	OR.	7,37.	S.
9433. Id. Avec légende.	OR.	7,37.	S.

Rev. numism. franç., 1869, pl. XII, 9.

9434. Tête d'oiseau à gauche, dans une couronne. R̸. Figure cruciforme surmontée d'un fleuron; dessous, trois points en triangle.	OR.	7,65.	S.

Une pièce identique, publiée dans la *Rev. numism. franç.*, porte la légende ATVLLOS. *Rev. numism. franç.*, 1869, pl. I, 1.

9435. Tête d'oiseau à gauche, dans une couronne. R̸. Fleurs de lis; au-dessous, trois points en triangle; le tout dans un demi-cercle.	OR.	7,60.	S.
9436. Tête d'oiseau à gauche, dans une couronne. R̸. Figure cruciforme surmontée d'un fleuron; dessous, trois points en triangle.	OR.	6,95.	S.
9437. Id.	OR.	6,25.	S.
9438. Id. Le fleuron diffère.	OR.	7,67.	S.

Rev. numism. franç., 1869, pl. I, 2.

9439. Triquetra dans une couronne de feuillage. R̸. Six doubles annelets posés, 1, 2 et 3, dans un entourage dentelé interrompu par deux annelets centrés.	OR.	7,15.	S.

Rev. numism. franç., 1863, pl. V, 21.

9440. Id.	Électrum.	6,00.	S.
9441. Id.	Électrum.	5,65.	AF.
9442. Id.	BR.	3,83.	S.
9443. Serpent courbé en forme d'anneau, à gauche. R̸. Trois fleurons rapprochés par la base autour d'un point central.	OR.	7,65.	S.

Rev. numism. franç., 1863, pl. IV, 3.

9444. Serpent courbé en forme d'anneau, à gauche. R̸. Dégénérescence du vaisseau ménapien.	OR.	7,36.	S.

Ch. Robert, *Essai de rapprochement entre les monnaies celtiques du Danube et quelques monnaies anépigraphes de la Gaule cisrhénane.*

9445. Id.	OR.	6,74.	S.
9446. Id. (*Cologne.*)	OR.	7,30.	S.
9447. Sphère de laquelle sortent plusieurs rayons. R̸. Vaisseau.	OR.	6,95.	S.

Ch. Robert, *Essai*, n° 4.

9448. Id.	OR.	6,90.	AF.
9449. Sphère de laquelle sortent cinq rayons; globule au-dessus. R̸. Vaisseau.	OR.	6,40.	S.

Ch. Robert, *Essai*, n° 3.

9450. Côté convexe. Fleuron sur le bord. R̸. Côté concave; lisse.	OR.	1,95.	S.
9451. Id.	OR.	1,90.	S.
9452. Id.	OR.	2,02.	S.
9453. Id., mais avec lyre du côté concave.	OR.	1,82.	S.
9454. Côté convexe. Fleuron. R̸. Côté concave; astre cruciforme.	OR.	1,40.	S.
9455. Id.	OR.	1,88.	S.

ANALOGUE A BIATEC.

9456. Côté convexe; élévation en forme de cœur. R̸. Côté concave; deux boucliers entourés de festons.	OR.	2,37.	S.

Rev. numism. franç., 1869, pl. XII. 5.

9457. Id.	OR.	2,22.	S.
9458. Id.	OR.	2,24.	S.
9459. Id.	OR.	2,31.	S.
9460. Id.	OR.	2,65.	S.

		Poids.	Prov.
9461. Côté convexe; lisse avec quelques renflements. ℞. Côté concave; cheval à longues oreilles à gauche.	OR.	1,95.	S.

Rev. numism. franç., 1859, pl. I, 6.

9462. Côté convexe; saillies et rayons. ℞. Côté concave; cheval à gauche; deux globules.	OR.	0,95.	S.
9463. Tête nue à gauche. ℞. Figure debout, nue, les bras levés.	OR.	0,87.	S.
9464. Tête de Janus. ℞. Cheval libre à droite; dessus, trois globules.	OR.	0,87.	S.
9465. Id.	OR.	0,35.	AF.
9466. Tête d'oiseau à gauche, dans une couronne de feuillage. ℞. Astre cruciforme surmonté d'un fleuron; dessous, trois points en triangle.	OR.	6,98.	L.

Voyez n° 9,434, en note.

9467. Croissant. ℞. Croissant.	BR.	6,57.	S.
9468. Croissant. ℞. Aigle.	BR.	5,30.	S.
9469. Id.	BR.	4,08.	S.
9470. Côté convexe; renflement. ℞. Côté concave. Figure informe.	OR.	0,85.	S.
9471. Id.	OR.	0,95.	S.
9472. Tête barbare à droite. ℞. Cheval à gauche; dessus, globule. (*Bretonne.*)	AR.	0,60.	S.
9473. Tête barbare à droite. ℞. Cheval à gauche.	AR.	0,90.	S.

IMITATION D'ALEXANDRE; MONNAIES RHÉTIENNES.

9474. Tête casquée à droite. ℞. Légende rhétienne; Victoire barbare à gauche.	OR.	8,38.	S.

Rev. numism. franç., 1869, p. 373.

9475. Tête casquée à droite. ℞. Légende rhétienne; Victoire.	OR.	8,30.	S.
9476. Tête casquée à droite. ℞. Légende rhétienne; Victoire.	OR.	8,45.	S.
9477. Tête casquée à droite. ℞. Légende rhétienne; Victoire à gauche.	OR.	8,45.	AF.

Acquis de Bela Egger.

9478. Tête casquée à gauche. ℞. ΑΑΡΞ.. Victoire.	AR.	4,05.	S.
9479. Id.	AR.	4,80.	S.

IMITATION DES MONNAIES D'ANTIGONE GONATAS.

9480. Tête casquée à droite. ℞. Légende barbare; la Minerve des tétradrachmes d'Antigone Gonatas, 1/3 de st.	OR.	2,78.	S.

Hucher, *Art gaulois*, IIe part., n° 30.

9481. Id. Id.	OR.	2,78.	S.
9482. Id. Id.	OR.	2,80.	S.
9483. Id. Id.	OR.	2,77.	L.
9484. Tête nue à droite. ℞. Figure debout à gauche.	AR.	0,77.	S.
9485. Tête casquée exprimée par un renflement de métal. ℞. La Minerve très-barbare des tétradrachmes d'Antigone Gonatas. Tiers de statère.	OR.	2,68.	S.
9486. Id.	OR.	2,73.	S.
9487. Id. La Minerve tournée à droite.	OR.	2,62.	S.
9488. Tête barbare casquée, à gauche. ℞. La Minerve à gauche comme ci-dessus. X dans le champ.	OR.	2,68.	S.
9489. Tête casquée figurée par une saillie du métal. ℞. Même Minerve, très-barbare.	OR.	0,95.	S.
9490. Id.	OR.	1,01.	S.
9491. Id.	OR.	1,00.	S.
9492. Tête casquée à droite. ℞. Légende barbare; Minerve à gauche.	OR.	1,02.	S.

MONNAIES DE LA GRANDE-BRETAGNE.

9493. Tête laurée à droite. ℞. Cheval disloqué courant à gauche; dessous, croissant et globule.	OR.	6,15.	S.

Evans, *Coins of the ancient Britons*, pl. A, 12.

9528 bis. Collection de trente deux pièces bretonnes provenant de la trouvaille de Hengistbury Head (Hampshire). Don de Sir George Meyrick, inscrites au Reg. Y sous les n^os suivants :

31. 1874. Rudiment de tête barbare, de profil à dr. Trois rangs de globules figurant la chevelure. Æ 25.
4. 1875. Id. une barre horizontale, cinq croissants et une palme (?) ℞ 3 rangs de globules. Æ 19
5. 1876. Id. Barre horizontale, deux rangs de feuilles. ℞ globules et barres. Figure schématique d'un cheval. Æ 17.
6. 1877. Id. ℞ globules et barres. Æ 17.
3. 1878. Barre horizontale, palme, deux croissants, le col d'un vautour. ℞ Id. Æ 16.
12. 1879. Y entre deux rangs de globules et deux croissants. ℞ 3 rangs de globules. Æ 17.
14. 1880. Y entre deux croissants et des globules. ℞ un rang circulaire de globules. Æ 16.
2. 1881. Tête barbare à dr. cheveux globuleux, deux rangs de feuilles — globules et croissants. ℞ Figure barbare d'un cheval debout à g. — à g. ∞. Æ 18.
1. 1882. Tête barbare à dr. ℞ Id. Æ 17.
7. 1883 ⟩— de chaque côté de la barre. ℞ Id. Æ 16.
10. 1884 ⟩— entouré de globules. ℞ 3 rangs de globules. Æ 16.
3, 16, 18, 21 1885. Id. Æ 15 — 1886 Id. Æ 18 — 1887. Id. Æ 16 — 1888. Id. Æ 14.
11, 28, 15 1889. Id. Æ 17 — 1890 Id. Æ 15 — 1891. Id. Æ 16.
30. 1892 ⟩— ℞ globules. Æ 17.
27. 1893 ⟩— entre 4 globules. ℞ globules Æ 16.
22. 1894 ⟩— entre des globules ℞ 3 rangs de globules. Æ 15.
29. 1895 ⟩— 4 globules ℞ ⁘ Æ 16.
24. 1896 ⟩— 2 rangs de globules. ℞ 7 globules. Æ 16.
31. 1897 ⟩— ℞ ∴ Æ 16
26. 1898 ⟩— entre deux groupes de 3 globules. ℞ ∴ Æ 16
17. 1899 ⟩— entre des globules. ℞ 3 rangs de globules Æ 16.
19. 1900 ⟩— entre deux groupes de 3 globules. ℞ ⁘ Æ 19.
13. 1901 ⟩— entre des globules. ℞ 3 rangs de globules Æ 16.
25. 1902 ⟩— entre 2 rangs de globules ℞ ⟩ entre des globules. Æ 16.
8. 1903 Id. ℞ 3 rangs de globules. Æ 17.
9. 1904 ⟩— et une série de globules. ℞ globules. Æ 17.
20. 1905 ⟩— et une série de globules. ℞ 3 rangs de globules. Æ 15.

TROUVAILLE DE WHADDON CHASE.

			Poids.	Prov.
9494.	Tête laurée à droite. ℞. Cheval disloqué à gauche; dessus, trois globules; dessous, globule.	OR.	5,90.	S.

Evans, planche B, 4.

9495.	Tête laurée. ℞. Cheval disloqué à droite; dessous, roue.	OR.	5,40.	S.

Imitation des Atrébates. Evans, pl. B, 9.

9496.	Uniface. ℞. Cheval disloqué à droite; dessous, roue; à l'exergue, trait dentelé.	OR.	5,90.	S.

Imitation des unifaces des Morins. Evans, pl. B, 10.

MONNAIES BRETONNES. (ANGLETERRE.)

9497.	Tête laurée ou plutôt rudiments d'une tête. ℞. Cheval courant à droite; dessus, S et trois points; dessous, globule. (*Trouvaille de Whaddon Chase.*)	OR.	5,80.	S.

Evans, *British coins*, pl. C, 6.

9498.	Id.	OR.	6,00.	S.
9499.	Id.	OR.	5,92.	S.
9500.	Id.	OR.	5,73.	S.
9501.	Id.	OR.	5,51.	S.

Evans, *Ancient British coins*, pl. C, 7.

9502.	Id.	OR.	5,83.	S.
9503.	Id.	OR.	5,70.	S.

Evans, pl. C, 8.

9504.	Id.	OR.	5,80.	S.
9505.	Rudiments d'une tête laurée. ℞. Cheval courant à droite; dessus, rosace; dessous, molette. Un quart de statère.	OR.	1,35.	S.

Evans, pl. E, 2.

9506.	Tête barbare laurée, à droite; un trait droit part de l'oreille. ℞. Cheval barbare à gauche; dessus, onze globules. (*Trouvaille de Plymouth.*)	AR.	5,74.	S.

Evans, pl. F, 1.

9507.	Id.	AR.	5,77.	S.
9508.	Id.	AR.	4,93.	S.
9509.	Tête barbare à droite; devant, S S. ℞. Cheval à gauche; dessus, triskèle; dessous, rosace. (*Trouvaille de Nunney.*)	AR.	0,90.	S.

Evans, pl. F, 4.

9510.	Id.	AR.	1,10.	S.
9511.	Tête barbare à droite; devant, trois S, deux en long et un en travers; rouelles dans le champ. ℞. Cheval courant à gauche; dessus, annelet; dessous, fleur.	AR.	1,30.	S.

Evans, pl. F, 8.

9512.	Id.	AR.	1,20.	S.
9513.	Id.	AR.	1,12.	S.
9514.	Id.	AR.	1,27.	S.
9515.	Id.	AR.	1,28.	S.
9516.	Id.	AR.	1,45.	S.
9517.	Id.	AR.	1,20.	S.
9518.	Id.	AR.	1,25.	S.
9519.	Id.	AR.	1,10.	S.
9520.	Id.	AR.	1,24.	S.
9521.	Id.	AR.	1,03.	S.
9522.	Id.	AR.	1,20.	S.
9523.	Id.	AR.	1,17.	S.
9524.	Id.	AR.	1,25.	S.
9525.	Id.	AR.	1,25.	S.
9526.	Id.	AR.	1,18.	S.
9527.	Id.	AR.	1,20.	S.
9528.	Tête barbare à gauche. ℞. Cheval en course à gauche.	AR.	0,81.	L.

ANTEDRIGUS.

9529.	Tête barbare à droite; devant, trois S, deux en long et un en travers. ℞. ANTEÐ; cheval courant à gauche. (*Trouvaille de Nunney.*)	AR.	1,15.	S.

Evans, pl. I, 8.

9530.	Id. Avec ANTED.	AR.	1,24.	S.
9531.	Id.	AR.	0,89.	S.

Poids. Prov.

9532. Id. AR. 1,25. S.

9533. Id. AR. 1,12. S.

SVEI.

9534. Tête barbare à droite; devant, trois points centrés.
℞. SVEI; cheval courant à gauche. (*Trouvaille de Nunney.*) AR. 0,98. S.

Evans, pl. I, 9.

9535. Id. AR. 1,17. S.

9536. Id. AR. 1,08. S.

9537. Tête barbare à gauche, les cheveux figurés par des lignes cordées; devant la face, étoile.
℞. Cheval à gauche; dessus, étoile dans un cercle; dessous, rosace. (*Herfordshire.*) BR. 1,58. S.

Evans, pl. G, 7.

9538. Tête barbare à droite.
℞. Taureau barbare à droite. (*Parc Saint-James.*) BR. 1,32. S.

Evans, pl. H, 4.

9539. Tête barbare à gauche.
℞. Taureau barbare à gauche. BR. 1,92. S.

Evans, pl. H, 1

9540. Id. BR. 1,92. S.

9541. Id. Plus barbare. BR. 1,40. S.

Evans, pl. H, 8.

PROVENANCE INCONNUE.

9542. Œil de profil; astre.
℞. Cheval courant à droite; dessus et dessous, astre. (*Vente Huxtable.*) OR. 5,78. S.

STATÈRE D'OR DES VELIOCASSES, TROUVÉ EN ANGLETERRE.

9543. Filets entre-croisés.
℞. Cheval à gauche avec aurige tenant une lance; dessous, lyre. (*Vente Huxtable. Oxfordshire.*) OR. 7,62. S.

STATÈRE D'OR DES AMBIANI.

9544. Id. (*Vente Huxtable.*) Quart de statère. OR. 2,04. S.

CATTI.

Poids. Prov.

9545. Rameau.
℞. CATTI. Cheval disloqué à droite; dessous, roue. OR. 5,27. S.

Evans, pl. I, 4.

ADDEDOMARUS.

9546. Deux croissants adossés.
℞. ADD... Cheval galopant à droite; dessus, fleuron; dessous, palme et point centré. OR. 5,55. AF.

Evans, pl. XIV, 1.
Catalogue de la collection Kergariou, n° 267.

9547. Fleuron ayant au centre trois croissants.
℞. Cheval courant à droite; dessus, rosace; dessous, corne d'abondance. OR. 5,52. S.

Evans, pl. XIV, 5 et 6.

9548. Id. OR. 5,57. S.

9549. Id. OR. 5,50. S.

TASCIOVANUS.

9550. Fleuron avec deux croissants adossés au centre et quatre points centrés.
℞. Cheval galopant à droite; au-dessus, bucrane. OR. 5,50. S.

Evans, pl. V, 8 et 9.

9551. VER dans le champ.
℞. TASCIA. Cheval à droite. AR. 1,38. S.

Evans, pl. VII, 1.

VERICA.

9552. VIRRI. Tête diadémée à droite.
℞. EPPI COM F. Capricorne à gauche. AR. 1,15. AF.

Evans, pl. III, 7.

9553. Tête nue à droite.
℞. EPP. Lion marchant à droite. AR. 1,12. AF.

DUBNOVELLAUNUS.

9554. Bande avec deux croissants adossés au centre.
℞. DVBNOVELLAN. Cheval

9555a Deux croissants adossés, accostés de petites circonférences centrées posés sur un ruban orné de lignes pointillées ou non. ℞ DI.VI Cheval bondissant à g.; au dessus, une palme; dans le champ, 2 petites circonférences centrées. Or pâle. 5 gr. 57. N 4085

9555b Variété — N 3299 —

9567a CVNOBEL/I/NI. Buste lauré à g. ℞ ~~TAS/CI/OVA/NI.F~~ TASCIO Centaure sonnant de la trompe, à dr. ~~Æ 2 gr. 50~~. AR. 1 gr. 30. — N 4210 —

9575a CVNOBEL/I/NI Buste lauré à g. ℞ TAS/CI/OVA/NI.F Centaure sonnant de la trompe à d. Æ 2 gr. 10 — N 4211 —

Poids. Prov.

courant à gauche; dessus, point centré; dessous, rameau et deux points centrés. OR. 5,53. S.
Evans, pl. IV, 6.

Pl. XL. 9555. Id. Avec ... OVIILLA. OR. 5,45. S.
Evans, pl. IV, 8.

TASCIORICON.

Pl. XLIII. 9556. TASCIORICON en deux lignes dans un cartouche.
℞. Cavalier armé d'une lance et d'un bouclier, galopant à gauche; dessus, point centré. OR 5,44. S.
Evans, pl. VIII, 6.

CUNOBELINUS.

9557. CAMV. Épi.
℞. CVNO. Cheval à droite; dessus, rameau. OR. 5,38. S.
Evans, pl. IX, 5.

9558. Id. Avec CVN. OR. 5,37. S.
Evans, pl. IX, 8.

9559. CAMV. Épi.
℞. CVNO. Cheval galopant à droite; dessus, palme et globule; dessous, point centré. OR. 5,45. AF.
Evans, pl. IX, 7.

9560. CAMV. Épi.
℞. CVN. Cheval à droite; dessus, rameau. Quart de statère. OR. 1,38. S.
Evans, pl. IX, 12.

9561. Id. OR. 1,30. S.

9562. CAM. Épi.
℞. CVN. Cheval galopant à droite; dessus, palme. OR. 1,35. AF.
Evans, pl. IX, 13.

9563. Tête barbare de face.
℞. CVN. Sanglier à gauche. (*Trouvé à Saintes.*) BR. 1,96. AF.
Evans, pl. XI, 10.
Hucher, *Art gaulois*, IIe part., no 53, p. 37.

9564. CVN. Pégase à gauche.
℞. CAM. Figure assise. AR. 1,22. AF.
Cat. de la collection Kergariou, no 273.

Poids. Prov.

9565. CAM. Épi.
℞. CVNO. Cheval à gauche. BR. 3,48. AF.
Carinus, Mionnet, no 45, *Description de médailles*, t. 1, p. 8.
Evans, pl. XIII, 4.

9566. CVNO. Sphinx à droite.
℞. CAM. Persée à gauche tenant la tête de Méduse et la harpe; derrière, un autel allumé. BR. 2,29. L.
Evans, pl. XII, 10.

9567. CVNOBELIN. Tête de Méduse à gauche, avec des ailes à la tête.
℞. TASCIO. Figure assise à droite. BR. 2,12. S.
Cohen, Cossutia, pl. XVI, 1.
Evans, pl. XII, 6.

9568. Id. BR. 1,97. S.

9569. CVNOBELINVS. Tête casquée à droite.
℞. TASCHOVANII F. Sanglier à droite. BR. 1,87. S
Evans, pl. XII, 2.

9570. CVNO. Pégase courant à droite.
℞. TASCI. Victoire immolant le taureau. BR. 2,17. S.
Evans, pl. XII, 7.

9571. Id. BR. 2,03. S.

9572. Id. BR. 1,65. S.

9573. CUNOB. Cavalier armé d'un glaive et d'un bouclier, courant à droite.
℞. [TASCHO]VANTIS. Guerrier debout armé d'un bouclier, et appuyé sur sa lance. BR. 2,20. S.
Evans, pl. XII, 3.

9574. CVNOBELINVS REX. Tête nue à droite.
℞. TASC. Taureau cornupète à droite. BR. 2,23. S.
Evans, pl. XII, 5.

9575. CVNOBELINI. Tête laurée à gauche.
℞. TASCIOVANI F. Centaure à droite. BR. 2,08. S.
Evans, pl. XII, 1.

Poids. Prov.

9576. CVNOBELIN. Tête de Jupiter Ammon à gauche, imitée de la Cornuficia.

Cohen, pl. XV, 1.

℞. CAM. Cavalier en course à droite. BR. 2,50. S.

Evans, pl. XII, 14.

VOLISIOS. — DUMNOCOVEROS.

9577. VOLISIOS en deux lignes.
℞. DVMNOCOVEROS, Cheval disloqué à gauche. OR rouge. 5,26. S.

Evans, pl. XVII, 1.

9578. Id. OR. 7,80. S.

ARVIRAGUS.

9579. Tête barbare, à gauche.
℞. Sanglier, à gauche; au-dessus, BIR ACOS. (*De la collection Pembroke.*) AR. 1,90. S.

F. de Saulcy, *Revue numism. franç.*, 1860, p. 173.
John Evans, *ibid.*, 1861, p. 62.

M. de Saulcy [1] propose d'attribuer la monnaie à légende BIRACOS à Arviragus, chef des Bretons révoltés contre Domitien, l'an 86 de l'ère chrétienne, et mentionné par Juvénal, *Sat.*, livre IV, vers 126.

M. John Evans [2] n'accepte pas cette monnaie pour bretonne, et en conséquence ne l'a pas admise dans son grand ouvrage. L'auteur fait valoir à l'appui les considérations suivantes :

« La première et unique mention du nom d'Arviragus se trouve dans les *Satires* de Juvénal, qui ont été probablement écrites sous le règne de Domitien, tandis qu'il y a de bonnes raisons pour supposer que le monnayage breton a cessé sous Claude... Le style, la fabrique et le type sont tels que je ne me rappelle pas de monnaie de notre série qui en offre d'analogue. »

M. John Evans incline à voir dans Biragos un produit du monnayage gaulois plutôt que breton; M. de Saulcy ne veut pas reconnaître cette pièce comme appartenant à la Gaule. La question reste indécise entre les deux pays, en attendant que quelque nouvelle découverte vienne jeter de la lumière sur son origine réelle.

AMMINUS.

9580. AMMI. Tête à droite.
℞. Deux chevaux à mi-corps réunis et opposés; tête au-dessus; dans le champ, ES. AR. 0,93. S.

Le type du revers est celui de Périnthe.
Evans, p. 209, vignette.

ECE.

9581. Deux croissants adossés figurant une tête.
℞. Cheval à droite; dessus, rosace; dessous, ECE. (*Herfordshire.*) AR. 1,17. S.

Evans, pl. XV, 5.

9582. Id. AR. 1,02. S.

Evans, pl. XV, 3.

9583. Id. AR. 1,12. S.

Evans, pl. XV, 1.

9584. Id. AR. 1,12. S.

9585. Id. AR. 1,18. S.

SAEMU OU SAFMU.

9586. Deux croissants adossés figurant une tête.
℞. Cheval courant à droite; dessus, rosace; dessous, SAFMU. AR. 1,01. S.

Evans, pl. XV, 7.

ANTEDRIGUS.

9587. Deux croissants figurant une tête.
℞. Cheval courant à droite; dessus, rosace; dessous, .*. et ANTD. AR. 0,94. S.

Evans, pl. XV, 11.

9588. Id. AR. 1,30. S.

9589. Id. AR. 1,20. S.

Evans, pl. XV, 10.

9590. Tête barbare à droite.
℞. Cheval à droite; dessus, ornement; dessous, quadrilatère. AR. 1,15. S.

9591. Id. AR. 1,32. S.

9592. Id. AR. 1,12. S.

9593. Sanglier à droite; dessus, rosace.
℞. Cheval à droite; dessus, rouelle; dessous, Ω. AR. 1,09. S.

Evans, pl. XVI, 9.

[1] *Rev. numism. franç.*, 1860, p. 173.
[2] *Rev. numism. franç.*, 1861, p. 62.

Poids. Prov.

9594. Sanglier à droite; dessus, rosace et point centré.
R. Cheval à gauche; dessus, rosace; dessous, point centré. AR. 1,17. S.

Evans, pl. XVI, 14.

9595. Sanglier à droite; dessus, deux rosaces.
R. Cheval à droite; dessus, rosace. AR. 1,09. S.

Evans, pl. XVI, 11.

9596. Sanglier à droite ou tête?
R. Cheval courant à gauche; dessus, rosace; dessous, A. AR. 0,98. S.

INCERTAINES BRETONNES.

9597. Tête barbare laurée, à droite.
R. Cheval disloqué à droite; dessous, fleuron. OR. 6,78. S.

9598. Griffon à droite; au-dessus, RVF; à l'entour, bordure dentelée.
R. Aigle éployée. BR. 1,90. S.

INCERTAINES DU CONTINENT.

9599. Sanglier à droite.
R. Cheval à gauche. BR. 2,60. S.

9600. Ours à droite.
R. Cheval à droite. BR. 2,42. S.

IMITATION DE LYSIMAQUE ET D'ALEXANDRE.

9601. Tête barbare à droite, recouverte d'une peau de lion; au dessus, cinq oiseaux, quatre marchant à droite, un à gauche; devant la tête, globule.
R. Minerve Nicéphore assise à droite; sous le siége, trident. OR. 5,60. S.

9602. Id. OR. 5,22. AF.

9603. Tête barbare à droite, recouverte d'une peau de lion; au dessus, six oiseaux, cinq marchant à droite, un à gauche; devant la tête, croisette.
R. Minerve Nicéphore assise à gauche; sous le siége, trident. OR. 2,80. AF.

« Le monétaire barbare qui a frappé ces statères a pris pour modèle deux tétradrachmes différents, celui où l'on voit, au droit, la tête d'Alexandre recouverte de la peau de lion, et, au revers, Jupiter Aétophore, et celui où le même Alexandre paraît la tête nue, armée des cornes d'Ammon d'un côté, avec la Minerve Nicéphore de l'autre. En effet, il est impossible de méconnaître une imitation de l'effigie d'Hercule ou d'Alexandre au droit de nos pièces, et il est impossible aussi de ne pas retrouver tous les traits de Minerve sur leur revers. Les tétradrachmes les plus communs de Lysimaque nous montrent Minerve assise, casquée, tenant, d'une main, la haste pure, et ayant sur l'autre, qui est étendue, une petite Victoire, les ailes éployées, les mains chargées d'une couronne. Dans le champ, en lignes verticales, se trouve disposée en deux lignes la légende ΒΑΣΙΛΕΩΣ ΛΥΣΙΜΑΧΟΥ, et enfin le plus souvent un symbole. Or ici, dans la coiffure bizarre dont le personnage assis est couvert, on retrouve certainement tous les rudiments d'un casque; la haste pure s'est changée en une lance, et la petite figure qu'elle tient à la main ressemble plus à une victoire qu'à un aigle. Enfin deux lignes verticales de globules mal formés se trouvent à la place de la légende. Il y a plus : sur un tétradrachme de Lysimaque, on voit un trident; et le trident se reconnaît encore ici. Ce qu'on ne voit pas, par exemple, sur les pièces de Thrace et de Macédoine, ce sont ces petits oiseaux perchés sur la peau du lion, dont la tête du droit est recouverte. »

Duchalais, *Description*, p. 360.

IMITATION DES TÉTRADRACHMES DE MACÉDOINE.

Poids. Prov.

9604. Tête barbare à droite; devant la face, S.
R. Cavalier à qui les bras manquent, à droite, sur un cheval avec des entraves; la bouche et une des jambes du cheval, figurées par un quadrilatère. Pièce concave. AR. 9,50. S.

9605. Id. AR. 9,47. AF.

9606. Id. BR. 10,38. AF.

9607. Id. AR. 12,56. S.

9608. Tête barbare, coiffée de la peau de lion, à droite; devant la face, quadrilatère.
R. Cheval barbare à gauche; au-dessus, point dans une couronne. Concave. AR. 9,05. S.

9609. Tête barbare à droite; devant la face, S.
R. Cavalier barbare, à gauche, sur un cheval avec des entraves. AR. 11,17. S.

			Poids.	Prov.
9610.	Id.	AR.	11,36.	L.
9611.	Tête barbare laurée et diadémée à droite. ℞. Cavalier barbare à droite sur un cheval avec des entraves.	AR.	12,00.	S.
9612.	Tête barbare à droite, ceinte d'une couronne de laurier et d'un diadème formé de deux rangs de perles. ℞. Cavalier sans bras sur un cheval avec des entraves, à droite.	AR.	13,35.	AF.
9613.	Tête barbare laurée et diadémée, à droite. ℞. Cavalier à droite, sur un cheval avec des entraves aux pieds.	AR.	12,60.	S.
9614.	Id.	AR.	11,35.	AF.
9615.	Id.	AR.	12,51.	L.
9616.	Tête barbare laurée et diadémée, à gauche. ℞. Cavalier informe sur un cheval avec des entraves, à droite.	AR.	11,55.	AF.
9617.	Même tête encore plus barbare, à droite. ℞. Cheval avec des entraves à droite; au-dessus, quatre points, restes du cavalier.	AR.	13,52.	AF.
9618.	Tête barbare sans menton, à droite; ceinte d'une couronne de laurier et d'un diadème à deux rangs de perles. ℞. Cavalier sans bras sur un cheval à droite, avec des entraves aux pieds.	AR.	14,29.	AF.
9619.	Id.	AR.	14,76.	AF.
9620.	Id.	AR.	14,58.	AF.
9621.	Id.	AR.	12,40.	AF.
9622.	Id.	AR.	12,65.	AF.
9623.	Id.	AR.	11,92.	AF.
9624.	Id.	AR.	8,27.	S.
9625.	Id.	AR.	12,50.	S.
9626.	Id.	AR.	12,72.	S.
9627.	Id. Moins les entraves aux pieds du cheval.	AR.	13,17.	AF.
9628.	Id.	AR.	14,73.	AF.
9629.	Tête barbare sans menton, à droite; ceinte d'une couronne de laurier et d'un diadème à deux rangs de perles. ℞. Cavalier, privé de bras, en marche à droite. Le cheval a des entraves aux pieds.	AR.	14,57.	L.
9630.	Tête barbare laurée et diadémée, à droite. ℞. Cavalier sans bras, à droite, sur un cheval sans entraves.	AR.	11,95.	S.

IMITATION DE PHILIPPE II ET D'ALEXANDRE III.

			Poids.	Prov.
9631.	Tête de Jupiter laurée, des monnaies de Philippe II. ℞. Jupiter Aétophore, des monnaies d'Alexandre III; canthare dans le champ.	AR.	11,18.	S.

IMITATIONS D'ALEXANDRE III.

			Poids.	Prov.
9632.	Tête coiffée de la dépouille du lion, à droite. ℞. NEAN... Jupiter Aétophore assis à gauche; M dans le champ.	AR.	16,55.	AF.
9633.	Même tête. ℞. Légende barbare. Jupiter Aétophore.	AR.	15,00.	AF.
9634.	Tête barbare coiffée de la peau de lion, à droite. ℞. Jupiter assis à droite; un cheval sur le bras étendu; monogramme ΠΕ et arbuste dans le champ.	BR.	13,67.	S.
9635.	Tête d'Hercule à droite. ℞. Jupiter Aétophore assis à gauche; hache sous le siège; symboles dans le champ; et légende VIAΠΠΟΑ.	AR.	16,23.	S.
9636.	Id. Avec légendes ΛΑΠΠΠΟΑ ΠΠΠΠ.	AR.	16,35.	S.
9637.	Id. Avec légendes ΦΙΛΙΠΠΟΥ ΙΑΚΑΙΑ.	AR.	16,73.	L.
9638.	Type fruste et bombé simulant la tête d'Hercule couverte de la peau de lion. ℞. ..... Jupiter Aétophore assis à gauche; hache dans le champ.	AR.	13,55.	S.
9639.	Type fruste et bombé simulant la tête d'Hercule. ℞. ΙΑΙΜΠΠΠΠ. Jupiter Aétophore; hache dans le			

~~9630a. Tête barbare, laurée, à dr. ℞ Cavalier à dr. AR 10 gr. 45.~~
9617a Tête d'Hercule à dr., très barbare. ℞. Cheval à g. surmonté des vestiges d'un cavalier — Argent saucé — Flan aplati et scyphate — F 9388.

9630a. Tête barbare laurée à dr. ℞ Cavalier à dr. AR 10 gr 45. — N 4213 —

9631a Imitation du statère d'or d'Alexandre en argent. AR. gr. 20.

9637a Tête d'Hercule coiffée de la dépouille de lion à dr. ℞. ΦΙΛΙΠΠΟΥ ΒΑΣΙΛΕΩΣ. Jupiter aétophore assis à g. Dans le ch., O ⚹ I. AR — L 3375 —
9637b Variété. Revers (barbare), à dr. ...ΛΙΛΛ; à g. trépied (?); à l'ex., Ξ. AR.
9637c A dr. ΛΙΛΙΠΠΙΠΠΟΝ; à l'ex. ΠΙΠΙΠ .. ; à g. monogr. dans un cercle et ⚹ sous le siège, lettre Ξ. AR.

9658a Imit. d'Alexandre. Tête d'Hercule à dr. R longues protubérances, sur lesquelles des lignes s'entrecroisent. A — L 3390 —

			Poids.	Prov.
	champ; H sous le siége; HHH à l'exergue.	AR.	15,53.	AF.
9640.	Id. Moins la légende de l'exergue.	AR.	15,06.	AF.
9641.	Id. Au revers, l'aigle se confond avec le monogramme; la légende de l'exergue IIIIRIII, deux fois répétée.	AR.	16,02.	AF.
9642.	Id. Moins la confusion des types et légendes du revers.	AR.	15,15.	AF.
9643.	Tête d'Hercule coiffée de la peau de lion, à droite. R. Jupiter Aetophore assis à gauche; traces de monogramme. Drachme.	AR.	3,27.	AF.
9644.	Id. monogramme dans le champ; A sous le siége.	AR.	2,62.	AF.
9645.	Id. Φ dans le champ; A sous le siége.	AR.	3,57.	AF.
9646.	Tête d'Hercule à droite. R. ΘΑΛ. Jupiter Aetophore à gauche; hache dans le champ; Δ sous le siége.	AR.	3,35.	AF.
9647.	Tête d'Hercule à droite. R. ΑΛΕΞΑ... Jupiter Aetophore à gauche.	AR.	3,30.	AF.
9648.	Tête d'Hercule à droite. R. Légende barbare. Jupiter Aetophore; monogramme. Percé d'un trou.	AR.	3,02.	AF.
9649.	Id. monogramme dans le champ; A sous le siége. Fabrique barbare.	AR.	3,07.	AF.
9650.	Id. monogramme dans le champ; A sous le siége.	AR.	3,07.	AF.
9651.	Tête d'Hercule à droite. R. ... Jupiter Aetophore à gauche; monogramme dans le champ; A sous le siége.	AR.	3,65.	S.
9652.	Id.	R.	3,01.	S.
9653.	Tête d'Hercule à droite. R. ΙΝΑΛΙ. Jupiter Aetophore; Φ dans le champ; Δ sous le siége.	AR.	3,05.	S.
9654.	Id. Sans légende, lettre ni monogramme.	AR.	2,98.	S.
9655.	Type fruste et bombé simulant la tête d'Hercule. R. ΠΑΙΙΙΙΙΙ. Jupiter Aetophore assis à gauche; monogramme dans le champ; H sous le siége; pièce percée de deux trous.	AR.	2,60.	AF.
9656.	Id.	AR.	2,50.	AF.
9657.	Id. Sans légende, lettre ni monogramme.	AR.	2,46.	AF.
9658.	Id.	AR.	3,10.	AF.
9659.	Tête d'Hercule à droite. R. ΑΕΑΑ. Jupiter Aetophore à gauche; Φ dans le champ; Δ sous le siége. Pièce coulée.	OR.	6,00.	S.
9660.	Tête imberbe à droite, cheveux hérissés; un grènetis partant du cou va aboutir au front et encadre le visage. R. Jupiter Aetophore à gauche; amphore dans le champ. Percé de deux trous.	AR.	1,94.	AF.
9661.	Id.	AR.	2,56.	AF.
9662.	Id.	AR.	2,91.	AF.
9663.	Id.	AR.	3,12.	AF.
9664.	Tête de nègre à gauche. R. Jupiter Aetophore assis à droite.	AR.	3,40.	S.
9665.	Id.	AR.	3,25.	AF.

IMITATION DES TÉTRADRACHMES DE LA MACÉDOINE DIVISÉE EN QUATRE PROVINCES.

			Poids.	Prov.
9666.	Tête de Diane à droite; arc et carquois sur l'épaule. Le tout sur un bouclier macédonien. R. ΝΖΙΜΩ ... massue; le tout dans une couronne de chêne.		16,53.	AF.

IMITATION DE THASOS.

			Poids.	Prov.
9667.	Tête de Bacchus couronné de pampres, à droite. R. ΙΝΩΝΙΟ... Hercule debout appuyé sur sa massue; monogramme dans le champ.	AR.	15,75.	S.
9668.	Tête de Bacchus couronné de pampres, à droite. R. ΗΡΑΚΛΕΟΥΣ ΣΩΤΗΡΟΣ ΘΡΑΚΩΝ. Hercule debout appuyé sur sa massue; M dans le champ.	AR.	16,34.	S.
9669.	Tête barbare de Bacchus. R. ΗΑΕΟΥΣ ΖΟΥΗΟΕ ΑΞΘΝ. Hercule debout.	AR.	16,65.	S.

Poids. Prov.

9670. Pièce d'une barbarie extrême, massue et légende figurées par des points. AR. 10,21. S.

9671. Tête barbare de Bacchus.
R. ZUV ΛΞΑΠΟ N. Hercule debout. AR. 16,02. S.

9672. Tête de Bacchus, couronnée de pampres, à droite.
R. Légende barbare. Hercule debout tenant la peau de lion, et appuyé sur sa massue. C adossés dans le champ. AR. 15,87. AF.

9673. Même tête.
R. ZAVOMZ ΙΣΤΑΟΖΑ ΟΩΖΠΙ. Hercule debout; monogramme HP dans le champ. AR. 14,86. AF.

9674. Même tête.
R. ΔΣLOΙ·Ι·Z ΣΠΡΣV ΘΡΝΞΙΩΝ. Hercule debout; N dans le champ. AR. 16,05. AF.

9675. Tête barbare de Bacchus couronné de pampres, à droite.
R. HHOVHΣ ΕΠΑΗΣ COH-HOC. Hercule debout; N dans le champ. AR. 13,85. AF.

9676. Tête de Bacchus à droite.
R. HVKOE OHIIII AOHA. Hercule debout; H dans le champ. AR. 14,72. AF.

9677. Même tête.
R. HIV.V::OAΣ ΥΠΙΟΣ ΟΑΞΑ. Hercule debout; H dans le champ. AR. 16,27. AF.

9678. Tête de Bacchus à droite.
R. ΠΙΙΙΙΙΟ HVΙΙΙΙΟ ΠΥ-ΩΠΠΑ. Hercule debout; :·: dans le champ. Pièce fourrée. AR. 14,87. AF.

9679. Id. AR. 15,00. AF.

9680. Tête barbare de Bacchus à droite.
R. Légende barbare. Hercule debout tenant sa massue; sur son bras, un rameau; dans le champ, X. AR. 15,20. AF.

9681. Tête de Bacchus à droite.
R. HAIO ΑΝΤΙΟ ΥΑΤΗ. Hercule barbare debout. AR. 16,41. AF.

9682. Même tête.
R. ΠΙΑΚΥΕΟΥΣΣΩΤΗΡΟΣ. Exergue rogné. Hercule debout appuyé sur sa massue. AR. 12,37. AF.

9683. Tête de Bacchus barbare, à droite.
R. Type dégénéré; la tête d'Hercule entourée de globules; la légende formée par des barres. AR. 16,46. AF.

9684. Même types barbares; légendes formées par des lignes de points. AR. 16,22. AF.

9685. Id. Plus barbare. AR. 15,37. AF.

9686. Id. AR. 15,31. AF.

9687. Id. AR. 15,90. AF.

9688. Tête barbare de Bacchus à droite.
R. Hercule appuyé sur sa massue. La légende représentée par plusieurs lignes de points. AR. 15,50. L.

9689. Tête de Bacchus, couronnée de lierre, à gauche.
R. ΒΑ ΟΑΤΗΟΟΝ. Hercule agenouillé à droite, tirant de l'arc; lézard dans le champ. AR. 3,40. AF.

IMITATION DE LARISSA ET DE PHILIPPE.

9690. Tête de femme de face.
R. Cavalier barbare à gauche; sous le cheval, tige d'arbre. AR. 13,10. S.

9691. Id. AR. 13,70. S.

9692. Id. AR. 13,62. S.

9693. Id. AR. 12,90. S.

9694. Tête de trois quarts, regardant à droite; les cheveux épars, retenus par un bandeau.
R. Cavalier à un seul bras et sans jambes, sur un cheval à gauche. Tige d'arbre sous le ventre du cheval. AR. 13,62. AF.

9695. Mêmes types plus barbares. AR. 12,25. AF.

9696. Tête de femme de face.
R. Cavalier à un seul bras et sans jambes, sur un cheval à droite; deux astres dans le champ. AR. 14,00. S.

9687 a Imit. de Thasos. Tête à dr., très dégénérée. R (type très dégénéré) Personnage debout; dans le ch., deux anneaux centrés et lignes de points. — L 3390 — R

9698a Variété. Aucun symbole dans le champ; mais on voit, par la forme du pied du cavalier, un A, qui est le prototype de l'Y qui paraît sur les nos suivants (9699 etc...) Z 179

IMITATIONS DE PHILIPPE II.

		Poids.	Prov.
9697.	Tête laurée de Jupiter, à droite. ℞. ΦΙΛΙΠ. Cheval de course à droite, monté par un jeune homme tenant une palme. Double tête dans le champ.	AR. 14,15.	S.
9698.	Id. Dauphin et lettre H dans le champ.	AR. 14,10.	S.
9699.	Id. Y sous le cheval.	AR. 14,12.	S.
9700.	Id. Flambeau et AE.	AR. 14,40.	S.
9701.	Tête barbue et laurée de Jupiter, à droite. ℞. ΦΙΛΙΠΠΟΥ. Cavalier tenant une palme, en marche à droite; A et flambeau sous le ventre; E sous le pied de devant du cheval.	AR. 14,50.	AF.
9702.	Tête barbue laurée, à droite. ℞. ΦΙΛΙΠ. . Cavalier porteur d'une palme, en marche à droite; sous le cheval, A et flambeau. Entaille au revers.	AR. 14,05.	AF.
9703.	Id. ΙΛΙΠΠΥ. H et foudre.	AR. 13,98.	S.
9704.	ΙΛΙΑΙΠΠΟΑ. Flambeau et AE.	AR. 13,91.	S.
9705.	ΙΑΙΠΟΥ.	AR. 13,55.	S.
9706.	ΦΙΑΙΠΠΟ. Flambeau et AΓ.	AR. 13,35.	S.
9707.	ΦΙΛΙΠΠΟΥ. Flambeau et AE.	AR. 12,50.	S.
9708.	ΦΙΛΙΠΠΥ. Flambeau et trépied.	AR. 12,47.	S.
9709.	ΠΙΙΣ. Entaille au revers.	AR. 13,50.	AF.
9710.	ΦΙΛΙΙ. Astre.	AR. 13,97.	S.
9711.	ΙΑΙΙ. Trépied.	AR. 13,73.	S.
9712.	ΙΑΙΠ. ΥΑ.	AR. 13,82.	S.
9713.	ΙΥΗ.	AR. 13,62.	S.
9714.	ΦΑΙΠΠΥ. Dauphin et Π.	AR. 14,40.	S.
9715.	ΙΥΙΑ-Υ. ΥΑ.	AR. 11,12.	S.
9716.	Tête barbare laurée de Jupiter à droite. ℞. ΙΑΓΟ. Cavalier à droite; arc et croissant dans le champ.	AR. 13,80.	S.
9717.	Id.	AR. 13,20.	S.
9718.	Tête barbare laurée à droite. ℞. Cavalier à droite; fleuron sous le cheval.	AR. 13,06.	S.
9719.	Id.	AR. 12,95.	S.
9720.	Tête barbare laurée, à droite. ℞. Cavalier à un seul bras et sans jambes, sur un cheval à droite; tige d'arbre sous le cheval.	AR. 13,00.	S.
9721.	Id.	AR. 13,12.	S.
9722.	Tête barbare laurée, à droite. ℞. Cavalier sans bras et le buste séparé du reste du corps, sur un cheval à droite.	AR. 13,85.	S.
9723.	Tête barbare laurée, à droite. ℞. Cavalier réduit à un buste avec panache, sur un cheval à droite.	AR. 12,57.	S.
9724.	Tête barbare laurée, à droite. ℞. Cavalier porteur d'une palme, sur un cheval à droite; deux oiseaux dans le champ.	AR. 13,10.	S.
9725.	Tête barbue laurée, à droite; la figure figurée par un S. ℞. Cavalier porteur d'une palme; dans le champ, oiseau et point dans un cercle de perles.	AR. 14,02.	S.
9726.	Id.	AR. 13,59.	AF.
9727.	Tête barbue laurée, à droite. ℞. Cavalier à droite; derrière, oiseau sur une tige d'arbre.	AR. 13,22.	S.
9728.	Tête barbare laurée, à droite; l'oreille figurée par un cercle. ℞. Cheval avec des entraves aux pieds, monté par deux cavaliers dont l'un, plus petit, tient un oiseau.	AR. 13,80.	S.
9729.	Tête barbue laurée, à droite. ℞. Cavalier à droite sur un cheval avec des entraves; Π dans le champ; chien derrière le cavalier.	AR. 13,05.	S.
9730.	Même tête. ℞. Même type à gauche.	AR. 12,42.	S.
9731.	Tête barbue laurée, à droite. ℞. ΥΠΥ. Cavalier réduit à un buste sur un cheval à droite; ΙΠ sous le cheval; H entre les jambes de devant.	AR. 13,04.	S.
9732.	Id.	AR. 12,88.	S.
9733.	Id.	AR. 13,24.	L.

9733a Variété. Entre les jambes du cheval, A|Λ.
9733b — — Є|o.
9733c — — Ч|Π (?) (nul).
9733d — — Ψ.
9733e — — T (?).
9733f — — A|C
9733g — — A|Σ
9733h — — Λ|Λ
9733i — — Δ|Ƨ
9733j — — X|II

Poids. Prov.

9734. Tête barbare et laurée à droite.
R. ATVY. Cavalier barbare casqué, sur un cheval à droite; trident et triskèle dans le champ. AR. 13,74. S.

9735. Id. TVY. Trident et triskèle. AR. 13,10. S.

9736. Tête barbare laurée, à droite.
R. Buste, la droite abaissée, la gauche levée, sur un cheval à droite; derrière la tête, méandre; devant le poitrail, A renversé; Π sous le pied de devant du cheval; triskèle sous le corps. AR. 13,05. S.

9737. Id. AR. 11,71. AF.

9738. Id. AR. 13,40. L. 1377

9739. Tête un peu moins barbare.
R. Même cavalier; méandre derrière la tête; S couché devant le poitrail; S sous le pied de devant du cheval; fleuron sous le corps. AR. 13,40. S.

9740. Id. AR. 13,82. AF.

9741. Id. AR. 13,85. L. 1338

9742. Id. AR. 13,42. S.

9743. Tête barbare laurée, à droite.
R. Cavalier, réduit à un buste sans bras, marchant à droite; derrière la tête, triskèle; devant, A; devant le poitrail du cheval, E. AR. 13,80. AF.

9744. Tête barbue et laurée de Jupiter, à droite.
R. ΦΟΥ. Guerrier galopant à droite; la tête coiffée d'un casque; d'une main, il tient une palme; de l'autre, une lance dont la pointe est abaissée; sous le cheval, bucrâne. AR. 14,95. AF.

9745. Tête barbare laurée, à droite.
R. IIV. Cavalier, réduit à un buste sans bras, marchant à droite; sous le cheval, cercle ou grènetis. Pièce coulée. AR. 13,40. AF.

9746. Tête barbare laurée, à droite.
R. Même cavalier; fleur derrière la tête; T devant le poitrail; sanglier sous le cheval. AR. 13,85. S.

9747. Tête barbare laurée, à droite.
R. Cavalier à droite tenant les rênes; sous le cheval, tête humaine à droite. AR. 13,93. S.

9748. Id. AR. 13,56. AF.

9749. Id. AR. 12,50. L.

9750. Id. AR. 13,56. AF.

9751. Tête barbare laurée, à droite.
R. Cavalier tenant une palme sur un cheval à droite; Φ derrière la tête; rameau sous le cheval. AR. 13,44. S.

9752. Tête barbare, à droite.
R. Cavalier réduit à un buste informe, sur un cheval, à droite. AR. 12,18. S.

9753. Tête barbare, à droite.
R. ΑΦΙΙ. Cavalier sur un cheval à droite. AR. 13,06. S.

9754. Tête barbare, à droite.
R. VA. Cavalier réduit à un buste informe, sur un cheval à droite; globule entre les pieds de devant du cheval. AR. 12,05. S.

9755. Tête barbue et laurée de Jupiter, à droite.
R. Cheval marchant à droite; sur son dos, un aigle les ailes semi-éployées; entre les jambes de devant du cheval, une hache; sous le ventre, point dans un cercle hérissé de rayons; dans le champ, astre. AR. 14,40. AF.

9756. Id. Plus barbare. AR. 12,06. S.

9757. Tête barbue et laurée, à droite.
R. ... Cavalier sur un cheval avec des entraves, à droite. AR. 13,97. S.

9758. Tête barbare à droite.
R. ꟽ. Cavalier tenant une palme, sur un cheval à droite; sous le cheval, pedum. AR. 13,40. S.

9759. Tête barbue laurée, à droite.
R. Cavalier casqué sur un cheval à droite; derrière, Δ. AR. 13,32. S.

9760. Tête barbare à droite.
R. Cavalier en marche à droite; le corps à peine ap-

(Cf. Atlas n° 9736). AR — Y 2 —
9736 b Variété. Pas de Π entre les jambes de devant du cheval. AR. — Y 3 —
9736 c Même type. Variété. L'œil est figuré par +. AR. Y 4.
9736 d Id. Variété. La triquètre a été transformée en Ū. Y 5.
9736 e Id. Variété. L'œil affecte la forme d'un ⊙. AR Y 6.
9736 f Id. Variété. L'œil a été supprimé. AR. Y 7.

Poids. Prov.

parent; la jambe seule bien figurée. AR. 11,12. AF.

9761. Tête imberbe, laurée, à droite; fleuron en spirale sur la joue.
R. Buste à cheval à droite; devant le poitrail, croix évidée. AR. 13,02. AF.

9762. Tête barbue laurée à droite.
R. Cavalier à longue chevelure sur un cheval avec des entraves, à droite; V devant le poitrail. AR. 14,71. S.

9763. Id. AR. 13,25. AF.

9764. Tête barbare à droite.
R. Cavalier les cheveux flottants, tenant le torques, sur un cheval à droite, avec des entraves. AR. 13,68. S.

9765. Tête barbare laurée et barbue, à droite.
R. Cavalier à longue chevelure, la droite sur la hanche, de la gauche levée tenant une couronne, sur un cheval à droite. AR. 14,90. AF.

9766. Tête barbare à droite.
R. IAV VIO. Cavalier réduit à un buste sur un cheval, à droite; T devant le poitrail; globule entre les pieds de devant. AR. 11,38. S.

9767. Tête barbare à droite.
R. Buste informe tenant lieu de cavalier, sur un cheval à droite; VA devant le poitrail; deux globules entre les pieds de devant. AR. 10,67. S.

9768. Tête de Jupiter laurée, à droite.
R. ILAIAIII. Cavalier sur un cheval à gauche; E devant le poitrail. AR. 12,75. S.

9769. Tête de Jupiter à droite.
R. IIOVOII. Buste à cheval à gauche; Y devant le poitrail; globule entre les pieds de devant. AR. 13,22. S.

9770. Tête barbare à droite.
R. Buste tenant lieu de cavalier sur un cheval à gauche; dessous, rameau. AR. 13,00. S.

9771. Tête de Jupiter à droite.
R. ΦVVΓ. Cavalier avec une draperie flottante, sur un cheval avec des entraves, à gauche. AR. 14,15. S.

9772. Tête de Jupiter à droite.
R. Buste à cheval à gauche; le poitrail contre-marqué d'un X; II devant; III derrière la tête du cavalier; rameau sous le ventre du cheval. AR. 11,47. S.

9773. Id. avec entaille au revers. AR. 12,03. S.

9774. Tête de Jupiter à droite.
R. Même buste à cheval; même contre-marque; II, rameau et chiffre IIII. AR. 12,30. S.

9775. Tête barbue laurée, à droite.
R. Buste à cheval à gauche; derrière, YΓA; sous le cheval, rameau. AR. 11,23. S.

9776. Tête barbare à droite.
R. W. Cavalier, la droite étendue, sur un cheval à gauche retenu par des entraves. AR. 12,32. S.

9777. Id. AR. 13,82. S.

9778. Tête barbue laurée, à droite.
R. Cavalier à longue chevelure, la droite étendue, sur un cheval, à gauche. AR. 13,33. S.

9779. Tête de Jupiter à droite.
R. Buste, la droite étendue, sur un cheval à gauche; le poitrail contre-marqué de A; devant, A; derrière la tête du cavalier, Ψ. AR. 12,60. S.

9780. Tête barbare à droite.
R. Cavalier à gauche tenant un rameau; taureau devant le poitrail du cheval. AR. 13,22. S.

9781. Id. AR. 14,04. S.

9782. Id. AR. 14,18. S.

9783. Id. AR. 13,90. S.

9784. Id. AR. 13,60. S.

9785. Id. AR. 14.00. S.

9786. Id. AR. 13,75. S.

9787. Tête barbare à droite.
R. Cavalier en marche à gauche; le corps à peine apparent; la jambe seule bien marquée. AR. 13,25. S.

Poids. Prov.

9788. Tête barbare à droite.
R. Cavalier à gauche dont le panache finit par un B. AR. 9,78. S.

9789. Id. AR. 10,60. AF.

9790. Id. AR. 11,77. S.

9791. Tête barbue laurée, à droite; Y sur le cou.
R. Cavalier sans bras sur un cheval à gauche; croissant dans le champ; point centré sous le cheval. AR. 13,55. S.

9792. Id. AR. 12,38. S.

9793. Tête barbare à droite.
R. Cavalier regardant en arrière sur un cheval à gauche; trois triskèles dans le champ. AR. 12,40. S.

9794. Tête barbare laurée à droite, dont le menton a disparu.
R. Cavalier tenant une lance, sur un cheval à gauche; A sous le cheval; roue devant le poitrail; deux annelets et globules dans le champ. AR. 12,91. AF.

9795. Tête barbare à droite.
R. ΠΙΗΠΑΑ. Cavalier tenant une palme, en marche à gauche; sous le cheval, astre; entre les jambes de devant, arc; dans le champ, caducée. AR. 14,80. AF.

9796. Tête barbue laurée, à droite.
R. Cavalier tenant une palme, sur un cheval à gauche; dessous, point centré. AR. 13,11. AF.

9797. Tête de Jupiter, barbue, laurée et diadémée, à droite.
R. A. Cavalier sans bras, la tête couverte d'une tiare, sur un cheval à gauche; entre les pieds du cheval, ligne ponctuée figurant une entrave. AR. 10,90. AF.

9798. Tête laurée de Jupiter à droite.
R. ΦΜΑ. Cavalier à gauche, tenant une palme; entre les pieds de devant du cheval, serpent. AR. 11,70. AF.

9799. Tête barbue laurée, à droite.
R. Cavalier à gauche; T dans le champ. AR. 13,85. S.

Poids. Prov.

9800. Tête barbue laurée, à droite.
R. Cavalier avec panache enroulé, à gauche. AR. 12,35. S.

9801. Tête barbare, laurée et diadémée, à droite.
R. Cavalier à gauche; roue et annelet dans le champ. AR. 13,50. AF.

9802. Tête barbue à droite, le cou orné d'un collier.
R. Cavalier à longue chevelure en forme d'S, à gauche. AR. 14,65. AF.

9803. Tête barbare, laurée et barbue, à droite.
R. Buste sur un cheval à gauche; le corps et la tête formés par sept globules, la chevelure en S; œil de face dans le champ. AR. 13,00. AF.

9804. Tête barbue de Jupiter à droite.
R. Cavalier sans bras en marche à gauche. AR. 11,90. AF.

9805. Tête laurée barbue, à droite; sans bouche ni menton.
R. Cavalier trottant à gauche; sur ses deux mains levées au-dessus de sa tête, perchent deux oiseaux en regard; les pieds du cheval arrêtés par des entraves. AR. 12,80. AF.

9806. Tête barbare à droite.
R. Cavalier avec panache à gauche sur un cheval avec des entraves; devant le poitrail, croissant. AR. 13,00. S.

9807. Id. AR. 13,90. S.

9808. Id. AR. 12,80. S.

9809. Tête barbare à droite.
R. Cavalier sans bras en marche à gauche; deux points centrés dans le champ. AR. 12,43. S.

9810. Tête barbare à droite.
R. Cavalier tenant un oiseau, sur un cheval à gauche. AR. 12,20. S.

9811. Tête barbare à droite; la bouche remplacée par deux points.
R. ΑΠΙ'. Cavalier à gauche tenant de la droite un oiseau; autre oiseau, à terre, sous le cheval. AR. 14,35. S.

9816ª Variété. L 3398.

9822ª — Imit. de Ph. II. Tête de Jupiter à dr., tête en contremarque sur la joue
Rꝉ. Cavalier à g.; sous le cheval, chien à g. AR — L 3393 — 13g 310

9822ᵇ Tête à g., barbue. Rꝉ. Cavalier sur un cheval entravé à dr.; devant, annelet AR — L 3394

9822ᶜ Tête de Jupiter à dr.; la barbe est placée sous le menton. Rꝉ. Cavalier galopant à dr. AR. — L 3395 —

9822ᵈ Id. Tête de Jupiter à dr. Rꝉ. Cavalier à dr.; au-dessus, X. — L 3396 —

9822ᵉ Tête de Jupiter à dr. Rꝉ. Cheval à g.; le cavalier est remplacé par un panache et trois points. — L 3397 —

9838ª Tête barbare laurée Rꝉ V cavalier à g., au dessous, triquètre. AR. 11gr.10. — N 4215 —

9839ª Tête à dr. Rꝉ Même que 9839 — F 10649 —

9845ª (ancien 4228ª) Type des Cétini AR. Pink, Münzprägung der Ostkelten, p. 89, n° 374 pl. XIX = N. 4199 Tête barbare casquée à dr., B/ ... à g. 2g.15 N. 4199

Poids. Prov.

PL. XLVIII, 4 — 9812. Tête barbare à droite.
Ɍ. Buste à tête de cheval figurant un cavalier à gauche. AR. 12,30. S.

PL. XLVIII, 5 — 9813. Tête barbare à droite.
Ɍ. Cavalier à gauche; devant le cheval, un oiseau. AR. 13,00. S.

9814. Tête barbare à droite.
Ɍ. Cheval libre à gauche; dessus, point centré; dessous, croix. AR. 10,05. S.

PL. XLVIII, 5 — 9815. Id. AR. 10,35. S.

PL. XLVIII, 5 — 9816. Tête barbare à droite.
Ɍ. Pégase à gauche. AR. 11,40. S.

PL. XLVIII, 6 — 9817. Tête barbue de Jupiter à droite.
Ɍ. Cavalier porteur d'une palme, en marche à gauche. Rosace dans le champ. AR. 11,45. S.

9818. Id. AR. 13,52. S.

9819. Tête barbue de Jupiter à droite; derrière, aigle.
Ɍ. Même cavalier. AR. 10,35. S.

9820. Id., moins l'aigle derrière la tête de Jupiter. AR. 11,80. AF.

9821. Id. pièce percée d'un trou. AR. 10,92. AF.

9822. Id. BR. (AR) 10,68. AF.

PL. XLVIII, 6 — 9823. Tête barbue de Jupiter à droite; derrière, aigle.
Ɍ. Cheval en liberté à gauche; dessus, deux cercles concentriques, tenant lieu de cavalier. AR. 10,60. S.

9824. Tête barbare laurée, barbue, à droite.
Ɍ. Cavalier barbare à gauche; la tête figurée par un point dans un cercle de perles. AR. 8,50. S.

PL. XLVIII, 6 — 9825. Id. AR. 11,86. S.

PL. XLVIII, 7 — 9826. Tête barbare à droite.
Ɍ. Cavalier barbare à gauche; devant, point centré; sous le cheval, rouelle. AR. 9,25. S.

9827. Tête barbare à droite.
Ɍ. Cheval en liberté à gauche. AR. 10,10. S.

9828. Id. BR. 10,56. S.

9829. Tête laurée barbue, à droite.
Ɍ. Cheval en liberté à gauche; dessous, croix. AR. 11,66. S.

9830. Id. AR. 11,07. S.

9831. Tête laurée barbue, à droite.
Ɍ. Cavalier à droite; entre les jambes de devant du cheval, trois points. AR. 8,65. S.

9832. Tête laurée barbue, à droite.
Ɍ. Cavalier réduit à un buste informe, sur un cheval à gauche. AR. 13,20. S.

9833. Tête imberbe à droite.
Ɍ. Cavalier avec panache sur un cheval à gauche; devant le poitrail, annelet. AR. 9,70. S.

9834. Tête imberbe à droite.
Ɍ. Cavalier en marche à gauche. AR. 13,38. S.

9835. Tête informe à gauche; une mèche de cheveux retombe sur le front.
Ɍ. Cavalier sans bras, dont la tête est figurée par des points, à gauche, sur un cheval dont la longe pendante est terminée par un II. AR. 12,95. S.

9836. Id. AR. 12,50. AF.

9837. Tête barbue laurée, à gauche.
Ɍ. Cavalier marchant à gauche; VII et triquetra dans le champ. AR. 11,60. S.

9838. Id. AR. 11,32. S.

9839. Tête barbue laurée, à gauche.
Ɍ. Cavalier à gauche tenant une palme; au-dessus, un oiseau; à l'exergue, un trait. AR. 13,62. S.

9840. Tête barbue, laurée et diadémée, à gauche.
Ɍ. Cavalier debout sur un cheval à droite; sous le cheval, rameau. AR. 13,70. S.

9841. Id. AR. 13,25. AF.

9842. Tête barbue, diadémée, à droite.
Ɍ. Cavalier à longue chevelure en forme d'S, marchant à gauche. OR. 3,05. AF. PL. XLVIII, 9

Cat. de Kergariou, n° 376.

9843. Id. AR. 3,50. S.

9844. Id. AR. 2,00. AF.

9845. Id. AR. 3,15. S.

9846. Id. AR. 2,95. S.

			Poids.	Prov.
9847.	Tête barbue, diadémée, à droite. R. Cavalier à gauche.	AR.	2,92.	S.
9848.	Id.	AR.	2,85.	S.
9849.	Id.	AR.	2,82.	AF.
9850.	Tête barbue, diadémée, à droite; la figure et le champ semés d'un grènetis. R. Cavalier à gauche.	AR.	2,98.	S.
9851.	Tête imberbe, diadémée, à droite; devant la bouche, fleuron. R. Cheval libre à droite; dessus, C adossés; dessous, T.	AR.	3,08.	S.
9852.	Tête à gauche. R. Cavalier à gauche; devant le cheval, T. (*Trouvée en Styrie.*)	AR.	1,60.	S.

AVDOLEON, ET IMITATIONS DIVERSES.

9853.	Tête barbue et laurée de Jupiter à droite. R. ΑΥΔΩΛΕΟΝΤΟΣ. Cavalier à mi-corps, casqué, à droite; dans le champ, triquetra ou contre-marque et globule.	AR.	12,95.	S.
9854.	Id. (*Trouvée en Hongrie.*)	AR.	12.60.	AF.
9855.	Id.	AR.	13,05.	S.
9856.	Tête barbue et laurée à droite. R... TOE. Cavalier à droite; entre les jambes de devant du cheval, P.	AR.	12,35.	S.
9857.	Buste de Diane diadémée, à droite; arc et carquois sur l'épaule. R. Cavalier à gauche sur un cheval avec des entraves.	AR.	9,55.	S.

La tête de Diane paraît imitée des tétradrachmes de Magnésie d'Ionie.

9858.	Id.	AR.	10,50.	S.
9859.	Tête laurée d'Apollon à droite. R. Cavalier à gauche; dans le champ, II.	AR.	13,45.	S.
9860.	Id. avec chiffre III.	AR.	12,78.	S.
9861.	Tête d'Apollon barbare, à droite. R. Cavalier à gauche, dont la tête ressemble au calice d'une fleur.	AR.	9,85.	S.
9862.	Id.	AR.	9,30.	S.
9863.	Tête barbare laurée, à droite. R. Même cavalier à gauche.	AR.	9,95.	S.
9864.	Tête d'Apollon à droite. R. Même cavalier à gauche sur un cheval avec des entraves.	AR.	9,22.	S.
9865.	Tête barbare d'Apollon à droite. R. Cavalier à gauche dont la tête ressemble au calice d'une fleur.	AR.	10,31.	L.
9866.	Tête barbare laurée, à droite. R. Cavalier à gauche; sous le cheval, point dans un cercle de perles.	AR.	13,28.	S.
9867.	Tête laurée à droite. R. Cavalier à gauche, la droite étendue; deux annelets dans le champ.	AR.	13,45.	S.
9868.	Tête d'Apollon à droite. R. Cavalier barbare à gauche sur un cheval avec des entraves.	AR.	11,77.	S.
9869.	Tête laurée d'Apollon à droite; deux feuilles de laurier sur le cou; G sur la joue. R. Cheval libre à gauche; dessus, fleur; dessous, roue; devant, X.	AR.	11,20.	S.
9870.	Tête d'Hercule à droite. R. Cavalier en marche à gauche, tenant un rameau.	AR.	12,35.	S.
9871.	Id.	AR.	12,17.	S.
9872.	Id.	AR.	12,77.	S.
9873.	Tête barbare de Jupiter, à droite. R. Cavalier barbare à gauche; le buste figuré par deux points. Pièce fourrée.	AR.	8,02.	S.
9874.	Id.	AR.	7,60.	AF.
9875.	Id. pièce fourrée.	AR.	7,65.	S.
9876.	Id.	AR.	6,95.	L.
9877.	Tête plus barbare à droite. R. Cheval à gauche.	AR.	7,82.	L.
9878.	Tête informe laurée, à droite. R. Cheval à gauche.	Billon.	10,25.	L.
9879.	Tête d'Hercule barbue, coiffée de la peau de lion, à droite. R. Cheval à gauche avec des			

Poids. Prov.

entraves; le cavalier remplacé par une amphore. AR. 10,75. S.

9880. Tête barbare, coiffée de la peau de lion, à droite.
℞. Cavalier barbare à gauche; le buste figuré par deux points. AR. 6,30. S.

9881. Même tête.
℞. Cavalier à gauche, dont le corps est réduit à une jambe surmontée de trois points. AR. 7,00. AF.

9882. Id. AR. 7,57. AF.

9883. Id. AR. 5,87. AF.

9884. Id. AR. 7,65. S.

9885. Tête barbare, coiffée de la peau de lion, à droite.
℞. Cheval barbare à gauche; dessus, M; dessous, trois croissants. Scyphate. AR. bas. 5,84. S.

9886. Id. AR. 6,02. S.

9887. Tête d'Hercule coiffée de la peau de lion, à gauche.
℞. Type effacé, trépied. AR. 5,65. S.

9888. Tête barbare d'Hercule à gauche.
℞. Cheval libre à gauche; dessus, ∞; dessous, ↄ. AR. 5,00. S.

9889. Tête barbare laurée, à droite.
℞. Cavalier barbare à droite. Pièce fourrée. AR. 3,87. S.

9890. Flan bombé, sans type.
℞. Cheval barbare à gauche; globules dans le champ. AR. 10,93. S.

9891. Id. BR. 4,70. AF.

9892. Flan bombé, sans type.
℞. Cheval à gauche; dessus et devant, deux globules. AR. 9,77. S.

9893. Id. AR. 8,78. S.

9894. Flan bombé, sans type, avec TA.
℞. Cheval à gauche; devant, deux globules. AR. 5,63. S.

9895. Tête jeune imberbe, à gauche.
℞. Cavalier à longue chevelure, sur un cheval marchant à gauche. AR. 12,87. S.

9896. Id. AR. 11,70. S.

9897. Tête de Janus, ou plutôt deux têtes barbues, accolées.
℞. Cavalier sans bras marchant à droite; dans le champ, point dans un cercle de perles. AR. 13,00. S.

9898. Id. AR. 12,90. AF.

9899. Id. AR. 11,38. S.

9900. Tête barbue laurée, à droite; dans le champ, un cheval.
℞. Longue légende indéchiffrable; cavalier à gauche. AR. 12,10. S.

9901. Tête imberbe de vieillard à droite, les cheveux ornés d'un diadème formé de trois rangs de perles.
℞. Buste aux cheveux flottants, sur un cheval à gauche avec des entraves. AR. 12,66. S.

9902. Id. AR. 12,29. AF.

9903. Id. AR. 12,45. AF.

9904. Id. AR. 12,10. AF.

9905. Id. AR. 12,50. AF.

9906. Id. AR. 12,70. AF.

9907. Id. AR. 12,55. S.

9908. Tête barbare casquée à droite.
℞. ΘΕΣΣ. Jupiter Aetophore assis à gauche; Σ dans le champ. AR. 2,90. S.

9909. Id. AR. 2,86. AF.

BOIENS DE LA TRANSPADANE.

9910. Tête jeune, imberbe, laurée, à gauche; les cheveux figurés par deux rangs de palmes couchées dans le même sens.
℞. Cavalier à gauche; la tête recouverte d'un casque triangulaire. AR. 11,80. AF.

9911. Tête jeune, imberbe, laurée, à gauche.
℞. Même cavalier; ⊣ sous le cheval. AR. 10,30. AF.

9912. Même tête.
℞. Cheval libre à gauche. AR. 11,95. S.

9913. Même tête.
℞. ΡΔΣ? Cheval libre à gauche. AR. 12,75. AF.

9914. ΚΔ. Tête jeune, imberbe, armée d'une corne de bélier et tournée à droite. (Alexandre.)

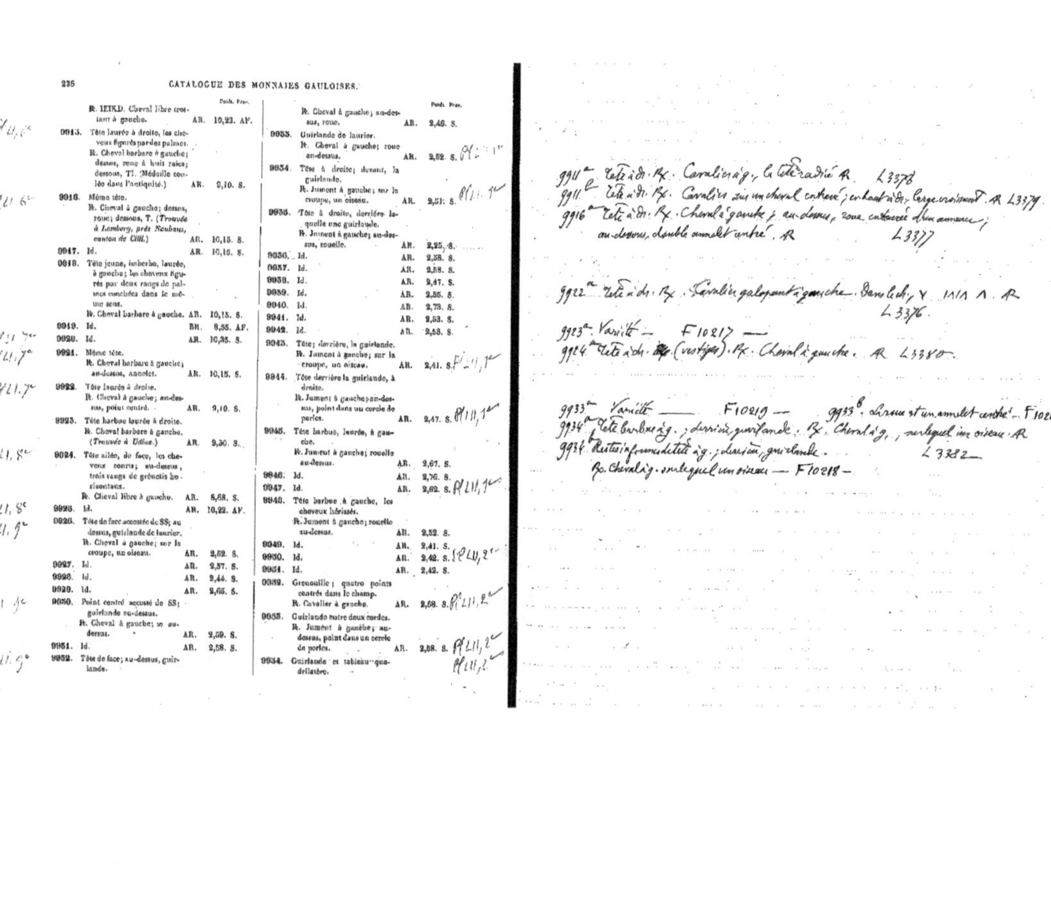

Poids. Prov.

℞. IEIKD. Cheval libre trottant à gauche. AR. 10,23. AF.

9915. Tête laurée à droite, les cheveux figurés par des palmes.
℞. Cheval barbare à gauche; dessus, roue à huit raies; dessous, TI. (Médaille coulée dans l'antiquité.) AR. 9,10. S.

9916. Même tête.
℞. Cheval à gauche; dessus, roue; dessous, T. (*Trouvée à Lamberg, près Neubaus, canton de Cilli.*) AR. 10,15. S.

9917. Id. AR. 10,16. S.

9918. Tête jeune, imberbe, laurée, à gauche; les cheveux figurés par deux rangs de palmes couchées dans le même sens.
℞. Cheval barbare à gauche. AR. 10,15. S.

9919. Id. BR. 8,55. AF.

9920. Id. AR. 10,35. S.

9921. Même tête.
℞. Cheval barbare à gauche; au-dessus, annelet. AR. 10,15. S.

9922. Tête laurée à droite.
℞. Cheval à gauche; au-dessus, point centré. AR. 9,10. S.

9923. Tête barbue laurée à droite.
℞. Cheval barbare à gauche. (*Trouvée à Udine.*) AR. 9,30. S.

9924. Tête ailée, de face, les cheveux courts; au-dessus, trois rangs de grènetis horizontaux.
℞. Cheval libre à gauche. AR. 8,68. S.

9925. Id. AR. 10,22. AF.

9926. Tête de face accostée de SS; au dessus, guirlande de laurier.
℞. Cheval à gauche; sur la croupe, un oiseau. AR. 2,52. S.

9927. Id. AR. 2,57. S.

9928. Id. AR. 2,44. S.

9929. Id. AR. 2,65. S.

9930. Point centré accosté de SS; guirlande au-dessus.
℞. Cheval à gauche; ∞ au-dessus. AR. 2,59. S.

9931. Id. AR. 2,58. S.

9932. Tête de face; au-dessus, guirlande.
℞. Cheval à gauche; au-dessus, roue. AR. 2,46. S.

9933. Guirlande de laurier.
℞. Cheval à gauche; roue au-dessus. AR. 2,52. S.

9934. Tête à droite; devant, la guirlande.
℞. Jument à gauche; sur la croupe, un oiseau. AR. 2,51. S.

9935. Tête à droite, derrière laquelle une guirlande.
℞. Jument à gauche; au-dessus, rouelle. AR. 2,25. S.

9936. Id. AR. 2,38. S.

9937. Id. AR. 2,58. S.

9938. Id. AR. 2,47. S.

9939. Id. AR. 2,55. S.

9940. Id. AR. 2,73. S.

9941. Id. AR. 2,53. S.

9942. Id. AR. 2,53. S.

9943. Tête; derrière, la guirlande.
℞. Jument à gauche; sur la croupe, un oiseau. AR. 2,41. S.

9944. Tête derrière la guirlande, à droite.
℞. Jument à gauche; au-dessus, point dans un cercle de perles. AR. 2,47. S.

9945. Tête barbue, laurée, à gauche.
℞. Jument à gauche; rouelle au-dessus. AR. 2,67. S.

9946. Id. AR. 2,76. S.

9947. Id. AR. 2,62. S.

9948. Tête barbue à gauche, les cheveux hérissés.
℞. Jument à gauche; rouelle au-dessus. AR. 2,52. S.

9949. Id. AR. 2,41. S.

9950. Id. AR. 2,42. S.

9951. Id. AR. 2,42. S.

9952. Grenouille; quatre points centrés dans le champ.
℞. Cavalier à gauche. AR. 2,68. S.

9953. Guirlande entre deux cordes.
℞. Jument à gauche; au-dessus, point dans un cercle de perles. AR. 2,58. S.

9954. Guirlande et tableau quadrilatère.

			Poids.	Prov.
	℞. Jument à gauche; au-dessus, cercle de grènetis.	AR.	2,44.	S.
9955.	Guirlande de laurier. ℞. Jument à gauche, au-dessus, point dans un cercle de perles.	AR.	2,42.	S.
9956.	Guirlande de laurier. ℞. Jument à gauche; point centré au-dessus.	AR.	2,25.	S.
9957.	Id.	AR.	2,25.	S.
9958.	Id.	BR.	1,95.	S.
9959.	Guirlande de laurier. ℞. Jument à gauche; au-dessus, un oiseau.	AR.	2,12.	S.
9960.	Guirlande de laurier. ℞. Jument à gauche.	AR.	2,18.	S.
9961.	Corde, trident et trois points centrés. ℞. Jument à gauche; dessus, point centré; dessous, deux points centrés.	AR.	2,15.	S.
9962.	Id.	AR.	2,52.	S.
9963.	Corde, trois points centrés et trident. ℞. Jument à gauche; dessus, point centré; dessous, deux points centrés.	AR.	2,40.	S.
9964.	Corde, trois points centrés et trident. ℞. Jument à gauche; point centré au-dessus.	AR.	2,35.	S.
9965.	Tête imberbe, laurée, à gauche; les cheveux figurés par deux rangs de palmes couchées. ℞. Croix cantonnée de quatre V.	AR.	0,08.	L.
9966.	Tête laurée à droite. ℞. Rosace. (*Trouvaille d'Udine.*)	AR.	0,75.	S.
9967.	Id.	AR.	0,77.	S.
9968.	Id. La rosace diffère.	AR.	0,77.	S.
9969.	Tête à gauche. ℞. Rosace. (*Trouvaille d'Udine.*)	AR.	0,78.	S.
9970.	Id.	AR.	0,77.	S.
9971.	Id.	AR.	0,77.	S.
9972.	Face lisse. ℞. Rosace. (*Trouvaille d'Udine.*)	AR.	0,76.	S.
9973.	Id.	AR.	0,75.	S.
9974.	Id.	AR.	0,69.	S.
9975.	Id.	AR.	0,80.	S.
9976.	Id.	AR.	0,77.	S.
9977.	Id.	AR.	0,77.	S.
9978.	Id.	AR.	0,80.	S.
9979.	Id.	AR.	0,72.	S.
9980.	Id.	AR.	0,82.	S.
9981.	Id.	AR.	0,78.	S.
9982.	Id.	AR.	0,81.	S.
9983.	Id.	AR.	0,60.	S.
9984.	Id.	AR.	0,72.	S.
9985.	Id.	AR.	0,72.	S.
9986.	Id.	AR.	0,85.	S.
9987.	Id.	AR.	0,85.	S.
9988.	Id.	AR.	0,80.	S.
9989.	Id.	AR.	0,87.	S.
9990.	Id.	AR.	0,77.	S.
9991.	Id.	AR.	0,80.	S.
9992.	Id.	AR.	0,73.	S.
9993.	Id.	AR.	0,78.	S.
9994.	Id.	AR.	0,75.	S.
9995.	Id.	AR.	0,76.	S.

MONNAIES A LÉGENDES.

			Poids.	Prov.
9996.	Tête barbare, laurée, à droite. ℞. COP. Cavalier galopant à gauche.	AR.	8,52.	S.
9997.	Id.	AR.	9,30.	AF.
9998.	Id.	AR.	10,10.	L.
9999.	Tête barbare laurée, à gauche. ℞. Cheval à gauche; au-dessus, DIIM dans un cartouche.	AR.	10,55.	S.
10000.	Tête jeune imberbe, laurée, à droite, dans une couronne. ℞. CONGESA. Cavalier à gauche, brandissant une lance.	AR.	9,95.	S.
10001.	Id. Avec CONGE.	AR.	10,06.	AF.
10002.	Tête jeune imberbe, laurée, à gauche. ℞. CONGE. Cavalier à gauche, brandissant une lance.	AR.	10,35.	AF.
10003.	Tête jeune imberbe, laurée, à droite, dans une couronne.			

9964a Guirlande de laurier ℞ cheval bondissant à g. Dessus ◎ et dessous

9971a Variété — L 3402 —

9995a-c Deux monnaies de bronze des Boïens portant au droit un symbole composé d'un demi arc centré d'où partent des rayons obliques, et, au revers, le type plus ou moins déformé du cheval avec une, ou deux roues au-dessus et au-dessous. Y. 2025-2036

9995 Deux monnaies de bronze des Boïens. Deux cercles concentriques et traits intérieurs. ℞ Cheval à dr., au-dessus deux rouelles, et une autre au-dessous. Y2040-2041

Poids. Prov.

R. Cavalier casqué, galopant à gauche. A l'exergue, entre deux filets, COCESTIVS. AR. 9,96. S.

10004. Id. AR. 10,30. AF.

10005. Tête imberbe, laurée, à droite.
R. Cavalier armé d'une lance galopant à gauche; dans le champ, monogramme Æ; à l'exergue, dans un cartouche, ECCAIO. AR. 10,00. S.

10006. Tête laurée à droite.
R. Cavalier armé d'une lance galopant à gauche; dans le champ, Æ et trois annelets; à l'exergue, ECCAIO. AR. 9,90. AF.

10007. Id. Avec IICCAIO. AR. 9,75. S.

10008. Tête laurée à droite; ƆΞ sous le menton.
R. IICCAIO. Cavalier armé d'une lance galopant à gauche; Æ et trois annelets dans le champ. AR. 10,15. AF.

10009. Couronne de laurier, coupée en deux verticalement et garnie de feuillage. Un bélier tourné à droite est posé sur le tout.
R. SVICCA. Cavalier armé d'une lance galopant à droite; dans le champ, monogramme Æ. AR. 10,02. S.

10010. Id. Pièce fourrée. AR. 8,72. S.

10011. Id. AR. 9,98. AF.

10012. Couronne de laurier coupée en deux verticalement et garnie de feuillage. Un bélier tourné à gauche est posé sur le tout.
R. SVICCA. Cavalier armé d'une lance galopant à droite; dans le champ, monogramme Æ. AR. 10,00. AF.

10013. Couronne de laurier coupée en deux verticalement et garnie de feuillage. Un bélier tourné à droite est posé sur le tout.
R. SVICCA. Cavalier armé d'une lance galopant à gauche; devant le cheval, monogramme Æ; dessous, un épi. AR. 9,88. L.

10014. Tête laurée à gauche.
R. ATTA. Cavalier armé d'une lance galopant à droite; dans le champ, trois points centrés. AR. 9,98. S.

10015. Id. AR. 9,20. AF.

10016. Id. Sans les points centrés. (*Udine.*) AR. 8,10. S.

10017. Tête laurée à droite.
R. ATTA. Cavalier armé d'une lance galopant à droite. AR. 9,82. L.

10018. Tête laurée à droite.
R. ATTA. Cavalier armé d'une lance galopant à droite; sous le cheval, trident. (*Udine.*) AR. 9,93. S.

10019. Tête à gauche.
R. NEMET. Cavalier armé d'une lance galopant à droite. (*Udine.*) AR. 9,95. S.

10020. Id. Avec NEMET. (*Udine.*) AR. 9,78. S.

10021. Id. AR. 5,91. AF.

10022. Tête à gauche.
R. NEMET. Cavalier armé d'une lance galopant à droite; sous le cheval, point dans un cercle de perles. AR. 9,71. AF.

10023. Id. AR. 9,21. S.

10024. Tête jeune imberbe, diadémée, à gauche.
R. ADNAM AI. Cavalier armé d'une lance galopant à droite. (*Udine.*) AR. 10,14. S.

10025. Tête imberbe, diadémée, à gauche.
R. ADNA M TI. Cavalier armé d'une lance galopant à droite. AR. 7,12. AF.

10026. Id. AR. 8,56. AF.

10027. Tête imberbe, diadémée, à gauche.
R. ADNAM ATI. Cavalier armé d'une lance galopant à droite. AR. 8,13. L.

10028. Tête jeune imberbe, diadémée, à droite.

Poids. Prov.

℞. ADNAM ATI. Cavalier armé d'une lance galopant à droite. (*Trouvé à Udine.*) AR. 10,26. S.

10029. Tête jeune imberbe, laurée, à droite.
℞. ELVIOM R. Cavalier au galop à droite, brandissant une lance. AR. 7,37. AF.

10030. Tête jeune imberbe, laurée, à droite.
℞. Cheval libre marchant à gauche; de son front part une ligne ondulée terminée par un pentagone. AR. 13,24. AF.

10031. Tête jeune nue, imberbe, à droite.
℞. Cheval libre à gauche; dessus, étoile; dessous, fleuron. AR. 12,32. S.

10032. Tête jeune imberbe, nue, à gauche.
℞. Cheval libre galopant à gauche; dessus et dessous, fleuron; à l'exergue, trait ponctué. AR. 12,15. AF.

10033. Id. AR. 12,00. S.

10034. Tête jeune diadémée, à droite.
℞. Cheval galopant à droite; au-dessus, astre; dessous, fleuron. AR. 4,05. S.

10035. Id. AR. 3,60. S.

10036. Id. AR. 4,01. S.

10037. Tête jeune nue, à droite.
℞. Cheval marchant à droite; dessus, astre; dessous, fleuron; entre les jambes de devant, H· AR. 3,22. S.

10038. Tête nue à gauche.
℞. Cheval à droite; dessus, astre; dessous, fleuron. AR. 2,05. S.

10039. Tête nue à droite; la joue contre-marquée d'un annelet.
℞. Cavalier à gauche. AR. 3,32. S.

10040. Tête laurée à droite.
℞. Cavalier barbare à gauche. AR. 3,13. S.

10041. Tête barbue, laurée, à droite.
℞. Cheval à gauche; au-dessus, roue. AR. 2,72. AF.

Poids. Prov.

10042. Tête barbare à droite.
℞. Cheval à gauche. AR. 2,57. AF.

10043. Tête laurée, barbue, à droite.
℞. Cheval libre marchant à gauche. AR. 1,95. AF.

10044. Tête laurée, barbue, à droite.
℞. Cheval marchant à gauche; roue au-dessus. AR. 2,48. S.

10045. Tête à gauche.
℞. Cheval marchant à gauche; dans le champ, ΓΛ et trident. AR. 3,22. S.

10046. Mêmes types. AR. 0,97. S.

10047. Tête nue à gauche.
℞. Cheval à gauche; au-dessus, triquetra; dessous, fleuron. AR. 1,06. S.

10048. Tête barbare à droite.
℞. Cheval à gauche; au-dessus, point centré. AR. 2,42. S.

10049. Tête barbare à gauche.
℞. Même cheval. BR. 3,02. S.

10050. Id. BR. 2,00. S.

10051. Tête barbare à droite.
℞. Cheval à gauche. AR. 2,25. S.

10052. Tête barbare à gauche.
℞. Cheval à gauche. AR. 3,37. S.

10053. Tête à droite.
℞. Cheval barbare à gauche. AR. 1,82. S.

10054. Tête nue à droite.
℞. Cavalier à gauche. (*Issoudun*, 1862.) AR. 2,50. S.

10055. Tête nue à gauche.
℞. Cheval libre galopant à droite. AR. 1,82. S.

10056. Tête à droite.
℞. Cheval à droite regardant en arrière; pièce fragmentée. AR. 1,35. S.

10057. Tête à gauche.
℞. Cheval à droite regardant en arrière. AR. 0,40. S.

10058. Face lisse.
℞. Cheval à gauche; dessous, fleuron. AR. 0,83. S.

10059. Face lisse.
℞. Cheval galopant à droite; dessous, fleuron. AR. 0,78. S.

			Poids.	Prov.
10060.	Tête de Minerve casquée, à droite. ℞. Minerve assise à gauche, le coude posé sur un bouclier.	AR.	4,05.	S.

Le type du revers est celui des rois de Pergame.

10061.	Id.	AR.	4,20.	AF.

IMITATION DES DENIERS DE LA RÉPUBLIQUE ROMAINE.

			Poids.	Prov.
10062.	Tête laurée d'Apollon à droite; derrière, VXEA. Famille Calpurnia. ℞. AAEEVIIA. Massue, arc et carquois. Alexandre III.	AR.	3,60.	AF.
10063.	Tête laurée de Jupiter à droite. Antonia. ℞. Cavalier armé d'une lance, au galop à droite; à l'exergue, DOMISA. Marcia.	AR.	3,34.	S.
10064.	Id. (*Vendeuil-Caply.*)	AR.	3,10.	S.
10065.	Id.	AR.	3,38.	L.
10066.	Tête d'Apollon à droite. ℞. Légende barbare; cavalier courant à gauche. Calpurnia.	AR.	4,05.	S.
10067.	Tête de Pallas à droite avec le casque ailé. ℞. Figure dans un bige au galop à gauche. Coelia.	AR.	4,30.	S.
10068.	Tête diadémée de Vénus à droite. Nœvia. ℞. Figure dans un bige à gauche. Coelia.	AR.	3,28.	S.
10069.	Tête de Pallas à droite, le casque orné d'une plume. Lutatia. ℞. Figure dans un bige à gauche. Coelia.	AR.	4,05.	S.
10070.	Id.	AR.	4,23.	AF.
10071.	Id.	AR.	4,14.	S.
10072.	Tête de Proserpine à gauche, couronnée de pampre. Cassia. ℞. Figure dans un bige à gauche. Coelia.	AR.	4,25.	S.
10073.	Tête de Pallas à droite, avec le casque ailé; derrière, I'K. ℞. Jupiter dans un quadrige à droite; à l'exergue, ONKN. Domitia.	AR.	3,80.	S.
10074.	Tête de Pallas à droite, avec le casque ailé; derrière, X. ℞. Jupiter dans un quadrige à droite; à l'exergue, AXEOLVI. Aurelia.	AR.	4,50.	AF.

P. Mérimée, *R. N. F.*, 1845, p. 109.

Dans un mémoire sur les médailles italiotes de la guerre sociale, Mérimée rapporte l'imitation barbare de la famille Aurelia à C. Judacilius, préteur des Picentes, cité par Appien et par Orose.

L'auteur ajoute que son interprétation de la légende n'est qu'une hypothèse dont il ne se dissimule pas l'incertitude.

Cavedoni, Mommsen, Riccio, Sambon se taisent sur cette pièce. Le dernier auteur qui ait traité spécialement des types monétaires de la guerre sociale, M. Bompois, n'y voit qu'une contrefaçon barbare des deniers de la République, et dans la légende qu'un assemblage confus de lettres sans aucun sens. C'est aussi notre avis.

10075.	Tête de Pallas barbare à droite, le casque orné d'une plume. Lutatia. ℞. Victoire dans un trige à droite. Nœvia.	AR.	4,35.	S.
10076.	Tête laurée du triomphe à droite. ℞. Griffon courant à droite; dessous, thyrse. Papia.	AR.	3,20.	S.
10077.	Id.	AR.	3,25.	S.
10078.	Tête diadémée de Junon à droite. ℞. IRA/SCI. Griffon courant à droite. Papia.	AR.	3,19.	S.
10079.	Id. Moins la légende.	AR.	3,15.	S.
10080.	Id.	AR.	3,26.	L.
10081.	Id. Avec IRA/SCI.	AR.	3,04.	L.
10082.	Id.	AR.	3,36.	L.
10083.	Tête de Junon Sospita, à droite; derrière, rameau. Papia. ℞... NVVV. Tête de griffon.	AR.	3,15.	S.
10084.	Id.	AR.	3,66.	L.

La tête de Junon Sospita convient encore à la Procilia et à la Roscia.

10085.	Tête de Pallas à droite, avec le casque ailé. ℞. Victoire dans un trige à droite. Urbinia.	AR.	3,90.	S.

10086a Variété. — L 347 —

10087a Tête barbare à dr. (type de la famille Titia) Rf. CO[ELD?] Bige à g. (famille Coelia) B 2695

10087b Tête casquée à dr. Rf. Bige à dr. Al. Ex. ΛEAVCII. — L 346 —

10088. Tête casquée à dr.; derrière, légende simulée. Rf. Victoire dans un trige à dr., tenant une palme; à l'ex. MTYLII. — L 3384 —

10092a Variété — L 352 —

10095a Variété — L 348 —

10096a Variété — L 349 —

10114a Tête radiée à dr.; devant, annelet. Rf. Croissant entouré de sept étoiles (les 7 planètes). Lég.: TAI (dans le croissant) et, à l'ex., TAI·ΘHYC+EII. Imit. de la gens Lucretia — L 343 —

		Poids.	Prov.
10086. Tête de Pallas à droite, avec le casque ailé; derrière, CTOC. ℞. AVCII. Victoire dans un bige au galop à droite, tenant le fouet. Lucilia.	AR.	4,32.	S.
10087. Id. OVEV derrière la tête de Pallas.	AR.	4,20.	S.
10088. Tête de Pallas à droite, le casque orné d'une plume. ℞. EAVCII. Victoire dans un bige à droite.	AR.	3,95.	S.

La tête de la Lutatia, le revers de la Lucilia.

		Poids.	Prov.
10089. Id. Avec la tête de Pallas un peu plus barbare.	AR.	4,35.	S.
10090. Tête de Proserpine à gauche, couronnée de pampres; derrière, TT. Cassia. ℞. VCII. Victoire dans un bige à droite. Lucilia.	AR.	4,17.	S.
10091. Id.	AR.	3,96.	AF.
10092. C ANNI TFTN PROCOS. Tête diadémée de Junon à droite. Annia. ℞. Centurion fouettant un soldat. Didia.	AR.	4,83.	S.
10093. Id.	AR.	3,05.	S.
10094. Tête de Pallas à droite, le casque orné d'une plume. Lutatia. ℞. Centurion fouettant le soldat. Didia.	AR.	3,52.	S.
10095. Tête barbare de Pallas à droite. Lutatia. ℞. Centurion fouettant le soldat. Didia.	AR.	4,18.	AF.
10096. Id.	AR.	4,21.	S.
10097. Tête de Pallas à droite, avec le casque ailé; derrière, OVEV. ℞. Centurion fouettant le soldat. Didia.	AR.	3,70.	S.
10098. Id.	AR.	3,64.	AF.
10099. Id.	AR.	4,29.	S.
10100. Tête de Proserpine à gauche, couronnée de pampres. Cassia. ℞. Centurion fouettant le soldat. Didia.	AR.	4,86.	S.
10101. Id.	AR.	3,55.	S.
10102. Tête laurée d'Apollon à droite. Calpurnia. ℞. Centurion fouettant le soldat. Didia.	AR.	4,51.	AF.
10103. Tête de Junon Sospita, à droite. Papia. ℞. RAVIS. Foudre, gouvernail et globe. Cornelia.	AR.	3,19.	S.
10104. Id.	AR.	3,27.	S.
10105. Tête laurée du génie du peuple romain, à droite. ℞. RAVIS. Globe, gouvernail et sceptre auquel est attachée une couronne de laurier. Cornelia.	AR.	3,30.	S.
10106. Id.	AR.	3,42.	L.
10107. Id.	AR.	3,23.	L.
10108. Tête de Pallas à droite, avec le casque ailé. Cornelia. ℞. RAVIS, globe, gouvernail et sceptre. Cornelia.	AR.	3,28.	S.
10109. Id. Sans légende.	AR.	3,32.	L.

Ch. Robert, *R. N. F.*, 1860, p. 203.

		Poids.	Prov.
10110. Tête laurée du triomphe à droite. ℞. RAVIS. Foudre, gouvernail et globe, le droit de la Papia, le revers de la Cornelia.	AR.	3,34.	S.
10111. Tête de Diane à droite, avec arc et carquois. ℞. IANSIVR. Chien courant à droite; dessous, lance. Postumia.	AR.	3,52.	S.
10112. Tête diadémée de Vénus à droite; derrière, SC. Naevia. ℞. Louve à droite. Satriena.	AR.	3,68.	L.
10113. Tête de Vénus à droite, dans une couronne de myrte. Croix sur la joue, collier de perles. ℞. AEM ATA TN. Louve marchant à gauche. Satriena.	AR.	5,12.	AF.
10114. Tête de Jupiter à droite. ℞. Victoire à gauche tenant une couronne.	AR.	1,29.	AF.

IMITATION DU VICTORIAT.

10115. Tête barbare casquée à gauche.

Poids. Prov.

℞. Victoire dans un bige à droite. Lucilia. AR. 3,25. S.

10116. Tête de Mercure à gauche; derrière, caducée; dans le champ, chiffre XIII. Mamilia.
℞. SOINENIUS. Chaise curule entre quatre faisceaux. Livineia. AR. 3,51. L.1345

Pl. LIV, 2e 10117. CESTIANVS. Tête tourelée de Cybèle à droite; devant, globe.
℞. NTLNTORIVS A. Chaise curule. Plutoria. AR. 3,30. L.1346

10118. Tête barbare de Pallas à droite. Cornelia.
℞. ..... Globe, gouvernail et sceptre auquel est attachée une couronne de laurier. Cornelia. AR. 2,90. L.1347

10119. Tête diadémée de Vénus à droite; derrière, S C.
℞. LI . . LIP. Victoire dans un trige à droite. Noevia. AR. 2,97. L.1347

Pl. LIV, 2e 10120. LABEO ROMA. Tête de Pallas à droite avec le casque ailé; devant, X. Fabia.
℞. M SERGI SILVS Q. Cavalier casqué, armé d'un glaive et saisissant par les cheveux une tête humaine, en course à droite. Sergia. AR. 3,65. L.1401

Pl. LIV, 1e 10121. Tête de Pallas à droite.
℞. Victoire dans un bige au galop à droite. AR. 2,91. AF.

Pl. LIV, 1e 10122. Tête d'Apollon à droite.
℞. Guerrier armé d'un bouclier, dans un quadrige à droite; à l'exergue, légende simulée. AR. 3,65. AF.

ANTONIN BARBARE.

10123. Légende barbare. Tête laurée à droite d'Antonin.
℞. Légende barbare. Figure assise à gauche tenant une patère. AR. 2,68. L.

GALLIEN.

10124. GALLIENVS P F AVG. Buste radié à droite, paludamentum.
℞. RESTIT. GALLIAR. Gallien debout à gauche, relevant la Gaule à genoux. Billon. 3,05. L.

10125. Tête barbue, diadémée, à gauche.
℞. SONA. Guerrier debout, appuyé sur sa lance; bouclier à terre. BR. 3,75. S.

10126. Tête barbue, diadémée, à droite.
℞. SONA rétrograde. Guerrier debout, tenant un oiseau et appuyé sur sa lance; à terre, son bouclier. BR. 2,72. S.

10127. Tête barbue, diadémée, à droite.
℞. SONCAT. Guerrier debout, appuyé sur sa lance. BR. 3,20. S.

10128. Tête barbue, diadémée, à droite.
℞. Guerrier debout, appuyé sur sa lance; à terre, son bouclier. BR. 2,30. S.

10129. Tête nue à droite.
℞. SONCAT. Guerrier debout appuyé sur sa lance. BR. 2,85. S.

10130. Id. BR. 3,10. S.

10131. Tête barbare à droite.
℞. SONCTA. Guerrier debout appuyé sur sa lance; son bouclier à terre. BR. 2,98. S.

Ces pièces sont des imitations des petits bronzes de la famille Axia, qu'Eckhel dit avoir été frappés à Panorme.

BALLOEUS.

10132. Tête virile imberbe, nue, à gauche.
℞. BAAAAIOV rétrograde. Diane marchant à gauche, tenant un flambeau. BR. 2,98. S.

10133. Id. Fabrique barbare. BR. 2,77. S.

10134. Id. BR. 2,98. S.

10135. Id. BR. 2,30. S.

IMITATION DE MACÉDOINE.

10136. Tête informe barbue, à gauche.
℞. Cavalier aux cheveux hérissés à droite; d'une main, il tient les rênes du

10122a Tête à dr.; derrière, VLIΛΛΛ. ℞. Victoire dans un bige à dr.; au-dessous, croix et légende simulée. AR — L 3385 —

10123a Imit. d'un denier de M. Aurèle — Tête de Marc-Aurèle à dr. ℞. ΛITIΛ ΛITAS. Femme debout à g. AR — L 3386 —

10123b Id. Tête à dr., entourée d'un grènetis et d'un cercle de croissants. ℞. Guerrier debout à g., tenant une longue haste, entouré d'un cercle de grènetis et d'un cercle de croissants. AR. — L 3387 —

10123c Imit. d'un denier de Commode — Buste à dr. ℞. Guerrier à droite tenant une longue haste. Légende simulée. AR — L 3388 —

10131a à f Variétés.

		Poids.	Prov.
	cheval; l'autre est levée. AR.	12,41.	AF.
10137.	Tête barbare de Jupiter, à droite. ℞. Cavalier à gauche. BR.	8,05.	S.
10138.	Id. BR.	5,42.	AF.
10139.	Tête barbare à gauche. ℞. Cheval à gauche. BR.	8,90.	S.
10140.	Tête barbare. ℞. Cheval à gauche, flan très-épais. BR.	18,54.	S.

GAULOIS EN PANNONIE.

		Poids.	Prov.
10141.	Buste de femme à gauche, les cheveux noués derrière la tête; devant, un rameau. ℞. BVSV entre les jambes d'une centauresse ailée marchant à gauche et regardant en arrière. AR.	16,00.	S.
10142.	Id. AR.	16,95.	AF.
10143.	Id. AR.	16,73.	L.
10144.	Buste de femme à gauche, les cheveux noués derrière la tête; devant, un rameau. ℞. BVSSVMARVS. Griffon galopant à droite. AR.	16,76.	AF.
10145.	Tête nue à droite, dans une couronne. ℞. NONNOS rétrograde. Cavalier armé d'un glaive, galopant à droite. AR.	16,52.	S.
10146.	Id. AR.	17,22.	AF.
10147.	Id. AR.	17,25.	AF.
10148.	Tête à droite dans un cercle dentelé. ℞. NONNOS. Cavalier porteur d'une palme et armé d'un glaive, galopant à droite. AR.	17,25.	S.
10149.	Id. AR.	17,10.	S.
10150.	Id. AR.	17,01.	AF.
10151.	Id. AR.	17,07.	AF.
10152.	Id. AR.	17,19.	L.
10153.	Buste à gauche; devant, branche garnie de baies. ℞. NONNOS. Cavalier armé d'un glaive, galopant à droite. *Jahrendorf.* AR.	17,00.	S.
10154.	Buste de femme à droite. ℞. NOWOS. Même cavalier. AR.	17,00.	S.
10155.	Buste de femme à gauche; devant, un rameau. ℞. AMIORIX rétrograde. Sirène tournée à droite, regardant en arrière. AR.	17,20.	S.
10156.	Id. AR.	17,02.	L.
10157.	Buste de femme à gauche; devant, un rameau. ℞. FABIARIX. Sirène tournée à droite, regardant en arrière; sous son corps, deux feuilles arrondies. AR.	15,05.	AF.
10158.	Id. AR.	17,15.	AF.
10159.	Id. Avec revers anépigraphe AR.	17,02.	AF.
10160.	AT. Buste de femme, les épaules couvertes d'un vêtement, à droite; devant, rameau garni de trois feuilles lancéolées. ℞. EVOIVRIX. Lion, la queue relevée, la crinière hérissée, à gauche. AR.	16,35.	S.
10161.	Id. AR.	16,94.	AF.
10162.	AΔ. Buste à gauche dans un cercle dentelé. ℞. EVOIVRIX. Même lion. (*Trouvé à Udine.*) AR.	16,80.	S.
10163.	Buste à gauche, les épaules couvertes d'un vêtement. ℞. COISA. Homme faisant danser un ours. AR.	16,82.	S.
10164.	Buste à droite, tête nue. ℞. DEVIL.. Ours marchant à droite. AR.	17,22.	S.
10165.	Côté convexe. Au milieu d'une élévation bombée, BIATEC; au-dessus, main étendue, les doigts tournés vers l'inscription. ℞. Bateau. OR.	6,47.	S.
10166.	Tête nue, imberbe, les cheveux ras, à droite dans un cercle dentelé. ℞. BIATEC. Cavalier portant une palme, au galop à droite. Même encadrement. AR.	17,28.	S.
10167.	Id. AR.	17,17.	AF.
10168.	Id. AR.	17,17.	AF.
10169.	Id. AR.	17,14.	L.
10170.	Tête laurée de l'Honneur et tête casquée de la Vertu,		

			Poids.	Prov.
	accolées à droite. (Imitation des deniers des familles Fufia et Mucia.) R. BIATEC. Cavalier portant une palme, galopant à droite.	AR.	17,10.	S.
10171.	Id.	AR.	17,10.	AF.
10172.	Id.	AR.	17,23.	AF.
10173.	Id.	AR.	16,67.	AF.
10174.	Id.	AR.	17,00.	AF.
10175.	Id.	AR.	15,53.	AF.
10176.	Id.	AR.	16,98.	L. (40)
10177.	Id. Avec BIA devant la tête de la vertu. (Pl. LIV, 8)	AR.	17,22.	S.
10178.	Id.	AR.	14,86.	AF.
10179.	Tête laurée de l'Honneur et tête casquée de la Vertu, accolées à droite. R. BIATEC. Cavalier au galop à droite.	AR.	17,00.	L.

La trouvaille de Jahrendorf, mai 1855, contenait des statères au nom de Biatec, des tétradrachmes du même, de Davius, de Cobrovomarus, de Coisa, de Nonnos, de Bussumarus, de Savumarus, et de Evoirix.

« Les tétradrachmes de Biatec, à deux têtes, sont une imitation palpable d'un denier de la République romaine, de la famille Fufia, de celui de Fufius Kalenus avec les deux têtes de Virtus et Honos; ces deniers furent frappés vers l'an 62 avant J. C., et certainement pas avant cette année. Voilà donc une date précise, en deçà de laquelle il faut, d'absolue nécessité, placer la date d'émission des tétradrachmes de Biatec, donc aussi de ses statères et des Regenbogen-Schüsseln au bateau et aux rayons de soleil; mais nous ne pouvons pas non plus aller plus loin que vers l'année après 8 Jésus-Christ, puisque ce fut l'année dans laquelle la Pannonie fut incorporée à l'empire et devint province romaine. » Pfaffenhoffen. *R. N. F.*, 1869, p. 287.

10180.	Têtes jeunes, imberbes, coiffées du pileus, accolées à droite; devant, astre; derrière, feuille lancéolée. (Pl. LIV, 8) (Les Dioscures. Cordia. Cohen, pl. XIV, 1.) R. COBROVOMARVS. Lion galopant à droite.	AR.	17,11.	AF.
10181.	Id.	AR.	17,20.	L. (41)
10182.	COVNOS. Buste de femme à droite. (Pl. LIV, 8) R. Cavalier à droite dans une couronne de feuillage.	AR.	17,35.	AF.
10183.	Tête barbare à droite, cheveux hérissés, dans une couronne de feuillage. (Pl. LIV, 9) R. COVIOYVAYIII. Sanglier à gauche.	AR.	16,14.	AF.
10184.	Tête jeune imberbe, cheveux frisés, à droite; entre deux feuilles. R. LAVORVIARVS. Cavalier au galop à droite; au-dessus, rameau chargé de deux feuilles.	AR.	17,26.	AF. (Pl. LIV, 9)
10185.	Cerf à droite entre deux oiseaux. R. .... Loup à droite.	AR.	9,20.	S.
10186.	Id.	AR.	8,80.	AF.
10187.	Cerf à droite; dessus, cinq points. R. .... Loup à gauche.	AR.	8,52.	AF.
10188.	Tête barbue, laurée, à gauche. R. OAAA. Cheval à gauche; devant, O.	AR.	11,35.	S.

INCERTAINES.

10189.	Tête d'Apollon à droite. R. ΦΙΛΙΠΠΟΙΥ. Bige à droite.	OR.	7,77.	AF.
10190.	Tête d'Apollon à droite. R. ΠΑΑΙΙ. Bige à droite; sous les chevaux, foudre et épi.	OR.	7,74.	AF.
10191.	Tête laurée à droite. R. Cheval à droite; dessus, corbeau; devant, foudre; dessous, arc armé de sa flèche. Quart de statère.	OR.	3,82.	S.
10192.	Tête laurée à droite. R. Bige à droite; à l'exergue, méandre.	OR.	7,60.	S.
10193.	Tête nue à gauche. R. Bige à gauche dirigé par un aurige; dessous, croix. (*Cusset, près Vichy*). Quart de statère.	OR.	2,07.	S.
10194.	Tête à gauche. R. Cheval à gauche, sur lequel est assis l'aurige; dessous, un astre. Quart de statère.	OR.	1,88.	S.
10195.	Tête de Cérès à droite. R. Bige à gauche. Quart de statère.	OR.	2,10.	S.
10196.	Tête nue à gauche.			

10177a. BIA Têtes conjuguées à dr. de l'Honneur et de la Vertu.
R BIATEC. Cavalier galopant à dr., et tenant un rameau de laurier
AR 17,8. — N 4219 —

10190a Tête d'Apollon à dr. R Cheval à dr.; au-dessus, aigle; au-dessous, ... ; dessous, croissant; à l'ex. VΓΟΕΧ. Or. L 3329
10190b Triquètre dans un cercle perlé. R Cheval à dr.; au-dessus, loup à dr.; au-dessous, triquètre; à l'exergue, KΞΘΕΧ. Or. L 3336.
10190aa Tête à dr. (négriforme ?), chevelure frisée, avec pendants d'oreille.
R. Cheval bondissant à dr., surmonté d'un aurige; fleuron au-dessous.
— M 4769 —

			Poids.	Fsst.
	℞. Bige à droite. Quart de statère.	OR.	2,07.	S.
10197.	Tête barbare nue, à droite. ℞. Bige à droite; l'aurige tient un torques. Quart de statère.	OR.	2,00.	S.
10198.	Tête laurée à droite; rouelle sur la joue. ℞. Bige à gauche; sous le cheval, rouelle. Demi-statère.	OR pâle.	3,08.	S.
10199.	Id. Statère défourré.	BR.	2,30.	S.
	Lambert, IIe part., pl. III, 4.			
10200.	Tête barbare à droite. ℞. Cheval courant à droite, dirigé par un sanglier; sous le cheval, arc et sa flèche. Demi-statère.	OR.	2,78.	S.
10201.	Tête nue à droite. ℞. OINO. Cheval galopant à droite, sur la croupe duquel un quadrupède. Quart de statère.	OR.	2,04.	AF.
10202.	Tête à droite, cheveux et barbe frisés. ℞. Bige à droite; sous le cheval, une cigogne. Quart de statère.	OR pâle.	1,20.	S.
10203.	Tête de femme à droite, avec des épis dans les cheveux. ℞. Cavalier armé d'un bouclier, galopant à gauche. Quart de statère.	OR.	2,08.	S.
10204.	Id. Quart de statère.	OR.	2,02.	AF.
10205.	Id. Quart de statère.	OR.	2,04.	S.
10206.	Id. Quart de statère.	OR.	1,88.	S.
10207.	Tête nue à gauche. ℞. Cavalier armé d'un bouclier, marchant à gauche. Quart de statère.	OR.	2,04.	S.
10208.	Id. (*Trouvé aux environs de Bourges.*) Quart de statère.	OR.	2,10.	S.
10209.	Tête laurée à droite. ℞. Bige à gauche; sous le cheval, foudre. Quart de statère.	OR.	1,85.	S.
10210.	Id. Quart de statère.	OR.	1,67.	S.
10211.	Tête nue à droite. ℞. Bige à gauche; sous le cheval, rosace; IAII à l'exergue. Quart de statère.	OR.	2,06.	S.
10212.	Tête nue à droite. ℞. IIII. Bige attelé d'un cheval, à gauche; dessous, point dans un cercle de perles. Quart de statère.	OR.	2,04.	AF.
10213.	Tête nue à droite. ℞. Bige à gauche; l'aurige assis sur la croupe du cheval sous lequel est une rosace. Quart de statère.	OR.	1,75.	S.
10214.	Id. Quart de statère.	OR.	2,04.	S.
10215.	Tête à gauche. ℞. Bige à gauche; rosace sous le cheval; devant, roue. Quart de statère.	OR.	2,03.	S.
10216.	Id. Quart de statère.	OR.	1,60.	S.
10217.	Tête nue à gauche. ℞. Bige à gauche; dessous, rosace. Quart de statère.	OR.	1,81.	S.
10218.	Tête nue à gauche. ℞. Bige à gauche; sous le cheval, une rosace; IIAII à l'exergue. Quart de statère.	OR.	2,07.	S.
10219.	Tête nue à gauche. ℞. Bige à gauche; sous le cheval, X. Quart de statère.	OR.	2,05.	S.
10220.	Id. Quart de statère.	OR.	2,12.	S.
10221.	Tête à droite. ℞. Aurige dirigeant deux chevaux à droite; dessous, globule. Quart de statère.	OR.	2,07.	S.
10222.	Tête à droite. ℞. Bige à droite. Quart de statère.	OR.	2,11.	S.
10223.	Tête nue à droite. ℞. IIIIIIIII. Bige attelé de deux chevaux, à droite. Quart de statère.	OR.	2,07.	AF.
10224.	Id. Quart de statère.	OR.	1,96.	S.
10225.	Tête nue à droite. ℞. OIIIIAIIIO. Bige attelé d'un seul cheval, à droite; dessous, fruit épineux. Quart de statère.	OR.	2,07.	S.
10226.	Id. Quart de statère.	OR.	2,10.	AF.
10227.	Id. Quart de statère.	OR.	2,06.	S.
10228.	Tête nue à droite. ℞. Aurige à longue cheve-			

4597. Cavalier armé d'un glaive et d'un bouclier galopant à dr.

Poids. Prov.

lure dirigeant un cheval à droite; dessous, tétraskèle; dans le champ, une mouche. Quart de statère. OR. 1,94. S.

10229. Tête à droite.
R. Cheval à droite, au-dessus duquel l'amour debout tenant son arc; sous le cheval, pentagramme et triskèle. Quart de statère. OR. 2,02. S.

10230. Tête barbare à droite.
R. Bige à droite; dessous, globules. Statère. OR. 7,00. S.

10231. Id. OR. 7,68. S.

10232. Tête nue à gauche.
R. Cheval à gauche; l'aurige assis sur la croupe; dessous, abeille. Demi-statère. OR. 4,15. S.

10233. Tête nue à droite; devant la bouche, fleuron; derrière l'oreille, flèche.
R. Bige à droite; l'aurige assis sur la croupe du cheval sous lequel est une abeille; à l'exergue, méandre. Demi-statère. OR. 2,85. AF.

10234. Tête nue à gauche; devant la bouche, fleuron; derrière l'oreille, flèche.
R. Bige à gauche; l'aurige assis sur la croupe du cheval sous lequel est une abeille. Quart de statère. OR. 1,90. S.

10235. Tête nue à droite.
R. Bige à gauche; sous le cheval, abeille. Quart de statère. OR. 1,93. S.

10236. Tête à gauche; globule sur la joue.
R. Lisse. Quart de statère. OR. 2,04. S.

10237. Tête à droite.
R. Bige à droite; sous les chevaux, lyre; à l'exergue, méandre. Pièce fourrée. Demi-statère. OR. 3,10. S.

10238. Tête à gauche.
R. Bige à droite; dessous, rosace. Quart de statère. OR. 1,70. S.

10239. Tête laurée à droite.
R. Bige à droite. Quart de statère. OR. 2,10. S.

10240. Tête barbare à droite.
R. Bige à droite; à l'exergue, IIIIIII. Quart de statère. OR. 2,04. S.

10241. Tête nue à droite.
R. Bige à droite; dessous, roue. Quart de statère. OR. 2,02. S.

10242. Tête laurée à droite.
R. Bige à droite. Quart de statère. OR pâle. 1,76. S.

10243. Tête laurée à droite.
R. Bige à droite; dessous, foudre; devant, épi. Quart de statère. OR. 1,93. S.

10244. Id. Quart de statère. OR. 1,00. S.

10245. Id. Quart de statère. OR. 1,80. S.

10246. Tête nue à droite; la joue tatouée d'un croissant.
R. Bige à droite. Quart de statère. OR. 1,00. S.

10247. Tête nue à droite.
R. Cheval à gauche; dessus, pedum. Quart de statère. OR. 1,64. S.

10248. Tête fruste.
R. Bige à droite; dessus, pedum. Quart de statère. OR. 2,00. S.

10249. Tête nue à gauche.
R. Bige à droite, conduit par un seul cheval; dessous, fleur; à l'exergue, 1AII. Quart de statère. OR. 2,07. AF.

10250. Tête laurée à droite.
R. Bige à droite; dessous, foudre. Quart de statère. OR. 1,95. S.

10251. Tête barbare laurée, à droite.
R. Bige à droite; dessous, croissant. Quart de statère. OR. 2,05. S.

10252. Tête nue à droite; devant la bouche, fleuron; sous le cou, accolade.
R. Bige à droite; sous les chevaux, rosace; à l'exergue, ΥΥΥΥ. Quart de statère. OR. 1,88. S.

10253. Tête laurée à droite.
R. Bige à droite; dessous, oiseau volant. Quart de statère. OR. 2,03. S.

10254. Tête barbare à droite.
R. Cheval à droite; sur la croupe, figure accroupie tenant le carnyx; sous le cheval, figure étendant

10231a. Tête laurée et barbue à dr. Rx. Bige à g., figuré par un cheval surmonté d'un aurige et par une roue; au-dessous, fleuron cruciforme. AV. — M 8115 —
(cf. 3697a et b).

10235a Tête à dr. Rx. Cheval à dr. dirigé par un aurige, globules à la crinière, à la tête et aux pieds du cheval, fleuron étoilé à 4 rais dans le ch.; à l'ex., débris de légende sous cette forme ΠΗΗ. Or pâle – 2 gr. — L 3366 —
(Incert. de lot ?)

Poids. Prov.

les bras. Demi-statère. OR. 3,73. S.

10255. Id. Quart de statère. OR. 2,06. S.

10256. Tête laurée à gauche; sous le cou, corps renversé sans tête; devant la face, quadrilatère.
R. Aurige dirigeant un cheval à droite; sous le cheval, fleuron. Statère. Electrum. 6,55. L.

Hucher, *Art gaulois*, IIe part., n° 92.

10257. Tête laurée à gauche.
R. Aurige dirigeant un cheval à droite; sous le cheval, un fleuron. Statère. Électrum. 6,45. L.

10258. Tête nue à gauche.
R. Bige à gauche; sous les chevaux, rosace; à l'exergue, IAIII. Quart de statère. OR. 2,06. L.

10259. Tête d'Apollon à gauche.
R. Bige à droite; sous le cheval, A. Quart de statère. OR. 1,85. L.

10260. Tête laurée à droite.
R. Bige à droite. Quart de statère. OR. 1,92. L.

10261. Tête laurée à droite; hippocampe en contre-marque sur la joue.
R. Bige à droite; dessus, même contre-marque: quart de statère. OR. 1,28. L.

10262. Tête laurée à droite; fleuron sous le cou.
R. Cheval à droite, dirigé par un hippocampe; sous le cheval, hippocampe. (*Trouvé à Fécamp, Seine-Inférieure.*) Demi-statère. OR. 4,02. L.

Hucher, *Art gaulois*, 1re part., pl. LXVIII, n° 2.

10263. Tête nue à gauche.
R. Bige à gauche. Quart de statère. OR. 1,78. S.

10264. Tête à droite.
R. Bige à droite; dessus, un oiseau. Quart de statère. OR. 1,90. S.

10265. Tête nue à gauche; à l'exergue, méandre. Quart de statère. OR. 1,40. S.

10266. Tête à droite.
R. Bige à gauche; à l'exergue, ΔΔ. Quart de statère. OR. 1,95. S.

10267. Tête nue à gauche; collier de perles.
R. Bige à gauche; dessous, étoile; à l'exergue, méandre. Quart de statère. OR. 2,07. S.

10268. Tête nue à droite.
R. Bige attelé de deux chevaux, à droite; à l'exergue, méandre. Quart de statère. OR. 2,12. AF.

10269. Tête à droite.
R. Bige à droite; sous les chevaux, croissant. Demi-statère. OR. 2,55. S.

10270. Id. Demi-statère. OR. 2,07. S.

10271. Tête nue à droite.
R. ΦΙΛΙΠΠΟΣ. Bige à droite. Demi-statère. OR. 4,17. S.

10272. Tête à droite, les cheveux disposés en grosses mèches.
R. Bige à droite; dessous, annelet; à l'exergue, XIIIIV. Demi-statère. OR. 4,25. S.

10273. Même tête.
R. Bige à droite; à l'exergue, +IIIIII. Demi-statère. OR. 4,15. S.

10274. Tête laurée à droite; la joue traversée par un large trait.
R. Bige à droite; sous les chevaux, abeille et M; à l'exergue, +IAIIIIIII. Demi-statère. OR. 4,14. S.

10275. Tête laurée à droite.
R. ΦΙΛΙΠΠΟΙV. Bige à droite; sous les chevaux, M. Demi-statère. OR. 4,18. S.

10276. Lisse.
R. Bige à droite. Demi-statère. OR. 4,11. S.

10277. Tête nue à droite, cheveux frisés.
R. Bige à droite. Demi-statère. OR. 4,10. S.

10278. Tête barbare, nue, à droite.
R. Bige à droite; à l'exergue, IIIIII. Demi-statère. OR. 4,09. S.

10279. Tête à droite.
R. Bige à droite; à l'exergue, IIIIIII. Demi-statère. OR. 3,92. S.

Poids. Prov.

10280. Tête nue à droite, cheveux frisés.
℞. Bige à droite. Demi-statère. OR. 4,14. S.

10281. Tête laurée à droite.
℞. Bige à droite; à l'exergue, traits confus. Demi-statère. OR. 3,93. S.

10282. Tête nue à droite.
℞. Bige à gauche; à l'exergue, XIIII. Demi-statère. OR. 3,52. S.

10283. Tête barbare laurée, à droite.
℞. Bige à droite; à l'exergue, XIIII. Statère. OR. 7,25. S.

10284. Tête laurée à droite.
℞. Bige à droite, dirigé par un aurige tenant un épi. Statère. OR. 7,07. S.

10285. Tête laurée à droite, le cou orné d'une fibule à tête humaine; devant la face, fleuron.
℞. Bige à droite; à l'exergue, OOOO. Statère. OR. 7,50. S.

Hucher, *Art gaulois*, 1re part., pl. LVII, nº 2.

10286. Tête à droite, le cou orné d'un collier de perles.
℞. Bige à droite; dessous, oiseau volant. Statère. OR. 7,88. S.

10287. Tête laurée à droite.
℞. ΦΙΛΙΠΠΟΥ. Bige à droite; dans le champ, Ξ et ΑΙ. Statère. OR. 8,40. S.

10288. Tête barbare, laurée, à droite.
℞. Bige à droite; sous les chevaux, large croissant; à l'exergue, trace de légende. Statère. OR. 8,31. S.

10289. Lisse.
℞. EIQITIAICO. Figure dans un bige à droite; dans le champ, M. Statère. OR. 8,36. AF.

F. Lenormant, *Rev. numis. franç.*, 1852, p. 201.

M. F. Lenormant a proposé de lire : OCIAI TI Q FL., OCIAI TITI QVINCTI FLAMININI, en légende grecque et latine.

M. Cohen, *Médailles consulaires*, p. 277, dans une note très-laconique, parle du statère attribué à la famille Quinctia, et engage les numismatistes à lire la dissertation très-savante de M. Lenormant.

Discutons la question au point de vue de M. Lenormant. Le statère acquis de M. Soive pèse 8,38. Les Philippes, 8,65. Le poids de 8,36 n'est donc pas égal à celui des statères de Macédoine, et n'est pas tellement supérieur à celui des imitations gauloises, qui atteint 8,40, 8,38 chez les Arvernes et ailleurs, qu'on ne puisse comprendre EIQITIAICO dans cette série. De plus, je ne sache pas d'exemple, dans toute la numismatique antique, d'une légende bilingue ainsi tourmentée : OCIAI TI Q FL.

Quand bien même la fabrique et la date probable d'émission de notre monnaie ne seraient pas un obstacle à l'attribution à Flamininus, la provenance bien constatée d'un second statère trouvé à Graçay (Cher), en 1877, tranche la question en faveur de la Gaule.

Poids. Prov.

10290. Tête à gauche.
℞. Androcéphale à gauche; dessous, sanglier à droite. Quart de statère. Électrum. 1,56. S.

10291. Tête laurée à droite; sur la joue, branche de houx; sur le cou, point centré.
℞. Bige à droite; dessous, houx. Quart de statère. OR. 2,05. S.

Hucher, *Art gaulois*, 1re part., pl. XCVI, 3.

10292. Tête nue à droite.
℞. Bige à droite. Demi-statère. OR. 2,70. S.

10293. Tête nue à droite.
℞. Aurige dirigeant un cheval à droite. Quart de statère. OR. 1,79. S.

10294. Tête laurée à droite.
℞. Cheval libre, galopant à gauche; dessus, astre; dessous, lyre. Quart de statère. OR. 1,83. S.

10295. Tête confuse.
℞. Bige à droite. Quart de statère. OR. 1,07. AF.

10296. Tête nue à droite.
℞. Cheval à droite; dessous et devant, quadrupède. Quart de statère. OR. 1,80. AF.

10297. Tête nue à droite.
℞. Triquetra. Quart de statère. OR. 2,04. AF.

Cat. de Kergariou, nº 365.

10298. Tête nue à droite; devant la bouche, fleuron.
℞. Cheval à droite; dessus, oiseau; dessous, roue; devant, Δ. Statère. Électrum. 7,06. AF.

10299. Tête barbare à droite.
℞. Hippocampe à droite.

Le nº 10290 est reporté ci-dessous — 10305 AR.3

10283. Replacé après 4844

10292a. Tête à dr. dans un double cercle formé de croissants. ℞. Cheval entravé dirigé par un aurige ig. ; devant le cheval, oiseau ; entre ses jambes, rose. Revers concave. AV 1gr80. L 7369

10303[a] — Ancien 10379 —
1030[a] Tête très déformée à dr. (Σ) ℞ Cheval à g. ; au-dessus [illegible] ; au-dessous [illegible] . Y1020 1960.
1030[b] Autre. Y1201.
1030[c] Lisse. ℞ Cheval à dr. ; au-dessus, un astre ; au-dessous, fleuron (?) [illegible] . AV — L 3383.
1030[d] (Trouvé Carent, Rep. de Dom[illegible]). Dégénérescence d'une tête à dr. ℞ Cheval à dr. ; au-dessus, [illegible] ; au-dessous, [illegible] rayonnant [illegible]. Electrum. — M2591 —
10305[e] Tête casquée à dr. ℞ Hygie debout donnant à manger à deux serpents. Argent doré —
— 1030 AR Incertaines argent —
1030 AR[1] Tête à gauche. ℞ Cavalier galopant à g. et brandissant son bouclier — AR — L 3381 —
1030 AR[2] — Tête à dr. ; coiffure en 3 grandes mèches. ℞ Cheval à dr. ; au-dessus buste du cavalier. AR — — L 3392 —
1030 AR[3] — Ancien 10290.
1030 AR[4] — Tête à dr. ℞. Cheval à dr. ; au-dessous NTILLOS (ou IYTILLOS) — B2247 — Flan carré.
1030 AR[5 et 6] — Tête (casquée ?) à dr. ℞. Cavalier id. au galop et brandissant. AR.
1030 AR[7] — Tête casquée à g. ℞ Cavalier à g. ; au-dessous, Δ/T AR.
1030 AR[8] — Tête casquée à g., longs cheveux. ℞ Cavalier à g. ; au-dessus, KYII . AR.
1030 AR[9] — Tête confuse (en dehors du flan). ℞ Cheval à dr. entre trois annelets centrés ; lég. .. OTOS . Y4117
1030 AR[10] — Tête casquée à g. ℞ ANDV. — (Ancien 10376).
1030 AR[11] — Tête à g., [illegible]. ℞. Protome de cheval galopant. AR.

Poids. Prov.

Quart de statère. Électrum. 1,98. AF.

10300. Face lisse.
℞. Cheval à gauche; dessous, O. Statère. OR. 7,72. S.

10301. Tête d'Ogmius à droite, avec croix sur la joue.
℞. Bige attelé d'un cheval à droite; dessous, Θ. Quart de statère. OR. 1,72. S.

10302. Tête d'Apollon à droite.
℞. Bige à droite; à l'exergue, légende simulée. OR. 8,15. S.

10303. Tête barbare laurée, à droite.
℞ Légende barbare. Pallas assise à gauche, tenant de la main droite une couronne, la gauche sur un bouclier; près d'elle, lance placée transversalement; à l'exergue, un trident. OR. 4,77. S.

10304. Tête laurée à droite.
℞. Cheval à gauche. Quart de statère. OR pâle. 1,32. S.

10305. Uniface.
℞. Bateau? Boii. OR. 0,00. S.

10306. Tête barbare laurée à droite, avec tige verticale derrière l'oreille.
℞. Bige à gauche. BR. 5,41. S.

10307. Deux sangliers; dessous, point centré et demi-cercle.
℞. Cheval libre galopant à droite; deux points centrés dans le champ. BR. 2,54. S.

10308. Tête casquée à droite; devant, TOIM.
℞. Guerrier marchant à gauche; dans le champ, deux vases et un sanglier. BR. 2,37. S.

10309. Id. BR. 2,30. S.

10310. Tête à droite; devant, ACIYOTH.
℞. Sanglier à gauche; dessous, point centré. BR. 1,83. S.

10311. Tête d'Ogmius à droite.
℞. Androcéphale à gauche; dessous, sanglier à droite. BR. 1,25. S.

10312. Face lisse.
℞. Cheval à droite; au-dessus, point centré. BR. 3,06. S.

Poids. Prov.

10313. Tête à droite dans une couronne de laurier.
℞. Pégase à droite. BR. 2,40. S.

10314. Tête barbare à droite.
℞. Oiseau éployé à gauche. BR. 1,37. S.

10315. CEL. Tête à gauche, coiffée du pileus.
℞. Cheval galopant à gauche. BR. 2,15. AF.

10316. Id. BR. 1,05. S.

10317. Type informe.
℞. Sanglier à gauche. BR. 6,45. S.

10318. Tête à droite.
℞. Taureau. AR. 0,50. S.

10319. Tête nue à gauche.
℞. Cheval à droite. BR. 3,17. S.

10320. Tête virile à gauche.
℞. Cheval à droite. Traces de légende. BR. 3,05. S.

10321. Type effacé.
℞. Cheval à droite; roue au-dessus. BR. 1,08. S.

10322. Tête barbare à gauche.
℞. HV. Guerrier à droite, appuyé sur sa lance. BR. 2,23. S.

10323. Tête barbare à droite.
℞. Légende confuse. Guerrier à gauche, appuyé sur sa lance. BR. 2,70. S.

10324. Tête barbare à gauche.
℞. Cheval à droite, regardant en arrière. Potin. 3,86. S.

10325. ƆIC.
℞. ƆƆ. Plomb. 3,28. S.

10326. Face lisse.
℞. Cheval courant à gauche. BR. 1,81. S.

10327. Type indéterminé.
℞. Foudre. BR. 1,82. S.

10328. Tête des monnaies du Belgium.
℞. Traces de légende. Cheval au galop à droite; dessous, annelet. BR. 3,90. S.

10329. Id. BR. 3,10. S.

10330. Id. BR. 3,38. S.

10331. Tête barbare à droite.
℞. Type confus. BR. 2,32. S.

10332. Tête d'Ogmius à droite.
℞. Androcéphale à gauche; dessous, tugurium. BR. 0,65. S.

			Poids.	Prov.
10533.	Tête à droite, les cheveux enroulés. R. Andrucéphale à gauche.	AR.	1,45.	S.
10534.	Tête laurée. R. Cheval à tête d'oiseau à gauche; devant, tableau quadrilatère suspendu à un cordon que tient l'aurige.	AR.	2,97.	S.
10535.	Tête laurée à droite. R. Andrucéphale à droite; dessous, guerrier suspendu à un cordon que tient l'aurige.	AR.	2,85.	S.
10536.	BOVIB... Tête diadémée à gauche. R. Oiseau éployé à droite.	BR.	1,50.	S.

La légende inscrite au droit de cette pièce doit se lire BOVIBITOV, pour BOVIBITOVIX ou BOVIBITOVIOS.
Lambert, Ire part., pl. X, 4.
Hucher, *Art gaulois*, IIe part., p. 54.

10537.	Cheval à gauche. R. Même type.	BR.	1,63.	S.
10538.	Légende barbare. Tête à droite. R. Légende barbare; dans le champ, $\frac{X\,O}{X}$X.	BR.	1,50.	S.
10539.	Taureau cornupète. R. Personnage dansant.	Potin.	3,40.	S.
10540.	Face lisse. R. Cheval à droite; au-dessus, annelet.	BR.	2,11.	S.
10541.	Θ. R. Ω.	BR.	3,84.	S.
10542.	Tête virile à gauche. R. Cheval en course à gauche; dessus, point centré.	BR.	2,40.	S.
10543.	Tête à gauche. R. CALMINOXOV. Éléphant à gauche.	BR.	1,45.	S.
10544.	Cheval galopant à gauche; au-dessus, un oiseau. R. Mêmes types; en plus, cinq globules : quatre au-dessus du cheval, un au-dessous.	BR.	2,32.	AF.
10545.	Sanglier tourné à gauche; dessous, point centré; deux annelets et deux points centrés dans le champ. R. Lion à droite, la queue en S; annelet et trois points centrés dans le champ. (*Trouvé à Saintes.*)	BR.	2,35.	AF.
10546.	Tête imberbe à droite, de la nuque et du sommet de laquelle partent des cordons de perles; devant la bouche, deux points. R. Cheval à droite; au-dessus, un échassier; dessous, personnage de face à mi-corps.	BR.	6,15.	AF.

Hucher, *Art gaulois*, Ire part., pl. XCIII, 2.

10547.	Légende indéchiffrée. Tête jeune, imberbe, nue, à droite. R. Cheval à droite; à l'exergue, traces de légende.	BR.	2,07.	AF.
10548.	Tête barbare à droite, les cheveux en forme de S. R. Cheval galopant à droite; dessous, deux annelets.	BR.	2,97.	AF.
10549.	Traces de légende. Tête barbare à gauche; devant la bouche, point centré. R. KAIETOC. Sanglier à gauche; dessous, annelet.	BR.	3,12.	AF.

Duchalais, *Description*, n° 370.

10550.	Tête à droite. R. Cheval marchant à droite; dessus et devant, deux annelets.	AR.	2,97.	AF.
10551.	Type confus et indistinct. R. Cheval galopant à gauche; au-dessus, ꝣ.	AR.	1,28.	AF.
10552.	Tête imberbe, nue, à droite. R. Sanglier à gauche. (*Trouvé à Meulan.*)	BR.	1,30.	S.
10553.	Tête barbare à droite; cheveux disposés par boucles. R. Cheval libre galopant à droite; collier autour du cou; devant, trois globules, E et pentagone; dessous, trois autres globules. (*Trouvé à Grenade (Gers).*)	AR.	2,90.	L. 449
10554.	Tête de Pallas à droite; derrière, X. R. Cheval libre galopant à droite; au-dessus, S; dessous, croissant renversé.	AR.	2,42	L. 442
10555.	Tête virile nue, à droite. R. Cheval libre, galopant à			

10341 a. Incertaines de bronze : 1365/877 (Rooke?)

Poids. Prov.

gauche; au-dessous, un large croissant. AR. 2,29. L.

10356. Tête virile à droite.
R. Cheval libre galopant à droite; au-dessus, une petite tête. AR. 0,59. L.

10357. Tête nue à droite; cheveux bouclés.
R. Cheval galopant à droite; au-dessus, sorte d'aurige. AR. 2,03. L.

10358. Tête d'Apollon à gauche.
R. Cheval libre galopant à gauche; dessous, une roue. AR. 1,49. L.

10359. Tête barbare à droite, dans une bordure dentelée.
R. Lion et sanglier superposés, à gauche; même bordure. AR. 1,82. L.

A. de Barthélemy, *Rev. numism. franç.*, 1840, page 201, pl. XIV, n° 1.

10360. Tête de femme à droite; collier de perles autour du cou.
R. Panthère à gauche. AR. 0,97. L.

Wiczay, musée Hedervar, pl. III, n° 71.

10361. Tête de Pallas à gauche.
R. Cheval galopant à gauche; au-dessus, *S* figurant l'aurige. BR. 0,73. L.

10362. Profil barbare à gauche.
R. Hippocampe à droite. (*Trouvé à Saint-Remy.*) BR. 3,38. L.

A. de Barthélemy, *Monnaies antiques recueillies au mont Beuvray*, pl. I, n° 7.

10363. Champ divisé en deux parties égales.
R. Deux E adossés. Potin. 1,40. L.

10364. Buste imberbe casqué, à gauche; le cou orné du torques.
R. Cheval libre galopant à gauche; à l'entour, trois annelets. BR. 2,72. L.

10365. Tête laurée à droite.
R. Cheval galopant à gauche; dessous, une lyre. BR. 0,57. L.

10366. Tête imberbe à gauche.
R. Sanglier à droite au-dessous d'un édicule. BR. 3,02. L.

10367. Tête barbare à droite; œil énorme.
R. Cheval libre galopant à droite. BR. 4,21. L.

10368. Tête coiffée de la dépouille du lion, à droite. (Hercule.)
R. Cheval grossièrement figuré, galopant à gauche; entre les jambes du cheval, un bouclier. BR. 4,20. L.

10369. Type informe.
R. Cheval libre galopant à droite. BR. 0,77. L.

10370. Rameau.
R. Cheval tourné à gauche. Potin. 2,75. L.

10371. Tête barbare.
R. Champ divisé verticalement en deux sections. Potin. 2,35. L.

10372. Trois animaux disposés en cercle.
R. Cheval grossièrement figuré, à droite; dessus, triskèle. BR. 2,87. L.

10373. Tête barbare à gauche.
R. Cheval à gauche; cinq globules dans le champ. Potin. 2,80. L.

10374. Cheval libre au galop à droite; à l'entour, trois annelets.
R. Sanglier à droite. BR. 2,70. L.

Lelewel, *Type gaulois*, pl. VI, n° 54.

10375. Tête à droite dans un cartouche.
R. Oiseau à droite. BR. 3,02. L.

10376. Tête casquée à gauche; collier de perles.
R. ANDV. Cavalier au galop à gauche, foulant sous les pieds de son cheval un ennemi renversé. (*Trouvé à Vernon [Poitou].*) AR. 1,90. AF.

10377. ANDVGOVONI. Tête casquée à droite.
R. . . . RI . . Cavalier à droite, brandissant un javelot. (*Trouvé à Saumur.*) BR. 3,05. S.

10378. AN. . . . Tête casquée à droite.
R. CIILTICORIX. Même cavalier. BR. 2,22. S.

Allecorix. Hucher, *Rev. numism. franç.*, 1863, p. 309.

Andugovoni. Saulcy, *R. N. F.*, 1864, p. 253.

Andugovoni, Celecorix. Saulcy, *R. N. F.*, 1865, p. 134.

M. Hucher, le premier, a lu ALLECORIX sur un exemplaire à légende incomplète appartenant à M. le comte de Clermont-Gallerande.

M. de Saulcy, l'année suivante, publiait une pièce à légende ANDVGOVONI du côté de la tête, puis, sur l'avis judicieux de M. Charles Robert, faisant le rapprochement des deux pièces, obtenait la légende complète : ANDVGOVONI CIILHCORIX. M. de Saulcy voit dans CIILHCORIX un nom de chef, et dans ANDVGOVONI, l'ethnique des Andecaves.

Poids. Prov.

10379. Tête diadémée, à droite, posée devant un cheval dont elle cache une partie. La croupe et les jambes de derrière passent derrière la tête; le poitrail, devant.
R. Les Dioscures à cheval à gauche; l'un tient le torques et le bouclier gaulois; l'autre, une palme; à l'exergue, légende simulée. Imitation du statère de Tarente. Demi-statère. OR. 4,07. AF.

TROUVAILLE DE JERSEY.

10380. ESVIOS. Tête nue à gauche, les cheveux rejetés en arrière.
R. Lion bondissant à gauche. AR. 0,47.

10381. ESVI.. Tête nue à droite; les cheveux retombent en tresses sur les épaules.
R. Cheval ailé à gauche. AR. 0,47.

10382. ...OCOVIPY. Tête nue à gauche.
R. Cavalier à droite, armé d'une lance et d'un bouclier. Billon. 0,75.

10383. PENNILL. Buste ailé de la victoire à droite.
R. RVPIL. Bélier à droite. AR. 1,90.

Le droit, imité de la Carisia; le revers, de la Rustia.

10384. ... GIANTOS. Tête casquée à gauche
R. CASSISVRATOS. Cheval galopant à gauche; dessous, un dauphin en sens contraire. AR. 1,80.

Poids Prov.

10385. . RIVOS. Tête casquée à gauche.
R. . . . TOAI. Cheval bridé et sanglé, galopant à droite. Type des ARIVOS SANTONOS. AR. 1,13.

10386. Tête d'Ogmius à gauche, entourée de cordons avec têtes; devant la bouche, fleuron.
R. Androcéphale à gauche; deux cordons aboutissant à des têtes se croisent au-dessus; dessous, roue à huit rayons. Statère du système armoricain. OR. 6,67.

10387. Tête nue à droite, la joue marquée d'une lyre.
R. Cheval à gauche; devant, anneau centré; dessous, une lyre. Billon. 0,80.

10388. Tête barbare à droite, trois anneaux centrés sur la joue; petite tête dans le champ, en sens inverse, devant l'autre.
R. Cheval dont la tête ressemble à un bec d'oiseau, dirigé par un aurige à droite; dessous, lyre droite. Statère en billon du système armoricain. 6,32.

10389. Tête plus barbare, la joue marquée de trois anneaux centrés.
R. Cheval à bec d'oiseau, dirigé par un aurige, à droite; sanglier devant le poitrail; lyre droite sous le cheval. Billon. 6,32.

10390. Deux oiseaux adossés.
R. Sanglier à gauche. Billon. 0,53.

10391. Tête nue à gauche; devant, quatre annelets.
R. Cheval libre à gauche; dessus et dessous, anneau centré. AR. 0,45.

10392. Tête nue à gauche; devant la face, chien poursuivant un sanglier.
R. Cheval libre à gauche; dessous, annelet. Billon. 0,57.

10393. Tête informe.
R. Sanglier à gauche. Billon. 0,53.

10378 b Tête à droite. R. Type indistinct. Incert. Potin. (Silvanectes ?) L 33..
10378 c Buste de Jupiter Sérapis entre deux C adossés. R. Oiseau à dr. entre deux C. Incert. Potin. — L 3348 (Silvanectes ?)
Le n° 10379 est reporté à 10303 a
10378 d Tête casquée à dr. R. Cavalier à dr. Al'ex — IDEDIE — —
10378 e Tête casquée informe R. Quadrupède informe.
mis 6284 B ~~10378 f Type incertain R. Tétraquètre~~
mis 6284 C ~~10378 g Idem.~~
mis 5277 b ~~10378 h Tête à g. barbare R. Aigle.~~ devenue 5277 b
10378 i Animal fantastique (corps de griffon) à dr.; levant une patte. R. Astre chevelu L:
10378 j SONI[...]OC Tête de femme à dr. R. OVII Cavalier à gauche.

10388 un statère que 6987 (Baiocasses). A mettre avec curiosolites cf 6712-64

10389 a Genre trouvaille de Jersey. — Tête à dr.; devant, roue; sur la joue, trois annelets centrés. R. Cheval à dr.; au-dessous, lyre entre deux annelets rayonnants. Arg. — L 3406
10389 b D°. Tête à dr.; devant, une petite tête. R. Cheval à dr.; au-dessus, une petite tête; au-dessous, une lyre entre deux annelets rayonnants. Arg. — L 3407
10389 c D°. Tête à dr., lyre sur la joue. R. Cheval à dr.; au-dessous, lyre entre deux annelets rayonnants. Arg. — L 3354
10389 d D°. Tête à dr., coiffée d'un sanglier. R. Cheval androcéphale à dr.; devant,

au-dessous, lyre entre deux annelets rayonnants. AR. 9[illegible] L 3360

10389 h Variété — 10389 i D°. Tête à dr., le rayon formé d'E ; fleuron devant le menton.
R. Cheval à droit ; au-dessus, écran ; devant, vexillum ; au-dessous, sanglier. L 3362

Petit module
10389 ia [illegible] Tête à dr., avec enroulements. R. Cheval androcéphale à dr. et lyre couchée.
10389 j D°. Tête à dr., le rayon formé de crosse ; main devant la figure. R. Cheval androcéphale à dr. AR. L 3359

10389 k D°. Tête à dr. R. Cheval à dr. ; au-dessus, écran ; devant, voisette ; au-dessous, lyre entre deux annelets rayonnants. AR. L 3361

10389 ic (cf. 10389 a). Tête à dr., avec enroulements. R. Cheval androcéphale à dr. ; au-dessous, lyre. AR — M 7460 —

~~10399 a Variété. — F. 9909 a~~

10413 1 Replacé après 9442
10413 1 Triquètre dans une couronne. R. Torques et cinq points clos. Concave. AR L 237.
~~10413 2 Bouclier rond (avec protubérance). R. Cheval [illegible] ; 4 globules. AR L 238~~ devenu 9893 a
10413 3 Même descr. Petit module. AR L 239.
10413 4 Même descr. Variété de coin. AR L 240.
10413 5 Bouclier (?) R. Croix cant. de globules. AR. L 241.

			Poids.	Prov.
Pl. XXVIII, 5a	10394.	Tête casquée à gauche. R. Deux dauphins.	AR. 0,47.	
Pl. XXVI, 5	10395.	Tête nue à gauche, les cheveux rejetés en arrière. R. Deux dauphins.	AR. 0,40.	
Pl. XXV	10396.	Croix évidée au centre. R. Cheval à droite; dessus et dessous, astre.	AR. 0,48.	
Pl. XXV, 1a	10397.	Croix avec anneau centré en cœur; deux points centrés et deux traits dans les cantons. R. Cheval à droite.	AR. 0,34.	
Pl. XXVI, 10	10398.	Tête barbare à gauche; devant la face, S. R. Cheval libre à gauche; dessous, ∾.	Billon. 0,47.	
Pl. XXVII, 1	10399.	. . ITI. Tête casquée à gauche. R. Cavalier sans tête, sur un cheval galopant à gauche.	AR. 1,67.	

Imitation barbare des deniers consulaires au type des Dioscures.

			Poids.	Prov.
Pl. XXV, 7	10400.	LICVTANOS. Tête barbare à droite. R. Cheval androcéphale ailé, en course à gauche : au-dessus, O; dessous, S. Pièce légèrement fragmentée.	BR. 2,55.	
	10401.	Même description.	BR. 2,75.	
Pl. XXVII	10402.	Tête armoricaine coiffée d'une lyre renversée, et entourée de cordons de perles. R. Cheval à droite, dirigé par un œil aurige tenant le tableau quadrilatère; sous le cheval, lyre droite.	AR. 0,84.	
	10403.	Tête à droite; devant la face, lyre droite et lyre couchée. R. Cheval libre en course à droite; dessous, lyre renversée.	BR. 0,67.	
	10404.	Même description.	BR. 0,77.	
	10405.	CN CE. Type confus. R. RA dans une couronne de laurier.	AR. 1,70.	Pl. XXV, 3
	10406.	Sanglier à gauche; au-dessus, quatre croissants. R. Cheval barbare à gauche; quatre annelets dans le champ.	Billon. 1,26.	Pl. XXVII, 6
	10407.	Cinq croissants mouvant d'un centre, en forme de triquetra. R. Profil barbare.	Billon. 1,27.	Pl. XXVII, 1
	10408.	Deux chamois séparés par un serpent. R. Astre et autres symboles peu distincts.	Billon. 0,47.	Pl. XXVII, 8
	10409.	Tête barbare à droite; devant, roue et croissant. R. Cheval à droite; au-dessus, astre; dessous, lyre.	Billon. 1,03.	Pl. XXVII, 5
	10410.	Tête à gauche. R. Dauphin à gauche.	Billon. 0,42.	Pl. XXVII, 4
	10411.	Profil barbare à droite. R. Cheval en course à droite; au-dessus, lyre couchée; dessous, roue; devant le poitrail, point centré.	Billon. 0,72.	Pl. XXVII, 3
	10412.	GAIV IVLI. Buste à gauche. R. ACEDOMAP . . Cheval galopant à gauche; dessous, un oiseau tourné à droite.	AR. 1,83.	Pl. XXV, 7
	10413.	ODCOPRIL. Tête casquée à droite. R. SIISIIDI. Cheval galopant à gauche.	BR. 1,92.	Pl. XXV, 8

FIN DU CATALOGUE
DES MONNAIES GAULOISES DE LA BIBLIOTHÈQUE NATIONALE

TABLE DES MATIÈRES

NOTA. — L'abréviation (T) désigne le type de la monnaie; l'abréviation (S), les symboles.

A

C

Capdenac (Lot) 3204, 3262, 3271, 3365, 3367.

E

J

K

L

P

T

VOLCÆ ARECOMICI (Oboles des), p. 56.
— — (Rapprochement avec les oboles des), p. 129.
— — (Ruine des), p. 77.
— — sous la domination de Marseille, p. 57.
— — (Territoire des) donné aux Massaliètes, p. 77.
— — (Type conforme à celui des monnaies des), p. 100.
VOLCÆ TECTOSAGES dans la forêt Noire, p. 78.
— — émigrés dans la forêt Noire (Monnaies des), 9280-9294.
— — en Galatie, p. 78.
— — (Monnaie à comparer avec autre monnaie des), p. 10.
— — (Monnaies des), 2953-3574.
— — — (Tolosates), 3107-3351.
— — — Types incomplets, 3352-3370.
— — — (Oboles des), 3371-3428.
— — — Imitations de monnaies de Philippe II, 3429-3432.
VOLCÆ TECTOSAGES (Monnaies des). Trouvailles de Castres et de Vinaigre, 3433-3459.
— — — Trouvaille de Vinaigre, 3460-3516.
— — — Monnaies de peuplades limitrophes des Volcæ Arecomici, 3517-3547.
— — — Trouvaille de Rhyu, 3548-3549.
— — — Monnaies de provenances diverses, 3550-3557.
— — — Monnaies à légendes, 3558-3574.
— — (Monnayage des), p. 75.
— — (Monnayage primitif des), p. 77.
— — quittant la Thrace, p. 78.
— — (Poids des monnaies des), p. 78.
VOLISIOS — DVMNOCOVEROS (Monnaies du groupe), 9577-9578.
VOLKES. Voy. Volcæ.
VOLVIUS (Imitations d'un revers de la famille), 6391-6394.
VOLTERRA (Trouvaille faite à), p. 9.
VOTOMAPATIS, p. 104.
VOVERC, leçon de Duchalais, p. 263.

W

WITTE (J. de), cité p. 43.
WALCKENAER, cité p. 100.

X

X en contre-marque (S). Voy. au mot Symboles.
— sur la cuisse d'un cheval (S). Voy. au mot Symboles.

Y

YIIAI ou ΓIIAI mis pour YHAITΩN, p. 63.

Z

ZIGZAGS à l'exergue (S), 8590.
— devant une tête à droite (S), 7868-7879.
— sous un bige (S), 6423-6425.

FIN DE LA TABLE DES MATIÈRES.

TABLE DES LÉGENDES

NOTA. — Un astérisque (*) désigne l'inscription placée à l'exergue; deux astérisques (**), l'inscription placée dans le champ de la monnaie. Aucun signe n'accompagne l'inscription placée autour du champ.

A

— ABALLO. Voy. CABALLO. L'ABALLO n° 3759 a été trouvé à Avallon.

B

C

D — Δ

H

Θ

I

K

L — Λ

M

N

PENNILL, 10383.
ΠΙΙΑ*, 1348-1349.
ΠΙΙΑ* (?), 1354.
ΠΘΥ*, 5541.
ΠΙ*, 1936.
PIC....S. Voy. PICTILOS.
PICTILOS, 4007-4012.
PILX, 7063-7007.
ΠΙΠΙΠ*, 6415-6416, 10240.
ΠΙΠΙΠΙ* deux fois répété, 9641.
ΠΙΠΤΛΟ*, 3622.
ΠΙΥ.Ρ.*, 3637.
PIXTILOS, 7056-7110.
ΠΚ*, 1955.
ΠΚ**, 1263-1267, 1269.
ΠΚΠ**, 1285.
ΠΑ*, 1950, 2268.
ΠΛ**, 6984.
ΠΛΔ*, 1350-1352.
ΠΛΔ* (?), 1353.
ΠΑΙΛΙΠ, 9768.
ΠΑΙΠΙΠ**, 9655-9656.
ΠΛΟΝ*, 4549.
ΠΑΠ*, 1458-1459, 10216.
ΠΊΠΠ*, 10273.
ΠΑΙΠΟ*, 3621.
ΠΜ**, 1270-1278, 1300, 1381-1388.
ΠΝ**, 370-374, 2257.
ΠΟ**, 305-308.
ΓΟΙΝΑΙΝΨ, 2500-2503.
ΓΟΙΝΑΨΗ, 2499.
.POMIIDOVS Voy. ΠΡΟΜΙΙDVOS, à la lettre P.
PONTIF MAX TR P IMP PP SC, 4776.
...ΗΟΡΙΤΩΝ, 2213, 2218.
ϘΟΤΝ, 2319.
POTTINA*, 8823-8831.
ΠΟΥ*, 4338.
ΠΟΥΟΠ, 9769.
PP** en contremarque, 4717-4718.
ΠΠ*, 1799, 6939-6940, 10212.
ΠΠΟ*, 3638.
ΠΠΠ*, 10278.
ΠΠΙΛΛ, 9793.
ΠΠΠΠ*, 3654.
ΠΠΠΠΠ*, 8383, 10223-10224.
ΠΠΠΥ*, 2997.
ΠΠΣ, 9709.
ΠΣ*, 1926-1929, 1937, 1946.
ΠΤΠΟ, 9310-9311.
ΠΥ, 9745.
ΠΥΔ** en monogramme, 2245-2246.
PVBLICOS SEMISSOS LIXOVIO, 7157.
...ΓΤΦΓ. Voy. ΛΟΓΓΟС ΤΑΛΠΤΩΝ.

Q

Q**, 2725-2728, 5610-5619.
Q DO, 5511, 5513.
Q DOC, 5493-5495, 5507.
Q DO SM, 5497.
Q DOC SMF, 5551, 5456, 5464.
Q DOCI et fragments de cette légende, 5402, 5404, 5406, 5409-5412, 5414-5415, 5417-5419, 5425-5439, 5461-5477, 5479, 5482-5485, 5487, 5489-5491, 5496-5497, 5508-5510, 5521-5537.
Q DOCI SM, 5436.
Q DOCI SM F et fragments de cette légende, 5402, 5405-5425, 5427-5429, 5437-5439, 5443-5452, 5454, 5458, 5461-5462, 5463, 5468, 5470, 5575-5577, 5579, 5587, 5589, 5595-5596.
Q DOCI SM I, 5590.
QOOQ, 5485.
Q. SM**, 5393-5396

R — Ρ

Ρ**, 903-904, 951.
RA**, 10565.
..RA-DIARILOS Voy. DARA.
....RAOB, 4370.
RATVMACOS, 7364-7369, 7372-7373.
RAVIS, 10103-10108, 10110.
.RCINCETORIXS, fin du mot : VERCINGETORIXS, 3778.
ΡΔΒ**, 1359-1368.
REMO, 8038-8053.
RESTIT GALLIAR, 10125.
REX ADIETVANVS FE, 3604-3613.
RI**, 5567.
RI** en contre-marque, 4696-4697.
RI....., 6376.
......RI. Voy. CIILIICORIX.
RICANT, 5733-3742.
ΡΙΓΑΝΤΙΚΟΥ*, 2501-2503.
....ΡΙΤΩΝ, 2210, 2218. Cf. ΕΜΗΟΡΙΤΩΝ.
RIVOS, 10385.
RIX, 5568.
ΡΚ**, en monogramme, 2518-2519.
R M, 8085.
ϹΜΑ*, 5935.
ΡΧ**, 3573.
ΡΟΑ, 2322.
ROAECA, 7659.
ROM ET AVG*, 4691-4729, 4737-4775.
ΡΟΟVIKA, 7663-7671, 7673-7678
ΡΟΟVIKA rétrograde, 7659.
..POTALO, 4488. Cf. VIIPOTAL.
ROV, 5924.
ROVE, 7680.
ROVECA, 7631-7641, 7643-7659, 7660-7677, 7679, 7681-7683, 7699.
ROVECA rétrograde, 7678.
ROVECA*, 7691-7698.
ROVV, 5895-5899, 5901-5915, 5919-5921, 5925-5926.
ROMCA, 7643.
ΡΠΑ*, 1355-1356.
ΡΡΙΠ*, 3668.
RT** en contre-marque, 4702.
RVF, 9598.
RVPIL, 10383.
⌒ΡΥ*, 3062.

S — Σ

S**, 767, 3015-3051, 3371, 3413, 3028, 3633, 3698, 4389, 4831, 5050-5056, 5490-5506, 6331-6336, 6403, 6408-6409, 6950-6951, 8442-8444, 8852-8840, 8962, 8969, 9021-9030, 9037, 9739-9742, 10400-10401.
ϛ**, 7002-7009, 9739-9742, 9888, 9930-9931.
Σ**, 1673-1674, 1767, 1774, 1951, 9908-9909.
...Σ.**, 1926 Voy. ΜΑΣΣΑ**.
SA**, 4311-4313.
SACTNOS*, 4314-4315.
ΣΑΜ, 2203, 2268, 2275.
ΣΑΜ**, 2265.
SM*, 5436, 5442, 5498-5502.
SM F*, 5440, 5445, 5459, 5480, 5482, 5485.
ΣΑΜΧ, 2202, 2267, 2274.
ΣΑΜΝΑ, 2258, 2260-2261.
ΣΑΜΝΑΓΗΤ, 2256-2257.
ΣΑΜΝΑ..Τ, 2259.
ΣΑΜΝ ΓΗΤ, 2266, 2269, 2274.
SANTONOS, 4317-4321, 4323-4324. Cf. ARIVOS.
SANTONOC, 4322.
.....SAR AVGVST CO..., 2959. Voy. IMP CAESAR AVGVST COS XI.
ΣΑΣ**, 2105.
ΣΑΣΣΑ**, 782, 793, 795, 797-798.
... ΣΑΤ*, 2689, 2700. Voy. NAMA.
ᏔᎮΕΦϹ, 2177-2178.
SC**, 10112.
SΔ**, 3042.
ΣΔΙΜ, 2200.
SDMNENIVS**, 10116.
SΔΑ**, 5637-5639, 5643

PARIS. — TYPOGRAPHIE DE E. PLON, NOURRIT ET Cie, RUE GARANCIÈRE, 8.

www.ingramcontent.com/pod-product-compliance
Lightning Source LLC
Chambersburg PA
CBHW050803170426
43202CB00013B/2547